谚语·歇后语

第一卷　张婷婷　编

中国言实出版社

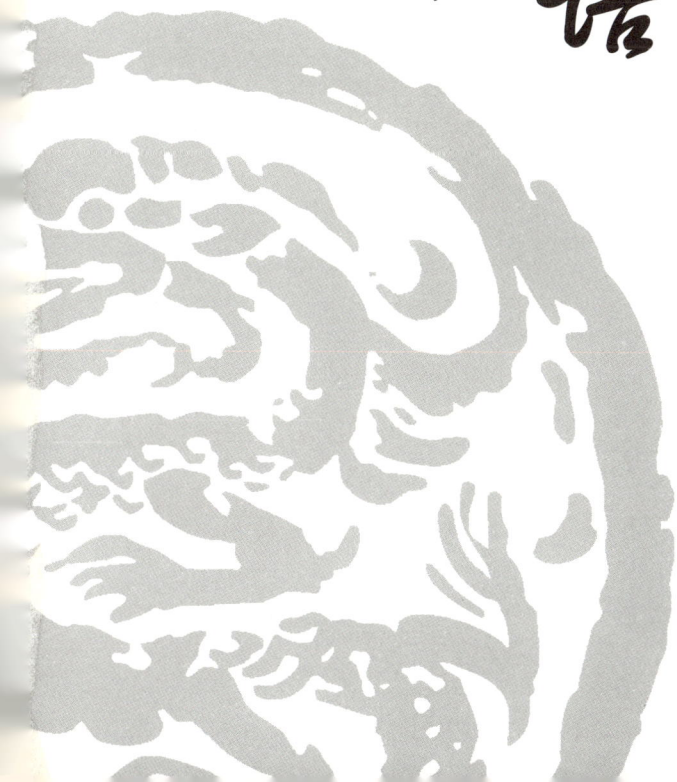

图书在版编目（CIP）数据

谚语·歇后语 / 张婷婷编. —北京：中国言实出版社，2014.9

ISBN 978-7-5171-0762-0

Ⅰ.①谚… Ⅱ.①张… Ⅲ.①汉语－谚语－汇编②汉语－歇后语－汇编 Ⅳ.①H136.3

中国版本图书馆CIP数据核字（2014）第199834号

责任编辑：王宁

出版发行 中国言实出版社

　　　　地　　址：北京市朝阳区北苑路180号加利大厦5号楼105室

　　　　邮　　编：100101

　　　　编辑部：北京市西城区百万庄路甲16号五层

　　　　邮　　编：100037

　　　　电　　话：64924853（总编室）64924716（发行部）

　　　　网　　址：www.zgyscbs.cn

　　　　E-mail：zgyscbs@263.net

经　　销 新华书店

印　　刷 北京市楠萍印刷有限公司

版　　次 2014年9月第1版　2014年9月第1次印刷

规　　格 787毫米×1092毫米　1/16　80印张

字　　数 1063千字

定　　价 360.00元（全四卷）ISBN 978-7-5171-0762-0

男儿当自强

锄头耕地——有一下算一下

干草堆里寻针——白费劲

牛角上挂稻草——轻巧

捧着书本骑驴——走着瞧

无病寿更长 百岁不为老

前　言

　　谚语和歇后语都是流传于我国民间的比较简练精辟、言简意赅的话语。它们形象生动，贴合生活，多数反映了劳动人民的生活实践经验，一般是以口语的形式流传下来，大多是通俗易懂的短句或韵语，而且读起来上口，易懂好记；听起来也爽心悦耳，耐人寻味。所以在歇后语和谚语发展的几千年中，深受民众喜爱，并且已成为民众日常语汇的一部分。

　　谚语以质朴明快、含蓄隽永、哲理丰富的语言艺术形式向人们解释道理、传授经验，使人们获得智慧、得到启迪，千百年来，一直受到人们的喜爱，成为代代相传的精神财富。在谚语发展传承的过程中，不断地得到加工、锤炼和创新，内容越来越丰富、形式越来越活泼、越来越简洁，一般都以精炼的短语形式出现，常常被比喻为"哲理小诗""智慧海洋""生活中的百科全书"。

　　谚语内容涉及生活的各个方面，如生产谚语："清明前后，栽瓜种豆""六月六，看谷秀""春雨贵如油""马无夜草不肥"等，都是劳动人们在生产过程中总结出来的生产智慧。再如："早起的鸟儿有虫吃""海水不可斗量""三天打鱼两天晒网""不听老人言，吃亏在眼前"等都是广大民众的生活智慧的结晶。还有"有钱能使鬼推磨""挂羊头，卖狗肉"等是反映世间百态。又如"饭后百步走，活到九十九""人是铁，饭是钢"等是人们健康生活的总结。除此之外，还有气象、卫生等各个方面的谚语。

　　歇后语是人们在日常生活中创造出来的一种独特艺术结构形式的民间语言表达方式，它内容广博，不仅反映了自然环境、历史变迁、社会生活，还反映了文化传统、道德修养等方面内容，传达出了现实生活中人与人、人与自然、人与社会之间的和谐关系，反映出中华民族特有的风俗传统，浓郁的生活气息。歇后语集哲理性、劝诫性、科学性、知识性于一体，其简练、生动、诙谐的语言风格，深入浅出的表法方式，具有很强的文学性和可读性。

歇后语是由两部分组成，前半部分是形象的比喻，为假托语，后半部分是目的，为说明语。歇后语分为寓意歇后语和谐音歇后语两种，一般表现生活中的某种情景和人们的某种心理状态。歇后语比喻形象、讽刺尖锐、风格幽默、蕴意深刻，而且涉及面很广，包括政治、军事、天文、地理、文化、历史、风俗、民情、农业等社会生活的各个领域。因此歇后语一产生就很快流传，作为熟语融入人们的日常生活当中。如"猪鼻子插葱——装象""千里送鹅毛——礼轻情意重""芝麻掉进针眼里——巧透了""老虎戴数珠——假慈悲"等，这些诙谐幽默的语言，总是让人会心一笑，连连称妙。

为了宏扬民间文学的精华，展现民众智慧，本书作者查阅了大量的谚语、歇后语资料，采撷其中人们喜闻乐见的经典谚语和歇后语，通过精心整理和加工，汇集成书。本书在内容安排上，分歇后语和谚语两个部分其中歇后语按语音顺序整理编排，谚语根据所属社会生活领域依关键词分类，以方便读者查找。

本书展现了千百年来人们的智慧结晶，也展现了中华民族民间文化和语言的特点。雅俗共赏、情趣盎然，将哲理性、趣味性、科学性相结合；集简练、生动、诙谐的语言风格于一体，亦庄亦谐，妙趣横生。

目 录

谚 语

目 录

三

歇 后 语

目录

七

谚语·歇后语

八

目录

九

目 录

一二

目 录

一三

目 录

一五

目录

一九

目录

二一

目
录

三三

目 录

三五

谚语

社会 军事 政治

A

哀兵必胜，骄兵必败

矮子队里选将军

爱跟英雄战，不爱跟狗熊斗

爱将如宝，视卒如草

安不忘危，治不忘乱

岸上修船易，到得江中彻底沉

B

八月十五过大年

白日便见簸箕星

百船出港，一船领头

百将易得，一帅难求

百里不同风，千里不同俗

百密未免一疏

百年寿限不准有，百年计划不能无

百人吃百味，百里不同风

百星之明，不如一月之光

百战百胜，锤炼信心

百战成勇士，苦练出精兵

败兵之将，不敢言勇

败将不提当年勇

败军之将，不足与图存

搬起石头打自己的脚

半部《论语》可以治天下

伴君如伴虎

帮腔上不去台

绑鸡的绳子，捆不住大象

宝剑必付烈士，奇方必须良医

保国莫如安民，安民莫如择交

备而未战，不是无战、战而无备，必有大患

本钱易寻，伙计难讨

笨鸭子上不了架

笔头尖上文官业，刀剑撑持武将威

扁担没扎，两头失塌

兵败如山倒，胜者似潮来

兵不厌诈，将贵知机

兵藏武库，马入华山

兵出无名，事故不成

兵对兵，将对将

兵多好打仗，人多好做活

兵贵奇，不贵众

兵贵神速

兵贵胜，不贵久

兵过如火烧

兵可百年不用，不可一日不备

兵来将挡，水来土掩

兵来将迎，水来土堰

兵来如梳，贼来如篦，匪来如剃

兵力易聚不易分

谚语·歇后语

·四

兵马未动，粮草先行

兵是将之威，将是兵之胆

兵松松一个，将松松一窝

兵随将令草随风

兵无常势，水无常形

兵无将而不动，蛇无头而不行

兵无强弱，将有巧拙

兵无主自乱

兵行千里，不战自乏

兵要练方可精，刀要磨刃才利

兵有利钝，仗无常胜

兵在精而不在多，将在谋而不在勇

不打勤，不打懒，单打没长眼

不当官儿不操心，不吃俸禄不担惊

不到火候不揭锅

不到西天，不知佛大小

不管白猫黑猫，抓住老鼠就是好猫

不厚其栋，不能任重

不会做饭的看锅，会做饭的看火

不见兔子不撒鹰

不见鱼出水，不下钓鱼竿

不见真佛，不念真经

不见真佛不烧香

不怕不识货，就怕货比货

不怕出山狼，就怕藏家鼠

不怕官，只怕管

不怕麻糖棍棍，就怕黄米包粽

不怕人多心不齐，只要有人扛大旗

不怕人心似铁，难逃王法如炉

不入地狱，不知饿鬼变相

不施万丈深潭计，怎得鳌鱼上钓钩

不图锅巴吃，不在锅边转

不行万里路，难见痴人心

不义之饵，鳌将吐之

不用霹雳手段，显不出菩萨心肠

不知道他葫芦里卖的甚药

C

参谋一群，当家一人

苍天有眼

草锄不尽，终究是庄稼的害

察见渊鱼者不祥，智料隐匿者有殃

柴多火焰高，人多声音大

豺狼当道，安问狐狸

谗言误国，妒妇乱家

谄言害主，直言救国

铲尽不平天下平

长痛不如短痛

长线放远鹞儿

长夜酒能淹社稷

朝廷也不使饿兵

朝有奸逆，山隐草寇、国有良臣，外有忠善

炒豆大伙吃，炸锅一人担

车到山前必有路，般遇顶风也能开

车到山前必有路，船到桥头自然直

尘世难逢笑口开

称一称知轻重，量一量知短长

成不成，吃三瓶

成工不毁

秤锤虽小压千斤

秤砣小，坠千斤、胡椒小，辣人心

吃的盐和米，讲的情和理

吃饭还不免掉一个米粒

吃饭泡米汤，自己作主张

吃个鱼头腥个嘴

吃瓜莫吃蒂，做官莫作卑

吃酒的望醉，放债的图利

吃亏人常在

吃了砒霜药老虎

吃了蒜瓣知道辣

吃了羊肉会惹膻

吃明不吃暗

吃哪行饭，说哪行话

吃人家的嘴软，拿人家的手短

吃烧饼还要赔唾沫

吃一分亏，受无量福

吃鱼先拿头

出门看日头，上路看风头，打铁看火头

出其不意，攻其不备

川泽纳污，山岳藏疾

穿青衣，抱黑柱

船有好舵手，不怕浪头高

船载万斤，掌舵一人

春不到，花不开

慈不掌兵，义不主财

从来纨绔少伟男

重孙有理告太公

村无大树，蓬蒿为林

存人失地，人地皆存、存地失人，人地皆失

错走一步棋，满盘皆是输

D

打得一拳去，免得百拳来

打狗鸡上墙

打狗就不怕狗咬，杀猪就不怕猪叫

打狗看主面

打狗如打狼

打虎不着，反被虎伤

打虎打头，杀鸡割喉

打虎还防虎伤人

打虎进深山，捕蛇下箐底

打虎先拔牙

打人不过先下手

打人休打脸，骂人休揭短

打人一拳，防人一脚

打蛇不死，自遗其害

打蛇打七寸

打蛇先打头

打蛇先打头，擒贼先擒王

打死胆大的，吓死胆小的

打死阎王，吓死小鬼

打天下时靠人才创业，坐天下时用奴才享乐

打铁要趁热，治病要趁早

打一巴掌揉三揉

大虫欺小虫，蚱蜢欺蝗虫

大胆天下去得，小心寸步难行

大盗沿街走，无赃不定罪

大佛三百五，各有成佛路

大缸里打翻了油，沿路儿拾芝麻

大官不要钱，不如早归田、小官不索钱，儿女无姻缘

大家马儿大家骑

大奸似忠，大诈似信

大将保明主，俊鸟登高枝

大将无能，累死三军

大将压后阵

大里不见小里见

大难不死，必有后程

大能掩小，海纳百川

大屈必有大伸

大人不记小人过

大事不可谋于书生

大树不摇，鸟巢自安

大树底下好乘凉

大树底下好遮荫

大树之下，草不沾霜

大水未到先治坝，休到河边再脱鞋

大水淹了龙王庙，一家人不认识一家人

大王好见，小鬼难当

大象口里拔生牙

带箭野猪猛于虎，老鼠急时会咬人

逮个雀儿还得丢把米

胆小不得将军做

当差的官面上看气，行船的看风使篷

当官不为民作主，不如回家卖红薯

当官的动动嘴，当兵的跑折腿

当局者迷，旁观者清

当权若不行方便，如入宝山空手回

当堂不让父

刀不离手，弓不离身

刀对刀，枪对枪

刀头争功，马背夺官

到处灵山都有庙

道高一尺，魔高一丈

得道者昌，失道者亡

得理不饶人

得了便宜还卖乖

得民心者得天下

得民者昌，失民者亡

得趣便抽身

灯台照人不照己

地头文书铁箍桶

钉子碰着铁头

丢了拐杖就受狗的气

东山的老虎吃人，西山的老虎也吃人

东庄的土地到西庄不灵

动了太岁头上土，无灾也有祸

肚里没病死不了人

肚里没冷病，不怕吃西瓜

对不识字人，莫作才语

对牛弹琴，牛不入耳

多个香炉多个鬼

多龙多旱

多算胜少算

多用兵不如巧用计

躲得和尚躲不得寺

E

恶狗怕揍，恶人怕斗

恶虎难斗肚里蛇

恶马恶人骑

饿急了吃五毒，渴急了喝盐卤

饿了来馒头，困了遇枕头

F

罚不择骨肉，赏不避仇雠

法不责众

法律不能松，松了乱哄哄

法网恢恢，疏而不漏

法无全利

法无三日严，草是年年长

法正天心顺，官清民自安

法字没多重，万人抬不动

防虎容易防鬼难

防君子不防小人

放长线，钓大鱼

放虎归山，必成大害

飞沙再大也遮不住牧人的眼睛

非理之财莫取，非理之事莫为

肥水不过别人田

风吹鸡蛋壳，财去人安乐

风大伴墙走

逢桥须下马，过渡莫争先

佛门虽大，难度无缘之人

扶不起的刘阿斗

腐木不可以为柱，卑人不可以为主

妇女能顶半边天，离了妇女没吃穿

富贵不压乡里

G

干吃大鱼不费网

钢刀虽快，不斩无罪之人

告人死罪得死罪

鸽子向亮处飞

隔行不隔理

个人事小，国家事大

各处各乡俗，一处一规矩

各打各的算盘

各人洗面各人光

耕牛无宿草，仓鼠有余粮

公道不公道，自有天知道

公道自在人心

公门好修行

公生明，廉生威

公则民不敢慢，廉则吏不敢欺

公众马，公众骑

功者难成而易败，时者难得而易失

攻其不备，出其不意

恭敬不如从命

狗肉上不得台盘，稀泥巴糊不上壁

姑口烦而妇耳顽

关公面前耍大刀

关节不到，有阎罗包老

官逼民反，民不得不反

官逼民反民自反，君正臣廉民自安

官不差病人

官不打顺民

官不离印，货不离身

官不容针，私可容车

官不容针，私通车马

官不贪财，兵不怕死

官不修衙，客不修店

官差不自由

官差吏差，来人不差

官大一等，理长一分

官大一品压死人

官断十条路

官法不容情

官风正，民风清

官凭文书私凭约

官清民自安，法正天心顺

官清司吏瘦

官情如纸薄

官事随时变

官土打官墙

官无三日急，倒有七日宽

官刑好过，私刑难挨

官中无人，不如归田

光棍不吃眼前亏

归师勿掩，穷寇莫追

贵人多忘事

贵人抬眼看，定是福星临

贵足踏贱地

锅里添水，不如釜底抽薪

国家多难之秋，壮士用命之时

国家将兴，必有祯祥、国家将亡，必有妖孽

国家兴亡，匹夫有责

国家有难思良将，人到中年望子孙

国将兴，听于民、国将亡，听于神

国难显忠臣

国强民不受辱，民强国不受侮

国危思良将，世乱念忠臣

国无二主，天无二日

国以民为本，民以食为天

国以民为根，民以谷为命

国有国法，官有官体，狱有狱例

国有国法，家有家规

国有王，家有主

过河卒子扫千军

过了这个村儿，没这个店儿

H

海枯终见底，人死不知心

海上风多舟难行，世上官多不太平

海水可量，人不可量

寒门出将相，草莽出英雄

寒门生贵子，白屋出公卿

韩信将兵，多多益善

豪杰之士，所见略同

好的不在多，一个顶十个

好舵手会使八面风

好官易做，好人难做

好汉报仇，三年不晚

好汉不吃眼前亏

好汉不打抄手人

好汉不打上门客

好汉不打坐婆婆

好汉不夸当年勇

好汉不怕出身低

好汉不贪色，英雄不贪财

好汉饿不得三日

好汉护三村，好狗护三邻

好汉流血不流泪

好汉怕赖汉，赖汉还怕歪死缠

好汉怕赖汉，赖汉怕急汉

好汉识好汉，英雄识英雄

好汉天下有好汉，英雄背后有英雄

好汉一言，快马一鞭

好汉争气，赖汉争食

好汉只怕病来磨

好汉子不赶乏兔儿

好汉做事好汉当

好虎架不住群狼

好年盛景看腊月

好拳不赢头三手，自有高招在后头

好手不敌双拳，双拳难敌四手

好雁总是领头飞，好马总是先出列

合群的喜鹊能擒鹿，齐心的蚂蚁能吃虎

合字难写，人心难齐

何水无鱼，何官无私

和尚多了没水吃

和尚在，钵盂在

河水靠流，人群靠头

荷花虽好，也要绿叶扶持

哄死人不偿命

猴子不钻圈，多筛几遍锣

狐狸再狡猾也斗不过好猎手

虎不离山，龙不离海

虎不与狮斗，兵不和匪争

虎口里探头儿

虎狼当道，在劫难逃

花好就怕一场风

皇帝不急，急死太监

皇帝女不愁嫁

皇帝也有草鞋亲

皇天不负苦心人

黄金有价人无价

黄鼠狼单咬病鸭子

蝗虫吃过界

浑浊不分鲢共鲤，水清方见两般鱼

混水里，好拿鱼

火车跑得快，全靠车头带

火烧芭蕉心不死

伙打官司事不赢

J

鸡蛋碰不过石头，胳膊扭不过大腿

鸡儿不吃无工之食

鸡飞蛋打一场空

疾风知劲草，世乱识忠臣

既到灵山，岂可不朝我佛

系狗当系颈

家不可一日无主，国不可一日无君

家法大不过王法

家无二主，国无二君

家无全犯

家无主，屋倒竖

家有常业，虽饥不饿、国有常法，虽危不亡

家有家规，国有国法

家有家主，庙有庙主

家有诤子，不败其家、国有诤臣，不亡其国

家中百事兴，全靠主人命

家中无鬼万年安

拣日不如撞日，撞日不如今日

捡了芝麻，丢了西瓜

见官三分灾

见蛇不打三分罪

见橐驼指马肿背

江山易打，民心难得

将不激，兵不发

将军不下马，各自奔前程

将军额上跑下马，宰相肚里行舟船

将门出虎子

将相本无种，男儿当自强

将相出寒门

将在谋而不在勇

将在外，君命有所不受

降龙自有降龙手，捉鬼还得捉鬼人

犟驴怕恶鞭

浇花浇心儿，栽树栽根儿

骄兵必败，欺敌必亡

狡兔尽，猎狗烹、飞鸟尽，良弓藏、敌国破，良臣亡

狡兔三窟

叫唤的鸟儿没肉吃

桀犬吠尧，各为其主

今日不知来日事

尽得忠来难尽孝

京官不如外放

井里打水往河里倒

敬酒不吃吃罚酒

敬神如神在

九个月长虫吃耗子，三个月耗子吃长虫

久经大海难为水

酒病酒药医

酒肉穿肠过，佛在心中坐

救兵如救火

倦鸟知还

军不斩不齐，将不严不整

军令如山倒

军令无私亲

军令重如山

军赏不逾月

军无粮自乱

军无媒，中道回

军有头，将有主

军中无粮自乱

军中无戏言

君子报仇，十年不晚

君子不跟牛使气

君子争礼，小人争嘴

君子一言，重于九鼎

君子一言，快马一鞭

君不正臣不忠，父不正子不孝

君不正臣投外国，父不正子奔他乡

君臣如父子

君无戏言，出口成律

K

开弓不放箭

砍不倒大树，弄不多柴禾

砍倒大树有柴烧

看风使舵常顺利，随机应变信如神

看人看心，听话听音

靠着大河有水吃，靠着大树有柴烧

靠大树草不沾霜

慷慨成仁易，从容就义难

炕上养虎，家中养盗

苛政不亲，烦苦伤恩

肯在热灶里烧火，不肯在冷灶里添柴

苦海无边，回头是岸

困龙亦有上天时

快刀不削自己的柄

L

拉到老虎当马骑

腊月二十三，家家糖瓜粘

腊月二十三，灶爷上了天，先生放了学，学生出了监

腊月二十五，掸房扫尘土

来者不惧，惧者不来

来者不善，善者不来

癞狗扶不上墙

烂泥巴扶不上墙

烂套子也能塞窟窿

浪再大，压不住鱼打挺、云再厚，裹不住炸雷声

浪子回头金不换

老巢难舍

老龟煮不烂，移祸于枯桑

老虎不在家，猴子称大王

老虎吃人，恶名在外

老虎吃天，没法下嘴

老虎花在背，人心花在内

老虎不嫌黄羊瘦

老虎还有个打盹儿的时候

老虎金钱豹，各走各的道

老虎口中夺脆骨，蛟龙背上揭生鳞

老虎屁股摸不得

老虎头上拍苍蝇

老虎嘴里掉不下肉，狐狸嘴里吐不出鸡

老将出马，一个顶俩

老马识归途

老猫不死旧性在

老鼠过街，人人喊打

老鼠急了会咬猫

老鼠眼睛寸寸光

老鹰不吃窝下食

老子偷瓜盗果，儿子杀人放火

老子英雄儿好汉

冷眼观螃蟹，横行到几时

离家三里远，别是一乡风

离了红萝卜，照样办酒席

理乱易，治平难

立法容易执法难

立法不可不严，行法不可不恕

利不百，不变法、功不十，不易器

练兵必先练心

良禽择木而栖，贤臣择主而事

粮乃兵家之性命

粮是军中胆

两国相战，不斩来使

两军相遇勇者胜

两虎相斗，必有一伤

两雄不能并立

临阵磨枪，不快也光

令出山摇动，法严鬼神惊

六月六，家中猫犬水中浴

龙不离海，虎不离山

龙多旱，人多乱

龙多靠，龙少涝

龙归沧海，虎入深山

龙生龙，凤生凤，老鼠养儿会打洞

龙生龙，虎生虎

龙无头不走，鸟无头不飞

龙眼识珠，凤眼识宝，牛眼识青草

龙游浅水遭虾戏，虎落平原被犬欺

龙争虎斗，苦了小獐

篱笆破，野狗攒

篱笆扎得紧，野狗钻不进

篱牢犬不入

利器入手，不可假人

利之所在，无所不趋

两姑之间难为妇

利之薮，怨之府

烈火才见真金

临崖勒马收缰晚，船到江心补漏迟

留情不举手，举手不留情

留下斗合秤，为的是公平

柳树上着刀，桑树上出血

落架的凤凰不如鸡

落他矮檐下，怎敢不低头

六国贩骆驼

六耳不通谋

路见不平，拔刀相助

路有千条，理只有一条

露水见不得老太阳

箩里拣瓜，拣得眼花

乱世出英雄，阵前识好汉

乱世多新闻

乱世显忠臣

乱世群雄起，有枪便为王

萝卜拔了窝窝在，和尚走了庙子在

M

马放南山，刀枪入库

马骑上等马，牛用中等牛，人使下等人

马屁凭官势

买静求安

瞒上不瞒下

满城文运转，遍地是方巾

猫不在家，老鼠造反

没了王屠，连毛吃猪

没水不煞火

没有打虎将，过不得景阳冈

没有带头羊，羊群难过河、没有带头骡，马帮难得驮
没有骡子驴顶着

没有闪电，雷不会响、没有刮风，树不会摇

没有三板斧，上不了瓦岗寨

门前结起高头马，不是亲来也是亲

门神老了不捉鬼

猛将军无刀杀不得人

庙里猪头是有主的

妙药难医冤债病，横财不富命穷人

民不举，官不究

民乱则国破，国破则君亡

民是国之本

民心不可侮

民心丢失，源竭根枯

明里抱拳，暗中踢脚

明镜所以照形，古事所以知今

明枪易躲，暗箭难防

明人不说暗话

明人不做暗事

明有王法，暗有神灵

明中舍去暗中来

魔高一尺，道高一丈

末大必折，尾大不掉

谋官如鼠，得官如虎

木偶不会自己跳，背后定有牵线人

木朽虫生，墙罅蚁入

N

拿贼拿赃，拿奸拿双

男大当婚，女大当嫁

南人驾船，北人乘马

南甜北咸，东辣西酸

你有长箩索，人家有弯扁担

你有你的关门计，我有我的跳墙法

你有你的佛法，我有我的道行

你有千条妙计，我有一定之规

鸟随鸾凤飞能远，人伴贤良品自高

宁扶井杆，不扶井绳

宁管千军，莫管一夫

宁可信其有，不可信其无

宁给饥人一口，不给富人一斗

宁骑烈马，不使懒牛

宁弃千军，不弃寸地

宁绕十步远，不走一步险

宁人负我，毋我负人

宁为太平犬，莫作离乱人

宁为鸡口，无为牛后

宁要一条龙，不要百条虫

宁在直中取，不向曲中求

鸟飞反乡，狐死首丘

牛头高，马头高

女大三，抱金砖

P

跑了和尚跑不了庙

匹夫舍命，勇将难敌

批龙鳞易，捋虎须难

便宜不过当家

便宜不落外方

偏听生奸，独任成乱

平地里起风波

Q

骑马寻马

棋逢对手，将遇良才

棋逢对手难相胜，将遇良才不敢骄

棋高一着，缚手缚脚

旗开得胜，马到成功

千变万变，官场不变

千兵易得，一将难求

千差万差来人不差

千锤成利器，百炼成纯钢

千槌打锣，一槌定音

千金难买回头看

千金难买天下稳

千金用兵，百金求间

千口吃饭，主事一人

千里不同风，百里不共雷

千里不同风，百里不同俗

千里馈粮，士有饥色、樵苏后炊，师不宿饱

千里做官，为的吃穿

千年的野猪老虎的食

千年文约会说话

千钱赊不如八百现

千人唱，万人和

千人吃药，一人还钱

千人打鼓，一槌定音

千人拉弦，一人定音

千人诺诺，不如一士谔谔

千日练兵一日用

千闻不如一见

千羊在望，不如一兔在手

千阵万阵，难买头阵

牵着不走，打着倒退

前人栽树，后人乘凉

遣将不如激将

强将手下无弱兵

强迫不成买卖，强求不成夫妻

桥归桥，路归路

清官不到头

清官出不得吏人手

清官难出猾吏手

蜻蜓吃尾自吃自

晴干开水道，须防暴雨时

请将不如激将

请来镇山神，不怕妖作怪

穷寇莫追

曲木恶直绳，重罚恶明证

拳头上无眼

R

让一让二，不能让三让四

惹祸招灾，问罪应该

人不害人身不贵，火不烧山地不肥

人不得全，瓜不得圆

人不离乡，鸟不离枝

人不凭嘴，狗不凭尾

人多出韩信

人多出圣人

人恶人怕天不怕，人善人欺天不欺

人逢佳节倍思亲

人贵见机

人贵有自知之明

人见利而不见害，鱼见食而不见钩

人绝粮必死，鱼无水自亡

人苦不自知

人马未动，粮草先行

人命关天

人怕理，马怕鞭，蚊虫怕火烟

人平不语，水平不流

人情归人情，公道归公道

人情似铁，官法如炉

人随王法草随风

人无害虎心，虎没伤人意

人无害虎心，虎有伤人意

人无前后眼，祸害一千年

二八

人无头不行，鸟无翅不腾

人无头不走，雁无头不飞

人无远虑，必有近忧

人无笼头拿纸拴

人心似铁，官法如炉

人心未泯，公论难逃

人行千里，不战自弱、马行千里，不战自疲

人一走，茶就凉

人有贵贱，不可概论

人有几等人，佛有几等佛

人直不富，港直不深

认理不认人，不怕不了事

任它狗儿怎样叫，不误马儿走大道

日月虽明，不照覆盆之内

日间不作亏心事，夜半敲门不吃惊

肉烂在汤锅里

肉眼不识神仙

如入宝山空手回

入国问禁，入里问俗

入门休问荣枯事，观着容颜便得知

入田观稼，从小看大

入乡随俗

若要有前程，莫做没前程

若要捕小鸟，先与闻甘歌

S

三个臭皮匠，顶个诸葛亮

三教原来是一家

三军易得，一将难求

三路公人六路行

三请诸葛亮

三拳敌不过四手

三日无粮不聚兵

三声鼓响，不如雷吼一声

三岁看老

三十六计，走为上计

三天不打，上房揭瓦

三条腿的蛤蟆没见过，两条腿的人有的是

僧不离寺，道不离观

杀兵不如惩将

杀鸡给猴看

杀老牛莫之敢尸

杀了头，碗大的疤

杀人不过头点地

杀人偿命，欠债还钱

杀人可恕，情理难容

杀人一万，自损三千

纱帽底下无穷汉

山高皇帝远

山鸡不敢上配凤凰

山鸡飞起来好打，兔子跑起来好打

山上无大树，茅草招大风

山有顶，路有头

山有神主，庙有庙主

山中无好汉，猢狲称霸王

杉木尾子做不了正梁

闪他闷棍着他棒

善人在患，弗救不祥、恶人在位，不去亦不祥

善猪恶拿

上边梁正下边直

上边千条线，下边一口针

上不紧，则下慢

上不正，下参差

上交不谄，下交不渎

上梁不正下梁歪

上马管军，下马管民

上明不知下暗

上命差遣，概不由己

上求材，臣残木、上求鱼，臣干谷

上人不好，下人不要

上山敢打虎，下海敢擒龙

上山问樵，下水问渔

上什么山，打什么柴、进什么庙，念什么经

上台容易下台难

上有所好，下必甚焉

上有天堂，下有苏杭

上有样，下跟帮

烧的纸多，惹的鬼多

艄公多了打烂船

蛇走无声，奸计无影

舍不得金弹子，打不了凤凰来

舍不得孩子，套不住狼

社稷兴亡，匹夫有责

射人先射马，擒贼须擒王

身处江湖，心存魏阙

伸手三分利，不给也够本

身正不怕影子斜

神山佳话多

神仙打仗，凡人遭殃

生成的豆芽长不成树

生看衣衫熟看人

生铁不炼不成钢

胜负乃兵家常事

省事不如省官

十分惺惺使五分

十谒朱门九不开

十个嘴把式，顶不住一个手把式

十个衙门九个赃

食尽鸟投林，树倒猢狲散

拾了根袜带，配穷了人家

拾得篮里便是菜

识破人情便是仙

识时务者为俊杰

使功者不如使过

使勤不使懒

势乖奴欺主，时衰鬼弄人

世治用文，世乱用武

世治则礼详，世乱则礼简

仕无中人，不如归田

是骡是马，牵出来遛遛

手软打不死老虎

手中没把米，叫鸡鸡不来

守法朝朝乐，欺公日日忙

受尧之诛，不能称尧

书生治兵，十城九空

蜀中无大将，廖化作先锋

树大好遮阴

树大阴凉大

树大招风，名高招忌

树倒猢狲散

树高不能撑着天

树怕软藤缠

树欲静而风不息

树长千尺，叶落归根

竖起招兵旗，不怕没有吃粮人

摔了个跟头，拾了个明白

拴住人，拴不住心

水沟不通四处流

水过地皮湿

水火不相容

水流千里归大海

水清石自见

水清无大鱼

水太清则无鱼，官太清则无利

水中捞月一场空

顺德者昌，逆德者亡

顺天者昌，逆天者亡

说谎不瞒当乡人

说破的鬼不害人

私凭文书官凭印

死店活人开

死了张屠夫，不吃浑毛猪

死人身边自有活鬼

死人头上无对证

岁寒知松柏，国乱显忠臣

孙猴儿跳不出如来佛的手心

T

他弓莫挽，他马莫骑

他要我肝花，我要他肚肠

贪小便宜吃大亏

太公钓鱼，愿者上钩

太平本是将军定，不许将军见太平

堂上一呼，堂下百诺

塘里无鱼虾也贵

天不生无用之人，地不长无用之草

天不打吃饭人

天大的官司倒将来，磨大的银子罱将去

天狗吃不了日头

天晴不肯走，只待雨淋头

天无二日，人无二理

天下人管天下的事，世间人管世间人的事

天下事抬不过个理去

天下未乱蜀先乱，世界易平川难平

天下衙门朝南开，有理无钱甭进来

天子犯法与庶民同罪

田鸡要命蛇要饱

条条大路通罗马

铁打的衙门流水的官

铁匠做官只是打

听传言失落江山

听人劝，吃饱饭

听话听声，锣鼓听音

庭院里跑不开千里马，花盆里育不出千年松

铁匠做官只是打

同行是冤家

偷鸡不着，反折一把米

偷柴过岗，捉奸捉双

偷来的财易尽，买来的官易坏

头儿顶得天，脚儿踏得地

头头不了，账账不清

头雁顶住风，群雁跟着冲

头雁引路雁群随

图他一粒米，失却半年粮

兔子尾巴长不了

兔子满山跑，还得回老窝

陀螺不抽不转

退一步想，过十年看

W

瓦罐不离井上破，将军难免阵中亡

外举不避仇，内举不避亲

外明不知里暗事

顽是顽，笑是笑

顽症还需猛药医

碗小碟大，磕着碰着

万夫一力，天下无敌

万金易抛，旧土难舍

万事分已定，浮生空自忙

万事俱备，只欠东风

万物人为贵

亡羊而固牢不为迟，见兔而呼狗不为晚

王法本于人情，人情大于王法

王言如天语

王子犯法，庶民同罪

往日无仇，近日无冤

为官不与民作主，枉掌纯金印一颗

为官是一时，为人是一世

为了虱子烧个袄

为了一口气，宁丢十亩地

为人别当差，当差不自在

为人处世两件宝，和为贵来忍为高

文不能安邦，武不能定国

文不文，武不武

文不瞎编，武不擅动

文臣安社稷，武将定戈矛

文官把笔安天下，武将持刀定太平

文官不爱财，武将不怕死

文官动动嘴，武官跑断腿

文官三只手，武官四只脚

文能克武，柔能克刚

文齐福不齐

文死谏，武死战

文武之道，一张一弛

文章自古无凭据

巫师斗法，病人吃亏

屋漏在上，知之在下

诬告加三等

无刁不成状

无风起浪

无根的浮萍，长不成栋梁之材

无功不受禄

无功受禄，寝食不安

无官不贪，无商不奸

无官一身轻

无粮不聚兵

无马狗用犁

无事不登三宝殿

无赃难定罪

武不善作

五里不同天，十里不同俗

物必先腐，而后虫生

X

洗脸莫怕擦鼻子

瞎驴上不了板桥

下了山的老虎不如狗

下民易虐，上苍难欺

下有茯苓，上有兔丝

先打后商量

先君子后小人

先礼而后兵

先说断，后不乱

先下米，先吃饭

先下手为强，后下手遭殃

贤者在位，能者在职

县官不如现管

相骂无好言，相打无好拳

相马失之瘦，相士失之贫

乡有乡规，民有民俗

向情向不了理，向理向不了情

削草不除根，萌芽依旧发

小鬼跌金刚

小民斗官，只能转圈

小泥鳅翻不起大浪

小钱不去，大钱不来

小石头打坏大缸

小腿扭不过大腿

笑骂由他笑骂，好官我自为之

邪不胜正

新兵怕炮，老兵怕号

新官上任三把火

心正何愁着鬼迷

信人调，丢了瓢

行动有三分财气

行下春风望秋雨

行不更名，坐不改姓

行船走马三分命

行车有车道，唱歌有曲调

雄鹰飞得再高，影子还在地上

秀才遇见兵，有理讲不清

血债要用血来还

Y

衙门的钱，下水的船

衙门口向南开，有理无钱莫进来

严将出强兵，严婆出巧媳

炎炎者灭，隆隆者绝

阎王不嫌鬼瘦

阎王斗气，小鬼难活

阎王好做，小鬼难当

盐也只有那么咸，醋也只有那么酸

盐卤点豆腐，一物降一物

眼观旌旗捷，耳听好消息

眼中钉，肉中刺

眼睛跳，晦气到

雁飞千里靠头雁

燕雀居堂，不知祸到

羊肉不曾吃，空惹一身膻

羊有头，人有主

养儿当兵，种地纳粮

养虎自遗患

养家千百口，作罪一人当

养军千日，用在一时

养生不若放生

养子不教如养驴，养女不教如养猪

要吃清泉水，就得地理鬼

要打仗，拜大将、要打磨，请石匠

要得活儿多，还得吃与喝

要叫马儿跑，得叫马儿多吃草

要破东吴兵，还得东吴人

要取骊龙项下珠，先须打点降龙手

要想斗争巧，全凭智谋高

要知海深问渔夫，要知山高问猎户

要知山下路，须问过来人

要知心腹事，但听口中言

野马脱缰要乱套，人无法律要乱套

夜不闭户，路不拾遗

夜猫子不黑天不进宅，黄鼠狼不深夜不叼鸡

夜猫子害怕见太阳

夜入人家，非奸即盗

一百饶一下，打汝九十九

一棒打两只鸡

一辈子不出马，到老是个卒

一朝权在手，便把令来行

一朝时运至，半点不由人

一朝天子一朝臣

一床锦被遮盖

一夫当关，万夫莫开

一夫拼命，万夫难敌

一竿子打不倒一船人

一个不摘鞍，一个不下马

一个槽上拴不下俩叫驴

一个将军一道令

一个神仙一套法

一个土地爷好烧香，两个土地爷难叩头

一棍打一船

一家有一个主，一庙有一个神

一将功成万骨枯

一将舍命，万将难敌

一将无谋，累死千军、一帅无谋，挫丧万师

一马当先，万马奔腾

一年种谷，三年生金

一人藏物，千人难寻

一人看一步，十人看百里

一人为私，两人为公

一人在朝，百人缓带

一人之下，万人之上

一日动干戈，十年不太平

一日官事十日打

一日为官，强似千载为民

一日纵敌，万世之患

一山不藏二虎

一时之胜在于力，千古之胜在于理

一事到官，十室牵缠、一人入狱，一家尽哭

一世为官三世累

一手遮不了天

一岁主，百岁奴

一碗凉水看到底

一言兴邦，一言丧邦

一叶蔽目，不见泰山

一叶落知天下秋

一症配一药，跳蚤无涎捉不着

一枝一叶总关情

一只碗不响，两只碗叮当

一正敌千邪

一子出家，九祖升天

一子受皇恩，全家食天禄

一字入公门，九牛拔不出

一进侯门深似海

依了佛法饿杀，依了王法打杀

医得眼前疮，剜却心头肉

疑人莫用，用人莫疑

以狼牧羊，何能长久

以毒攻毒，以火攻火

以利相交者，利尽而疏

以小人之心，度君子之腹

义理之勇不可无，血气之勇不可有

阴天不见晴天见，白天不见晚上见

英雄所见略同

迎风的饺子，送行的面

迎风儿簸簸箕

用人容易识人难

用之则为虎，不用则为鼠

有兵刃的气壮，无家伙的胆虚

有车就有辙，有树就有影

有大略者不可责以捷巧，有小智者不可任以大功

有洞必有妖，有鱼必有鲨

有钢使在刃上

有理不可灭，无理不可兴

有理不在声高

有理没理三扁担

有理说不弯

有理言自壮，负屈声必高

有理走遍天下，无理寸步难行

有例不兴，无例不灭

有苗留在垄上，有话说在理上

有奶便是娘

有钱得生，无钱得死

有钱难买背后好

有星皆拱北，无水不朝东

有治人，无治法、有智赢，无智输

与其找临时马，不如乘现时驴

鹬蚌相争，渔人得利

欲知其人，观其所使

冤有头，债有主

远来和尚好看经

Z

宰相肚里撑舟船

宰相家奴七品官

宰相须用读书人

斩草不除根，萌芽依旧生

斩草除根，萌芽不发

占小便宜吃大亏

站得高，看得远

战无不胜，攻无不取

丈八的灯台，照见人家照不见自己

招军买马，积草屯粮

知底莫过当乡人

知法犯法，罪加一等

知情不报，罪加一等

执法不留情，留情法不容

指冬瓜骂葫芦

只见树木，不见森林

只开弓不放箭

只怕睁着眼儿的金刚，不怕闪着眼儿的佛

只有不快的斧，没有劈不开的柴

只有错捉，没有错放

只有千日做贼，哪有千日防贼

只有鱼吃水，没有水吃鱼

只知我外面行状，不知我肚内文章

只重衣衫不重人

治乱世，用重刑

治一经，损一经

鸷鸟将击，卑飞敛翼

智过禽获得禽，智过兽获得兽

针尖对麦芒

珍珠掺着绿豆卖，一样价钱也抱屈

争得猫儿丢了牛

政如冰霜，奸宄消亡、威如雷霆，寇贼不生

忠臣不怕死，怕死不忠臣

忠臣孝子人人敬，佞党奸贼留骂名

忠臣择主而侍，好鸟择木而栖

忠孝不能两全

忠言逆耳利于行，良药苦口利于病

种瓜得瓜，种豆得豆

重赏之下，必有勇夫

众人的眼睛是杆秤

主将无能，累死三军

抓奸要双，捉贼要赃

抓鱼要掐鳃，捉蛇要攥头

捉奸在床，捉赌在场

捉贼须捉赃，捉奸须捉双

最能拉车的牛，最先挨人的刀

早晨不做官，晚夕不唱喏

早晨栽下树，到晚要乘凉

早知三日事，富贵几千年

在官言官，在府言府，在库言库，在朝言朝

自家有病自家知，自古兴亡不由人

纵虎归山，后患无穷

纵子如纵虎

作恶恐遭天地责，欺心犹怕鬼神知

作福不如避罪

坐得正来立得正，哪怕和尚尼姑合板凳

坐山观虎斗

坐饮家乡水也甜

做事要在理，煮饭要有米

劳动 经济 生产

A

挨饿受穷，不吃籽种

拗气损财

B

拔根汗毛都比腰粗

白酒红人面，黄金黑世心

白米饭好吃田难种，鱼汤鲜美网难抬

百货中百客，百样生意百样做

百里不贩樵，千里不贩籴

百年土地转三家

百问不烦，百挑不厌

百行百业农为首，百亩之田肥当先

百样生意百样做

白业农为本，万般土里生

百艺百穷，九十九艺空

百艺防身

百艺好学，一窍难得

帮艺不帮钱

褒贬是买主，喝彩是闲人

饱备干粮睛备伞，丰年也要防歉年

保水就是保谷仓，积水就是积米粮

保土必先保水，治土必先治山

本钱易寻，伙计难讨

本小利微，本大利宽

秕糠哪里榨得出油来

扁担是条龙，一生吃不穷

便宜无好货

薄地怕穷汉，肥地怕懒汉

薄艺随身，赛如娘跟

捕生不如捕熟

不当撑船手，不会摸篙竿

不懂生意经，买卖做不成

不懂庄稼脾气，枉费一年力气

不会打仗不吃粮，不会唱歌不卖糖

不会念经，休做和尚、不会上鞋，休做皮匠

不会蚀本，就不会赚钱

不会使用钱，买卖做不圆

不将辛苦意，难得世间财

不劳动者不得食

不冷不热，五谷不结

不怕不卖钱，就怕货不全

不怕不识货，就怕货比货

不怕该债的精穷，只怕讨债的英雄

不怕奸，只怕难

不怕麻糖棍棍，就怕黄米包粽

不怕卖不了，就怕货不好

不怕年灾，就怕连灾

不怕千招会，就怕一招独

不怕歉一年，就怕连年歉

不怕人不请，就怕艺不精

不怕舌头不灵活，就怕手心无钢火

不怕凶，只怕穷

不蚀小本，求不来大利

不是撑船手，休来弄竹竿

不信神，不信鬼，全凭自己胳膊腿

不义取财，如以身为沟壑

不义之财不可发

不义之财不可贪

不忧年俭，但忧廪空

C

财不露白

财从细起

财大气粗，艺高口狂

财动人心

财多身弱

财发精神长

财可通神

财命两相当

财去身安乐

财上分明大丈夫

财是福之苗，钱是人之胆

财压奴婢，艺压当行

裁缝不落布，卖脱家主婆

裁衣不及缎子价

残物不过半价

仓廒府库，抹着便富

槽头买马看母子

草膘料力水精神

草锄不尽，终究是庄稼的害

草窝里饿不死睁眼的蛇

草鞋没样，边打边像

插柳莫叫春知

茬口不换，丰年变歉

差人见钱，猫鼠同眠

长袖善舞，多钱善贾

常赌无赢客

常将有日思无日，莫待无时想有时

车不站险地

车有车路，船有船路

称家丰俭不求余

撑死胆大的，饿死胆小的

成大事者不惜小费

成家之子，惜粪如金

成家子，粪如宝、败家子，钱如草

城吃镇，镇吃乡，乡人吃到老荒庄

吃不穷，穿不穷，打算不到死受穷

吃鸡蛋不吃鸡母

吃酒红人面，财帛动人心

吃哪行饭，说哪行话

吃三年薄粥，买一头黄牛

吃一行怨一行

赤脚的陪不起穿鞋的

赤脚人赶兔，著靴人吃肉

重茬谷，守着哭

重阳湿漉漉，穰草千钱束

重阳无雨一冬晴

抽头聚赌，犹如杀人放火

出处不如聚处

出家人安一口锅，也跟俗家差不多

出门看天气，买卖看行情

出外做客，不要露白

初三初四蛾眉月

初三见月初四亮，初五初六放豪光

初三月下有横云，初四日里雨倾盆

初一扎针十五拔，强似挨门求人家

除夜犬不吠，新年无疫疠

锄头三寸泽

处家人情，非钱不行

处暑后十八盆汤

触露不掐葵，日中不剪韭

船不离舵，客不离货

船多不碍港，车多不碍路

船家不打过河钱

船无水不行，事无钱不成

床头黄金尽，壮士无颜色

床头千贯，不如日进分文

床头有箩谷，勿怕无人哭

吹少捧老骂中年

春不刮地不开，秋不刮籽不来

春不种，秋不收

春初早韭，秋末晚菘

春打六九头，吃穿不用愁

春分分芍药，到老不开花

春耕加一寸，顶上一遍粪

春耕宜迟，秋耕宜早

春来一把籽，秋来一把镰

春灭一条虫，秋收万颗粮

春牛如战马，催膘第一桩

春天比粪堆，秋天比粮堆

春天后母面

春天三冷三暖，人生三苦三乐

春天误一晌，秋天误一场

春为花博士，酒是色媒人

慈不掌兵，义不主财

此地无朱砂，红土子为贵

葱多不去皮，萝卜多了不洗泥

D

打赤脚不怕穿鞋的

打卦打卦，只会说话

打耗子还得个油纸捻儿

大船打烂了还剩三千钉

大粪南瓜鸡粪椒，羊粪长出好棉花

大富由命，小富由勤

大官不要钱，不如早归田、小官不索钱，儿女无姻缘

大锅里有饭，小锅里好办

大海不禁漏卮

大寒一场雪，来年好吃麦

大河里有水小河里满

大河涨水小河满，锅里有了碗里就有

大人物不可一日无权，小百姓不可一日无钱

单身汉的钱多，讨了婆娘烧破锅

胆大的撑个死，胆小的饿个死

胆小发不了大财

但添一斗，不添一口

当地不当路，买地不买河

当面数清不恼人

道路难行钱作马，城池不克酒为兵

稻多打出米来，人多讲出理来

稻秀雨浇，麦秀风摇

得人钱财，与人消灾

得一望十，得十望百

得智慧胜过得金子

地肥禾似树，土薄草如毛

地靠粪养，人靠饭长

店大欺客，客大欺店

店家不打隔夜钱，船家不赊过河钱

钓大鱼离不了长竹竿

爹有弗如娘有，娘有弗如老婆有、老婆有还要开开口，弗如自有

丢了找不着，死了哭不活

丢钱是买主，说话是闲人

冬天麦盖三层被，来年枕着馒头睡

冬无雪，麦不结

冬雪胜如宝

豆腐店做一朝，不及肉店一刀

豆芽不坏桶，是个挖钱孔

赌钱场上无父子

多得不如现得

多里捞摸

多能多干多劳碌，不得浮生半日闲

多求不如省费

多算胜少算

E

儿多尽惜，财多尽要

儿时练功易，老来学艺难

F

法律无灵，钱神作祟

法能为买卖，官可做人情

饭到口，钱到手

房中有人，好管金银

纺车头上出黄金

放了三年羊，给个县长都不当

放鱼如放金

肥冬瘦年

肥田不如瘦水

分香莲，不论钱

粪大水勤，还得靠技术革新

粪田胜如买田

丰年要当歉年过，有粮常想无粮时

丰年珠玉，俭年谷粟

风吹鸭蛋壳，财去人安乐

封山不育林，等于白费神

逢春落雨到清明

父若做主事，金银自来至，车载与斗量，任凭公子使

富不露财

富不学奢而奢，贫不学俭而俭

富不与官斗

富藏于地

富从升合起，贫从不算来

富得快，跑买卖

富儿更替做

富儿离不开穷汉，肥田离不开瘦水

富贵本无根，尽从勤里得

富贵不归故乡，如衣绣夜行

富极是招灾本，财多是惹祸因

富家一席酒，穷汉半年粮

富家一盏灯，太仓一粒粟、贫家一盏灯，父子相聚哭

富人报人以财，贫人报人以命

富人家日子好过，穷人家孩子好养

富日子好过，穷家难当

富无根，贵无种

富嫌千口少，贫恨一身多

富向富，贫向贫，当官的向那有钱人

富易交，贵易妻

富则盛，贫则病

富者怨之丛

G

干亲不如钱亲

干土打不成高墙，没钱盖不成瓦房

敢开高价口，必有识货人

高楼一席酒，穷汉半年粮

隔行如隔山

耕问仆，织问婢

工多出巧艺

公人钱，僧人钞，与他再不辞，伸手只管要

狗咬挎篮的，贼抢有钱的

姑娘穷了有一嫁，婆家穷了无穿戴

官不贪财，兵不怕死

官大福大势大，财粗腰粗气粗

官儿的眼睛是黑的，打官司人的银子是白的

官儿做得越大，心里越想要钱，话儿越说得好听，做出事来越难看

官凭文引，私凭要约

官无大小，要钱一般

官要响亮，钱来挡挡

龟通海底

贵了贫，还穿三年绫

贵买田地，积与子孙

贵人不用忙，自有黄金用斗量

过了冬，长一针、过了年，长一线

H

寒钱休要赌

旱种塘，涝种坡，不旱不涝种沙窝

航船不载无钱客

豪门不打倒，穷人难翻身

好处安身，苦处用钱

好赌者身贫无怨

好舵手会使八面风

好钢要使在刀刃上

好过的年，难过的春

好汉不贪色，英雄不贪财

好汉不挣有数钱

好汉无钱到处难

好伙计勤算账

好货不便宜，便宜没好货

好货不怕看，怕看没好货

好货不怕行家瞧

好借好还，再借不难

好借债，穷得快

好金出在沙子里，好肉出在骨头边

好酒不怕巷子深

好男勿鞭春，好女勿看灯

好年盛景看腊月

好亲眷，莫交财、交了财，断往来

好物不贱，贱物不好

好账不如无

行大欺客

行家伸伸手，便知有没有

喝酒喝厚了，赌钱赌薄了

喝水不忘掘井人

和气不蚀本

和气生财

和气致祥，乖气致戾

和尚见钱经也卖，瞎子见钱眼也开

河里无鱼市上取

荷锄候雨，不如决渚

黑炭洗不白，金子染不黑

横财不富命穷人

狐白之裘，非一狐之腋

湖广熟，天下足

湖区出好谷，山区有好屋

猢狲种树，弗了不住

葫芦开开才是瓢，种子下地才成苗

化缘和尚大手脚

欢喜破财，不在心上

还债容易还情难

荒年饿不死手艺人

荒山变林山，不愁吃和穿

慌不择路，饥不择食

皇帝的女儿不愁嫁

黄金遍地走，单等有志人

黄金未为贵，安乐值钱多

黄金有价人无价，万金难买美多才

黄金置身贵，文章不疗饥

黄鼠狼的崽子，一代不如一代

会家不难，难家不会

会嫁的嫁对头，不会嫁的嫁门楼

婚姻论财，夷虏之道

火到猪头烂，钱到公事办

货比三家不吃亏

货到地头死

货好还得会吆喝

货卖当时

货卖一张皮

货卖与识家

货无大小，缺者便贵

货有高低三等价，客无远近一般看

J

饥不择食，寒不择衣，慌不择路，贫不择妻

饥荒年饿不死手艺人

饥时饭，渴时浆

饥时一粒，胜似饱时一斗

饥者易为食，寒者易为衣

鸡蛋换盐，两不见钱

鸡多不下蛋，人多吃闲饭

鸡是盐罐，猪是钱罐

积财千万，不如薄技在身

积谷防饥，养子防老

积金不如积德，克众不如济人

计毒无过断粮

家里无钱莫做官

家贫不办素食，匆冗不暇草书

家贫犹自可，路贫愁杀人

家破值万贯

家土换野土，一亩顶两亩

家无千百万，莫想优拔看

家无生活计，不怕斗量金

家无滞货不发

家有敝帚，享之千金

家有常业，虽饥不饿、国有常法，虽危不亡

家有黄金，外有斗秤

家有黄金千万两，堂前无子总徒劳

家有千金，不如日进分文、良田万顷，不如薄艺随身

家有千棵柳，不用满山走

家有千口，主事一人

家有千万，小处不可不算

家有十只兔，不缺油盐醋

家有万贯，不如出个硬汉

家有万贯，吃穿领先

家有万贯，顶不住一座破窑烂店

家有万贯，还有个一时不便

家有万千，小处不可不算

家有万石粮，不如生个好儿郎

家有万石粮，挥霍不久长

家有一园茶，累得子孙似狗爬

家中打车，外面合辙

家中有金银，隔壁有戥秤

家中有粮，人心不慌、手中有钱，万事好办

家中有无宝，但看门前草

价高招远客

价钱便宜无好货

价一不择主

驾船不离码头，种田不离田头

俭是聚宝盆，勤是摇钱树

见大头不捉三分罪

见苗就有三分收

见贫休笑富休夸，谁是常贫久富家

贱里买来贱里卖，容易得来容易舍

将钱买田，不如穷汉晏眠

交够征购粮，成了自在王

交通在屠沽

交易不成仁义在

揭债要忍，还债要狠

令不饶人

节约油，油满罐、节约钱，钱成串

借债还债，窟窿常在

借债容易还债难

金盆虽破值钱宝，分两不曾短半分

金钱粪黄土，医德值万金

金钱难买命，王法不饶人

金钱能使鬼推磨

金钱是个宝，缺它好不了

金银不过手

金银不露白

金银财宝，身外之物

金银压死人

金玉有余，买镇宅书

金子终得金子换

紧细的庄稼，耍耍的买卖

尽听拉拉蛄叫，别种庄稼了

近家无瘦地，遥田不富人

进了赌博场，不认亲爹娘

荆人不贵玉，蛟人不贵珠

惊蛰闻雷米似泥

镜愈磨愈亮，泉越汲越清

九九八十一，家家做饭坡里吃

九里风，伏里雨

九日雨，米成脯

九月九，蚊虫叮石臼

久看成行家

聚者易散，散者难聚

绝技不传人

君子爱财，取之以道

君子救急不救富

骏马能历险，耕田不如牛

K

开店的不怕大肚汉

开店容易守店难

开过药铺打过铁，百样生意只好歇

开买卖不养张嘴货

砍柴容易下山难

砍柴上山，捉鸟上树

砍的不如镟的圆

看人看穿戴，生意看招牌

看人挑担不费力，自己挑担重千斤

看山吃山，看水吃水

糠壳不肥田，到底能松个脚

炕烧暖了，被窝儿自然热

靠山吃山要养山，造林成林要护林

靠着大河有水吃，靠着大树有柴烧

靠着蜜罐子，哪能不沾蜜

刻薄不赚钱，忠厚不折本

刻薄成家，理无久享

客不离货，财不露白

客大欺行，行大欺客

空花不结实，空话不成事

空话一场，五谷不长

空手打空拳

库里有粮心不慌，手里有钱喜洋洋

L

腊月水土贵三分

腊月有三白，猪狗也吃麦

来时容易去时快

来有来源，去有去路

懒妇思正月，馋妇思寒食

懒汉种荞麦，懒妇种绿豆

懒驴上磨屎尿多

郎多好种田

老儿不发狠，婆儿没布裙

冷在三九，热在三伏

力大压百艺

力能胜贫，谨能胜祸

力气是奴才，使了又回来

力生于速，巧生于技

立春日暖，冻杀百鸟卵

立秋十八暴

立夏不下，田家莫耙

立夏鹅毛住

利之所在，无所不趋

良田不如良佃

良田万顷，日食一升、广厦千间，夜眠七尺

良医之门病人多

两春夹一冬，无被暖烘烘

两个肩膀扛着张嘴

两手难捉两条鱼

猎狗的鼻子药农的眼

猎人进山只见禽兽，药农进山只见草药

林中不卖薪，湖上不鬻鱼

林中多疾风，富贵多谀言

临财毋苟得，临难毋苟免

六、腊月，不过河

六九五十四，乘凉不入寺

六九五十四，贫儿争意气

六腊不交兵

六月不热，五谷不结

六月初三打个黄昏阵，上昼耘稻下昼困

六月初三晴，山筱尽枯零、六月初三一阵雨，夜夜风潮到立秋

六月的日头，后娘的拳头，媒人的舌头

六月的太阳三九的风，蝎子的尾巴女人的心

六月六，看谷秀

六月六，猫儿狗儿同洗浴

六月六，晒得鸡蛋熟

六月无蝇，新旧相登

六月有迷雾，要雨直到白露

六月债，还得快

鲁班虽巧，量力而行

路通百业兴

萝卜花了肉价钱

落水要命，上岸要钱

M

麻耘地，豆耘花

马达一响，黄金万两

马无夜草不肥，人无外财不富

马有四蹄行千里，人有双手创奇迹

买便宜是上当的后门

买不来有钱在，卖不出有货在

买金须问识金家

买静求安

买马也索籴料

买卖不成交情在

买卖不成仁义在

买卖成交一句话

买卖搅庄户，日子必定富

买卖看行情，早晚价不同

买卖买卖，和气生财

买卖买卖，两头情愿

买田不买粮，嫁女不嫁娘

买主买主，衣食父母

麦锄三遍面满斗

麦盖三床被，守着馒头睡

麦过芒种根自死

麦过人，不入口

麦黄梢，累断腰

麦苗不丢寸

麦怕胎里旱

麦是胎里富，底肥要上够

麦收八、十，三场雨

麦收地干，来秋地湿

麦收短秆，豆打长秸

麦收就怕连阴雨

麦收三月雨

麦收一条沟，稻收一条埂

麦收最怕剃头风

麦熟一晌

麦穗发了黄，秀女儿也出房

麦旺四月雨

麦芽儿发，耩（jiǎng，用耧播种或施肥）棉花

麦要好，茬要倒

麦宜稠，谷宜稀

麦种三年，不选要变

麦子不分股，不如土里捂

麦子怀肚肚，里面套豆豆

麦子上场，小孩儿没娘

麦子胎里富，种子六成收

卖饭的不怕大肚汉

卖饭的不怕大肚子汉，卖酒的不怕海量

卖瓜的说瓜甜，卖醋的讲醋酸

卖金须是买金人

卖金须向识金家

卖油娘子水梳头，卖肉儿郎啃骨头

慢工出细活

漫天要价，就地还钱

忙不择价

芒种端午前，处处有荒田

芒种糜子乱种谷

芒种前后，背夫逃走

芒种雨，百姓苦

芒种之日见麦茬

盲人有竹，哑巴有手

茂木丰草，有时而落

没本钱买卖，赚起赔不起

没本钱作不成买卖

没那金刚钻，不敢揽瓷器活

没钱低三辈

没钱说话如放屁，有钱说话屁也香

没有本钱做不成买卖

没有不开张的油盐店

没有打虎艺，不敢上山冈、没有擒龙手，不敢下海洋

每日省一钱，三年并一千

美产年年有，不入一人手、有土自有财，悖入财不久

昧心钱赚不得

门门有路，路路有门

门前插柳青，农夫休望晴、门前插柳焦，农夫好作娇

米粉越磨越细，手艺越做越精

面软的受穷

明正暗至

命里无财该受穷，富贵都是天铸成

摸摸春牛脚，赚钱赚得着

莫嫌利润小，只要顾客多

莫饮过量酒，莫贪意外财

谋财容易守财难

谋大事者不惜小费

木奴（泛称果树和其他具有经济价值的树木）千，无凶年

N

哪个鱼儿不识水

男的是耙耙，女的是匣匣，不怕耙耙齿少，只怕匣匣没底

男勤耕，女勤织，足衣又足食

男人挣钱，女人腰圆

男是冤家女是债

难拜年，易种田

能挣不如能省

你拨你的算盘，我打我的主意

你不借我磨刀雨，我不准你晒龙衣

拈不的轻，负不的重

年逢大荒，先禁三坊

年年有储存，荒年不慌人

年轻不攒钱，老来受艰难

鸟为食死，人为财亡

宁当有日筹无日，莫待无时思有时

宁可卖了悔，休要悔了卖

宁可人前全不会，不可人前会不全

宁可无了有，不可有了无

宁可无钱，不可无耻

宁少路边钱，莫少路边拳

宁舍千金献真佛，不拔一毛插猪身

宁养龙，不养熊

牛马年，好种田

牛食如浇，羊食如烧

牛是口粮神，少了饿死人

牛头不烂，多费柴炭

农不经商不富，马无野草不肥

农民观天气，商人观市场

P

怕见的是怪，难躲的是债

赔钱招汉子，折本费工夫

彭祖寿八百，不可忘了植蚕植麦

匹夫无故获千金，必有非常之祸

匹夫无罪，怀璧其罪

拼得自己，赢得他人

拼死吃河豚

贫不与富斗，富不与势争

贫家百事百难做，富家差得鬼推磨

贫家富路

贫穷不为耻，懒惰真是羞

平原地区怕水淹，高山地区怕干旱

破财是挡灾

破车不挡好道

破家值万贯，一搬三年穷

破人生意如杀人父母

Q

七犁金，八犁银，九月犁地饿死人

七十二行，行行出状元

七十二行，庄稼为王

七月半栽大蒜，一颗能长四两半

七月草是金，八月草是银

欺众不欺一

骑马寻马

骑秋一场雨，遍地出黄金

起了个五更，赶了个晚集

起五更，爬半夜

起新不如买旧

汽车一响，黄金万两

千金不死，百金不刑

千金难买后悔之药

千金难买穷济贫

千金难买相连地

千金难买一口气

千金之子，不死于市

千里为官只为财

千卖万卖，折本不卖

千年田，八百主

千钱赊不如八百现

千锭而家藏，不如铢两而时入

千日锛子百日斧

千文许要，一文许还

千行万千，庄稼是头一行

千招要会，一招要好

千做万做，蚀本生意不做

前门进老子，后门进儿子

前身高一掌，只听犁耙响、前身低一掌，只听鞭杆响

钱不可使尽，话不可说尽

钱财份上无父子

钱财如流水，流去还能回

钱财入手非容易，失处方知得处难

钱财是身外之物

钱财通性命

钱财易处，门路难寻

钱财招祸

钱到公事办，火到猪头烂

钱多不烧手

钱多腰杆硬，力大嗓门粗

钱赶赢家

钱会摆，银会度

钱尽情义绝

钱可使鬼

钱可通神

钱可以买到伙伴，但买不到朋友

钱买众人和

钱难挣，屎难吃

钱能长利，穷能生义

钱能成事，也能败事

钱入山门，功归施主

钱是白的，眼是红的

钱是奴才，用了还来

钱是人之胆，财是富之苗

钱是死的，人是活的

钱是贪夫饵，徘徊自上钩

钱是爷，钱是娘，一天没钱急得慌

钱为人之胆

钱无耳，可暗使

钱压奴婢，艺压当行

钱要用在刀口上

钱有眼，谷有鼻，飞来飞去无定地

钱在手头，食在口头

欠人的理短，吃人的嘴软

欠债变驴变马填还

欠债还钱，天经地义

欠债如管下，还了两平交

欠账不昧，见官无罪

欠账不欠情

强盗不入五女之门

抢人主顾，如杀父母

抢收如救火

抢着不是买卖，拉着不是亲戚

巧干来自熟练，熟练来自实践

窍门满地跑，看你找不找

亲戚不共财，共财再不来

亲戚明算账，父子钱财清

亲是亲，财是财

亲是亲，钱财分

亲兄弟，明算账

亲兄弟借钱如白捡

勤勤干，满满饭

勤人活路多，懒人瞌睡多

勤人急在腿上，懒人急在嘴上

勤为摇钱树，俭是聚宝盆

晴干冬至湿濛年

穷官儿好如富百姓

穷汉无年节

穷极买奖票，发财看广告

穷家富路

穷家值万贯

穷看碗里富看穿

穷客人富盘费

穷人的汗，富人的饭

穷人告状，白跑一趟

穷人思旧债

穷人死一口，不如死条狗

穷人有个穷菩萨

穷算命，富烧香

穷虽穷，还有三担铜

穷文富武

秋字辘，损万斛

秋忙麦忙，绣女下床

秋前拔稗，强如放债

秋茄晚结，菊花晚发

秋十天，麦三晌

秋收稻，夏收头

秋霜夜雨肥如粪

秋天的骨朵怕霜打

秋天划破皮，等于春大犁十犁

秋天毛毛腰，足够一冬烧

趋名者于朝，趋利者于市

犬生独，家富足

劝君莫打三春鸟，子在巢中望母归

R

人爱富的，狗咬穷的

人不哄地皮，地不哄肚皮

人不划算家不富，火不烧山地不肥

人不识货钱识货

人过三十五，好比庄稼到处暑

人好不如家伙妙

人哄地皮，地哄肚皮

人叫人千声不应，货叫人点首而来

人敬有钱的，狗咬提篮的

人看对眼，货看顺眼

人靠饭养，苗靠粪长

人靠运气马靠膘

人亲有的，狗咬丑的

人勤地不懒，黄土变成金

人勤地有恩，黄土变成金

人穷长力气，人富长脾气

人穷当街卖艺，虎瘦拦路伤人

人穷客前矮半截

人穷理短，有钱气粗

人穷穷在债里，天冷冷在风里

人少好过年，人多好种田

人生祸福总由天

人生天地间，庄农最为先

人是富贵眼

人是活财，钱是死宝

人是英雄钱是胆

人熟地灵，生财有道

人为财死，鸟为食亡

人无三代穷

人无笑脸休开店

人误地一时，地误人一年

人有薄技不受欺

人有两只脚，银子有八只脚

人有七贫八富

人有一技之长，不愁家无米粮

人走运门板也挡不住

仁不统兵，义不聚财

忍耐忍耐，家财还在

任叫人忙，不叫田荒

日出而作，日入而息

日下一言为定，早晚时价不同

若说钱，便无缘

若要富，守定行在卖酒醋、若要官，杀人放火受招安

若要富，土里做、若要饶，土里刨

S

三百六十行，行行出状元

三百六十行生意，不如鬻书与毛氏

三春不赶一秋忙

三春戴荠花，桃李羞繁华

三番谢灶，胜做一坛清醮

三分匠人，七分主人

三分毛利吃饱饭，七分毛利饿死人

三伏不热，五谷不结

三个五更顶一工

三年护林人管树，五年护林树养人

三年郎中妻，抵得半个医

三年桃，四年杏

三年易考文武举，十年难考田秀才

三千索，直秘阁、五百贯，擢通判

三日卖不得一担真，一日卖了三担假

三月三，九月九，无事不向江边走

三月三，苦菜叶往上钻

三月三，蚂蚁上灶山

三月三日晴，桑上挂银瓶、三月三日雨，桑叶无人取

三月思种桑，六月思筑塘

三月茵陈四月蒿，五月六月砍柴烧

三早当一工

杀头生意有人做，亏本生意无人做

山不碍路，路自通山

山大砍来自有柴

山怕无林海怕荒，人怕老来花怕霜

山上多种树，等于修水库、雨多它能喝，雨少它能吐

山是摇钱树，海是聚宝盆

善钱难舍

商场如战场

上赶着不是买卖

上门买卖好做

上坡骡子下坡马

上无片瓦遮身，下无立锥之地

烧干柴，吃白米

烧石灰见不得卖面的

烧砖的窑里出不来细活

赊三不敌见二

赊三千弗如现八百

蛇有蛇路，鼠有鼠路

舍不得香饵，就钓不来金蟾

舍得宝调宝，舍得珍珠换玛瑙

社后种麦争回稞

社日酒治聋

神有神路，鬼有鬼路

生不带来，死不带去

生处好寻钱，熟处好过年

生意不成仁义在

生意不怕折，只怕歇

生意场上无父子

生意买卖一句话

生意上官船，不愁肚子圆

生意头上有火

省钱易饱，吃了还饥

失了财，免了灾

十耕萝卜九耕麻

十年九不收，一收胜十秋

十年辛苦不寻常

十日卖一担针卖不得，一日卖三担甲倒卖了

十月雷，人死用耙推

十月无工，只有梳头吃饭工

时间就是金钱，效率就是生命

食用量家道

食在口头，钱在手头

使的憨钱，治的庄田

使人家的钱手短，吃人家的饭口软

使人钱财，与人消灾

世上哪有不偷鱼的猫儿

世上钱财倘来物，那是长贫久富家

事忙先落账

势大仗权，腰粗仗钱

是财自个儿来

是儿不死，是财不散

手巧不如家什妙

手中有粮，心中不慌

受人之禄，忠人之事

瘦死的骆驼比马大

书呆子经商，老本儿赔光

输家不放口，赢家不能走

熟能生巧，巧能生精

树不成林怕大风

树不坚硬虫来咬

树长根，人长心

树大了空心，财多了黑心

树大生桠枝，人大生意思

树大招风

树根儿不动，树梢儿白摇

树蛮不落叶，雁飞不到处

树木不修剪，只能当柴砍

树挪死，人挪活

树怕剥皮，人怕揭短

树怕没根，人怕没理

树怕皮薄，人怕体弱

树往高处长，人往高处走

树无相同叶，人无相同脸

树要根生，儿要亲生

树要皮，人要脸

树要直，人要实

树正不怕月影斜

竖起招军旗，就有吃粮人

双手是活宝，一世用不了

霜降见霜，米烂陈仓

谁养孩子谁当娘，谁种土地谁收粮

水里得来水里去

睡不醒的冬三月

说得好听，不如练得艺精

说金子晃眼，说银子傻白，说铜钱腥气

说着钱，便无缘

死店活人开

死水怕勺舀，坐吃山也空

四体不勤，五谷不分

四月八，吃枇杷、五月五，熟透的杨梅快落土

苏湖熟，天下足

虽有凶岁，必有丰年

T

他财莫要，他马莫骑

贪便宜没好货

贪钱嫁老婿

汤里来，水里去

桃三杏四梨五年，枣子当年便还钱

讨饭是大人家的后门

讨账断主顾

天大官司，地大银子

天旱三年饿不死手艺人

天荒饿不死手艺人

天冷不冻下力人

天晴不开沟，雨落没处流

天上没有堕落龙，地上没有饿煞虫

天无三日雨，人没一世穷

天下道理千千万，没钱不能把事办

添钱不如细看

田舍翁当积三斛麦

田是主人人是客

贴人不富自家穷

铁匠没样，边打边像

同山打鸟，见者有份

同行不揭短，揭短砸人碗

同行是冤家

铜驴铁骡纸糊的马

铜钱眼里翻斤斗

铜钱银子是人身上的垢、鸭背上的水，去了又来

偷得爷钱没使处

头白可种桃

头有二毛好种桃，立不逾膝好种橘

土地不负勤劳人

土地是庄稼人的命根子

W

歪歪木头端匠人

歪嘴葫芦拐把瓢，品种不好莫怪苗

外财不扶人

外财不富命穷人

外甥有钱打舅舅

外头要个捞钱手，屋里要个聚宝盆

万般皆下品，唯有读书高

万两黄金容易有，钱财无义应难守

未吃端午粽，寒衣未可送

未霜见霜，粜米人像霸王

未蛰先雷，人吃狗食

文臣不爱钱，武臣不惜死

我有黄金千万两，不因亲者却来亲

屋要人支，人要粮撑

无本难求利

无官不贪，无商不奸

无禁无忌，黄金铺地

无酒不成市

无林无木，山区不富

无米莫养猪，无钱莫读书

无农不稳，无工不富，无商不活

无钱逼死英雄汉

无钱卜不灵

无钱拣故纸

无钱时后悔就来不及了

无钱同鬼讲，有钱鬼也灵

无事出门小破财

无私不成事

无盐不解淡

无有肥仙人、富道士

无债一身轻

五谷天下宝，救命又养身

五月及泽，父子不相借

五月早，不算早，六月连雨吃饱饭

武艺不能俱全

物定主财，货随客便

物见主，必定取

物离乡贵

X

稀为贵，多则贱，早入口的桃子鲜

媳妇到门前，还得个老牛钱

媳妇多了吃冷饭，头头多了事难办

瞎子见钱眼睛开

夏草是金，秋草是银

夏则资皮，冬则资缔

仙人难断叶价

先尝后买，知道好歹

先看后定，免得撮笨

先生讲书，屠夫讲猪

闲得住骡子，闲不住人

闲来置，忙来用

现钱买的手指肉

现在人养林，日后林养人、无灾人养树，有灾树养人

乡村四月闲人少

相金先惠，格外留神

向阳花木易逢春

小财不去，大财不来

小孩盼过年，大人愁腊月

小寒大寒，杀猪过年

小河有水大河满

小炉匠敢揽大瓷缸，怀里揣着金刚钻

小人债，弗隔夜

小账不可大算

心平斗满不欺人

新三年，旧三年，缝缝补补又三年

兄弟虽和勤算数

秀才无假客无真

袖里来袖里去

许的愿多，遭的难多

学得薄技在手，胜似腰缠万贯

学木匠先凿空，学铁匠先打钉

学艺不亏人

血汗钱，万万年

Y

鸭生蛋种田，鹅生蛋过年

鸭子肥不到蹼上去

牙关不开，利市不来

衙门的钱，下水的船

咽喉深似海，日月快如梭

言不二价

言多语失皆因酒，义断情疏只为钱

盐紧好卖，贼紧好偷

眼经不如手经，手经不如常舞弄

燕子含泥垒大窝

养马比君子

养猫捕鼠，蓄犬防家

养小防备老，栽树要阴凉

养驯的鸽子卖不完

养羊种姜，子利相当

养鱼如炼银

养账如养虎

养猪不赚钱，回头望望田

养猪要养荷包肚，养牛要养爬山虎

样样通，样样松

腰缠十万贯，骑鹤上扬州

腰间有货不愁穷

腰中有钱腰不软，手中无钱手难松

摇钱树，人人有，就是自己两只手

药农不知草名，渔翁不知鱼名

要吃鱼鲜，就不怕下海

要得富，险上做

要得穷，翻毛虫

要的般般有，才是买卖

要发财，去做官

要发家，种棉花

要和人家赛种田，莫与人家比过年

要钱不要命

要是不图三分利，谁爱早起爬五更

要想长远富，莫忘多栽树

要想吃饱饭，就得流大汗

要想发得快，庄稼带买卖

要想风沙住，山上多栽树

要想富，快栽樱桃树

要想富，先修路

要想富得快，最好做买卖

要想日子富，鸡叫三遍离床铺

要想赚钱，误了秋收过年

椰子椰子，一年育苗，五年结子，十年成阴

爷有不如娘有

爷有娘有，也要开口

野草难肥胎瘦马，横财不富骨中贫

一不积财，二不积怨，睡也安然，走也方便

一场春风，对一场秋雨

一场官司一场火，任你好汉没处躲

一锄不能挖个井，一口不能吃个饼

一锄挖个金娃娃

一担河泥一担金，一担垃圾一担银

一法通，百法通

一肥遮百丑

一分胆量一分福，二分胆量一分财

一分耕耘，一分收获

一分广告十分利

一分价钱一分货

一分利撑死，十分利饿死

一分行情一分货

一富遮三丑

一个钱要掂掂厚薄

一家饱暖千家怨

一家富贵千家怨

一家富难顾三家穷

一粒良种，千粒好粮

一粒粮食一滴汗

一脸笑，三分财

一门不到一门黑

一年穷知县，十万雪花银

一年受灾，三年难缓

一年四季可栽柳，看你动手不动手

一年之计，莫如树谷、十年之计，莫如树木、终身之计，莫如树人

一年庄稼两年种

一钱不落虚空地

一钱为本

一锹撅了个银娃娃，还要寻他娘母儿哩

一人善射，百夫决拾

一日不识羞，三日不忍饿

一上赌场，不认爷娘

一手交钱，一手交货

一天省一把，十年买匹马

一文不值半文

一文钱逼死英雄汉

一物不成，两物现在

一心为老娘，羊肠小道也宽广、一心为钱财，就是大道也过不来

一夜只盖半夜被，米缸做在斗笠里

一艺顶三工

一招鲜，吃遍天

衣来伸手，饭来张口

衣是人之威，钱是人之胆

移树无时，莫教树知

义不主财，慈不主兵

艺多不压身

艺高人胆大

艺高身价贵

易得不是宝，是宝不易得

寅吃卯粮，先缺后空

银钱到手非容易，用尽方知来处难

银子不打眼，又会说话又会喊

樱桃、桑椹，货卖当时

赢来三只眼，输去一团糟

赢牛劣马寒食下

用贫求富，农木如工，工不如商，刺绣文不如倚市门

用人的钱嘴软，欠人的债理短

用时不当，当时不用

由俭入奢易，由奢入俭难

有本不愁利

有本得利生

有膘是好马，有钱是好汉

有地不愁苗，有苗不愁长

有多大本钱，做多大生意

有根的多栽，有嘴的少养

有货不愁无卖处

有货穷不了客

有脸莫讨米，无钱莫告状

有了钱，万事圆

有千年产，没千年主

有钱不花，掉了白搭

有钱不买张口货

有钱不消周时办

有钱不置冤孽产

有钱不住东南房

有钱常记无钱日

有钱的人是过年，穷人是熬年

有钱弗买半年闲

有钱高三辈，无钱公变孙

有钱好办事，家宽出贤人

有钱活仙人，无钱活死人

有钱将钱用，无钱将命挨

有钱买得人心软

有钱买得手指肉

有钱没钱，光头过年

有钱男子汉，无钱汉子难

有钱难买不卖货

有钱难买回头看，头若回看后悔无

有钱难买五月旱，六月连阴吃饱饭

有钱娶伴大

有钱三尺寿，穷命活不够

有钱神也怕，无钱鬼也欺

有钱使得鬼动，无钱唤不得人来

有钱四十称年老，无钱六十逞英雄

有钱通神

有钱无子非为贵

有钱一时办，无钱空自喊皇天

有钱有酒多兄弟，急难何曾见一人

有钱诸事办

有钱走遍天下，无钱寸步难行

有勤无俭，好比有针无线

有人斯有土，有土斯有财

有天大的银子，就不怕地大的官司

有同行的货，没有同行的利

有香有纸，还怕请不动神

有心拜年，过了寒食也不迟

渔人观水势，猎人望鸟飞

与其欠钱，不如卖田

雨打墓头钱，今年好种田

雨露不滋无本草，混财不富命穷人

欲成家，置两犁、欲破家，置两妻

越渴越吃盐

云里千条路，云外路千条

运气好，莫起早

Z

栽树不管树，白受一场苦

在家不是贫，路贫贫杀人

攒钱好比针挑土，花钱好比浪淘沙

早晚时价不同

早知三日事，富贵一千年

增钱不如再看

债多不愁，虱多不痒

债多了不愁，虱多了不痒

张口三分利，不给也够本

张三有钱不会使，李四会使却无钱

胀死胆大的，饿死胆小的

账目清，好弟兄

招钱不隔宿

折财消灾

珍珠玛瑙都出在鳖身上

真桐油不晃荡，真财主不露相

争名者于朝，争利者于市

争气不争财

争气发家，斗气受穷

争着不足，让着有余

挣人钱财，与人消灾

正月斗钱，三月斗田

正月富，二月穷

只有买错无卖错

只有勤来没有俭，好比有针没有线

只栽不管，打破金碗

只增产，不节约，等于安了个没底锅

指亲不富，看嘴不饱

种地不看天，不收别叫冤

种地不上粪，等于瞎胡混

种地的亮犁铧，打猎的亮弓箭

种地莫过主，知子莫过母

种豆防饥，养儿防老

种肥田不如告瘦状

种好一粒谷，三年收满屋

种禾得稻，敬老得宝

种田不如见少年，采桑不如嫁贵郎

种田不着一年荒，养子不好一世荒

种田钱，万万年

种田先做岸

种田有良种，好比田土多几垅

种庄稼，不用问，除了功夫全是粪

种庄稼，看行家

猪多肉贱

赚钱的不出力，出力的不赚钱

赚钱好比针挑土，用钱犹如水推沙

庄稼不丢，五谷不收

庄稼不认爹和娘，深耕细作多打粮

庄稼钱，万万年

拙匠人，巧主人

浊富莫如清贫

子孙不如我，要钱做什么、子孙胜于我，要钱做什么

子息是有钱买不到、有力使不出的

子用父钱心不痛

自古无钱卦不灵

自古雄才多磨难，纨绔子弟少伟男

自说自好烂稻草

佐饔者尝焉，佐斗者伤焉

坐吃山空，立吃地陷

坐船不打过河钱

做年碰见闰月

经验 事理 规律

A

阿谀人人喜，直言个个嫌

挨金似金，挨玉似玉

挨着大树不长苗

矮子肚里疙瘩多

爱跟英雄战，不爱跟狗熊斗

爱火不爱柴，火从哪里来

爱叫的麻雀不长肉

爱美之心，人皆有之

安不忘危，治不忘乱

安危相易，祸福相生

岸上修船易，到得江中彻底沉

按牛头吃不得草

按下葫芦瓢起来

暗里箭，最难防

暗中设罗网，雏鸟怎生识

熬不过艰辛，就难得安乐、离开了和睦，就别想幸福

鳌鱼脱了金钩去，摆尾摇头更不回

B

八个人抬不走一个"理"字

八十岁婆婆莫夸嘴，保得儿子保不得女

八字不见一撇，九字不见一钩

拔出脓来，才是好膏药

拔了萝卜地皮宽

拔了毛的凤凰不如鸡

白菜老了筋多，人老了心多

白的黑不了，黑的白不了

白酒红人面，黄金黑世心

白水挤不出油来，废话找不到内容

白纸黑字，一清二楚

百病好医，贼骨难医

百步无轻担

百尺高楼从地起

百尺井水看得清，寸厚人心看不透

百川归海海不盈

百根柳条能成笤帚，五个指头能握拳头

百家姓未曾开簿面

百金买骏马，千金买美人，万金买爵禄，何处买青春

百炼才成钢

百灵鸟不忘树，梅花鹿不忘山

百麦不成面，百米不成饭

百米短跑，需要冲劲、万米长跑，需要耐力

百密未免一疏

百岁光阴如捻指，人生七十古来稀

百万豪家一焰穷

百万事情的关键是一个，千万事情的归根是一个

百闻不如一见，百见不如一干

百羊之皮，不如一狐之腋

百样事情百样巧，独怕窍门你不要

拜的爹娘不会生，求来的雨不会大

办事最宝贵的是经验，说话最重要的是根据

半生不熟的饭不会喷香，慌乱中办的事不会顺当

伴君如伴虎

帮人一口得一升，救人一命积善功

绑鸡的绳子，捆不住大象

榜样的力量是无穷的

包子有肉不在褶上

宝剑必付烈士，奇方必须良医

宝剑赠于烈士，红粉赠于佳人

宝石在石堆里，智慧在群众中

饱暖生闲事，饥寒发盗心

报喜不报忧

豹的文彩在浮皮，人的成色在心里

暴雨能够穿透屋顶，细雨能够穿通岩石

暴躁的人跳着叫，有智的人坐着笑

杯水救不了火

杯水之恩，江河还报

北人不识梅，南人不识雪

背暗投明，古之大理

被头里做事终晓得

本领要在困难中学，朋友要在患难中交

笨人心在舌头上，聪明人舌头在心上

鄙啬之极，必生奢男

闭眼难看三春景，出水才看两腿泥

别人求我三春雨，我去求人六月霜

冰出于水而寒于水

冰冻三尺非一日之寒

兵不离营，马不离站，放羊不离破羊圈

兵多好打仗，人多好做活

病有四百四病，药有八百八方

鹁鸽子旺边飞

搏牛之虻，不可以破虮虱

不尝苦中苦，不知甜中甜

不吃鱼，口不腥

不愁事难，就怕不做

不当和尚，不知道念经苦

不到黄河心不死

不到火候不揭锅

不到时候花不开，不到时候瓜不结

不懂不怕，半懂半怕，全懂全怕

不懂天文地理，不足为将、不谙风俗人情，不可行商

不动笤帚地不光，不动锅铲饭不香

不读哪家书，不明哪家理

不合群的马套杆多，不合群的人困难多

不患人不知，单怕不知人

不会撑船嫌河小，不会骑车嫌路弯

不会做饭的看锅，会做饭的看火

不会做官看前样

不见风浪，不显本事

不见高山，不显平地

不见棺材不落泪

不见可欲，使心不乱

不见兔子不撒鹰

不见鱼出水，不下钓鱼竿

不进深山，不遇老虎、不做事情，不犯错误

不经一事，不长一智

不可一日近小人

不怕不翻身，只怕不齐心

不怕不识货，就怕货比货

不怕不识字，就怕不识人

不怕单，就怕连

不怕低，单怕比

不怕没财，只怕没才

不怕没好事，就怕没好人

不怕没事做，就怕不做事

不怕难办，就怕商量

不怕碰见鬼，就怕落后悔

不怕人老，就怕心老

不如意事常八九，可与人言无二三

不塞不流，不止不行

不善操舟者而恶河之曲

不生孩子不知道腰酸肚子疼

不识风云事，休在山里行

不识庐山真面目

不识路能走千里，不识人寸步难行

不是强龙不过江

不是东风压倒西风，就是西风压倒东风

不受辛苦，得不到幸福、不讲信用，得不到安宁

不挑担子不知重，不走长路不知远

不听好人言，必有悯惶泪

不听老人言，必定受饥寒

不听老人言，吃苦在眼前

不听忠告，迟早摔倒

不行春风，难得秋雨

不行万里路，难见痴心人

不要气，只要记

不依规矩，不能成方圆

不因渔夫引，怎得见波涛

布施不如还债，修福不如避罪

C

才人行短

财压奴婢，艺压当行

采桑不如见少年，力田不如逢丰年

彩云易散琉璃脆

苍天不负有心人

苍蝇不钻没缝儿的蛋

槽头买马看母子

草怕严霜霜怕日

草入牛口，其命不久

草深虫子密，林大鸟儿多

草字出了格，神仙认不得

察见渊鱼者不祥

拆东墙，补西墙

柴多入灶塞死火，药量过重吃坏人

柴米夫妻，酒肉朋友，盒儿亲戚

豺狼性恶，有钱人心狠

谗言败坏真君子，冷箭射死大丈夫

谗言误国，妒妇乱家

馋猫改不了吃腥，田鼠改不了打洞

馋猫没有不偷嘴的

长存君子道，日久见人心

长江后浪催前浪，一辈新人赶旧人

长痛不如短痛

长线放远鹞儿

常打鱼总有捞上王八的时候

常在河边走，难免打湿鞋

常在山中走，不怕虎狼凶

常在水上走，哪得不翻船

唱戏还要有个过场

车不横推，理无曲断

车动铃铛响

车多碍辙，船多擦边

车快了要翻，马快了要颠

陈谷子，烂芝麻

称一称知轻重，量一量知短长

龇牙的不准吃人，吃人的不露凶相

趁水和泥，趁火打铁

趁我十年运，有病早来医

成立之难如登天，覆败之易如燎毛

成也萧何，败也萧何

诚无垢，思无辱

诚之所至，金石为开

吃饭不忘种谷人，饮水不忘掘井人

吃饭穿衣量家当

吃饭的不打烧火的

吃饭防噎，走路防跌

吃瓜莫吃蒂，做官莫作卑

吃官饭，打官鼓，官鼓打破有人补

吃过黄连苦，才知蜜糖甜

吃黑饭，护漆柱

吃酒不进茶房

吃了河豚，百物无味

吃了五谷想六谷，做了皇帝想登仙

吃哪庙的饭，撞哪庙的钟

吃人的狮子不露齿

吃人家碗半，被人家使唤

吃柿子单拣软的捏

吃水豆腐都有被噎的时候

吃鱼也是沾腥气，抓鱼也是沾腥气

吃着谁，向着谁、恨着谁，打着谁

吃着碗里，看着锅里

痴鼠拖姜，春蚕自缚

池里的鱼虾晓不得大海大，笼里的鸡鸭晓不得天空宽

池塘鸳鸯好寻食

迟是疾，疾是迟

尺水翻成一丈波

尺有所短，寸有所长

宠婢作管家，钥匙不响手拨剌

丑夫无好妻

丑妇家中宝

丑事家家有，不犯是好手

丑媳妇免不得堂上见公婆

臭鱼找烂虾

臭猪头自有烂鼻子闻

出得龙潭，又入虎穴

出笼鸟儿收不回

出门三步远，又是一层天

出钱不坐罪

出水才见两腿泥

出头椽子先烂

锄一恶，长十善

穿破才是衣，到老才是妻

穿衣戴帽，各有一好

船帮水，水帮船

船不离舵，客不离货

船的力量在帆上，人的力量在心上

船靠板凑，人靠人捧

船里不走针，瓮里不走鳖

船漏水入，壶漏内虚

船怕没舵，人怕没志

船上人多打翻船，田里人多踩死禾

船上有君子，船下君子至

船随流水鞍随马

船头怕鬼，船尾愤贼

船头坐得稳，不怕浪来颠

船无水不行，事无钱不成

船无水难行，鸟无翅难飞

船小好掉头

船小容易翻

船有好舵手，不怕浪头高

创业难，守业更难

吹牛容易实干难

春风不入驴耳

春梦虽好一场空

此辈只堪林下见，不宜引入画堂前

此处不留人，自有留人处

此一时，彼一时

从善如登，从恶如崩

聪明人常常责备自己，愚蠢人常常责备别人

聪明者一点就透，愚蠢者棒打不回

粗柳簸箕细柳斗，世上谁见男儿丑

寸草遮大风

D

打不住狐狸惹一身骚

打出来的铁，炼出来的钢

打倒金刚赖到佛

打狗得有根棍子

打狗要用擒虎力

打狗也看主人面

打鼓敲锣，各担一角

打光了兔子，养不起鹰、淘干了水沟，留不住鱼

打虎不成，反被虎伤

打九九，不打十足

打老鼠伤了玉瓶儿

打了骡子惊了马

打了盆说盆，打了罐说罐

打了牙往自己肚里咽

打喷嚏是鼻子痒，做梦是心里想

打破的盆子，摔烂的碗，拣起哪一片也扎手

打破砂锅璺到底

打拳卖艺，各人一路

打石看石纹，医病看病根

打铁先要自身硬，身正影子才不斜

打鱼总有晒网时

打鱼人难躲狂风巨浪，打猎人难避虎豹豺狼

打肿脸充胖子

大不欺小，壮不欺老

大不正，小不敬

大虫不吃伏肉

大船只怕钉眼漏

大从小来，有从无来

大恩不言谢

大风吹不走月亮

大风吹倒梧桐树，自有旁人说长短

大风刮不了多日，亲人恼不了多时

大风刮不了多时，大雨下不了多久

大夫门前过，请他家中坐、即便艺不高，没有用不着

大海孩儿脸，一天变三变

大海有鱼千万担，不撒渔网打不到鱼

大户凑囤，小户凑顿

大家马儿大家骑

大路不平众人踩，情理不合众人抬

大路不转小路转

大屈必有大伸

大人不强小人志

大人不责小人过

大人物不可一日无权，小人物不可一日无钱

大树不倒，鸟巢自安

大树底下好乘凉

大厦将倾，非一木可支

大小一个礼，长短一根棍

大有大的难处，小有小的方便

大鱼吃小鱼，小鱼吃虾米

大灾之后有大疫

大丈夫能屈能伸

大丈夫相机而动

单蜂酿不成蜜，独龙治不了水

单者易折，众则难摧

担折知柴重

耽迟不耽错

胆量是斗出来的，志气是逼出来的

但存方寸地，留与子孙耕

但得方便地，何处不为人

但得一片橘皮吃，莫便忘了洞庭湖

但知行好事，莫要问前程

当搏牛虻，不当破虮虱

当差的，官面上看气、行船的，看风势使篷

当地蝼蛄当地拱

当家才知柴米价，养儿方晓父母恩

当局者迷，旁观者清

当面是人，背后是鬼

当面笑呵呵，背后毒蛇窝

当取不取，过后莫悔

当世做人当世现

刀钝，石上磨；人钝，世上磨

刀快要加钢，马壮要料强

刀伤好治，舌伤难医

刀子嘴，豆腐心

到哪河，脱哪鞋

道不同不相为谋

稻多打出米来，人多讲出理来

得放手时须放手

得理让三分

得趣便抽身

得饶人处且饶人

得人点滴之恩，当以涌泉相报

得人好处千年记，得人花戴万年香

得人一牛，还人一马

得胜的猫儿欢似虎

得胜狸猫强似虎，及时鸦鹊便欺雕

得他心肯日，是我运通时

得屋子想炕，有了炕思妻

得一望十，得十望百

得意之事，不可再做、得便宜处，不可再往

得志猫儿雄似虎，败翎鹦鹉不如鸡

灯不亮要人剔，人不明要人提

灯草拐扶不起人

登高必跌重

低头拉车，抬头看路

滴水之恩，不忘涌泉相报

点起一盏灯，亮了一屋人

店房有个主人，庙里有个住持

吊桶落在井里

爹死娘嫁人，个人顾个人

跌了跤会认路，碰了头会知物

顶着鹅毛不知轻，压着磨盘不知重

丢了黄金抱碌砖

丢下钯儿弄扫帚

东到吃羊头，西到吃猪头

东方不亮西方亮，黑了南方有北方

东河里没水西河里走

东山的老虎吃人，西山的老虎也吃人

东山日头一大堆

冬不可以废葛，夏不可以废裘

冬瓜推在葫芦账上

冬练三九，夏练三伏

斗笠再大，也遮不住天

豆腐吊在灰窝里

毒蛇口中吐莲花

独虎好擒，众怒难犯

独木不能支大厦

独拳难打虎

蠹众而木折，隙大而墙坏

多大的云下多大的雨

多个人，多个胆

多个香炉多个鬼

多事有事，省事无事

多行不义必自毙

多虚不如少实，广种不如狭收

多言众所忌

多一事不如少一事

E

蛾眉本是蝉娟刀，杀尽风流世上人

蛾眉不肯让须眉

恶人先告状

恶人自有恶报

恶人自有恶人磨

恶蛇不咬善人

饿出来的见识，穷出来的聪明

饿死事极小，失节事极大

饿则思饱，冷则思暖，病则思健，穷则思变

恩不放债

恩多成怨

恩将恩报，仇将仇报

恩义广施，人生何处不相逢、冤仇莫结，路逢狭处难回避

儿不忘娘，物不忘本

儿要自养，谷要自种

儿作的儿当，爷作的爷当

耳听千遍，不如手过一遍

耳听为虚，眼见为实

耳闻不如目睹，目睹不如身受

F

法不传六耳

凡事回头看

凡事开头难

凡事要从小处着手

凡事要好，须问三老

凡事豫则立，不豫则废

烦恼皆因强出头

防君子不防小人

房檐滴水不成河

放下屠刀，立地成佛

放鹰就不怕鹰展翅

放着鹅毛不知轻，顶着磨子不知重

放着一星火，能烧万顷山

飞得高，跌得重

飞鸟尽，良弓藏、狡兔死，走狗烹

飞鸟择林而栖，良马择主而行

非针不引线，无水不渡船

分辨人的好坏看言行，分辨马的优劣听声音

分银子都会有人骂

粉刷的乌鸦白不久

风不来，树不动、船不摇，水不浑

风潮过了世界在

风吹鸡蛋壳，财去人安乐

风吹连檐瓦，雨打出头椽

风高放火，月黑杀人

风急雨至，人急智生

风流茶说合，酒是色媒人

风是雨的头

蜂背虽花不称虎，蜗虽有角不是牛

蜂刺入怀，解衣去赶

逢庙就得上贡，见寺就得烧香

逢强者智取，逢弱者力敌

逢山开路，遇水搭桥

凤不离巢，龙不离窝

凤凰落架不如鸡

凤有凤巢，鸡有鸡窝

佛高一尺，魔高一丈

佛面上刮金

夫妻同床，心隔千里

弗出赵皮弗出面

伏虎容易捉虎难

福在丑人边

斧快不怕木材硬

辅车相依，唇亡齿寒

父母恩比天大

妇人以泣市爱，小人以泣售奸

缚虎则易，纵虎则难

蝮蛇口中草，蝎子尾后针、两般犹未毒，最毒负心人

覆巢之下无完卵

覆盆不照太阳晖

覆水不可收

G

该急不急，易失战机；该缓不缓，难以精算

干打雷，不下雨

干姜湿枣，越老越好

干土打不成高墙，没钱盖不起瓦房

干着指挥有威信，坐着指挥话不灵

甘瓜苦蒂，物无全美

甘蔗老来甜，辣椒老来红

甘蔗没有两头甜

赶上城里的，就误了乡里的

赶十五不如赶初一

钢再贵，也比不上金子；头发再粗，也比不过大腿

高灯只照远亮

高飞之鸟死于美食，深泉之鱼死于芳饵

高人施恩不望报

高山出俊鸟

高山有好水，平地有好花

高山再高也有顶，长河再长也有源

胳膊扭不过大腿去

割鸡焉用牛刀

隔年的黄历不管用

隔年的衣裳隔夜饭

隔山不算远，隔河不算近

隔山跑死马

隔行不隔理

隔行如隔山

各处各乡俗，一处一规矩

各敲各的磬，各行各的令

各人自扫门前雪，莫管他家瓦上霜

各师父各传授，各把戏各变手

给个棒槌我认作针

根深不剪，尾大难摇

根深不怕风摇动，树正何愁月影斜

根深才会叶茂

根深叶茂，本固枝荣

根子不正秧必歪

耕地看牛角，赶车看车辙

耕牛为主遭鞭打

工多出巧艺

工欲善其事，必先利其器

弓是弯的，理是直的

公门里好修行

公人见钱，如蝇子见血

公说公有理，婆说婆有理

公众马，公众骑

功名富贵草头露，骨肉团圆锦上花

狗逼急了跳墙，马逼急了尥蹄

狗不叫，不被打；人不语，不遭殃

狗不嫌家贫，人不嫌地薄

狗不咬君子

狗长尾巴尖儿的好日子

狗肚里藏不住热脂油

狗改不了吃屎

狗急跳墙，人急悬梁

狗揽三堆屎

狗肉滚三滚，神仙站不稳

狗屎糊不上墙，稗谷磨不出糠

狗行千里吃屎，狼走千里吃肉

狗熊嘴大啃地瓜，麻雀嘴小啄芝麻

狗眼看人低

狗咬吕洞宾，不识好人心

狗走千里吃屎，狼走千里吃人

狗嘴里吐不出象牙

孤树不成林，单丝不成线

孤掌难鸣，独木难支

古今一个理，兄妹手足情

汩水淖泥，破家妒妇

谷怕午时风，人怕老来穷

牯老实挨打，人老实受欺

鼓不敲不响，钟不撞不鸣

鼓要打到点上，笛要吹到眼上

瓜熟蒂落，水到渠成

瓜田不纳履，李下不整冠

寡不敌众，弱不敌强

挂羊头，卖狗肉

拐人不拐财，拐财不拐人

关门打鼓，鼓声在外

关门养虎，虎大伤人

观其外，知其内

观其眼，知其胆

官不离印，货不离身

官差不自由

官大有险，树大招风，权大生谤

官房漏，官马瘦，官众堂屋鸡屎臭

官司凭印信，私凭票约

官向官，民向民，和尚向的是出家人

管中窥豹，可见一斑

光说不算，做出再看

光头光脑不都是和尚，发光闪亮不一定是黄金

鬼怪爱欺软骨头，钢铁好汉鬼见愁

鬼火不敢见真义

鬼怕恶人

贵不忘贱，新不忘旧

贵人不记小人错

锅里无米白填柴

锅里有米，碗里有饭

国政易，家政难

果蔬失地则不荣，鱼龙失水则不神

过河丢拐棍，病好打太医

过头饭儿难吃，过头话儿难讲

H

蛤蟆跳几下也要歇一歇

孩子长成人，只是一瞬间

人不可貌相，海水不可斗量

海枯终见底，人死不知心

海阔凭鱼跃，天空任鸟飞

海里无鱼虾称霸

海上无风三尺浪

海水不可量，人心不可测

害人之心不可有，防人之心不可无

害人终害己，报应最公平

旱灾过后珍惜水，荒年到头喜见粮

蒿草再高也成不了树

好处着手，坏处着想

好饭不怕晚

好狗不拦路，癞狗当路坐

好汉不吃眼前亏

好汉难打三面鼓

好汉生在嘴上，好马生在腿上

好汉天下有好汉，英雄背后有英雄

好花不常开，好景不常在

好记性不如烂笔头

好借好还，再借不难

好借债，穷得快

好金出在沙子里，好肉出在骨头边

好酒说不酸，酸酒说不甜

好了伤疤忘了痛

好马不吃回头草

好马不停蹄，好牛不停犁

好马却驮痴汉，拙夫偏遇佳人

好人不长寿，祸害一千年

好人难做，好事难为

好人怕夸，坏人怕扒

好事不出门，坏事传千里

好事不坚牢

好事没下梢

好树结好桃，好葫芦开好瓢

好头不如好尾

好物不坚牢

好物不在多

好物难全，红罗尺短

好心当作驴肝肺

好心总有好报

合群的喜鹊能擒鹿，齐心的蚂蚁能吃虎

合字难写，人心难齐

何水无鱼，何官无私

河不开化雁不来，草不发绿马不肥

河里孩儿岸上娘

河里淹死会水的

河深海深，最深莫过父母恩

河水不洗船

河水泉源千年在，青春一去不再来

河水甜，海水咸

河狭水紧，人急计生

河有九曲八弯，人有三回六转

河有两岸，事有两面

河窄水紧，人急计生

荷花出水才见高低

黑猫白猫，能抓老鼠就是好猫

黑馍多包菜，丑人多作怪

黑眼睛看见了白银子

恨棒不打笑面人

红花还需绿叶扶

厚者不毁人以自益，仁者不危人以要名

呼牛应牛，呼马应马

呼蛇容易遣蛇难

狐狸尾巴总是藏不住的

狐鼠凭城，难为功狗

虎病山前被犬欺

虎毒不食子

虎伏深山，豹藏寸草

虎落平阳被犬欺

虎生三子，必有一彪

虎瘦雄心在

虎在软地上易失足，人在甜言里会摔跤

护家之狗，盗贼所恶

花开必落，月圆必缺

花有千种颜色，人有万般脾气

画虎不成反类犬

画虎画皮难画骨，知人知面不知心

话不说不知，木不钻不透，冰不搭不寒，胆不试不苦

话传三遍假变真，药方子抄三遍吃死人

话怕三对六面，事怕挖根抽蔓

话往明处讲，水往低处流

话要说到心上，肥在追到根上

欢喜破财，不在心上

皇帝不急，急死太监

皇帝身上也有三个御虱

皇天不负有心人

黄河万丈有底，人心三寸难测

黄鹤楼上看翻船

黄鸡之卵，乌鸡伏之；但知为乌鸡之子，不知为黄鸡之儿

黄金有假，戏法无真

黄连救人无功，人参杀人无过

会打打一棍，不会打打一顿

会看的看门道，不会看的看热闹

会说的不如会听的

会推磨就会推碾子

会捉老鼠的猫儿不叫

浑身是铁，也打不了几根钉

火车跑得快，全靠车头带

火大无湿柴

火到猪头烂，钱到公事办

火候不到不揭锅

火烧到身，各自去扫

火烧眉毛，光顾眼前

火心要虚，人心要实

火要空心，人要忠心

伙打官司事不主赢

祸不单行，福无双至

祸不入慎家之门

祸从口出，病从口入

祸从天降，灾向地生

祸福无门，惟人所召

祸由恶作，福自德生

祸与福为邻

惑者知返，迷道不远

J

饥时一口，强似饱时一斗

饥者易为食，渴者易为饮

机不可失，时不再来

机儿不快梭儿快

机事不密，祸倚人门

机事不密则害成

鸡不乱叫，狗不乱咬

鸡肚不知鸭肚事

鸡多不下蛋，人多吃闲饭

鸡儿不撒尿，各自有去处

鸡飞蛋打一场空

鸡改不了啄米，狗改不了吃屎

鸡急上房，狗急跳墙

鸡窝里藏不住凤凰

积羽沉舟，群轻折轴

即使三次看到黑，也不忙说是只熊

急不避嫌，慌不择路

急火吃不成熟米饭

急惊风撞着了慢郎中

急如丧家之犬，慌似漏网之鱼

急水滩头慢行船

急水也有回头浪

既有青山在，何愁没柴烧

家家有本难念的经

家贫不算贫，路贫贫死人

家贫出孝子，国难识忠臣

家有三斗粮，不当孩子王

家有三件事，先从紧处来

家有一心，有钱买金；家有二心，无钱买针

家贼难防，外鬼难抓

家住山前识鸟音

捡了芝麻，丢了西瓜

见风使舵，就水弯船

见怪不怪，其怪自败

见过鬼怕黑

见了菩萨烧柱香

见色不迷真君子，见酒不饮非丈夫

见死不救，牲畜不如

见兔而顾犬，未为晚也；亡羊而补牢，未为迟也

见橐驼谓马肿背

剑当断革方知利，马历长途始见才

剑老无芒，人老无刚

江湖越老越寒心

江山可改，禀性难移

江山易打，民心难得

姜是越老越辣

将心比心，强如佛心

狡兔死，走狗烹

脚正不怕鞋歪

叫唤的猫不抓老鼠

叫天天不应，叫地地不灵

揭底就怕老乡亲

揭人不揭短，打人不打脸

结君子千年有义，交小人转眼无情

借车者驰之，借衣者披之

借四两，还半斤

借债还债，一时宽泰

借债容易还债难

今生不与人方便，念尽弥陀总是空

金无足赤，人无完人

紧行无好步

锦上添花天下有，雪中送炭世间无

近火者先焦

近水楼台先得月，向阳花木易为春

近水知鱼性，靠山识鸟音

近朱者赤，近墨者黑

进门休问吉凶事，看人容颜自得知

经验大似学问

经验经验，全靠实践

惊弓之鸟，夜不投林

精诚所至，金石为开

井底蛙天窄，山顶鹰眼宽

井落在吊桶里

井深槐树粗，街阔人义疏

井水不犯河水

井水越打越来，力气越使越多

敬了父母不怕天，纳了捐税不怕官

敬神如神在

九个月长虫吃耗子，三个月耗子吃长虫

九牛拉不转

九牛身上拔一根毛

九子不忘媒

久赌无胜家

久旱逢甘雨，他乡遇故知

久经大海难为水

久治生乱，乐极悲来

久佾令人贱

酒不在多，只要醇；蜜不在多，只要甜

酒不醉人人自醉，色不迷人人自迷

酒多人醉，书多人贤

酒好不怕巷子深

酒后失言，君子不怪

酒后吐真言

酒后无德

酒乱性，色迷人

酒能成事，酒能败事

酒情深似海，色胆大如天

酒色祸之媒

酒要少吃，事要多知

酒饮席面，话讲当面

酒在肚里，事在心头

酒中不语真君子

酒中含毒，色上藏刀

救寒莫如得裘，止谤莫如修身

救了田鸡饿了蛇

救人如救火

救人一命，胜造七级浮图

聚者易散，散者难聚

涓涓不塞，将成江河

君子报仇，直待三年；小人报仇，只在眼前

君子避酒客

君子不吃无名之食

君子不夺人之好

君子不见小人过

君子不念旧恶

君子不欺暗室

君子不羞当面

君子成人之美

君子动口，小人动手

君子断交，不出恶声

君子断其初

君子防未然

君子记恩不记仇

君子弱白丁，良马畏黄鼠

君子施恩不望报

君子问祸不问福

君子言先不言后

君子一言，快马一鞭

K

开弓没有回头箭

开口奶要吃得好

开锣容易收场难

开头马虎，半路费工

开一道口子，毁一座堤坝

砍一枝损百枝

看不准清浊水，摸不着里头鱼

看菜吃饭，量体裁衣

看的破，忍不过

看风使舵常顺利，随机应变信如神

看花容易种花难

看看蛮简单，学学三四年

看人挑担不费力，自己挑担重千斤

看事容易做事难

看树看皮，看人看底

靠山吃山，靠水吃水

靠山的不怕没柴烧，靠水的不怕缺鱼吃

肯在热灶里烧火，不肯在冷灶里添柴

口含黄柏味，有苦自家知

苦海无边，回头是岸

快刀不磨是块铁

快刀不削自己的柄

快马一鞭，快人一言

亏心事莫作，枉法钱莫贪

昆岗失火，玉石俱焚

L

拉口子要见血

蜡烛不点不亮，锣鼓不敲不响

来得易，去得易

来的早不如来的巧

来世不可待，往世不可追

兰生幽谷，不以无人而不芳

烂麻拧成绳，力量大千斤

狼多肉少，神仙也苦恼

狼换羊头，心还是坏的

狼心狗肺不可交

狼行千里吃肉，猪行万里装糠

狼众食人，人众食狼

狼走千里吃人，狗到天边吃屎

浪从风来，草从根来

浪再大，总在船底下；山再高，总在脚底下

浪子回头金不换

劳心不如劳力

老蚌出明珠

老鸨野雀旺处飞

老禾不早杀，余种秽良田

老虎离山被犬欺，凤凰落架不如鸡

老皇历，看不得

老猫不死旧性在

老人不见小人怪

老天爷饿不死没眼的家雀

老鸦占了凤凰巢

老医少先生

乐不可极，极乐必亡

乐极生悲，否极泰来

雷击冒尖树

累死十个庄稼汉，抵不上一个精明媳妇

冷灰里爆出火来

冷水要人挑，热水要人烧

礼下于人，必有所求

理怕来回想

理怕众人评

理直气壮，理亏气短

理直千人必往，心亏寸步难移

理字没多重，三人抬不动

醴泉无源，芝草无根

力大者为强

力微休负重，言轻莫劝人

立得正，不怕影儿歪

利不百，不易业

利刀劈不断水

脸丑怪不着镜子

良辰易遇，善人难逢

良马比君子

良善被人欺，慈悲生患害

良田不如良佃

良药苦口利于病，忠言逆耳利于行

良医之门多病人

两利相权从其重，两害相权从其轻

两鸟在林，不如一鸟在手

两人养马瘦，两人养船漏

两物相形，好丑愈见

量小非君子，无毒不丈夫

料事者先料人

林子大了，什么鸟儿都有

临渴掘井，悔之何及

临桥须下马，过渡莫争船

临上轿，马撒尿

临危望救，遇难思亲

临崖立马收缰晚，船到江心补漏迟

流水不腐，户枢不蠹

留得青山在，不怕没柴烧

留得五湖明月在，不愁无处下金钩

六十的运气轮流转

六月债，还得快

龙不离滩，虎不离山

龙眼识珠，凤眼识宝，老牛的眼睛识稻草

龙游浅水遭虾戏，虎落平阳被犬欺

聋子不怕雷

蝼蚁尚且贪生，为人岂不惜命

蝼蚁之穴，可溃千里之堤；一趾之疾，可丧数尺之躯

露水见不得太阳

虏自卖裘而不售，士自誉辩而不信

鹿老角硬，树老根深

路极无君子

路上行人口似碑

路湿早脱鞋，遇事早安排

路是人开的，树是人栽的

路是弯的，理是直的

路遥知马力，日久见人心

路要一步一步走，饭要一口一口吃

路有千条，理只有一个

驴的朝东，马的朝西

驴粪球儿外面光，其实内心一包糠

驴事未去，马事到来

乱麻必有头

乱世显忠臣

锣不敲不响，理儿不辩不明

锣鼓长了无好戏

螺蛳壳里做道场

落水要命，上岸要钱

M

麻雀莫跟大雁飞

麻雀虽小，五脏俱全

麻油拌韭菜，各人心里爱

马不吃草不能强按头

马不打不奔，人不激不发

马不知自己脸长，牛不知自己角弯

马上摔死英雄汉，河中淹死会水人

马屁凭官势

马听锣声转

马无头不走，鸟无头不飞

马无夜草不肥，人无横财不富

马行千里，无人不能自往

马要骑，人要闯，生铁不炼不成钢

马有垂缰之义，狗有湿草之恩

马有失蹄，人有失足

马遇伯乐嘶鸣，人逢喜事泪流

马走千里吃草，狗走千里吃屎

蚂蚁能啃大骨头

蚂蚁虽小，力大搬山

买咸鱼放生，死活弗得知

卖瓜的说瓜甜，卖醋的说醋酸

满口仁义道德，满肚子男盗女娼

满招损，谦受益

慢藏诲盗，冶容诲淫

慢工出巧匠

慢工出细货

慢走跌不倒，小心错不了

忙人无智

忙中遇着腿缠筋

猫儿得意欢如虎，蜥蜴装腔胜似龙

猫儿踏破油瓶盖，一场快活一场空

猫急上树，狗急跳墙

毛羽不成，不能高飞

茅茨里面开不出好花

茂林之下无丰草，大块之间无美苗

没家亲引不出外鬼来

没见世面，不知香臭

没酒没浆，不成道场

没那金钢钻儿，也不揽那瓷器家伙

没土打不成墙

没咸不解淡

没有不透风的墙

没有规矩，不成方圆

没有荷叶不敢包粽子

没有家鬼送不了家人

没有君子，不养艺人

没有闪电，雷不会响；没有刮风，树不会摇

没有四两铁，怎敢去捻钉

没有梧桐树，引不得凤凰来

没有下唇，就不该揽着箫吹

没云不阴天，无事不上山

梅花优于香，桃花优于色

媒人不挑担，保人不还钱

美景不长，良辰难再

美酒饮到微醉后，好花看到半开时

门门有路，路路有门

门前有小河，担水容易多

猛虎不吃回头食

猛虎不如群狐

猛虎进网，有威难张

猛犬不吠，吠犬不猛

猛兽离山，不免网罗之患；巨鱼失水，反遭蝼蚁之欺

蒙人点水之恩，尚有仰泉之报

蠓虫飞过都有影

梦到神仙梦也甜

迷而知反，得道不远

米谷里免不了有糠秕，沙子里有时也有黄金

蜜多不甜，油多不香

蜜罐子嘴，秤钩子心

庙小妖风大，池浅王八多

民以食为天

名不正，言不顺

名下无虚士

明镜所以照形，古事所以知今

明人自断，愚人官断

明修栈道，暗度陈仓

明月不常圆，好花容易落

明哲保身，急流勇退

明知不是伴，事急且相随

命该井里死，河里淹不煞

磨刀不误砍柴工

莫恋故乡生处好，受恩深处便为家

木不离根，水不脱源

木偶不会自己跳，幕后定有牵线人

木炭的乌黑露在外表，坏人的污黑藏在里头

木无本必枯，水无源必竭

木有本，水有源

<h1 style="text-align:center">N</h1>

拿到一根金刚钻，胜过一箱铁钉子

拿斧的得柴禾，张网的得鱼虾

拿了银碗讨饭

拿衣提领，张网提纲

拿鱼先拿头，刨树要刨根

哪处黄土不埋人

哪个耗子不偷油

哪个猫儿不吃腥

哪个人也不全，哪个车轮也不圆

哪个鱼儿不识水

哪里的话讲得多，哪里的事就做得少

哪怕风浪再大，也总有过去的时候

内邪不生，外贼不入

内行看功夫，外行看热闹

内行人只听三句话，便能看出真和假

南人不梦驼，北人不梦象

南人驾船，北人乘马

难将一人手，掩得天下目

嫩姜没有老姜辣

能吃苦方为志士，肯吃亏不是痴人

能出一斗，不添一口

能到南山当驴，不到北海打鱼

能请神就得送神

能屈能伸大丈夫

能饶人处且饶人

能忍者自安

能弱能强千年计，有勇无谋一旦亡

能言者未必能行，能行者未必能言

能者多劳

泥佛劝土佛

泥牛入海永无消息

泥鳅难捉，人心难摸

泥鳅掀不起大浪，跳蚤顶不起被窝

你说不得我头秃，我笑不得你眼瞎

逆风点火自烧身

溺爱者不明，贪者者无厌

年好过，月好过，日子难过

鲇鱼找鲇鱼，甲鱼找甲鱼

念了经，打和尚

鸟靠翅膀兽靠腿，人靠智慧鱼靠尾

鸟来投林，人来投主

鸟入樊笼，有翅难飞

鸟为食落网，鱼为食上钩

鸟要合群，人要齐心

尿泡虽大无斤两，秤砣虽小压千斤

宁百刺以针，无一刺以刀；宁一引重，无久持轻；宁一月饥，无一旬饿

宁吃仙桃一口，不吃烂杏一筐

宁得罪君子，勿得罪小人

宁管千军，莫管一夫

宁叫做过，莫叫错过

宁救百只羊，不救一条狼

宁欺白须公，莫欺少年穷

宁为太平犬，莫作乱离人

宁许人，莫许神

宁愿肚子饿，不让脸上热

宁撞金钟一下，不打铙钹三千

宁做鸡头，不做凤尾

牛不喝水强按头

牛不知角弯，马不知脸长

牛换牛，当面偷

牛角越长越弯，买卖越大越贪

牛劲儿不齐拉乱套，人心不齐瞎胡闹

牛皮不是吹的，泰山不是垒的

牛皮唬不倒人，草深掩不住苗

牛头不烂，多费柴炭

牛尾巴盖不住牛屁股

弄潮须是弄潮人

驽马恋栈豆

怒从心上起，恶向胆边生

女大自巧，狗大自咬

P

爬得越高，摔得越疼

怕鬼偏遇鬼

攀得高，跌得重

盘子盛不过大碗，鸡蛋碰不过石头

胖子也不是一口儿吃的

刨树要刨根

捧上不成龙

披着蒲席说家门

皮之不存，毛将焉附

漂亮话好说，漂亮事难做

贫不学俭，富不学奢

贫极无君子

贫居闹市无人问，富在深山有远亲

平地不行船，无风不起浪

平地一声雷，闲来惹是非

平生不作亏心事，世上应无切齿人

平原出叫驴，山里出凤凰

平原走马，湖上荡桨

破车多揽载

破山中贼易，破心中贼难

蒲鞋着袜两边穷

Q

七口子当家，八口子主事

骑马一世，驴背失脚

骑着驴骡思骏马

骑着驴找驴

棋高一着，缚手缚脚

棋要一步一步地走，事要三思而后行

乞儿不辱马医

起头容易结梢难

砌墙千朝，拆屋一日

千尺有头，百尺有尾

千穿万穿，马屁不穿

千斤担子万人挑

千钧势易压，一柱力难揸

千里之堤，溃于蚁穴

千里之行，始于足下

千难万难，依靠群众就不难

千年的大道走成河

千年的野猪，老虎的食

千求不如一吓

千人排门，不如一人拔关

千人所指，无病而死

千条金竹织小篮，看来容易做起难

千虚不抵一实

千丈长绳，从头搓起

千丈麻绳总要有个结

千中有头，万中有尾

千琢磨，万琢磨，牛蹄子总归是四个

牵一发而动全身

前不见古人，后不见来者

前不算，后要乱

前朝的曲子奏不得

前车覆，后车戒

前车之鉴，后世之师

前门拒虎，后门进狼

前人吃跌，后人把滑

前人田地后人收，犹有收人在后头

前晌打伞遮不了后晌的雨

前事不忘，后事之师

前有车，后有辙

钱到手，饭到口

钱聚如兄，钱散如奔

钱能成事，也能败事

钱亲人不亲

钱要用在刀口上

浅水藏不得蛟龙

欠字压人头

枪打出头鸟

强按牛头不喝水

强宾不压主

墙倒众人推

墙里开花墙外红

墙上画马不能骑，纸上画饼不充饥

敲门砖，不值钱

桥坍压不死柳条鱼

巧妇难为无米之炊

巧诈不如拙诚

巧者多劳拙者闲

亲不间疏，先不僭后

亲不亲，钱上分

亲戚门外客

亲戚远来香，隔房高打墙

亲向亲，故向故

勤人活路多，懒人瞌睡多

勤人急在腿上，懒人急在嘴上

擒虎容易纵虎难

擒贼先擒王

青竹蛇儿口，黄蜂尾上针

清茶胜酒，友谊更久

清者自清，浊者自浊

晴带雨伞，饱带干粮

穷人饿死，富人撑死

穷算命，富烧香

求出来的雨点不大

求佛求一尊

求人如吞三尺剑

求神难于上天，犯神易如踏地

求生不得，求死不能

求贪官不如求四邻，求昏君不如求众人

曲木忌日影，谗人畏贤明

曲突徙薪亡恩泽，焦头烂额为上客

屈死不见官，冤死不告状

趋吉避凶者为君子

去年的黄历看不得

去佞如拔山

犬守夜，鸡司晨

雀捕螳螂人捕雀，有心人对没心人

R

如人饮水，冷暖自知

染缸里拿不出白布来

饶人是福，欺人是祸

人不保心，木不保寸

人不出门不长见识

人不凭嘴，马不凭尾

人不亲行亲

人不亲艺亲，艺不亲刀柄亲

人不求人一般高

人不人，鬼不鬼

人不说不知，木不钻不透

人不说话理说话

人不死，债不烂

人不在大小，马不在高低

人不走运，喝口凉水都塞牙

人串门子惹是非，狗串门子挨棒槌

人到难处，就如虎落深坑

人到穷途迷信多

人到事中迷

人到四十五，好比出山虎

人到一万，无边无岸；人到十万，彻地连天

人的欲望是没有止境的

人定胜天

人多进出理，田多长出米

人多力量大，柴多火焰高

人多乱，龙多旱，鸡多不下蛋

人多为王

人多无好饭，猪多无好食

人多瞎捣乱，鸡多不下蛋

人多心不齐

人多一技有益，物裕一备有用

人恶鬼不缠

人犯王法身无主

人各有心，心各有见

人跟踏生转，狗随捉来人

人害人，天不容；天害人，草不生

人好水也甜

人活年轻，货卖时新

人活心，树活根

人活有体，人死有尸

人祸好挡，天灾难敌

人急办不了好事，猫急逮不到耗子

人急造反，狗急跳墙

人急智生

人间私语，天闻若雷；暗室亏心，神目如电

人将礼义为先，树将枝叶为圆

人敬我一尺，我敬人一丈

人看起小，马看蹄走

人靠好心，树靠好根

人可以和虎狼搏斗，却无法和苍蝇争吵

人苦不知足，得陇复望蜀

人老恋故土，叶落还归根

人老一时，麦老一晌

人离乡贱

人没前后眼

人面咫尺，心隔千里

人暖腿，狗暖嘴

人怕齐心，虎怕成群

人怕人情鬼怕法

人皮包狗骨

人贫智短，马瘦毛长

人欺不是辱，人怕不是福

人情大于法度

人情似纸张张薄，世事如棋局局高

人穷志短，马瘦毛长

人人都爱听好的

人人心里都有一杆秤

人人有面，树树有皮

人善有人欺，马善有人骑

人上一百，形形色色

人少畜生多

人身难得，至道难闻

人生不得行胸臆，虽活百岁犹为夭

人生何处不相逢

人生难得，大道难闻

人生难遇少年时

人生七尺躯，畏此三寸舌

人生三不幸：从小丧父母，半路死妻子，临老死子女

人生三大苦：行船、打铁、磨豆腐

人是线牵的，马是纸做的

人熟狗不咬

人熟是一宝

人死不结冤

人死留名，豹死留皮

人死如猛虎，虎死赛绵羊

人死入土为安

人死债入土

人死账烂

人虽有千算，天只有一算；天若容人算，世上无穷汉

人抬人高，水抬船高

人同此心，心同此理

人托人，接上天

人外有人，天外有天

人未伤心不得死，花残叶落是根枯

人无横财不富，马无野草不肥

人无利己，谁肯早起

人无前后眼

人无完人，金无足赤

人无远虑，必有近忧

人想人，愁煞人

人心不足蛇吞象

人心藏在嘴后边

人心都是肉长的

人心隔肚皮，做事两不知

人心换人心，四两换半斤

人心难测，海水难量

人心要实，火心要虚

人心易昧，天理难欺

人行有脚印，鸟过有落毛

人言可畏

人眼是杆秤

人要心好，树要根好

人要知足，马要歇脚

人要自爱，才能自尊

人要走时，狗要逢主

人要做了官，一步两层天

人有害虎心，虎有伤人意

人有人言，兽有兽语

人有三尺长，天下没落藏

人有三分怕虎，虎有七分怕人

人有三灾六难

人有善愿，天必从之

人有生死，物有毁坏

人在矮檐下，不得不低头

人走时气马走膘，骆驼单走罗锅桥

仁者见仁，智者见智

忍得一时忿，终身无恼闷

忍字中间一把刀，不忍分明把祸招

任凭风浪起，稳坐钓鱼船

认真省气力，弄巧费功夫

日计不足，岁计有余

日久见人心

日有所思，夜有所梦

日有阴晴，月有盈亏

日月经天，江河行地

日中则昃，月满则亏

容易得来容易舍

柔能胜刚，弱能胜强

肉包子打狗，一去不回头

肉不烂，再加炭

肉腐出虫，鱼枯生蠹

肉里有脓总要凸出来

肉眼看人，难见心肝

如人饮水，冷暖自知

入门休问荣枯事，观看容颜便得知

入山不怕伤人虎，就怕人情两面刀

入山擒虎易，开口告人难

入田观察，从小看大

软刀子杀人不见血

软绳可以捆硬柴

若将容易得，便做等闲看

若无高山，不显平地

若无渔夫引，怎见得波涛

若要不怕人，莫做怕人事

若要立地成佛，须放下刀子去

若要人不知，除非己莫为

若欲不忙，浅水深防；若欲无伤，小怪大禳

若知牢狱苦，便发菩提心

弱不可以敌强，寡不可以敌众

S

塞翁失马，祸福难知

三不拗六

三长补一短，三勤带一懒

三锤砸不出一个响屁

三打不回头，四打连身转

三个秀才讲书，三个屠夫讲猪

三公后，出死狗

三姑六婆，嫌少争多

三魂不附体，七魄在他身

三魂既去，七魄无依

三尖瓦绊倒人

三年不上门，当亲也不亲

三年长一寸，雷响缩一尺

三人成虎

三十六计，走为上计

三岁看大，七岁看老

三岁看老，从小儿定八十

三头不辨两

三折肱，成良医

三只腿的金刚，两个犄角的象

散将容易聚将难

杀尽了报晓鸡，天还是要亮的

杀了高粱才能露出谷子来

杀人不见血

沙粒虽小伤人眼

谚语·歇后语

一四〇

山不厌高，水不厌深

山不转路转

山川而能语，葬师食无所

山大压不住泉水，牛大压不死虱子

山顶有花山下香

山恶人善

山高有个顶，海深有个底

山高有攀头，路远有走头

山高遮不住太阳

山高自有客行路，水深自有渡船人

山河易改，禀性难移

山路山路，没有准数

山怕无林海怕荒，人怕老来花怕霜

山上无大树，茅草招大风

山上无老虎，猴子称大王

山外青山楼外楼，强中自有强中手

山无界，直凭赖

山再高也高不过两只脚

山在虎还来

山中方七日，世上已千年

善恶必报，迟速有期

善恶到头终有报，只争来早与来迟

善人在座，君子俱来

善说不如善做，善始不如善终

善有善报，恶有恶报；不是不报，时辰未到

伤其十指，不如断其一指

上不巴天，下不着地

上不上，下不下

上船容易下船难

上马一提金，下马一提银

上坡路吃力，下坡路好走

上山八条路，下山路八条

上山打柴，过河脱鞋

上天无路，入地无门

上有横梁下有槛

上与王公并坐，下与乞丐同眠

上贼船易，下贼船难

烧的纸多，惹的鬼多

烧香点茶，挂画插花，四般闲事，不宜累家

烧香望和尚，一事两勾当

烧香引出鬼来

艄公不摇橹，误了一船人

少不颠狂老不板

少吃咸鱼少口干

少年偏信，老年多疑

少所见，多所怪

蛇有蛇路，鼠有鼠路

蛇钻竹洞，曲心还在

舍命陪君子

舍着金钟撞破盆

社鼠不可熏

赦者小人之幸，君子之不幸

涉浅水者得鱼虾，涉深水者擒蛟龙

身上有屎狗跟踪

身在曹营心在汉

深山藏虎豹，乱世出英雄

深山藏虎豹，田野有麒麟

深山出俊鸟

神不知，鬼不觉

神龙见首不见尾

神怕敬，鬼怕送

神仙不是凡人作

生成皮，长成骨

生东吴，死丹徒

生姜还是老的辣，八角还是老的香

生米成了熟饭

生娘小于边，养娘大于天

生有益于人，死不害于人

生于忧患，死于安乐

生在江湖内，都是薄命人

生在铁匠家能擂锤，长在木匠家会使锛

生子痴，了官事

绳从细处断

圣人也有三分错

盛喜中勿许人物，盛怒中勿答人简

失之毫厘，谬以千里

施恩不望报，望报不施恩

湿柴难点头把火，软路难闯新车辙

湿柴怕猛火，猛火怕柴多

湿柴无潮饭，干柴无干水

十步之内，必有芳草

十访九空，也好省穷

十分惺惺使九分，留着一分与儿孙

十个明星当不的月

十个指头有长短

十家锅灶九不同

十句谚语九句真

十里没真信

十目所视，十手所指

十年生聚，十年教训

十事半通，不如一事精通

十指尖尖有长短，树木林莽有高低

什么笼装什么鸟

什么钥匙开什么锁

什么云下什么雨，什么水生什么鱼

石看纹理山看路，房子看的是椽柱

时间无私，历史无情

时来谁不来，时不来谁来

时势造英雄

识时务者为俊杰

实践出真知

拾得孩儿落得摔

使他的拳头，捣他的眼

使心用心，反害其身

士别三日，当刮目相看

士为知己者死，女为悦己者容

士先器识而后辞章

世财、红粉、歌楼酒，谁为三般事不迷

世间没个早知道

世界之大，无奇不有

世情看冷暖，人面逐高低

世上本无事，庸人自扰之

世上没有打不开的锁

世上万般悲苦事，无过死别与分离

世上有想不到的事儿，没有做不到的事儿

世无百岁人，枉作千年调

事不关己，高高挂起

事不关己莫多问

事不过三，过三难办

事不三思终有悔，人能百忍自无忧

事从缓来

事大事小，到跟前就了

事到头来不自由

事到做时方知难

事非经过不知难

事急无君子

事宽即完，急难成效

事实胜于雄辩

事无大小，关心者乱

事无三不成

事要前思，免劳后悔

事有必至，理有固然

事有凑巧，物有偶然

事有千般，理有千层

事有因，话有缘

事在人情在，事败人情坏

是非出在众人口

是非有公论，事久自然明

是非只因多开口，烦恼皆因强出头

是狗改不了吃屎，是狼改不了吃肉

谚语·经验　事理　规律

是鸡都长两只爪，是人都有两只手

是马充不了麒麟

是马有三分龙骨

是人脸上都有四两肉

是山总有路，是河总有桥

是邪侵不了正

是一亲，挂一心

是真难假，是假难真

是真难灭，是假易除

是粥是水，揭开锅盖

收船好在顺风时

手不狠立不了业，心不黑发不了财

手插鱼篮避不得腥

守过荒年有熟年

守夜雁后有群雁

受恩必报

受了卖糖公公骗，至今不信口甜人

受人钱财，与人消灾

受人一饭，听人使唤

瘦狗莫踢，病马莫骑

输钱只为赢钱起

暑天无君子

树不成林怕大风

树从根上起

树大有枯枝

树大招风风撼树，人为名高名丧人

树倒猢狲散，兵无主自乱

树德莫如滋，去疾莫如尽

树多不怕狂风

树荆棘得刺，树桃李得荫

树老易空，人老易松

树林大了，什么鸟都有

树怕软藤缠

树争一层皮，人争一张脸

谁不是爹娘身上的肉

谁家灶突不冒烟，谁家锅底没有黑

谁人背后无人说，哪个人前不说人

谁人汲得西江水，难洗今朝一面羞

水帮鱼，鱼帮水

水不跟木同，人不跟人同

水不激不跃，人不激不奋

水冲石头山挡水，今日不见明日见

水从源流树从根

水大漫不过鸭子

水多了什么虾蟹都有，山大了什么鸟兽都出

水火无情

水火相济，盐梅相成

水酒不能混为一坛

水可行船，水可覆船

水流千里归大海

水柳好看装不得犁，塑料花好看采不得蜜

水米两无交

水浅不是泊船处

水浅养不了大鱼

水浅鱼不住

水筲离不了井绳，瓦匠离不了小工

水是流的，鱼是游的

水银渗地，无孔不入

水中捞月一场空

顺得姑来失嫂意

顺风的旗，逆水的鱼

顺藤能摸到瓜，跟踪能追到穴

说曹操，曹操就到

说千道万，不如一干

说着红脸的，便来了关公

厮杀无如父子兵

死抱葫芦不开瓢

死后不结冤

死蛟龙，不若活老鼠

死了张屠夫，不吃浑毛猪

死泥鳅还有饿老鸹啄

死人臭一里，活人臭千里

死者复生，生者不愧

死猪不怕开水烫

四不拗六

四两拨千斤

寺老佛多，人老话多

俗眼不识神仙

算命若有准，世上无穷人

孙猴子的筋斗云，总跳不出如来佛的手掌

孙猴子再会变，也瞒不过二郎神

锁钥尽固，径窦可由

T

它山之石，可以攻玉

踏破铁鞋无觅处，得来全不费功夫

踏人一脚，须防一拳

抬得高，跌得重

贪食的鱼儿易上钩

摊着啥事办啥事

炭多火红，人多势勇

塘中的泥鳅，能翻起多大的浪

逃得了初一，逃不了十五

讨饭怕狗咬，秀才怕岁考

讨老婆看妻舅，买衣裳看衫袖

剃头担子一头热

天不盖，地不载

天不言自高，地不言自厚

天不转地转，地不转河转

天地之大，无所不有

天没有总阴，水没有总浑

天能盖地，大能容小

天晴总有天雨时

天上的仙鹤，比不上手中的麻雀

天上雷鸣一个音

天上鸟儿飞，地上影儿过

天上人间，方便第一

天上无云不下雨，地上无人事不成

天上星多月不亮，地上人多心不齐

天时地利人和

天外有天，山外有山

天无绝人之路

天下本无事，庸人自扰之

天下大势，分久必合，合久必分

天下没有唱不完的戏

天下没有上不去的崖

天下钱眼儿都一样

天下事抬不过个理去

天下无难事，只怕心不坚

天下无难事，只怕有心人

天下无有不散的筵席

天要下雨，娘要嫁人

天有时刻阴晴，人有三回六转

天与弗取，反受其咎

天灾好躲，人祸难防

添个蛤蟆还多四两劲儿

添粮不如减口

跳下黄河也洗不清

铁树也有硬虫钻

听过不如见过，见过不如做过

听千遍不如见一面

听人说百遍，不如亲眼见

铜盆撞了铁扫帚，恶人自有恶人磨

偷鸡的猫儿性不改

头醋不酽彻底薄

头忙脚忙，一忙百忙

头齐脚弗齐

头三脚难踢

头剃了一半，再疼也要剃光

投亲不如访友，访友不如下店

投鼠还须忌器

秃笔描狗，越描越丑

秃爪子老鹰，抓不住芦花大母鸡

秃子不要说和尚，脱了帽子一个样

秃子灵，瞎子精

土帮土成墙，人帮人成王

兔死狐悲，物伤其类

兔子不吃窝边草

兔子急了还咬人

兔子靠腿狼靠牙，各有各的谋生法

团结力量大，泰山也搬家

团鱼莫笑鳖，都是泥里歇

腿长不怕路远

退后一步自然宽

退一步风平浪静，让一分海阔天空

拖人下水，先打湿脚

陀螺不抽不转

W

娃子不哭奶不胀

瓦罐不离井上破，将军难免阵中亡

瓦爿尚有翻身日

歪理千条，不如正理一条

外鬼易挡，家贼难防

外明不知里暗

外甥是狗，吃完就走

外行看热闹，内行看门道

弯过了头要折，拉过了头要断

玩火者必自焚

万般哀苦事，死别与分离

万变不离其宗

万事开头难

万事留人情，日后好相见

万物土中生，万物归于土

万盏明灯顶太阳

汪汪狗不咬人

王八当权大三代

望山跑死马

为人不见面，见面去一半

惟乱门之无过

惟有感恩并积恨，万年千载不成尘

惟有圈中人，才知圈中事

伟大出于平凡，理论来自实践

尾巴长了，就会被人踩到

位高身危，名高忌起

文的开口知抱负，武的举手显高低

闻名不如见面，见面胜似闻名

问谁毁之，小人誉之

乌狗吃食，白狗当灾

乌龟不笑鳖，都在泥里歇

乌龟王八一路货

乌龟有肉在肚里头

乌鸦擦粉照样黑

乌鸦抹上白灰，也变不成白鸽；狐狸跳进大海，也洗不尽骚臭

乌有反哺之义，羊有跪乳之恩

乌云遮不住太阳

屋里点灯外头亮

无毒不丈夫

无风不起浪

无缝的鸭蛋不生蛆

无火难成炊

无假不成真

无钱吃酒，妒人面赤

无钱买茄子，只把老来推

无巧不成书

无事不登三宝殿

无心人对着有心人

无医枯骨，无浇枯木

无债一身轻

五个指头按跳蚤，按住这个那个跳

五人团结赛猛虎，十人团结一条龙，百人团结像泰山

物不平则鸣

物极则反，人急计生

物以稀为贵

物有不同物，人有不同人

物有物性，土有土性

物有一变，人有千变，若要不变，除非三尺盖面

X

西边不亮东边亮

惜福积福

喜鹊叫三声，双喜降门庭

虾不跳，水不动

虾蟆促织儿，都是一锹土上人

瞎闯过不了五关

下河才知水深浅

先长的眉毛比不上后长的胡子

先搭台子后唱戏

先会走，才能跑

先捡西瓜，后捡芝麻

先进寺门一日大

先入者为主

先撒窝子后钓鱼

先小人后君子

先扎笼子后养鸡

闲官清，丑妇贞，穷吃素，老看经

闲觉日偏长

闲中点检平生事，静里思量日所为

嫌人易丑，等人易久

乡里没有泥腿，城里饿死油嘴

相马失之瘦，相士失之贫

相马以舆，相士以居

相生必相克，相克必相生

想着容易做着难

想自己，度他人

小不能敌大

小不忍则乱大谋

小才难大用

小菜当不得敬神的刀头

小坼不补，大坼难堵

小池塘养活不了大鱼

小疮不上药，大了用刀割

小胳膊怎能拧过大腿

小鬼管不了阎王的事

小孩嘴里讨实话

小河沟里练不出好艄公，驴背上练不出好骑手

小河练不出排天浪

小马儿乍行嫌路窄

小庙里的神没见到大香火

小人得志，不可一世

小人无罪，怀璧其罪

小人喜干戈，君子容说话

小蛇出大蟒

小事不治，大事不止

小水不容大鱼

小小石头，打坏大缸

笑里暗藏刀

协力山成玉，同心土变金

邪不能胜正，假不能胜真

鞋底离不了鞋帮，秤砣离不开秤杆

鞋子合脚走得快

心不专一，不能专诚

心非木石，岂能无情

心慌行越慢，性急步偏迟

心记不如墨记

心头不似口头

心问口，口问心

新箍马桶三日香

新来乍到，摸不着锅灶

新人上了床，媒人丢过墙

星星之火，可以燎原

行百里者半九十

行得春风，便有夏雨

行短之人，一世贫穷

行善获福，行恶得殃

行一棋不足以见智

性急吃不了热豆腐

锈坏了镰刀不割麦

须将有日思无日

虚了实不得，瘸了走不得

雪里埋不住死人

雪中送炭是君子，锦上添花是小人

迅雷不及掩耳

Y

压不住定盘星

鸦浴风，鹊浴雨，八哥儿洗浴断风雨

牙舌两不动，安身处处牢

牙硬磨不过舌头

烟酒不分家

严寒飞雪盼日暖，转眼桃花满树开

严婆不打笑脸面

妍皮裹痴骨

言多必失

言多语失皆因酒，义断情疏只为钱

言者无心，听者有意

言者无罪，闻者足戒

盐打哪咸，醋打哪酸

盐也只有那么咸，醋也只有那么酸

眼饱肚中饥

眼不见，心不烦

眼不见为净

眼过千遍，不如手过一遍

眼见方为的，传闻未必真

眼见为实，耳听为虚

眼见之事犹恐不真，背后之言岂可尽信

眼睛一眨，老母鸡变鸭

眼孔浅时无大量

雁过有声，蛇过有路

雁怕离群，人怕单干

雁头先受箭，佳材早挨刀

燕子不大飞千里，秤砣虽小压千斤

扬汤止沸，不如去薪

扬州虽好，不是久恋之家

羊羹虽美，众口难调

羊和狼不在一个圈，雀和鹞不住一个窝

羊酒不均，驷马奔镇

羊皮盖不住狼心肝

羊群里丢了羊群里找

羊肉没吃成，弄得一身臊

羊上狼不上，马跳猴不跳

杨梅暗开花

养生不若放生

养小防备老，栽树要阴凉

养正邪自退

养子方知父母

痒处有虱，怕处有鬼

妖由人兴，孽由自作

峣峣者易缺，皎皎者易污

咬人狗儿不露齿

要饭三年懒支锅

要就掏出心来，要就拿出刀来

要同香作伴，先与臭为邻

要学流水自己走，莫学朽物水上漂

要知父母恩，怀里抱子孙

爷有娘有，也要开口

野花不种年年有，烦恼无根日日生

野鸡长不了凤凰毛

野兽尽而猎狗烹，敌国破而谋臣亡

叶落各有期，花开自有时

夜长梦多，好事多磨

夜眠清晨起，更有不眠人

夜行莫踏白

夜越黑，星越明

一把抓了，两头弗露

一白遮九丑

一报还一报，不差半分毫

一步赶不上，步步赶不上

一步领先，步步领先

一步一个脚印

一步走错，步步走错

一草示风向，一草示水流

一长便形一短

一尺水翻腾做百丈波

一锄头挖不出一口井来

一锄头也是动土，两锄头也是动土

一处不到一处迷

一处松，百处松

一处无恩，百处无恩

一传十，十传百

一打三分低

一担灯芯草，烧不出一撮灰

一朝被蛇咬，十年怕井绳

一点水一个泡

一点一滴，汇成江河

一动不如一静

一堵墙挡不住四面风

一顿饭养恩人，千顿饭养仇人

一而再，再而三

一番拆洗一番新

一番手脚两番做

一方水土养一方人

一佛出世，二佛升天

一夫当关，万夫莫开

一福能消百祸

一个巴掌拍不响

一个虼蚤顶不起卧单

一个姑娘小喘气，十个姑娘一台戏

一个钱要掂掂厚薄

一根单丝难成线，千根万根拧成绳

一根肚肠通到底

一根筷子容易断，拧成的麻绳拉不断

一根麻不乱，十根麻扯成团

一根木头支不了天

一根竹竿容易弯，一把筷子折断难

一棍打一船

一好百好

一鸡死，一鸡鸣

一家不知一家，和尚不知道家

一箭易断，百箭难折

一句虚言，折尽平生之福

一镢头掏不成个井

一口不能着两匙

一口吃不成个大胖子

一口唾沫灭不了火，一根柴禾烧不热锅

一口吸尽西江水

一块石头落了地

一力降十会

一龙难戏千江水，一虎难登万重山

一马不行百马忧

一门不到一门黑

一面打墙两面光

一面墙能挡八面风

一面墙砌不得，一面话听不得

一亩之地，三蛇九鼠

一年被蛇咬，三年怕草绳

一年不如一年

一年长工，二年家公，三年太公

一年之计，莫如树谷

一年之计在于春，一生之计在于勤，一日之计在于寅

一年种谷，三年生金

一娘生九子，九子连娘十条心

一窍通时万窍通

一犬吠形，百犬吠声

一群狐子不嫌臊

一人打铁锤不响，两人打铁响叮当

一人难趁百人意

一人气力担一担，众人力量搬倒山

一人摊重，十人摊轻

一人一把土，堆起万丈山

一人做事一人当

一日功好做，百日功难磨

一日卖得三担假，三日卖不得一担真

一日三，三日九

一善足以消百恶

一石激起千层浪

一时比不得一时

一时猫脸，一时狗脸

一时之胜在于力，长久之胜在于理

一条毛毛虫，能把树蛀空

一条小泥鳅翻不起大浪

一条鱼惹得满锅腥

一头人情两面光

一头撞倒南墙

一碗凉水看到底

一碗水端不平

一问三不知

一物自有一主

一席还一席

一心不能二用

一言不实，百事皆虚

一言抄百语

一言既出，驷马难追

一言惊醒梦中人

一言已定，千金不移

一叶落知天下秋

一叶障目，不见泰山

一饮一啄，事皆前定

一盏能消万古愁

一张口难说两家话

一针不补，十针难缝

一正压百邪

一之为甚，岂可再乎

一支针没有两头利

一枝动，百枝摇

一粥一饭，当思来处不易

一竹篙撑到底

一爪落网，全身被缚

一着不慎，满盘皆输

一醉解千愁

依靠群众撼山易，脱离群众折木难

以大化小，以小化无

以管窥天，以蠡测海

易分雪里粉，难辨墨中煤

易涨易退山溪水，易反易复小人心

因风吹火，用力不多

因嫌纱帽小，致使锁枷扛

阴地好，不如心地好

银样镴（là，铅和锡的合金）枪头

饮水要思源，为人难忘本

英雄最怕受恩多

婴儿眼里有天堂

樱桃好吃树难栽

迎风儿簸簸箕

庸医不信药，俗僧不信佛

用人容易识人难

用着菩萨求菩萨，用不着菩萨骂菩萨

油锅内添上一指柴

油瓮里捉鲇鱼

有比较，才有鉴别

有车就有辙，有树就有影

有尺水，行尺船

有初一就有十五

有洞必有妖，有鱼必有鲨

有多大脚，穿多大鞋

有恩不报非君子，有仇不报非丈夫

有风不可驶尽

有风方起浪，无潮水自平

有斧子砍得倒树，有理说得倒人

有个唐僧取经，就有个白马来驮着他

有骨头不愁肉

有棍子打得蛇，有赃证打得贼

有过之无不及

有鸡天也亮，没鸡天也明

有家难奔，有国难投

有理不送礼，送礼必无理

有理压得泰山倒

有理言自壮，负屈声自高

有理走遍天下，无理寸步难行

有利能成好朋友，无利路遇不点头

有了老婆不愁孩儿，有了木匠不愁柴

有了梧桐树，不愁凤凰来

有龙就有擒龙汉，有虎就有打虎郎

有钱买马，没钱置鞍

有钱难买经验多

有钱难买灵前吊

有上梢，没下梢

有说有的话，没说没的话

有天没日头

有为才能有位

有邪必有正，邪正不一道

有心不在迟

有一利必有一弊

有一说一，有二说二

有阴德者，必有阳报

有枣儿也得一竿子，没枣儿也得一竿子

有智妇人，赛过男人

又吃纣王水，又说纣王无道

又放羊，又拾柴

又做巫婆又做鬼

鱼不可离了水，虎不可离了冈

鱼吃鱼不腥

鱼大现形，树大招风

鱼儿挂臭，猫儿叫瘦

鱼儿虽小，鳞鳍俱全

鱼过千层网，网后还有鱼

鱼离不开水，鸟离不开林

鱼落鼎里，死活由你

鱼有鱼路，虾有虾路

鱼找鱼，虾找虾，王八找个鳖亲家

与其一人苦思，不如大家商量

雨里孤村雪里山，看时容易画时难

欲加之罪，何患无辞

欲人不知，莫若不为；欲人不闻，莫若勿言

欲行千里，一步为初

欲要知究竟，处处细留神

欲知山中路，须问打柴人

遇方便时行方便，得饶人处且饶人

远观不如近睹

远桥三里就落篷

远水不解近渴

远在儿孙近在身

远在天边，近在眼前

怨废亲，怒废礼

月满则亏，水满则溢

月怕十五年怕半

越经过风雨的草越兴旺，越经过苦难的人越坚强

云从龙，风从虎

运去黄金失色，时来铁也生光

Z

栽林养虎，虎大伤人

在家千日好，出门一时难

在山泉水清，出山泉水浊

在什么山，唱什么歌

在势的狸猫欢似虎，落魄的凤凰不如鸡

在一方，吃一方

赞人陷人皆是口，推人扶人皆是手

遭劫的好躲，在数的难逃

早知水淹人，何必偏下水

贼没种，只怕哄

贼人安着贼心肠，老鼠找的米粮仓

贼人心胆虚

贼是小人，智过君子

贼偷一更，防贼一夜

贼偷易家

贼无赃，硬似钢

贼咬一口，入骨三分

曾着卖糖君子哄，到今不信口甜人

乍入芦圩，不知深浅

占着茅厕不拉屎

战斗环境出英雄，艰苦条件出智慧

站得高，看得远

站得正不怕影子斜

站在干岸上怕湿鞋

站在锅边，看见锅沿；站在坡尖，看见天边

站在江边上，必有望景心

站着说话不腰疼

张公吃酒李公醉

张口不骂笑脸人

掌舵的心不慌，乘船的才稳当

丈二和尚摸不着头脑

丈夫有泪不轻弹

招风的大树不遮寒

招惹虱子头上挠

照样画葫芦

照着葫芦画不出瓢来

折一枝荷，烂掉一窝藕

这山望见那山高

贞良而亡，先人余殃；猖獗而活，先人余烈

真的假不了，假的真不了

真话好说，假话难编

真金不怕火来炼

真神面前烧假香

真心要吃人参果，哪怕山高路难行

睁眼说瞎话

正担好挑，偏担儿难挨

芝麻开花节节高

知理不怪人，怪人不知理

知其一不知其二

知情者不怪人，怪人者不知情

知人知面不知心，未可全抛一片心

直钩钓不了鱼

直木适作梁，弯木宜作犁

只可意会，不可言传

只怕睁着眼儿的金刚，不怕闪着眼儿的佛

只手难遮天下目

只听楼梯响，不见人下来

只要功夫深，铁杵磨成针

只要桨花齐，不怕浪花急

只要立得正，不怕影子歪

只要人手多，牌楼抬过河

只要先上船，自然先到岸

只有冻死的苍蝇，没有累死的蜜蜂

只有锦上添花，哪有雪中送炭

只有上不了的天，没有过不了的关

只有鱼吃水，没有水吃鱼

只知其一，不知其二

只重衣衫不重人

纸虎儿吓不得人

纸里包不住火，雪里埋不住人

纸鸟经不住风吹，泥人架不住雨打

纸上的烧饼不充饥

指佛穿衣，靠佛吃饭

治表容易治本难

治大者不治细，成大功者不成小

中间没人事难成

忠臣择主而侍，君子择人而交

钟在寺里，声在外边

种豆防饥，养儿防老

种瓜得瓜，种豆得豆

种花一年，看花十日

种牡丹者得花，种蒺藜者得刺

种田不熟不如荒，养儿不肖不如无

众口毁誉，浮石沉木

众口难调

众口销骨，三人成虎

众盲摸象，各说异端

众怒难犯，专欲难成

众人拾柴火焰高

众人是圣人

众人心里有杆秤

众人一条心，黄土变成金

众生好度人难度

众志成城，众口铄金

众议成林，无翼而飞

重恩不言谢

周身是刀没一把利

猪急了蹿圈，狗急了跳墙

猪羊走入屠户家，一步步来寻死路

猪爪煮了一千滚，总是朝里弯

竹篮打水，劳而无效

竹子根多，小人心多

煮饭要放米，说话要讲理

住场好，不如肚肠好；坟地好，不如心地好

住的青山寺，哪知殿里僧

住久人心淡

助祭得食，助斗得伤

妆未梳成不见客

装下的不像，磨下的不亮

着急吃不上焖火饭

着三不着两

着意栽花花不发，等闲插柳柳成阴

子用父钱心不痛

自古嫦娥爱少年

自古感恩并积恨，万年千载不成尘

自古红颜多薄命

自古饶人不是痴

自己的耳朵看不见

自己的梦自己圆

自己各扫门前雪，休管他人瓦上霜

自己贪杯惜醉人

自己有马好备鞍，自己有毡好挡雨

自家掘坑自家埋

自家有病自家知

自酿苦酒自己喝

自谦则人愈服，自夸则人必疑

自然来的是福，强求来的是祸

自身心事自身知，各人自有各人事

自是桃李树，何患不成蹊

自推自跌自伤嗟

自心无邪，鬼避三舍

自作孽，不可活

自做师婆自跳神

纵有大厦千间，不过身眠七尺

走不走留路，吃不吃留肚

走错一着棋，满盘都是输

走的夜路多，难免遭到鬼

走尽天边是娘好

走路防跌，吃饭防噎

走马有个前蹄失，急水也有回头浪

走三家不如坐一家

走杀金刚坐杀佛

祖坟上冒青烟

嘴强争一半

嘴上无毛，办事不牢

最毒妇人心

最甜家乡水，最亲故乡人

最希望市场混乱的是扒手

醉是醒时言

醉翁之意不在酒

左右没是处，来往做人难

佐酒得尝

作啥吃啥，卖啥吆喝啥

作舍道边，三年不成

作事必须踏实地，为人切莫务虚名

作贼人心虚

坐得船头稳，不怕浪来颠

坐得正来立得正，哪怕和尚尼姑合板凳

做饭瞒不了锅台，挑水瞒不了井台

做年碰见闰月

做事勿可强求，说话勿可过头

做事要在理，煮饭要有米

做一日和尚撞一日钟

做贼三年，不打自招

做贼者心虚，说谎者理屈

做着不避，避着不做

教育 文化 常识

A

矮子队里选将军

爱而不教，禽犊之爱

爱徒如子，尊师如父

爱在心里，狠在面皮

爱之愈深，责之愈严

暗中设罗网，雏鸟怎生识

鳌鱼脱了金钩去，摆尾摇头更不回

B

八仙过海，各显神通

把势要常踢打，算盘要常拨拉

百炼才成钢

百星之明，不如一月之光

百羊之皮，不如一狐之腋

拜德不拜寿

拜师如投胎

板凳上学不会骑术，澡盆里学不会游泳

棒教不如言教，言教不如身教

棒头出孝子，娇惯养逆儿

棒头出孝子，箸头出忤逆

宝刀不磨不锋利，没有谚语话无力

宝剑不磨要生锈，人不学习要落后

宝石不磨不放光，孩子不教不成长

蓓蕾在枝叶上孕成，知识在学习中积累

本领是学出来的，功夫是练出来的

笨鸟先飞

比赛必有一胜，苦学必有一成

笔是智能之犁，书是攀登之梯

臂力大，胜一人；知识多，胜千人

扁担从竹笋长大，博学业从无知起步

别君三日，当刮目相看

伯乐一顾，马价十倍

不挨骂，长不大

不吃馒头也要争口气

不打不成才

不到黄河心不死

不到西天，不知佛大小

不读哪家书，不识哪家字

不读书，不识字；不识字，不明理

不耕种，耽误一年；不学习，耽误百年

不患老而无成，只怕幼而不学

不会撑船赖河弯

不会做官看前样

不经霜的柿子不甜，不过九的皮毛不暖

不经一师，不长一艺

不怕不懂，就怕不问

不怕千着会，只怕一着熟

不怕千着巧，就怕一着错

不怕学不会，只怕不肯钻

不怕衣衫破，就怕肚里没有货

不是一番寒彻骨，怎得梅花扑鼻香

不受苦中苦，难为人上人

不受磨炼不成佛

不为良相，当为良医

不严不成器，过严防不虞

不因渔父引，怎得见波涛

不遇盘根错节，不足以成大器

不琢磨，不成大器

布衣可佐王侯，秀才可任天下

C

才高必狂，艺高必傲

才高遭忌，器利人贪

苍天不负有心人

草莽存英雄，江湖多义士

草有茎，人有骨

草字出了格，神仙认不得

长他人志气，灭自己威风

常读口里顺，常写手不笨

唱戏的不忘词儿

朝忘其事，夕失其功

车到山前必有路，船到桥头自然直

成大事者，不惜小费

成功无难事，只怕心不专

成人不自在，自在不成人

吃得苦中苦，方为人上人

虫蛀木断，水滴石穿

臭棋肚里有仙着

初生犊儿不怕虎

初生牛犊跑大，学步伢子摔大

除了灵山别有佛

除了死法还有活法

雏鸟不练飞，是永远振不起翅膀的

处处留心皆学问

处处有路通长安

慈父教孝子，严师出高徒

慈母多败子，严家无格房

从师如从父

村无大树，蓬蒿为林

措大谒儒流

错走一步棋，满盘皆是输

D

打出来的铁，炼出来的钢

打是亲，骂是爱

打着灯笼儿也没处找

大不正则小不敬

大材不可小用，小材不能大用

大虫不吃伏肉

大海不嫌水多，大山不嫌树多

大匠无弃材

大能掩小，海纳百川

大器多晚成

大人办大事，大笔写大字

大丈夫报仇，十年不迟

担水向河里卖

耽误了庄稼是一季，耽误了孩子是一代

胆大如斗，心细如发

胆量是斗出来的，志气是逼出来的

胆是吓大的，力是压大的

但存方寸地，留与子孙耕

当家方知柴米贵

刀钝，石上磨；人钝，世上磨

刀快不怕脖子粗

到处留心皆学问

道高龙虎伏，德重鬼神钦

道化贤良释化愚

道在圣传修在己

得十良马，不若得一伯乐；得十利剑，不若得一欧治

灯不亮要人剔，人不明要人提

低棋也有神仙着

冻死不烤灯头火，饿死不吃猫剩食

冻死迎风站，饿死不弯腰

读哪家书，解哪家字

读书不离案头，种地不离田头

读书不知意，等于啃树皮

读书人怕赶考，庄户人怕薅草

读书人识不尽字，种田人识不尽草

读书三到：心到、口到、眼到

读万卷书，行万里路

E

儿女情长，英雄气短

儿女做坏事，父母终有错

耳闻不如眼见

F

焚香挂画，未宜俗家

夫子门前读孝经

扶不起的刘阿斗

父强子不弱，将门出虎子

父兄失教，子弟不堪

富不教学，穷不读书

G

敢吃苦中苦，果为人上人

赶鸭子上架

高门出高足

高山出俊鸟

高山再高也有顶，长河再长也有源

高者不说，说者不高

各师父各传授，各把戏各变手

给学生一杯水，教师先要有一桶水

根子不正秧子歪

工多出巧艺

公修公得，婆修婆得，不修不得

功不成，名不就

功到自然成

功夫不负有心人

狗肉上不得台盘

苟有恒，何必三更眠五更起；最无益，莫过一日暴十日寒

姑娘十八变，越变越好看

孤犊触乳，骄子骂母

乖子看一眼，傻子看一晚

关公面前耍大刀

观棋不语真君子，把酒多言是小人

观千剑而后识器

惯子如杀子

棍头出孝子，娇养无义儿

蝈蝈多了显不出你叫，八哥多了显不出你俏

H

孩子长成人，转眼一瞬间

孩子提娘，说来话长

海阔凭鱼跃，天空任鸟飞

海鸥老在窝里不飞，翅膀是不会硬的

汗水换来丰收，勤学取得知识

好刀要在石上磨，好钢要在火中炼

好舵手会使八面风

好汉不怕出身低

好汉不提当年勇

好汉做事好汉当

好记性弗如烂笔头

好马不吃回头草

好马不停蹄，好牛不停犁

好男不吃分家饭，好女不穿嫁时衣

好书不厌千遍读

好树结好桃，好葫芦开好瓢

好铁不打不成钢

好铁靠千锤，好钢靠火炼

行家看门道，外行看热闹

行家莫说力巴话

行家一出手，便知有没有

行行出状元

河界三分阔，计谋万丈深

河深海深，最深莫过父母恩

黑发不知勤学早，白头方悔读书迟

恨铁不成钢

虎父无犬子

虎瘦雄心在

花开在春天，读书在少年

花盆里长不出栋梁，鸡窝里练不出翅膀

花有重开日，人无再少年

画鬼容易画人难

画匠不信神

槐花黄，举子忙

皇天不负读书人

皇天不负苦心人

黄金要纯靠烈火，钢刀锋利要勤磨

黄狸黑狸，得鼠者雄

黄筌画鹤，薛稷减价

会捉老鼠的猫儿不叫，会偷情的人儿不躁

浑身是铁打得多少钉儿

活到老，学到老

J

鸡窝里飞不出金凤凰

积财千万，不如薄伎在身

积丝成寸，积寸成尺，寸尺不已，遂成丈匹

既成童，经义通；秀才半，纲鉴乱

家富小儿骄

家里有了梧桐树，不愁招不来金凤凰

家无读书子，官从何处来

家有三斗粮，不当孩子王

家有一老，黄金活宝

肩不能挑担，手不能提篮

见不尽者天下事，读不尽者天下书，参不尽者天下之理

箭头虽利，不射不发；人虽聪明，不学不知

江湖一点诀，莫对妻儿说

江山风月，本无常主

将门出虎子，名师出高徒

将帅无能，累死三军

将相本无种，男儿当自强

娇养不如历艰

浇花要浇根，教人要教心

蛟龙得云雨，终非池中物

教不严，师之惰

教妇初来，教儿婴孩

教会徒弟，饿死师傅

教人先要知心

教奢易，教俭难

教学相长

教子不严父之过，养女不周娘之错

教子之法，莫叫离父；教女之法，莫叫离母

界河三寸阔，智谋万丈深

金玉其外，败絮其中

经纪的口，判官的笔

经师不名，学艺不高

经一番挫折，长一番见识

经一事，长一智

井水越打越来，力气越使越有

井淘三遍吃甜水，人从三师武艺高

井要淘，儿要教

镜愈磨愈亮，泉越汲越清

君子不吃无名之食

君子不夺人之所爱

K

开卷有益

看好样，学好样

看景不如听景

看了《诗经》会说话，看了《易经》会算卦

看棋不语真君子

看戏问名角，吃饭问名厨

炕头上练不出千里马，花盆里长不出万年松

考试的童生，出阵的兵

空心萝卜大肝花

孔子家儿不识骂，曾子家儿不识斗

口服千句，不如心应一声

口上仁义礼智，心里男盗女娼

苦海无边，回头是岸

快刀不磨是块铁

快刀斩乱麻

快马不用鞭催，响鼓不用重锤

快马跑断腿

快棋慢马吊，纵高也不妙

筷头上出忤逆，棒头上出孝子

困境识朋友，烈火辨真金

L

来者不拒，去者不追

烂肉煮不出香汤

郎不郎，秀不秀

稂不稂，莠不莠

老将出马，一个顶俩

老人不讲古，后生会失谱

老人发一言，后生记十年

老天不负苦心人

老子偷瓜盗果，儿子杀人放火

老子英雄儿好汉，强将手下无弱兵

历经苦中苦，才为人上人

良贾深藏若虚

良马不窥鞭，侧耳知人意

良马见鞭影而行

两耳不闻窗外事，一心只读古人书

烈火识真金，百炼才成钢

临渊羡鱼，不如退而结网

龙归沧海，虎入深山

路遥知马力，日久见人心

M

麻布袋做不出漂亮的衣服

马上不知马下苦，饱汉不知饿汉饥

马行千里，无人不能自往

马要骑，人要闯，生铁不炼不成钢

马异视力，人异视识

蚂蚁爬树不怕高，有心学习不怕老

慢工出巧匠

忙家不会，会家不忙

毛羽未成，不可以高飞

没吃过猪肉，也见过猪跑

没风难下雨，无巧不成书

没有打虎将，过不得景阳冈

没有金钢钻，别揽瓷器活

没有修成佛，受不了一柱香

没有严师，难出高徒

眉头一皱，计上心来

门里出身，自会三分

民生于三，事之如一

名师出高徒

明人点头即知，痴人拳打不晓

磨墨如病夫，握管如壮士

莫嫌知事少，只欠读书多

N

哪个鱼儿不识水

男儿不得便，刺头泥里陷

男儿膝下有黄金

男要勤，女要勤，三时茶饭不求人

男子汉不激不发

男子汉志在四方

难者不会，会者不难

能人之外有能人

能书不择笔

能者为师

泥鳅掀不起大波浪

泥人儿还有个土性

泥胎变不成活佛

逆水行舟，不进则退

年年防俭，夜夜防贼

宁扶旗杆，不扶井绳

宁可身骨苦，不叫面皮羞

宁输一子，不失一先

宁为玉碎，不为瓦全

宁养顽子，莫养呆子

宁养一条龙，不养十个熊

宁愿站着死，决不跪着生

牛要耕田马要骑，孩子不管要赖皮

驽马恋栈豆

P

捧上不成龙

平时不肯学，用时悔不迭

平时车走直，事急马行田

破罐子破摔

破蒸笼不盛气

Q

七分人事，三分天资

七讨饭，八教书

棋不看三步不捏子儿

棋差一着便为输

棋错一着满盘输

棋低一着，碍手碍脚

棋逢敌手难藏行

棋逢敌手难相胜，将遇良才不敢骄

棋高一着满盘赢

棋局既开，终有了时

棋输棋子在，摆开再重来

棋无一着错

棋争一着先

棋中无哑人

千般易学，千窍难通

千部一腔，千人一面

千锤成利器，百炼成纯钢

千个师傅万个法

千斤念白四两唱

千金难买心中愿

千军易得，一将难求

千日琵琶百日琴，告化胡琴一黄昏

千羊之皮，不如一狐之腋

千招要会，一招要好

钱财如粪土，仁义值千金

青柴难烧，娇子难教

青成蓝，蓝谢青；师何常，在明经

青出于蓝而胜于蓝

清明不拆絮，到老不成器

穷不读书，富不教学

穷不离猪，富不离书

穷秀才人情纸半张

求人不如求己

拳不打少林，脚不踢武当

拳不离手，曲不离口

群众过百，能人五十

R

人必自侮，而后人侮

人不论大小，马不论高低

人不怕低，货不怕贱

人不劝不善，钟不敲不叫唤

人才对了口，必能显身手

人到知羞处，方知艺不高

人多一技有益，物裕一备有用

人各有志，不可相强

人过三十不学艺

人生在勤，勤则不匮

人受一口气，佛受一炉香

人往高处走，水往低处流

人无刚骨，安身不牢

人心都是朝上长

人心无刚一世穷

人要闻，刀要砀

人有薄技不受欺

人有古怪相，必有古怪能

人有人门，狗有狗窦

人有一技之长，不愁家里无粮

人在世上炼，刀在石上磨

如鱼饮水，冷暖自知

儒变医，菜变齑

若无破浪扬波手，怎取骊龙颔下珠

S

洒多少汗水，有多少收获

三朝媳妇，月里孩儿

三代不读书会变牛

三翻六坐九拿爬，十个月的伢儿喊爸爸

三分画儿七分裱

三分教，七分学

三分诗，七分读

三更灯火五更鸡，正是男儿立志时

三军可夺帅，匹夫不可夺志

三日不弹，手生荆棘

三日打鱼，两日晒网

三岁学，不如三岁择师

三天不唱口生，三天不演腰硬

三天不打，上房揭瓦

三天打鱼，两天晒网

啥师带啥徒

山山出老虎，处处有强人

山再高也高不过两只脚

杉木尾子做不了正梁

上有天堂，下有苏杭

少所见，多所怪

身教重于言教

神仙下凡，先问土地

生有涯，学无边

绳锯木断，水滴石穿

圣人府里没文盲，老师手下没白丁

圣人门前卖字画，佛爷手心打能能

师访徒，徒访师，各三年

师父是镜子，徒弟是影子

师傅不明弟子浊

师傅教不了自家儿

师傅领进门，修行在个人

师高弟子强

师徒如父子

十步之内，必有芳草

十个读书九个呆

十磨九难出好人

十年窗下无人问，一举成名天下知

十年树木，百年树人

十室之邑，必有忠信

石头是刀剑的朋友，障碍是意志的朋友

士别三日，当刮目相待

士各有志，不可相强

士可杀而不可辱

事非经过不知难

手大遮不过天来

手下一着子，心想三步棋

受得苦中苦，方为人上人

书到用时方恨少，事非经过不知难

书读百遍，其义自见

书囊无底

书三写，鱼成鲁，虚成虎

书山有路勤为径，学海无涯苦作舟

书生不离学房

书生不知兵

书生治兵，十城九空

书无百日工

书真戏假

书中车马多如簇

书中自有千钟粟，书中自有黄金屋，书中自有颜如玉

输棋不输品，赢棋不赢人

熟读《唐诗三百首》，不会吟诗也会吟

熟读王叔和，不如临症多

蜀中无大将，廖化作先锋

树不打杈要歪，人不教育要栽

树不修不成材，儿不育不成人

树大分杈，人大分家

树苗好栽成材难

霜打过的柿子才好吃

谁走的路长远，谁能到西天佛地

水大漫不过鸭子去

水浅养不住大鱼

水深不响，水响不深

水深见长人

睡着的人好喊，装睡的人难叫

说书的嘴，唱戏的腿

死狗扶不上墙

死棋腹中有仙着

四两拨千斤

四书熟，秀才足

苏李居前，沈宋比肩

苏文熟，吃羊肉；苏文生，吃菜羹

T

台上一分钟，台下十年功

泰山高还有天，沧海深还有底

泰山压顶不弯腰

塘里无鱼虾也贵

讨饭怕狗咬，秀才怕岁考

天不生无禄之人

天地君亲师

天地为大，亲师为尊

天上下雨地下滑，各自跌倒各自爬

天外有天，人外有人

天下名山僧占多

调皮的骡子能拉套

铁不炼不成钢

铁打房梁磨绣针

听君一夕话，胜读十年书

听蝼蛄叫还不耩芝麻喽

偷来拳打不倒师傅

投师不如访友，访友不如交手

兔子多咱也驾不了辕

W

弯木要过墨，横人要过理

万般皆下品，惟有读书高

万般事仗少年为

万宝全书缺只角

为老不正，带坏子孙

惟大英雄能本色

文不能像秀才，武不能当兵

文场之上无父子

文如其人

文章不妨千次磨

文章自古无凭据

文字看三遍，疵累便百出

屋里驯不出千里马，炕上养不成万年松

无君子不养艺人

无巧不成话

无志之人常立志

五谷不熟，不如稊稗

X

嬉笑怒骂，皆成文章

习善则善，习恶则恶

习武不在老少，拜师不怕年高

戏包人，人包戏

戏不够，神仙凑

戏场小天地，天地大戏场

戏唱得好不好，不在开锣早

戏台三尺有神灵

戏有戏德，台有台规

下棋看三步

下棋千着，全看最后一着

夏虫不可语冰

夏练三伏，冬练三九

先进山门是师傅

闲时不烧香，急来抱佛脚

响鼓不用重锤敲

小错护短，大错不远

小鬼不曾见过大馒头

小孩要管，小树要砍

小河沟里练不出好艄公，驴背上练不出好骑手

小脚不中看，小孩不中惯

小马乍行嫌路窄，雏鹰初舞恨天低

小曲好唱口难开

小时不防，大了跳墙

小时不禁压，到老没结煞

小时偷针，大了偷金

小小卒子吃大将

小卒过河赛如车

孝顺还生孝顺人，忤逆还生忤逆人

写字像画狗，越描就越丑

心坚石也穿

心宽不在屋宽

心欲专，凿石穿

新瓶装旧酒

新书不厌百回看

星随明月，草伴灵芝

秀才不出门，能知天下事

秀才不怕书多，种田不怕粪多

秀才靠笔杆，当兵靠枪杆

秀才说话三道弯

秀才谈书，屠夫说猪

秀才造反，三年不成

秀才作医，如菜作齑（jī，调味用的姜、蒜或韭菜）

学成文武艺，货与帝王家

学到老，不会到老

学到老，学不了

学好，千日不足；学歹，一日有余

学坏容易学好难

学书者纸费，学医者人费

学徒三年，三年吃苦

学问勤乃有，不勤腹空虚

学问学问，勤学好问

学艺不亏人

学者如牛毛，成者如麟角

Y

压大的力，吓大的胆

鸦窝里出凤凰，粪堆上产灵芝

严将出强兵，严婆出巧媳

严师出高徒，厉将出雄兵

严是爱，松是害

言之无文，行之不远

眼观六路，耳听八方

眼经不如手经，手经不如常舞弄

眼亮不怕夜黑

眼嫩的人怕见血，耳嫩的人怕听雷

演戏的是疯子，看戏的是傻子

雁头先受箭，佳材早挨刀

燕雀安知鸿鹄志

羊群里跑出骆驼来

养不教，父之过；教不严，师之惰

养儿不读书，只当喂个猪

养女不教如养猪，养子不教如养驴

养身百计，不如随身一艺

养子不教父之过，训道不严师之惰

养子不易，教子更难

生养子女不容易，教育子女成人更难.

要得惊人艺，须下苦功夫

要饭三年懒支锅

要练武，莫怕苦，怕苦难成虎

要人知重勤学，怕人知事莫做

要想武功好，从小练到老

要想学得会，就得跟师傅睡

要想正人，得先正己

要学流水自己走，莫学朽物水上漂

要知山下事，请问过来人

要知天下事，须读古人书

要知心上事，但听口中言

夜不号，捕鼠猫

一辈子不出马，总是个小驹

一笔画不成两道眉

一步棋错，满盘皆输

一锄挖个金娃娃

一法通，百法通

一个师傅一个传授

一号藤子结一号瓜

一口气吃成个胖子

一力降十会

一路荣华到白头

一命二运三风水，四积阴功五读书

一年二年，与佛齐肩；三年四年，佛在一边

一年之计在于春，一生之计在于勤

一人立志，万夫莫夺

一人作事一人当

一日不书，百事荒芜

一日读书一日功，十日不读一场空

一日功好做，百日功难磨

一日师徒百日恩

一日为师，终身为父

一身之戏在脸，一脸之戏在眼

一身做不得两件事，一时丢不得两条心

一生不出门，终究是小人

一事不知，君子之耻

一手穿针，一手捻线

一岁学步，两岁会走，三岁离手

一心不能二用

一着不到处，满盘都是空

一字值千金

遗子黄金满籝（yíng，箱笼一类的竹器），不如教子一经

蚁可测水，马能识途

艺不压身

艺高人胆大

英雄不怕出身低

英雄出少年

英雄生于四野，好汉长在八方

鹰立如睡，虎行似病

有其母必有其女

有其师必有其徒

有钱无钱，买画过年

有享不起的福，可没有吃不起的苦

有意栽花花不活，无心插柳柳成阴

有志不在年高，无志空活百岁

有志者事竟成

有状元徒弟，没有状元师傅

幼而学，壮而行

与其喊破嗓子，不如做出样子

玉不琢，不成器

欲高门第须为善，要好儿孙在读书

远来的和尚好看经

越经过风雨的草越兴旺，越经过苦难的人越坚强

云从龙，风从虎

云里千条路，云外路千条

运动不出汗，成绩不见面

Z

宰相肚里好撑船

早起三朝当一工

赠人千金，莫若教人一技

站的高，看的远

丈夫非无泪，不洒别离间

照着葫芦能画出瓢

真金不能终陷

真金不怕火炼

真人不露相，露相不真人

争气不争财

整瓶不摇半瓶摇

郑板桥的竹子能碰死家雀

郑玄家牛，触墙成八字

知恩不报非君子，万古千秋作骂名

知过必改，便是圣贤

知者不言，言者不知

只愁不养，不愁不长

只怕不做，不怕不会

只要功夫深，铁杵磨成针

只有不快的斧，没有劈不开的柴

只有穷秀才，没有穷举人

只知我外面行状，哪知我肚内文章

指儿不养老，指地不打粮

指头当不了拳，兔子驾不了辕

致富先治愚，治愚办教育

智慧的头脑胜似闪光的金子

智者千虑，必有一失；愚者千虑，必有一得

种花一年，看花十日

种火又长，拄门又短

种了高粱不长谷子

种田弗离田头，读书不离案头

众人是圣人

庄稼靠种树靠苗

子大父难为，徒大师难当

子弟宁可不读书，不可一日近匪人

字是黑狗，越描越丑

字是门牌书是屋

字是一匹马，孔夫子学了半个胯

字无百日工

字要习，马要骑

自古书生多薄命

自古英雄出少年

走棋不悔大丈夫

尊师学手艺，爱徒授技能

坐经拜道，各有一好

做一日和尚撞一日钟

辨证 对立 统一

A

哀乐失时，殃咎必至

安危相易，祸福相生

B

八个人也抬不走一个"理"字

白头花钿满面，不若徐妃半妆

百人百姓，各人各性

百样米养百样人

败翎鹦鹉不如鸡，虎落平阳被犬欺

败为寇，成为王

半斤逢八两

彼一时，此一时

嬖女不敝席，宠臣不避轩

扁担是条龙，一生吃弗穷

冰冻三尺，非一日之寒

兵对兵，将对将

兵久则变生，事苦则虑易

兵无常势，水无常形

不比不知道，一比吓一跳

不登高山，不见平地

不见风浪，不显本事

不看家中宝，单看门前草

不怕不识货，只怕货比货

不怕单，就怕连

不怕低，单怕比

不怕敌人强，只怕自己阵线发生裂痕

不怕年灾，就怕连灾

不怕穷，就怕懒

不怕一万，就怕万一

不怕硬的就怕横的，不怕横的就怕不要命的

不识风云事，休在山里行

不是骨血不连心

不贤妻，不孝子，没法可治

不信好人言，必有牺惶事

不要气，只要记

不知其子视其友，不知其君视其左右

C

裁缝不落布，卖脱家主婆

彩云易散琉璃脆

草要连根拔

豺狼改不了本性，狐狸除不尽臊气

长他人志气，灭自己威风

唱戏还要有个过场

朝山的不是全为了敬神

车到没恶路

扯了鸡毛鸡骨痛

尘世上没有不吃腥的猫

城门失火，殃及池鱼

乘记忆力清醒时，要把衣襟裹严实

仇人转兄弟，冤家转夫妻

丑不丑，一合手；亲不亲，当乡人

出水才看两腿泥

除夜犬不吠，新年无疫疠；除夜恶犬嗥，新年多火盗

聪明却贫穷，昏迷做三公

寸铁入木，九牛难拔

D

打柴的不跟遛马的走

打虎要力，捉猴要智

打了骡子惊了马

打喷嚏是鼻子痒，做梦是心里想

打墙板儿翻上下

打墙也是动土

打人莫打膝，道人莫道实

打伞戴帽，各取所好

打死人有罪，哄死人没罪

打嚏耳朵热，一定有人说

打铁看火候，做事看时机

打铁先得自身硬

打铁要趁热，治病要趁早

大处着眼，小处着手

大从小来，有从无来

大官送上门，小官开后门，老百姓求别人

大海哭孩脸，一天变三变

大伙一条心，黄土变成金

大路不转小路转

大路朝天，各走一边

大人不同小人斗

大事瞒不了庄乡，小事昧不住邻居

大寿到，难照料

大小一个礼，长短一根棍

大小做个官儿，强似点水烟儿

大有大的难处，小有小的方便

大有大难，小有小难

大鱼吃小鱼，小鱼吃蚂蚁，蚂蚁吃泥巴

带着铃铛去做贼

单刀好使，左手难藏

单者易折，众则难摧

胆小的人心细

当差的会搪塞

当断不断，反受其乱

当面是人，背后是鬼

当面笑呵呵，背后毒蛇窝

当行厌当行

刀快不怕脖子粗

到什么山上唱什么歌

灯不点不亮，理不辩不明

灯一拨就亮，理一讲就明

地边儿好凑，锅边儿难凑

地无三尺土，人无十日恩

地有高低，人有贵贱

钉头碰着铁头

定法不是法

豆收长秸麦收齐，谷苗断垄不用提

蠹众而木折，隙大而墙坏

躲得了初一，躲不了十五

躲过了风暴又遭了雨

躲脱不是祸，是祸躲不脱

躲一棒槌，挨一榔头

恶疮都打内里破

饿慌兔儿都要咬人

放虎归山擒虎难

放着一星火，能烧万顷山

飞鸟择林而栖，良马择主而行

风潮过了世界在

风流茶说合，酒是色媒人

风水轮流转，明年到我家

风云多变，人心难测

凤凰鸦鹊不同群

伏虎容易捉虎难

扶起不扶倒

福生有基，祸生有胎

福无双至日，祸有并来时

父子不同舟

富贵在天，生死由命

覆巢之下，复有完卵

G

改变一个人的性格，比搬掉一座山还难

干吃大鱼不费网

赶鸭子上架

敢揽瓷器活，定有金刚钻

钢铁要在烈火中炼，英雄要在困难里摔打

高者不说，说者不高

疙瘩宜解不宜结

胳膊弯没有向外拐的

胳膊肘愣往外扭

各人自有各人福，牛吃稻草鸭吃谷

各施各法，各庙各菩萨

各有各的牢笼计，各有各的跳墙法

各走各的路，各投各的店

跟狗走吃屎，跟老虎走吃肉

比喻攀附不同的人会得到不同的结果

跟着啥人学啥人，跟着巫婆会跳神

耕牛为主遭鞭杖

弓硬弦长断，人强祸必随

公不离婆，秤不离砣

狗不上前用食喂，马不上套驾鞭子打

狗急跳墙，人急悬梁

狗瘦主人羞

狗咬人，有药医；人咬人，没药治

古古今今多更改，贫贫富富有循环

谷怕碾不出米，人怕来个比

鼓不敲不响，钟不撞不鸣

拐米倒做了仓官

观其眼，知其胆

官场如戏场

官话一出，私口难开

官事随时变

官有尊卑，役无大小

光棍一点就透，犟眼子棒打不回

过河探深浅，走路看高低

过里门则思敬，过墓门则思哀

过去未来，不如现在

过头饭儿难吃，过头话儿难讲

H

海上无风不翻船，江中无风不起浪

海水可量，人不可量

海子里没有宝贝，海子水不会闪光

蒿草再高也成不了树

好把式打不过癞戏子

好刀要在石上磨，好钢要在火中炼

好姑娘更经不起耍弄

好汉不赶乏兔儿

好花不常开，好景不常在

好物不贱，贱物不好

好鞋不踏臭狗屎

和尚在，钵盂在

河水不洗船

河有九曲八弯，人有三回六转

荷包口收的住，人口收不住

荷花出水才见高低

黑炭洗不白，金子染不黑

猴儿学人形，改不了猴气

后浪催前浪，新人换旧人

呼蛇容易遣蛇难

狐狸再狡猾也斗不过好猎手

虎无伤人意，人有伤虎心

虎心隔毛翼，人心隔肚皮

虎在深山，猫居床笫

花开两样红，人和人不同

花开自有落时

花无百日红

花又不损，蜜又得成

花自花，鸟自鸟

画虎不成反类狗

话不说不知，木不钻不透

话要说到心上，肥要追到根上

话有三说三解

宦海风波，诡谲多变

换汤不换药

皇帝轮流传，今年到我家

黄狸黑狸，得鼠者雄

黄连树根盘根，穷苦人心连心

混龙闹海，鱼虾遭殃

J

鸡蛋里挑骨头

鸡蛋没缝，苍蝇下蛆也难

鸡兔不同笼

鸡窝里也能出凤凰

即使住在河边，也不能和鳄鱼交朋友

急惊风撞着慢郎中

既不烧柴，又不下米

既当婊子，又立牌坊

既到大江边，不怕水湿脚

既来之，则安之

既有今日，何必当初

既有青山在，何愁没柴烧

既在矮檐下，怎敢不低头

既在佛会下，都是有缘人

既在江湖内，都是苦命人

家花没有野花香，野花哪有家花长

见好就收

见了和尚骂贼秃

见了菩萨烧蛀香

见人说人话，见鬼说鬼话

见什么佛念什么经

箭在弦上，不得不发

江山易改，禀性难移

讲不讲在人，听不听在己

叫化子比神仙

叫化子走路打狗，聪明人走路生财

疖子出头好挤脓

节令不到，不知冷暖；人不相处，不知厚薄

今日不知明日事

今日河东，明日河西

今天的龙江不流昨天的水

荆山失火，玉石俱焚

井水不犯河水

君子动口，小人动手

君子矜人之厄，小人利人之危

君子千言有一失，小人千言有一当

君子争礼，小人争嘴

骏马却驮痴汉走，巧妻常伴拙夫眠

K

开弓没有回头箭

砍的不如旋的圆

砍一枝，损百枝

看风使舵常顺利，随机应变信如神

靠着米囤却饿死

可望而不可即

渴者易为饮，饥者易为食

口是伤人虎，言是割舌刀

口子大小总要缝

寇准上殿，百僚股栗

苦瓜秧上长苦瓜，苦娘生的苦娃娃

苦好受，气难生

苦时难熬，欢时易过

狂风不竟日，暴雨不终朝

困龙亦有上天时

L

蜡烛不点不亮

来得清，去得明

来得易，去得易

来是是非人，去是是非者

来说是非者，便是是非人

癞蛤蟆想吃天鹅肉

揽下"瓷器罐"，就得有"金刚钻"

浪从风来，草从根来

老不舍心，少不舍力

老的别惹，小的别逗

老生齐眉，旦角齐乳，花脸过顶，小生齐肩

老鸦嫌猪黑，乌龟笑鳖跛

老要颠狂少要稳

老医少先生

雷声大，雨点小

冷锅里爆豆

冷人要人挑，热水要人烧

冷手难抓热馒头

冷水浇头怀抱冰

冷汤冷饭好吃，冷言冷语难听

冷雨不大湿衣裳，恶言不多伤心肠

冷灶着一把儿，热灶着一把儿

礼有经权，事有缓急

力不敌众，智不尽物

力能胜贫，谨能胜祸

力气是压大的，胆子是吓大的

力生于速，巧生于技

粒火能烧万重山

良善被人欺，慈悲生患害

良药苦口利于病，忠言逆耳利于行

良药难治思想病，好话难劝糊涂虫

良医救病，庸医害人

梁园虽好，不是久恋之乡

两姑之间难为妇

两瞽相扶，不伤墙木

两虎相斗，必有一伤

两目不相为视

两手劈开生死路，翻身跳出是非门

两头白面，说长道短

两物相形，好丑愈见

两雄不能并立

两叶掩目，不见太山；双豆塞耳，不闻雷霆

两硬相击，必有一伤

两只船否使一篷风

量大福也大，机深祸亦深

量体裁衣，看菜吃饭

临上轿马撒尿

临时抱佛脚

临危望救，遇难思亲

临下骄者事上必谄

临崖立马收缰晚，船到江心补漏迟

临渊羡鱼，莫若退而结网

灵鸟择木而栖，智士见机而作

留情不举手，举手不留情

六亲同运

龙生九种，九种各别

漏底的缸好补，穷困的洞难堵

路遥知马力，烈火识真金

驴的朝东，马的朝西

驴事未去，马事到来

萝卜青菜，各有所爱

螺蛳壳里做道场

M

麻面姑娘爱擦粉，癞痢姑娘好戴花

马勺没有不碰锅沿儿的

盲公有竹，哑子有手

猫帮猫狗帮狗，秃角向着呱呱呦

猫不急不上树，兔不急不咬人

猫狗不同槽，穷富不攀亲

毛毛雨打湿衣裳，杯杯酒吃败家当

没家亲引不出外鬼来

没事常思有事

没有家族是孤独，没有亲戚是寡人

没有舌头不碰牙的

美色不同面

猛虎化为人，好着紫葛衣

猛虎之犹豫，不若蜂虿之致螫

米有糙白，货有低高

明者睹未然

命令如山倒

命若穷，掘得黄金化作铜；命若富，拾着白纸变成布

莫学封使君，生不治民反食民

母生九子，种种不同

木必先腐而后虫生，人必先疑而后谗入

木不跟木同，人不跟人同

木已成舟

N

哪个门上挂有免事牌

哪样树开哪样花

内邪不生，外贼不入

南风腰里壮，北风两头尖

闹孩子吃奶多

能大能小是条龙，光大不小是条虫

泥人不改土性

鸟各有群，人各有志

鸟靠翅膀兽靠腿，人靠智慧鱼靠尾

牛角洗不出象牙来

牛事不发马事发，人事不发庄稼发

牛套马，累死俩

牛头不对马嘴

牛要耕田马要骑，孩子不管耍赖皮

O

藕发莲生，必定有根

P

怕摔跤先躺倒

怕灾就来祸，躲也躲不过

旁观者清，当局者迷

盆打了说盆，碗碎了说碗

蓬生麻中，不扶自直；白沙在泥，与之皆黑

拼得功夫深，铁杵磨成针

平原走马，湖上荡桨

泼了奶子还有乳牛

破巢之下，焉有完卵

Q

七情六欲人皆有之

七月的天，孩子的脸

七月十五红圈，八月十五落杆

千锤打锣，一锤定音

千里不同风，百里不共雷

千里送宝，不在大小

千年大道走成河

千年地产八百主

千年万年河不定

千人千脾气，万人万模样

前山打鼓前山应，后山唱歌后山听

前晌打伞遮不了后晌的雨

前世烧了断头香

强者 轮，弱者一轮

亲的原来则是亲

亲者割之不断，疏者续之不坚

青龙共白虎同行，吉凶事全然未保

青山易改，秉性难移

穷帮穷，富帮富，麦糠不能做豆腐

穷不同富斗，男不同女斗

穷有好时，富有倒时

求名在朝，求利于市

R

人比人，气煞人

人比人死，货比货扔

人大心大

人到穷时想卖天

人急烧香，狗急跳墙

人力可以回天

人面逐高低

人挪活，树挪死

人善鬼不善，人怕鬼不怕

人上一百，形形色色

人同此心，心同此理

人无前后眼，祸害一千年

人心不似水长流

人心不同，各如其面

人有同貌人，物有同形物

人在世上炼，刀在石上磨；千锤成利器，百炼变纯钢

人之相去，如九牛毛

忍得十日破，忍不得十日饿

日出事还生

日中则移，月满则亏

弱水不载鹅毛

S

三人不成党，五人不成群

三十年河东，三十年河西

桑田变沧海，沧海变桑田

沙场无老少

啥样的日子也有个头

山不转路转

山有高峰，水有激流

上卦不灵下卦灵

上梁不正下梁歪

上面一条令，下面千条命

上面有个佛，下面就有个金刚

上坡路吃力，下坡路好走

上阵无过父子兵

舌上有龙泉，杀人不见血

舌头跟牙齿还常斗一斗

涉浅水者得鱼虾，涉深水者得蛟龙

生成的相，晒成的酱

生就的骨头长就的肉

十个人十样性

十个指头不一般齐

十个指头咬着都疼

十家锅灶九不同

十里不同俗

十里不同雨，百里不同风

十年财主轮流做

十年高下一般平

十年河东，十年河西

十指尖尖有长短，树木林莽有高低

什么人玩什么鸟

仕宦不止车生耳

事大事小，到跟前就了

事大事小，见官就了

事到头来不自由

事可一而不可再

事有因，话有缘

是非呵也出不得俺这渔樵

是骡子是马，牵出来遛遛

是山总有路，是河总有桥

是神的归庙，是鬼的归坟

手掌儿怎样看得见手背儿

熟油拌苦菜，由人心头爱

鼠无大小皆称老，龟有雄雌总姓乌

谁家的菜勺不碰锅帮

谁是常贫久富家

水来土掩，兵到将迎

水流船行岸不移

水浅不是泊船处

水是流的，鱼是游的

水有源，树有根

睡多梦多

说唱不分家

说话的无意，听话的有心

T

他人骑马我骑骡，仔细思量我不如；回头下有挑脚汉，比上不足比下余

泰山高还有天，沧海深还有底

叹气一口，宅低三尺

逃荒愿往南逃一千，不愿北逃一砖

讨老婆看妻舅，买衣裳看衫袖

天变一时，人变一刻

天上雷鸣一个音

天上没有不飘去的云彩，世上没有不离散的筵席

天塌有大个，过河有矬子

天无一月雨，人无一世穷

天下老鸹一般黑

天要落雨，娘要嫁人

天子过一日，贫子过一日

甜从苦中来，福从祸中生

铁打衙门流水官

铁炼成钢，兵练成将

同林的鸟儿有丑俊，同根的柳条有菌直

偷鸡猫儿性不改

头发不剪，总要长的

兔子急了也要咬人

W

万变不离其宗

为虎所食，其鬼为伥

为人不见面，见面去一半

文的开口知抱负，武的举手显高低

文官学士，武官大夫

乌龟王八一路货

乌鸦彩凤不同栖

乌鸦叫，口舌到

无风不起浪

无农不稳，无工不富，无商不活

物极则反，泰极则否

物有不同物，人有不同人

X

席间有酒，无令不成欢

戏法人人都会，各有巧妙不同

先长的眉毛，比不上后长的胡子

相好命好，命好相好

相见比高低

相生必相克，相克必相生

香配香，臭配臭，红辣椒配的黑酱油

小错护短，大错不远

小洞不堵，大洞吃苦

小鸡不尿尿，各有各的道

小曲好唱口难开

小人报仇眼前，君子报仇三年

小时偷针，大时偷金

小事不治，大事不止

小巫见大巫

孝子见人低三辈

些小不补，直至尺五

鞋不加丝，衣不加寸

鞋底离不了鞋帮，秤砣离不开秤杆

心有余而力不足

行船要识礁，扬帆要看风

行客拜坐客

行有行风，帮有帮俗

兄弟如手足，骨头连着筋

兄弟是手足，妻子是衣服

Y

牙跟舌头还有不和的时候

衙门越大，官事越小

压大的力，吓大的胆

妍皮不裹痴骨

言可省时休便说，步宜留处莫胡行

阎王斗气，小鬼难活

阎王注定三更死，谁敢留人到四更

筵无好筵，会无好会

眼观鼻，鼻观心

眼前难会合，到底也埋怨

羊在山坡晒不黑，猪在圈里捂不白

摇头不算点头算

咬人的虎不露齿

药不能治假病，酒不能解真愁

要吃烂肉，别恼着火头

要吃羊肉，又怕膻气

要打看娘面

要打没好手，厮骂没好口

要东就东，要西就西

要好不能够，要歹登时就一篇

要暖粗布衣，要好自小妻

要甜先苦，要逸先劳

夜长梦多

夜壶合着油瓶盖

一把钥匙开一把锁

一半儿推辞一半儿肯

一棒打着两个人

一报还一报

一壁打鼓，一壁磨旗

一波未平，一波又起

一不敌众

一不积财，二不结怨，睡也安然，走也方便

一不顺心，百不顺心

一步赶不上，步步赶不上

一处水土一处人

一登龙门，则声价十倍

一斗米养个恩人，一石米养个仇人

一动不如一静

一度着蛇咬，怕见断井索

一番拆洗一番新

一分醉酒，十分醉德

一个巴掌拍不响

一个半斤，一个八两

一个鼻子眼儿出气

一个不摘鞍，一个不下马

一个槽上拴不下两叫驴

一个唱红脸，一个唱白脸

一个锅里抡马勺，马勺难免碰锅沿

一个和尚挑水吃，两个和尚抬水吃，三个和尚没水吃

一个老鼠坏了一锅汤

一个篱笆要打三个桩，一个好汉要有三个帮

一个萝卜一个坑

一个朋友一条路，一个冤家一堵山

一个脑袋上的头发有黑有白

一个人是死的，两个人是活的

一个师傅一个令，一个和尚一个磬

一个碗内两张匙，不是汤着就是抹着

一个小鸡不好，带坏一笼

一个印盒脱下来的

一个衣包里爬出来

一个竹眼钉一条钉

一根单丝难成线，千根万根拧成绳

一根线拴俩蚂蚱

一回情，二回例，三回不借淘闲气

一会儿锣，一会儿鼓

一家盖不起龙王庙，一人造不起洛阳桥

一家门口一个天

一家人臭嘴不臭心

一脚踏了两家船

一俊遮百丑

一棵树结的果儿有酸有甜，一个娘生的孩儿有忠有奸

一颗麦子一道缝，一个人儿一个性

一客不烦二主

一里不同俗，十里改规矩

一粒老鼠屎，搞坏一锅粥

一力降十会

一两丝能得几时络

一木不成林，一花不成春

一年二年，与佛齐肩；三年四年，佛在一边

一年受灾，三年难缓

一娘生九子，九子连娘十条心

一窍通时万窍通

一犬吠形，百犬吠声

一群狐子不嫌臊

一人摆渡，众人过河

一人不过二人智

一人吃斋，十人念佛

一人传虚，万人传实

一人得道，鸡犬升天

一人奋死，可以对十

一人计短，众人计长

一人立志，万夫莫夺

一人难合百人意

一人气力担一担，众人力量搬倒山

一人善射，百夫决拾

一人向隅，满座不乐

一人有福，带挈一屋

一日不见，如隔三秋

一日不书，百事荒芜

一日不作，一日不食

一善足以消百恶

一石激起千层浪

一事差，百事错；一事真，百事真

一事精，百事精；一无成，百无成

一是误，二是故

一手穿针，一手捻线

一手托两家

一树之果，有酸有甜；一母之子，有愚有贤

一死一生，乃知交情；一贫一富，乃知交态；一贵一贱，交情乃见

一损俱损，一荣俱荣

一条鱼满锅腥

一条线儿拴俩蚂蚱

一头放火，一头放水

一物降一物，卤水点豆腐

一言已定，千金不移

一样米养百样人

一窑烧得几百砖，一娘养的不一般

一叶障目，不见泰山

一夜不睡，十夜不足

一招鲜，吃遍天

一只鼓不能敲两家戏

一只碗不响，两只碗叮当

一种米养出千样人

一爪落网，全身被缚

一子出家，九祖升天

衣不大寸，鞋不争丝

以书为御者，不尽于马之情；以古制今者，不达于事之变

义动君子，利动小人

易长易退山溪水，易反易复小人心

因祸得福，只在人为

英雄离不开美人

樱桃好吃树难栽

鹰饱不拿兔，兔饱不出窝

油壶卢不惹醋壶卢

有爱孙猴，就有爱猪八戒的

有风方起浪，无潮水自平

有根才开花，有蔓才结瓜

有骨头不愁肉

有计不在年高，无计办事难成

有其主必有其仆

有千年产，没千年主

有生必有死

有什么权力施什么威

鱼肉青菜，各人所爱

玉波去四点，依旧是王皮

Z

在人矮檐下，怎敢不低头

在什么山，唱什么歌

早晨栽下树，到晚要乘凉

早起三晨当一日

早一句，晚一句

早知灯是火，饭熟已多时

早知今日，何必当初

贼人有妙计

债各有主，冤各有头

占着茅坑不拉屎

战马拴在槽头上要掉膘，刀枪放在仓库里会生锈

张公吃酒李公醉

张口是祸，闭嘴是福

张三有钱不会使，李四会使却无钱

张天师被鬼迷

掌舵的心不慌，乘船的才稳当

这山望见那山高

针尖大的窟窿，斗大的风

针尖对麦芒

真的假不了，假的真不了

真理越辩越明，道理越讲越清

真人不露相，露相不真人

争得猫儿丢了牛

睁着眼做，合着眼受

整篓洒油，满地捡芝麻

正担好挑，偏担儿难捱

正锅配好灶，歪锅配鳖灶

正气能驱魅，无私可服神

芝草无根，醴泉无源

知错改错不算错

知己知彼，百战百胜

脂粉虽多，丑面不加；膏泽虽光，不可润草

止寒莫若重裘，止谤莫若自修

只开弓不放箭

只手难遮天下目

只说獐过鹿过，可不说麂过

只听楼梯响，不见人下来

只要货比货，不怕不识货

只要青山在，不怕没柴烧

纸包不住火

指冬瓜骂葫芦

指着和尚骂秃子

治一经，损一经

智如禹汤，不如更尝

钟不敲不响，理不讲不明

钟在寺里，声在外边

煮熟的鸭子又飞了

砖儿何厚，瓦儿何薄

妆未梳成不见客，不到火候不揭锅

捉鸡儿，骂狗儿

捉住菩萨，不怕金刚不服

浊富莫如清贫

字经三写，乌焉成马

自古薰莸原异器，从来冰炭不同炉

走千里路，问千里话

左眼跳财，右眼跳祸

坐经拜道，各有一好

嘴甜心苦，两面三刀

嘴硬骨头酥

昨夜灯花爆，今朝喜鹊噪

左手不托右手

左手画方，右手画圆

左右没是处，来往做人难

作好千日不足，作坏一朝有余

作啥吃啥，卖啥吆喝啥

作善降之百祥，作不善降之百殃

作者不居，居者不作

眨一只眼开，闭一只眼闭

家庭 人际 交往

A

阿谀人人喜，直言人人嫌

挨金似金，挨玉似玉

挨着勤的没懒的

矮人看戏何曾见，都是随人说长短

矮檐之下出头难

爱他的，着他的

碍了面皮，饿了肚皮

按牛头吃不得草

熬粥要有米，说话要讲理

B

八两换半斤，人心换人心

巴掌再大遮不住太阳，手指再尖戳不破青天

拔出眼中钉，除却心头病

拔了萝卜地皮宽

拔了毛的凤凰不如鸡

白刀子进去，红刀子出来

白发故人稀

白了尾巴梢的老狼不好打

白马好骑要有鞍，大路好走要有伴

白面拌汤粘也好，女婿风流穷也好

白日便见簸箕星

白天无谈人，谈人则害生；昏夜无说鬼，说鬼则怪至

白头如新，倾盖如故

百把宝剑砍不掉志气，一句恶语能毁掉铁汉

百不为多，一不为少

百年聚合，终有一别

百年修得同船渡，千年修得共枕眠

百人百条心

百心不能得一人，一心可以得百人

百足之虫，死而不僵

败家子不怕财多

败子回头便作家

败子回头金不换

败子若收心，犹如鬼变人

拜德不拜寿

稗子里剥不出白米，狗嘴里吐不出象牙

搬起石头打自己的脚

办酒容易请客难，请客容易款客难

办事不由东，累死也无功

办事怕失礼，说话怕输理

半斤鸭子四两嘴

半路夫妻赛冰霜

半路上出家

绊人的桩，不一定高；咬人的狗，不一定叫

帮别人要忘掉，别人帮要记牢

帮衬男人为光景，恩养儿女为防老

帮好学好，帮坏学坏

帮人帮到底，救人救个活

帮人要帮心，帮心要知心；知心要交心，交心才知根

帮人一次忙，胜烧十炷香

帮人一口得一升，教人一命积善功

帮艺不帮钱

宝剑赠与烈士，红粉送与佳人

宝珠玉不如宝善，友富贵不如友仁

饱谙世事慵开眼，会尽人情只点头

饱饭好吃，满话难说

饱给一斗，不如饥给一口

饱汉不知饿汉饥，好人老说病人虚

饱食伤身，忠言逆耳

饱食终日，无所用心

报喜不报忧

抱着葫芦不开瓢

杯水之恩，江河还报

备席容易请客难

背地不谈人，谈人没好事

背地商量无好话，私房计较有奸情

背后莫道人短，人前莫夸己长

背后忍饥易，人前张口难

背后之言，岂能全信

背后之言听不得，哈巴狗儿骑不得

被头里做事终晓得

本家本家，海角天涯

笔直的木材用处大，爽快的人儿朋友多

闭口深藏舌，安身处处牢

蝙蝠不自见，笑他梁上燕

蝙蝠怕见天，贼人怕见官

变戏法的瞒不了打锣的

表里如一人品好，口是心非不可交

表壮不如里壮

别看笑面说好话，留心背后使暗攻

别人家的肉，哪里煨得热

别人求我三春雨，我去求人六月霜

冰炭不同炉，贤愚不并居

病从口入，祸从口出

剥葱剥蒜不剥人

簸箕大的手，掩不住众人的口

不吃哪家饭，不操哪家心

不痴不聋，不作阿家翁

不打不成相识

不当家不知柴米贵，不养儿不知父母恩

不对仇人哭，泪向亲人流

不干己事不张口，一问摇头三不知

不患人不知，单怕不知人

不会烧香得罪神，不会说话得罪人

不结子花休要种，无义之人不可交

不看家中宝，单看门前草

不看金刚，也看佛面

不来不去真亲戚

不骂天，就怨地

不怕不懂理，就怕不讲理

不怕倒运，全怕懒性

不怕该债的精穷，只怕讨债的英雄

不怕红脸关公，就怕抿嘴菩萨

不怕虎生三只口，只怕人怀两样心

不怕老虎狠，单怕老虎成群

不怕明处枪和棍，只怕阴阳两面刀

不怕明说，就怕暗点

不怕闹得欢，就怕拉清单

不怕你铜墙铁壁，只怕你紧狗健人

不怕念起，只怕觉迟

不怕千日罪，只要当日悔

不怕人不敬，就怕己不公

不怕外来盗，就怕地面贼

不怕屋漏，就怕锅漏

不怕硬的就怕横的，不怕横的就怕不要命的

不敲背后鼓，要打当面锣

不求同日生，只愿同日死

不求有功，但求无过

不是仇人不见面，不是冤家不聚头

不是东风压倒西风，就是西风压倒东风

不是一家人，不进一家门

不是姻缘莫强求

不是冤家不聚头

不是知音话不投

不图打鱼，还图混水

不图锅巴吃，不在锅边转

不信直中直，须防仁不仁

不行万里路，难见痴人心

不要文章中天下，只要文章中试官

不以言取人，不以言废人

不在被中眠，安知被无边

不知者不作罪

不钻不透，不说不知

不做亏心事，不怕鬼叫门

C

才高人忌，器利人贪

财帛如蒿草，义气重千斤

菜没盐无味，话没理无力

苍蝇集臭，蝼蚁集膻

槽里无食猪咬猪

草多不烧灶，虱多不压秤

草间说话，须防路上有人

草怕严霜霜怕日，恶人自有恶人磨

茶水越泡越浓，人情越交越厚

差人见钱，猫鼠同眠

拆东墙，补西墙

柴经不起百斧，人经不起百语

柴米夫妻，酒肉朋友，盒儿亲戚

豺狼改不了本性，狐狸除不尽臊气

豺狼虽狠，不伤同类

豺狼性恶，有钱人心狠

搀要搀个瞎子，帮要帮个豁子

谗言败坏真君子，冷箭射死大丈夫

谗言误国，妒妇乱家

长衫有人穿，长话无人听

长舌乱家，大斧破车

常赌无赢客

常在染房走，白丝变黑绸

唱戏的不瞒打锣的

抄手无言难打孩儿

朝里无人莫做官

朝里有人好做官

朝廷不差饿兵

撑船撑到岸，帮忙帮到底

乘凉大树众人栽

乘马越换越好，妻子越换越糟

吃得亏，做一堆

吃多无滋味，话多不值钱

吃饭不忘种谷人，饮水不忘掘井人

吃饭不在乎一口，打人不在乎一扭

吃饭不知饥饱，睡觉不知颠倒，说话不知深浅

吃饭的不打烧火的

吃饭的栈，睡觉的店

吃饭品滋味，听话听下音

吃酒不言公务事

吃苦菜，莫吃根；交朋友，莫忘恩

吃了砒霜药老虎

吃了人家的嘴软，拿了人家的手短

吃明不吃暗

吃拳须记打拳时

吃人不吐骨头

吃人饭，拉狗屎

吃人家的饭，看人家的脸；端人家的碗，受人家的管

吃人家碗半，被人家使唤

吃软不吃硬

吃谁向谁，恨谁打谁

吃水不忘掘井人

吃稀饭要搅，走滑路要跑

吃药不瞒郎中

吃一个枣儿，许一个心

吃着谁，向着谁

痴男惧妇，贤女敬夫

痴人面前，不必说梦

尺牍书疏，千里面目

赤金难买赤子心

宠你捧你是害你，打你骂你是爱你

仇恨宜解不宜结

仇可解不可结

仇人相见，分外眼红

丑话说在前边

丑陋夫人家中宝，美貌佳人惹祸端

丑人多作怪

丑媳妇总要见公婆

臭猪头自有烂鼻子闻

出马一条枪

出门观天色，进门看脸色

出门靠朋友

出头的椽子先烂

处家人情，非钱不行

处君子易，处小人难

穿青衣，抱黑柱

传闻是虚，眼见为实

传言过话，自讨挨骂

船底不漏针，漏针没外人

船头不遇，转舵相逢

船载的金银，填不满烟花寨

窗破了当糊，人恶了当除

床头打架，床尾讲和

吹喇叭，抬轿子

吹牛不要钱，只要吹得圆

春宵一刻值千金

慈悲胜念千声佛，作恶空烧万炷香

慈心生祸患

此去好凭三寸舌，再去不值半文钱

从善如登，从恶如崩

聪明人好惹，糊涂人难缠

曾着卖糖君子哄，到今不信口甜人

重打锣鼓另开张

D

打别人的孩子心不痛

打出来的朋友，杀出来的交情

打当面锣，不敲背后鼓

打倒金刚赖倒佛

打的丫环，吓的小姐

打断骨头还连着筋

打狗鸡上墙

打狗欺主

打狗要用擒虎力

打狗也看主人面

打虎还得亲兄弟，上阵须教父子兵

打开天窗说亮话

打老鼠伤了玉瓶儿

打盆儿还盆儿，打碗儿还碗儿

打破盆只论盆

打起来没好拳，骂起来没好言

打墙不如修路

打人三日忧，骂人三日羞

打人休打脸，骂人休揭短

打死不离亲兄弟

打嚏耳朵热，一定有人说

打油的钱不买醋

打肿脸充胖子

大处着眼，小处着手

大恩不言谢

大风吹倒梧桐树，自有旁人说短长

大风刮不了多日，亲人恼不了多时

大姑小姑，气破肚肚

大海浮萍，也有相逢之日

大伙心齐，泰山能移

大家马儿大家骑

大奸似忠，大诈似信

大路朝天，各走一边

大路生在嘴边

大能掩小，海纳百川

大事化小，小事化了

大树之下，必有枯枝

大小一个礼，长短一根棍

大眼望小眼

呆里奸，直里弯

单蜂酿不成蜜，独龙治不了水

单面锣打不响

单丝不成线，独树不成林

单者易折，众则难摧

耽迟不耽错

但得方便地，何处不为人

但得一片橘子吃，莫便忘了洞庭湖

但看三五日，相见不如初

淡酒醉人，淡话伤人

当搏牛虻，不当破虮虱

当差的官面上看气，行船的看风使篷

当家就是戴枷

当家三年，猫狗都嫌

当面留人情，日后好相逢

当面锣，对面鼓

当行厌当行

当着矮人，别说矮话

刀伤好治，舌伤难医

到了庙里随和尚

到什么山上唱什么歌

道路不平众人铲

道路难行钱作马，城池不克酒为兵

得放手时须放手，得饶人处且饶人

得理不让人，无理占三分

得饶人处且饶人

得人滴水之恩，须当涌泉之报

得人好处千年记，得人花戴万年香

指受到别人的恩惠，得到别人的赏识，

得人钱财，替人消灾

得胜的猫儿欢似虎

地无三尺土，人无十日恩

第一印象不灭

东扯葫芦西扯瓢

东一榔头，西一棒子

豆芽菜，水蓬蓬；竹竿子，节节空

独虎架不住群狼

独龙行不得雨

独拳难打虎

端起碗来吃肉，放下筷子骂娘

对客不得嗔狗

对马牛而诵经

对啥人，说啥话

对着和尚骂贼秃

多个朋友多条路，多个冤家多道墙

多言众所忌

E

恶狗怕揍，恶人怕斗

恶贯不可满，强壮不可恃

恶龙不斗地头蛇

恶人先告状

恶向胆边生

恶语伤人六月寒

恩不放债

恩多怨也多

恩怕先益后损，威怕先松后紧

恩人相见，分外眼明；仇人相见，分外眼睁

恩义广施，人生何处不相逢；冤仇莫结，路逢狭处难回避

儿不嫌母丑，狗不怨主贫

儿大不由爹，女大不由娘

儿女多来冤孽多

儿孙自有儿孙福，莫与儿孙作马牛

二虎相争，必有一伤

二人同心，其利断金

二十五里骂知县

F

发昏当不了死

法不传六耳

翻手是雨，合手是云

翻贴门神不对脸

凡事留人情，后来好相见

饭多伤胃，话多伤心

饭煳了，捂在锅里；胳膊折了，吞在袖里

饭可以乱吃，话可不能乱讲

饭要一口一口吃

饭越捎越少，话越捎越多

方话不入圆耳朵

房倒压不杀人，舌头倒压杀人

放下屠刀，立地成佛

放着鹅毛不知轻，顶着磨子不知重

肥水不流外人田

分辨人的好坏，先看他的言行；分辨马的优劣，先听它的声音

风儿无翅飞千里，消息无脚走万家

风高放火，月黑杀人

风里言风里语

风云多变，人心难测

逢人减岁，遇货加钱

逢人只说三分话，未可全抛一片心

凤凰不入乌鸦巢

凤凰飞在梧桐树，自有旁人话短长

凤凰鸦鹊不同群

凤有凤巢，鸡有鸡窝

佛口蛇心

佛面上刮金

佛要金装，人要衣装

夫愁妻忧心相亲

夫妇是树，儿女是花

夫妻安，合家欢

夫妻本是同林鸟，大难来时各自飞

夫妻吵架好比舌头碰牙

夫妻恩爱苦也甜

夫妻好比一杆秤，秤盘秤砣两头儿平

夫妻没有隔夜的仇

夫妻面前莫说真，朋友面前莫说假

夫妻且说三分话，未可全抛一片心

夫妻是打骂不开的

夫妻同床，心隔千里

夫妻无隔宿之仇

夫妻谐，可以攻齐；小夫怒，可以攻鲁

夫妻一条心，黄土变成金

夫有千斤担，妻挑五百斤

扶贫要扶本

扶起不扶倒

服理不服人

斧子不到处，恶木易成林

父不慈则子不孝

父不记子过

父不忧心因子孝，家无烦恼为妻贤

父道尊，母道亲

父母之仇，不共戴天

父子不和家不旺，邻里不和是非多

父子同心土变金

父子无隔宿之仇

妇女能顶半边天

富贵逼人来

富贵不压乡里

富攀富，穷帮穷

富人报人以财，穷人报人以命

富人妻，墙上皮，掉了一层再和泥；穷人妻，心肝肺，一时一刻不能离

缚虎容易纵虎难

蝮蛇口中牙，蝎了尾后针；两般犹未毒，最毒负心人

G

旮旯里做事不怕人，就是瞒不过夜游神

甘言夺志，糖多坏齿

赶十五不如赶初一

隔辈如隔山

隔层肚子隔堵墙

隔面难知心腹事

隔墙防有耳，窗外岂无人

各人头上一方天

各人自扫门前雪，不管他家瓦上霜

各肉儿各疼

给人方便，自己方便

跟着大树得乘凉，跟着太阳得沾光

跟着什么人学什么人，跟着巫婆会跳神儿

工作好干，伙计难共

公不离婆，秤不离砣

公婆难断床帏事

供一饥，不能供百饱

恭敬不如从命，受训莫如从顺

狗不叫，不被打；人不语，不遭殃

狗不咬人心不安，驴不拉磨背发痒

狗肚子盛不了四两香油

狗眼看人低

狗咬狗，两嘴毛；鳖咬鳖，两嘴血

狗咬人，有药医；人咬人，没药医

姑娘大了不中留，留来留去结怨仇

姑娘讲绣衣，秀才讲文章，农民讲种地，渔民讲海洋

孤树不成林，单丝不成线

牯老实挨打，人老实受欺

鼓不打不响，话不讲不明

瓜好吃不讲老嫩，人对眼不讲丑俊

寡妇门前是非多

怪人须在腹，相见又何妨

怪人者不知情，知情者不怪人

观棋不语真君子，把酒多言是小人

观人必于其微

官大不压乡邻

官大福大势大，财粗腰粗气粗

官大一级压死人

官情如纸薄

官无中人，不如归田

官向官，民向民，关老爷还向蒲州人

官字两个口，没有硬说有

管闲事，落不是

光给人家说庙，没叫人家看神

光脚的不怕穿鞋的

广种福田留余步，善耕心地好收成

鬼怕恶人

鬼人操得鬼心眼

鬼吓人吓不死人，人吓人吓死人

贵人多忘事

贵人稀见面

贵足踏贱地，草舍生辉

棍棒不打上门客

棍棒不打笑面人

过耳之言，不足为凭

过河拆桥

过河丢拐棍，病好打太医

过日子不可不省，请客人不得不费

H

哈达不要太多，有一条洁白的最好

孩子不避父母，病人不避大夫

孩子是大人的耳朵，也是大人的舌头

含着骨头露着肉

好柴烧烂灶，好心没好报

好动扶人手，莫开杀人口

好饭不怕晚，趣话不嫌慢

好狗不挡道

好官易做，好人难做

好汉抵不过一群狼

好汉护三村，好狗护三邻

好汉怕赖汉，赖汉还怕歪死缠

好合不如好散

好花不断香，好囝不离娘

好话不背人，背人没好话

好话不在多说，有理不在声高

好话传仁人，有头少了身；坏话传仁人，有叶又有根

好话当不了饭吃

好话说上千千万，不如实事办一件

好伙计，勤算账

好看千里客，万里去传名

好客主人多

好了的疮疤不必再搔了

好名难出，恶名易出

好墙维持好邻居

好亲眷，莫交财；交了财，断往来

好人还得好衣裳

好人说不坏，好酒搅不酸

好人有好报

好石磨刀也要水

好时是他人，恶时是家人

好事不出门，恶事传千里

好事不瞒人，瞒人没好事

好事不在忙里

好手不敌双拳，双拳不如四手

好鞋不踏臭狗屎

好心不得好报

好心当作驴肝肺

好心总有好报

好兄弟高打墙，亲戚朋友远离乡

好言不听，祸必临身

好言难劝该死鬼

好鹰不叼昧心食，好虎不吃屈死兽

喝酒喝厚了，赌钱赌薄了

合家欢，老人安

合心的喜鹊能捉鹿

和得邻居好，胜过穿皮袄

和尚不亲帽儿亲

和尚见钱经也卖，瞎子见钱眼也开

河里失钱河里捞

河水不犯井水

鹤随鸾凤飞还远，人伴贤良智转高

横的难咽，顺的好吃

横挑鼻子竖挑眼

哄得愚人过，难免识者弹

呼蛇容易遣蛇难

狐狸不乐龙王，鱼鳖不乐凤凰

狐狸再狡猾，也斗不过好猎手

葫芦牵到扁豆藤

虎父无犬子

虎项金铃谁人解，解铃还仗系铃人

虎在软地上易失足，人在甜言里会摔跤

花花轿子人抬人

话不说不知，木不钻不透

话不投机半句多

话不在多，人不在说

话到舌尖留半句

话到嘴边留三分

话激话，没好话

话经三张嘴，长虫也长腿

话是开心的钥匙

话是开心斧

话说三遍淡如水

话须通俗方传远，语必关风始动人

患难见朋友

患难见人心，生死辨忠奸

患难见知交，烈火现真金

皇帝也有草鞋亲

皇天不负好心人

黄鹤楼上看翻船

黄金难买乡邻情

黄泥塘中洗弹子

黄牛过水各顾各

谎言腿短，当场摔跤

会嫁嫁对头，不会嫁嫁门楼

会说的不如会听的

会说的说圆了，不会说的说翻了

会说话的两头瞒，不会说话的两头盘

晦人还自侮，说人还自说

活不见面，死不送终

火不拨不旺，理不讲不通

火到猪头烂，钱到公事办

J

机事不密则害成

鸡蛋里挑骨头

鸡肚不知鸭肚事

鸡多争窝，羊多争坡，和尚多了争饭锅

积德百年元气厚，子孙万代福无边

积金不如积德，克众不如济人

积善逢善，积恶逢恶

积善人家，必有余福

激人成祸，击石成火

即使住在河边，也不能和鳄鱼交朋友

急人一难，胜造七级浮屠

己所不欲，勿施于人

既来之，则安之

既在佛会下，都是有缘人

既在山场转，就有打猎心

济人须济急时无

祭而丰，不如养而薄

家不和，被人欺

家不和，事不成

家常饭，粗布衣，知寒知暖自己的妻

家丑不可外扬

家丑家丑，家家都有

家和万事兴

家花不如野花香

家火不起，野火不来

家里事，家里了

家里无贼贼不来

家里有一老，炕头坐活宝

家庭合不合，看看儿媳和公婆

家庭家庭，治好了家才能消停

家无主，屋倒竖

家有千口，主事一人

家有贤妻，男儿不遭横祸

家有一条心，黄土变成金

家有一心，有钱买金；家有二心，无钱买针

嫁出去的姑娘，泼出去的水

嫁汉随汉，穿衣吃饭

奸不厮欺，俏不厮瞒

奸出人命赌生盗

见财起意心不正，损人利己天不容

见风使舵，就水弯船

见怪不怪，其怪自败

见了和尚骂贼秃

见人说人话，见鬼说鬼话

见死不救非君子，见义不为枉为人

见着秃子不讲疮，见着瞎子不讲光

剑伤皮肉，话伤灵魂

箭要直直地射，话要直直地说

将酒劝人，终无恶意

将军狗死人吊孝，将军死后无人埋

将怕阵前失马，人怕老来丧妻

讲不讲在己，听不听在人

交遍天下友，知心有几人

交情大于王法

交人不疑，疑人不交

交人交心，浇树浇根

交友交义不交财，择友择智不择貌

交有道，接有理

娇妻唤做枕边灵，十事商量九事成

骄子不孝

胶多不粘，话多不甜

叫化子也有三个穷朋友

叫亲了的娘，住亲了的房

叫人不蚀本，不过舌头打个滚

叫天天不应，叫地地不灵

教的言语不会说，有钱难买自主张

接神容易送神难

揭底就怕老乡亲

揭人不揭短，打人不打脸

节令不到，不知冷暖；人不相处，不知厚薄

结得人缘好，不怕做事难

结君子千年有义，交小人转眼无情

结怨容易解怨难

解铃还需系铃人

借四两，还半斤

今生不与人方便，念尽弥陀总是空

金儿银男，不如生铁老伴

金刚怒目，不如菩萨低眉

金刚厮打，佛也理不下

金将火试方知色，人用财交始见心

金砖不厚，玉瓦不薄

紧行无好步

近报喜，远报忧

近不过夫妻，亲不过父母

近官如近虎

近火的先焦

近人不说远话

进了赌博场，不认亲爹娘

进门看脸色，出门观天色

进门休问吉凶事，看人容颜自己知

进山打虎易，开口求人难

经纪的口，判官的笔

井里打水往河里倒

井里没水四处讨

井深槐树粗，街阔人义疏

井水不犯河水

敬酒不吃吃罚酒

敬酒好吃，罚酒难喝

敬人自敬，薄人自薄

九子不忘媒

久旱逢甘雨，他乡见故知

久住邻居为一族

酒肠宽似海，色胆大如天

酒逢知己千杯少，话不投机半句多

酒后失言，君子不怪

酒后无德

酒敬高人，话敬知人

酒令大如军令

酒肉朋友短，患难夫妻长

酒肉兄弟千个有，急难之时一个无

酒坛破了大家断饮，饭碗破了一人断食

酒席好摆客难请

酒饮席面，话讲当面

酒中不语真君子，财上分明大丈夫

救急不救穷

救命之恩，如同再造

救人须救急，施人须当厄

救人一命，胜造七级浮屠

舅母门上的老表亲，砸断骨头连着筋

举手不打无娘子，开口不骂赔礼人

君知我则报君，友知我则报友

君子爱财，取之有道

君子不跟牛治气

君子不开口，神仙猜不透

君子不念旧恶

君子不欺暗室

君子不强人所难

君子不羞当面，巧言不如直道

君子成人之美

君子动口，小人动手

君子动口不动手

君子防患于未然

君子矜人之厄，小人利人之危

君子绝交，不出恶声

君子千言有一失，小人千言有一当

君子施恩不望报

君子言先不言后

君子一言，驷马难追

君子一言，重于九鼎

君子之交淡若水

君子重情义，小人重财利

K

开店的不怕大肚汉

开弓不放箭

开口不骂笑脸人

看菜吃饭，量体裁衣

看破世事惊破胆，识透人情冷透心

看人看心，听话听音

看人莫看脸，知人难知心

看人下菜碟

看树看皮，看人看底

糠里榨不出油来

糠能吃，菜能吃，亏不能吃；吃让人，喝让人，理不让人

靠大树草不沾霜

靠人不如靠自己

靠人都是假，跌倒自己爬

靠人磨镰刀背儿光，靠人舀饭尽喝汤

可怜天下父母心

客不送客

客不压主

客气不朋友，朋友不客气

客去主人安

客随主便

客随主人约

空话一场，无谷不长

空口说白话

空口无凭，立字为据

口袋里装不住锥子

口服千句，不如心应一声

口惠而实不至

口开神气散，舌动是非生

口里摆菜碟儿

口如扃，言有恒；口如注，言无据

口是祸之门，舌为斩身刀

口是伤人虎，言是割舌刀

口是心苗

口水淹得人死

苦好受，气难生

快刀斩乱麻

快马一鞭，快人一言

捆绑不成夫妻

困境识朋友，烈火辨真金

L

拉架充好人，大多有偏心

拉口子要见血

来得早不如来得巧

来而不往非礼也

来是是非人，去是是非者

来者不善，善者不来

癞蛤蟆剥皮眼不闭，黑甲鱼剖腹心不死

烂麻拧成绳，力量大千斤

狼披羊皮还是狼

老的别惹，小的别逗

老鸹别嫌猪黑

老虎打架劝不得

老虎花在背，人心花在内

老虎进了城，家家都闭门；虽然不咬人，日前坏了名

老米饭捏不成团

老鼠过街，人人喊打

老鸦不会笑猪黑

雷击冒尖树

雷声大，雨点小

冷饭好吃，冷语难受

冷汤冷饭好吃，冷言冷语难听

冷眼观螃蟹，横行到几时

冷雨不大湿衣裳，恶言不多伤心肠

冷灶上着一把儿，热灶上着一把儿

愣的怕横的，横的怕不要命的

离合有天意

篱笆不是墙，后娘不算娘

篱笆牢靠要打桩，冤家打赢要人帮

篱笆扎得紧，野狗钻不进

礼多人不怪

礼无不答

礼相不周望海涵

礼有经权，事有缓急

里言不出，外言不入

理怕众人评

理屈者必败

理正不怕鬼邪

理正人人服

理直气壮，理亏气短

理直千人必往，心亏寸步难行

鲤鱼找鲤鱼，鲫鱼找鲫鱼

利之所在，无所不趋

脸皮厚，吃个够；脸皮薄，吃不着

良辰易遇，善人难逢

良言一句三冬暖，恶语伤人六月寒

良药苦口利于病，忠言逆耳利于行

两斗皆仇，两和皆友

两姑之间难为妇

两好合一好，三好合到老

两口子打架不用劝，摆上桌子就吃饭

两鸟在林，不如一鸟在手

两人一般心，有钱堪买金；一人一般心，无钱堪买针

两山到不了一起，两个人总有见面的时候

两雄不能并立

两叶浮萍归大海，为人何处不相逢

邻居好，赛金宝

邻居一杆秤，街坊千面镜

临街三年盖不起房

临危好与人方便

伶俐人当媒人，糊涂人当保人

羚羊的角是灵药，老人的话是珠宝

流水下滩非有意，白云出岫本无心

流言铄石，众口销金

流言止于智者

六亲合一运

六十不借债，七十不过夜

龙多不治水，鸡多不下蛋

龙虎相斗，鱼虾遭殃

龙交龙，凤交凤，老鼠的朋友会打洞

露丑不如藏拙

露水夫妻不长久

路上说话，草里有人

路上行人口似碑

路遥知马力，日久见人心

乱世多新闻

罗汉请观音，客少主人多

锣鼓长了无好戏

锣鼓听声，听话辩音

M

麻雀莫跟大雁飞

麻绳蘸水绳更紧，冤仇释除亲加亲

马不吃草不能强按头

马不知自己脸长，牛不知自己角弯

马听锣声转

马有失蹄，人有失言

骂人的不高，挨骂的不低

骂人无好口，打人无好手

买猪不买圈

卖卜卖卦，转回说话

卖卦口，没量斗

瞒得过初一，瞒不过十五

瞒天瞒地，瞒不了隔壁邻居

瞒债必穷，瞒病必死

满怀心腹事，尽在不言中

满堂儿女，当不得半席夫妻

慢工出细活

慢人者，人慢之

忙和尚办不了好道场

猫儿得意欢如虎，蜥蜴装腔胜似龙

猫儿狗儿识温存

猫狗不同槽，穷富不攀亲

没本钱买卖，赚起赔不起

没吃鲜鱼口不腥，没做坏事心不惊

没得算计一世穷

没娘的孩子磕墙根，没爹的孩子贵如金

没有不还的债

没有家族是孤独，没有亲戚是寡人

没有拉不直的绳，没有改不了的错

媒婆口，无量斗

媒人的嘴，刷锅的水

美服人指，美珠人估

美言不信，信言不美

昧心钱赚不得

门里说话，要防门外有人

门内有君子，门外君子至

门前大树好遮阴

门前结起高头马，不是亲来也是亲

门前生瑞草，好事不如无

门有缝，窗有耳

弥天之罪，一悔便消

蜜蜂酿蜜，不为己食

蜜罐子嘴，秤钩子心

面赤不如语直

面和心不和

描金箱子白铜锁，外面好看里面空

明理不用细讲

明枪易躲，暗箭难防

明人不用细说

明是一盆火，暗是一把刀

磨刀不误砍柴工

莫道人行早，更有早行人

莫信直中直，须防仁不仁

莫言家未成，成家子未生；莫言家未破，破家子未大

牡丹虽好，全仗绿叶扶持

N

拿得住的是手，掩不住的是口

拿人家的手短，吃人家的嘴短

拿人钱财，为人消灾

拿着黄牛便当马

拿着鸡毛当令箭

哪个腹中无算盘

谚语·家庭 人际 交往

·二五九

哪壶不开提哪壶

哪有不透风的墙

男要俏，一身皂

男子无妻财没主，妇女无夫身落空

孬人肚里疙瘩多

能拆十座庙，不破一门婚

能吃过头饭，不说过头话

能狼难敌众犬

能治一服，不治一死

你拨你的算盘，我打我的主意

你敬我一尺，我敬你一丈

你一言，我一语

你有来言，我有去语

你有你的佛法，我有我的道行

你走你的阳关道，我过我的独木桥

逆风点火自烧身

逆子顽妻，无药可治

娘家屋住不老，亲戚饭吃不饱

娘勤女不懒

娘想儿，流水长；儿想娘，筷子长

鸟怕暗箭，人怕甜言

鸟无头不飞

尿泡打人不痛，骚气难闻

宁拆七座庙，不破一门婚

宁吃过头饭，不说过头话

宁得罪君子，莫得罪小人

宁给饥人一口，不送富人一斗

宁和聪明人打一架，不和糊涂人说句话

宁交口拙舌笨实心汉，不交油嘴滑舌机灵鬼

宁交双脚跳，不交眯眯笑

宁救百只羊，不救一条狼

宁看贼挨打，不看贼吃耍

宁可不识字，不可不识人

宁可荤口念佛，莫将素口骂人

宁可信其有，不可信其无

宁可正而不足，不可邪而有余

宁恼远亲，不恼近邻

宁欺生人，莫欺死者

宁敲金钟一下，不打破鼓三千

宁舍十亩地，不吃哑巴亏

宁失一人喜，不结千人怨

宁要实话粗一点，不要谎言像得很

宁与千人好，不与一人仇

牛不喝水难按角

牛无力气拉横耙，人无道理说横话

女大不认娘

女大不中留

女儿大了理当嫁，女大不嫁人笑话

女怕嫁错郎，男怕入错行

女人心，海底针

女子的泪，男子的跪

P

爬不上杨树爬柳树

爬山谈虎，过海说龙

拍马有个架，先笑后说话

旁生不如傍熟

咆哮者不必勇，淳淡者不必怯

跑出去的马好抓，说出去的话难追

盆打了说盆，碗碎了说碗

朋友间说不得假话，眼睛里容不得灰沙

朋友莫交财，交财仁义绝

朋友妻不可欺，朋友妾不可灭

朋友千个少，冤家一个多

捧饭称饥，临河叫渴

碰回钉子学回乖

碰见鬼总得烧把纸钱

碰上好事不挑礼

批评人，当面好；夸奖人，背后好

偏怜之子不保业，难得之妇不主家

骗朋友只有一次，害自己却是终身

骗人骗自己，害人害自己

骗子见不得真相，蝙蝠见不得太阳

贫不与富斗，富不与势争

贫贱亲戚离，富贵他人合

贫贱之知不可忘，糟糠之妻不下堂

贫穷患难，亲戚相救；婚姻死丧，邻里相助

平生不作皱眉事，世上应无切齿人

平时不烧香，临时抱佛脚

平时肯帮人，急时有人帮

瓶口扎得住，人口扎不住

泼出的水，说出的话

婆婆有德媳妇贤

婆婆嘴碎，媳妇耳背

破车损坏道路，坏人殃及邻里

破人买卖衣饭，如杀父母妻子

破人亲，九世贫

破人生意如杀人父母

Q

七窍里冒火，五脏里生烟

妻大两，黄金日日长；妻大三，黄金积如山

妻贤夫祸少，子孝父心宽

欺人之心不可有，防人之心不可无

骑驴的不知赶脚苦

起了风，少不得要下点雨

气话好说，气事难做

气可鼓而不可泄

千把明刀容易躲，一枝暗箭最难防

千穿万穿，马屁不穿

千防万防，家贼难防

千个屠户一把刀

千金难买信得过

千金难买中意的话

千金之裘，非一狐之腋

千里搭长棚，没个不散的宴席

千里送鹅毛，礼轻情意重

千年文约会说话

千钱买邻，八百买舍

千钱难买一个愿

千日行善，善犹不足；一日行恶，恶自有余

千日斫柴一日烧

千夜做贼一夜穷

牵牛要牵牛鼻子

前留三步好走，后留三步好行

前门不进师姑，后门不进和尚

前面乌龟爬开路，后面乌龟照样爬

前怕狼，后怕虎

前人栽树，后人乘凉

前山打鼓前山应，后山唱歌后山听

钱尽情义绝

钱可通神，财能役鬼

强龙不压地头蛇

强拧的瓜儿不甜

强迫不成买卖，强求不成夫妻

强中更有强中手

墙打八尺，也没有不透风的

墙倒众人推，鼓破乱人捶

墙里讲话墙外听

墙有缝，壁有耳

巧妻常伴拙夫眠

巧媳妇不怕挑剔婆

巧言不如直道

巧中说话，巧中有人

亲故亲故，十亲九顾

亲家朋友远来香

亲了割不断，假了续不上

亲戚门外客

亲戚有远近，朋友有厚薄

亲望亲好，邻望邻好

亲向亲，故向故

亲兄弟，明算账

亲由攀起，友自交来

亲有远近，邻有里外

亲则不谢，谢则不亲

秦桧还有三个相好的

禽有禽言，兽有兽语

青山不老，绿水长存

轻人还自轻

清官难断家务事

清酒红人面，白财动人心

清水下杂面，你吃我看见

情越疏，礼越多

请教别人不蚀本，舌头打个滚

请客不到恼煞主

请客吃酒要量家当

请客容易等客难

请神容易送神难

穷帮穷，富帮富

穷富不认亲

穷汉怜穷汉，黄连近苦瓜

穷在闹市无人问，富在深山有远亲

穷遮不得，丑瞒不得

求人须求大丈夫，济人须济急时无

求神要烧香

求灶头不如告灶尾

求只求张良，拜只拜韩信

娶个媳妇过继出个儿

去时留人情，转来好相见

劝了皮劝不了瓢

却之不恭，受之有愧

R

让礼一寸，得礼一尺

让人三分不吃亏

饶你奸似鬼，吃了洗脚水

惹不起总怕得起

热不过火口，亲不过两口

热气呵冷脸

热心闲管招非，冷眼无些烦恼

人爱富的，狗咬穷的

人伴贤良智转高

人不可忘本

人不亲土亲，河不亲水亲

人不求人一般高

人不说话理说话

人不为己，天诛地灭

人不知，鬼不觉

人不知亲穷知亲，心不知近苦知近

人串门子惹是非，狗串门子挨棒锤

人大生主意，树大长桠枝

人多成王

人多出韩信

人多出圣人

人多点子多

人多讲出理来，谷多舂出米来

人多口杂

人多力量大，柴多火焰高

人多乱，龙多旱

人多人强，蚁多咬死象

人多为强，狗多为王

人多心不齐，鹅卵石挤掉皮

人多遮黑眼，兵多吃闲饭

人恶礼不恶

人恶人怕天不怕，人善人欺天不欺

人防虎，虎防人

人非草木，孰能无情

人合心来马合套

人敬我一尺，我敬人一丈

人看对眼，货看顺眼

人靠心，树靠根

人有善念，天必从之

人可以和虎狼搏斗，却无法和苍蝇争吵

人口快如风

人忙神不忙

人没伤虎心，虎没伤人意

人面相似，人心不同

人面咫尺，心隔千里

人怕当面，树怕剥皮

人怕恶人，鬼怕凶神

人怕横的，马怕蹦的

人怕揭短，龙怕揭鳞

人怕敬，鬼怕送

人怕理，马怕鞭，蚊虫怕火烟

人怕齐心，虎怕成群

人怕输理，狗怕夹尾

人前教子，背后劝夫

人情比纸薄

人情大似圣旨

人情大似债，头顶锅儿卖

人情留一线，日久好相见

人情人情，在人情愿

人情若像初相识，到底终无怨恨心

人情一把锯，你一来，他一去

人去不中留，留人难留心

人若有心病，猫叫也心惊

人善有人欺，马善有人骑

人生何处不相逢

人生面不熟

人生难得遇知音

人生七尺躯，畏此三寸舌

人生丧家亡身，言语占了八分

人是衣服马是鞍

人熟好办事

人熟理不熟

人死不结怨

人随大众不挨骂，羊随大群不挨打

人抬人高，水抬船高

人无伤虎心，虎无伤人意

人心都是肉长的

人心隔肚皮

人心换人心

人心齐，海可填，山可移

人言不足恤

人言未必真，听言听三分

人要忠心，火要空心

人硬了伤钱，弓硬了伤弦

人有见面之情

人有人路，鬼有鬼路

人有三分怕虎，虎有七分怕人

人怨语声高

人在难中好救人

人在人情在，人亡两无交

人在事中迷，就怕没人提

人嘴两张皮，各说各的理

忍为高，和为贵

忍一时之气，免百日之忧

认理不认人，不怕不了事

日长无好饭，客长无笑脸

日出万言，必有一伤

日间不作亏心事，半夜敲门不吃惊

日远日疏，日近日亲

容情不举手，举手不容情

柔能胜刚，弱能克强

肉炒熟，人吵生

肉中刺，眼中钉

入山不怕伤人虎，就怕人情两面刀

入山擒虎易，开口告人难

入山问樵，入水问渔

软刀子割头不觉死

若信卜，卖了屋

若要好，大做小

若要人不知，除非己莫为

若知牢狱苦，便发菩提心

弱不可以敌强，寡不可以敌众

S

撒谎难瞒当乡人

三杯和万事，一醉解千愁

三朝媳妇，月里孩儿

三寸不烂之舌

三寸鸟七寸嘴

三分匠人，七分主人

三分人才，七分打扮

三分像人，七分似鬼

三个不开口，神仙难下手

三个臭皮匠，顶个诸葛亮

三个妇女一台戏

三个蛮人抬不过一个"理"字

三句好话不如一马棒

三句好话当钱使

三句好话暖人心

三句话不离本行

三句甜两句苦

三年不上门，当亲也不亲

三千与我好，八百与他交

三人六样话

三人说着九头话

三人同行小的苦

三人一条心，黄土变成金

三日不相见，莫作旧时看

三日肩膀两日腿

僧来看佛面

僧人照面说佛话

杀鸡焉用牛刀

杀人不死枉为仇

杀人不眨眼

杀人可恕，无礼难容

杀人须见血，斩草要除根

杀人一万，自损三千

杀生不如放生

山高皇帝远

山高遮不住太阳，官高压不倒乡里

山核桃还差着一塌儿

山鸡不能配凤凰

山羊不跟豺狼作朋友，老鼠不和猫儿搭亲家

伤人不伤脸，揭人不揭短

上半夜想想人家，下半夜想想自己

上不紧则下慢

上床夫妻，落地君子

上门的买卖好做

上命差遣，盖不由己

上头笑着，脚下使绊子

烧香烧老庙，救人救至急

艄公多了打烂船

少吃咸鱼少口干

少叫一声哥，多走十里坡

少年夫妻老来伴

舌上有龙泉，杀人不见血

舌是斩身刀

舌头底下压杀人

舌头是扁的，说话是圆的

舌为利害本，口是祸福门

蛇无头而不行

舍车马，保将帅

射人先射马，擒贼先擒王

身弱鬼来缠

神鬼怕愣人

生相怜，死相捐

省事无事

施恩不望报，望报不施恩

狮舞三趟无人看，话说三遍没人听

十个便宜九个爱

十个孩子九随母

十个会说的，也说不过一个胡说的

十个麻子九个俏，没有麻子不风骚

十叫九不应

十句好话不如一句丑话

十里没真信

十日滩头坐，一日行九滩

什么母什么女，什么桌子什么腿

什么种子出什么苗

时来谁不来，时不来谁来

识破人情便是仙

识人多者是非多

实话好说，谎话难编

使口如鼻，至老不失

使碎自己心，笑破他人口

使心用心，反害其身

世乱奴欺主，年衰鬼弄人

世上没有不透风的墙

世上万般悲苦事，无过死别与分离

事不干己不留心

事不能办得太绝，话不能说得太损

事不三思，终有后悔

事从两来，莫怪一人

事后诸葛亮

事宽则圆

事无不可对人言

事要公道，打个颠倒

势败休云贵，家亡莫论亲

势大仗权，腰粗仗钱

势在人情在

是非来入耳，不听自然无

是非只为多开口，烦恼皆因强出头

是非终日有，不听自然无

是龙不跟蛇斗，是人不跟狗斗

是亲必顾，是邻必护

是姻缘棒打不回

柿子都拣软的捏

手不麻利怨袄袖

手掌朝里，拳头朝外

受人滴水之恩，必当涌泉相报

受人之托，终人之事

狩猎要看山头，打狗要看主人

瘦狗莫踢，病马莫骑

疏不问亲，远不间近

熟不讲礼

熟人面前无瞎话

鼠有鼠洞，蛇有蛇路

树不成林怕大风

树大阴凉儿大

树多不怕风狂

树怕没根，人怕没理

树摇叶落，人摇财散

树要根生，儿要亲生

数面成亲旧

数语拨开君子路，片言提醒梦中人

拴住驴嘴马嘴，拴不住人嘴

双木桥好走，单木桥难行

谁家烟筒不冒烟，谁家锅底没有黑

水帮鱼，鱼帮水

水冲石头山挡水，今日不见明日见

水流湿，火就燥

水米两无交

水平不流，人平不言

水至清则无鱼，人至察则无徒

顺风吹火，下水行船

顺情说好话，免得讨人嫌

顺水推船

说出的话，泼出的水

说的比唱的好听

说话赠与知音，良马赠与将军，宝剑赠与烈士，红粉赠与佳人

说谎亦须说得圆

说一是一，说二是二

说真方，卖假药

说着钱，便无缘

说嘴大夫没好药

说嘴郎中无好药

死人身边自有活鬼

死鱼不张嘴儿

死知府不如一个活老鼠

四海之内，皆兄弟也

寺破僧丑，也看佛面

送佛送到西天

送君千里，终有一别

孙子有理打太公

T

他敬我一尺，我敬他一丈

台上握手，台下踢脚

抬手不打笑脸人

抬手不让步，举手不留情

抬头不见低头见

抬头婆娘低头汉

太太死了压断街，老爷死了没人抬

贪酒不顾身，爱色不顾病，争财不顾亲，斗气不顾命

坛口好封，人嘴难揸

汤热还是水，粥冷会粘连

躺着说话，不嫌腰疼

天不怕地不怕，就怕众人七嘴八舌都说话

天不言而自高，地不言而自卑

天大官司，地大银子

天机不可泄露

天上的仙鹤，比不上手里的麻雀

天上星宿大，地上娘舅大

天上无云不下雨，地上无人事不成

天上下雨地下流，小两口打架不记仇

天堂虽好，神仙难交

天下爹妈疼小儿

天下老，偏的小

天下没有不散的筵席

天有眼，墙有耳

天知地知，你知我知

天子门下有贫亲

天子尚且避醉汉

添的言，添不的钱

甜不过少年夫妻，苦不过鳏寡老人

甜馍馍冷吃也甜，知心人恼了也好

甜言美语虽是假，既顺心来又好听

甜言送客三冬暖，恶语伤人六月寒

挑水瞒不了井台，上炕瞒不了锅台

铁勺没有不碰锅沿儿的

听见风，就是雨

听君一席话，胜读十年书

同船过渡，皆是有缘

同疾相怜，同忧相救

同山打鸟，见者有份

同声相应，同气相求

同行无疏伴

偷得容易去得快

偷的锣敲不得

偷风不偷月，偷雨不偷雪

偷鸡摸狗，自己出丑

偷来的财易尽，买来的官易坏，篡来的皇帝多妄为

偷来的牛头藏不住

偷来的拳头打不倒师傅

偷驴偷马，不能欺人眼瞎

偷生鬼子常畏人

偷食猫儿性不改

偷一就有十

偷嘴猫儿怕露相

头醋不酸，二醋不酽

头上有疮瞒不过剃头的

头疼医头，脚疼医脚

投亲不如访友

投亲不如落店

秃子爱戴帽

秃子不要说和尚，脱了帽子一个样

土居三十载，无有不亲人

托人如托山

拖人下水，先打湿脚

W

歪戴帽子斜插花

歪嘴和尚念不出好经

外面有了孤佬，女人就要跳槽

外甥是狗，吃了就走

外甥有理不让舅

外物不生闲口舌

顽妻逆子，无法可治

顽是顽，笑是笑

挽弓当挽强，用剑当用长

万两黄金容易得，知心一个也难求

万言万中，不如一默

王八当权大三代

王八掉进汤锅里，临死还要瞎扑腾

网开一面，路留一条

为人须为彻

为人一条路，惹人一堵墙

为善最乐，作恶难逃

未到八十八，弗可笑人脚跛眼瞎

未观其心，先听其言

未量他人，先量自己

未曾水来先垒坝

温顺的羊羔谁都逮，老实马谁都想骑

闻得鸡好卖，连夜磨得鸭嘴尖

闻名不如见面

闻名不如交交口，交口不如对对手

蚊虫遭扇打，只为嘴伤人

问医不瞒医，问卜不瞒卜

瓮里走了鳖，左右是他家一窝子

瓮头口按得没，众人口按不没

我见砍头的，没见砍嘴的

我为人人，人人为我

卧榻之侧，岂容他人鼾睡

乌鸦擦粉照样黑

巫咸虽善祝，不能自祓也；秦医虽善除，不能自弹也

屋里说话防人听

屋里无女，一家没主

屋怕不稳，人怕忘本

无儿不留妇

无妇不成家

无故殷勤，必有一想

无谎不成状

无明火高三千丈

无求到处人情好

无心人说话，只怕有心人来听

无义之人不可交，不结果花休要种

无针不引线

五百年前是一家

五十的老子不管三十的儿子

武士爱比刀，姑娘爱比俏

侮人还自侮，说人还自说

物聚于所好

物伤其类

物以类聚，人以群分

X

习善则善，习恶则恶

媳妇不是婆养的，婆媳总是两张皮

媳妇堂前拜，公婆背利债

喜酒好喝，饯行酒难咽

喜时之言多失信，怒时之言多失体

戏法人人会变，各有巧妙不同

狭路相逢勇者胜

夏不借扇，冬不借棉

仙鹤顶上红，黄蜂尾后针，二物不算毒，最狠淫妇心

先君子，后小人

先明后不争

先亲后不改

先撒窝子后钓鱼

先说断，后不乱

先下手的为强，后下手的遭殃

先小人，后君子

先有亲，后有邻

闲饭难吃，闲话难听

闲话没腿儿，扯起来靠嘴儿

闲话少说没是非，夜饭少吃没疾病

闲口论闲话

闲事休管，饭吃三碗

闲言未必真，听言听三分

现求佛，现烧香

现钟不打打铸钟

馅饼待朋友，拳头赏敌人

相打一篷风，有难各西东

相逢知己话偏长

相见好同住难

相交满天下，知心能几人

相骂没好口，相打没好手

相识满天下，知心能几人

相送千里，终须一别

响鼓招鬼，息鼓送鬼

削嘴薄唇，说倒四邻

小儿嘴里出真言

小鬼顶不了阎王债

小孩儿家口没遮拦

小人报仇眼前，君子报仇三年

小人得志，狠如虎狼

小人得志便猖狂

小人口如蜜，转眼是仇人

小人易亲，君子易退

小子不吃十年闲饭

笑脸杀人最难防

笑脏不笑旧，笑破不笑补

笑脏笑拙不笑补，笑馋笑懒不笑苦

心不负人，面无惭色

心好不用吃斋

心急吃不得热粥

心急锅不滚

心亏理短话不周

心里若没病，不怕冷言侵

心里有鬼就有鬼

心齐力量大，人多主意巧

心去最难留，留下结冤仇

心疑生暗鬼

心有灵犀一点通

心正不怕影儿斜

新来媳妇三日勤

信人调，丢了瓢

信神迷鬼，捏住鼻子哄嘴

惺惺惜惺惺，好汉惜好汉

行百里者半于九十

行路的怕黑天，说谎的怕戳穿

行如风，立如松

兄弟虽和勤算数

兄弟协力山成玉，手足同心土变金

兄弟一条心，黄土变成金

休将我语同他语，未必他心似我心

秀才会课，点灯告坐

秀才碰到兵，有理说不清

秀才人情纸半张

袖大好做贼

虚心病说不出强话

雪中送炭真君子，锦上添花是小人

Y

牙舌两不动，安身处处牢

牙痛才知牙痛人的苦

烟酒不分家

严婆不打笑脸面

言不乱发，笔不妄动

言多语失皆因酒，义断情疏只为钱

言为心之苗

言语传情不如手

言者无心，听者有意

盐多了不咸，话多了不甜

阎罗殿好进，阎王债难还

阎王不嫌鬼瘦

阎王好做，小鬼难当

阎王叫你三更死，谁敢留人到五更

阎王也怕拚命鬼

筵前无乐不成欢

筵无好筵，会无好会

眼睛长在额头上

眼上带着墨色镜，瞧着世间尽黑人

眼是观宝珠，嘴是试金石

宴笑友朋多，患难知交少

扬汤止沸，不如去薪

羊羹虽美，众口难调

羊上狼不上，马跳猴不跳

养儿待老，积谷防饥

养儿勿论饭，打铁勿论炭

养家千百口，作罪一人当

养女一门亲

摇头不算点头算

要补衣，结发妻

要打看娘面

要就掏出心来，要就拿出刀来

要知心腹事，但听口中言

要做好人，须寻好友

夜猫子害怕见太阳

一把钥匙开一把锁

一白遮九丑

一百个小和尚好认一个老和尚，一个老和尚难认一百个小和尚

一棒一条痕，一掴一掌血

一报还一报

一宾不烦二主

一不扭众

一不做，二不休

一尺水翻腾做百丈波

一锄头也是动土，两锄头也是动土

一传十，十传百

一次生，两次熟

一打三分低

一斗米养个恩人，一石米养个仇人

一番手脚两番做

一方有难，八方支援

一分气带十分力，十分气的巴掌挨不起

一个巴掌难捂众人的嘴

一个巴掌拍不响

一个笛子一个笙

一个妇女一面锣，三个妇女一台戏

一个虼蚤顶不起卧单

一个好汉三个帮，一个篱笆三个桩

一个和尚挑水吃，两个和尚抬水吃，三个和尚没水吃

一个红脸，一个白脸

一个老鼠坏了一锅汤

一个萝卜一个坑

一个人藏，十个人难找

一个人可以养活十个儿子，十个儿子养不活一个爸爸

一个人是死的，两个人是活的

一个师傅一个令，一个和尚一个磬

一根筷子撇得断，一把筷子撇不断

一根木头支不了天

一回生，两回熟

一家不成，两家现在

一家不知一家，和尚不知道家

一家富难顾三家穷

一家盖不起龙王庙，一人造不起洛阳桥

一家人不说两家话

一家无二

一家有事百家忧

一脚踏了两家船

一句话，百步音

一句话能把人说跳，一句话能把人说笑

一客不烦二主

一门不到一门黑

一面打墙两面光

一鸟入林，百鸟压音

一锹掘个井

一人摆渡，众人过河

一人不敌二人智，十人肚里出巧计

一人不喝，二人不赌

一人不压众，帽子不压风

一人传虚，百人传实

一人得道，鸡犬升天

一人难称百人心

一人难服众口

一人气力担一担，众人力量搬倒山

一人先进大家就，一人落后大家帮

一人向隅，满座不乐

一人一条心，穷断骨头筋

一人栽树，万人乘凉

一日不作，一日不食

一善足以消百恶

一身不入是非门

一身做不得两件事，一时丢不得两条心

一失足成千古恨，再回头是百年身

一时比不得一时

一事不劳二驾

一手托两家

一死一生，乃知交情；一贫一富，乃知交态；一贵一贱，交情乃见

一头人情两面光

一窝狐子不嫌臊

一物降一物

一心不能二用

一言不实，百事皆虚

一言抄百语

一言既出，驷马难追

一言惊醒梦中人

一叶浮萍归大海，为人何处不相逢

一艺顶三工

一遭情，二遭例

一遭生，两遭熟

一张床上说不出两样话

一争两丑，一让两有

一竹篙撑到底

衣不如新，人不如旧

医生有割股之心

疑人莫用，用人莫疑

以貌取人，失之千里

以心度心，间不容针

以心换心，将心比心

易涨易退山坑水，易反易复小人心

因风吹火，用力不多

因无背后眼，只当耳边风

姻缘五百年前定

饮水思源，缘木思本

硬柴要用软柴捆

硬汉难避枕旁风

庸医杀人不用刀

用人的钱嘴软，欠人的债理短

用人靠前，不用人靠后

用一个钱要掂掂厚薄

用着菩萨求菩萨，用不着菩萨骂菩萨

有把门的，可没有把嘴的

有财同享，有马同骑

有尺水，行尺船

有仇不报非君子，有冤不伸枉为人

有恩不报非丈夫

有儿靠儿，无儿靠婿

有饭大家吃

有饭送给饥人，有话送给知人

有饭送给亲人，有话说给知音

有话即长，无话即短

有借有还，再借不难

有酒胆，无饭力

有酒有肉亲兄弟，急难不曾见一人

有理不打上门客

有理讲在明处，有药敷在痛处

有理没理，先敲自己

有例不兴，无例不废

有了老婆不愁孩，有了木匠不愁柴

有苗留在垄上，有话说在理上

有奇淫者，必有奇祸

有钱的出钱，有力的出力

有钱能使鬼推磨

有亲娘，无后爷；无亲娘，无疼热

有山靠山，无山独立

有势不使不如无

有势休要使尽

有文便不斗口

有向灯的，就有向火的

有眼不识泰山

有一搭没一搭

有缘千里来相会，无缘对面不相逢

有再一再二，哪有再三再四

有嘴说人，无嘴说自己

又求人，又做硬儿

鱼找鱼，虾找虾，王八结了个鳖亲家

与凤同飞，必出俊鸟；与虎同眠，没有善兽

与人不睦，劝人盖屋

与人方便，自己方便

雨过地皮湿

欲赤须近朱，欲黑须近墨

欲加之罪，何患无辞

遇文王，施礼乐；遇桀纣，动干戈

冤各有头，债各有主

冤家宜解不宜结

冤杀旁人笑杀贼

原钥匙开原锁

冤有头，债有主

远处烧香，不如门前积德

远客生地两眼黑

远路没轻担

怨亲不怨疏

月亮虽好，还需众星捧

运去奴欺主，时乖鬼弄人

Z

栽刺不如栽花

再狡猾的狐狸，也斗不过聪明的猎人

在家不会迎宾客，出门方知少故人

在家靠父母，出外靠朋友

在家投爷娘，出家投主人

赞人陷人皆是口，推人扶人皆是手

造弓的造弓，造箭的造箭

贼不打三年自招

贼去关门，明察暗防

贼人安的贼心肠，老鼠找的是米粮仓

贼人心胆虚

贼偷一更，防贼一夜

贼无赃，硬似钢

贼咬一口，烂见骨头

赠人以轩，不若赠人以言

站着说话不腰疼

张飞的鼻子，李逵的脸

张家长，李家短

张口是祸，闭口是福

长兄若父，长嫂若母

掌心是肉，掌背也是肉

招呼不蚀本，舌头上面打个滚

折跌腿装矮子

折了膀子往里弯

真佛面前不烧假香

真话好说，谎话难编

真人面前不说假话

真神面前烧假香

真心难留去心人

枕边告状，一说便准

知底莫过当乡人

知恩不报非君子

知夫莫如妻

知己到来言不尽

知己莫如友

知人知面不知心

知无不言，言无不尽

知音说与知音听，不是知音不与弹

知者不言，言者不知

知子莫若父，知女莫若母

直钩钓不了鱼

直言贾祸

只许州官放火，不许百姓点灯

只要人手多，牌楼抬过河

只有包做媒人，没有包养儿子

只有痴心的父母，难得孝敬的儿郎

只有锦上添花，哪得雪中送炭

只有千年的朋友，没有千年的伙计

只知其一，不知其二

至亲无文

治席容易请客难

众人拾柴火焰高

众志成城，众口铄金

周身是刀没一把利

主不吃，客不饮

主不欺宾

主人让客三千里

主雅客来勤

扶棍要柱长，结伴要结强

助人应及时，帮人要诚心

捉鸡儿，骂狗儿

着三不着两

子孝双亲乐，家和万事成

自己贪杯惜醉人

走三家不如坐一家

嘴巴是扁的，舌头是软的

嘴不让人皮受苦

嘴是两扇皮，反正都使得

作好千日不足，作坏一朝有余

作舍道边，三年不成

坐如钟，立如松，卧如弓

做善好消灾

做事不可强求，说话不可过头

做贼不犯，少做一遍

做贼难瞒乡里，心事难瞒妻子

做着不避，避着不做

谚语·歇后语

第四卷 张婷婷 编

中国言实出版社

M

ma

麻包里装钉子——露头

麻布补西装——土洋结合

麻布袋，草布袋——一代（袋）不如一代（袋）

麻布袋里的菱角——硬要钻出来

麻布袋绣花——底子太差

麻布袋做龙袍——不是这块料

麻布片绣花——白费劲、粗中有细、底子差

麻布片做大褂——不是这块料

麻布手巾绣牡丹——配不上

麻布下水——拧不干

麻布鞋上镶绸子——不成体统

麻袋里装稻秆——大草包

麻袋里装面粉——浪费太大

麻袋里装猪——不知黑白

麻袋没有底——不盛东西

麻袋盛牛角——个个想出头

麻袋装刺猬——锋芒毕露

麻秆搭桥——难过

麻秆打老虎——不痛不痒

麻秆搭架子——难顶难撑

麻秆搭桥——把人跌闪得好苦、担当不起

麻秆打狼——两担怕、两头担心

麻秆的屋梁——无用之材

麻秆抵门——经不起推敲、顶不住

麻秆拐棍——倚靠不得

麻秆手杖——靠不住

麻秆支蒙古包——不是这块料

麻秆做扁担——担当不起、不是正经材料

麻秆做床腿——难撑

麻秆做笛子——吹不得、别吹了

麻姑纺线——细心眼

麻姑娘搽雪花膏——观点模糊、观点不明

麻花下酒——干脆、干干脆脆

麻酱拌小菜——人人都喜爱

麻茎当秤杆——没个准星

麻柳树解板子——不是正经材料

麻雀熬汤——无肉也香

麻雀抱蛋——空喜一场

麻雀背老鹰——想得高

麻雀吵架——唧唧喳喳

麻雀吃不下二两谷——度（肚）量小

麻雀吃蚕豆——咽不下去、享不了这份福

麻雀吃桑葚——等不到老

麻雀吃天鹅肉——痴心妄想、妄想

麻雀搭窝——各顾各

麻雀打鼓——俏（跳）皮

麻雀当家——七嘴八舌

麻雀到糠堆上——空欢喜

麻雀的内脏——小心肝儿、心眼狭小

麻雀叼石磴——嘴上功夫

麻雀掉到面缸里——糊嘴

麻雀掉到水缸里——毛湿了嘴还硬

麻雀斗公鸡——自不量力、不自量

麻雀肚里找蚕豆——根本没那回事

麻雀肚子鸡子眼——吃不多，看不远

麻雀肚子——小心肝

麻雀队伍——没有整齐过

麻雀蹲在梁头上——东西不大，架子不小

麻雀剁了身子——光剩嘴

麻雀儿虽小——五脏六腑俱全

麻雀飞大海——没着落

麻雀飞到旗杆上——鸟不大，架子倒不小

麻雀飞进炉膛里——毛都没了哪还有命

麻雀跟雁飞——自不量力

麻雀跟着蝙蝠飞——白熬夜

麻雀骨头——没多大个榫、小架

麻雀鼓肚子——好大的气

麻雀喝醉酒——腾云驾雾

麻雀和鸽子争食——喧宾夺主

麻雀和鹰斗嘴——自不量力、拿性命开玩笑

麻雀开会——细商量

麻雀看见稻花子——空欢喜

麻雀落在房梁上——架子不小、好大的架子

麻雀落在谷穗上——乱弹

麻雀落在牌坊上——东西不大，架子不小

麻雀跑到玻璃房里——非（飞）碰壁不可

麻雀碰在鼓壁上——吓大了胆的

麻雀入笼——飞不了

麻雀入烟囱——有命也没毛

麻雀生鹅蛋——没有的事、硬逞能

麻雀守蛋——越守越完

麻雀虽小——肝胆俱全

麻雀抬轿——担当不起

麻雀跳到泥沟里——无出路、没有出路

麻雀头包饺子——尽是嘴

麻雀窝里落喜鹊——早晚要飞、迟早要飞

麻雀误入泥水沟——无路可走

麻雀想和鹰打架——不是对手

麻雀想学凤凰鸣——枉费心机

麻雀摇枫树——白费工夫

麻雀饮河水——干不了

麻雀炸窝——阵脚大乱

麻雀找食——找到一点吃一点

麻雀住房檐儿——一代传一代

麻雀抓蛋子——只顾嘴

麻雀追飞机——白费工夫

麻雀啄秕谷——上了空当儿

麻雀啄鸡子儿（鸡蛋）——捣蛋

麻雀啄米汤——只糊得嘴

麻雀啄食——只顾得嘴

麻雀子的嘴——话多

麻雀子想生鸡蛋——怎开口的

麻雀走路——不扎根、一蹦三跳

麻雀钻到竹筒里——安居乐业

麻雀嘴里的粮——靠不住、不可靠

麻蛇钻刺棵——有去无回

麻绳绊脚——够缠

麻绳穿绣花针——难通过、通不过

谚语·歌后语

第四卷 张婷婷 编

中国言实出版社

麻雀斗公鸡——自不量力、不自量

麻雀肚里找蚕豆——根本没那回事

麻雀肚子鸡子眼——吃不多，看不远

麻雀肚子——小心肝

麻雀队伍——没有整齐过

麻雀蹲在梁头上——东西不大，架子不小

麻雀剁了身子——光剩嘴

麻雀儿虽小——五脏六腑俱全

麻雀飞大海——没着落

麻雀飞到旗杆上——鸟不大，架子倒不小

麻雀飞进炉膛里——毛都没了哪还有命

麻雀跟雁飞——自不量力

麻雀跟着蝙蝠飞——白熬夜

麻雀骨头——没多大个榫、小架

麻雀鼓肚子——好大的气

麻雀喝醉酒——腾云驾雾

麻雀和鸽子争食——喧宾夺主

麻雀和鹰斗嘴——自不量力、拿性命开玩笑

麻雀开会——细商量

麻雀看见稻花子——空欢喜

麻雀落在房梁上——架子不小、好大的架子

麻雀落在谷穗上——乱弹

麻雀落在牌坊上——东西不大，架子不小

麻雀跑到玻璃房里——非（飞）碰壁不可

麻雀碰在鼓壁上——吓大了胆的

麻雀入笼——飞不了

麻雀入烟囱——有命也没毛

麻雀生鹅蛋——没有的事、硬逞能

麻雀守蛋——越守越完

麻雀虽小——肝胆俱全

麻雀抬轿——担当不起

麻雀跳到泥沟里——无出路、没有出路

麻雀头包饺子——尽是嘴

麻雀窝里落喜鹊——早晚要飞、迟早要飞

麻雀误入泥水沟——无路可走

麻雀想和鹰打架——不是对手

麻雀想学凤凰鸣——枉费心机

麻雀摇枫树——白费工夫

麻雀饮河水——干不了

麻雀炸窝——阵脚大乱

麻雀找食——找到一点吃一点

麻雀住房檐儿——一代传一代

麻雀抓蛋子——只顾嘴

麻雀追飞机——白费工夫

麻雀啄秕谷——上了空当儿

麻雀啄鸡子儿（鸡蛋）——捣蛋

麻雀啄米汤——只糊得嘴

麻雀啄食——只顾得嘴

麻雀子的嘴——话多

麻雀子想生鸡蛋——怎开口的

麻雀走路——不扎根、一蹦三跳

麻雀钻到竹筒里——安居乐业

麻雀嘴里的粮——靠不住、不可靠

麻蛇钻刺棵——有去无回

麻绳绊脚——够缠

麻绳穿绣花针——难通过、通不过

M

ma

麻包里装钉子——露头

麻布补西装——土洋结合

麻布袋，草布袋——一代（袋）不如一代（袋）

麻布袋里的菱角——硬要钻出来

麻布袋绣花——底子太差

麻布袋做龙袍——不是这块料

麻布片绣花——白费劲、粗中有细、底子差

麻布片做大褂——不是这块料

麻布手巾绣牡丹——配不上

麻布下水——拧不干

麻布鞋上镶绸子——不成体统

麻袋里装稻秆——大草包

麻袋里装面粉——浪费太大

麻袋里装猪——不知黑白

麻袋没有底——不盛东西

麻袋盛牛角——个个想出头

麻袋装刺猬——锋芒毕露

麻秆搭桥——难过

麻秆打老虎——不痛不痒

麻秆搭架子——难顶难撑

麻秆搭桥——把人跌闪得好苦、担当不起

麻秆打狼——两担怕、两头担心

麻秆的屋梁——无用之材

麻秆抵门——经不起推敲、顶不住

麻秆拐棍——倚靠不得

麻秆手杖——靠不住

麻秆支蒙古包——不是这块料

麻秆做扁担——担当不起、不是正经材料

麻秆做床腿——难撑

麻秆做笛子——吹不得、别吹了

麻姑纺线——细心眼

麻姑娘搽雪花膏——观点模糊、观点不明

麻花下酒——干脆、干干脆脆

麻酱拌小菜——人人都喜爱

麻茎当秤杆——没个准星

麻柳树解板子——不是正经材料

麻雀熬汤——无肉也香

麻雀抱蛋——空喜一场

麻雀背老鹰——想得高

麻雀吵架——唧唧喳喳

麻雀吃不下二两谷——度（肚）量小

麻雀吃蚕豆——咽不下去、享不了这份福

麻雀吃桑葚——等不到老

麻雀吃天鹅肉——痴心妄想、妄想

麻雀搭窝——各顾各

麻雀打鼓——俏（跳）皮

麻雀当家——七嘴八舌

麻雀到糠堆上——空欢喜

麻雀的内脏——小心肝儿、心眼狭小

麻雀叨石磙——嘴上功夫

麻雀掉到面缸里——糊嘴

麻雀掉到水缸里——毛湿了嘴还硬

麻绳穿针眼——过得去就行

麻绳穿针——钻不进

麻绳串豆腐——提不起来

麻绳打毛衣——乱联系、乱牵扯

麻绳吊鸡蛋——两头脱空

麻绳上按电灯泡——搞错了线路

麻绳蘸盐水——越来越紧

麻绳做背心——好心当恶意

麻线搓绳——合在一起干

麻丫头照镜子——点子不少

麻油拌凉菜——有点香

麻油拌小菜——人人喜爱

麻油炒豆腐——不惜代价、下了大本钱

麻子不叫麻子——坑人

麻子搽粉——费料、空耗

麻子打灯笼——观点鲜明

麻子管事——点子多

麻子脸抹粉——填平补缺

麻子脸上戳一刀——点透了

麻子跳伞——天花乱坠

麻子推磨——转着弯儿坑人

麻子洗脸——擦不干净

马鞍套在驴背上——对不上号

马鞍子备在牛背上——乱搭

马背上的剧团——载歌载舞

马背上跌跤，牛背上抽鞭——错上加错、迁怒于人

马背上钉掌——离题（蹄）太远、不贴题（蹄）

马背上记账——回头算

马背上接电话——奇（骑）闻

马背上看书——走着瞧

马鞭打牛——忘本

马鞭当帐杆——差得远

马脖子上的铜铃——走到哪想（响）到哪

马槽里没马——驴当差

马槽里伸出个驴头——多嘴多舌

马长犄角骡下驹——怪事一桩

马车滚进泥水沟——拉不转

马车过沼泽地——此路不通

马车上加头驴——拉帮套

马吃白灰——一张白嘴

马到悬崖不收缰——死路一条

马镫子钉掌——空前绝后

马儿戴笼头——让人牵着走

马儿护虎儿——不可能的事

马放南山，刀枪入库——天下太平

马蜂的儿子——歹（带）毒

马蜂丢翅膀——没了绝招

马蜂窝，蝎子窝——一窝更比一窝毒、捅不得

马蜂蜇秃子——没遮没盖

马蜂蜇蝎子——以毒攻毒

马蜂针，蝎子尾——惹不起

马高镫短——上下两难、上下为难

马褂改裤衩儿——大材小用

马褂改棉袄——老一套

马过独桥——难拐弯

马后炮——来不及了

马虎（民间传说中形象丑陋、吞食小孩的怪物）看小孩——不放心、放心不下

马伙里的臊马——害群之马

马驹拉犁——不成行

马驹子拉车——上了套

马驹子拉磨——不顺手

马驹子怕狗惊了车——少见多怪

马嚼子戴到牛嘴上——胡来（勒）

马嚼子吊起当锣打——穷得叮哩当哩

马嚼子往牛脖子上戴——错了位了

马拉车尥蹶子——乱了套、乱套了

马拉车牛驾辕——不合套

马拉独轮车——说翻就翻、翻了

马拉九鼎——拽不动

马路上的传单——白给

马路上开车不拐弯——走得正，行得直、行得正，走得端

马路上跑火车——不合辙

马路上挖井——坑害人

马路上装暖气——徒劳无益

马路新闻——道听途说

马奶奶见了冯奶奶——差两点

马上打瞌睡——迷迷糊糊过时光、眼开眼闭、信马由缰

马上耍杂技——艺高胆大

马勺打个把——是个嫖（瓢）头子

马勺当锣打——穷得叮当响

马勺里淘菜——水泄不通

马勺里淘米——滴水不漏

马勺碰锅沿——常有的事

马勺掏耳朵——不深入、深不下去

马食槽边点盏灯——照料

马食槽不许驴插嘴——独吞

马士才的眼睛——捉摸不定

马谡用兵——言过其实

马蹄长瘤子——无关痛痒

马蹄刀劈柴——不是正经家伙

马蹄刀瓢里切瓜——滴水不漏

马铁掌踩石板——硬对硬、硬碰硬

马头上长鹿角——四不像

马脱缰绳鸟出笼——永不回头、决不回头

马王爷照镜子——长脸

马王爷坐大殿——官儿不大脸长

马尾巴搓绳——合不了股儿

马尾巴打胡琴——细声细气

马尾巴提豆腐——提串不起来

马尾巴做琴弦——谈不拢、不值一谈（弹）

马尾拌豆腐——捣乱

马尾绑马尾——你踢我也踢，你打我也打

马尾绷琵琶——不值一谈（弹）

马尾穿萝卜——粗中有细

马尾穿酥油——没法提

马尾捆鸡蛋——难缠

马尾拉胡琴——细声细气

马尾箩扣钉子——非扎破不可

马尾拴鸡蛋——难缠

马戏团的猴子——任人耍、由人玩耍

马戏团的小丑——走过场、引人注目

马陷淤泥——进退两难

马抓痒——全凭一张嘴、全仗嘴

马捉老鼠——不务正业、不干正经事

马走日字象走田——各有各的路

码头工人扛麻包——难回头、回头难

码头上的吊车——能上能下

码子前面添零——不算数

蚂蝗的身子——软骨头

蚂蝗见血——叮（盯）住不放

蚂蟥叭在牛尾上——甩不掉、甩不脱

蚂蟥变的——软骨头

蚂蟥吃萤火虫——心里亮、肚里明

蚂蟥叮了鹭鸶脚——摆不开

蚂蟥叮虱子——咬住就不放

蚂蟥叮住螺蛳脚——两下里着急、揪住不放

蚂蟥叮住水牛腿——寸步不离

蚂蟥过水——没痕迹

蚂蟥爬上水鸡脚——生死同飞

蚂蟥水中跳——不知哪方大雨到

蚂蟥听水响——跟人转、来得快

蚂蟥闻到血腥味——赶紧叮上

蚂蟥吸血——不跑不放口

蚂蟥钻进牛鼻孔——难解脱

蚂虾（小虾）剁馅子——少头无尾

蚂虾尥蹶子——小踢蹬

蚂虾搂着豆芽睡——各受各的勾头罪

蚂蚁搬秤砣——白费功夫

蚂蚁搬家——倾巢出动（洞）、大家动口、不是风，就是雨

蚂蚁搬磨盘——枉费心机

蚂蚁搬碾砣——小命都押（压）上

蚂蚁搬山——瞎逞强

蚂蚁搬田螺——假充大头鬼

蚂蚁拌鸡爪——又伸胳膊又蜷腿

蚂蚁背螳螂——肩负重任

蚂蚁背田螺——假充大头鬼

蚂蚁脖子上戳一刀——不是出血筒子

蚂蚁不咬蟋蟀——一块地里的虫子

蚂蚁长毛——不可能的事、没人见过、没有的事

蚂蚁打喷嚏——满口草气

蚂蚁打群架——自相残杀

蚂蚁打食（寻找食物）——三五成群

蚂蚁戴稻壳——想装大头鬼

蚂蚁戴斗篷——假充大头虾

蚂蚁戴谷壳——好大的脸皮

蚂蚁戴夹板——人小面子窄

蚂蚁戴荔枝壳——想充大头鬼

蚂蚁挡道儿——颠不翻车

蚂蚁的腿，蜜蜂的嘴——闲不住、一天忙到晚

蚂蚁的嘴——吃里爬（扒）外

蚂蚁掉进擂钵里——条条是道、路子多

蚂蚁掉在磨盘里——尽是路

蚂蚁掉在热锅里——麻了脚了

蚂蚁跌进茅厕——开不得口

蚂蚁叮脚板——一动也不动

蚂蚁抖腿——小踢腾

蚂蚁肚里摘苦胆——难办

蚂蚁对小鱼——一个味

蚂蚁关在鸟笼里——门道很多

蚂蚁过河——抱成一团、下了狠心

蚂蚁过垄沟——觉得是一江

蚂蚁害个脑蛆疮——脓水不大

蚂蚁撼大树——自不量力、纹丝不动

蚂蚁喝水——点滴就够啦

蚂蚁和大象相比——高低悬殊

蚂蚁回窝——走老路

蚂蚁讲话——碰头

蚂蚁进牢房——自有出路

蚂蚁看天——不知高低

蚂蚁扛蚕头——力小任重

蚂蚁扛大树——自不量力、不自量

蚂蚁扛曲蟮——够受的

蚂蚁扛螳螂——重任在肩、肩负重任

蚂蚁磕头——哪个见过

蚂蚁啃骨头——干着大事情、精神可嘉

蚂蚁啃碾盘——嘴上有劲，腰上无力

蚂蚁啃旗杆——吃不消、攻不倒

蚂蚁啃气球——痴心妄想

蚂蚁啃象鼻——不识大体

蚂蚁拉车——拽不动、自不量力、纹丝不动

蚂蚁拉石磕——力不能及、力不从心、心有余而力不足

蚂蚁闹堂——分不出点子

蚂蚁爬簸箕——路子多

蚂蚁爬城头——假充黑龙虎下山

蚂蚁爬到鸡蛋上——没眼找眼

蚂蚁爬到树梢上——升到顶了

蚂蚁爬皮球——无边无沿

蚂蚁爬上放大镜——身价（架）百倍

蚂蚁爬上树——预示着天下雨

蚂蚁爬树梢——到顶了、好高骛远

蚂蚁爬泰山——力小志气大

蚂蚁碰上鸡——活该

蚂蚁上枯树——顺杆爬

蚂蚁上炉子——呆不住

蚂蚁上墙——巴（扒）不到

蚂蚁上热锅——乱爬

蚂蚁抬虫子——个个使劲、齐心合力

蚂蚁抬大炮——担当不起

蚂蚁抬食——步调一致

蚂蚁跳塘——不知深浅

蚂蚁头上戴斗笠——乱扣帽子

蚂蚁掀泰山——不量力

蚂蚁衔秤砣——牙劲不小

蚂蚁心大——胀暴了腰

蚂蚁摇大树——白搭

蚂蚁咬虫子——齐心合力

蚂蚁缘槐夸大国——小见识

蚂蚁筑长城——慢慢来

蚂蚁抓上牛角尖——自以为上了高山

蚂蚁装到葫芦里——乱碰

蚂蚱吃高粱——顺杆子爬

蚂蚱打食——紧顾嘴

蚂蚱斗公鸡——送上嘴的食、自不量力

蚂蚱抖腿——小踢腾

蚂蚱飞到药罐里——自讨苦吃

蚂蚱见公鸡——畏缩不前

蚂蚱看庄稼——越看越光

蚂蚱口水——少见、少有

蚂蚱落在脚面上——不咬

蚂蚱爬在鞭梢上——经不起摔打

蚂蚱配蝗虫——门当户对

蚂蚱碰上的斗鸡——活该倒霉

蚂蚱上豆架——小东西借大架子吓人

蚂蚱拴到王八腿上——飞跑不动

蚂蚱跳到古筝上——瞎蹦蹦不成调

蚂蚱跳龙门——想头不低、想得高

蚂蚱跳塘——不知深浅

蚂蚱头摆碟子——尽是嘴

蚂蚱头包饺子——光剩嘴

蚂蚱头炒盘菜——多嘴多舌

蚂蚱腿上刮精肉——难下手

蚂蚱驮砖头——有点架不住

蚂蚱胸膛黄蜂腰——不伦不类

蚂蚱遇上鸡——活到头了

蚂蚱拽了一条腿——照样跳几跳

mai

埋好的地雷——一触即发

买把韭菜不择——抖起来了

买把琵琶没上弦——谈（弹）不得

买爆仗叫别人放——只听响、不值得

买车不要辕子——后半截

买豆腐花了个肉价钱——上当不浅

买椟还珠——取舍失当、不识货

买干鱼放生——不知死活

买个灯笼不安蜡——你想咋着

买个罐子打掉了把——没法提、提不起来

买个鸡子拴到门坎上——里外叨

买个喇叭不带哨——别吹了

买个喇叭不透气——实心眼

买个老驴不吃草——毛病不少

买个母牛不长尾巴——活现丑

买个暖壶不带塞——沉（存）不住气

买个兔子不剥头——留着面子

买棺材搭铺盖——好买卖

买花生不要秤——抓一把

买花生找不着秤——乱抓

买回彩电带回发票——有根有据

买酱油不打醋——各干一行

买金的遇见卖金的——正合适

买来的秀才——不通

买老牛置破车——光顾眼前

买了个牲口咬人——毛病不少

买了麻花不吃——要的就是这个劲儿

买了马牵着走——没棋（骑）

买了相因（便宜）柴，烧了夹生饭——想占便宜反吃亏

买麻花不吃——为的看这股扭劲儿

买马不骑——谦（牵）啦

买马上扬州——试试足劲

买卖人的匾——财源茂盛

买帽子当鞋穿——不对头

买门神不买挂线儿——捉弄自己

买面的进了石灰店——走错了门、找错了门

买牛得羊——失望

买匹布裹脚——宽备窄用、宽打窄用

买肉的切豆腐——不在话下

买石头砸锅——自寻倒灶

买铁锅的——敲敲打打

买头瘦驴老掉牙——自骑自夸

买咸鱼放生——徒劳无功

买香囊掉泪——睹物伤情

买眼药进了石灰店——走错了门

买鱼放生——菩萨心肠

买只羊羔不吃草——毛病不少

买猪头钓王八——不够本钱、不够本

买猪头讨个胆——自讨苦吃、自找苦吃

买砖头砌窑——专款专（砖）用

麦草管吹火——小气

麦茬地里磕头——戳眼

麦场上挂马灯——照常（场）

麦秆吹火——小气、气不大

麦秆当秤称人——把人看轻了、把人看得太没斤两

麦秆顶门——白费力

麦秆里睡觉——细人

麦秆门闩玻璃鼓——经不起推敲

麦秆子顶石磙——头重脚轻

麦秆子上插针——节外生枝、横生枝节

麦秸堆里装炸药——乱放炮

麦秸秆里瞧人——小瞧

麦秸秆枕头——草包

麦秸秆做电杆——不是正经材料、不是这块料

麦秸烧火——没长劲

麦糠搓绳——搭不上手、接不下茬

麦克风的兄弟——传声筒

麦克风前吹喇叭——里外响

麦克风前拉二胡——弦外之音

麦粒掉到太平洋里——沧海一粟

麦芒穿针眼——难得、得之不易

麦芒戳到眼睛里——又刺又痛

麦芒掉进针鼻——赶得巧、正好

麦苗当成韭菜割——胡拉乱扯

麦苗韭菜分不清——不像个庄稼人

麦牛子爬到面缸里——舒坦了还想舒坦

麦筛子——净是缺点

麦田里的狗尾草——良莠不齐

麦田里的韭菜——难分色

麦田里的乌龟——逃不了

麦田里种棉花——一举两得

麦田里捉龟——十拿九稳

麦田捉田鸡——手到擒来

麦子不割砍高粱——专找硬茬

麦子地里扎草人——吓麻雀

麦子未熟秧未插——青黄不接

卖鞭炮的炸了手——自作自受

卖冰棒的进茶馆——一冷一热、忽冷忽热

卖冰棒的折本——心凉了

卖钵头瓦盆的——一套一套的

卖布不带尺子——存心不良（量）、胡扯

卖菜的不用秤——论堆

卖菜的上了香椿树——又高又贵

卖茶汤的回家——没面了

卖炒勺的——拣有把握的来

卖醋卖糖——各管一行

卖大碗茶的看河水——有的是钱

卖东西拿钱——理应如此

卖豆腐带种河滩地——水里来，水里去

卖豆腐的带拖车——架子不小

卖豆腐的扛马脚——生意不大架子大

卖豆腐的——一拉一块

卖豆芽挨着钉鞋的——你知道我的根，我也知道你的底

卖豆芽的不带秤——乱抓

卖豆芽的抖搂筐——干脆利索、干净利索

卖饭的——不怕大肚汉

卖房卖地置嫁妆——下尽本钱

卖膏药折了本——不摊（贪）

卖个兔子剥去皮——不留面子

卖狗皮膏药的出身——到处招摇撞骗

卖狗肉的挂羊头——假招牌

卖古董的——识货

卖瓜的夸瓜甜，卖鱼的夸鱼鲜——自卖自夸

卖罐的跌跤——倾家荡产

卖红薯的丢干粮——硬啃

卖胡琴的碰上卖布的——拉拉扯扯

卖花棒的教师爷——骗吃混喝

卖花的，说花香、卖菜的，说菜鲜——各有一套

卖花圈的咬牙——恨人不死

卖花人说花香，卖菜人讲菜嫩——自卖自夸

卖灰面遇大风——倒霉透了、真倒霉

卖糨糊的敲门——糊涂到家

卖饺子的磨麦粉——别开生面

卖了白面买笼屉——不争（蒸）馒头争（蒸）口气

卖萝卜的跟着盐担子走——尽管闲（成）事、操闲（成）心

卖麻花的不赚钱——不知哪股筋扭着

卖馒头的掺石灰——面不改色

卖帽子的喊卖鞋——头上一句，脚下一句

卖煤的跟个狗——净吃闲饭

卖门神的被抢——人多不顶用

卖门神掉江里——人财两空

卖米不还升——居心不良（量）

卖面具的被人抢了——丢脸

卖牛卖地娶回个哑巴——没话可说、无话说

卖牛肉的扛牌坊——架子不小

卖牛肉的面孔——斤斤计较

卖螃蟹的上戏台——角（脚）色不少，能唱的不多

卖盆的出身——一套一套的

卖盆的摔跤——乱了套、乱套了

卖肉的抽骨头——难撑

卖肉的切豆腐——不在话下

卖肉的人杀猪——内行

卖沙锅的摔跤——砸锅

卖山药不过秤——凭快（块）

卖烧饼的不带干粮——吃货

卖烧饼的叫门——送货来啦

卖烧鸡拉二胡——游（油）手好闲（弦）

卖石灰碰见卖面的——谁也见不得谁

卖水的看大河——尽是钱

卖水萝卜的——不拆把儿

卖汤圆的跌跟头——家产尽绝

卖糖的砸锅——豁出老本来了

卖糖葫芦的——串串红

卖糖人的出身——吹出来的、靠吹

卖糖人的开张——吹鼻子瞪眼

卖糖人的——连吹带捏

卖糖人的敲当当——瞎吹

卖糖人的敲锣——生意不大招牌响

卖糖人的手艺——光靠吹、连吹带捏

卖糖稀的盖楼房——熬出来的

卖瓦盆的不喊——光敲打

卖瓦盆的进货——一套一套的

卖瓦盆的摔跤——乱了套、乱套了

卖完了小鱼——净抓瞎（虾）

卖窝头的翻了箱子——眼儿朝上

卖西瓜的磨刀——傻（杀）瓜

卖西瓜的碰到卖王八的——滚的滚，爬的爬、连滚带爬

卖虾米不拿秤——抓瞎（虾）

卖香烟的敲床腿——架子不小

卖盐的喝开水——没味道

卖盐逢雨，卖面遇风——不顺当、背时

卖羊油的挑子——一半假

卖艺的开场子——头三脚难踢

卖艺的练拳脚——连踢带打

卖油的梆子——挨敲打的货

卖油的不打盐——不管咸（闲）事

卖油的敲锅盖——好大的牌子

卖油条的拉胡琴——游（油）手好闲（弦）

卖鱼不使秤砣——勾嘴

卖鱼带相亲——少麻烦、一举两得

卖杂货的洗手不干——撂挑子

卖杂碎的收摊了——不用提心吊胆了

卖猪肉的关门——净剩架子了

卖嘴的先生——没什么好药

man

蛮子唱京戏——南腔北调

馒头开花——气大了、气鼓气胀

馒头里包豆渣——旁人不夸自己夸

馒头做枕头——不愁吃

鳗鱼死在汤罐里——冤屈（圆曲）死了

满巴掌的茧——磨练出来的

满船豆腐抛下江——水里来，水里去

满地丢西瓜，撅腚捡芝麻——不知轻重

满地竹子——根连着根

满肚直肠——不打弯儿

满肚子话说不出——有口难言

满肚子青菜丝——没文采

满姑娘（最小的姑娘）的荷包——花样多

满姑娘坐花轿——头一遭

满街挂灯笼——光明大道

满口的新名词——不念故旧

满口黄连——说不完的苦

满面鸡虱子乱爬——脸上尴尬

满脑壳长疮钻刺窝——自讨苦吃

满山跑的兔子不回窝——野惯了

满身沾油的老鼠往火里钻——哪还有它好过的

满树的青梅——一个也不熟

满堂儿孙——后继有人

满天大雪飞舞——天花乱坠

满天的星星——顶不过一个月亮

满天飞乌鸦——漆黑一片

满天浮动的云霞——经不起风吹雨打

满天挂鱼网——遮不住太阳

满天抹浆子——唬（糊）天

满头稻花子——土里土气、土气大

满屋老鼠跑——窟窿多

满园的萝卜——个个想出头、个个都是头

满园的牡丹——讨人爱、爱煞人

满园果子——就数（属）你红

满园落地花——多谢

满园竹子——根连着根

满月儿听霹雳——惊得骨头碎

满月猪儿——不开口

漫地儿（空旷的地方）里烤火——一面热

漫地里的骆驼——野象

漫漫长征路——任重道远

漫山的杜鹃——一片红火、红火一片

漫天挂渔网——遮不住太阳

漫天讨价——哆嗦（多索）

漫天云里打麻雀——放枪不得鸟

漫野地里老鼠——外号（耗）

mang

邙山看黄河——远水不解近渴

忙中拾得一包针——谁顾得数你

盲公吃馄饨——肚里有数

盲公打灯笼——照见别人，照不见自己、照人不照己

盲公戴眼镜——装样子的

盲鸡碰着白蚁窝——吃个正着

盲佬打盹儿——不显

盲佬射箭——目的不明

盲佬粘符——倒贴

盲驴拉磨——瞎转一气

盲驴下河——瞎扑腾

盲人包饺子——瞎包

盲人剥葱——瞎扯皮

盲人不闭眼——睁眼瞎子

盲人不问路——瞎碰、瞎撞

盲人吵架——瞎气

盲人吃鲜鱼汤——瞎赞一阵

盲人吹喇叭——瞎吹

盲人打靶——缺乏目标

盲人打苍蝇——瞎拍

盲人打灯笼——白费蜡

盲人打牌九——瞎摸

盲人戴眼镜——假聪（充）明

盲人当司令——瞎指挥

盲人的杆子——瞎点

盲人的拐棍——寸步不离、瞎指点

盲人动筷子——瞎戳捣

盲人斗拳——瞎打一阵

盲人翻跟头——胡折腾

盲人纺纱——瞎扯

盲人放枪——无的放矢

盲人干活——不分日夜

盲人赶庙会——瞎凑热闹

盲人救火——瞎扑打

盲人开口——瞎说

盲人开枪——无的放矢

盲人看《三国》——装模作样

盲人看滑稽戏——瞎笑

盲人看天——漆黑一团

盲人看戏——瞎想瞎猜

盲人拉风箱——瞎鼓捣

盲人买喇叭——瞎吹

盲人卖豆芽——瞎抓

盲人描图——瞎话（画）

盲人摸象——不识大体、各有偏见

盲人骑毛驴——随它去、由它去

盲人骑瞎马——乱闯乱碰、寸步难行、瞎上加瞎

盲人敲鼓——瞎打一气

盲人敲钟——瞎撞

盲人上大街——目中无人

盲人耍把势（杂技）——硬逞能、瞎逞能

盲人睡觉——不分昼夜

盲人撕布——瞎扯

盲人提喇叭——瞎吹

盲人听相声——瞎笑

盲人推磨子——瞎转圈

盲人捂耳朵——闭目塞听

盲人学绣花——硬逞能、瞎逞能

盲人找失物——瞎摸

盲人捉虱子——瞎抓挠

盲人走路——摸不清东西南北

盲人做油条——瞎咋（炸）乎（糊）

蟒蛇缠犁头——狡猾（绞铧）

蟒蛇缠身——挣不脱

蟒蛇进鸡窝——完蛋

mao

猫抱琵琶——乱弹琴

猫被老虎撵上树——多亏留一手

猫不吃死耗子——假斯文

猫不抓老鼠——不务正业

猫吃刺猬——无处下嘴

猫吃耗子——理所当然

猫吃鸡肠子——越拉越长

猫吃鸡食——捞现成

猫吃石灰——一张白嘴

猫吃小鱼——有头有尾

猫逮老鼠鼠打洞——各有本领、各靠各的本事

猫掉了爪子——巴（扒）不得

猫洞里扛八仙——拿不出门

猫肚子放虎胆——凶不起来

猫额上画王字——虎头虎脑

猫儿扒琵琶——乱弹琴

猫儿不在家——老鼠当了家

猫儿吃豆渣——不对味、不是味儿

猫儿吃糕——两爪捣

猫儿吃腌菜——没奈何

猫儿吃鱼鳔——空快活

猫儿得势——凶如虎

猫儿洞口等老鼠——目不转睛

猫儿逗老鼠——想抓活的

猫儿喝烧酒——够呛

猫儿念经——假充善人

猫儿爬屋脊——到顶了

猫儿上楼梯——眼睛往下瞧

猫儿身边寄鱼干——靠不住

猫儿食，耗子眼——吃不多，看不远

猫儿守老鼠洞——不动声色、目不转睛

猫儿踏破油篓盖——一场欢喜一场空

猫儿舔糨子——光往嘴上想

猫儿偷食狗挨打——无辜受累

猫儿头上系干鱼——靠不住

猫儿尾巴——越摸越翘

猫儿闻见腥——哪能不伸头

猫儿卧房脊——活受（兽）

猫儿洗脸——抹脱、一扫光

猫儿学大虫——假货（虎）

猫儿眼——时时有变

猫儿抓老鼠——祖传手艺

猫儿抓黏糕——脱不得爪

猫儿捉老鼠狗看门——各守本分

猫给耗子拜年——没安好心、来者不善

猫给老鼠吊孝——假仁假义、虚情假意

猫狗打架——世代冤家

猫脊上坐人——不足为奇（骑）

猫见老鼠——没有不挠

猫见咸鱼——垂涎欲滴

猫教老虎——留一手

猫教老虎上树——天下奇闻、无奇不有

猫教徒弟——自己留一手

猫看老鼠——死对头

猫啃尾巴——自吃自、自咬自

猫哭老鼠——假慈悲、假慈善、假伤心

猫披虎皮——抖威风、好了不起

猫请老鼠做客——假情假意

猫守老鼠洞——不动声色

猫鼠交朋友——不足信、没人信、信不得

猫舔狗鼻子——自讨没趣、自找没趣

猫舔虎鼻梁——存心不要命

猫头鹰报喜——不是好兆头、谁信得过你、丑名（鸣）在外

猫头鹰捕老鼠——暗地里下爪

猫头鹰唱歌——怪声怪调、瞎叫唤

猫头鹰吃娘——恩将仇报、以怨报德

猫头鹰打瞌睡——睁只眼，闭只眼、装迷糊

猫头鹰叫唤——名（鸣）声不好、名（鸣）声坏

猫头鹰进院——无事不来

猫头鹰上天——好高骛远

猫头鹰抓耗子——干好事，落骂名

猫吞鼠，鹰叼蛇——一物降一物

猫娃爬到门墩上——假充门墩虎

猫尾巴，狗尾巴——越摸越翘

猫窝里藏干鱼——靠不住、不可靠

猫窝里的泥鳅——留不住、难久留

猫窝钻出老虎——你充啥厉害

猫戏老鼠——哄着玩

猫想吃葡萄——眼都望绿了

猫眼儿——一天三变

猫咬刺猬——无从下口、难下口、无法下口

猫咬老虎——冷不防

猫咬尾巴——自吃自

猫抓耗子狗看家——都是分内的事儿

猫抓麻雀——叼住就不放

猫爪伸到鱼池里——想捞一把、捞一把

猫爪子伸进食盘——抓住理（礼）了

猫捉老鼠狗看门——各尽其责、各尽其职、本分事

猫捉老鼠——拿手好戏、祖传秘方、一物降一物、靠自己的本事

猫子教老虎的手艺——留得那么一手

猫子啃老虎鼻梁——你张口我上诉（树）

猫子同狗打架——不是对手

猫子站在断柱上——独觉好

猫钻狗洞——容易通过

猫钻耗子洞——藏头露尾、难进、行不通、走不通、通不过

猫钻煤球炉——碰一鼻子灰

猫嘴里的老鼠——没跑、跑不了、剩不下啥

猫嘴里塞鲤鱼——投其所好

猫嘴里掏泥鳅——夺人所好、难得很

毛笔掉了头——光棍一条

毛辫上绑棘子——抡到哪红到哪

毛玻璃眼镜——模糊不清、看不清

毛玻璃做灯罩——半明半不明

毛虫钻灶——自该煨

毛豆烧豆腐——原是一家人、碰上自家人

毛猴子拉车——乱了套、乱套了

毛猴子捞月亮——白白地忙了一场

毛猴子说话——不知轻重

毛猴子捅马蜂窝——找着挨蜇

毛脚鸡——上不了台盘、上不了席、摆不上桌

毛驴备银鞍——有点儿不配、配不上、不配

毛驴打滚——翻个儿了

毛驴钉马掌——小题（蹄）大作

毛驴儿推磨——兜圈子

毛驴跟马赛跑——老落后、落后了

毛驴啃石磨——好硬的嘴、嘴巴好厉害

毛驴拉磨牛耕田——各有各的活儿

毛驴拉磨——原地打转、出不了圈、跑不出这圈儿

毛驴驮不起金鞍子——不识抬举

毛驴下骡子——变了种、变种了

毛驴笑人耳朵长——不知自丑

毛驴子拉车——埋头苦干

毛驴子踢琵琶——乱弹琴

毛驴走进窄胡同——难转弯、转不过弯来

毛毛虫吃蚕叶——结不了什么茧、结不成啥茧

毛毛虫弓腰——以曲求伸

毛毛虫钻灶——凶多吉少

毛笋脱壳——节节高、节节上升

毛袜套毡袜——不分彼此

毛竹扁担挑泰山——担当不起

毛竹扁担做桅杆——担风险

毛竹筷子——莫认真（针）

牦牛的性子——按不下脖子

牦牛斗骡子——专挑没角的欺

茅草补柱子——无济于事、不济事

茅草棍打狗——软弱无力

茅草里杀出个李逵——措手不及

茅草棚里摆沙发——配不上、不配

茅草洒汽油——一点就着

茅草窝里的毒蛇——暗伤人、暗里伤人

茅屋里栽树——高不了

茅屋上安兽头——不相称

茅屋扎绣球——配不上、不配

冒烟的手榴弹——摸不得

冒着大雨背羊毛——越背越重

帽没儿做鞋垫儿——一贬到底

帽子掉地都不捡——懒到家了

帽子烂了边——顶好

帽子烂了顶——出了头

帽子里藏老鼠——挠头

帽子里藏知了——头名（鸣）

帽子里搁砖头——头重脚轻

帽子里进蜜蜂——心神不宁

帽子上着火——大祸临头

帽子涂蜡——滑头、滑头滑脑

mei

没安头的锄杆——光棍一条

没把的茶壶——光剩嘴

没把的葫芦——抓不住

没帮的破鞋——没法提、提不得、提不起来、别提了

没本钱的买卖——赔不起

没病抓药——自讨苦吃、自找苦吃

没剥壳的板栗——不进油盐、油盐不进

没长膀的小鸟——甭想飞

没长脚后跟——站不住

没秤砣的秤杆——压不起斤两

没吃三两煎豆腐——称什么老斋公

没出嫁的闺女做鞋子——不管女婿脚大小

没等开口三巴掌——不由分说

没底的袜子——盘腿

没蒂的葫芦——抓不住把柄

没读《四书》上考场——听天由命

没舵的船儿——放任自流、任其自流

没干的生漆——难近身、近不得、挨不得

没跟的鞋子——拖拖沓沓、没法提、提不起来、别提了

没骨架的伞——支撑不开

没锅煮黄豆——找别人吵（炒）

没犄角的羊——狗样子

没家的猫儿——东窃西偷

没角的牛——假骂（马）

没锯开的葫芦——道（倒）不出来

没框的算盘珠——全散了

没梁的水筲（shuǐ shāo水桶）——饭桶

没梁的水桶——没法提、提不得、提不起来、别提了

没鳞的泥鳅——滑透了

没笼头的牲口——野惯了、无拘无束

没路标的三岔口——左右为难

没乱的头发——输（梳）了

没轮子的牛车——跑不了

没买马先置鞍——弄颠倒了、颠倒着做

没毛的刷子——有板有眼

没气的篮球——打不起来

没钱花拍桌子——穷横、穷凶极恶

没桥顺河走——绕来绕去

没鞘的刀到处砍——无约束

没上套的磨道驴——空转一圈

没事嗑瓜子——吞吞吐吐

没事找枷板——自找罪受、自找难受

没事钻烟囱——触一鼻子灰、碰一鼻子灰

没手指和面——瞎鼓捣

没熟透的葡萄——酸溜溜的

没睡打呼噜——装迷糊

没头的苍蝇——瞎起哄、瞎撞、乱钻

没头的蚂蚱——瞎蹦跶

没头的蜈蚣——不行

没头发却要辫子税——无辜受累

没砣的秤——分不出轻重

没王的蜜蜂——各散四方、无家可归、乱哄哄

没尾巴的风筝——乱飞

没窝的野鸡——东跑西飞

没弦的琵琶——从哪儿弹（谈）起

没芯的蜡烛——点不亮

没星的秤——分不出轻重、哪有准头

没牙婆吃馄饨——囫囵吞

没沿的破筛子——千孔百疮

没眼的笛子——吹不响

没眼判官进赌场——瞎鬼混

没眼人算卦——瞎说一气

没眼石匠锻磨——瞎凿

没油点灯——白费心（芯）

没有边的草帽——顶好

没有长翎毛儿，就拣高枝儿飞——忘本

没有翅膀的鸟——不能高飞

没有打虎胆——不上景阳冈

没有根的浮萍——无依无靠

没有规矩——不成方园

没有脚的蟹——哪里爬得动

没有金刚钻——别揽瓷器活

没有笼头的马驹子——不定性

没有笼头的野牛——到处伸嘴

没有目标乱射箭——无的放矢

没有金刚钻——别揽磁器活

没有上过笼头的马——撒野惯了

没有砣的秤——不知轻重、到哪儿都翘尾巴

没张雨伞的伞骨——空架子

没准星的炮——乱轰

没嘴的葫芦——难开口、口难开、不好开口、哑（芽）巴（把）

没罪找枷戴——自寻烦恼

眉毛吊磨盘——有眼力

眉毛胡子都生疮——全是毛病

眉毛胡子一把抓——不分主次

眉毛上安灯泡——明眼人

眉毛上插花——有眼色

眉毛上搽胭脂——红了眼

眉毛上长牡丹——看花了眼、花了眼

眉毛上搭梯子——放不下脸、脸面上下不来

眉毛上荡秋千——太悬乎

眉毛上滴胆汁——眼前受苦

眉毛上吊针——扎眼

眉毛上放爆竹——火（祸）在眼前

眉毛上挂灯——心明眼亮

眉毛上挂蒺藜——刺眼

眉毛上挂帘子——不显眼

眉毛上挂钥匙——开眼

眉毛上挂炸弹——祸在眼前

眉毛上面吹火——燃眉之急

眉毛上面挂棒槌——爱上这么个调（吊）调（吊）

梅兰芳唱霸王别姬——拿手好戏

梅兰芳唱洛神——改头换面

梅香（泛指婢女）拜把子——全是奴才

梅香手上的孩子——人家的

梅雨下了三百六十天——反常

媒婆戴花——招引人

媒婆的嘴巴——会讲、能说会道

媒婆丢了婚帖子——没话可说、无话说

媒婆夸闺女——天花乱坠、光拣好的说

媒婆说亲——两头说好话、牵线

媒婆提亲——净拣好听的说

媒人跟着食盒——有礼

煤堆里找芝麻——没处寻、难寻、难得、得之不易

煤堆上落汤圆——吹也吹不得，拍也拍不得

煤粉石灰掺一起——黑白不分、混淆黑白

煤粉子捏菩萨——黑心肝、心肠黑

煤灰搽脸——自己给自己抹黑、往自己脸上抹黑、给自己抹黑

煤灰刷墙壁——一抹黑

煤块当汉白玉——颠倒黑白

煤块掉在雪地上——黑白分明

煤块儿掉水里——越洗越黑

煤面子捏的人——黑心肝

煤铺里卖棉花——混淆黑白

煤球店里搭戏台——一唱三叹（炭）

煤球放在石灰里——黑白分明

煤炭拐子打飞脚——骇（黑）人一跳

煤炭砌台阶——一抹黑

煤炭下水——一辈子洗不清

煤窑里放瓦斯——害人不浅

煤油炉生火——心眼多、心眼不少

霉烂的栗子——黑心、黑了心

霉烂了的莲藕——坏心眼

美女嫁痴汉——凑合着过、混着过

美髯公哈气——自我吹嘘（须）

美食家聊天——讲吃不讲穿

媚眼做给瞎子看——没人领情、不领情、自作多情

men

门板上画个鼻子——好大的脸皮

门板上贴门神——一个向东，一个向西

门板支罗锅（驼背的人）——胡折腾、瞎折腾

门背后的扫帚——专拣脏事做

门背后抹死人——提心吊胆

门背后耍拳——暗角落里伸手

门洞里敲锣鼓——里外响

门缝里夹鸡子儿——完蛋

门缝里看大街——眼光狭窄

门缝里看人——把人看扁了

门缝里看天——目光狭小

门缝里瞧西瓜——原（圆）形毕露

门旮旯里吹喇叭——名（鸣）声在外

门旮旯里的簸箕——背地里扇

门旮旯里伸拳头——暗里使劲、使暗劲

门后的垃圾——不错（撮）

门槛上的砖头——踢进踢出

门槛上剁萝卜——一刀两断

门槛上搁板凳——站不住脚

门槛上面切藕——藕断丝连

门槛上推车——进退两难

门角安电扇——背地里扇

门角里藏着诸葛亮——暗算、暗中盘算

门角里晾衣裳——阴干

门角里耍拳——摆不开架势

门角里轧核桃——崩了

门角落里的秤砣——死（实）心眼

门口喜鹊叫——红运将至

门框脱坯子（砖坯）——大模大样

门里出身——强人三分

门里放鞭炮——名（鸣）声在外

门里金刚——自高自大

门里头翻跟头——门外出身

门联倒贴——反对

门牌上画鼻子——好大的脸面

门前发大水——浪到家啦

门上的封条——扯不得、莫扯

门上加双锁——小心过分、过分小心

门上贴春联——一对红

门神店里失火——人财两空

门神里卷灶神——话（画）里有话（画）

门神揍灶神——自家人不认自家人

门头上的电灯——高明

门头上挂席子——不象话（画）

闷葫芦盛药——内情不清楚

闷头桩在水里——不露头

闷心人做事——暗里使劲、使暗劲

meng

猛虎闯羊群——一团混乱

猛虎抖毛——使威风

猛虎上了软索——使不出犟劲

猛虎下山——势不可当

猛火烤烧饼——不出好货

猛将军出征——不获全胜不收兵

猛将军骑马——一跃而上

猛将军上阵——勇往直前

猛张飞舞刀——杀气腾腾

蒙古包里唱大戏——施展不开

蒙面人出场——不留脸面

蒙上眼睛架电线——瞎扯

蒙上眼睛拉磨——瞎转悠

蒙上眼睛卖豆芽——瞎抓

蒙在鼓里听打雷——弄不清东南西北

蒙住眼睛走路——不走正道、光走歪道

蒙着脸找婆娘——不知丑俊

蒙着脑袋走棋子——轻举妄动

蒙着眼睛哄鼻子——自欺欺人、自骗自、自己哄自己

孟获归降——口服心服

孟姜女挽着刘海——哭的拉着笑的

孟姜女的门前——冷冷清清

孟姜女寻夫——不远千里

孟母三迁——望子成龙

梦里办喜事——白欢喜、空欢喜、空喜一场

梦里搽胭脂——尽想好事、想得倒美

梦里吃黄连——想哭（苦）

梦里吃蜜——想得甜

梦里吃糖葫芦——想的事成了串

梦里戴凤冠——尽想好事、想得倒美

梦里发财——财迷心窍

梦里观花——尽想好事、想得倒美

梦里讲的话——不知是真是假

梦里结婚——好事不成、空喜一场

梦里失火喊救命——虚惊一场、一场虚惊

梦里挖银子——白欢喜、空欢喜、空喜一场

梦里坐飞机——想得高、想头不低

梦中看牡丹——尽想好事、想得倒美

梦中吞象——野心勃勃、野心太大

梦中游苏杭——好景不长

梦中游太空——想入非非（飞飞）

梦中游西湖——好景不长

梦中捉贼——枉费心机

mi

弥勒佛吹螺号——一团和气

弥勒佛戴罗汉帽——不对头

弥勒佛的肚子——圆胖

弥勒佛的脸蛋——笑眯眯

弥勒佛的嘴巴——笑口常开

弥勒佛请客——笑脸相迎

弥勒佛偷供献——面善心不善

弥勒佛推碾子——杜（肚）撰（转）

弥勒头上筑鹊窝——喜上加喜

迷路人遇上骆驼队——有靠了

迷失方向的帆船——随波逐流

迷途的羔羊——无家可归

迷途的信鸽——没着落

迷途望见北斗星——绝处逢生

猕猴精冒充孙大圣——假的见不得真

米粑粑粘砂糖——难舍难分

米仓里的老鼠——不愁没吃的

米尺量太阳——光亡万丈

米醋做冰棍——寒酸

米店卖盐——多管闲（咸）事

米饭煮成粥——糊涂

米粉包饺子——只能蒸不能煮

米锅刚开抽柴火——关键时刻不讲合作

米花糖泡水——散了

米臼里的泥鳅——无路钻

米克的眼睛——识相（象）

米烂在锅里——没关系

米箩里出烟——淘气

米箩里跳到糠箩里——越来越糟

米满粮仓人饿倒——舍命不舍财、爱财舍命

米筛挡房门——心眼多、心眼不少

米筛的身架——尽是漏洞

米筛里睡觉——浑身是眼

米筛装水——漏洞多、一场空

米筛子当玩具——耍心眼

米筛子挡太阳——遮盖不住、难遮盖

米筛子筛豆子——格格不入

米筛子筛芝麻——白费神、空劳神

米少饭焦——难上加难、难上难

米数颗粒麻数根——小气鬼

米汤淋头——糊涂到顶了

米汤泡稀饭——亲（清）上加亲（清）

眯缝着眼看斜纹布——思（丝）路不对

眯起眼睛看太湖——一片白

密封舱里放炮——闷声闷气、闷声不响

密封船下水——开口是祸、随波逐流

密封的蜡丸——毫无破绽

密封的饮料——滴水不漏

密封罐头——无缝可钻

密林里耍大刀——瞎干

密网捕鱼——连窝端

蜜蜂采花——不为自己

蜜蜂采黄连——苦结果

蜜蜂的屁股——刺儿头

蜜蜂的窝——窟窿多

蜜蜂的眼睛——突出

蜜蜂的住房——门小户大

蜜蜂叮镜中花——白费工夫、白费劲、枉费工

蜜蜂叮在玻璃上——看到光明没出路、没有出路

蜜蜂飞到彩画上——空欢喜

蜜蜂飞进百花园——满载而归

蜜蜂见了花儿——拼命往里钻

蜜蜂酿蜜——不辞辛苦、不为自己、为别人操劳

蜜蜂屁股——碰着就不轻

蜜蜂散伙——没望（王）了

蜜蜂窝——窟窿

蜜蜂蜇人——逼急

蜜罐子嘴——说得甜

蜜饯黄连——同甘共苦

蜜饯石头子儿——吃不消、好吃难消化

蜜里调油——又甜又香

蜜糖罐子打醋——不知酸甜

蜜糖抹在鼻尖上——看得到，吃不着

蜜糖嘴巴刀子心——阴毒

mian

绵里藏针——柔中有刚、软中有硬、暗伤人、暗里伤人

绵羊绑在案板上——任人摆弄

绵羊的尾巴——翘不起来、油水多、大概（盖）

绵羊结伙——三三两两

绵羊进狼窝——抬不起头来、自投罗网

绵羊跑到驴群里——充大个

绵羊下个牛犊子——生下一个莽撞货

绵羊炸群——乱糟糟

绵羊走到狼群里——胆战心惊、战战兢兢、进得去，出不来

棉袄改被子——两头够不着

棉袄换皮袄——越变越好

棉袄上套布衫——硬撑、死撑

棉包落在水里头——软的也不服（浮）

棉花包进的针——暗中伤人

棉花槌打鼓——没音

棉花槌打驴——无关痛痒、不痛不痒

棉花槌籽儿喂牲口——不是好料

棉花地里套种子——另来一手

棉花地里种芝麻——一举两得

棉花店打烊——不谈（弹）了

棉花店里出丝绸——无稽之谈（弹）

棉花掉进水——弹（谈）不成

棉花堆里藏铁砣——不知轻重、虚虚实实

棉花堆里藏珍珠——内中有宝

棉花堆里裹刺——不露锋芒

棉花堆里爬跳蚤——没处寻、难寻、没着落

棉花堆里整人——软收拾

棉花堆上散步——不踏实

棉花堆失火——没有救、没得救

棉花对柳絮——一个比一个软

棉花耳朵——耳朵软、缺乏主见、爱听谗言、经不起吹

棉花裹秤砣——柔中有刚、软中有硬

棉花换核桃——吃硬不吃软

棉花卷打锣——没有音

棉花棵上结板栗——就数它硬

棉花里掺柳絮——弄虚作假

棉花里头抓虱子——找都找不到

棉花落进油缸里——一点儿动静都没有

棉花铺失火——谈（弹）不得、无法谈（弹）

棉花人救火——自身难保

棉花塞住鼻子——憋得难受

棉花摊在蒺藜窝——难收拾、不可收拾

棉花套上晒芝麻——自讨麻烦、自找麻烦

棉花絮敲空缸——不声不响、无声无息、不响

棉花做秤砣——没多少斤两

棉裤没有腿——凉了半截

棉袍捣腾成夹袄——越来越短

棉纱线牵毛驴——不牢靠

棉桃里挑胡桃——专拣硬的敲

棉条打鼓——没多大响声、不响、不想（响）

棉絮包脑袋——撞到哪里算哪里

面店里跌筋斗——粉身碎骨

面店里踢一脚——分（粉）散

面粉掺石灰——密不可分

面粉掉在肉锅里——昏（荤）啦

面粉里和石灰——一样白

面疙瘩补锅——抵挡一阵

面糊的耳朵——太软

面糊糊手——碰到啥都沾一点

面筋放在油锅里——越大越空

面孔上抹糨糊——板了脸

面口袋改套袖——宽备窄用、宽打窄用

面汤里煮皮球——说你混蛋还有一肚子气

面条拌面疙瘩——净是条条块块

面条点灯——犯（饭）不着

面条锅里下笊篱——想捞一把、捞一把

面条里拌疙瘩——混着干

面团儿炸成果子卖——全是虚货

面团滚芝麻——多少沾一点

面子当鞋底——好厚的脸皮、厚脸皮、脸皮厚

miao

描金箱子白铜锁——外面好看里面空

庙后叩头——心到神知

庙会上的西洋镜——名堂多

庙会上舞狮子——任人耍、由人玩耍

庙里的佛爷——脸上贴金、坐着不走、稳而不动

庙里的鼓——人人打得

庙里的观音——站得住脚

庙里的和尚——无牵挂、清规戒律多

庙里的和尚撞钟——名（鸣）声在外

庙里的金刚——样子神气、大显神威

庙里的罗汉——目瞪口呆

庙里的马——精（惊）不了

庙里的门槛——什么人都踩

庙里的木鱼——挨打的货、合不拢嘴、挨敲的货、天生挨棒

庙里的泥马——惊不了

庙里的菩萨——从来不出门、不讲话、笑容可掬、坐的坐站的站

庙里的钟——任人敲打、声大肚里空

庙里丢菩萨——失神

庙里旗杆冒烟——烧高香

庙门口的旗杆——光棍一条、正直

庙门上筛灰——糟踏神像

庙台上摆擂台——伤神

庙堂里算命——疑神疑鬼

庙小菩萨大——盛不下

庙中的五百罗汉——各有各的一定的地位

庙中木鱼——空壳

庙祝公喂狗——费（吠）神

mie

乜斜眼打麻将——观点不正

灭灯打婆娘——暗里下手

灭灯念鼓词——瞎说

灭火踢倒油罐子——火烧火燎、火上浇油

篾钉子钉豆腐——专拣软的欺

篾条拴竹子——自己人整自己人

篾匠的货——自己编的

篾匠赶场担一担——前后为难（篮）

篾丝儿做灯笼——原谅（圆亮）

篾条穿豆腐——没法提、提不得、提不起来、别提了

篾竹师傅劈毛竹——直直落落

min

民国三十年的毫子（旧时广东、广西等地区通称一角、二角、五角
的银币为毫子）——用不得

民航局开张——有机可乘

ming

名牌货便宜卖——物美价廉

名医开处方——对症下药

明鼓对明锣——明打明

mo

摸不着把柄，抓不到辫子——何凭何据、无根无据

摸到好牌不吱声——暗算、暗里盘算、暗喜

摸到泥鳅当鳝鱼——不知长短

摸黑吃桃子——专拣软的捏

摸黑儿打耗子——到处碰壁

摸着光头逗乐——耍滑头

摸着石头过河——踩稳一步，再迈一步、稳当些

摸着胸口拿钥匙——寻开心

模板里的水泥——定了型、定型了

模范找英雄——一对红

摩天岭上的珍宝——高贵

摩天岭上放哨——高瞻远瞩

摩天岭上放焰火——天花乱坠

摩天楼上说天书——高谈阔论

磨刀师傅打铁——看不出火候来、不会看火色

磨道的驴子——听喝的、走不出圈套、打出来的

磨道赶驴——转圈撵

磨道里的驴断了套——空走一趟、瞎转悠

磨道里的驴——跑不了、忙得团团转、转圈子

磨道里等驴——没跑、跑不了

磨道里卸驴——越说越下道了、下了套

磨道里寻驴蹄——啥时都有现成的、一找一个准

磨道里找蹄印——步步有点、有的是、多的是

磨道里走路——净走回头路、没头没尾、没尽头

磨道上的老虎——不听那套

磨道上转圈——没头没尾

磨豆腐买了江边田——水里来水里去

磨坊里的驴——叫往哪儿转就往哪儿转、听吆喝、转圈子

磨骨头养肠子——划不来

磨剪刀的说梦话——快了

磨快了锥子——尖锐

磨镰杀马——无济于事、不济事

磨米不放水——干挨

磨盘里的窟窿——有眼无珠

磨盘里的蚂蚁——条条是道

磨盘里的米——粉碎

磨盘没把握——推脱

磨盘上放算盘——推算

磨盘眼——不知安的什么心

磨盘眼里装稀饭——装什么糊涂

磨扇里的窟窿——有眼无珠

磨扇子压着手——什么也顾不得了

磨上的毛驴——团团转

磨上喝醉酒——晕头转向

磨上睡觉——转向了

磨完了面杀驴子——不计前功

磨细的麻绳——不久长、难长久

磨眼里的豆子——随便搋（碾）

磨眼里的蚂蚁——条条是路、条条是道、路子多

磨眼里放碗片——推词（瓷）

磨眼里冒青烟——严（研）过火了

磨眼里推稀饭——装什么糊涂

磨子撞碓窝——实（石）打实（石）

魔鬼找妖怪——坏到一块了

魔术师变戏法——没一样是真的、无中生有

魔术师表演——弄虚作假、说变就变

魔术师穿长袍——里边大有文章

魔术师的道具——尽是秘密

魔术师的帕子——变化多端

魔术师的手法——暗箱操作

魔术师放烟幕弹——遮人眼目

魔术师演戏——变化多端

抹布盖牛背——露头角

抹上唾沫当眼泪——假慈悲、假慈善

抹桌布做衣服——不是这块料

抹桌子的布——专拣脏活干

茉莉花喂骆驼——无济于事、不济事、那得多少

茉莉花喂牲口——不上算、不合算

陌路相逢——非亲非故

陌路相逢谈恋爱——一见钟情

墨斗弹出两条线——思（丝）路不对

墨里藏针——没处寻、难寻、难找寻

墨水吃到肚子里——一身透黑

墨鱼的肚子——黑心肝、心肠黑

墨鱼肚肠河豚肝——又黑又毒

墨鱼肉入口——没刺儿可挑

墨汁里加石灰——瞎掺和、乱掺和

墨汁煮元宵——漆黑一团

mu

母鸡抱过的蛋——里面变子

母鸡带小鸡——寸步不离、拼命顾惜

母鸡带崽——各顾各（咯咕咯）

母鸡掉进米箩筐——求之不得、饱餐一顿

母鸡跌米缸——饱餐一顿

母鸡孵小鸭——多管闲事

母鸡叫夜——也要逞英雄

母鸡看蚕——看不得的苦

母鸡上秤盘——自称自卖

母鸡上树——不是好鸟、不是正经鸟儿

母鸡生蛋咯咯叫——生怕人家不知道

母鸡下鹅蛋——不可能的事、没人见过、没有的事

母老虎骂街——没人敢惹

母老虎念佛——假慈悲

母亲爱孩子——诚心实意

母夜叉骂街——谁也不敢碰

母猪嘲笑马脸长——自不量力、不自量

母猪吵架——笨嘴拙舌

母猪吃菜园——吃了又回头

母猪吃糟子——酒足饭饱

母猪打架——光使嘴

母猪的尾巴——拖泥带水

母猪掉进泔水缸——饱餐一顿

母猪毁墙根——乱拱

母猪上夹道——进退两难

母猪衔窝——到时候了

母猪嫌米糠——反常

母猪钻进玉茭地——寻着吃棒子

木板上钉钉子——个个算数、说一句是一句

木船赶汽车——老落后

木船上失火——底子还好

木槌敲金钟——配不上、不配

木吊桶落在井里——上不上，下不下

木耳豆腐一锅煮——黑白分明

木耳听电话——不得外传

木杆子撑排——一通到底

木夹里的老鼠——两头受挤

木匠挨板子——自作自受

木匠打老婆——有尺寸

木匠打墨线——照直进（绷）

木匠打人——一斧头

木匠打石碑——赞（钻）不成了

木匠打算盘——说一句（锯）算一句（锯）

木匠打铁——不在行、改行、不识火色、看不出火候

木匠戴枷板——自作自受、自作孽

木匠弹木线——一分不差

木匠的斧头——单面砍

木匠的斧子口——摸不得、碰不得

木匠的记号——自己知道

木匠的家具——自造

木匠的锯子——不具实（锯石）、嘴巴子尖

木匠的墨斗——有限（线）

木匠的刨子——抱（刨）打不平

木匠的眼睛——差不离

木匠的凿子铁匠的锤，裁缝的皮尺厨子（旧时指厨师）的刀——各有一套

木匠的折尺——能屈（曲）能伸

木匠掂泥——改行啦

木匠吊线——睁只眼，闭只眼、正直

木匠钉钉子——硬往里挤

木匠丢了折尺——没有分寸

木匠赌博——不务正业、不干正经事

木匠进山林——尽是材料

木匠拉大锯——拉拉扯扯、有来有往、有来有去

木匠拉风箱——柔能克刚

木匠刨木料——有尺寸

木匠拼木板——打成一片

木匠破板——一句（锯）一句（锯）来

木匠铺里拉大锯——你来我去

木匠师傅吵嘴——争长论短

木匠师傅的刨子——好管不平事

木匠师傅吊线——照直谈（弹）

木匠师傅跑四方——走到哪，干到哪

木匠师傅劈劈柴——不在话下

木匠使锯子——不错（凿）

木匠收家什——不干了

木匠手里夺斧子——砸人饭碗

木匠忘了墨斗子——没线了

木匠摇墨斗——连轴转

木匠做家具——有尺寸、心中有数、肚里有数

木橛儿钉在墙上——大小算个角（橛）儿

木刻的苦罗汉——难得一点笑容

木框里的算盘珠子——由人摆布、任人摆布、拨拨动动

木兰从军——女扮男装

木棉开花——红极一时、朵朵红、越老越红

木棉树——越老越红

木脑壳唱戏——装模作样、装样子

木脑壳流眼泪——假仁假义、虚情假意

木脑壳跳舞——幕后操纵、幕后必有牵线人

木偶唱戏——任人摆布

木偶打架——身不由己

木偶戴乌纱帽——小人得志

木偶登台——故作姿态、身不由己、幕后自有牵线人

木偶流眼泪——假仁（人）假义、虚情假意

木偶跳塘——不成（沉）

木偶下海——摸不着底、不着底

木偶小旦做戏——装模作样、装样子

木偶演悲剧——有声无泪

木偶演戏——扭捏作态、受人牵连

木排过险滩——顺流而下

木排上跑马——蹩脚

木排上捎信——靠不住、不可靠

木勺炒豆子——同归于尽

木虱钻进葵花子——假充好人（仁）、冒充好人（仁）

木炭搭桥——难过

木炭上的油脂——熬出来的

木桶淘米——水泄不通

木桶脱掉铁箍——散架子了

木头叉卡嗓子——喘不上气、上气不接下气

木头耳朵——说不通

木头鸡儿——呆头呆脑

木头骷髅过海——不成（沉）

木头脑袋——呆头呆脑、难开窍、不开窍、四六不懂

木头敲鼓——普（扑）通

木头人长疮——无关痛痒、不痛不痒

木头人儿流眼泪——假仁（人）假义

木头人过河——不成（沉）、摸不着底

木头人救火——自身难保

木头人锯树——忘本

木头人——没血没肉

木头人摇船——不推板

木头人眨眼睛——靠人拉扯

木头人坐轿子——不识抬举

木头上钉钉子——个个有钻劲

木头楔子——光会钻空子

木头眼镜——没看透、看不透

木头支歪墙——硬顶

木头做成了船——已成定局

木樨花喂牛——不经大嚼

木箱钻洞——有板有眼

木鱼不叫木鱼——挨敲打的货、挨敲的货

木鱼命——一辈子挨打

木鱼张嘴——等着挨敲

木字写成才——还差一笔

木钻钻钢板——纹丝不动

牧民的糌粑——捏着吃

牧人不刮胡子——溜（留）须拍马

苜蓿（mù xū牧草和绿肥作物）地里刺金花（黄花苜蓿）——旁人不夸自己夸、人家不夸自己夸

穆桂英出征——威风凛凛、马到成功

穆桂英打杨宗保——严守军令

穆桂英大破天门阵——阵阵少不了

穆桂英挂帅——威风凛凛

穆桂英和杨宗保——恰好一对

穆桂英会杨宗保——明里交锋暗投降

穆桂英破洪洲——马到成功、难坏了杨宗保

N

na

拿别人拳头打狮子——充硬汉、充硬手

拿别人崽打赌——不心痛

拿大顶看世界——一切颠倒

拿得手，抓得髻——证据确凿

拿豆腐挡刀——招架不住

拿豆腐去垫台脚——不顶事儿

拿个小钱当月亮——吝啬鬼

拿根高粱秆当扁担——挑不起重担、难挑担

拿根麦芒当棒槌——小题大做

拿根面条去上吊——死不了人

拿锅盖戴头上——乱扣帽子

拿禾苗当草锄——不像个庄稼人

拿火药炸麻雀——小题大做

拿金条塞墙缝——大材小用

拿空心草看人——小瞧

拿筷子做标枪——不知长短

拿了秤杆忘秤砣——不知轻重

拿芦秆当顶梁柱——难撑

拿脑袋撞墙——碰得头破血流

拿起鞭杆当笛吹——没空（孔）

拿起鸡毛当令箭——没得名堂

拿舌头磨刀——吃亏的是自己、自己吃亏

拿头去碰刀——找死、送死、寻死、自己找死

拿头押宝——不要命、玩命干

拿挖锄进庙门——捣神的老底

拿乌龟壳当锅盖——捂不住

拿西瓜当脑瓜子剃——昏头昏脑、昏了头

拿鞋当帽子——上下不分、上下颠倒

拿针眼当烟筒——小气

拿住刀把子——有了把柄

拿住荷杆摸到藕——抓根本

拿锥子杀猪——一个师傅一个传授

拿着棒槌当萝卜——不识货

拿着棒槌当针纫——一点心眼儿也没有、没心眼儿、缺少心眼儿

拿着棒槌缝衣服——啥也当真（针）

拿着棒子叫狗——越叫越远

拿着草帽当锅盖——乱扣帽子

拿着车票进戏馆子——对不上号

拿着存折上吊——舍命不舍财、爱财舍命

拿着灯笼打招呼——光照别人不照自己

拿着对虾换烟抽——水里来火里去

拿着钝刀抹脖子——杀不死也痛

拿着蜂房变戏法——耍心眼儿

拿着凤凰当鸡卖——贵贱不分

拿着擀面仗当箫吹——实心没眼儿

拿着虎皮当衣裳——吓唬人

拿着黄连当箫吹——苦中作乐、苦中取乐

拿着鸡蛋走滑路——特别小心、小心翼翼

拿着鸡毛当令箭——小题大作

拿着疆绳当汗毛揪——说得轻巧

拿着空心草瞧人——小看人了

拿着柳条当棒槌——不识货

拿着门扇当窗户——门户不对

拿着碾盆打月亮——不知轻重

拿着瓢量海——见识短浅

拿着蒲扇生炉子——煽风点火

拿着旗杆进家门——难转弯、转不过弯来

拿着青砖当玉石——不懂装懂

拿着扫帚上杏树——扫兴（杏）

拿着手镯敲铜锣——一手拿金，一手抓银

拿着算盘串门——找仗（账）打

拿着铁锹当锅使——穷极了

拿着鞋子当帽子——上下不分

拿着野猪还愿——不知心疼

拿着钥匙满街跑——当家不主事、有职无权

拿着竹竿当马骑——幼稚可笑

哪山唱哪歌——到哪说哪

纳鞋底不拴线结——前功尽弃

纳鞋底不用锥子——真（针）好

纳鞋底的货——不是好料

纳鞋底扎不动——真（针）不好

nai

奈何不得冬瓜，只把茄子磨——欺软怕硬

奈河桥上碰见鬼——躲闪不开

耐火砖——不怕烧

nan

男大当娶，女大当嫁——不由人愿、由不得人

男儿的田边，女儿的鞋边——好看

男人做饭——减轻负（妇）担

南北大道——不成东西

南风天石头出汗——回潮了

南瓜菜就窝头——两受屈

南瓜长在坛子里——拿不出来

南瓜长在瓦盆里——没出息

南瓜地里种豆角儿——绕过来扯过去

南瓜蔓上结芝麻——越小越香

南瓜苗掐尖——出岔了、光出岔（杈）子、净岔（杈）子

南瓜藤爬电杆——高攀

南瓜秧攀葫芦——纠缠不清

南郭先生吹笙——滥竽充数、不懂装懂

南海燕子——选高门做窝

南极到北极——相差十万八千里

南极寿星，太上老君——各有千秋

南极仙翁的脑袋——宝贝疙瘩

南极星吃寿桃——寿上加寿

南京路上的霓虹灯——五光十色、光彩夺目

南来的燕，北来的风——挡不住

南泥湾开荒——自给自足

南墙的蝙蝠——白天不敢露头

南山的豹，北山的蛟——狠的狠，凶的凶

南山的毛竹——节节空

南山滚石头——实（石）打实（石）

南山上的猴子——见啥学啥

南山上的松柏——四季常青

南天门踩高跷——高高在上

南天门的土地——管得那么宽

南天门的旗杆——直通通的、直杠杠的、光棍、光棍一条

南天门放哨——警惕性高

南天门挂灯笼——高明、四方有名（明）

南天门敲鼓——名（鸣）声远扬、远近闻名（鸣）

南天门上长大树——顶天立地

南天门上搭戏台——唱高调

南天门上的玉柱——光杆儿

南天门上放哨——警惕性高、高瞻远瞩

南天门上挂灯笼——照远不照近

南天门上挂牌子——好大的一块匾

南天门上挥手——高招

南天门上请客——高朋满座

南天门上捅窟窿——塌天大祸

南天门上演说——高调、高谈阔论

南辕北辙——越走越远、背道而驰

楠木脑袋——不开窍

楠木做马桶——用才（材）不当

nang

囊里盛锥——冒尖

齉鼻儿（nàng bir 说话时鼻音特别重的人）吃臭肉——窍不通

nao

脑袋成了葫芦——头昏脑涨

脑袋掉了不过碗口大的疤——视死如归

脑袋顶上推小车——走投（头）无路

脑袋瓜不够二两重——漂浮

脑袋进了拍卖行——要钱不要命

脑袋上包棉絮——瞎撞

脑袋上擦油——滑头

脑袋上插烟卷——缺德带冒烟儿

脑袋上长角——出格、大难临头、灾祸临头

脑袋上戴犁头——又奸（尖）又猾（滑）

脑袋上放炮竹——惊心动魄

脑袋上放钥匙——开头难

脑袋上挂丝绸——有头有绪

脑袋上冒烟——火气上头

脑袋上刷糨糊——糊涂到顶

脑袋痒了抓脚板——痛痒不相干

脑瓜顶上开口——讲天话

脑浆子撒地——一塌糊涂

脑壳捣大蒜——扎扎实实

脑壳顶扁担——头挑

脑壳上搽猪油——滑头、滑头滑脑

脑壳上戴碓窝——不知轻重

脑壳上顶锅——乱扣帽子

脑壳上顶门板——好大的脾气

脑壳上顶西瓜——滑头对滑头

脑门上长蒺藜——不是好剃的头、刺儿头

脑门上长瘤子——突出、额外负担

脑门上长眼睛——净向上看、眼朝上、眼向上看

脑门上戴眼镜——眼高

脑门上钉门扳——好大牌子

脑门上放鞭炮——大难临头、灾祸临头、惊心动魄

脑门上挂灯笼——唯我高明

脑门上开口——对天说话

脑门上抹黄连——苦到头了

脑门上抹糨子（糨糊）——糊涂到顶了

脑门上贴邮票——由（邮）不得人、走人了

脑子里装三极管——消息灵通

闹市里盖厕所——方便大家

闹市里开店铺——有利可图

闹市区做生意——买卖兴隆

闹钟不准时——乱想（响）

闹钟打哈哈——自鸣得意

ne

哪吒发火——耍孩子脾气

哪吒架风火轮——脚不沾地

哪吒闹海——惊天动地

哪吒再世——三头六臂

nei

内科郎中医痔疮——外行

nen

嫩豆腐——好办（拌）

嫩苗苗——根底浅

嫩牛拉车——不打不跑

嫩竹扁担——挑不起重担、难挑担

嫩竹扁担挑起大箩筐——后生可畏

嫩竹扁担挑瓦罐——担风险

嫩竹扁担挑重担——自不量力、不自量、吃不住劲

嫩竹拱土——冒尖

嫩竹子做扁担——挑不了重担、出力过早

neng

能字添四点——熊样

ni

泥巴匠砌砖——后来居上

泥巴捏的小人——没骨气

泥巴菩萨长草——神潮（草）

泥巴人洗脸——越洗越难看

泥巴土地（此指土地爷，迷信传说中指管一个小地区的神）下水——自身难保

泥巴团扔到江里——泡着吧

泥巴坨坨贴金——假充值钱货儿

泥地上跑马——一步一个脚印

泥地上摔豆腐——稀稀烂烂

泥佛劝土佛——同病相怜

泥佛爷的眼珠儿——动不得

泥沟里拔船——干吃力

泥孩子洗脸——越洗越小

泥匠送礼——拿不出手、伸不出手来

泥窟窿里掏螃蟹——没跑、跑不了

泥马过河——自身难保

泥捏的佛像——实心眼、没心肝、没心没肝

泥捏的老虎——样子凶

泥捏的山——不是实（石）料

泥捏的神像——没安人心肠、毫无心肝

泥捏的娃娃——看着像人不是人

泥捏的勇士——上不了阵势

泥牛入海——无消息、架子不倒

泥菩萨摆渡——难过

泥菩萨搽金粉——装相

泥菩萨打架——散了、两败俱伤

泥菩萨的肚腹——实心实肠

泥菩萨掉冰窖——愣（冷）神

泥菩萨掉河里——自身难保

泥菩萨掉在汤锅里——浑身酥软

泥菩萨镀金——表面一层

泥菩萨抹香粉——装相

泥菩萨念经——装蒜

泥菩萨身上长了草——慌（荒）了神

泥菩萨摔跤——散架了

泥菩萨遭雷打——粉身碎骨

泥菩萨装人——没个好心肠

泥鳅比黄鳝——差一截子、差一大截

泥鳅穿蓑衣——嘴尖毛长

泥鳅打鼓——乱谈（弹）

泥鳅掉到油缸里——又光又滑

泥鳅跌进缸里——没得路走

泥鳅跌汤锅——看你往哪钻

泥鳅翻筋斗——大雨在后头

泥鳅放进鳝鱼缸——乱拱

泥鳅过鱼网——无孔不入

泥鳅和黄鳝一般粗——大小不分

泥鳅扔上晒场——看你蹦跳到几时

泥鳅上沙滩——不怕你滑

泥鳅上水——争先恐后

泥鳅跳龙门——痴心妄想、妄想

泥鳅想翻船——自不量力、不自量

泥鳅钻到猫窝里——看你怎么耍滑头

泥鳅钻到灶膛里——水里来火里去

泥鳅钻进竹筒里——这下滑不脱了

泥人吃饼子——难言（咽）

泥人戴纸帽——经不起风雨、经不起风吹雨打

泥人的肚腹——毫无心肝

泥人的脸——面如土色

泥人儿掉在河里——没人样了

泥人经不住雨打——底子差、基础差、底子不行、本质太差

泥人木偶——面面相觑

泥人入海——有去无回

泥塞笔管——一窍不通

泥沙俱下——难解难分、难分难解

泥神笑土菩萨——彼此彼此、你也好不了多少

泥水沟里游泳——施展不开

泥水匠拜佛——自己心里明白、自己明白、自家知底细

泥水匠补锅——羞羞（修）答答（打）

泥水匠的活——光做表面文章

泥水匠的瓦刀——光图（涂）表面

泥水匠的衣服——到处有斑点

泥水匠掂个铲子头——没有抹子啦

泥水匠粉墙——抹平了事

泥水匠无灰——专（砖）等

泥水塘里洗萝卜——拖泥带水

泥塑的佛爷——外强中干

泥塑的神像——没有心肠

泥塑匠进庙不叩头——谁不知道谁

泥潭里滚石头——越陷越深

泥娃娃的脑壳——七窍不通

泥娃娃的嘴——总是笑呵呵的

泥娃娃遭雨淋——软瘫了、软作一堆

泥洼地补平——吭（坑）气

泥瓦匠干活——抹稀泥、拖泥带水

泥瓦匠砌墙——两面三刀

泥瓦匠收拾家什——不干了

泥蒸的馒头——土腥味

泥做的菩萨——全靠贴金

你吃多了猪肉——一张油嘴

你吃鸡鸭肉，我啃窝窝头——各人享各人福

你吹喇叭我吹号——各吹各的调

你打我一拳我踢你一脚——谁也不让谁

你卖门神我卖鬼——一个行当、同行

你去南极我去北极——各走一端

你是曾老九的弟弟——真（曾）老实（十）

你膝盖上钉掌——离了题（蹄）

你有秤杆我有砣——配得起你

你走你的阳关道，我走我的独木桥——互不相干、各不相干

你做生意我教书——人各有志

逆风放火——惹火烧身、引火烧身

逆风逆水行舟——顶风顶浪、不进则退

逆水赛龙舟——力争上游

逆子拗妻——无药可治

nian

年初一——日新月异

年富力强挑大梁——正逢时

年糕掉进石灰坑——难收拾、不可收拾

年过花甲不成才——虚度年华、枉活了大半辈子

年过花甲得子——老来喜

年画上的春牛——离（犁）不得

年画上的鱼——中看不中吃

年近古稀嗅觉低——老鼻子啦

年轻人扛大梁——后生可畏

年轻娃娃扛碌碡（liù zhou石磙）——正在劲头上

年三十逼债——催命鬼

年三十的案板——不得空、借不得

年三十晒衣裳——今年不干明年干

年三十夜打算盘——满打满算

年三十夜的年糕——人有我有

年三十夜里的灶膛——越烧越旺

年尾打山猪——见者有份

鲇鱼吃炸药——苦大嘴

鲇鱼的胡须——没人理、稀少

鲇鱼找鲇鱼，王八找王八——物以类聚、一色找一色

撵狗进巷——必有一伤

撵火车拾粪——白跑、不看对象

撵走狐狸住上狼——一个更比一个凶、一个比一个恶

碾杆心断了半截——做不了主

碾盘上打盹——想转了

碾盘压碾子——实（石）打实（石）

碾砣子雕神像——实（石）心眼儿

念九九表——说话算数

niang

娘儿俩嫁人——各有一喜

娘家门上的人——格外亲

娘教闺女——说在嘴上记在心里

娘俩做媳妇——各人忙各人

娘娘养侄女——两耽搁

娘胎里长胡子——未老先衰

娘疼闺女——实心实意

niao

鸟铳（一种打鸟用的旧式火器）轰蚊子——派错了用场

鸟出巢，兽出窝——必有所为

鸟儿搬家——远走高飞

鸟飞山顶，石沉大海——到顶了

鸟过拉弓——错过时机

鸟见树不落——要飞了

鸟类吃食——不得不低头

鸟笼里拉弓——小架势

鸟枪打兔子——睁只眼，闭只眼

鸟枪换炮——越变越好、越来越好、抖起来了

鸟入笼中——任人摆布、由人拨弄

nie

捏鼻子吃葱——忍气吞声（生）

捏鼻子吹螺号——忍气吞声

捏鼻子捂嘴巴——不闻不问

捏起鼻子喝水——一声不响

捏着鼻子唱戏——闷腔

捏着鼻子哄眼睛——自欺欺人、自骗自、自己哄自己

捏着鼻子潜水底——忍气吞声

捏着拳头过日子——心里憋气

捏着一分钱能攥出汗来——会过日子

niu

妞儿梳头——不必（篦）

牛背上的毛——数不清

牛背上翻跟头——有点硬功夫

牛背上放马鞍——乱套了

牛奔草原羊上山——各找门路

牛鼻里爬小蟹——大惊小怪

牛鼻绳落人手——身不由己、不由自主

牛鼻子插大葱——装相（象）

牛鼻子穿环——让人牵着鼻子走

牛鼻子上的跳蚤——自高自大

牛鞭（牛阴）敬神——神也得罪了，人也得罪了

牛不喝水——干倒沫

牛踩黄泥路——越睬（踩）越糟糕

牛踩乌龟壳——痛在心里

牛长鳞，马长角——不可能的事、没人见过、没有的事

牛吃苞米秸——天生的粗料

牛吃苞谷秆——大草

牛吃薄荷——勿辨味道

牛吃草帽儿——满肚子是圈圈

牛吃房上草——哪有这么长的脖子

牛吃赶车人——无法无天

牛吃核桃——小药丸

牛吃荆条——瞎编

牛吃卷心菜——各有所爱、各人所爱

牛吃棉花——一口白

牛吃南瓜——无处下口

牛吃破草帽——满肚子的坏圈圈、一肚子坏圈圈

牛吃桑叶——结不成什么茧、结不成啥茧、不吐丝

牛吃笋子——胸有成竹

牛戴夹板儿——不要样（鞅）了

牛刀杀鸡——大材小用、小题大做

牛顶架——劲儿憋足啦

牛鼎倒个儿——大翻身

牛鼎里煮鸡——大材小用

牛犊抵火车——自不量力、不自量

牛犊拉车——乱套

牛犊拉犁刚上套——没经验

牛犊子拜四方——乱栽筋斗

牛犊子捕家雀——心灵身子笨

牛犊子长了犄角——不是好惹的、碰不得

牛犊子吃奶——乱顶撞

牛犊子跟虎玩——不知厉害

牛犊子叫街——懵（méng 懵懂，不清楚）（哞）了

牛犊子拉车——乱了套、乱套了、拽不动、强挣扎

牛犊子拉犁刚上套——没经验

牛犊子扑蝴蝶——看着容易做着难

牛犊子撒娇——顶顶撞撞、又顶又撞

牛犊子上套——挨鞭子的日子到了

牛犊子陷进泥窝里——有力无处使

牛犊子学耕田——上了圈套、让人牵着鼻子走

牛耳朵上弹琴——没用处、无用、没得用

牛耕田，马吃谷——一个受累，一个享福

牛骨头不瘦——底子好

牛骨头敲梆子——磕骨打髓

牛骨头煮胶——难熬

牛过河才拽尾巴——晚了、迟了

牛角安在驴头上——四不像

牛角堵在嘴巴上——不吹也得吹

牛角对菱角——一对奸（尖）

牛角挂稻草——轻巧

牛角尖敲锣——只想（响）一点儿

牛角里的蛀虫——硬钻、嘴巴好厉害

牛角里栽花——根子不正、根骨不正

牛角上挂把稻草——轻巧

牛角上挂茶罐——底（抵）乎（壶）

牛角上抹油——又奸（尖）又滑

牛角遇着钻子——看哪个斗过哪个

牛脚窝里的鱼——无处可走

牛脚窝里失火——渐（蹎）渐然（燃）

牛筋头——顽固不化

牛龛里的虫——硬钻

牛口里的草——扯不出来

牛拉犁头——上了圈

牛拉碌碡——打圆场

牛拉马车——各有一套

牛拉碾子——上了圈套

牛拉汽车——怪事一桩、怪事

牛栏里关个大花猫——空空洞洞、空洞、出进由你

牛栏里关狗——进出自由

牛郎会织女——一年就一回、鹊桥相会、喜相逢

牛郎配织女——天生的一对

牛郎织女相会——一年一次

牛笼嘴打水——提上也是空

牛驴抵头——凭脸皮闯哩

牛毛炒茴香——乱七八糟

牛毛上解锯——刻薄

牛毛羊毛和驴毛——全是痞（皮）子出身

牛棚里不要插进马嘴来——少管闲事

牛棚里养鸡——架子不小、好大的架子

牛皮灯笼点蜡——有火发不出、有火没处发

牛皮灯笼涂黑漆——照里不照外

牛皮灯笼——外头不见光，里面亮堂、不亮、肚里明白

牛皮饭碗——打不破

牛皮鼓，青铜锣——不打不响

牛皮鼓——声大肚子空

牛皮鼓湿水——不响

牛皮糊窗户——不透风

牛皮上打针——没用处、无用、没得用

牛皮纸糊的鼓——不堪一击、经不起敲打

牛皮纸上雕花——刻薄

牛牵鼻子马抓鬃——抓住了关键

牛上田坎扯尾巴——晚了、迟了

牛舌头舔尾巴——够不着

牛身上拔根毛——不在乎、无伤大体

牛身上的毛——数不清

牛身上爬蚂蚁——不显眼

牛绳穿针——不入耳

牛瘦骨不瘦——底子好

牛死日也落——躲了一灾又一灾、祸不单行

牛蹄窝里的水——掀不起大浪、翻不了大浪

牛蹄子——分两半（瓣）

牛蹄子两瓣——合不拢、合不到一块、闹不到一块

牛蹄子上供——就显你角（脚）大

牛头不对马嘴——胡拉乱扯

牛头刨开车不干活——空来往

牛头刨削平板——直来直去、直进直出、直出直入

牛头煮不烂——多费些柴炭

牛驮子搁在羊背上——担当不起

牛王爷不管驴的事——各管各的

牛尾巴吊谷草——想吃够不着

牛尾巴赶苍蝇——左右摇摆、摇摆不定

牛尾巴上的蚂蟥——甩不掉

牛尾巴失火——胡乱闯

牛尾打牛身——无关痛痒、不痛不痒

牛眼看人——大个儿、高瞧了你

牛羊入圈乌落窝——各得其所

牛羊上山——圈里空空

牛蝇叮牛蹄——无关痛痒、不痛不痒

牛追马——赶不上

牛嘴上套篾篓——难开口、口难开、不好开口

扭紧了发条的闹钟——憋得足足的

扭秧歌的打腰鼓——旁敲侧击

扭着脖子想问题——净是歪道理

nong

农夫救蛇——好心不得好报

农人说谷，屠夫说猪——干一行爱一行

弄把戏的作揖——没咒念

弄堂里跑马——题（蹄）难出

弄着煤灰当粉搽——自找难看

弄堂里扛木头——直来直去、直进直出、直出直入

nu

奴才见主子——百依百顺、唯唯诺诺

怒目金刚出征——杀气腾腾、样子凶

nv

女大十八变——越变越好看

女儿拜寄娘——亲上加亲

女儿哭娘——真心实意

女驸马进洞房——一个喜来一个忧、喜的喜，忧的忧

女高音唱歌——净唱高调

女人纳的鞋底——千真（针）万真（针）

女婿不认得丈人——有眼不识泰山

nuan

暖房里的菜畦——四季常青

暖房里做冰棒——冷热结合

暖壶瓶里装星图——胆大包天

暖壶上拴头绳——水平（瓶）有限（线）

暖瓶里装冰棍——没话（化）

暖水袋搭心口——置之度（肚）外

暖水瓶爆裂——丧胆

暖水瓶——表面冷，心里热

暖水瓶的塞子——赌（堵）气

暖水瓶里装星图——胆大包天

nuo

糯米粑粑掉地上——难收拾、不可收拾

糯米糍粑——软货

糯米糍粑粘了喉——吞又吞不下，吐又吐不出

糯米饭搓粑粑——扯也扯不开

糯米饭掉在灰堆里——洗不净

糯米粉就糍粑——粘上了

糯米换地瓜——不上算、不合算

糯米换红薯——明显吃亏

糯米面包饺子——捏就成

糯米菩萨——粘糊糊的

糯米团滚芝麻——多少占（粘）一点

nian

蔫肚蚊子——要叮人

粘豆粥糊锅——难产（铲）

粘米煮山芋——糊糊涂涂

O

ou

偶像面前磕头——毕恭毕敬

藕炒豆芽——内外勾结、勾勾搭搭

藕炒黄豆——钻空（孔）子

藕断丝不断——离不得、离不开

藕粉煮糍粑——糊糊涂涂、糊里糊涂

藕丝炒豆芽——勾勾搭搭

藕丝炒韭菜——清清（青青）白白

藕眼里的泥——洗不清、洗不净

沤烂的花生——不是好人（仁）

沤烂的木头——难成才（材）

沤烂的土豆——黑了心

P

pa

扒手遇见贼打劫——见财分一半

趴在磨子上睡觉——想转了

趴在屋顶上瞧人——把人看矮了

爬到旗杆上放炮——就怕别人听不着

爬到屋梁上拉屎——臭架子、摆臭架子

爬竿比赛——看谁上得快

爬楼梯绊跤子——登高必跌重、爬得高，跌得重

爬山的冠军——捷足先登

爬山虎的本领——会巴结

爬上岸的乌龟——缩头缩脑

爬上马背想飞天——好高骛远

爬上山顶打铜锣——站得高，想（响）得远

爬上山顶纳凉——走上风、尽走上风

爬上塔顶吹笛子——高调

爬上屋脊的螃蟹——横行到顶了

怕鬼唱山歌——假威风

怕死碰见送葬的——倒霉透了、真倒霉

pai

拍大腿吓老虎——一点没用

拍马屁拍到了大腿上——拍的不是地方、让它尥了一蹶子

拍马屁拍到马嘴上——倒被咬一口

拍马屁拍到蹄子上——倒挨一脚

拍拍屁股就走——不管了

拍一下肩膀屁股痛——浑身是病

拍一下脑壳脚底动——灵透了

拍照片不上卷——没影子

排队梳辫子——一个一个来

排骨抛饿狗——有去无回

排骨烧豆腐——有硬有软

排球比赛——推来推去、互相推托

牌楼下躲雨——暂避一时

pan

潘家湾的锣鼓——各打各的

潘仁美领兵——苦了杨家将

潘仁美挂帅——奸臣当道

潘仁美会严嵩——一对奸臣

盘古的斧头——开天辟（劈）地

盘山公路——尽绕圈子、绕圈子

盘山公路上开车——弯弯绕、要善于转弯

盘子里摆鸡蛋——有数的几个

盘子里生豆芽——根底浅

盘子里养花——扎不下根

盘子里养鱼——一清二楚

判官办案——吓死人

判官错点生死簿——糊涂鬼

盼望长空裂大缝——异想天开

盼望出太阳的姑娘——想情（晴）人

盼月亮从西出——没指望

螃蟹包馄饨——里头戳穿

螃蟹不忘横着爬——专走斜道、看你横行到几时

螃蟹不咬——专家（夹）

螃蟹吃高粱——顺着秆子往上爬

螃蟹出洞——横行

螃蟹穿在柳条上——难解难分、难分难解

螃蟹打洞老鼠住——劳而无功、有劳无功

螃蟹的脚杆——弯弯多

螃蟹的肉——藏在肚里

螃蟹洞里打架——窝里横

螃蟹断了爪——横行不了几天

螃蟹赶路——来横的

螃蟹刚脱壳——肉嫩嫩的

螃蟹过街——横行霸道

螃蟹过门槛——七手八脚

螃蟹进了鱼篓子——有进无出

螃蟹进入黄麻地——死路

螃蟹进油锅——横行到头了

螃蟹拉车——不走正道、光走歪道、使横劲

螃蟹爬竹竿——过节见

胖大海掉进黄连水——苦水里泡大的

胖婆娘骑瘦驴——牵肥搭瘦

胖子乘车——碍着两边的人

胖子穿小褂——不合身

胖子打架——抱成一团

胖子的裤带——不打紧

胖子排横队——齐头并进

pao

抛彩球招亲——碰运气

抛出去的绣球——难收回、收不回来

抛了锚的汽车——寸步难行

抛球招亲——未必如意

刨倒树捉老鸹——笨透了

狍子落了套——有去无回

炮打老帅——将军、将了军

炮打林中鸟——一哄（轰）而散

炮弹打苍蝇——不够火药钱

炮弹打在炮筒里——巧得很、巧极了

炮弹进炮膛——直来直去、直进直出、直出直入

炮弹壳当枕头——硬梆梆

炮弹脱靶——放空炮

炮台上的老鸹——吓破了胆

炮筒里的炮弹——一触即发

炮筒里装针——细心、心细

炮仗捻的脾气——一点就着、点火就着

炮仗跌进河里——没响

炮仗炸碾盘——稳而不动

袍子改袄——弄巧成拙、越来越小

袍子改汗衫——绰绰有余

跑步比赛——你追我赶

跑了耗子捉狐狸——一个比一个刁

跑了和尚——有事（寺）在

跑了鳅鱼——泥里盘

跑了虾公捉到鲤鱼——理更好、格外好

跑了羊修圈——还不算晚、亡羊补牢、防备后来

跑龙套的——摇旗呐喊

跑马吃烤鸭——这把骨头不知往哪扔

跑马使绊子——存心害人

泡菜坛里的黄瓜——酸溜溜的

泡软了的豆子——不干脆

泡桐树锯菜板——心虚

泡透的土墙——不久长、难长久

pen

喷火器的脾气——张口就发火

喷沙枪打兔子——天女散花

盆菜摊上的样品——七荤八素

盆里的洋葱——装蒜

盆子里摆鸡蛋——不数的几个

盆子里摆山水——假景、清秀

peng

嘭嘭响的西瓜——熟透了

彭祖遇到老寿星——各有千秋

膨胀的皮球——一肚子气

捧草喂牛——吃不吃随你

捧土加泰山——不起作用

捧着金饭碗作叫花子——何必求人、装穷叫苦

捧着空盒上寿——无理（礼）

捧着泥鳅玩——耍滑头

捧着书本骑驴——走着瞧

捧着鲜花坐飞机——美上天了

捧着胸口进当铺——你要当心

碰到南墙不回头——倔强、死心眼

碰翻了五味瓶——酸甜苦辣咸都有

pi

披大氅（chǎng外套）偷烟袋——文明人不做文明事

披虎皮的驴子——外强中干

披虎皮上山——吓唬人

披麻袋上朝——难登大雅之堂

披麻戴礼帽——不协调

披麻救火——惹火烧身、引火烧身、自讨苦吃

披蓑衣的被狗咬——穷人好欺负

披蓑衣救火——惹火烧身、引火烧身

披蓑衣啃麻饼——不看吃的看穿的

披蓑衣上朝——献丑、自己献丑

披蓑衣钻篱笆——东拉西扯、勾勾搭搭

披西装穿草鞋——不相称、假洋鬼子

披着狗皮的东西——不算人、不是人

披着破被子上朝——穷尽忠

披着蓑衣啃红薯——穿没穿啥，吃没吃啥

披着雨衣打伞——多此一举

砒霜里浸辣椒——毒辣透顶

劈开房梁做火把——大材小用

皮包商发洋财——无本生意

皮包商做生意——沾手三分肥

皮坊的老板——牛皮大王

皮匠不带锥子——真（针）行

皮匠的扁担——两头俏（翘）

皮匠的家当——破鞋

皮裤套棉裤——必定有缘故

皮球打蜡——圆滑、又圆又滑

皮球掉到水里——漂漂浮浮

皮球掉油缸——又圆又滑

皮球裂口——泄气

皮球敲鼓——空对空

皮球上戳了一刀——泄气了、没气了

皮球上戳眼眼——瘪了

皮球上扎一刀——硬不起来、软下来了、气消了

皮球踢到墙壁上——顶回来了

皮软骨头硬——表面和气

皮条打人——软收拾

皮娃娃砸狗——把你不当人、拿人不当人

皮鞋打蜡——一时光

皮影表演——顺着人家的线跑

皮影戏开场——有人撑后台

皮影子戏进饭店——人旺财不旺

蚍蜉撼大树——自不量力、不自量、可笑不自量

琵琶断了弦——谈（弹）崩了

琵琶挂房梁——谈（弹）不上

琵琶精进了算命馆——一眼看透、一眼看穿

琵琶找二胡——知音相求

屁股后头跟只狼——有后顾之忧

屁股上扎蒺藜——坐不稳、坐不住

屁股坐竹凳——底子空

pian

片儿汤里放排骨——软里带硬、柔中有刚、软中有硬

偏刃的斧头——一面砍

偏头看戏——怪台歪

骗得麻雀下地来——花言巧语

骗孩子吃药——一会儿甜，一会儿苦

骗子赌钱——耍手腕

骗子碰到骗子——尔虞我诈

骗子说话——五吹六拉

骗子遇扒手——你哄我，我哄你

piao

漂白布掉染缸里——永世洗不清

飘上天的气球——轻浮

瓢把上记账——见水就拉倒

瓢底写字——水上漂

pin

拼死吃河豚——不怕死、死都不怕、犯不着、一命搏一命

拼着一身剐〔guǎ〕，敢把皇帝拉下马——无私无畏

贫家度日——虚度

贫血病人——脸上无光

ping

乒乓球打七板子——推三阻四

平坝头躲壮丁——无地容身、无地藏身

平地不走爬大坡——自讨苦吃、自找苦吃

平地搭梯子——无依无靠

平地的骒子——不懂坎儿

平地老虎浅水龙——抖不起威风

平地里起坟堆——无中生有

平地里挖坑——叫人栽跟头

平地骒子——不懂坎

平地起孤堆——无中生有

平房门前不漏雨——有言（檐）在先

平光镜——八面光

平民百姓见玉帝——一步登天

苹果掉在箩筐里——乐（落）在其中

苹果囫囵吃——难吞难咽

苹果树上开梨花——特殊化（花）

屏风马坐死悬河炮——以逸待劳

屏风上贴门神——话（画）中有话

瓶口封蜡——滴水不漏、点滴不漏

瓶里盛糨子（糨糊）——装糊涂

po

泼出去的水——难收回来

泼上水的蔫菠菜——又支楞起来了

泼油救火——越帮越忙、帮倒忙、灾上加灾

泼在地上的水——难收拾、不可收拾

婆婆穿花袄——老来俏

婆婆穿花鞋——赶时兴、赶时髦

婆婆一个说了算——没公理

婆媳吵架儿子劝——左右为难

鄱阳湖里起春水——一浪高一浪、后浪推前浪

箥（pǒ）箩里睡觉——卑躬（背弓）屈膝

迫击炮打斑鸠——大材小用

迫击炮打飞机——瞎轰一气

迫击炮装手榴弹——口径不对

破鞍子对瘦驴——穷凑合、穷凑

破被子裹元宝——好的在里面

破表——没准儿

破饽饽——露馅儿

破草帽——无边无沿

破茶壶掉进水里——几头进水

破车断了轴——破烂不堪

破船沉在死水沟——无出路、没有出路

破船过江——人人自危

破船装太阳——度（渡）日

破大褂——没理（里）

破袋装西瓜——直来直去、直进直出

破堤的洪水——来势凶猛

破饭箩淘米——外头多

破风帆——抖不起来

破风箱——到处撒疯（风）

破风筝——抖不起来、不见起

破釜沉舟——只进不退

破鼓配上破锣——穷作乐、穷快活

破拐杖——靠不住、不可靠

破罐甩在洋灰地——稀巴烂

破罐子破摔——自暴自弃、豁出去了

破夹袄上绣牡丹——只图表面好看

破空竹——抖不起来、不想（响）

破喇叭——吹不响

破凉伞——好骨子

破柳罐盛水——稀里哗啦、露了

破笼屉——泄气、不成器（盛气）

破锣嗓子唱山歌——不入调、不入耳、难入耳

破锣嗓子——没好声

破麻袋装宝——有内才（财）

破麻袋装着烂套子——不是好货、不是东西

破麻袋做裙子——不是这块料

破帽子——露头

破棉袄——里外孬、里外都不好

破庙里的菩萨——东倒西歪、磕头作揖的不多

破庙里的铁钟——任人敲打

破皮球，烂轮胎——到处泄气

破皮鞋缝帽子——不成器（盛气）

破琵琶——谈（弹）不得、无法谈（弹）

破铜烂铁当武器——打烂仗

破土的春笋——拔尖

破袜子补帽沿——一步（布）登天

破袜子做口罩——臭不要脸

破网打鱼——瞎张罗

破箱子烂麻袋——露底

破椅子——靠不住、不可靠

破渔网——千孔百疮

破蒸笼蒸馒头——浑身是气、气不打一处来

pou

剖开墨鱼肚——一副黑心肠

剖鱼得珠——格外珍贵、喜出望外

pu

扑灯的蛾子——不怕死

铺衬里面卷珍珠——好的在里面

菩萨挨偷——失神

菩萨坐轿——靠人抬举

菩萨坐冷庙——孤苦伶仃

葡萄架上挂葡萄——一串又一串

葡萄架上结瓜——不可能的事、没人见过、没有的事

葡萄架下乘凉——舒适舒适

葡萄汁充花露水——不是那块香料

蒲扇打锣——面面俱到

蒲扇两边摇——两面讨好、两头落好

普宁寺的菩萨——至高无上

普希金的情诗——充满爱心

Q

qi

七八月的高粱——红透了

七八月的南瓜——皮老心不老

七尺缸里打飞脚——处处碰壁

七尺缸里捞芝麻——白费工夫

七尺汉子过矮门——不得不低头

七寸长钉钉在棺材上——一辈子休想拔出来

七寸脚装三寸鞋——硬装

七寸蛇配疗药——以毒攻毒

七寸头上打蛇——击中要害

七个矮人睡一头——低三下四

七个半麻雀脑袋分两盘——七嘴八舌

七个弟子跳八仙——人数不够

七个和尚打一把伞——遮盖不住

七个瓶子八个盖——不周全

七个婆婆拉家常——说三道四

七个人聚会——三朋四友

七个人睡两头——颠三倒四

七个制钱对半分——不三不四

七根扁担丢一旁——横三竖四

七根笛子一起吹——一个音

七姑八舅抬食盒——彬彬（宾宾）有礼

七鼓八钹——不入调

七斤半的苦瓜——没见过这号种

七斤面粉调了三斤糨糊——尽办糊涂事

七里渡船喊得来——全凭一张嘴

七里岗放风筝——由它去

七两放在半斤上——只差一点

七面锣八面鼓——七想（响）八想（响）

七窍通六窍——一窍不通

七擒孟获——叫他口服心服

七仙女放烟火——天女散花

七仙女嫁董永——采取主动、天作之合

七仙女下凡——好景不长、是非多

七仙女走娘家——云里来，雾里去

七仙女做梦——天晓得

七兄弟站两行——不三不四

七月的荷花——红不久、一时鲜

七月的生柿子——难啃、啃不动

七月七牛郎会织女——一年一度

七月十五吃月饼——赶先（鲜）

漆匠师傅调颜色——花样多

齐桓公的老马——迷途知返

齐桓公用官——不记前仇

齐威王猜谜语——一鸣惊人

骑兵败阵——兵荒马乱

骑兵打胜仗——马到成功

骑兵掉河里——人仰马翻

骑兵队长打冲锋——一马当先

骑兵逛公园——走马观花

骑兵追击——马不停蹄

骑单车下坡——不睬（踩）

骑看毛驴撵火车——不赶趟

骑快马催债——急着要钱用

骑老虎背——没有好下场、好险、冒险

骑老牛追快马——望尘莫及

骑驴背口袋——白费劲

骑驴背磨盘——白搭、多此一举、蠢人蠢事

骑驴不用赶——道熟

骑驴拿拐杖——多此一举

骑驴望着坐轿的——比上不足，比下有余

骑驴下山——一步跟不上，步步跟不上

骑骡子赶船——水旱两能

骑骆驼不备鞍——现成

骑马背着缸——不稳当

骑马不带鞭子——拍马屁

骑马扶墙——求稳

骑马观灯——走着瞧、不深入

骑马逛草原——没完没了、无穷无尽

骑马过独木桥——难回头、回头难

骑马过闹市——岂有此理

骑马挎枪走天涯——神气透了

骑马上山——步步高升、步步登高

骑马时间少，擦镫时间多——本末颠倒

骑马坐船——三分险

骑牛撵火车——差得远、差远了

骑牛遇亲家——凑巧

骑牛追马——望尘莫及

骑在房梁上吹喇叭——名（鸣）声在外

骑在虎背上——不怕唬（虎）

骑在虎背上玩把戏——错一步都不行

骑在马上的人——不知跑路人的苦

骑着大象数着鸡——高的高来低的低

骑着老马闭眼走——熟门熟路

骑着驴子思骏马，官居宰相望王侯——贪得无厌、贪心不足

骑自行车过独木桥——多加小心

骑自行车双丢把——不服（扶）

棋逢对手——不相上下

棋迷见了棋盘——挪不动腿

棋盘边上的卒子——有你不多，无你不少

棋盘里的兵卒——只进不退

棋盘里的老将——出不了格

棋盘中的子儿——捻一下动一步

旗杆顶上绑鸡毛——好大的胆（掸）子

旗杆顶上吹喇叭——起高调

旗杆顶上放鞭炮——想（响）得高

旗杆顶上贴告示——天晓得、天知道

旗杆尖上拿大顶——艺高胆大

旗杆上吹号角——高明（鸣）

旗杆上的猴子——到顶了

旗杆上挂地雷——空想（响）

旗杆上挂电灯——吉星高照

旗杆上挂红灯——照远不照近

旗杆上抹香油——又奸（尖）又滑

蜞蚂儿（青蛙）穿套裤——踢腾不开、蹬打不开

蜞蚂儿翻田坎——上蹿下跳

麒麟角，蛤蟆毛——天下难找

乞儿篮里抢冷饭——不近人情

乞儿煮粥——不等熟

乞丐吃梅子——穷酸

乞丐吹唢呐——穷欢乐

乞丐打铃——穷得叮当响

乞丐说相声——耍贫嘴

启航遇见顺风——机不可失

杞人忧天——自找苦恼、担心过分了

起风又下雨——双管齐下

起个五更，赶个晚集——老落后、落后了

起网有鱼虾——一举两得

起义军打天下——除暴安良

起重机吊竹篮——不值一提

气管子顺在嘴里——咽不下这口气

气焊枪焊玻璃——接不上

气枪打飞机——差得远、差远了

气球上天——远走高飞、轻飘飘、不攻自破

气球上扎窟窿——泄气

气象台的风动仪——随风转

弃美玉而抱顽石——糊涂到顶了

汽车的后轮——不会拐弯

汽车坏了方向盘——横冲直撞

汽车进了胡同——难转弯、转不过弯来

汽车开进死胡同——走错了道

汽车抛锚——不走了

汽车跑到人行道上——走邪（斜）路、不走正路

汽车前的大眼睛——顾前不顾后

汽车司机扳舵轮——忽左忽右

汽锤打夯——扎扎实实

汽锤砸钢板——响当当、当当响

砌墙的瓦刀——整天和泥水打交道

砌墙的砖头——后来居上

qia

掐了头的树苗——节外生枝

qian

千臂观音——多面手

千层底儿作腮帮——好厚的脸皮

千个师傅千个法——各有各的门道

千古的罪人——十恶不赦

千斤鼻子四两嘴——不好开口

千斤担子肩上搁——负担太重

千斤担子一人担——重任在肩、压趴了

千斤磨盘——无二心

千斤重的种猪——肥头大耳

千里搭长棚——没有不散的筵席

千里打电话——两头通、遥相呼应

千里驹上结鸳鸯——马上成亲

千里驹送信——快当

千里马长翅膀——突飞猛进

千里马拉犁耙——大材小用、用非所长

千里马挑重担——少见

千里送鹅毛——礼轻情意重

千里送客——总有一别

千里挑担子——肩负重任、重任在肩

千里投军，志在卫国——好汉一个

千里投亲——远方来客

千里遇知音——喜相逢

千年大树百年松——根深蒂固

千年的大树——根深叶茂、盘根错节

千年胡椒万年姜——越老越辣

千年槐下乘凉——托前人的福

千年铁树开花——今古奇观、枯木逢春、难得

千人大合唱——异口同声

千日拜佛，一朝添丁——善有善报

千日斧子百日锛——苦学苦练、练出来的

千日管子百日笙——练出来的

千条江河归大海——大势所趋

千条竹篾编花篮——看着容易做着难

牵动荷叶带动藕——互相牵连

牵狗玩猴弄猢狲——不走正道

牵骆驼上楼——自找麻烦

牵牛过独木桥——难过

牵牛花搭棚——一个劲儿往上爬

牵牛花当喇叭——吹不响、闹着玩

牵牛花爬上树——胡缠、胡搅蛮缠

牵牛花攀到钻塔上——架子不小、好大的架子

牵牛花上树——顺杆爬

牵牛牵鼻子——抓住了关键

牵牛上纸桥——难上加难

牵牛下水——六脚（角）齐漫

牵瘸驴上窟窿桥——左右为难

牵线木偶——幕后有人

牵羊进照相馆——出洋（羊）相

牵只羊全家动手——人浮于事

牵着不走，拉着倒退——犟牛

牵着肠子挂着肚——不放心、放心不下

牵着骆驼拉着鸡——就高不就低、高的高来低的低

牵着张三（狼的俗称）回家——引狼入室

铅笔芯儿——直肠子、直肠直肚

前脚不离后脚——紧相连

前脚与后脚——寸步不离

前门楼上搭脚手——好大的架子

前门失火——走后门

前面挨一枪，后面挨一刀——腹背受敌

前面是狼后面是虎——一个比一个凶、进退两难

前有埋伏，后有追兵——进退两难、无处逃生、没有回头的余地

荨麻（草本植物。茎和叶子都有细毛，皮肤接触时会引起刺痛）的叶子——碰不得

钱串子脑袋——见钱眼开、见缝就钻、钻空子

钱塘江的潮水——看涨

钱塘江里洗被单——大摆布

钱塘江涨潮——大起大落、后浪推前浪、来势凶猛、涌上来了

钱在手头，食在嘴边——留不住、难久留

钳工的手艺——动手就错（锉）

潜水艇下水——深入浅出

黔虎吃驴——兜圈子

浅水里鱼儿——摸着来

浅滩上放木排——拖拖拉拉、一拖再施

qiang

呛了蒙汗药——动弹不得

枪枪打中靶心——百发百中

枪头上的雀儿——吓破了胆

强盗扮君子——不相称、装不像

强盗扮书生——改面不改心、冒充斯文

强盗打灯笼——明火执仗

强盗的欲望——填不满

强盗救火——趁火打劫

强盗抓小偷——贼喊捉贼

强盗走了扛出枪来了——假充勇敢

强叫老鹰学百灵鸟叫——叫不出

强令哑巴说话——逼人太甚

强龙斗猛虎——都是好汉

强扭的瓜儿——不香甜

强求的婚配——不成

强震中心的坏房——土崩瓦解

墙壁上的人影——不像话（画）、不是话（画）

墙缝里的蚂蚁——不愁没出路

墙缝里的蛇咬人——出嘴不出身

墙缝里的蝎子——蜇人不显身、暗中伤人

墙角打拳——有劲使不上、有力无处使

墙角开口——邪（斜）门

墙角追狗——回头一口

墙里的柱子——暗里使劲

墙里开花墙外红——美名在外

墙上的壁虎——光钻空子、见缝就钻

墙上的恶鬼——唬不了人

墙上的裂缝——合不拢、合不到一块

墙上的芦苇——头重脚轻根底浅

墙上的马——准看不准骑

墙上的茅草——摇摆不定

墙上的蝎子——专找缝子钻

墙上的蜘蛛网，草原上的脚印——蛛丝马迹

墙上地图——半壁江山

墙上钉橛子——钻劲大、有股钻劲

墙上挂狗皮——不像话（画）、不成话（画）

墙上挂帘子——没门儿、无门

墙上挂磨扇（磨盘托着的圆形石磨）——实话（石画）

墙上挂琵琶——不谈（弹）了

墙上挂日历——一天一个样

墙上画饼——中看不中吃、馋人解饿

墙上画刀——无济于事

墙上画的美人儿——你爱他不爱

墙上画老虎——吓唬人、样子凶

墙上画鱼——一只眼

墙上栽葱——扎不下根、难生根

墙头拉车——路子窄

墙头上吹喇叭——里外叫得响

墙头上的草——风吹两边倒

墙头上的鸽子——东张西望

墙头上的葫芦——两边滚

墙头上的马蜂，墙缝里的蝎子——一个比一个毒

墙头上跑马——路子窄、冒险、没多大奔头

墙头上睡觉——翻不了身、想得宽

墙头上栽葱——无缘（园）

墙头种白菜——难交（浇）

抢吃弄破碗——欲速则不达

抢来的媳妇——不恩爱、无情无义

qiao

劁（阉割）猪割耳朵——两头受罪

敲不出火——一闪即灭

敲不响的木鼓——心太实

敲鼓吹口哨——自吹自擂

敲鼓的倒着走——打退堂鼓

敲鼓碰到放炮的——想（响）到一块了

敲锅盖卖烧饼——好大的牌子

敲坏的铜锣——没用处、不中用

敲开了的木鱼——合不拢嘴、咧开了嘴

敲空米缸唱戏——穷开心

敲锣逮麻雀——白费劲

敲锣紧跟打鼓的——想（响）到一个点子上

敲锣卖糖——各管一行、各干一行

敲锣撵兔子——起哄

敲锣找孩子——丢人打家伙

敲锣捉麻雀——枉费心机、不得法、一个逮不了

敲门惊柱子——旁敲侧击

敲山镇虎——瞎咋呼、虚张声势、惊不了

敲碎的铜锣——名声不好

敲下去的钉子——定了

敲柱子惊门环——指桑骂槐

敲着饭碗讨吃的——穷得叮当响

敲着空碗唱曲子——穷作乐、穷快活

乔太守乱点鸳鸯谱——弄假成真

荞麦面擀饼——不沾板

荞麦面饺子——一个比一个硬

荞麦面贴对子——不沾板

荞麦皮装枕头——正经货

荞麦去了皮——没棱没角

荞麦窝里扎锥子——奸（尖）对奸（尖）、尖对棱

桥孔里伸扁担——担当不起

桥上搭碉楼——底子空

桥上的木板——任人践踏、由人踩

桥是桥，路是路——清清楚楚、一清二楚

桥头上跑马——走投无路

樵夫卖柴——两头担心（薪）

瞧瞧过去，看看未来——瞻前顾后

瞧着账本聊天——说话算数

巧八哥的嘴——能说会道

巧八哥拉家常——光耍嘴

巧八哥学舌——人云亦云

巧妇去做无米之炊——难办

巧姑娘绣花——难不住

巧姐嫁给巧哥——巧上加巧

巧眉眼做给瞎子看——白搭

巧媳妇打扮囡（小孩儿）——一天变个样

巧绣香囊送郎君——心诚

撬杠打蝈蝈儿——小题大做

qie

切菜刀背上翻跟头——武艺高、本领高

切菜刀剃头——好险、冒险、危险

切糕换粽子——一路货

切开的藕——看清其心眼了

茄子炒南瓜——不分青红皂白

茄子地里长蒺藜——坏种坏苗

茄子地里道黄瓜——爱说啥说啥

茄子棵上结黄瓜——杂种、变种

窃马贼戴佛珠——冒充善人

窃贼掉井——灌头（惯偷）

窃贼上房——偷梁换柱

qin

亲戚是把锯——你有来，我有去

秦桧的跪像——万人唾骂

秦桧调岳飞——陷害忠良、不得人心

秦桧落海——臭名远扬（洋）

秦桧卖国——遗臭万年

秦桧杀岳飞——莫须有

秦桧说话——奸嘴舌头

秦桧掌权——奸臣当道

秦桧奏本——进谗言

秦惠王乘败进兵——一举两得

秦椒就酒——辣对辣、一口顶两口

秦琼的黄骠马——来头儿不小

秦琼的杀手锏（古代兵器）——一辈传一辈、家传

秦琼卖刀——忍痛割爱

秦琼卖碗——时运不济

秦琼为朋友——两肋插刀

秦始皇打边墙——无遭

秦始皇的愿望——万寿无疆

秦始皇收兵器——高枕无忧

秦始皇修长城——千古奇迹、功过后人评

秦始皇修坟墓——自作自受、自己找死

秦叔宝卖马——穷途末路

秦雪梅吊孝——哭动人心啦

勤劳的蜜蜂——闲不住

qing

青菜煮萝卜——一清（青）二白

青草喂牛——有嫩的咬了

青出于蓝而胜于蓝——后来居上

青冈木做扁担——硬杠子

青冈木做杠子——硬邦邦

青龙白虎下界——凶神恶煞（杀）

青龙与白虎同行——吉凶全然未保

青皮橄榄——先苦后甜

青蛇吃山雀——疙疙瘩瘩

青石板上长蘑菇——天下奇闻、无奇不有

青石板上搭窝棚——底子好

青石板上的曲蟮——没处钻了

青石板上雕花——硬功夫、开头难

青石板上抹油——滑得很

青石板上晒棉花——有软有硬

青石板上甩乌龟——硬碰硬

青石板上种庄稼——扎不下根、难生根

青石板做中堂——实话（石画）

青石进了石灰窑——要留清（青）白在人间

青石上炒豆子——熟一个蹦一个

青石上钉钉子——硬钻

青秫秸（去穗的高粱秆）打箔——一路货

青藤缠树——难解难分、你中有我，我中有你

青蛙唱歌儿——呱呱叫

青蛙鼓噪——不成调

青蛙闹塘——吵闹不休

青蛙爬木锨——洋（扬）上天

青蛙拴在鞭梢上——不值摔打

青蛙跳鼓上——不懂（噗通）

青蛙吞火炭——闷声闷气、哑了口

青蛙笑蝌蚪——忘了自己从哪来了

青蛙遇田鸡——碰上自家人

青蛙走路——又蹦又跳、连蹦带跳

青蛙钻进蛇洞里——自取灭亡

青柚子掉在潲水（泔水）里——又酸又涩

氢气球上天——扶摇直上、不翼而飞

倾巢的黄蜂——各散四方、哄（轰）而散

倾倒的篱笆——塌了架

清晨的太阳——一派光明

清晨的云雀——展翅飞翔

清道夫拉货——一堆废物

清宫断案子——认理不认亲

清水拌铁砂——合不拢、合不到一块

清水倒在白酒里——以假冒真

清水点灯——拿错了油

清水盆里看鱼——一清二楚

清水染白布——空过一场

清水塘钓鱼——一眼望到底

清水洗煤炭——没事找事

清水下杂面——你吃我看

清水写字——不留痕迹

清水衙门——无懈可击、一尘不染

清水炸鱼——没法办、办不到

清水煮白菜——一清（青）二白、乏味

清油调苦菜——各有所爱、各人所爱

清油炸麻花——摽（捆附、纠缠）劲、绞上劲

清蒸鸭子——身子烂了嘴还硬

蜻蜓吃尾巴——自吃自、一连串

蜻蜓点水——深不下去、浮在面上

蜻蜓飞进蜘蛛网——命难逃

蜻蜓撼石柱——痴心妄想、自不量力、毫不动摇

蜻蜓撼树——纹丝不动

蜻蜓扑蛛网——送食上门

蜻蜓撞着蜘蛛网——有翅难飞

情人送别——恋恋不舍

情人相见——恋心绵绵

晴天不赶路——等着雨淋头

晴天打雷——空喊、太离奇、罕见

晴天带伞——有备无患

晴天响霹雳——惊天动地、信不得

请篾匠师傅补锅——找错了人、用人不当

请瓦匠上房顶——查漏洞

磬槌打在石板上——没多大响声

qiong

穷棒子请客——你来他不来

穷风流，饿快活——苦中作乐、苦中取乐

穷寡妇回娘家——苦衷难诉

穷光棍遇到吝啬鬼——谁也不沾谁的光

穷汉掏兜——没有钱

穷汉下饭馆——肚里空空，兜里光

穷木匠开张——只有一句（锯）

穷人的日子——难熬

穷人点蜡烛——大家借光

穷人面前四堵墙——无出路、没有出路

穷嘴恶舌头——招人讨厌

qiu

秋八九月的大闸蟹——壮得没骨

秋蝉落地——闷声闷气、闷声不响

秋蝉吐丝——作茧自缚

秋风过耳——一点不留

秋风里的黄叶——枯萎凋零

秋风扫落叶——一吹一大片

秋风中的羽毛——左右摇摆、摇摆不定

秋后的芭蕉——一串一串的

秋后的苍蝇——长不了、扇不动了

秋后的蛤蟆——叫不了几天了

秋后的蝈蝈——没几天吱吱头了

秋后的核桃——满人（仁）

秋后的黄蜂——厉害不了几天、欲凶无力

秋后的蚂蚱——没几天蹦头

秋后的南瓜——皮老心不老

秋后的螃蟹——顶盖儿肥、没几天活头了

秋后的青蛙——销声匿迹

秋后的扇子——没人要

秋后的树叶——黄了

秋后的丝瓜——满肚子私（丝）、一肚子私（丝）

秋后的天——变化多端

秋后的兔子——又欢起来了

秋后的蚊子——歪了嘴

秋后的知了——没几天叫头

秋后刮北风——一天比一天凉

秋后望田头——找碴（茬）儿

秋菊展览——花样百出

秋千顶上晒衣服——好大的架子

秋去冬来——年年都一样

秋天剥黄麻——扯皮

秋天的苞米（玉米）粑——外行（黄）

秋天的蝉——自鸣得意

秋天的潮水——忽起忽落

秋天的高粱——红到顶了、捆起来

秋天的蛤蟆——呱呱叫

秋天的哈密瓜——甜透了

秋天的花椒——黑了心

秋天的茭白——黑的

秋天的辣椒——红角儿

秋天的棉桃——合不拢嘴、咧开了嘴

秋天的木棉花——老来红

秋天的柿子——自来红

秋叶落塘——漂浮

蚯蚓变蛟——纵变不高、钻天拱地

蚯蚓剥皮——从何起头

蚯蚓吃土——开口就是

蚯蚓打哈欠——土里土气、土气大

蚯蚓打秋千——没那腰劲

蚯蚓的肚子——直心肠

蚯蚓的孩子——土生土长

蚯蚓钓鲤鱼——以小引大

蚯蚓翻跟头——直不起腰

蚯蚓过溪——无能为力

蚯蚓回娘家——弯弯曲曲

蚯蚓爬石板——无地自容

蚯蚓刨地——费力不小，收获不大

蚯蚓上墙——无能为力、腰杆子不硬

蚯蚓走路——能屈（曲）能伸、以曲求伸

鳅鱼进油锅——乱蹦乱跳

求菩萨拜观音——诚心实意

求雨进了火神庙——认错了菩萨

qu

曲蟮串门子——土里来，泥里去

曲蟮打冤家——两败俱伤

曲蟮过河——弯弯曲曲

曲蟮上墙——有劲使不上、有力无处使

曲蟮跳舞——乱糟糟

曲蟮游太湖——无能为力

屈死鬼进衙门——鸣冤叫屈

蛐蛐儿（蟋蟀）斗公鸡——不是对手

蛐蛐钻磨心——头头是道

蛐蟮打洞——图（土）松散

蛐蟮翻地——悄无声息

蛐蟮爬石条——专走硬路

蛐蟮游太湖——忒宽

娶了媳妇忘了娘——白疼一场、忘恩负义

娶媳妇打梆——凑热闹、凑凑热闹

娶媳妇打发客（女子出嫁）——双喜临门、有来有去

娶媳妇嫁女——双喜临门

去了咳嗽添了喘——躲了一灾又一灾、祸不单行、多灾多难

去年的皇历——背时

去年的棉衣今年穿——老一套

quan

泉水坑里扔石头——一眼看到底

泉水里看石头——清清楚楚、一清二楚

拳不离手，曲不离口——练出来的

拳师教徒弟——留一手

拳头打海绵——打过去弹回来

拳头打跳蚤——自己吃亏、白费工夫

拳头捣蒜——辣手

拳头劈砖头——硬功夫

拳头上跑马——能人儿

拳头砸核桃——吃亏是自己、有点硬功夫

犬守夜，鸡司晨——各尽其责、各尽其能

que

缺钙的老母鸡下蛋——疲（皮）软

缺胳膊的穿坎肩——露一手

缺口镊子——一毛不拔

缺口碗盛米汤——放任自流

缺门牙的——嘴巴不关风

缺腿的老虎——神气不了

缺尾巴虾——掀不起大浪、翻不了大浪

缺嘴哥儿吹口哨——漏气

瘸人骑瞎马——互有照应

瘸腿驴子跟马跑——一辈子也赶不上

瘸鸭子过河——单划儿

瘸子打猎——坐着喊

瘸子担水——得一步步来、一摇三摆

瘸子丢了拐杖——寸步难移、大摇大摆

瘸子里头挑将军——凑数

瘸子下山——这步容易下步难

瘸子携瞎子——高低跟着走

瘸子眼瞎子走——取长补短

瘸子演戏——难下台、下不了台

瘸子拄棍儿——顶条腿

瘸子走山路——东倒西歪

雀蛋碰石头——白送死

雀儿的肚子——心眼小

雀儿进翻笼——逃不出去

雀儿头上戴桂冠——尽想好事、想得倒美

雀头摆碟子——光嘴没肉

雀头捏饺子——尽是嘴

雀子戴纱帽——你有多大的头脸啊

qun

群猪争食——互不相让、谁也不让谁

R

ran

染布穿罩衫——不问青红皂白

染布落到夜壶里——看你怎么摆布

染布色不均——料不到

染坊不开——牌子在

染坊的姑娘穿白鞋——自不然（染）、一丝不染

染坊里吹笛子——有声有色

染坊里的木勺——色色各别、形形色色

染坊里的衣料——由人摆布、任人摆布

染坊里卖布——多管闲事

染房门前槌板石——见过些大棒槌

染缸里的白布——格外出色、洗不净

染缸里的珍珠——上不了色

染缸里落白布——再也洗不清

染匠穿白衫——再小心也没用

染匠的衣服——不可能不受沾染

染料店的老板——尽给颜色看

rang

让拐子送信——过时

让结巴念绕口令——强人所难

让了香瓜寻苦瓜——自找苦吃

rao

饶舌的乌鸦——尽是老调、老调子

绕道上山——远兜远转

re

惹虱子头上挠——自寻烦恼

热鏊（烙饼的器具。用铁做成，平面圆形，中心稍凸）上的蚂蚁——走投无路

热包子流糖汁——露馅儿

热地上的蚰蜒（节肢动物。像蜈蚣而略小，生活在阴湿的地方）——坐卧不安、走投无路

热饭喂狗——吃了就走

热锅爆米花——活蹦乱跳

热锅插寒暑表——直线上升

热锅炒辣椒——够呛（够受的）

热锅盖上的蚂蚁——乱撞头

热锅里爆豆子——噼里啪啦

热锅里倒凉水——炸了

热锅里的汤团——翻翻滚滚

热锅里的鸭子——窝脖

热锅上的黄豆——熟了就崩、嘣得欢

热锅上的蚂蚁——急躁不安、急得团团转、站不住脚

热锅上的蒸笼——好大的气

热火叉放进冷水缸——一下子凉了半截儿

热山药蛋掉进灰坑里——洗刷不清

热水瓶——热心肠

热水泼老鼠——一窝拿

热汤泡雪花——马上全完

热蹄子马——闲不住

热天的扇子——家家忙

热天叫人烤火——不得人心

热油锅煎豆腐——得翻那么几翻

ren

人从矮门过——抬不起头来、不得不低头

人打江山狗坐殿——抬举畜生

人到八十拜花堂——老来喜

人到古稀穿花衣——老来俏

人多主意强——集思广益

人各吃得半升米——哪个怕哪个

人过三十不学艺——老了

人急上路，毛驴急了趴下——成心闹别扭

人急跳窗户——不是门

人家吃饭你借碗——不看时候

人家的牡丹敬菩萨——借花献佛

人家骑马我骑驴，后面还有推车的——比上不足，比下有余

人情一把锯——你不来，我不去

人手一把号，各吹各的调——自行其是

人心隔肚皮——难相识

人心换人心——八两对半斤

人行影子走——寸步不离

人在北魏心在西蜀——真是诡计多端

人造卫星上天——不翼而飞、惊天动地

人字双着写——不从也得从

人嘴两张皮——各说各有理、边说就边移

忍痛灼艾——迫不得已

reng

扔下馒头吃黄连——自找苦吃

扔下讨饭篮打乞丐——忘本

扔下铁锤拿灯草——拈轻怕重

ri

日出西山水倒流——天下奇闻、无奇不有

日落东山水倒流——弥天大谎

日落西山——红不久、越来越昏了

日头晒瓮——肚里阴

日头上戴眼镜——眼高

rong

绒毛小鸭初下水——一切从头学起、新手

绒球打鼓——不想（响）

绒球打脸——吓唬人、无关痛痒、不痛不痒

绒球打锣——没有回音、打不响

荣国府里赛诗——假（贾）话连篇

rou

肉案上的买卖——斤斤计较

肉包子打狗——白搭、有去无回

肉骨头落锅——肯（啃）定了

肉骨头烧豆腐——软硬都有、软硬兼施

肉烂在锅里——肥水不外流、不分彼此、没关系

肉焖在锅里——香气在外

肉馅儿包子——肚里有货

ru

如来佛打哈欠——服（佛）气

如来佛的法力——神通广大

如来佛的经文——难得、得之不易

如来佛的手心——谁也甭想逃出去

如来佛心肠弥陀面——一生（身）慈善

如来佛掌上翻跟头——跳不出去

如来佛治孙悟空——强中还有强中手

如来佛捉孙大圣——易如反掌

入伏的高粱——天天向上

入秋的石榴——点子多

入山的老虎——威风起来啦

入市的乌龟——得缩头时且缩头

入瓮的蚂蚁——蹦不了啦

入伍穿军装——头一回、头一遭

ruan

软刀子割头——不知死活

软骨头卡在喉咙里——张口结舌

软蚂蟥喝血——不觉得

软面包饺子——好捏

软面包一块——随人捏

软面粥拌粉面——愁（稠）上加愁（稠）

软索套猛虎——柔能克刚

软枣树上结柿子——小事（柿）

run

闰八月的月亮——圆了又圆

S

sa

仨鼻子眼儿——多一股子气、多出一口气儿

仨钱开店铺——周转不开

仨钱开钱庄——资金不够

仨钱买，俩钱卖——不图赚钱只图快、亏本生意

仨钱买个馍——拣大的拿

仨钱买个糖人——又想吃又想玩

仨钱买筐烂杏——只图个够

仨钱买匹马——自骑自夸

仨钱买头老叫驴——浑身是毛病、贱货

仨钱买头牛——够受（瘦）了

仨月不梳洗——不顾脸面、顾不得脸面

撒了谷子拾稻草——不分主次、主次不分

撒了盐的油锅——热闹开了

撒网就走——扔下不管了

sai

塞翁失马——因祸得福

腮帮子上拔火罐——不顾脸面、顾不得脸面

腮帮子上贴膏药——不留脸

赛场上的篮球——大家抢

赛场上的运动员——各显其能、各显神通

赛场上的足球——被人踢来踢去

赛场上获金牌——可喜可贺

赛马场上的冠军——一马当先

赛马跌筋斗——落后了

san

三百斤的野猪——全凭一张嘴、全仗嘴

三百钱买个土地爷——钱能通神

三辈子无后——绝了

三本经书掉了两本——一本正经

三岔口的地保——管得宽

三岔口相打——一场误会

三岔路口分手——各奔东西

三尺长的被单——顾头不顾脚

三尺长的锯子——又拉又推

三尺长的梯子——答（搭）不上言（檐）

三尺高汉子——比别人矮一截

三尺门槛——高抬不上

三寸舌头是软的——横说竖说都有理

三代人出门——扶老携幼

三担黄铜一担金——假是假，真是真

三点成一线——准了

三点打两点——差一点

三顶帽子四人戴——难周全

三斗芝麻不入耳——听不进

三分面加七分水——十分糊涂

三分钱的醋，五分钱的酱——小来小去

三分钱的胡椒粉——一小撮

三分钱的买卖——发不了大财、本小利薄

三分钱的烧饼——大不了

三分钱的西洋景——慢慢看

三分钱的羊肉——没多大一点、不大点

三分钱开当铺——本小利大、小买卖

三分钱买个二胡——要腔没腔，要调没调

三分钱买个牛肚子——净吵（草）

三分钱买个小黑瞎子——熊玩意儿

三分钱买个鸭头——尽是嘴、嘴贱

三分钱买了五斤醋——又酸又贱

三分钱买烧饼看厚薄——小气鬼

三伏天穿皮袄——不是时候、不识时务、热心、乱了套、乱套了

三伏天的冰雹——来者不善

三伏天的冰棍——个个喜爱、人人喜欢

三伏天的冰块——见不得阳光、见不得太阳

三伏天的隔夜饭——臭货、肮脏货

三伏天的狗——喘不上气、上气不接下气

三伏天的太阳——人人害怕

三伏天的雨——说来就来

三伏天的庄稼——一天变个样

三伏天刮西北风——莫名其妙

三伏天喝冰水——凉透心

三伏天喝凉茶——正是时候

三伏天烘木炭——热火得很

三伏天下霜——不常见

三伏天絮棉袄——闲时预备忙时用

三斧头砍不进的脸——好厚的脸皮、厚脸皮、厚脸皮

三个半人抓螃蟹——七手八脚

三个鼻孔眼儿——多一股子气

三个臭皮匠——顶个诸葛亮、胜过诸葛亮

三个厨子杀六只鸭——手忙脚乱

三个鬼拿不着——比鬼还鬼

三个和尚没水吃——互相攀靠

三个鸡蛋出两鸡——一个坏蛋

三个老爷两顶轿——哪有你的份、没有你的份、哪里轮得到你

三个泥菩萨拼成两个——你中有我

三个菩萨两炷香——哪有你的份、没有你的份

三个菩萨作俩揖——不知作谁瞧

三个钱儿买个蛤蟆——越看越瘪

三个钱买匹马——自骑自夸

三个人喝一杯酒——轮流来

三个人讲两句话——哪里轮得到你

三个手指拾田螺——十拿九稳

三个铜钱买个蛤蟆——越看越瘪

三个铜子放两处——一是一，二是二

三个头头一个兵——不知听谁的

三个骰子十九窝——不可能的事、没人见过、没有的事

三个土地堂——妙（庙）妙（庙）妙（庙）

三个王八少两爪——失足

三个小鬼丢了俩——失魂落魄

三个妖魔戏白骨精——尽耍鬼把戏

三个醉汉撒酒疯——闹个不停

三根缆绳拴两边——使偏劲

三更半夜见太阳——离奇、太离奇

三股弦断了两根——谈（弹）不得、无法谈（弹）

三顾茅庐——好难请

三国的刘关张——拜把兄弟

三过其门而不入——公而忘私

三合板上雕花——刻薄

三横加一竖——妄想称王

三花脸戴英雄巾——假充好汉

三花脸照镜子——丑相

三加二减五——等于零

三间房子两头住——谁也不认谁

三间瓦房不开门——怪物（屋）

三角锉刀——面面有用

三角木——推一推，动一动

三角砖头——摆不平

三脚板凳——一推便倒、一碰就倒、碰不得、不牢靠

三脚凳子搭床脚——坐卧不安、坐卧不宁

三斤半的母鸡——一把米难养大

三斤半干饭没吃饱——饭桶

三斤半鸭子二斤半嘴——多嘴多舌

三斤面包个包子——好大的面皮、皮厚

三斤面包个扁食（饺子）——好大的面皮

三斤面粉调了六斤糨糊——弄得稀里糊涂

三九天不穿棉——缩手缩脚

三九天吃冰棍——寒心、冷暖自己知、凉透了、从里到外凉透了

三九天吃辣椒——嘴辣心热

三九天吃梅子——寒酸

三九天穿单褂——威（畏）风、抖不起威风

三九天穿裙子——美丽又动（冻）人

三九天的豆腐干——冷冰冰，硬邦邦

三九天的萝卜——动（冻）了心

三九天喝姜汤——热心肠

三九天扇扇子——心里有火

三九天送皮袄——暖人心

三九天桃花开——离奇、太离奇、罕见

三九天种地瓜——怪哉（栽）

三九天种小麦——不是时候

三句话不离本行——干啥说啥

三颗钉子钉两处——一是一，二是二

三块板两条缝——有什么好问（纹）

三里地两头走——磨蹭

三两棉花四张弓——细细谈（弹）

三两银子放账——稀（息）少

三流子哥大流子弟——二流子

三六九赶场——三五成群

三毛的头发——屈指可数

三毛加一毛——时（四）髦（毛）

三门峡的石峰——中流砥柱

三亩棉花三亩稻——晴也好雨也好

三亩竹园出棵笋——独一无二、物以稀为贵

三年不开窗——闷死了

三年不漱口——一张臭嘴

三年不下雨——多情（晴）、久有情（晴）

三年不知肉味——不闻香

三年没人登门槛——孤家寡人

三片子嘴——能说会道

三齐王乱点兵——点得老幼不安

三千丈的悬崖——高不可攀

三钱辣椒面——一小撮

三枪打了二十七环——八九不离十

三亲六故，四朋八友——一拉一帮

三拳头打不出个闷屁来——慢性子

三人分两馍——咋掰

三人过独木桥——有先有后

三人进食堂——口味不同

三人两根胡子——稀少、咋长的

三色圆珠笔——多心

三婶婶嫁人——心不定

三升米的粑粑——难处（杵）

三十里地不换肩——担子越来越重

三十里外不带伞——好大胆、好大的胆子

三十六计——走为上

三十亩地一头牛——安居乐业

三十三颗荞麦九十九道棱——一成不变

三十晚上熬年——辞旧迎新

三十晚上熬稀饭——不像过年的架势

三十晚上办年货——来不及了

三十晚上逼债——年关难过

三十晚上吃年饭——没外人

三十晚上的案板——没有空

三十晚上丢了牛——明年再找

三十晚上嫁老女——托福求财

三十晚上借蒸笼——不是时候

三十晚上卖灶爷——卖的找不到买的

三十晚上盼初一——指日可待

三十晚上盼月亮——没指望、想也不要想

三十晚上晒衣被——今年不干明年干

三十晚上说大书——讲的讲，听的听

三十晚上走路——没影子、一片漆黑

三岁的娃娃——靠哄、贵在纯真

三岁的小孩看戏——凑热闹、凑凑热闹、看热闹

三岁的小孩想做皇上——人小心大

三岁娃爬梯子——上下为难

三岁娃娃挑挑子——负担太重

三套锣鼓娶媳妇——蛮红火

三天不睡觉——没精打采

三天不偷装老大——假正经、假装正经

三天打鱼，两天晒网——磨洋工、做做停停

三头六臂——多面手

三碗稀饭换碗面——没有多少便宜占

三下五去二——干脆利索、干净利索、一个不留

三下五去四——打错了算盘

三下子少了两下子——就这一下子

三下子少了一下子——还有两下子

三仙姑传道——人一个说法、一人一口

三眼枪打兔子——没有准儿、一点准头也没有

三月的冰河——开动（冻）了

三月的菜薹［tái］——早有心、不嫩

三月的芥菜——心里烂、另有心、起了心

三月的阴天抹开了脸——还了阳

三月的樱花——谢了

三月的樱桃——一片红火、红火片、红不久、

三月里的桃花——经不起风雨、经不起风吹雨打、红不了多久

三月里的杨柳——分外亲（青）

三月里鸣锣——战鼓催春

三月里扇扇子——满面春风、春风满面

三月里赏花——万紫千红

三月栽薯四月挖——急不可待、急于求成

三张纸画个驴头——脸面不小

三丈长的扁担——摸不着头尾

三招加一招——出了新招

三只脚的板凳——不稳当、不稳、坐不稳、坐不住

三只手管粮仓——不放心、放心不下

三锥子扎不出一滴血——老牛筋、皮厚

伞把背行李——处处是家

伞兵跳伞——一落千丈

伞顶漏雨——搞到自己头上了

伞铺的伙计——轮（淋）不着你

散了的念珠——断了线

散了的戏——收场了

散了的线团——难理清

散了架的南瓜棚——支撑不开

sang

桑蚕不作茧——昼夜常（长）相思（丝）

桑木扁坦——宁折不弯

桑拿房子里穿衣服——汗流浃背

桑葚落地——熟透了

嗓子里塞棉花——喘不上气、上气不接下气

嗓子冒烟咽唾沫——干伸脖

嗓子眼里长骨头——有口难言

嗓子眼里含眼泪——哭腔哭调

嗓子眼里卡鱼刺——不上不下、上不上，下不下

嗓子眼里吞擀面杖——直来直去、直进直出、直出直入

丧家的狗——东游西走、无家可归

sao

扫把打钟——算是哪路神

扫把赶客——不留情面

扫帚戴草帽——混充人、装人样

扫帚颠倒竖——光出岔（杈）子、净岔（杈）子、没大没小

扫帚画花——粗枝大叶

扫帚头上戴帽子——不算人、不是人

扫帚写家书——说大话

扫帚写生——大话（画）

扫帚作揖——拜把子

se

色盲看图纸——不分青红皂白、分不清青红皂白

sen

森林里的一片树叶——有你不多，无你不少

森林里烤火——就地取材（柴）

森林里撒网——瞎张罗

森林里野炊——有的是才（柴）

森林失火——尽光棍、全是光棍、难救

sha

杀凳边的猪——活不久、活不长

杀鸡的刀子——派不上大用场

杀鸡割破胆——自讨苦吃、自找苦吃

杀鸡给猴看——杀一儆百

杀鸡灌灌汤——大扑腾

杀鸡取蛋，打鹿锯茸——得不偿失、因小失大

杀鸡取蛋——得不偿失、只图一回、只顾眼前利

杀鸡使牛刀——大材小用、小题大做

杀鸡问客——多此一举

杀鸡用上宰牛的劲——真笨

杀鸡做豆腐——称不得里手

杀尽报晓鸡——天照样亮

杀牛熬糖——不是正行

杀牛取肠——得不偿失

杀人不见血——凶狠手辣、阴毒

杀人不用刀枪——软收拾

杀人不眨眼睛——凶残

杀人的偿命，借债的还钱——理应如此、理所当然、应该

杀猪不褪毛——先吹起来看

杀猪刀子——从不吃素

杀猪刀子刮胡子——太悬乎

杀猪的改行——放下屠刀

杀猪的卖肉——内行

杀猪的遇见拦路的——都有家伙

杀猪用铅笔刀——全凭诀窍

沙包盛酒——不在乎（壶）

沙地拔萝卜——干脆利索、干净利索

沙地里晒芝麻——自找麻烦

沙地上推小车——一步一个脚印

沙堆里放炮仗——闷声闷气、闷声不响

沙发上打盹——有依靠

沙沟掏井——越掏越深

沙罐里炒胡豆——扒拉不开

沙罐里烧黄鳝——一节节来

沙锅炒豆子——崩了

沙锅捣蒜——一锤子买卖

沙锅炖牛头——盛不下

沙锅炖肉——熬出来的

沙锅里炒青豆——亲（青）热

沙锅里捣蒜——不保险、一锤子买卖、一锤子交易、露底

沙锅里煮石头——不进油盐、油盐不进

沙锅挑子掉到山沟里——没有一个好货、没有一个好的

沙锅偷了锅盖子——自家人哄自家人

沙和尚挑行李——义不容辞

沙梨打癞蛤蟆——一对疙瘩货

沙里淘金——没多大一点、有也不多、难得、得之不易、越细越好

沙漠里播种——一无所获

沙漠里踩高跷——不是路

沙漠里的红柳——不怕风雪

沙漠里的骆驼——处处留迹

沙漠里的水——点滴都可贵

沙漠里的鸵鸟——顾头不顾尾、顾头不顾腚

沙漠里的舟船——寸步难行

沙漠里钓鱼——不可能的事、没人见过、没有的事

沙漠里烤火——就地取材（柴）

沙漠里撵小偷——跟踪追击（迹）

沙漠里盼水喝——干着急

沙漠里野花开——埋没英才

沙瓤西瓜吃到嘴——甜在心上、甜透了心

沙滩打桩——不牢靠

沙滩里晒谷子——自讨麻烦、自找麻烦

沙滩里栽花——扎不下根、难生根

沙滩上的黄鳝——滑不到哪里去

沙滩上的螺蛳——难开口、不好开口

沙滩上的石子——俯首皆是

沙滩上钓鱼——无稽之谈

沙滩上盖楼房——底子差、基础差、底子不行、不牢靠、不稳当、不稳

沙滩上划船——进退两难

沙滩上捡小米——不够本钱、不够本、得不偿失

沙滩上浇水——一点不剩

沙滩上浇油——白搭

沙滩上寻针——难极了

沙滩上种水稻——难办

沙滩上走路——一步一个脚印、不落实

沙滩行船——进退两难、干吃力

沙土地里的花生——一串一串的

沙土岗子发洪水——泥沙俱下

沙窝里的兔子——灰头土脸

沙窝里淘米——自身难保

沙窝里种荞麦——不成

沙窝子里想撑船——尽想好事、想得倒美

沙子垒坝——白费工夫、白费劲、枉费工

沙子垒墙——一推便倒、一碰就倒

沙子里淘金——积少成多

沙子筑坝——难上加难、难上难、后患无穷、一冲便垮

纱绢当作粗布卖——不知好歹、好歹不分

纱线扳牌楼——力不胜任

纱线板塔牌楼——白费工夫、白费劲、枉费工

刹车抛锚——停滞（止）不前

砂锅打狼——没有一个好的

砂糖蘸蜂蜜——甜上加甜、甜透了

砂岩打青岩——实（石）打实（石）

鲨鱼吃蚂虾——不够塞牙缝、不够嚼

傻小子熬粥——不等熟

傻小子背鼓上戏台——找着挨打

傻小子不识"兔"字——免了

傻小子爬墙头——四下无门、四路无门

傻小子睡凉炕——全凭火力旺

傻子吃荷叶肉——解不开、不解

傻子吃螃蟹——不知味儿

傻子抽水烟——连吃带喝

傻子看戏——白搭工、不明不白

shai

筛沙的筛子——缺点多、尽缺点

筛眼里的米——不上不下、上不上，下不下

筛子簸面——漏洞百出

筛子当门扇——难遮众人眼

筛子挡门——眼睛多

筛子挡太阳——不顶用、不顶事

筛子底下的糠皮——没多少斤两

筛子端水——空捧一场

筛子放哨——心眼多、心眼不少、眼睛多

筛子盖胸膛——满是心眼

筛子里的米粒——无孔不入

筛子盛水——一场空

筛子喂驴——漏兜（豆）啦

筛子下面的面粉——面面俱到

筛子捉黄鳝——溜的溜，跑的跑

筛子作门——难遮众人的眼睛

筛子做锅盖——心眼多、心眼不少、气不打一处来、到处泄气

晒干的蛤蟆——干瞪眼

晒干的红枣——缩成一团

晒裂的葫芦——开窍了

晒麦子碰上暴雨——手忙脚乱

晒盐的老总退休——不管咸（闲）事

shan

山坳上的松树——饱经风霜

山半腰遇大虫（老虎）——心惊肉跳

山半腰遭雨淋——上下两难、上下为难

山顶乘凉——占上风

山顶喊话山下答——上下呼应

山顶上打井——白费工夫、白费劲、枉费工、徒劳无益

山顶上的蘑菇——根子硬

山顶上的哨兵——眼观六路，耳听八方

山顶上点灯——四方有名（明）、高明

山顶上观景——高瞻远瞩

山顶上喊话山底答——上下呼应

山顶上练嗓门——唱高调

山顶上敲锣——名（鸣）声远扬、远近闻名（鸣）

山东的驴子学广西的马叫——南腔北调

山东驴子学马叫——学不来

山东跑到山西——两省

山洞里的蝙蝠——见不得阳光、见不得太阳

山洞里的泉水——通行无阻、畅通无阻

山洞里迷了路——摸不清方向

山洞里说话——随声附和

山沟里的人家——零零散散

山沟里的田鸡——目光短浅

山沟里的杏子——苦人（仁）儿

山沟里的住户——稀稀拉拉

山沟里叫喊——有回音

山谷的回声——不平则鸣

山谷里喊话——空喊、一呼百应

山猴爬树——拿手好戏

山猴子落在水里——不那么灵巧了

山猴子爬树——拿手的戏

山鸡变孔雀——越变越好

山鸡娶凤凰——不般配

山尖上摘月亮——办不到、没法办

山涧发洪水——势不可当

山涧里的竹子——嘴尖皮厚腹中空

山涧里坐船——行不通、走不通

山老鸹——白脖（外行之事）（河南）

山狸子（豹猫）进寨——无事不来

山里的核桃——满人（仁）

山里的狐狸——狡猾透了

山里的黄羊——没数儿

山里的石头——雷打不烂，风吹不动、数不清、有的是

山里的五步蛇——毒极了、最毒

山里的竹笋——钻劲大、有股钻劲

山里红——中看不中吃、好看不好吃

山里回声——一呼百应

山里人有柴烧，岸边人有鱼虾——靠山吃山，靠水吃水

山里头打锣——有回音

山螺蛳赴宴——不速之客

山猫子进宅——没好事儿

山坡滚石头——砸啦

山坡上的弯腰树——直不起腰、伸不起腰、难治（直）

山坡上盖楼房——根底硬

山坡上滚皮球——永不回头、决不回头

山坡上落凤凰——罕见

山坡上烧火——就地取材（柴）

山坡上凿石碑——就地取材

山泉出洞——细水长流

山雀子相会——唧唧喳喳

山上的狐狸——又馋又滑

山上的黄鼠狼——专走老路

山上的枯藤——腐朽

山上的石头，田里的莠草（狗尾草）——不足为奇

山上的松柏——四季常青、根深叶茂

山上钓鱼——财迷转向

山上发洪水——不敢当（挡）、来势凶猛

山上滚石头——眼看着下去了

山上喊话山下答——遥相呼应

山上开梯田——步步高

山上扔坏盆——破罐破摔

山上无大树——茅草也当林

山上找鱼虾——没影儿的事

山水画——没人

山头打老虎——高名在外

山头放纸鸢——出手高

山头上吹喇叭——站得高，想（响）得远

山头上搭戏台——高高在上

山头上打虎——高名在外

山头上的草——根子硬

山头上对歌——一唱一和

山头上看飞机——高瞻远瞩

山崖上的松柏——饱经风霜

山崖上的野葡萄——一提一大串

山崖上滚鸡蛋——没有一个好货、没有一个好的

山羊爱石山，绵羊恋草滩——各有所好、各人所好

山羊吃薄荷——食而不知其味、全不知味

山羊打架——勾心斗角

山羊额头的肉——没多大油水、油水不大

山羊挂在竹园里——胡缠

山羊胡子——稀稀拉拉

山羊见了老虎皮——望而生畏

山羊拉车——不听那一套

山羊拴在竹园里——乱缠、缠住了

山羊野马在一起——难合群、不合群

山腰的枯树——七枝八杈

山腰里一片云——成不了气候、不成气候

山腰里遭雨——上下为难

山要崩拿绳索捆——白费工夫、白费劲、枉费工

山鹰的眼睛——尖（灵敏）、尖锐

山鹰叼蛇——十拿九稳

山鹰站在崖顶上——站得高，看得远、登高望远

山中打猪——见者有份

山中的瘦虎——虎瘦雄心在

山中的野猪——嘴巴厉害

山中无老虎——猴子称大王

山猪被人赶——自寻死路

山猪嘴里的龅牙（突出于嘴唇外的牙齿）——包不住

山字垛山字——请出

杉木杆顶破墙——宁折不弯

珊瑚上漆——多此一举

扇车口挂堂鼓——吹牛皮

扇蒲扇打蚊子——一举两得

扇着扇子拉风箱——两头受气

扇着扇子聊天——说风凉话、风言风语

扇子驱大雾——办不到、没法办

善男信女拜观音——心诚

鳝鱼的脑袋——又奸（尖）又猾（滑）

shang

商店橱窗里的摆设——样子货

赏月偏遇连阴天——扫兴

上岸的蚌壳——不开口

上岸的鱼虾——干蹦干跳

上不着天，下不着地——两头不着实

上朝不带奏折——忘本

上房拆梯子——断了后路、不留后路、断人后路

上轿才扎耳朵眼儿——临时忙、临时突击

上街买帽子——对头

上炕不点灯——瞎摸

上梁请铁匠——找错了人

上了羁绊的骡子——踢打不开、踢腾不开、蹬打不开

上了坡的虾仔——跳不了几天

上了山顶想飞天——贪得无厌、贪心不足

上了套的猴子——让人耍、身不由己

上了套的牲口——听吆喝

上了套的野牛——身不由己、不由自主

上了弦的箭——一触即发

上了灶的蚂蚁——生怕掉进火眼里去

上楼梯吃甘蔗——步步甜

上满发条的钟表——分秒不息

上门的买卖——不做不成

上年栽树，下午取材——性太急

上山背毛竹——顾前不顾后

上山采竹笋——拔尖

上山打柴，下河摸鱼——自食其力、见机行事

上山打野猪——见者有份

上山钓鱼，下河打猎——搞错了路线、路线错了

上山砍柴，过河脱鞋——到哪说哪

上山砍柴卖，下山买柴烧——多一道手续

上山爬台阶——步步高升、步步登高

上山刨黄连——自讨苦吃、自找苦吃

上山入海全无敌——降龙伏虎

上山捉蟹——难啊、没处寻、难寻

上市的螃蟹——横行不了几天

上市的乌龟——得缩头时且缩头、缩头缩脑

上市的猪——捆上了

上树打跟头——爬得高，跌得重、登高必跌重

上树逮麻雀——连窝端

上树捉鱼虾——空扑一场

上水顶风船——来之不易

上滩的老虎蟹——还能爬几步

上膛的子弹——一触即发

上套的猴子——任人耍、由人玩耍

上梯子摘星星——够不着

上天的气球——飘飘然

上天绣花——想头不低、想得高

上天摘星星——异想天开、想入非非（飞飞）

上天摘月亮——痴心妄想、妄想

上午上房梁，下午想搬家——急于求成

上午栽树，下午乘凉——急不可待

上弦的月亮——两头奸（尖）

上鞋不用锥子——真（针）好、真（针）过硬

上心加下心——忐忑不安

上锈的剪刀——难开口、口难开、不好开口

上锈的铁锁——难开窍、不开窍、打不开

上学堂不带书——忘本

上眼皮长瘤子——碍眼

上眼皮只看下眼皮——目光短浅

上澡堂子喝茶——里外涮

上阵相杀——怕不得

上嘴唇顶天，下嘴唇挨地——好大的口

shao

烧袄灭虱子——不上算、不合算

烧饼铺的灶王爷——独坐

烧房子捡钉子——得不偿失

烧干的锅炉——气炸了、气崩了

烧红的烙铁——烫手、摸不得、挨不得

烧红的煤炭吞下肚——心里有火

烧红的生铁——越打越硬、热一阵子

烧红了的煤球——吹也吹不得，拍也拍不得、吹不得、捧不得

烧黄青菜煮焦饭——过火

烧火剥葱——各管工

烧火棍子——一头热、一头冷来一头热

烧火拉风箱——直来直去、直进直出、直出直入

烧焦了的米饭——凑合着吃

烧焦了的馍馍——干巴巴

烧开了的水——沸腾起来了

烧了庙的土地爷——走投无路、无家可归

烧煤油炉子——火不打一处来

烧屋赶耗子——不上算、不合算、得不偿失

烧香不磕头——未尽心意

烧香打铁锅——你听那响儿

烧香得罪菩萨——没有诚心

烧香赶走和尚——喧宾夺主

烧香进饭馆——走错了门、找错了门

烧窑的盖房子——方便、一举两得

烧窑的火叉——直来直去、直进直出、直出直入

烧窑的卖瓦的——都是一路货

烧猪腿不放酱油——白提（蹄）

艄公不摇橹——耽误一船人

勺柄扣秤砣——砸锅

勺子碰锅沿——常事、常有的事

少白头骑个粉白驴——毛对色也对

少吃咸鱼少口干——多一事不如少一事

少林寺的弟子——强手如林

少林寺的高僧——身手不凡

少林寺的和尚——名扬四海、全（拳）是好的

少林寺的老方丈——德高望重

少林寺的拳师——软硬功夫都有、硬功夫

少小离家老大回——不识相、面目全非

少盐无醋——没味

she

舌尖上搽胭脂——嘴里漂亮

舌头打滚——含糊其辞、含含糊糊

舌头进菜缸——不沾边

舌头没根——跟着嘴转

舌头没骨头——愿怎么说就怎么说

舌头磨剃头刀——好险、冒险、危险

舌头碰牙——免不了

舌头绕到牛桩上——胡缠、胡搅蛮缠

舌头上长疮——没说的、难开腔

舌头上长了酸枣树——说话带刺

舌头上抹胶——张口结舌

舌头上抹蜜——光说甜话

舌头上抹香油——圆滑

舌头上跳加官——满嘴是戏

舌头伸到杯子里——不着底

舌头伸到人家嘴里——帮腔

舌头伸到水缸里——不着边际

舌头舔鼻尖——高攀、想高攀、差一截子、差一大截、甭想、莫想、休想

舌头咽到肚子里——说不得、大张嘴没个说的

舌头着了凉——含蓄（寒虚）点

佘太君百岁挂帅——朝中无人了

佘太君抱琵琶——老调重弹

佘太君唱曲子——老谱

佘太君的龙头拐杖——有钱也买不到

佘太君读《四书》——活到老学到老

佘太君挂帅——马到成功

蛇被抓住了七寸——抓要害

蛇吃大象——胃口不小、看他怎么吞下去、贪心不足

蛇吃黄鳝——比长短

蛇吃鸡蛋——囫囵吞、一粗一细

蛇吃鳗鱼——比长短

蛇吃青蛙——一节倒一节

蛇吃秫秸秆——直脖子

蛇虫子钻到芝麻地里——油嘴滑舌

蛇岛上寻宝——凶多吉少

蛇洞对着蝎子洞——以毒攻毒

蛇儿缠青蛙——要命的时候

蛇过了才打棍——马后炮

蛇过砌砖墙——已经迟了

蛇和蝎子交朋友——毒上加毒

蛇进曲洞——有进无出、退路难

蛇进竹筒——转不得身、走上绝路了

蛇爬到镰刀上——不敢缠

蛇皮虽好——没处缝补

蛇入筒中——曲性在

蛇头上的苍蝇——自送一口肉、送来的口食、专吃自来食、送上门的佳肴

蛇吞扁担——直脖啦

蛇吞黄鳝——拼杀一场

蛇吞老鼠鹰叼蛇——一物降一物

蛇吞象——自不量力、不自量、不识大体、好大的胃口

蛇咬农夫——恩将仇报

蛇钻窟窿——顾前不顾后

蛇钻竹筒——直来直去、送死、自己找死、没有回头的余地、走上绝路了

舍得买马，无钱置鞍——大处不算小处算

舍得一身剐，敢把皇帝拉下马——无私无畏

舍了脊梁护胸膛——顾前不顾后

舍了金钟捡铜壶——得不偿失

舍命吃河豚——不值得

舍身崖边弹琵琶——临危不乱

舍下灶王爷去拜山神——舍近求远

射出的箭，泼出的水——难收回、收不回来

射出的子弹开弓的箭——永不回头、决不回头

射击场上的靶子——漏洞百出

射箭没靶子——无的放矢

麝香的味儿——包不住

shen

申公豹的脑袋——人前一面，人后一面

申公豹的嘴——搬弄是非、阴奉阳违

身后的影子——寸步不离、随人走

身披虎皮心发抖——外壮内虚、外强里虚

身上拔汗毛——无伤大体、无关大体

身上背筛子——浑身是窟窿

身在曹营心在汉——干着急

深山的石头——有的是、多的是

深山老林的枯树——无用之才（材）

深山老林遇大虫（老虎）——不是虎死，就是人伤

深山里打猎，大海里捕鱼——靠山吃山，靠水吃水

深山里的白脸狼——成群结伙

深山里的饿虎——穷凶极恶

深山里的花岗岩——老顽固

深山里的麻雀——没见过风浪、没见过世面

深山里的小庙——冷冷清清、没香火

深山里敲钟——名（鸣）声在外

深山密林迷了路——叫天天不应，唤地地不灵

深山小庙的菩萨——没见过大香火、没人侍奉、默默无闻

深水摸鱼——想捞一把、捞一把、难下手、下不了手

神龛（kān）上戳窟窿——妙（庙）透了

神龛上挂粪桶——糟蹋神像

神龛子底下搭铺——伴神享福

神婆子念咒——瞎说、瞎叨叨、胡叨叨

神枪手打靶——百发百中、十拿九稳

神仙女下凡间——天配良缘

神仙下凡——清闲极（急）了

神主头上使剪刀——羞（修）先人

sheng

升不离斗，秤不离砣，筛子不离筐和箩——各有各的搭档

升空的风筝——漂浮不定

升子盖盆子——随方就圆、随得方就得圆

生剥刺猬——难下手、下不了手、无法下手

生成的鼻子眼——改不了相

生成的矬子（身材矮小的人）——高不了、长不高

生成的豆芽——长不成树

生成的骨头长就的肉——定了

生成的骆驼——变不成象

生成的眉毛长成的痣——更改不掉、定了型、定型了

生成的牛角——拉不直、直不了

生虫的拐杖——靠不住、不可靠

生虫的核桃——不是好人（仁）

生虫拐杖——拄不得

生姜炒蜈蚣——毒辣

生姜脱不了辣气——本性难移

生就的呆子——糊涂一生、一世糊涂

生就的驼子——直不了

生马驹子啃石头——愣对愣

生米煮成了熟饭——无可挽回、更改不掉、改不了

生气踢石头——吃亏是自己

生铁补锅——凭本事挣钱

生铁秤砣——老实疙瘩

生铁换豆腐——吃软不吃硬

生铁进了铁匠炉——挨锤的货

生铁犁头——宁折不弯

生同衾（qīn被子），死同穴——生死相依、生死不离

生吞螃蟹——肚里横、牵肠挂肚

生吞蜈蚣——百爪挠心

生锈的剪刀——掰不开

生盐拌韭菜——各有所爱、各人所爱

牲口不上膘——料不到

牲口进磨道——兜圈子

绳锯木断——非一时之功

绳索上加水——越来越紧

绳索套在马颈上——身不由己、不由自主

绳套挂在脖子上——越扯越紧

绳子拴石头——穷得叮当响

省了麸子狗吃面——省的没有费的多

圣人面前卖文章——自不量力、不自量

盛开的杜鹃——越来越红火

盛开的木棉花——红透了、一片红火、红火片

剩下九十九个——百里挑一

shi

失笔的画——废话（画）

失舵的轮船——把握不住方向

失舵的小舟——随波逐流

失魂的鱼——乱闯乱碰

失火唱山歌——幸灾乐祸

失火处说好看——不知好歹、好歹不分、不识时务

失火钻床下——只顾一时

失林之鸟——各自飞散、无枝可栖

失灵的汽车——横冲直撞

失去的光阴灭了的火——一去永不来、一去不复返

失去金箍棒的孙悟空——没得耍了

失去了家的狗——无处投奔

失群的大雁——孤孤单单

失势的凤凰——不如鸡

失意人逢得意事——一番欢喜一番愁

失踪的飞机——下落不明、不知下落

失足误入迷魂阵——不糊涂也糊涂

师傅长胡子——老把势

师傅当丈人——亲上加亲

师傅收儿当徒弟——一辈传一辈

师字去了横——真帅

虱子打彩脚——挑（跳）不起来

虱子顶被窝——居心不小

虱子多了——不知痒

虱子躲在皮袄里——有住处，没吃处

虱子钻进麻布眼——伸头容易缩头难

狮子搏兔——以强凌弱

狮子滚绣球——大头在后面、大的在后头

狮子龙灯起舞——热闹非凡、好热闹、张牙舞爪

狮子爬竹竿——到顶

狮子配老虎——十全十美

狮子身上的虱子——专找厉害的欺

狮子头上捕苍蝇——胆子不小、胆子大、好大胆、好大的胆子

狮子尾巴摇铜铃——热闹在后头

狮子张大口——胃口不小、大开口

湿布衫穿上身——难脱掉

湿柴火烧锅——憋气又窝火

湿煤压火——闷（焖）起来了

湿身滚进石灰堆——难脱身、脱不了身

湿手捏了干面粉——甩也甩不掉、弄不清爽、沾上了

湿手抓面粉——沾小便宜

湿水的炮仗（爆竹）——不想（响）、想（响）不起来

湿水棉花——谈（弹）不得、无法谈（弹）

湿灶烧湿柴——有火发不出、有火没处发

十八般武艺全使出来——大显身手

十八磅大锤砸钢板——铿锵有力

十八大姐绣兜兜——闲时操办忙时用

十八口子当家——各自为政

十八里地保——管得宽

十八罗汉斗悟空——大打出手、各显其能、各显神通

十八罗汉乱点头——不知哪位是真神

十八只唢呐齐奏——全吹了

十步九回头——难舍难分

十冬腊月出房门——动（冻）手动（冻）脚

十冬腊月的鼓风机——专吹冷风

十冬腊月掉水缸——凉了半截

十冬腊月喝凉水——点点入心

十二月插秧——不是时候

十二月的白菜——动（冻）了心

十二月的蛇——打一下，动一下

十二月逛公园——坐冷板凳

十二月里喝冰水——从头凉到脚

十二月说梦话——夜长梦多

十二月天找杨梅——难上加难、难上难

十二只轮船出海——四通八达

十个老鼠围个猫——没一个敢上前

十个婆婆拉家常——说长道短

十个人排四队——三三两两

十个沙锅滚下山——没有一个好货、没有一个好的

十个手指头——长短不齐

十个铜板少一文——久闻（九文）

十个小伙抬筐土——人浮于事

十个小钱摆四处——三三两两

十个指头按十个跳蚤——一个也不能松手、一个也捉不住

十个指头做事——同心协力

十里高山观景——站得高，看得远、登高望远

十两酒装进一斤瓶——正好

十两纹银——一定（锭）

十亩园里一棵草——单根独苗

十亩竹园一根笋——格外珍贵

十年等个闰腊月——机会难得、难得的机会、好难啊

十年寒窗中状元——先苦后甜

十年无战事——安居乐业

十年冤案无处申——冤枉、太冤枉

十三陵的石人——站惯了的

十三陵的石人张大嘴——没话

十套锣鼓一齐敲——热闹

十天九雨——缺少情（晴）意

十天跑完万里长城——一日千里

十五的月亮——完美无缺、圆圆满满

十五个吊桶打水——七上八下

十五个妇女拉家常——七嘴八舌

十五个瘸子拜年——七高八低

十五个人睡两头——七颠八倒

十五个人抬木头——七手八脚

十五个瓦盆摔山下——七零八落

十五个小孩打闹——七哭八笑

十五个小孩睡当院——横七竖八

十五个小伙抬土筐——人浮于事

十五根秫秸（去穗的高粱秆）当标杆——七长八短

十五块布料做衣服——七拼八凑

十五面锣鼓一齐敲——七想（响）八想（响）

十五盘菜放两处——七荤八素

十五只小船出海——七颠八倒

十五只蜘蛛结网——七勾八扯

十月的芥菜——齐心

十月的螃蟹——横行不了几天

十月的天气——一会儿阴，一会儿晴

十月的倭瓜（南瓜）——满肚子私（丝）、一肚子私（丝）

十盏明灯熄五盏——半明半不明

十只老鼠围只猫——没一个敢上前

十指戴满金镏子（金戒指）——摆阔气

十指头生疮——毒手

十字的笔画——横竖

十字街头的瞎子——摸不清东西南北、分不清东南西北

十字街头开饭店——四方吃得开

十字街头迷了向——糊涂东西、晕头转向

十字街头遇亲人——巧相逢

十字路口的红绿灯——有目共睹

十字路口分手——各奔前程

十字路口迷了向——不知走哪条路、不分东西

十字路口敲锣——四方闻名（鸣）

十字路口摔跟头——摸不清东西南北、分不清东南西北

十字路口贴告示——众所周知

十字路口行车——四通八达

石板底下的笋——直不起腰、伸不起腰、总受压

石板地上插杨柳——难生根

石板地种花生——得不偿失

石板桥上跑马——不留痕迹

石板上插杨柳——生不出根

石板上的泥鳅——无处藏身、钻不进

石板上钉钉——硬碰硬

石板上剁猪头——难下刀

石板上挤水——办不到的事儿

石板上烙馍——面生

石板上跑马——无伤痕、没痕迹

石板上生蚯蚓——不可能的事、没人见过、没有的事

石板上耍瓷坛——硬功夫

石板上斩狗肠——一刀两断

石板上植树——劳民伤财

石板上种瓜——难发芽

石板栽花——靠不住、不可靠

石碑上钉钉——硬对硬

石壁出蚯蚓——不可能的事、没人见过、没有的事

石壁里的泥鳅——无路窜

石沉大海——一落千丈、没回音、无回音、无影无踪

石锤子捣石钵子——实（石）打实（石）

石打的眼睛——有眼无光

石地板，铁扫把——硬碰硬

石缝里的山药——两受夹、两头受挤

石缝里的笋——强出头

石缝里塞棉花——软硬兼施

石敢当（旧时竖于墙脚用以镇邪的小石碑）搬家——挖墙脚

石膏点豆腐——一物降一物

石膏店的老板——白手起家

石碾点灯——照常（场）

石碾子脑袋——难开窍、不开窍

石灰拌白糖——两不分明

石灰布袋——处处留迹

石灰掺墨——黑白不分、混淆黑白

石灰厂开张——白手起家

石灰点眼——自找难受

石灰店里买眼药——走错了门、找错了门

石灰堆里的耗子——白眼看人

石灰见水——龇牙咧嘴

石灰浆写文章——净写别（白）字

石灰路上散步——白走一遍

石灰抹嘴——白说（刷）

石灰木炭一把抓——黑白不分、混淆黑白

石灰泥墙——外光里不光、表面光、又光又滑

石灰墙上挂灯笼——明明白白

石灰石进了火窑里——要留清（青）白在人间

石灰刷烟囱——表里不一

石灰水泼到青石板上——清清（青青）白白

石灰水刷标语——净写别（白）字

石灰窑里安电灯——明明白白、明白

石灰窑里出来的——一身洁白

石灰遭毒打——平白无故

石匠打铁——不识火色、看不出火候来、不会看火色

石匠的钢钎——挨敲的货

石匠的凿子——专拣硬的凿

石匠会铁匠——硬对硬

石匠师傅卖豆腐——软硬兼施

石匠使拳头——硬充能耐

石匠錾磨子——走老路

石臼里舂线团——捣乱

石臼里捣水——白费工夫、白费劲、枉费工

石臼里的泥鳅——无处可钻

石臼里放鸡蛋——稳稳当当、稳当当的

石臼里栽葱——硬到底

石臼里掷骰子——没跑、跑不了

石臼子砌烟囱——不成功

石臼做帽子——难顶难撑、顶不起

石块落在脑袋上——大难临头、灾祸临头

石榔头打石桩——实（石）打实（石）

石榴花开——红到底、老来红

石榴里的籽儿——挤得紧紧的

石榴脑袋——点子多、点子不少

石榴树上挂醋瓶——又酸又涩

石榴树做棺材——横竖不够料

石卵子拌豆腐——软硬兼施

石马塞进车辕里——生搬硬套

石磨压着手——没有办法

石盘子下的竹笋——永无出头之日、难出头

石菩萨的眼睛——有眼无珠

石人张嘴——没话

石人嘴里灌米汤——滴水不进

石狮子得病——不可救药

石狮子的脑袋——不开窍、七窍不通

石狮子的屁股——没门、无门

石狮子的五脏——实（石）心肠

石狮子的眼睛——动不得

石狮子放屁——别想（响）

石狮子咧嘴——时（石）效（笑）

石狮子赛跑——寸步难行

石狮子跳舞——耍不起来

石头出汗——回潮了

石头打的锁——没心没眼、没眼儿、死心眼儿、难开窍、不开窍

石头打汤——不进油盐、油盐不进

石头打着老鸹嘴——硬碰硬

石头蛋子落地——梆梆硬

石头蛋子生病——不可救药

石头蛋子腌咸菜——一言（盐）难尽（进）

石头底下的蟹——硬受压

石头掉在磨盘上——实（石）打实（石）

石头缝里长青藤——两受夹、两头受挤、根子硬

石头缝里长竹笋——憋出来的

石头缝里挤水——异想天开

石头缝里捉鳖——十拿九稳

石头开花马生角——不可能的事、没人见过、没有的事

石头脑袋秤砣心——死心眼

石头脑瓜子——难开窍、不开窍

石头砌墙——好的一面在外头

石头人开口——说实（石）话

石头人——死心眼、没心肝、没心没肝

石头上安橛子（jué zǐ短木桩）——钻不进

石头上的蚯蚓——无缝可钻

石头上耕地——白费力气

石头上磨刀——硬对硬

石头上摔乌龟——硬碰硬

石头上绣花——起头难、开头难

石头娃子——一点心眼儿也没有、没心眼儿、缺少心眼儿

石头压咸菜——一言（盐）难尽（进）

石头压着的嫩芽——抬不起头来

石头子地里摔跤——碰得头破血流

石头子孵小鸡——一成不变

石头做的心——无情无义

石头做屋基——永世不得翻身

石头做枕头——自讨苦吃、自找苦吃

石柱子戴草帽——凑人头

石子烧豆腐——软硬不均

时迁进皇宫——贼胆包天

实心棒槌灌米汤——滴水不进

实心饺子——不掺假

实心竹子吹火——一窍不通、不通

实心竹子做笛子——吹不响

实验室的盐酸——放到哪，烂到哪

拾柴打兔子——一举两得、两不耽误、两得其便

拾到鸡毛当令箭——少见多怪

拾到金娃找它妈——贪心不足

拾到篮里都是菜——不知好歹、好歹不分

拾个秤砣砸烂锅——得不偿失

拾根棒棒当香烧——哄鬼、骗鬼、哄死人

拾根鸡毛当令箭——轻举妄动、少见多怪

拾鸡毛扎掸子——凑数

拾麦打火烧（做烧饼）——干捞、纯赚、卖一个赚一个

拾钱不认街坊——见利忘义

拾钱出告示——不贪意外之财

拾芝麻凑斗——非一日之功、积少成多

食盒里装粪蛋儿——没这一理（礼）

食堂的菜锅——油透了

史进认师父——甘拜下风

使了一辈子的破菜篮——大窟窿套小窟窿

士兵搭帐篷——安营扎寨

世界地图吞肚里——胸怀世界、胸怀天下

事后诸葛亮——人人会做

是人都有两只眼——不足为奇

逝去的光阴灭了的火——一去不复返

shou

收割了的庄稼地——一溜精光

收鸡毛的挑刺——找毛病

收了白菜种韭菜——清（青）白传家

收了卦签——不算了

收了庄稼到田间——找碴（茬）儿

收音机里拉笛——到点啦

收音机里少零件——没声响

手板脚板都是油——滑手滑脚

手板上煎鱼——办不到

手不麻利（敏捷、利索）怨袄袖——怪物、强词夺理

手插鱼篮里——避不了腥气

手长六指头——节外生枝

手长袖子短——顾不上、高攀不上、拉扯不上

手打鼻子——眼前过

手电筒没灯泡——有眼无珠

手里的鸡蛋——十拿九稳

手里的面团——扁圆由你

手里的明珠——生怕丢了

手里的泥鳅——滑透了

手里的泥丸——要扁就扁，要圆就圆

手里提个秃镐头——没有把握

手里无网看鱼跳——干着急

手榴弹爆炸——心胆俱裂

手榴弹捣蒜——好险、危险、冒险

手榴弹的尾巴——拽不得

手榴弹冒烟——难近身、近不得身、给谁谁不要

手拿刀把子——有把柄可抓

手拿鸡蛋走滑路——格外小心

手拿谜语猜不出——执迷（谜）不悟

手拿算盘串门子——找人算账

手帕包牛脑袋——露头角

手帕当被子——遮不了丑

手帕做床单——横竖不够料

手帕做门帘——不大方

手捧蒺藜——碰到棘手事、棘手

手捧金碗讨饭吃——哭穷

手上的老茧——磨出来的

手上的皱纹——清清楚楚、一清二楚

手托灯笼上山顶——唯我高明

手像蒲扇，脚像钉耙——大手大脚

手心里的面团——要扁就扁，要圆就圆

手心里的虱子——明摆着的事

手心里的小虫——随人捏

手痒去捅马蜂窝——想惹祸

手掌穿靴子——行不通、走不通

手掌里搁火炭——受不了

手掌上的纹路——明摆着

手掌心放烙铁——自作自受

手掌心煎鸡子儿——过得硬、斗硬

手指抠伤口——触到了痛处

手指上戴钢箍——顶真（针）

手指头抠眼睛——昏头昏脑、昏了头

手指头抹胶水——沾（粘）上了

手抓刺猬——又刺又痛

手抓肥皂泡——摸透了

手抓糨糊——甩不掉、甩不脱

守株待兔——难得、得之不易、万不得已

守着公鸡下蛋——白搭工、瞎费心力

守着火炉吃冰棒——冷热结合

守着老虎睡觉——不知死活、死活不知

守着瞎子打俏眼——白费工夫、白费功、枉费工

守着圆圆画圈圈——无出路、没有出路

寿星老儿弹琵琶——老生常谈（弹）

受潮的火柴——有火发不出、有火没处发

受潮的麻花——不干脆

受潮的米花糖——疲（皮）了

受潮的炸药——不想（响）

受旱的苦瓜——熟得早

受贿的酒宴——不是好吃的

受惊的麻雀——胆子小

受惊的兔子——东窜西蹦

受惊的小老鼠——怕出头露面

受伤的野猪——发狂

兽医阉牛——一刀两断（弹）

售票员打灯笼——漂（票）亮

瘦狗身上割肥膘——下错刀子

瘦驴拉重载——够喘的了、受不了

瘦牛想吃高山草——力不能及、力不从心、心有余而力不足

瘦死的骆驼——比马大

瘦子割膘——办不到、没法办

瘦子光膀子——露骨

shu

梳妆台上的镜子——明摆着

输了的赌徒——垂头丧气

输了的象棋——定局了

秫秸（去穗的高粱秆）剥细秆——心软

秫秸秆当门闩——经不住推，也搁不住拉

秫秸秆做柱子——顶不住

秫秸做栏杆——不牢靠

熟螃蟹——横行不了

熟人对面不相识——眼力差

熟透的大枣——自来红

熟透的甘蔗——节节甜

熟透的桑葚儿——红得发紫

熟透的糖醋鱼——肉烂骨头酥

熟透了的石榴——合不拢嘴、咧开了嘴

暑天的老鸹——叫得凶

暑天隔夜的猪肉——有气儿

暑天借扇子——不识时务

暑天下冰雹——一冷一热、忽冷忽热

暑天下大雪——少见、少有

黍米做黄酒——后劲大

鼠蛇两端——虎头蛇尾

树倒猢狲散——跑的跑，溜的溜、彻底垮台、各奔前程

树高头（上面）奏唢呐——趾（枝）高气扬

树林里放风筝——乱缠、缠住了、勾勾搭搭

树林子大了——什么鸟都有

树上的烂杏——数它坏

树上的乌鸦，圈里的肥猪——一色货、一样的货色

树上的叶子——冷落

树上搁油瓶——好险、冒险、危险

树梢上吹喇叭——趾（枝）高气扬

树头乌鸦叫——不入耳、难入耳

树叶掉下来怕打破头——胆小鬼

树叶掉下来捂脑袋——小心过分、过分小心

树叶掉在江心里——随波逐流

树叶掉在树底下——叶落归根

树叶刮上天——轻飘

树叶落在地上——无声无响

树叶上的水珠——不久长、难长久

树叶子掉到河里——随波逐流

树叶做衣服——不是料子

树阴底下使罗盘——阴不阴来阳不阳

树阴里拉弓——暗箭伤人

树阴遮景致——不快意

树枝上挂团鱼——四脚无靠

树枝丫盖房——不是正经材料

树枝做拐杖——光出岔（杈）子、净岔（杈）子

树桩上的鸟儿——早晚要飞、迟早要飞

竖起大拇指当扇子——自夸

数大拇指头——没说的

数冬瓜道茄子——唠唠叨叨

数九寒天穿裙子——抖起来了

数九寒天一盆火——人人喜欢、个个喜爱

数米煮饭——白费神、空劳神、劳而无功、有劳无功

数着步子走路——谨小慎微

属鹌鹑的——好斗

属八哥的——净玩嘴儿

属扒火棍的——一头热、一头冷来一头热

属芭蕉的——皮焦根枯心不死、叶烂皮干心不死

属百灵鸟的——叫得好听

属比目鱼的——成双成对

属蝙蝠的——夜里欢

属玻璃的——经不起敲打

属蚕的——作茧自缚

属长虫的——一轱截一轱截往前赶、能屈（曲）能伸

属长生果的——表是一把柴，瓤是一包油

属车轱辘的——推一推，转一转

属窗户纸的——一点就透、一戳就破、一戳就穿、一捅就破、不透风

属刺猬的——谁碰扎谁手

属大肚罗汉的——睁只眼，闭只眼

属大龙的——使不着

属弹簧的——能屈（曲）能伸

属地瓜的——一辈子出不了头

属电棒的——照见别人，照不见自己、照人不照己

属豆饼的——上挤下压

属疯狗的——见人就咬、乱咬人

属屹蚤（gè zǎo 跳蚤）的——一碰就跳

属狗的——翻脸不认人、欺软怕硬、记吃不记打、老爱咬人

属狗尾巴的——越摸越翘

属狗熊的——记吃不记打

属瓜蒂的——不摘就掉了

属含羞草的——碰不得

属寒号鸟的——得过且过

属寒暑表的——变化大

属豪猪的——浑身是刺

属耗子的——胆子小、偷吃偷喝、记吃不记打、小心眼、有洞就钻

属核桃的——只能砸着吃

属核桃仁的——不敲不出来

属黑瞎子的——吃饱就睡、光认吃

属猴儿的——脸变得快、没老实过、没个老实气儿、见圈就钻

属狐狸的——狡猾得很

属虎的小孩子戴虎帽——虎头虎脑

属护芯灯的——不拨不明不点不亮

属黄花鱼的——来就溜边儿、溜边了、一来就溜

属火车的——不冒烟不走

属鸡的——捣一下，吃一口

属蒺藜的——扎手扎脚

属孔雀的——爱翘

属蜡烛的——不点不明

属老虎的——凶暴

属老鼠的——爱偷、胆子小、能吃不能拿、撂下就忘、靠偷过日子

属雷管的——碰不得

属漏斗的——填不满

属驴的——直肠子

属骡子的——不小心就咬人、空前绝后、杂种

属骆驼的——不怕烫不怕热

属麻雀的——小心肝

属马鳖（蚂蟥）的——光钻空子、见缝就钻、钻空子、吸血鬼、专吸人血

属蚂蟥的——净往肉上叮

属蚂蚁的——见缝就钻

属猫的——不上相

属猫头鹰的——昼伏夜出

属毛驴子的——牵着不走，打着倒退

属母鸡的——没名（鸣）儿

属泥鳅的——滑得很、圆滑、又圆又滑

属牛的——低着头死干、埋头苦干

属螃蟹的——横行霸道、到处横行、横着走

属刨花的——一点就着、点火就着

属炮筒子的——直来直去、直进直出、直出直入

属蒲公英的——经不起风雨、经不起风吹雨打、飘飘然

属蚯蚓的——净搞地下活动，少露面

属蛐蛐儿的——土里生土里长、土生土长

属山狸猫的——手脚利索

属蛇的——狠毒

属水牛的——好斗、离不开家（角）

属孙猴的——说变就变、转眼就变、变化无常

属土鳖的——张嘴等

属兔子的——胆小腿长、溜得倒快、一蹦三尺高、钻前钻后

属鸵鸟的——顾头不顾尾、顾头不顾腚

属王八的——咬死嘴、一会儿不打就伸脖

属蚊子的——爱咬人、专吸人血

属蜗牛的——离不开家

属乌龟的——缩头缩脑

属西山猴的——精得很

属喜鹊的——专会往高枝飞、好登高枝

属蟹的——肚里有货

属熊猫的——难合群、不合群

属鸭子的——就剩两片嘴、填不饱、嘴硬、直肠子

属烟囱的——直筒子一个

属野鸡的——顾头不顾尾、顾头不顾腚、吃碰头食

属野猪的——到处乱拱

属夜猫子的——穷叫唤

属扎花枕头的——外表好看

属张飞的——粗中有细

属帐篷橛子的——不砸不入土

属珍珠鱼的——浑身净点子

属芝麻的——不挤不出油

属蜘蛛的——满肚子私（丝）、一肚子私（丝）、专吃自来食

属钟表的——不快不慢老走着

属猪八戒的——好吃懒做

属猪的——被宰的货、会吃不会干、能吃能睡

属猪爪的——朝里弯、往里拐

属竹筒的——直来直去、直进直出、直出直入

属竹子的——心虚

属啄木鸟的——嘴硬身子软

属钻头的——不打弯

shua

刷子擦曲管——转不了弯

刷子画梧桐——粗枝大叶

耍把戏的跪下——没咒念了

耍把戏的猴子——让人牵着走

耍把戏的帕子——无中生有

耍把戏的玩刺猬——扎手

耍大刀的唱小生——改行

耍猴的碰上敲锣的——对上点了

耍木偶戏——幕后操纵

耍皮影的遇上劫路的——丢人了

耍皮影的手——尽捉弄人

耍戏法的敲锣——要变了

shuai

摔跟头捡票子——做美梦

摔锅卖铁——吃亏是自己、自己吃亏

摔跤捡金条——喜出望外

甩出去的手榴弹——大发雷霆

甩了皮鞭拿棒槌——软硬兼施

甩了西瓜捡芝麻——避重就轻

甩手掌柜——什么事也不管、么事不管

shuan

拴驴找个棉花垛——窝囊货

拴在树桩上的叫驴——尽绕圈子、绕圈子

拴在桩上的牛犊子——身不由己、不由自主

shuang

双胞胎比巴掌——一个样

双岔舌头——说两样话

双车吃士——将军、将了军

双锤落鼓——一个音

双黄蛋——有二心、两个心

双簧戏表演——随声附和、扭捏作态

双脚踩在棉花堆上——不踏实

双脚踏双船——犹豫不定

双脚踏在门槛上——不进不出

双色圆珠笔——有二心

双扇门上贴门神——一对儿

双手抱着鸡脖子——老往官（冠）上瞅

双手插进靛缸里——左也难（蓝），右也难（蓝）

双手举过头——超额

双手举碌碡——力大无穷

双手拍蚂蚱——一下当两下

双手捧鸡蛋——十拿九稳

双手捧寿桃——有理（礼）

双手擎根鸡毛——轻而易举

霜打的豆荚——难见天日、不见天日

霜打的高粱苗——抬不起头来

霜打的黄豆——四分五裂

霜打的麻叶——垂头丧气

霜打的嫩苗——奄奄一息

霜打的茄子——软不拉耷、蔫头蔫脑

霜打的柿子——甜上加甜、甜透了

霜打的庄稼——耷拉着脑袋

霜打地瓜秧——抬不起头来

霜后的大葱——软不拉耷、不死心、心不死

霜后的桑叶——没人睬（采）

霜降后的蝈蝈——没几天叫头

霜降后的萝卜——动（冻）了心

sui

随口哼山歌——心里有谱

碎了碟子又打碗——气上加气

碎嘴婆子——唠唠叨叨

隧道里扛竹竿——直来直去、直出直入、直进直出

shui

水边放炮——无处藏身

水边盖楼房——首当其冲

水兵的汗衫——道道多

水泊梁山的兄弟——越打越亲热

水池里长草——荒唐（塘）

水池里的鳖——走不了

水池里拾蟹子——十拿九稳

水坑里的鱼——掀不起大浪、翻不了大浪

水到屋顶帆到瓦——水涨船高

水道眼贴对子——门头不高

水滴石板穿，绳锯木头断——日久见功夫

水滴石穿——贵在持久

水底捞月，天上摘星——可望而不可即、想到做不到

水底下推船——卖力看不到，成功不叫好、暗里使劲、使暗劲

水豆腐炒豆渣——吵（炒）个稀巴烂

水豆腐搭桥——白费工夫、白费劲、枉费工

水缸里按葫芦——松不得手

水缸里打鱼——冤枉（网）

水缸里的葫芦瓢——沉不下去

水缸里的乌龟——手到擒来

水缸里放明矾——澄清

水缸里捞芝麻——难啊

水缸里摸鱼——十拿九稳

水缸里洒油滴——两分离

水缸里养鱼——保活不保长

水缸里着火——不可能的事、没人见过、没有的事

水沟里的篾片——总有翻身日

水沟里的泥鳅——掀不起大浪、翻不了大浪

水沟里放木排——难回头、回头难

水牯牛打架——勾心斗角

水罐里的王八——瞎碰、瞎撞

水过地皮湿——沾手三分肥

水壶里翻跟头——胡（壶）闹

水壶里扔秤砣——砸啦

水壶里盛汤圆——肚里有货倒不出、有货倒不出

水浒里的时迁——贼星下界

水浇石灰船——没有救、没得救

水浇鸭背——不湿皮毛

水浸老牛皮——泡不开

水晶肚皮——一眼看透、一眼看穿

水晶宫里钓鱼——招引出祸水

水井里放糖精——甜头大家尝

水坑里照镜子——一切颠倒

水库开了闸——滔滔不绝

水里的鸳鸯——难舍难分、形影不离、形影相随

水里摸泥鳅——滑不溜秋

水龙头不关——自流

水面砍一刀——无伤痕、无痕迹

水面上的油花——漂浮

水面上画花纹——白费工夫、白费劲、枉费工

水面上看人——看倒了

水灭火，金克木——一物降一物

水磨石地板涂蜡——滑上加滑

水泥柱当顶门杠——大老粗

水泥柱里的钢筋——暗里使劲、使暗劲

水牛背上挂树叶——轻而易举

水牛踩浆——拖泥带水

水牛踩进稀泥坑——越弄越糊涂、越搞越糊涂

水牛长毛——彻头彻尾

水牛吃荸荠——食而不知其味、全不知味

水牛吃活蟹——有劲使不上、有力无处使

水牛吃了萤火虫——肚里明白

水牛打架——钩心斗角、全靠角

水牛的一生——忍辱负重

水牛掉在井里头——有劲使不上

水牛肚子——草包

水牛过河——永不回头、露头角

水牛见了骆驼——矮了半截子、矮了一大截

水牛角——难治（直）

水牛进小巷——难转弯、转不过弯来

水牛抓跳蚤——有劲使不上、有力无处使

水牛走到象群里——矮了一头

水牛钻鸡窝——没门路

水瓢上记账——一概抹销

水上的浮萍——沉不下去、随风摆、随风飘、难生根、行踪不定

水上的鸭子——面上平稳，暗中活动

水上葫芦——沉不了底、轻浮

水上画画儿——劳而无功、有劳无功

水蛇投渔网——胡缠、胡搅蛮缠

水蛇学黄鳝——耍滑

水獭看渔场——越看越光

水獭上山——装熊

水獭守渔场——越守越光、越守越稀

水獭找泥鳅——一个刁，一个滑

水塘里的泥鳅——光溜溜

水塘里捞芝麻——难得、得之不易

水塘里挖藕——心眼多、心眼不少

水田的鳝鱼——没见过江河

水田里的蚂蟥——要叮人

水桶当喇叭——大吹

水桶烂了底——两头空、两落空

水桶里扎猛子——难回头、回头难

水桶上安铁箍——难解难分、难分难解

水推龙王走——目不暇接

水推菩萨——绝妙（庙）

水推沙子——挡不住

水瓮里的鳖——跑不了

水无网看鱼跳——干着急

水洗玻璃——一尘不染

水仙不开花——装蒜、装啥洋蒜啊

水淹龙王庙——自家人不识自家人

水淹田园再筑坝——晚了、迟了

水银落地——光钻空子、见缝就钻、钻空子、无孔不入

水闸失修——放任自流、任其自流

水蛭咬人——硬往肉里钻

水中荡葫芦——两边摆

水中的鳄鱼，山上的虎豹——凶的凶，狠的狠

水中的螃蟹——没有心肠

水中看桩——变样了

水中捞月——一场空、没处寻、难寻

水中月，镜中人——看得见，摸不着

水煮驴皮胶——难熬

睡不着，怨床脚——错怪

睡觉不枕枕头——空头空脑

睡觉扯被子——遮遮盖盖

睡懒觉的还要个垫背的——福享尽了

睡落枕的脖子——耿（梗）直

睡猫打呼噜——与众不同

睡梦别扁担——到处横行

睡梦吃蜜糖——想得倒甜

睡梦打五更——一无所知

睡梦里抱元宝——财迷心窍、财迷

睡梦里逮鸟——空扑一场

睡梦里观景致——尽想好事、想得倒美

睡梦里演讲——胡言乱语、胡说八道

睡梦娶媳妇——痛快一时

睡梦坐朝廷——高兴一时是一时、快活一时算一时

睡歪了枕头——想偏心了

睡醒了的雄狮——所向无敌

睡在芦席上——不怕滚地下

睡着说话——腰不疼

shun

顺风扯满篷——一帆风顺

顺风撑船——不费力、不费劲

顺风划船——又快又省

顺风顺水船不动——不对头

顺风顺水行船——快上加快、飞快

顺风下水船——留不住、难久留

顺沟摸鱼——没跑、跑不了

顺脚印走路——步人后尘

顺姐儿的妹妹——别扭（妞）儿

顺了哥哥失嫂意——两头为难、两难

顺坡推碌碡——快上加快、飞快

顺梢吃甘蔗——一节比一节甜

顺手牵羊——趁机行事

顺水人情——不费力、不费劲

顺水推舟，顺风扯篷——见机行事

顺水推舟——不费力、不费劲

顺藤扒地瓜——追根求源、追根到底

顺藤摸瓜——十拿九稳

顺着梯子下矿井——步步深入

shuo

说出的话牛都踩不烂——硬邦邦

说风便扯篷——性太急

说风便是雨——说干就干

说话不离本行——干啥说啥

说话冲倒南墙——好硬的口气

说话带奶气——幼稚得很

说话捧着乌纱帽——封官许愿

说牛马下蛋——笑话连篇

说书的唱大鼓——走了板

说书的断了弦——谈（弹）不了啦

说书的加花哨点——胡诌八咧

说书的撂鼓槌——要小钱

说书的刹板——下回分解

说书的收了三弦琴——不谈（弹）了

说书的职业——耍嘴皮子

说书的走江湖——全凭一张嘴、全仅嘴

说书的坐板凳——能说不能行

说书人的嘴唱戏人的腿——说一不二、有伸有缩（说）

说书人落泪——替古人担忧

说书先生走江湖——凭的一张嘴

说真方卖假药——到底还是假、冒牌货

说着正东往西走——言行不一

说嘴的郎中——无好药、治不了病、没真药

说嘴郎中卖膏药——胡吹一气、真能吹

si

丝绸上绣腊梅——锦上添花

丝瓜筋打老婆——装腔作势

丝瓜烧豆腐——清（青）清（青）白白

丝绳系骆驼——不牢靠

丝网打鱼秧——一无所获

丝线缠麻线——越缠越乱

丝线穿珍珠——串起来了

丝线打结——难解、难解难分、难分难解、解不开、不解

丝线捆柴——吃不住劲

丝线麻线混一团——难缠

丝线拧成一股绳——合在一起干

司鼓兼吹号——自吹自擂

司机闹情绪——想不开

司令哼曲子——官腔官调

司令上树——趾（枝）高气扬

司马夸诸葛——甘拜下风

司马炎废魏主——袭用老谱、依样画葫芦

司马懿破八卦阵——不懂装懂

司马相如遇文君——一见钟情

司马昭之心——路人皆知

司务长发军装——一套套的

司务长买饭票——公私分明、公是公来私是私

撕衣服补裤子——于事无补、因小失大

死得不明不白——糊涂鬼

死后谈功过——盖棺论定

死胡同逮猫——没跑、跑不了

死胡同里赶大车——行不通、走不通

死胡同里截驴——看你往哪儿跑

死了耗子猫来哭——假慈悲、假慈善

死马当活马医——最后试一把

死面蒸馒头——一个眼也没有

死诸葛吓走活仲达——生不如死、出乎意料、出人意料

死罪逢恩诏——喜出望外

四不像备鞍鞯［an jian马鞍子和垫在马鞍子下面的东西］——奇（骑）怪

四川的担担面——又麻又辣

四大金刚拨船——大推大扳

四大金刚吃汤圆——神不愣（能）腾（吞）

四大金刚弹琵琶——不谈（弹）也得谈（弹）

四大金刚拿豆鼠子［小老鼠］——大眼瞪小眼

四大金刚扫地——有劳大驾、大材小用

四大金刚讨饭——穷凶极恶

四大金刚摇船——大摇大摆

四方木脑袋——难开窍、不开窍

四方木头——踢一踢，动一动

四个鼻孔烂了仁——一鼻孔出气

四个菩萨仨猪头——哪有你的份、没有你的份

四个兽医抬只羊——没法治、没治了

四股叉子扎脚跟——不知哪股出的事

四海龙王动刀兵——里里外外都是水

四季豆翻花（指开二道花）——老来俏

四棱子鸡蛋——没处寻、难寻

四棱子眼睛——六亲不认

四两花椒炖只鸡——肉麻

四两加六两——一惊（斤）

四两棉花八张弓——细谈（弹）

四两棉花——别弹了

四两人讲半斤话——自不量力、不自量

四面八方都有客——朋友遍天下

四面脑勺子——没脸

四十里地不换肩——抬杠的好手

四下里没云——真情（晴）

四月吃毛桃——太早了

四月的冰河——开动（冻）了

四月的桃花——过景了

四月间的桃花——谢了

四肢长胡子——毛手毛脚

四肢抽筋——缩手缩脚

寺里起火——妙哉（庙灾）、慌了神

寺庙的木鱼——任人敲打

寺庙里的武僧——身手不凡

寺院里栽牡丹——美妙（庙）

song

松板夹骆驼——两头吃苦

松了腰带抬石头——没劲儿

松鼠的尾巴——翘得高

松鼠想吃树上鸟——办不到、没法办

松树林里挂灯笼——万绿丛中一点红

宋朝的秦桧，明朝的严嵩——奸对奸

宋徽宗的鹰，赵子昂的马——好话（画）儿

宋江的绰号——及时雨

宋江的军师——无用（吴用）

宋江的眼泪——假仁假义

宋江怒杀阎婆惜——逼出来的、逼的、迫不得已

宋江三打祝家庄——里应外合

宋士杰告状——层层向上

宋太祖陈桥兵变——黄袍加身

送君千里——总有一别

送亲家接媳妇——两头不误

送丧路上遇旋风——躲了一灾又灾、祸不单行

送生娘娘摔孩子——活要人的命

送死人的车马——纸糊的

送灶王爷归天——多说好话

送走客人做饭吃——吝啬鬼

sou

馊饭霉馒头——不对味、不是味儿

su

苏木当柴烧——不识货

苏三上公堂——句句真言、句句实话

苏州的蛤蟆——难缠（南蟾）

苏州老鼠走到杭州偷吃——走也走瘦了

苏州人换糖——不算敷（酥）

酥油里插刀子——迎刃而解

suan

蒜辫子顶门——头儿多

蒜地里栽辣椒——一茬比一茬辣

蒜薹拌藕——对上眼了

蒜薹炒豆渣——光棍儿落难（烂）

蒜薹发权——二杆子

算卦先生的葫芦——肚里有鬼

算命瞎子进村——一阵横吹

算命先生的话——一句真的都没有

算命先生断祸福——胡说

算命先生说气话——舍得几条命不要

算盘掖在裤腰上——肚里净打小九九

算盘珠子——拨一拨动一动、不拨不动、拨来拨去、任人拨拉

算盘珠子脱了框——没用处、无用、没得用

算盘子进位——以一当十

sun

孙猴的脸——说变就变

孙猴的尾巴——变不了

孙猴七十二变——神通广大

孙猴甩掉紧箍咒——无法无天

孙猴子半天云里打眼罩——站得高，看得远、登高望远

孙猴子被封了弼马瘟——自个儿不知道是多大的官儿、不知官大官小

孙猴子变山神庙——尾巴露了馅儿

孙猴子变戏法——无中生有

孙猴子变小庙——一眼就被看破了

孙猴子打筋斗——十万八千里

孙猴子大闹水晶宫——逼龙王献宝

孙猴子戴紧箍咒——除不下来

孙猴子当了弼马温——沾沾自喜

孙猴子的毫毛——会变、神通广大

孙猴子的金箍棒——大小自如、随心如意、可大可小、能大能小

孙猴子上了花果山——称王称霸、称心如意

孙猴子上天宫——大闹一场、得意忘形

孙猴子十八个筋斗——难出五指山

孙猴子跳出水帘洞——好戏在后头

孙猴子头上的金箍——戴上去容易取下来难、摘不下来

孙猴子压在五行山下——不得翻身、负担越来越重

孙猴子遇见如来佛——有法难使

孙猴子着了急——抓耳挠腮

孙猴子钻风箱——受气大王

孙猴子钻进牛魔王肚里——心腹大患

孙猴子作官——毛遂自荐

孙猴子坐金銮殿——不像仁（人）君、屁股不稳

孙猴子坐天下——毛手毛脚、有点不像、手忙脚乱

孙猴钻进铁扇公主肚子里——心腹之患、折腾个没完

孙庞（指战国时期的孙膑和庞涓）斗智——不是你死，就是我亡

孙权嫁妹——赔了夫人又折兵

孙权杀关公——嫁祸于人

孙权招妹夫——弄假成真

孙武训宫女——纪律严明

孙悟空保唐僧——忠心耿耿、降妖拿怪、不怕凶险

孙悟空蹦出老君炉——七窍生烟

孙悟空变魔术——花样繁多

孙悟空打筋斗——十万八千里

孙悟空打猪八戒——倒挨一耙、稳赢

孙悟空大闹天宫——慌了众神

孙悟空戴上紧箍儿——有法无用、无法可使、有法难使、自找不自在

孙悟空当齐天大圣——自封为王、自个儿称王

孙悟空到南天门——慌了神

孙悟空的本事——变化无常

孙悟空的金箍棒——称心如意、能伸能屈

孙悟空的筋斗——跳不出佛爷的手心

孙悟空的帽子——没有松宽的那一天、一道箍儿

孙悟空的身子——说变就变

孙悟空的手段——七十二变

孙悟空取掉金箍咒——无法无天

孙悟空三打白骨精——降妖拿怪

孙悟空上天空——腾云驾雾

孙悟空使的金箍棒——能屈能伸、随心所欲

孙悟空使定身法——一动不动

孙悟空树帅旗——猴孙捧场

孙悟空跳出老君炉——捂不住了

孙悟空听见紧箍咒——头痛

孙悟空西天取经——大显神威

孙悟空压在五行山下——猴急

孙悟空遇到如来佛——无法可使、有法难使

孙悟空遇唐僧——有理说不清、讲不清道理

孙悟空住在水帘洞——称王称霸

孙悟空捉妖——变化多端

孙行者的毫毛——随机应变

孙行者的后代——猴子猴孙

笋壳套牛角——再合适不过了、合适

笋子变竹——节节空、越采越高、节节高、节节上升

榫头钉铁钉——双保险

榫头里的楔子——硬挤

suo

唆狗咬石狮——笨中又笨

唆人跳海——硬往死里逼

梭引红线穿绿线——泾渭（经纬）分明

梭子不挂线——空来往

蓑衣上绣花——底子差、基础差、底子不行

唢呐里吹出笛子调——想（响）不到一块、想（响）的不一样

锁子看门——家中无人

T

ta

他瞌睡你送枕头——正合适

他念他的经，我拜我的佛——互不相干、互不干扰

塌鼻头闻鼻烟——没味道

塌鼻子戴眼镜——没着落、靠不住、不可靠、没处搁

塌鼻子嫁个斜眼——丑对丑、一对丑

塌锅干饭——闷（焖）起来了

塌了大梁的房子——散架

塌了门架断了梁——倒霉（楣）透顶

塌了窝的蚂蚁——阵脚大乱

塔顶散步——走投无路

塔顶上吹喇叭——声名（鸣）远扬

塔顶上散步——无路可走

塔尖上点灯——高明

塔尖上亮相——高姿态

踏板上的蚊子——不在账（帐）内

踏死蛤蟆肚子大——气可不小、好大的气

踏小板凳糊险道神——差一截子、差一大截

踏在薄冰上——好险、冒险、危险

踏着脖子敲脑壳——欺人太甚、太欺负人

踏着城墙上骆驼——够高了

踏着门槛说话——里外挑明

tai

台上唱戏，台下打鼾——看不上眼

台上的油灯——明摆

台上耍魔术——假的

台上握手，台下踢脚——翻脸不认人、两面派

台子上收锣鼓——没戏唱了

抬轿吹喇叭——光图热闹、凑热闹、凑凑热闹

抬头望鹰，低头抓鸡——眼高手低

抬头只见帽檐，低头只见鞋尖——目光短浅

抬腿上楼梯——步步高升、步步登高

抬着食盒爬上树——言之（沿枝）有理（礼）

太保先生待老爷——奉承（神）

太公钓渭水——走老远

太公钓鱼断了线儿——大鱼小鱼都不来

太公在此——百无禁忌、没有你的位置

太极拳的功夫——柔中有刚、软中有硬

太平洋搬家——翻江倒海

太平洋的海鸥——经过风浪

太平洋里的水——无量

太平洋里放长线——想钓大鱼

太平洋里下钩子——放长线钓大鱼

太平洋里一滴水——微不足道、微乎其微

太上老君开处方——灵丹妙药

太师椅着了火——坐也难，站也难

太岁当头坐——非灾即祸

太岁头上动土——胆子不小、自取其祸、惹祸上身、胆大包天、惹不起

太行山上看运河——远水不解近渴

太阳底下的洋葱——皮焦根枯心不死、叶烂皮干心不死

太阳底下的影子——抹不掉

太阳底下点灯——多余

太阳底下点蜡——糟蹋货（火）

太阳底下竖竹子——立竿见影

太阳地里打电筒——多此一举

太阳地里点灯——不增光

太阳地里望星星——白日做梦、梦想

太阳落坡月上山——接连不断

太阳落山后的猫头鹰——睁开眼啦、开了眼

太阳上点火——聊（燎）天

太阳下面的雪人——不久长、难长久

太阳照到墙洞里——光钻空子、见缝就钻、钻空子

泰山的青松——万古长青

泰山顶上唱大戏——唱高调

泰山顶上搭架子——越来越高

泰山顶上放烟火——天花乱坠

泰山顶上观日出——高瞻远瞩、站得高，看得远、登高望远

泰山顶上立暖壶——高水平（瓶）

泰山顶上卖黄金——高贵

泰山顶上散步——没奔头

泰山顶上添捧土——无济于事、不济事

tan

贪财人爱便宜——更改不掉、改不了

贪吃不留种——顾前不顾后、过一天算一天

贪官醉酒——丑态百出

贪婪鬼赴宴——贪吃贪喝、饱吃饱喝、足吃足喝

贪食拉肚子——吃了嘴的亏、全坏在嘴上

贪污分子当会计——一笔糊涂账

贪嘴的鱼儿——爱上钩

滩头上的白鱼——眼睛不闭

瘫子摆渡——划不来

坛中取蛋——手到擒来

坛子里的豆芽菜——直不起腰、伸不起腰、冤屈（圆曲）死了、受不完的勾头罪

坛子里的皮蛋——变了

坛子里的咸菜——有言（盐）在先

坛子里点蜡烛——照里不照外

坛子里和面——搭不上手

坛子里睡大觉——憋气、憋得难受

坛子里喂猪——挨个来、插不上嘴、难插嘴、一个个来

坛子里腌咸菜——泡汤了

坛子里养乌龟——越养越小

坛子里抓辣豆瓣——辣手

坛子里装泥鳅——滑不到哪儿去

坛子里装王八——成心憋人

坛子里捉鳖——手到擒来、稳捉稳拿、十拿九稳

谈判桌上的交易——讨价还价

谈心不点灯——说黑话

檀木雕的菩萨——灵是不灵，稳却稳当

檀木做犁底——屈才（材）

檀香木当柴烧——不知好歹、好歹不分、不识货

檀香木劈劈柴——大材小用

檀香木旋棒槌——不够本钱、不够本、不惜代价

檀香木做锅盖——用才（材）不当

檀香木做烧火棍——屈才（材）

弹花槌擀烙馍——心里厚

弹花店挂弓——不谈（弹）了

弹花匠上殿——有功（弓）之臣

弹花铺里打铁——软硬兼施

弹簧身子蚂蟥腰——能屈（曲）能伸

弹棉花的做了官——有功（弓）之臣

坦克打冲锋——有股闯劲

炭黑做汤圆——漆黑一团

炭火盆扛肩上——恼（脑）火

炭筛子筛芝麻——全落空

炭窝里的石灰——黑白分明

探条插枪膛——直来直去、直进直出、直出直入

tang

汤锅里放黄连——有苦大家吃

汤圆掉煤堆——黑白不分、混淆黑白

汤圆掉在稀饭锅里——糊涂蛋

汤圆落在灶坑里——洗不清、洗不净

唐伯虎追秋香——千方百计

唐朝的茶杯——老古词（瓷）

唐朝的擀面杖——老光棍

唐三藏的扁担——担惊（经）

唐三藏读佛经——出口成章

唐三藏过火焰山——没咒念、凶多吉少

唐三藏过平顶山——凶多吉少

唐三藏念紧箍咒——猴头受罪

唐三藏取经——困难多

唐僧的紧箍儿咒——老得念着

唐僧的龙马——腾云驾雾

唐僧的徒弟——个个是好汉

唐僧的心胸——慈悲为怀

唐僧上西天——取经去、一心取经

唐僧相信白骨精——人妖不分

唐僧学经文——念念不忘

唐僧做道场——有经验（念）

唐王陵上看泾河——远水解不了近渴

堂前中央挂灯笼——正大光明

堂屋挂兽皮——不像话（画）、不成话（画）

堂屋里挂碾盘——实话（石画）

堂屋里推车子——进退两难

塘里的浮萍——浮在面上

塘里漂葫芦——沉不下去

糖包子蘸碱水——自讨苦吃、自找苦吃

糖炒栗子——外焦里嫩、熟了就崩

糖裹砒霜——害人

糖葫芦蘸蜜——甜上加甜、甜透了

糖捏的人——一吹就化

糖衣药丸——苦在肚里

螳臂当车——自不量力、不自量

螳螂捕蝉——不顾后患

螳螂肚子蛤蟆嘴——怪模怪样、怪样子、瞧你那样

螳螂落油锅——全身都酥了、粉身碎骨

躺倒的枯树——腐朽

躺在《百家姓》上打滚——不知姓什么好了

躺在功劳簿上睡大觉——沾沾自喜

躺在怀里的猫儿——俯首帖耳

躺在危墙根下睡觉——找死、送死、寻死、自己找死

躺在席子上吹死猪——长吁短叹

躺着说话——不腰痛

烫手的粥盆——扔了心痛，不扔手痛

tao

掏干油罐子煎豆腐——不惜代价、下尽本钱

逃荒的落户——举目无亲

逃了和尚有庙在——尽管放心

逃难跑到死胡同——绝路一条

桃花潭水深千尺——无与伦比

桃树林里种甘蔗——甜甜蜜蜜

桃子掉地上——熟透了

桃子破肚——杀身成仁

陶工手里的黏土——得心应手

陶器店里买钵头——一套一套的

讨饭的家当——净零碎

讨饭的捡到黄金——喜出望外

讨饭的扭秧歌——穷作乐、穷快活

讨饭的起五更——白费神、空劳神

讨饭的娶老婆——穷对穷、一对穷

讨饭的扔棍——不要跟狗斗气

讨饭的拾条狗——得权（犬）了

讨饭的喂猴——玩心不退

讨口的摆堂戏——穷开心

讨口的掉醋坛——穷酸、又穷又酸

讨口的穿皮袄——穷讲究、穷打扮

讨口的吹喇叭——穷作乐、穷快活

讨口的做客——穷朋友

讨来的馍馍敬祖先——穷孝顺

讨媳妇嫁女儿——一进一出

套车埋老鼠——小题大做

套马杆探月亮——痴心妄想、妄想

套马杆子戴礼帽——细高挑儿

套马杆子顶草帽——奸（尖）的出头

套上大车让老虎驾辕——没人敢（赶）

套袖改袜子——没底儿

套着大车卖煎饼——贪（摊）得多

teng

藤长根短——头重脚轻

藤萝爬上葡萄架——纠缠不清

藤攀枯树——乱纠缠

ti

剔光了肉的排骨——没多大油水、油水不大

剔了肉的猪蹄儿——贱骨头

提扁担进屋——直来直去、直进直出、直出直入

提花机断了弦——没法提、提不得、提不起来、别提了

提鸡赶鸭子——一举两得

提傀儡上戏场——缺少口气儿

提马灯下矿井——步步深入

提桶里搓衣服——同时下手

提猪头进庙——走错了门、找错了门

提着扁担串门子——直来直去、直进直出、直出直入

提着尺子满街跑——量人不量己、不量自己，光量别人

提着醋瓶借钱——穷酸

提着灯笼打柴——明砍

提着灯笼拾粪——找死（屎）、寻死（屎）

提着灯笼行窃——明目张胆

提着点心去求人——甜言蜜语

提着唢呐打瞌睡——做事不当事

提着头发上天——办不到、没法办

提着影戏人上场——好歹别戳破了这层纸

剃头扁担——长不了

剃头带洗澡——干脆利索、干净利索

剃头刀不能砍柴，砍柴刀不能剃头——大小各有用场、各有用场

剃头刀裁纸——真快

剃头刀砍木头——用得不是地方

剃头的不带刀子——愣撸

剃头的动手——一触即发

剃头的发脾气——舍得几个头不要

剃头的关门——不理

剃头的管修脚——负责到底

剃头的扛铡——干大活的手

剃头的拿推子——有头了

剃头的拍巴掌——完事、完了

剃头的收摊——没头了

剃头的头发长——越是自己的活越顾不上

剃头的歇工——没人理、不理

剃头刮脊梁——管得宽

剃头刮脸——一道下来

剃头匠的担子——一头热一头冷

剃头匠发火——置之不理

剃头匠使锥子——一个师傅一个传授

剃头匠说气话——舍得几个脑壳不要

剃头铺关门——不理、没人理

剃头师傅使锥子——不对路数、胡来、不是路数

剃头剃个光脑壳——头名（明）

剃头挑子——一头热、一头冷来一头热

剃头洗脚面——从头错到底、差了一人高

剃头捉虱子——一举两得

替丧家鼓掌——幸灾乐祸

tian

天安门前的狮子——一对儿、明摆着

天长遇着地矮子——互不道长短

天窗下谈天——说亮话

天鹅落在鸡窝里——盛不下

天干禾苗黄——奄奄一息

天高皇帝远——有冤无处申、管不着

天狗吃太阳——没法下口

天狗吃月亮——难下爪、无从下口、难下口、总要还原、圆吞

天黑敬菩萨——心到神知

天黑想起赶集——错过时机

天黑找不到路——日暮途穷

天花板上挂棋盘——一个子儿也没有

天津卫的娃娃——你（泥）小子

天井里捉鱼虾——没来路

天井院里的瞎子——处处碰壁

天井院里竖竹竿——无依无靠

天空的浮云——下落不明、不知下落、一吹就散

天空里闪电——雷厉风行

天冷偏烤湿柴火——对着吹

天亮才烧炕——晚了、迟了

天亮的喜鹊——一睁眼就喳喳个没完

天亮公鸡才叫——白提（啼）

天亮下大雪——明白、明明白白

天灵盖上长眼睛——目中无人

天马行空——挡不住马脚

天猫配地狗——一对儿

天南海北走亲戚——来去自由

天女散花——遍地都是

天平没砝码——两头空、两落空

天平上称大象——不知轻重

天平上秤人——把人看轻了

天平上乱加码子——不公平

天桥的把式——光说不练

天然牛黄——宝贝疙瘩

天山顶上一棵草——有你不多，无你不少

天上不下雨——有情（晴）

天上的彩虹，地下的幻影——看不见，摸不着

天上的彩虹——可望而不可及、好景不长

天上的飞机，地下的火车——撞不上

天上的浮云，地下的风——无影无踪、无拘无束

天上的老鹰不吃脏东西——清高

天上的雷——空想（响）

天上的流星——一时光

天上的鸟——自由自在、无拘无束

天上的星星——数不清、没准数、若明若暗

天上的月亮——看得见，摸不着

天上的蜘蛛网——高丝（师）

天上掉馅儿饼——白日做梦、梦想

天上飞的鹞子——总要落地

天上架桥——想到办不到

天上裂了缝——日月难过

天上霹雳打雷公——自相惊扰

天上选县长——管得宽

天上一脚，地下一脚——谁也不挨谁

天生的黄鳝——成不了龙

天生的柳条子——成不了才（材）、不成才（材）

天生的歪脖子——更改不掉、改不了

天师过河不用船——自有法度（渡）

天塌了用头顶——假充好汉

天天泡病号——不是好人

天文台上的望远镜——好高骛远

天下的乌鸦——一般黑

天要下雨，娘要嫁人——无可奈何、管不着、不由人愿、由不得

人、各随其便

天要下雨鸟要飞——各随其便

天有飞机，地有坦克——上下夹攻

田塍（tián chéng 田埂）边栽芋头——外行

田塍上种黄豆——靠边站

田埂上的蚕豆——一路

田埂上的泥鳅——滑不了

田埂上推车——路子窄

田埂上修茅厕——肥水不落外人田

田鸡唱歌——呱呱叫

田鸡笼打翻——一团糟

田鸡跳到戥（děng）盘上——自称自

田鸡吞烟油——尝到辣头

田鸡要和牛比——胀破肚皮也没用

田家阿奶吃糖儿——甜（田）对甜

田间锄地遇杂草——不足为奇

田间老鼠——嘴尖牙利

田坎上爬长虫——地头蛇

田里的泥鳅——滑头滑脑

田里的蚯蚓——满肚疑（泥）、没骨头

田里的庄稼——土生土长

田螺爬上旗杆顶——唯我独尊

田螺讨吃——夜里忙

田鼠串门儿——土里来土里去

田鼠要走家鼠步——硬逞能、瞎逞能

田鼠走亲戚——土里来，泥里去

田头训子——言传身教

甜点心敬财主，糠窝窝送乞丐——看人行事

甜糕蘸蒜汁——不对味、不是味儿

甜瓜地里长甘蔗——从头甜到脚

甜酒里掺豆油——不对味、不是味儿

甜酒里兑（掺和）水——亲（清）上加亲（清）

挑玻璃货担子摔跤——总有破损

挑担的松腰带——没劲儿

挑灯草走路——担空心、干轻巧活

挑缸钵的断扁坦——没有一个好货、没有一个好的

挑脚的穿大褂——冒充斯文、假斯文、装斯文

挑雷管上山——担风险

挑沙罐下悬崖——家破人亡、家败人亡

挑石登泰山——谈何容易

挑水带洗菜——两不耽误、两得其便、一举两得

挑水的扁担——长不了

挑水的回头——过景（井）了

挑水的娶个卖菜的——志同道合

挑水的逃荒——背井离乡

挑水骑单车——武艺高、本领高

挑雪堵洞——劳而无功、有劳无功

挑雪堵窟窿——白费工夫、白费劲、枉费工、久后分明

挑盐巴腌海——尽干傻事

挑一担子瓦罐过河——操心过度（渡）

挑着扁担长征——任重道远

挑着扁担进门——横祸（货）

挑着担子背着娃——能者多劳

挑着缸钵走滑路——担风险

挑着棉花过刺笆林——东拉西扯、七勾八扯、走一步挂一点

挑着磨盘背着碾——负担太重

条条小溪流大江——大势所趋

笤帚疙瘩戴凉帽——装大头鬼

笤帚疙瘩上做茧——结不出好果来

跳大神的翻白眼——没咒念

跳大神的——装神弄鬼

跳到秤盘里——拿自己来量别人

跳到黄河洗不清——冤枉、太冤枉

跳蹬上作揖——止步

跳河闭眼睛——横了心

跳梁小丑——上蹿下跳

跳伞爱好者——喜从天降

跳伞队员搞表演——空翻多

跳上岸的大虾——慌了手脚、离死不远

跳上岸的鱼——只张嘴巴没有声

跳上舞台凑热闹——逢场作戏

跳网的鱼儿又吞钩——躲了一灾又一灾、祸不单行

跳舞的脚步——有进有退

跳蚤充龙种——冒牌货

跳蚤戴串铃——假充大牲口、装什么大牲口

跳蚤顶被窝——枉费心机、力不能及、力不从心、心有余而力不足

跳蚤练功——小把戏

跳蚤旭蹶子——小踢小打

跳蚤脾气——好蹦跶

跳蚤烧汤——没多大油水

跳蚤想顶被窝——力不足

跳蚤性子——见肉就叮

跳蚤钻被缝——顾头不顾尾、顾头不顾腚

跳蚤钻进袜筒里——角色（脚虱）

tie

贴身的丫鬟——寸步不离

铁板钉钢钉——硬到家

铁板上炒豆子——熟了就崩（蹦）、熟一个崩（蹦）一个

铁板上钉钉——有板眼、有板有眼、硬对硬

铁杵对铜臼——硬捣

铁杵磨成针——全靠功夫深、非一日之功、功到自然成

铁炊帚刷铁锅——都是硬货

铁锤打钢钎——硬对硬

铁锤打夯——层层着实

铁锤打纸鼓——不堪一击

铁锤跌在橡皮上——一声不响

铁锤擂山石——硬碰硬、干脆利索、干净利索

铁锤敲钟——响当当、当当响

铁锤砸钢板——硬打硬拼

铁锤砸核桃——粉身碎骨

铁锤砸脑壳——碰得头破血流

铁锤砸铁砧——一个比一个硬、硬碰硬

铁锤砸乌龟——硬碰硬、不怕你硬

铁锤砸在被窝里——没回音、无回音、没反应

铁打的肠子铜铸的心——变不了、没法变

铁打的钉耙——一把硬手、是把硬手

铁打的饭碗——砸不坏，摔不破

铁打的房梁磨绣针——功到自然成

铁打的耕牛——动不得力（犁）

铁打的葫芦——难开口、口难开、不好开口、不开窍、难开窍

铁打的馒头——一个比一个硬、难啃、啃不动

铁打的脑壳——不转向

铁打的锁链——一环扣一环

铁打的围墙——不透风

铁打的衙门，流水的县官——有职不愁无权

铁打房梁磨绣针——功到自然成

铁蛋子生蛆虫——天下奇闻、无奇不有

铁钉打大刀——不够料

铁钉钉黄连——硬往苦里钻

铁钉铆在钢板上——扎扎实实

铁钉耙挠痒——充硬手

铁鼎锅碰上铁扫把——硬对硬

铁公鸡还套三道箍——一毛不拔

铁公鸡下蛋——没指望、不可能的事、休想、没有的事

铁钩子搔痒痒——一把硬手、是把硬手

铁拐李把眼挤——你哄我，我哄你

铁拐李摆摊——蹩脚货

铁拐李帮忙——越帮越忙

铁拐李的葫芦——不知卖的什么药

铁拐李的脚杆——长短不齐、高的高来低的低

铁拐李葫芦里的药——医不好自己的病

铁拐李落难卖打药——总会碰到识货人

铁拐李卖跌打药——货真价实

铁拐李碰着吕洞宾——顾嘴不顾身

铁拐李跳舞——摆不平

铁拐李走独木桥——走险

铁拐李走路——一摇三摆

铁管子当油桶——没底儿

铁轨上的火车——走得正，行得直、行得正，走得端

铁锅炒蚕豆——干脆、干干脆脆

铁锅里的螺蛳——水深火热

铁锅碰茶缸——想（响）不到一块、想（响）的不一样

铁锅遇着铜炊帚——对头

铁黑豆——吵（炒）不起来

铁将军把门——关门闭户、家中无人

铁匠扒火炉——散伙（火）

铁匠摆手——欠捶（锤）

铁匠被锁——自作自受、自食其果

铁匠出身——光会打、只讲打

铁匠传手艺——趁热打铁、趁热干

铁匠催徒弟——快打

铁匠打锤——直起直落

铁匠打石匠——实（石）打实（石）着（凿）

铁匠打铁不用锤——好手

铁匠打铁——趁热

铁匠戴手铐——自作自受

铁匠当官——只讲打

铁匠的活路——硬功夫

铁匠的围腰——近（净）视（是）眼、漏洞多

铁匠的砧子——挨砸的货、不怕敲打、天天挨捶

铁匠拉风箱——柔能克刚（钢）

铁匠撂手——欠锤

铁匠炉的料——该打、不打不成器

铁匠炉的钳子——好家伙（夹火）

铁匠炉里的铁——该打

铁匠炉旁的砧子——专等挨捶哩

铁匠炉下雹子——冰火不同炉

铁匠炉子不点灯——掏出来就见

铁匠炉子落下脚——趁火干

铁匠抡不好锤——不是那把手

铁匠抡大锤——甩开膀子大干

铁匠骂徒弟——不会打

铁匠铺的产品——样样过硬、打出来的

铁匠铺的料——挨敲打的货、挨敲的货

铁匠铺的买卖——都是硬货、过得硬、斗硬、样样过得硬、件件都是硬货

铁匠铺开门——动手就打

铁匠铺开张——煽风点火、叮叮当当

铁匠铺里打金锁——白费工夫、白费劲、枉费工

铁匠铺里的风箱——不拉不开窍

铁匠铺里的火叉——一头热、一头冷来一头热

铁匠铺里的家什——都是硬货

铁匠铺里的砧子——挨敲打的货、挨敲的货

铁匠铺里失火——该然（燃）

铁匠铺卖豆腐——软硬兼施

铁匠上班——不打不行

铁匠生炉子——煽风点火

铁匠师傅耍手艺——叮叮当当

铁匠使凿子——斩钉截铁

铁匠说梦话——快打

铁匠做官——只讲打、以打为主

铁壳里放鸡蛋——万无一失

铁拉锁，子母扣——分久必合，合久必分

铁笼里的老虎——威风扫地

铁笼里装猴子——乱窜

铁笼子捕鱼——捉活的

铁笼子里关家贼——正合适、真巧（雀）

铁路警察——各管一段、管不着这一段

铁路上的车站——靠边站

铁路上的枕木——经得住压、明摆着

铁牛的屁股——推不动

铁耙子挠头——一把硬手、是把硬手

铁耙子搔痒痒——一把硬手、小题大做、充硬手

铁皮葫芦——外强中干

铁菩萨过河——不服（浮）

铁球掉在江心里——团圆到底

铁人不怕棍——身子硬

铁人戴钢帽——双保险

铁人生锈——害自身

铁人遭棍打——不屈不挠

铁树开花——千载难逢、无结果、不结果、好事难盼、难得、难遇

铁刷子抓痒——道道多

铁丝串铜铃——两头溜

铁丝箍紧大黄桶——滴水不漏

铁丝架桥——难过

铁丝做门闩——经不起推敲

铁桶里放鞭炮——空想（响）

铁筒子当筲使唤——没底儿

铁砣掉井里——不懂（扑通）

铁丸子打汤——不进油盐、油盐不进

铁仙鹤——一毛不拔

铁屑见磁石——密不可分

铁疙瘩当焊条——不是这块料

铁硬木头软——各有各的性

铁铸黄牛——开不得犁

铁爪子捉木鸡——手到擒来

铁嘴豆腐脚——能说不能行

ting

厅堂里的老古董——摆设

听鼓书抹眼泪——有情人、替古人担忧

听见风就是雨——瞎起哄、瞎猜

听见猫叫骨头酥——胆小如鼠

听评书掉眼泪——替古人担忧、瞎操闲心

听哑巴唱戏——莫名其妙

亭子里谈心——讲风凉话、全是风凉话

tong

通天的深井——摸不着底

同床异梦——有二心

同吹两把号——想（响）到一块了

同哑巴说话——指手画脚

同窑烧的砖瓦——一路货

同一池子的水——一模一样、一个样、没什么两样

同一个马鞍上的人——走的是一个方向

同一只鞋楦的鞋——一模一样、一个样、没什么两样

桐油畚斗——滴水不漏、点滴不漏

铜板做眼镜——满眼是钱

铜鼎锅碰着铁炊帚——硬碰硬

铜匠的家当——各有一套

铜匠挑担——走一步想（响）一想（响）

铜铃打鼓——另有音

铜罗汉铁金刚——一个比一个壮、一个赛一个

铜盘碰上铁扫帚——互不相让、谁也不让谁

铜钱当眼镜——认钱不认人、一切向钱看

铜钱眼里打秋千——小人

铜墙铁壁——坚不可摧

铜头戴了铁帽子——双保险

童男童女（旧时殉葬用的纸男纸女）跌河里——架子不倒

童子拜观音——收住了身

童子带路——以小引大

瞳孔里挑刺——故意找碴儿

捅火棍当枪使——打不响

捅开的锈锁——开窍了

捅烂大腿充生疮——无事生非

桶水两盐——淡而无味

桶做喇叭床当鼓——大吹大擂

筒车打水——团团转

痛快妈哭痛快——痛快死了

tou

偷吃的猫——记吃不记打、心不改

偷吃海椒（辣椒）挨耳光——里外发烧

偷儿见了钱包——眼红手痒

偷儿进果园——没理（梨）找理（梨）

偷汉子摔罐子——丢人打家伙

偷鸡不成——白撒几把米

偷鸡不成蚀把米——不上算、不合算、得不偿失

偷鸡不得摸了一只鸭子——反正不落空

偷鸡打店主——一错再错

偷来的喇叭——吹不得、别吹了

偷来的锣鼓——打不得、想（响）不得

偷了银子唱大戏——你庆个什么功

偷南瓜带摘葫芦——两不耽误、两得其便

偷油的老鼠——手脚不干净、油嘴滑舌

偷油婆滚进面箩筛——饱餐一顿

偷猪不成摸只鸭——不落空

偷嘴的狗——见人就逃

偷嘴的猫儿——本性难移

头穿袜子脚戴帽——一切颠倒

头戴帽子——脸上下不去

头当斗笠，背当蓑衣——自欺欺人、自骗自、自己哄自己

头顶灯草——轻巧

头顶灯笼——脸上光彩、高明

头顶橄榄核，脚踩西瓜皮——又奸（尖）又猾（滑）

头顶轿子——抬举人

头顶磨盘——不知轻重

头顶碾盘耍狮子——费力不讨好、吃力不讨好，费劲不落好

头顶上长眼睛——目空一切、旁若无人、放眼世界

头顶生目，脚下长手——眼高手低

头发胡子一把抓——搞不清楚、理不清

头发里拣须——哪里去寻

头发里找粉刺——吹毛求疵（刺）

头发冒烟——恼（脑）火

头发捻绳子——不合股、合不了股

头发丝炒韭菜——乱七八糟

头发丝穿豆腐——没法提、提不得、提不起来、别提了

头发丝吊大钟——千钧一发

头发丝儿打结——难解难分、难分难解

头发丝儿扣算盘——精打细算

头发丝遮眼睛——办不到、没法办

头发窝里的虱子——乱跑乱跳

头皮上擦火柴——划不着

头上插草标（旧时在欲售之物上插草棍作为出售的标志）——自卖自身

头上插鸡翎——好威风

头上插鸡毛——算哪一国的王子

头上插辣椒——红到顶了

头上插扇子——大出风头

头上插着风向标——随风转

头上长犄角——比别人出格、荒唐

头上长秃疮——顶坏、坏到顶了

头上长嘴——说天话

头上穿套裤——不上不下、上不上，下不下、放不下脸、脸面上下不来

头上穿袜子——能出角（脚）来了

头上的虱子——寄生虫、乱跑乱跳

头上点灯——唯我高明、自以为高明

头上顶刀子——豁着干

头上放坛子——一定要顶住、杂耍

头上砍一刀——伤脑筋

头上撒蚜子——自讨麻烦、自找麻烦

头上顶碓窝——老实疙瘩

头上顶磨盘——不知轻重

头上站鸭子——顶呱呱

头痛往脊梁上贴膏药——找错了地方、搞错了地方

头痛医脚——不对路数

头痛医头，脚痛医脚——不解决根本问题、将就行事

头雁中弹——乱了群

头痒抓脚板——不相关、找错了地方、搞错了地方

头一回挥刀上阵——初试锋芒

头枕元宝——守财奴

投个旋风说是鬼——疑心重

投河闭眼睛——横心了

投机商人的信条——唯利是图

投机商人讲义气——不图名利

投机商做买卖——招摇撞骗

投石问路——探探深浅、试试深浅

投桃报李——礼尚往来

tu

秃头钉子——没冒（帽）

秃子跟前讲理发——惹人多心

秃子跟着月亮走——借光、沾光

秃子拿木梳——咋说（梳）呢

秃子拾个簪——往哪放

秃子剃头——省工不省钱

秃子争木梳——多余

秃子走月亮地——上下都有光

图书馆的耗子——蚀（食）本

图书馆失火——自然（字燃）

徒弟充师傅——啥事不懂、不懂事

徒手打老虎——有勇无谋

屠夫念经——假仁慈

屠夫杀鸡——难不住

屠夫杀羊——内行

屠夫说猪，农夫说谷——三句话不离本行

屠夫送礼——提心吊胆

屠夫挑内脏——两头担心

屠夫宰鸡鸭——不在话下

屠家念经——不相称

土豹子出汗——狂热

土豹子点火——狂然（燃）

土豹子做梦——狂想

土蚕钻进花生壳里——假充好人（仁）

土地公公吃炒面——不得开口

土地公公杵铜棍——钱可通神

土地公公敬不得檀香——受不起抬举

土地公公跑到河里——不守本分

土地庙里求神——无人表态

土地庙上开窗——神气通天

土地难比门神——一高一低

土地菩萨掉在大河里——留（流）神、难劳（捞）

土地爷搬家——走了神

土地爷打算盘——神机妙算

土岗子上闹旱灾——山穷水尽

土公佬剃头——生刮死刮

土里埋金——有内才（财）

土楼里造飞机——异想天开

土埋了大半截的人——没多大奔头

土杏核儿——苦人（仁）儿

土杏仁拌苦瓜——苦上加苦

土做的人儿——实心眼儿

吐口唾沫砸个坑——出口有分量

吐口唾沫粘麻雀——痴心妄想、妄想

吐鲁番的葡萄——甜上加甜、甜透了、家家有、甜甜蜜蜜

兔儿头，老鼠尾——不伦不类

兔死狐悲——掉的不是同情泪

兔死还要跳三跳——垂死挣扎

兔子扒窝——安家落户

兔子蹦到车辕上——假充大把势

兔子逼急了——还会咬人哩

兔子长尾巴——长不了

兔子蹬鹰——以攻为守

兔子掉海里——不着边际

兔子掉井里——迷了头

兔子耳朵——听得远

兔子翻跟头——小架儿

兔子跟千里马赛跑——马力足

兔子跟着马儿跑——望尘莫及

兔子见了鹰——魂飞魄散、四爪朝天、如临大敌

兔子宴请老虎——寅吃卯粮

兔子走运——三月的好时光

菟丝子爬秧——胡勾乱连

tuan

团鱼翻筋斗——四脚朝天

团鱼挂在板壁上——四脚无靠

团鱼下滚汤——爬到死

团鱼咬棒棒——你放他不放

tui

推开天窗——说亮话

推磨挨磨棍——费力不讨好、吃力不讨好、费劲不落好

推人下井还要滚石头——害人不浅

推土机的大铲——吃苦（土）在前

推土机进茅草地——斩草除根

推小车的上了柏油路——没治（辙）了

推小车上大坡——步步高升、步步登高、只进不退、越高难度越大

推小车上台阶——步步有坎、一步一个坎

推着车子上墙——白费工夫、白费劲、枉费工

腿肚子抽筋——身不由己、不由自主、寸步难行

腿肚子上捅一刀——离心远着哪、离心远哩

腿肚子转筋——痛在心里

腿上绑轮子——跑得快

腿上绑绳子——拉倒

腿上挂铃铛——走到哪，响到哪

腿上贴邮票——走人了

退潮的海滩——水落石出

蜕皮的毒蛇——毒性不改

蜕皮的知了晒太阳——翅膀硬了

褪毛的鸾凤——不如鸡

tun

吞进了烙铁——一副热心肠

tuo

托着扁担过马路——横行霸道

托着手鼓提着竹笛——又吹又拍、吹吹拍拍

拖车拉泰山——大头在后面、大的在后头

拖拉机爆胎——好大的气

拖拉机加油——来劲了

拖拉机犁大田——直来直去、直进直出、直出直入

拖拉机转弯——卷土重来

脱把锄头——没用处、无用、没得用

脱钩的黄鳝——刁滑

脱钩的鲤鱼——不再上当

脱钩黄鳝漏网鱼——难兄难弟

谚语·歇后语

一一〇四

脱祸求财——时来运转

脱僵的野马——无拘无束、拢不住、横冲直撞、乱闯乱碰

脱了把的斧头——没用处、无用、没得用

脱了轨的火车——翻了

脱了旧鞋换新鞋——改邪（鞋）归正

脱了鳞的鱼——一天比一天难过、不知死活、死活不知

脱了笼头的马——乱跑、无处寻

脱了毛的刷子——有板眼、有板有眼

脱了毛的鹰——神气不了

脱了绳的猴子——无拘无束

脱了线的风筝——身不由己、远走高飞

脱手的气球——无牵挂、无牵无挂

脱下毡帽补烂鞋——顾了这头丢那头

脱线鸢子——东飘西荡

脱衣服烤火——弄颠倒了、颠倒着做、多此一举

驮盐巴过河——越背越轻

驮盐驴子跳河——想轻松

陀螺屁股——立场不稳、坐不稳、坐不住

驼背绊跟头——倒霉透了、真倒霉

驼背背人——顶心

驼背人上山——钱（前）紧、钱（前）缺、钱（前）心重

驼背上山——不敢回头

驼背上树——不贴心、钱（前）紧、钱（前）缺

驼背作揖——拿起来现成的、顺便

驼子背火球——烧包

驼子背上压石头——加重负担

驼子跛子睡一床——七拱八翘

驼子穿背心——前长后短、遮不了丑

驼子打赤膊——当面现丑

驼子打伞——背时（湿）

驼子的背——翘起来的

驼子跌街心——卖俏（翘）

驼子翻跟头——费力不讨好、吃力不讨好、费劲不落好、两头翘

驼子坏了腰——卑躬（背弓）屈膝

驼子扛弓——弯弯曲曲

驼子睡在拱背桥上——俏得很

驼子仰面睡——两头不着实

驼子作揖——出手不高、起手不高、起手不难、顺便

鸵鸟钻沙——藏头露尾

鸵鸟钻沙堆——顾头不顾尾、顾头不顾腚、藏头露尾

W

wa

娃儿哭了给娘抱——一推了事

娃儿玩积木——不成重来

娃儿要妈妈摘星星——蛮不讲理

娃娃拔萝卜——硬往外拽

娃娃吹喇叭——小气、没谱

娃娃的脸——一日三变

娃娃逗狗——回头一口

娃娃逗娃娃——嘻嘻哈哈

娃娃放风筝——抖起来了

娃娃放炮仗——又惊又喜

娃娃赶场——东张西望

娃娃过年——蹦得欢、快活极了、真快活、光图吃、只讲吃

娃娃见了娘——笑逐颜开、喜笑颜开

娃娃看飞机——人小见识大

娃娃看戏——欢天喜地

娃娃拿到新玩具——爱不释手

娃娃爬楼梯——上下两难、上下为难

娃娃骑木马——不进不退

娃娃敲小鼓——不成点

娃娃上街——哪里热闹到哪里

娃娃拾花炮——沾沾自喜

娃娃耍刺猬——抱着嫌扎手，丢又舍不得

娃娃耍灯笼——乱跳

娃娃学舌——说了不算

娃娃学走路——左右摇摆、摇摆不定、一步步来

挖耳勺打酒——不是正经东西

挖耳勺里炒黄豆——一个个来

挖耳勺里炒芝麻——没多大油水、油水不大、小鼓捣、扒拉不开

挖耳勺刨地——小抠

挖耳勺舀海水——不显眼

挖耳勺舀米汤——无济于事、不济事

挖耳勺舀人参——细细品尝

挖井碰见喷泉——好得很、好极了、正合心意

挖人墙脚补自己缺口——净干缺德事

挖塘甩泥鳅——一举两得

挖土机的抓斗——是把硬手

挖窑挖到牢里——自找罪受、自找难受

瓦背上的胡椒——两边滚、十有九跑

瓦房顶上盖草席——多此一举

瓦房上盖蒿草——怪物（屋）

瓦缸盆倒胡桃——一干二净

瓦罐里的蛐蛐——一个劲地往外蹦

瓦罐里点灯——心里亮、肚里明

瓦罐里冒烟——土里土气、土气大

瓦罐子和土坯子——一路货

瓦匠干活——拖泥带水

瓦匠碰上鞋匠——帮不上忙

瓦匠砌墙——两面三刀

瓦片上凿洞——捅娄（漏）子

瓦上的窟窿——漏洞

瓦上结霜——不久长、难长久

瓦石榴——看得吃不得

袜筒改护腕——将就材料

袜子戴头上——总算有出头日子了

袜子改长裤——高升

袜子没底——直升（伸）

袜子头上戴——上下颠倒

wai

歪把子葫芦——从哪里开瓢

歪脖子出征——扭头就走

歪脖子吹灯——一股邪（斜）气

歪脖子吹笙——正气不如邪气大

歪脖子当扒手——贼相难看

歪脖子高粱——另一个种

歪脖子挂项链——不见得美

歪脖子看报纸——邪（斜）念

歪脖子看手表——观点不正

歪脖子看天——扭着劲

歪脖子看戏——人不正、斜眼瞧人

歪脖子拉小提琴——两全其美

歪脖子树上结歪梨——不成正果

歪脖子树——值（直）不得、成不了才（材）、根子不正、难治（直）、定了型

歪脖子说话——嘴不对心

歪戴帽子斜穿袄——不成体统

歪锅配偏灶——一套配一套、两将就、两凑合、差对差、差配差

歪了磨砸了碾——实（石）打实（石）

歪苗长歪树——根子不正、根骨不正

歪墙开旁门——邪（斜）门

歪上轴承斜上轴——没安好心

歪头看戏怪台斜——无理取闹

歪歪嘴跌跤——上错下错、错上错下

歪着头跑步——走邪（斜）路、不走正路

歪嘴巴吹得一曲好唢呐——气歪声响

歪嘴巴和尚——念不出好经

歪嘴吃石榴——尽出歪点子

歪嘴吹灯——风气不正、一团邪（斜）气、邪（斜）气

歪嘴吹笛子——对不上眼

歪嘴吹海螺——两将就、两凑合、歪对歪

歪嘴吹牛角号——以歪就歪

歪嘴当骑兵——马上丢人

歪嘴和尚——没正经、念不出好经

外国人照合影相——洋相不少

外贸商品不合格——难出口

外面得了一块板，屋里丢了双扇门——得不偿失

外婆讲故事——说的说，听的听

外婆送亲——多此一举

外甥打阿舅——公事公办

外甥打灯笼——照旧（舅）

外头拾块铺衬，屋里丢件皮袄——得不偿失

外屋里的灶王爷——独座

外乡人过河——心里没底、不知深浅

外行打铁——乱吹（捶）

外行人看魔术——莫名其妙

wan

弯扁担打蛇——两头不着实

弯刀对着瓢切菜——两将就、两凑合、正合适

弯镰打菜刀——改邪（斜）归正

弯镰割麦——拉倒

弯藤结歪瓜——孬种、不是好种

弯铁条割麦子——拉倒

弯腰捡稻草——轻而易举

弯腰树——直不起来

剜草的拾了个南瓜——捡着大个的

玩把势的绝技——耍花招

玩把戏的牵老鼠——没大猴

玩把戏的作揖——使尽本事了

玩彩船的伴乐——吹吹打打、又吹又打

玩猴的丢了锣——耍不起来

玩猴的敲锣——单等你爬杆了、虚张声势

玩火烧自身——自作自受

玩具店里的刀枪——中看不中用

玩具店里的洋娃娃——讨人爱、爱煞人、有口无心、小手小脚

玩具娃娃暖被窝——热不了

玩龙船的攀了个打花鼓的——穷对穷、一对穷

晚点的火车——赶得上

晚上干活——披星戴月

碗边上的饭——吃不饱人

碗碴子剃头——难受

碗橱里打老鼠——碍手碍脚、难下手、下不了手、无法下手

碗底的豆子——历历（粒粒）在目

万花筒——千变万化

万顷黄沙一棵草——不显眼

万泉河里洗澡——左右逢源

万岁爷的顺民——安分守己

万岁爷卖包子——御驾亲征（蒸）

万丈高楼失足，扬子江心翻船——好险、冒险、危险

万丈悬崖上的鲜桃——没人睬（采）、没人尝过

万丈崖上的野葡萄——够不着

万字比方字——只差一点、差一点

wang

亡羊补牢——为时未晚

王八变黄鳝——解甲归田

王八吃秤砣——铁了心了

王八翻身——爬不起来

王八盖上插蜡扦——鬼（龟）火直冒

王八看绿豆——对上眼了

王八咬人——叼住不放

王八找个鳖亲家——门当户对

王八中状元——规（龟）矩（举）

王八爪子惹的祸——概（盖）不由己

王八钻鼠洞——大概（盖）难办

王八钻灶坑——既憋（鳖）气又窝火、拱火儿呢

王八作报告——憋（鳖）声憋（鳖）气

王二麻子挨打——敲到点子上

王府的差役——难当

王府的管家，相府的丫鬟——有职无权、当家不做主

王伦当寨主——没人投奔

王麻子的剪刀——货真价实、名不虚传、有真有假、名牌货、招牌响亮

王母娘娘开蟠桃会——聚精会神

王奶奶和玉奶奶比武——只差一点儿

王胖子的裤带——前松后紧、稀松平常（长）

王婆画眉——东一扫西一扫

王婆骂街——四邻皆知

王婆卖瓜——旁人不夸自己夸、人家不夸自己夸、自卖自夸

王婆照应武大郎——没好事、不是好事、没安好心

王强（戏曲《杨家将》中人物）害忠良——诡计多端

王熙凤管家——大有大的难处

王熙凤弄权——聪明反被聪明误

王羲之的手书——一字千金

王羲之的砚台——心黑

王羲之的字帖——别具一格

王羲之写字——入木三分、熟手、手熟、熟能生巧、横竖都好

王字少一横——有点土

网袋捞泥鳅——跑的跑，溜的溜

网兜打水——一场空

网兜里的王八——乱伸头

网兜里放泥鳅——一个不留

网兜提猪娃——露了题（蹄）

网里的鱼，笼中的鸟——没跑、跑不了

网套里的麂子——吓破了胆

网外捉鱼——捞外快

网中抓鱼——笃定

望风捕影——一场空

望江亭上度中秋——近水楼台先得月

望远镜倒拿着——光看自己的鼻子尖

望远镜观天——一孔之见

望远镜看风景——近在眼前

望远镜里观察——清清楚楚

望着高炉发愣——恨铁不成钢

望着月亮想伸胳膊——眼高手低

wei

为打耗子伤了玉瓶——因小失大

为官清正——两袖清风

为灭虱子烧棉袄——小题大做

为妻骂妾——迫不得已

为人投四海——朋友多

为人作嫁——徒劳无功、徒劳无益

为虱子烧了旧棉花——小题大做

韦驮舞宝剑——无（舞）主（杵）

圩子（wéi zi低洼地区围绕房屋田地等修建的防水堤岸）上的老鼠——隐患

围巾上绣花——锦（巾）上添花

围棋盘里下象棋——不对路数

围着坟堆兜圈子——团团转

围着火炉吃冰糕——不知冷热

围着火炉吃西瓜——身上暖烘烘，心里甜滋滋

围着火炉喝白干——周身火热

围着火炉谈心——越说越热乎

围着叫花子逗乐——拿穷人开心

桅杆顶上安灯——空挂名（明）

桅杆顶上吹唢呐——四方闻名（鸣）

桅杆顶上的海螺——靠天吃饭

桅杆顶上的麻雀——胆儿大

桅杆顶上翻跟头——软硬功夫都有、硬功夫

桅杆顶上挂渔网——空张罗

桅杆顶上看人——把人看扁了

桅杆顶上耍把戏——爬得高，跌得重、登高必跌重、武艺高、本领高

桅杆尖上的猴子——到顶了

桅杆开花——没指望

桅杆上响喇叭——高调

桅杆做了顶门杠——大材小用

维吾尔姑娘的辫子——一抓就是一把

维吾尔族的朵帕——顶好

维吾尔族的姑娘——辫子多

尾巴上绑芦花——假充大公鸡

卫星上天——远走高飞

卫懿（yì）公养仙鹤——忘了国家大事

未猜灯谜先揭底——不打自招

未婚妻做了望门寡——冤枉、太冤枉

wen

温度计掉冰箱——直线下降

温泉里洗澡——泡病号、冷暖自己知

温室里的花朵——经不起风雨、经不起风吹雨打

温室里种庄稼——旱涝保收

温汤罐里煮甲鱼——死不死，活不活、要死不活、不死不活

温暾（tūn）水——不冷不热

温暾水沏茶——没味道、淡而无味

瘟神下界——百姓遭难、四方遭灾、不知哪方遭灾

文火熬蹄膀——慢慢来

文火蒸糕——闷（焖）起来了

文盲读《圣经》——两眼一抹黑

文盲贴对子——不分上下、上下不分

文庙里卖《四书》——冒充圣人

文武大臣见皇上——三拜九叩

文武之道——一张一弛

闻鼻烟蘸唾沫——假行家

闻太师的坐骑——四不像

蚊虫遭扇打——吃了嘴的亏、全坏在嘴上

蚊叮虫咬——不屑一顾

蚊子挨巴掌——为嘴伤身

蚊子挨人打——全怪那张嘴

蚊子唱小曲儿——要叮人

蚊子含秤砣——嘴劲

问客杀鸡——假仁假义、虚情假意、心意不诚

问土地菩萨借钱——找错人了

weng

瓮中鳖，网中鱼——没跑

瓮中的乌龟——处处碰壁

瓮中之鳖——走投无路、跑不了

瓮中捉鳖——手到擒来、十拿九稳、稳拿

蕹菜（wèng cài 空心菜）当吹火筒——似通非通、半通不通

wo

莴笋炒蒜苗——亲（青）上加亲（青）

窝脚的毛驴跟马跑——一辈子落后

窝里的家雀——没跑、跑不了

窝里的马蜂——不是好惹的、惹不起

窝里的蛇——不知长短

窝里的小鸟——迟早要飞走

窝头上蒸笼——盖了帽了

窝窝头翻个儿——显大眼儿、现眼

窝窝头进贡——穷尽忠

窝窝头没眼儿——找着挨抠

窝窝头上坟——哄鬼、骗鬼、哄死人

窝主分赃——坐享其成

蜗牛背房子——白受苦、搬家

蜗牛吃秫秫（shù shù高粱）——顺杆（秆）爬

蜗牛赴宴——不速之客

蜗牛盖房子——自己顾自己

蜗牛耕田——费力不小，收获不大

蜗牛壳里睡觉——难翻身

蜗牛爬架——慢腾腾、想高升、快不了

蜗牛爬上葡萄架——光想高味

蜗牛爬在荆棘上——又慢又费力

我放风筝你钓鱼——拉拉扯扯

我解缆绳你推船——顺水人情

我心似你心——心心相印

握着蒺藜死不丢——不怕扎手

wu

乌狗吃食，白狗当灾——代人受过

乌龟挨踩——痛在肚里

乌龟扒门槛——但看此一番（翻）

乌龟背石板——硬对硬

乌龟背着地——难翻身、翻不了身

乌龟逼牛踩——缩头缩脑、不露头

乌龟变黄鳝——解甲归田

乌龟吃秤砣——狠了心

乌龟吃大麦——糟蹋粮食

乌龟吃王八——六亲不认

乌龟吃乌贼——黑心王八

乌龟吃萤火虫——心里亮、肚里明、心里明白

乌龟穿套裤——不成体统

乌龟打浮漂——显阔（壳）

乌龟跌灰堆——憋气又窝火

乌龟跌下水——正合意

乌龟肚子朝天——动弹不得

乌龟翻身——四脚朝天

乌龟入瓮——四边碰壁

乌龟上山——难上加难、难上难

乌鸡对白鸡——一个见不得一个

乌江岸上困霸王——四面楚歌

乌拉草掺鸡毛——乱糟糟

乌拉草成名——称宝不在贵贱

乌梢蛇缠脚杆子——又狡（绞）又猾（滑）

乌梢蛇出洞——不咬也吓人

乌梢蛇打店——常（长）客

乌梢蛇的肚腹——黑心肝、心肠黑、黑心黑胆

乌鸦扮孔雀——不伦不类

乌鸦不叫乌鸦——太平鸟

乌鸦插上鸡尾巴——想装凤凰

乌鸦长白毛——怪事一桩、怪事

乌鸦唱山歌——不堪入耳

乌鸦当头过——非灾即祸

乌鸦的翅膀——白不了

乌鸦的叫声——不祥之兆

乌鸦回了窝——呱哒起来没个头

乌鸦进树林——哪枝旺拣哪枝

巫婆跳神——故弄玄虚、鬼花招

屋顶上戳窟窿——捅娄（漏）子

屋顶上种菜——无缘（园）

屋脊上放西瓜——两边滚

屋脊上睡觉——难翻身、翻不了身

屋脊上贴告示——天晓得、天知道

屋角架磨——难转弯、转不过弯来

屋角里的老鼠——钻墙挖洞

屋里打伞——多此一举

屋里翻跟头——里手

屋里放风筝——高也有限

屋里喂老虎——不怕死、死都不怕

屋里筑篱笆——一家分两家

屋漏偏遇连阴雨——倒霉透了、真倒霉

屋门口的穿衣镜——正大光明

屋檐不滴水——另有路子

屋檐上吊着的鱼——干起来了

屋檐上挂苦胆——滴滴是苦水

屋檐上挂马桶——臭名在外

屋檐水滴窝窝——点点不差

屋檐下的冰凌——根子在上头、根在上边

屋檐下的大葱——不死心、心不死、皮焦根枯心不死、叶烂皮干心不死

屋檐下的麻雀——经不起风雨、经不起风吹雨打

屋檐下吊陀螺——上不上，下不下、不上不下

屋檐下躲雨——不长久

屋子里开煤铺——倒霉（煤）到家了

无边的大海——不知深浅

无柄的菜刀——没有把握

无病服药——自找苦吃

无常鬼戴眼镜——装正神

无底的箱子——装不满

无底洞里灌水——再多也填不满

无底洞——深不可测

无舵的船——随波逐流

无二爷（迷信传说中的无常鬼）卖布——鬼扯

无风不起浪——事出有因

无风下双锚——稳稳当当、稳当当的

无蜂的蜂窝——空洞

无根的浮萍——成不了栋梁之材

无根的水草——漂浮不定

无根沙蓬——没有个准地方

无花的蔷薇——浑身是刺

无家可归的流浪汉——东游西荡

无缰的马——乱跑

无赖打路人——无理取闹

无米之炊——难做

无目的放炮——乱轰

无牛狗拉车——将就凑合

无牛捉了马耕田——大材小用

无仁的花生壳——肚里空

无事钻烟囱——自己给自己抹黑

吴刚砍桂树——没完没了

梧桐树上长蒜薹——不可能的事、没人见过、没有的事

蜈蚣背上趴蝎子——毒上加毒

蜈蚣吃了萤火虫——心里亮清、肚里明、心里明白

蜈蚣吃蝎子——以毒攻毒

蜈蚣见公鸡——命难逃

蜈蚣遇到眼镜蛇——一个比一个毒

五百个钱串一起——半吊子

五百罗汉斗观音——兴师动众

五百年前的老槐树——盘根错节

五百铜板两下分——二百五

五尺檩条盖鸡窝——屈才（材）、屈了材料

五尺深的浑水潭——看不透

五殿阎王唱戏——鬼去看

五个人住两地——三心二意

五个指头进盐槽——一小撮

五个指头两边矮——三长两短

五个指头——一把手

五更天唱山歌——高兴得太早了

五更天的梆子——处处挨打

五更天的星星——稀少

五更天赶路——越走越亮

五更天烤火——弃暗投明

五更天起床——渐渐明白

五更天下大雪——天明地白

五更天下海——赶潮流

五更阉公鸡——提（啼）不得

五花大肉——有肥有瘦

五皇殿里开会——神谈一气

五黄六月长疥疮——热闹（挠）

五黄六月穿棉袄——摆阔气

五句话分两次讲——三言两语

五人共伞——小人全靠大人遮

五十对小姐选美——百里挑一

五十两元宝——一定（锭）

五台山的莽和尚——横头横脑

五台山和尚放炮——精（惊）神

五台山上拜佛——烧高香

五月初六卖菖蒲——过时货、没人过问

五月的骆驼——灰溜溜的、灰不溜溜

五月的麦子——黄了、一天变个样、一天一个成色

五月的山茶——越来越红火

五月的石榴花——一片红火、红火一片、越来越红火

五月的豌豆——炸了、炸起来了

五月的苋菜——正在红中

五月端午的黄花鱼——正在盛市上

五月里打摆子——一冷一热、忽冷忽热

五月龙舟逆水去——力争上游、个个使劲、个个出力

五月天喝凉茶——美透了

五月天气上舞台——黄梅戏

五脏六腑抹蜜糖——甜在心上、甜透了心

午后见太阳——每况愈下

伍子胥的白头发——全是愁的

伍子胥过昭关——一夜愁白了头、进退两难

忤逆子戴孝——装模作样、装样子

忤逆子讲《孝经》——假做作

忤逆子哭爹妈——就是那么一回事

武大郎抱石柱——毫不动摇

武大郎扁担——挑不起来

武大郎踩高跷——取长补短

武大郎登梯子——想高出个头

武大郎开店——不容大个儿、不能容人、容不得人、谁都容不得

武大郎爬墙头——不上不下、上不上，下不下

武大郎坐天下——没人敢保、无人敢保

武大郎做知县——出身不高

武科场上选将——有本事就上

武林高手打拳——出手不凡

武林中的掌门人——个个是高手

武松打店——自家人不识自家人、一家人不认一家人

武松打虎——一举成名、气概非凡、艺高胆大

武松打猫——小意思

武松赶会——为打不平

武松喝啤酒——不过瘾

武则天登看花楼——净刺

捂上眼睛的驴——东撞西碰

捂着耳朵偷铃铛——自己骗自己

捂着眼睛捉麻雀——瞎摸

舞台上拜天地——痛快一时

舞台上的道具——由人摆布、任人摆布

舞台上的灯光——引人注目

舞台上的二人转——一唱一和

舞台上的风雪——布景

舞台上的鼓槌——一对儿

舞台上的皮影戏——幕后操纵

雾里划船——不知往哪儿好

雾里看指纹——看不出道道

雾里瞧花——看不真切、终隔一层

雾中的鲜花——模糊不清、看不清

雾中照相——眉目不清

雾中追车——路线不明

X

xi

西北风刮蒺藜——连讽（风）带刺

西城楼上的孔明——嘴说不怕心里惊

西方日出水倒流——不可思议

西瓜地里散步——左右逢源（圆）

西瓜掉在油桶里——滑头、滑头滑脑

西瓜瓢里加糖精——甜在心上、甜透了心

西河里的虾米——估不透

西湖边搭草棚——大煞风景

西门庆请武大郎——没安好心

西面敲鼓东面响——声东击西

西山猛虎不咬人——有假无真

西施戴花——美上加美

西天出太阳——难得、得之不易、反常、难得一回

西天路上的孙行者——劳苦功高

西天取经——任重道远

吸铁石吸芝麻——有利就沾

惜钱不治病——自己跟自己过不去

稀饭倒进口袋里——装糊涂

稀泥巴糊墙——扶不上去、白费工夫、白费劲、枉费工

溪水遇到拦路石——绕道而行

膝盖上打瞌睡——自己靠自己、自靠自

膝盖上钉掌——离题（蹄）太远

蟋蟀打架——看谁嘴硬

蟋蟀斗公鸡——各有所长

席上摆狗肉——少见

洗菜的洗菜，剥葱的剥葱——各管一工

洗锅的抹布——开（揩）油

洗脸盆里摸鱼——手背上活

洗脸盆里生豆芽——知根知底

洗脸盆里游泳——水平太低、不知深浅

洗衣不用搓板——就凭这两手、凭两只手

洗澡水倒进秧田里——物尽其用

喜欢狗狗舔口，喜欢猫猫上灶——不识抬举

喜马拉雅山上摆手——高招

喜马拉雅山上鸡儿叫——名（鸣）声远扬、远近闻名（鸣）、高明（鸣）

喜马拉雅山上聊天——高谈阔论

喜鹊的尾巴——爱翘

喜鹊的羽毛——黑白分明

喜鹊登枝喳喳叫——无喜心里乐三分

喜鹊飞进洞房里——喜上加喜

喜鹊回窝凤还巢——安居乐业

喜鹊老鸦同枝叫——又喜又悲、悲喜交加

喜鹊落满树，乌鸦漫天飞——吉凶未卜

喜鹊落头上——鸿运将至

喜鹊落在树上——各占一个枝儿

喜鹊窝里捣一竿——乱喳喳

喜鹊窝里掏凤凰——找错了地方、搞错地方了

戏班子里的哑子——充数

戏场里头打瞌睡——图热闹

戏台后头的锣鼓——没见过大场面

戏台哭丧——一时悲伤

戏台里边叫好——旁人不夸自己夸、人家不夸自己夸

戏台上打出手——花招多

戏台上的官——不久长、难长久、长不了、快活不多久

戏台上的皇帝——威风不了几时、当不长、假威风

戏台上的麻雀——经过大场面

戏台上的书生——一派斯文

戏台上的小生——文武双全、能文能武

戏台上的小卒——走过场

戏台上的秀才——步步有文

戏台下掉泪——替古人担忧

戏台下读《四书》——闹中取静、心不在焉

戏台下面开店铺——光图热闹

戏园里的枣木梆子——天生挨揍

戏园里挑媳妇——一厢情愿

戏园子里看滑稽——快乐无边、乐不可支

戏园子里拉大幕——完事、完了

戏园子失火——彻底垮台

戏子搽脸蛋——光图（涂）表面

戏子穿龙袍——假的

戏子戴面具——面目全非

戏子教徒弟——幕后指点、幕后指挥

戏子没卸装——油头粉面

细柴棍子撑石板——顶不住

细高挑儿进矮门——不得不低头

细狗咬壮腿——无从下口

细火焖鱼——慢慢来

虾兵蟹将串门子——水里来，水里去

虾肚子里的子儿——明明白白

虾公钓鲤鱼——以小钓大

虾公掉进烫锅里——落个大红脸、闹个大红脸

虾公过河——谦虚（牵须）

虾公头戴的枪——没人怕

虾米炒鸡爪——蜷腿带拱腰

虾米进油锅——闹个大红脸

虾跳蟹爬——乱七八糟

虾吞礁石——好大的胃口

虾子得意——爱蹦

瞎公摸鱼——白费工夫、白费劲、枉费工

瞎狗逮兔子——碰到嘴上

瞎鸡吃食——碰运气、靠造化、乱捣鼓

瞎驴推磨盘——团团转、总是按自己的辙走、按辙走

瞎猫逮个死耗子——碰巧、蒙上的、运气好、凑巧了

瞎眼吃杂碎——啥都有

瞎眼贴膏药——没法治、治不了

瞎抓琵琶——乱弹琴

瞎子帮忙——越帮越忙、帮倒忙

瞎子背跛子——有明人指点、取长补短

瞎子奔南墙——不碰不回头、迟早要碰壁

瞎子拨算盘——只听响声

瞎子吃螃蟹——只只好、个个好

瞎子吃山里红——小事（柿）

瞎子吃汤圆——心中有数、肚里有数

瞎子吃西瓜——不分青红皂白、分不清青红皂白、红白不分、分辨不开

瞎子吃羊肉——块块好

瞎子吃鱼——摸不着头尾

瞎子出门——盲目行动

瞎子穿引线——没有个准头、碰进去算数、没门

瞎子串门——摸着来

瞎子吹葫芦头儿——听响儿

瞎子吹蜡烛——胡吹一气

瞎子吹箫——莫（摸）管

瞎子搭瓜棚——乱扯

瞎子打靶——盲目行动、没准儿

瞎子打板——乐（落）在哪里

瞎子打锤——大家都不放手

瞎子打电筒——只照别人

瞎子打锣——乱碰、敲不到点子上

瞎子打铆——一个不如一个

瞎子打枪——看不到火、没指望

瞎子打俏眼——白费劲了

瞎子打水——摸熟的老路

瞎子打铁——敲不到点子上

瞎子逮蝈蝈——听音

瞎子戴手表——摆设

瞎子戴眼镜——多余的框框、装模作样、多此一举

瞎子读书——手摸

瞎子放羊——随它去、由它去

瞎子付了油灯钱——明吃亏

瞎子逛大街——目中无人

瞎子逛商店——目空一切

瞎子过独木桥——盲目冒险、死路一条、危险、步步小心

瞎子过河——摸不着边、心里没底、不知深浅、试探着来

瞎子害耳病——闭目塞听

瞎子哼曲子——盲目乐观

瞎子回家——门路熟

瞎子架罗盘——找不到方向

瞎子捡柴禾——认准这块地

瞎子叫好——随声附和

瞎子看老戏——人笑他也笑

瞎子拉车——松不得手

瞎子拉二胡——心里有谱

瞎子拉胡琴——定准弦了

瞎子捞鱼——胡摸

瞎子理乱麻——找不着头绪

瞎子摸象——看不到全局、有偏见、各说各有理

瞎子摸着蜜罐子——尝到甜头

瞎子骑驴——一条道走到黑

瞎子染布——不知深浅

瞎子纫上了针——凑巧了、赶得巧、正好

瞎子上梯子——一步步来

瞎子烧香——找错了庙门

瞎子射箭——没准、无的放矢

瞎子蹚水——试着来

瞎子照镜子——不显眼、不知自丑、不见人形、看不到自己短处

瞎子住山洞——暗无天日

瞎子撞到石碑上——硬碰

瞎子做见证——没有用

狭弄堂赶猪——直来直去

狭巷蠢牛——不会转头

下巴底下支砖头——难开口、口难开、不好开口

下大雪卖扇子——不是时候

下大雪找蹄印——罕见

下地不穿鞋——脚踏实地

下锅的面条——拎不起来、软下来了、硬不起来

下轿打轿夫——不识抬举、恩将仇报、以怨报德

下了河的老牛——过得过，不过也得过

下了河的鸭子——叫不回来

下了山的老虎——不如狗

下棋的高手——胸中有全局

下棋的小卒儿——叫到哪就到哪

下棋丢了帅——输定了

下棋走子儿——格格不入

下山担柴——心（薪）挂两头

下山的饿虎——一副吃人相

下山顺着上山道——走老路

下水船走不动——风水不顺

下水放船——一帆风顺

下雪天吃凉粉——不看气候

下雪天穿裙子——美丽动（冻）人

下雪天打兔子——白跑

下雪天过独木桥——提心吊胆

下雪天上树——高攀不上

下雪天走路——一步一个脚印

下雨不打伞——近（尽）邻（淋）

下雨洒街，刮风扫地——多此一举

下雨送蓑衣——帮了大忙、正是时候

下雨天踩泥道——越沾越多

下雨天出太阳——假情（晴）、阴不阴来阳不阳

下雨天打麦子——难收场、收不了场

下雨天过独木桥——步步小心

下雨天扛稻草——越背越重

下雨天泼街——假积极

下雨天走路——拖泥带水

夏天穿皮袄——背时、不知冷热、反常

夏天打抖——不寒而栗

夏天的烘笼——没用处、无用、没得用、挂起来、挂着

夏天的火炉——挨不得

夏天的扇子——人人喜爱

夏天的袜子——可有可无

夏天的温度表——直线上升

夏天的萤火虫——若明若暗、肚里明

夏天送木炭——不是时候

夏夜走棋——星罗棋布

夏至插秧——晚了、迟了

xian

仙鹤打架——绕脖子

仙鹤黑尾巴——美中不足

先穿靴后穿裤——乱了套、乱套了

掀菩萨烧庙宇——无恶不作

闲人生闲气——无事生非

闲着没事摸锅底——往自己脸上抹黑、给自己抹黑

咸菜缸里的秤砣——一言（盐）难尽（进）

咸菜缸里养田螺——难养活

咸菜烧豆腐——有言（盐）在先、不必多言（盐）、不用多言（盐）

咸鱼下水——假新鲜

显微镜下看东西——一目了然、清清楚楚、一清二楚、一孔之见

县老爷打更——不务正业、不干正经事

县太爷唱小曲——官腔官调

县堂门口打鼓——鸣冤叫屈

线板上的针——憋（别）着

线头穿进针孔里——对上眼了

线头落针眼——凑巧了、赶得巧、正好

线头自个儿掉进针眼——巧得很、巧极了

线团子打滚——难缠

陷阱里的猎物——束手就擒、在劫难逃、没跑

xiang

乡里的婆婆拜千佛——磕头磕够了

乡里老头坐石碾——长（场）里瞧

乡里人进皇城——头一回、头一遭

乡下姑娘城里人打扮——半土半洋、不土不洋

乡下人穿大褂——必有正事

乡下人穿西装——土洋结合

相逢不下鞍——各奔前程

相片扔到大海里——丢人不知深浅

相声表演——笑话连篇

香炉里长草——慌（荒）了神

香签棍搭桥——难过

香山的卧佛——大手大脚

香油炒白菜——各有所爱、各人所爱

响鼓不用重锤——一敲就响、明白人一点就通

想一锹挖个井——痴心妄想、妄想

向和尚借梳子——找错门了

向河里泼水——随大流

向盲人问路——瞎指

向日葵开花——到顶了

向上撑船——逆水行舟

向阳的石榴——一片红火、红火一片

向阳坡的竹子——横生枝节、节外生枝

巷窄遇仇人——狭路相逢

项羽设宴请刘邦——不存好心、居心不良

象吃象——不敢犟

象卷狮子——叫他威风扫地

象棋斗胜——纸上谈兵

象棋盘里走跳棋——不对路数

象棋盘上的棋子儿——有进有退

象棋子走在线路上——格格不入

象唆骆驼——大干起来

象牙筷子打蜡——故意刁难、有意为难

象牙筷子挑凉粉——滑头对滑头

橡皮擦子——有错就改

橡皮的脑袋——不过电

橡皮钉子——不软不硬

橡皮棍子打人——软收拾、无伤痕、没痕迹、外伤好治，内伤难医

橡皮棍子做旗杆——树（竖）不起来

橡皮筋——越拉越长、越扯越长

橡皮人救火——自身难保

橡皮上长菌——根子不正、根骨不正

xiao

削鱼得珠——喜出望外

萧何月下追韩信——爱才、谋士识良才

萧太后摆宴席——好吃难消化

小案板当锅盖——随方就圆、随得方就得圆

小巴儿狗咬月亮——不知天有多高

小巴狗戴铃铛——混充大牲口

小本生意——现发现卖

小辫子上拴秤砣——正打腰

小蚕吃桑叶——一星半点

小长虫钻到竹筒里——只有按这条道行了

小车掉进泥潭里——进退两难

小车揽大载——力不能及、力不从心、心有余而力不足

小池塘撒网——一网打尽

小虫儿撞上蜘蛛网——挣不得

小虫吞大象——痴心妄想、妄想

小虫子啃沙梨——暗里使坏

小船驶进礁石群里——进退两难

小瓷碗里数汤圆——明摆着

小葱拌豆腐——一清（青）二白、一身清（青）白

小葱蘸酱——头朝下

小鼎锅想炖大牛头——好大的胃口

小豆干饭——闷（焖）起来了

小肚子搁暖壶——热心肠

小贩卖气球——买空卖空

小嘎子放炮——又爱又怕

小缸里抓王八——手到擒来

小姑娘的辫子——两边摆

小姑娘的脸蛋——爱煞人、讨人爱

小姑娘梳头——自便（辫）

小寡妇坐轿——转悲为喜

小鬼的脸——难看

小鬼升城隍——小人得志

小鬼照日头——无影无踪、影都没有

小孩掰竹笋——拔尖儿

小孩穿大鞋——甭提了

小孩儿挨打——再不敢了

小孩儿拜年——伸手要钱

小孩儿背甘蔗——啃一节看一节

小孩儿唱歌——没谱儿

小孩儿吃甘蔗——尝到甜头

小孩儿放鞭炮——又喜又怕

小孩儿见了娘——有事没事哭一场

小孩过家家——一会儿好，一会儿坏

小孩买个花棒槌——沾沾自喜

小孩拿锣鼓——胡打乱敲

小孩爬墙——高攀不上

小孩拾炮——慌里慌张

小孩抬大轿——担当不起

小孩学说话——人云亦云

小孩学走路——跌倒了重来、左右摇摆

小孩子打架——常事

小耗子欺大象——全凭会钻

小和尚给小和尚拿虱子——一个庙里的事

小和尚念经——念过就算、有口无心

小河沟里撑船——一竿子插到底

小河沟里刮鱼——段段清

小河沟里抓虾——想捞一把、捞一把

小河里的水手——没见过风浪

小河里捞石头——摸底

小河上没桥——将就过吧

小河通大江——细水长流

小猴吃大象——亏它敢下口

小胡同扛毛竹——难转弯、转不过弯来

小胡同里遇仇人——冤家路窄

小火烧猪蹄——慢慢来

小伙子扛大梁——浑身是劲

小伙子头上扎辫子——不伦不类

小鸡不带笼头——散逛

小鸡吃米——老点头

小鸡入笼——身不由己、不由自主

小鸡下蛋——憋红了脸

小鸡在蓝天上飞——想得高

小鸡站在门槛上——里外啄食

小脚穿大鞋——不对号、对不上号、前紧后松、拖拖拉拉

小脚老太太缠脚——裹足不前

小脚女人爬大坡——寸步难行

小脚女人上楼梯——步步难

小脚女人踢足球——不得劲、尖端

小脚女人走路——跟不上队伍、慢腾腾、东倒西歪

小脚婆娘过独木桥——摇摇摆摆

小老鼠跌进铁桶里——无缝可钻

小老鼠拉线砣——大头在后面、大的在后头

小老鼠上灯台——一去不回来、有去无回

小老鼠躺在谷囤里——不知吃哪颗

小老鼠钻竹筒——节节受气

小老爷庙——没见过多大贡（供）献

小两口吵架——不碍事、不记仇

小两口斗嘴——不劝自了

小两口观灯——又说又笑、说说笑笑、喜气盈盈、有说有笑

小炉匠打铡刀——干大活、办不到、没法办

小炉匠拉抽屉——找错（锉）

小炉匠下乡——寻打

小炉匠绣花——学非所用

小炉匠摇头——不定（钉）

小马驹备鞍鞯——挨鞭子的日子到了

小马驹跟车——跑跑颠颠

小马驹拴在大树上——没跑、跑不了

小马拉大车——架（驾）不动劲了

小蚂蚁搬碾砣——想得好，做不了

小猫吃小鱼——有头有尾

小猫捉住死老鼠——不算能耐

小毛驴拉火车皮——白费劲

小毛驴拉辕——强挣扎、用不着大骡马、力不能及、力不从心、心有余而力不足

小毛驴驮碾盘——吃不住劲、浑身哆嗦、压趴了

小米煮红薯——糊糊涂涂、糊里糊涂

小庙的菩萨——没见过大香火

小磨香油拌凉菜——人人喜欢个个爱

小拇指比大腿——差一截子、差一大截

小木匠干活——东一句（锯），西一句（锯）

小囡拔萝卜——拉倒

小牛犊拉马车——乱套了

小牛架大辕——力不能及

小牛撅尾巴——来劲了、上劲

小人吹喇叭——口气不小

小人书拴绳——轮（抡）着看

小舢板过海——十有八九要失败

小树掐尖——光出岔（权）子、净岔（权）子

小水沟里撑大船——搁浅

小水蛇想夺龙珠——异想天开

小田里的泥鳅——没见过世面

小偷击鼓进大堂——恶人先告状

小偷进牧场——顺手牵羊

小偷拉二胡——贼能扯

小偷撂花瓶——贼能整景

小偷拎拐棍——贼棒

小偷拎王八——贼鳖

小偷捋胡子——贼谦虚（牵须）

小偷拿算盘——贼会打算

小偷扭秧歌——贼浪

小偷拍照——贼相

小偷跑百米——贼快

小偷跑到磨行里——一无所取

小偷跑一宿——贼累

小偷碰见盗贼——恶人遇恶人

小偷碰上三只手——贼对贼

小偷起五更——贼忙

小偷娶媳妇——贼高兴

小偷上房——不动声色

小偷烧烙铁——贼烫

小偷收心做好人——弃恶从善、改恶从善

小偷刷立柜——贼油

小偷说笑话——贼逗

小偷淌涎水——贼馋

小偷掏钱包——贼拿手

小偷挖石灰——贼白

小偷玩蝎子——贼毒

小偷遇警察——心神不安

小偷照镜子——贼头贼脑、贼样儿

小偷支案板——贼能摆架子

小秃长连鬓胡——亏中有补

小秃的脑袋——一毛不拔

小秃儿买箆子——没法说（梳）

小秃儿踏水——临时差

小秃跟着月亮走——谁也不沾谁的光

小秃留辫子——想着哩

小秃爬到二梁上——假充亮哩

小秃头上爬一虱——明摆着

小秃头上绕辫子——空缠

小秃脱帽子——图（头）名（明）

小兔蹦到车辕上——充什么大把式

小娃吃拳头——得心应手

小娃娃吃甘蔗——一节节来

小娃娃的话——句句真言、句句实话

小娃娃看见糖罗汉——哭也要，笑也要

小娃娃扛大梁——自不量力、不自量

小娃娃骑木马——愿上不愿下

小娃娃做游戏——不成重来

小碗儿吃饭——靠天（添）

小碗盖大碗——管不着

小巫见大巫——道行差得远、矮了一大截、相形见绌、没了神气

小屋里耍扁担——处处碰壁

小媳妇当婆婆——熬出头来了

小媳妇回娘家——不离包袱

小媳妇纳鞋底——越小心越乱针

小媳妇坐轿——靠众人抬举

小媳妇做事——小心翼翼

小虾米跳浪——阻挡不住潮流

小巷子赶马车——难转弯、转不过弯来

小小秧鸡下鹅蛋——自不量力、不自量

小星跟着月亮走——沾光

小鸭吞食大鲨鱼——痴心妄想、妄想

小鸭子下河——不知深浅

小伢打哈欠——不算话

小伢做皇帝——人小职份高

小燕筑巢——日积月累

小鱼办大席——不顶用、不顶事

小鱼串大串——充数

小鱼赶鸭子——自己找死

小鱼篓盛刺猬——难装、不好装

小蜘蛛呆在房子里——自私（织丝）

小轴承安大滚珠——对不上眼、不对眼

小猪拱粮囤——记吃不记打

小猪抢食——吃里爬（扒）外

小猪拴门口——里外拱

小猪钻灶——触一鼻子灰、碰一鼻子灰

小竹棍敲鼓——有节奏

小子玩泥巴——说撒就撒

小卒拱老帅——将军、将了军

小卒子过河——一步一步往前拱、难以回头、有去无回

xie

蝎虎子打喷嚏——满嘴腺

蝎虎子断尾巴——脱身之计

蝎虎子上墙——无孔不入

蝎虎子掀门帘——露一小手

蝎虎子作揖——露两手

蝎子背蜈蚣——毒上加毒

蝎子不咬——这（蜇）就是了

蝎子刺蜈蚣——以毒攻毒

蝎子当琵琶——谈（弹）不得、无法谈（弹）

蝎子的尾巴——不能碰、没人敢摸

蝎子的尾巴后娘的心——毒极了、最毒、最毒不过

蝎子掉进磨眼里——一折一磨

蝎子爬上刺猬身——怎么着（蜇）

蝎子敲门——毒到家了

蝎子翘尾巴——好毒的一招

蝎子上墙——无孔不入

蝎子战蜈蚣——以毒攻毒

蝎子找毒蛇——一个更比一个毒

蝎子蜇人——毒得很、一家（夹）

蝎子蜇人咬一口——又狠又毒

蝎子蜇胸口——钻心痛

蝎子走路——背起来

蝎子钻进砒霜粉里——浑身是毒、毒极了、最毒

蝎子钻进墙缝里——暗伤人、暗里伤人

斜起眼睛看人——看扁了人、把人看扁了

斜阳下照身影——自看自高

斜嘴开口——尽说歪话

鞋帮店里失火——丢面子、失面子

鞋帮做帽檐——高升了、能到顶了

鞋底儿抹油——溜啦、溜之大吉

鞋底上绣牡丹——中看不中用

鞋底子的泥——自个儿走的

鞋店里试脚——说长道短

鞋匠铺里丢楦头——自丢自丑

鞋上绣凤凰——能走不能飞

鞋头上刺花——前程似锦

写字不在行——出格

写字出了格——不在行

泄了气的轮胎——瘪了

卸磨杀驴——忘恩负义、利用一时

谢了花的南瓜——一天比一天有长进、一天比一天大

蟹子趴在鏊子上——黄了爪了

蟹子蟹孙——一律横行

蟹子仰在热鏊上——黄了盖了

xin

心肝掉到肚里头——放下心了

心坎上挂棒槌——打杂

心坎上挂秤砣——沉重

心坎上挂笊篱——劳（捞）心了

心口挂灯笼——心照不宣

心口上搭热敷——置之度（肚）外

心口上挂秤砣——称心

心口上装马达——热肚肠

心口窝里跑马——宽宏大量

心口窝里塞棉花——有点儿憋气

心里摆不正大秤砣——偏心眼儿、偏心

心里长毛——有内容（绒）

心里打碎酸辣缸——说不出的滋味

心里塞团麻——乱糟糟、千头万绪

心里头长草——慌（荒）啦

心里头结冰块——凉透心、冷透心

心里装着长江水——平静不了

心眼儿里灌铅——难开窍、不开窍

心眼儿像蜂窝——窍门儿多

心有灵犀——一点通

心字头上一把刀——忍了吧、忍着点儿吧

新辟的航道——通行无阻、畅通无阻

新兵打仗——初次上阵

新兵上阵——头一回、头一遭

新搭的台子——有戏唱啦

新褡裢换个破口袋——一代（袋）不如一代（袋）

新打的剪刀——难开口、口难开、不好开口

新官上任——三把火

新开张的杂货店——要啥有啥

新科状元招驸马——喜上加喜

新郎官打幡——不知是喜是忧

新郎官揭盖头——真相大白

新郎新娘喝喜酒——正在热乎劲上

新郎迎亲——喜气盈盈

新棉袄打补丁——装穷、多此一举

新棉花网被絮——软胎子

新娘的房——挤人不开

新娘子的头发——输（梳）得光

新娘子上轿——羞羞答答

新娘子掀轿帘——偷看人哩

新娘子咬生馒头——人生面不熟

新娘子织布——手忙脚乱

新娘子坐在花轿里——由人摆布、任人摆布

新女婿吃饺子——不知什么馅

新女婿请接生婆——双喜临门

新娶的媳妇——不肯见人、满面春风、春风满面

新人过马鞍——平平安安

新上门的姑爷——不敢坐上席

新上套的驴驹子——不老实

新挖的池塘——无余（鱼）

新媳妇拜年——彬彬有礼

新媳妇拜堂——不留脸面

新媳妇抱了个面团子——人生面不熟

新媳妇不上轿——不识抬举

新媳妇步行——不用叫（轿）

新媳妇到家——喜气盈门

新媳妇儿回娘家——熟门熟路

新媳妇儿坐在花轿里——满怀欣喜

新媳妇擀面条——显手头哩

新媳妇过门——大喜、人地两生

新媳妇和面——人生面不熟

新媳妇见公婆——终有一败（拜）、败（拜）了

新媳妇进门——一分人才带来三分喜气、由人摆布、任人摆布

新媳妇挽扣子——小疙瘩

新媳妇下伙房——人生面不熟

新媳妇下轿——由人摆布、任人摆布

新媳妇掀盖头——真相大白

新媳妇照镜子——自我欣赏

新媳妇坐花轿——心里美

新鞋打掌子——多余

新鞋落地——头一回、头一遭

新修的马路——没辙

新学的吹打手——拿不稳槌

新衣服打疤疤（补丁）——多余、不像样

新战士打靶——头回、头一遭

新做的礼帽——顶好

xing

星星跟着月亮走——沾光

猩猩戴礼帽——装文明人

行车有车道，行船有航道——互不相干、各不相干

行船不划桨——随大流

行船进了断头浜——无出路、没有出路

行船上岸——挨上边了

行军遇伏兵——出师不利

行路的换草鞋——弃旧恋新

行云流水——不好捉摸、难以捉摸

杏花村的酒——后劲大

xiong

凶神扮恶鬼——又凶又恶

兄弟二人猜拳——哥俩好

兄弟哥们儿请客——大吃大喝

兄弟媳妇嫁给大伯子——升一级

胸脯长草——心里慌（荒）

胸脯上挂石榴——多心

胸脯上烧火——热心

胸腹透视——肝胆相照

胸口摆天平——称心

胸口揣个小兔子——心里蹦蹦地跳着

胸口揣棉花——心软

胸口挂扁担——担心

胸口挂冰棍——寒心

胸口挂秤砣——心里沉重、心里负担太重

胸口挂琵琶——谈（弹）心

胸口挂算盘——心中有数、肚里有数

胸口挂邮包——满怀信心

胸口挂钥匙——开心、锁不住他的心

胸口画娃娃——心上人

胸口拉弦子——乐开怀

胸口上放马达——动了心

胸口上放盏灯——心里亮堂

胸口上挂剪刀——独出心裁

胸口上挂暖壶——热心肠

胸口上挂算盘——小主意

胸口上挂钥匙——开心

胸口上涂颜料——变了心

胸前吊门板——好大的牌子

雄鹰的翅膀——练出来的

雄鹰抓兔子——没跑、跑不了

熊耍把戏狗叫唤——互不相干、各不相干

熊瞎子掰苞米——掰一个掉一个

熊瞎子拜年——不敢受这个礼

熊瞎子吃粽粑——解不开、不解

熊瞎子跌陷坑——招数不多

熊瞎子上戏台——熊样

熊瞎子耍棒子——胡抡

熊瞎子耍扁担——翻来覆去老一套

熊瞎子耍马枪——露一手

熊瞎子下棋——瞧你那笨脑瓜

熊瞎子学绣花——装模作样、装样子

xiu

休息休息再说——歇后语

修成仙的黄貔子（pí zi黄鼬）——害人精

修锅匠拉风箱——有去有来、有来有往

修脚带拔牙——上下兼顾

朽木搭桥——存心害人、难过

朽木盖房子——不是这块料

朽木塔楼房——不稳当、不稳

朽木桩子——一推便倒、一碰就倒

朽木做梁柱——无用之才（材）

秀才背书——出口成章

秀才不出门——便知天下事

秀才打擂——招架不住

秀才当兵——能文能武、文武双全、四（士）不像

秀才的书箱——内中有文章

秀才挥笔——大做文章

秀才见老爷——任你吟诗也无用

秀才看榜——又惊又喜

秀才落陷阱——埋没人才

秀才念书——咬文嚼字

秀才谈兵——一知半解

秀才写文章——拿手

秀才遇见兵——有理说不清、讲不清道理

秀才做诗——谁对、有两手（首）

绣房里的花枕头——摆设

绣花被面补裤子——大材小用

绣花姑娘打架——针锋相对

绣花姑娘的手艺——穿针引线

绣花虽好不闻香——美中不足

绣花针沉海底——无影无踪

绣花针当棒槌——小题大做

绣花针当车轴——细心、心细

绣花针碰上吸铁石——沾上了

绣花针挑土——难得、得之不易

绣花针扎泥鳅——又奸（尖）又猾（滑）

绣花枕头稻草心——肚里没好货

绣花枕头塞糠壳——顾面不顾里、外光里不光、表面光、表里不一

绣花枕头扎花鞋——样子货

绣楼里的闺秀——上不了阵势

绣楼里的枕头——华而不实

绣娘爱针线，牧人爱牛羊——干一行爱一行

绣娘缝嫁衣——为别人操劳

绣球配牡丹——恰好一对、天生一对

绣在地上的花——任人践踏、由人踩

袖里藏宝剑——杀人不露风（锋）

袖里藏刀——锋芒不露、不露锋、暗伤人、暗里伤人、杀人不露锋

袖里来，袖里去——何凭何据、无根无据

袖筒里藏通条——不会拐弯

袖筒里揣棒槌——直来直去、直进直出、直出直入

袖筒里揣刀子——暗藏杀机

袖筒里打麻将——扒拉不开

袖筒里放箭——内有机关

袖筒里捅宝剑——杀人不露锋

袖子里冒火——着手

锈坏的轱辘——玩不转

锈死的铁钉——抠不出来

xu

徐庶进曹营——心不在焉、一言不发、身不由己、不由自主

许不下羊羔许骆驼——巧言哄人

许褚赤膊上阵——有勇无谋

许褚战马超——赤膊上阵

许仙碰见白娘子——天配良缘

xuan

宣传车演节目——载歌载舞

宣统坐江山——只有三年

玄妙观的当家——头头是道

悬崖边留步——停滞（趾）不前

悬崖边上打太极拳——临危不乱

悬崖陡壁使牛车——好险、冒险、危险

悬崖上翻跟头——凶多吉少、找死、寻死、自己找死

悬崖上勒马——化险为夷

悬崖上扔石头——一落千丈

旋风钻到嘴里——邪风入内

选帽子挑鞋子——评头论足

xue

靴子里抹胶——沾上了

薛仁贵征东——劳而无功、有劳无功

学理发碰上大胡子——难题（剃）

学走路摔跤——在所难免

雪地滚雪球——越滚越大

雪地里打电筒——亮对亮

雪地里的松毛虫——活不久、活不长、没几天活头了

雪地里乌鸦——一点黑

雪地里找牛——看脚印

雪地里照脸——没影儿的事

雪地里抓逃犯——跟踪追击（迹）

雪地里走路——一步一个脚印

雪堆的假山——好景不长

雪堆的狮子——见不得阳光、假威风

雪花落水里——不声不响、无声无息

雪里埋石头——柔中有刚、软中有硬

雪里送炭，雨中送伞——正适时、急人所急、暖人心

雪落东海——无影无踪

雪人烤火——不长久、难长久、不顾性命、不知自己是啥做的

雪人跳井——不见踪影

雪人下水——无影无踪

雪山的菩萨——愣（冷）神、见不得太阳

雪山日出——天明地白

雪山上的菩萨——愣（冷）神儿

雪狮子向火——酥了半截

xun

寻财神闯到穷鬼窝——找错了门

寻着和尚卖梳子——不看对象

驯服的骏马——打出来的

Y

ya

丫鬟抱床红绫被——概（盖）不由己

丫鬟抱孩子——别人的

丫鬟做妈妈——老熟手

丫鬟带钥匙——有职无权、当家不做主

丫鬟戴凤冠——配不上、不配、有点不配

丫鬟当家——做不了主

丫鬟枕着元宝睡——守财奴

押宝不带钱——看人家玩吧

鸭脖颈上挂铜铃——呱呱叫当当响

鸭吃砻糠——直打官（干）腔

鸭毛淋水——一晃而过

鸭婆走路——大摇大摆

鸭群里闯进一只鹅——数你脖子长

鸭腿上扣铜铃——响当当

鸭子不吃瘪谷——想必肚里有货、肚里有食

鸭子不吃小鱼——眼朝天

鸭子踩水——暗使劲儿、上松下紧

鸭子吵棚——闹翻天

鸭子吃菠菜——平铲

鸭子吃小鱼——囫囵吞

鸭子的脚板——联（连）成一片、是一贯的

鸭子的爪爪儿——连（联）着

鸭子的嘴——煮不烂

鸭子逛大街——大摇大摆

鸭子进鸡群——摆架子

鸭子进秧田——心里有数

鸭子落禾田——心中有数

鸭子上架——靠猛劲、逼的、逼出来的

鸭子上门槛——里外乱咄咄

鸭子上墙——一股冲劲儿、逼出来的

鸭子身上泼水——滑过去

鸭子死了还有鹅——一个顶一个

鸭子听见雷响——呆了、不知所云、茫然不懂

鸭子头上插鸡毛——一语（羽）双关（冠）

鸭子下蛋——呱呱叫

鸭子下冻田——插不上嘴、难插嘴

鸭子下了水——自由（游）、摇头摆尾、嘴忙

鸭子扎猛子——深入底层

鸭子走路——左右摇摆、摇摆不定

牙长手短——好吃懒做

牙齿朝外长——专吃别人的

牙齿和舌头打架——伤不了和气

牙齿碰到舌头——误会、伤和气

牙齿咬掉嘴唇——自苦自、自吃自、自咬自

牙缝里剔肉吃——不过瘾、解不了馋

牙膏的脾气——不挤不出

牙签子搭桥——难过

牙咬秤砣——硬对硬

牙医治牙病——硬钻

崖缝里的马蜂——没人敢惹

崖缝里捉鳖——十拿九稳

崖头上睡觉——不怕死、死都不怕

崖鹰的儿子——远走高飞

衙门的灯笼——正大光明

衙门的钱，下水的船——来得易，去得快

衙门儿子打老爹——公事公办

衙门口打警察——没事找事

衙门口的狮子——一对儿、张牙舞爪、假威风、明摆着、成双成对

衙门里打电话——官腔官调

衙门里的狗——仗势欺人

衙门前贴告示——官样文章

哑巴挨打——有口难辩、痛死不开腔、有苦说不出

哑巴比划，聋子打岔——说不清，听不明

哑巴唱戏——没腔

哑巴吵架——是非难分

哑巴吃扁食——肚里有数

哑巴吃针——疼在心里说不出

哑巴打架——是非难分

哑巴打算盘——闷算

哑巴逮驴——闷着头干

哑巴肚里挂算盘——心中自有巧打算

哑巴发誓——暗下决心

哑巴祭祖先——多磕头，少说话

哑巴捡元宝——说不出来的乐

哑巴见了久别的妈——只落泪不说话

哑巴开会——没有说的

哑巴看戏——眼花缭乱口难言

哑巴扛幡——没有一个吭声的

哑巴算计人——不出声

哑巴咬牙——心里恨

哑剧演员——光做不说、光练不说

哑子上公堂——有口难辩、白跑

哑子踢毽子——心中有数、肚里有数

哑子听戏——无响声

yan

烟囱不冒烟——赌（堵）气、窝火

烟囱不通气——窝火

烟囱顶上长棵树——高不可攀

烟囱顶上走路——寸步难行

烟囱里的麻雀——黑道上来的

烟囱里的烟——直来直去、直进直出、直出直入、热火朝天

烟囱里招手——把人往黑处引

烟囱上翻跟头——不要命、玩命干

烟袋杆里插席篾儿——气不顺

烟袋杆子——黑心、黑了心

烟袋锅里蒸包子——有气也不大

烟袋锅里煮饭——捣鼓不开

烟锅炒芝麻——小气（器）

胭脂当粉搽——闹了个大红脸

胭脂萝卜——表里不一、皮红心不红

腌菜缸的盖——受尽闲（咸）气

岩壁上打洞——旁敲侧击

岩边打拳——太危险

岩缝里长蘑菇——憋出来的

岩石滴水石开花——日久见功夫

岩石下面的竹笋——永无出头之日、难出头

沿江道上开车——走弯路

沿山打猪——见者有份

沿着磨盘走路——没头没尾、没尽头、团团转

沿着盘山道上山——走弯路

炎夏天打冷战——不寒而栗

炎夏天的火炉子——讨人嫌

炎夏天喝冰水——恰到好处、恰好、正好

炎夏天洗冷水澡——快活极了、真快活

盐场的伙计——爱管闲（咸）事

盐场里罢工——闲（咸）得发慌

盐店的老板转行——不管闲（咸）事

盐店里挂弓——闲谈（咸弹）

盐店里谈天——闲（咸）话多

盐堆上安喇叭——闲（咸）话多

盐罐子遇上南风——回潮了

盐碱地的庄稼——死不死，活不活、要死不活、奄奄一息、稀稀拉拉

盐碱地里的冬瓜——又小又奸（尖）

盐库里的管理员——爱管闲（咸）事

盐库里冒烟——生闲（咸）气

阎王摆手——不可救药

阎王摆筵——鬼吃喝

阎王办事——尽想鬼点子、鬼差

阎王叫门——活不久、活不长

阎王老子的参谋——诡（鬼）计多端

阎王敲门——内中有鬼

阎王手下两个鬼——牛头马面

阎王耍把戏——哄鬼、骗鬼、哄死人

阎王爷打扇——一股阴风

阎王爷的扇子——两面阴

阎王爷点生死簿——一笔勾销

阎王爷好见——小鬼难缠

阎王爷照镜子——鬼样子、鬼相

阎王爷皱眉头——又在想鬼主意

阎王爷做木匠——鬼斧神工

颜料店的抹布——不分青红皂白

檐头雨滴从高下——点点不差

掩耳盗铃——自欺欺人、自骗自、自己哄自己

眼过千遍不如手过一遍——贵在实践

眼睛长在额头上——目空一切

眼睛长在耳边上——有偏见

眼睛长在后脑勺——朝后看

眼睛长在头顶上——光看上，不看下

眼睛瞪着孔方兄——见钱眼开

眼睛盯着鼻尖——只看一寸远、目光短浅

眼睛看透三层壁——好眼力、眼力好

眼睛里的灰尘——容不得、不能容忍

眼睛上带镜子——透亮

眼镜店里的货——框框多、尽是框框

眼泪往肚里流——说不出的苦

眼皮底下的东西——司空见惯

眼皮上挂钥匙——开眼了

眼皮子上搽胭脂——眼红、红眼

眼前埋地雷——一触即发

眼前无战火，身后无追兵——平安无事

眼望照片——看相

演古戏打破锣——陈词滥调

演双簧的——一唱一和

演双簧戏的表演——装腔作势

演完越剧唱京戏——南腔北调

演戏扮皇帝——神气一时

演戏扮司令——假威风

演戏的中状元——高兴一时说一时

演戏瞪眼睛——吓不住人

演戏用的刀枪——全是假货

演员吹胡子——假生气

演员谢幕——好戏收场、该下台了

燕口夺泥——细索求、无中寻有、无中生有

燕雀叫三年——空话一句

燕窝掉地——家破人亡、家败人亡

燕子搭窝——嘴上功夫、全凭嘴劲、嘴巴子劲、安家落户

燕子的尾巴——又劈了、两岔

燕子口里夺泥——无中觅有

燕子垒窝——专找高门楼飞、嘴巴辛苦

燕子下江南——不辞劳苦

燕子衔泥——空费力、口紧、一口一口地来

燕子造窝——全凭一张嘴、全仗嘴、嘴巴辛苦、空来往

yang

秧鸡子下田——顾头不顾尾、顾头不顾腚

羊肠小道——难行走

羊闯虎口——白送一口肉、送来的口食、有进无出

羊抵角——顶顶撞撞、又顶又撞

羊抵牛——顶不过

羊儿伴老虎——没得好下场

羊儿不吃草——壮不了

羊儿子踩到秧田里——不能自拔

羊肺压不到锅底里——轻飘飘

羊羔踩到泥田里——不能自拔

羊羔吃奶——跪下啦

羊羔跟水牛顶角——输定了、败得惨

羊羔钻进老虎口——有进没出

羊跟老虎做朋友——总有一天要吃亏

羊角插在篱笆里——伸头容易回头难

羊厩里圈骆驼——盛不下

羊看菜园——靠不住、不可靠

羊毛里找跳蚤——没着落

羊碰犄角——硬碰硬

羊皮袄子反起穿——装洋（羊）

羊圈蹦出个驴来——数你大、显大个儿

羊圈里的牛——显露头角

羊圈里关狼——自招祸灾

羊群过草坡——各顾各的嘴

羊头安在猪身上——颠倒黑白

羊头插到篱笆内——伸手（首）容易缩手（首）难

羊头上的毛——长不长

羊遇老虎——难逃

羊撞篱笆——进退两难

羊子不长角——狗头狗脑

羊嘴没草——干嚼

阳春三月的桃花——一片红火、火红一片、越来越红火

阳伞虽破骨不差——硬挺

阳台上的花，餐桌上的菜——人见人爱

阳台上跳舞——束手束脚

阳台上种瓜——白搭

阳燕叫三年——一句现成话

杨令公的儿子——一个赛一个

杨柳树上的花絮——轻飘飘

杨六郎的马——见过大阵势

杨六郎斩子——气不可言

杨乃武坐牢——屈打成招

杨排风的烧火棍——用场大

杨婆婆学绣花——心灵手不巧

杨七郎搬兵——一去永不来、一去不复返

杨寿星的坐骑——四不像

杨树剥皮——光棍一条

杨树的叶子——两面光

杨五郎削发——半路出家

杨宗保成亲——不打不招、又惊又喜

杨宗保和穆桂英的姻缘——打出来的、天生的一对

洋马儿走田坎——得过且过

仰脸吃炒面——呛个满脸

仰脸老婆低头汉——难斗难缠

仰着脖子吹唢呐——起高调

养蜂的赶集——甜买卖

养蜂的交朋友——甜甜蜜蜜

养蜂人演讲——甜言蜜语

养蛇咬自己——自取其祸、惹祸上身

养在圈里的猪——少不了挨一刀

养子不成才——失望

幺店子（山乡路边的小店铺）的新闻——道听途说

幺儿子娶媳妇——大事完毕

妖魔遇鬼怪——一对坏

妖魔捉唐僧——想吃这块肉

腰带拿来围脖子——记（系）错了

腰鼓上装弹簧——能屈（曲）能伸

腰间别雷管——没人敢惹

腰里绑扁担——横行一方

腰里别钢筋——腰杆子硬

腰里别镰刀——走到哪，干到哪

腰里别算盘——时刻算计着

腰里插笊篱——走到哪捞到哪

腰里插竹竿——横生枝节、横行霸道

腰里长枝条——出了邪岔（斜杈）

腰里掖着一副牌——谁到跟谁来

窑场的砖——一个模子里出来的

窑洞里的草——只进不出

窑泥巴做点心——中看不中吃、好看不好吃

窑上的瓦盆——一套一套的

窑上失火——谣（窑）言（烟）

摇得响的白果——不是好人（仁）

摇着拨浪鼓卖糖——里外响

摇着脑袋吃梅子——瞧你那个酸相

摇着扇子聊天——谈笑风生

咬不烂的茄子——不论（嫩）

咬口生姜喝口醋——尝尽辛酸

咬烂舌头往肚里咽——有苦无法诉

咬狼的狗——有齿不露

咬群的骡子——孬种、不是好种

咬群的鸭子——难合群、不合群

咬住苦瓜当芒果——上当一回

舀水碰上了瓢——凑巧了、赶得巧、正好

药材店里的抹布——苦透了、苦得很、五味俱全

药店里请客——有你苦吃的

药罐子里的枣子——虚胖

药罐子里斗蛐蛐儿——苦中作乐、苦中取乐

药里的甘草——少不了它、一抓就到

药铺挂蛇皮——打着吓人的幌子

药铺里的甘草——离不得、离不开、一抓就来、少不得

药铺里挂蛇皮——打着吓人的幌子

药铺里招手——把人往苦处引

药铺子里的中药——各有用场

药汤里加蜜糖——苦中有甜

药王庙进香——自讨苦吃、自找苦吃

药王爷摆手——没法治、没治了、没救了、不可救药

药王爷的匾——手到病除、妙手回春

要饭的拜把子——患难之交

要饭的放炮——穷诈唬

要饭的盖荞麦皮——净是零碎儿

要饭的给龙王上供——穷人有个穷心

要饭的起五更——瞎慌张、穷忙活

要饭的坐在界石上——人穷根子硬

要你抓鸡，你偏捉鹅——故意捣乱、拧着来

要死不活的瘫子——活受罪

要甜的拿糖罐，要酸的拿醋坛——得心应手

鹞子充鸡——没有好心肠

鹞子拴在龟脖上——飞不得，走不得

钥匙插进锁孔里——开窍了

钥匙挂在眉梢上——开眼界

ye

爷儿俩赌博——输赢一家子

爷儿俩铡麦糠——没啥叙（续）头

爷孙不分——乱了辈

野地里长棵树——不在行

野地里烤火——就地取材（柴）、一面热

野地里撵兔子——谁逮住就属谁

野地里遇疯狗——难近身、近不得身

野蜂飞进渔网里——光钻空子、见缝就钻、钻空子

野鸽子起飞——下落不明、不知下落

野鸡戴皮帽——冒充鹰

野鸡躲灾——顾头不顾尾、顾头不顾腔

野鸡飞进饭锅里——送到嘴边的美味

野鸡公上山——溜得快

野鸡窠里抱麻雀——一窝不如一窝

野鸡上莲台——以假乱真

野鸡生蛋——藏头露尾

野鸡司晨——名（鸣）声不好、名（鸣）声坏

野鸡窝里抱家雀——一辈不如一辈、一代不如一代

野狼扒门——没安好心、来者不善

野狸子舔虎鼻梁——溜须不要命

野马斗獐子——专挑没角的整

野马进了套马杆——伸手（首）容易缩手（首）难

野马上笼头——服服帖帖

野马脱了缰——无法收回头、横冲直撞

野麦子——不分垄儿

野猫戴柳罐——不露脸

野猫见咸鱼——垂涎欲滴

野猫借鸡公——有借无还

野猫进宅院——没有好事、鸡犬不宁

野猫拉小鸡——凶多吉少

野猫跳到钢琴上——乱弹琴

野猫偷吃钻鱼狗（竹制捕鱼工具）——容易入身难出头

野猫子进宅——无事不来、来者不善

野猫子偷牛——眼大肚皮小

野猫子钻篱笆——两头受夹

野猫钻到鸡笼里——凶多吉少

野牛掉进陷阱里——越陷越深

野猪吃高粱——凭嘴

野猪掉在陷坑里——跑不了

野猪借公鸡——有借无还

野猪刨红薯——全凭一张嘴、全仗嘴、好硬的嘴、嘴硬

野猪头做贡物——虚情假意

野猪置金鞍——配不上、不配

野猪钻进玉米地——乱七八糟

叶公好龙——怕是真的、假爱好、口是心非

夜半歌声——高兴得太早了

夜蝙蝠——怕见阳光

夜蝙蝠围着水盆飞——愣充海燕

夜叫鬼门关——找死、送死、寻死、自己找死

夜里的雨雪——下落不明、不知下落

夜里捡个黄瓜——摸不着头尾

夜里见太阳——痴心妄想、妄想

夜里攀险峰——不顾生死

夜里说梦话——难理会

夜里行船——摸不到边

夜猫子拉小鸡——有去无回

夜猫子爬窗户——没有好事干

夜猫子睡觉——睁只眼，闭只眼

夜晚打雷心不跳——问心无愧

夜晚的蝙蝠——见不得阳光

夜蚊子咬秤砣——只一个嘴劲

夜雾笼罩的路灯——气昏了

夜行人吹哨子——给自己壮胆

夜行人迷了路——方向不明

夜莺配鹦鹉——正合适

夜游神——晚上出门

yi

一把白糖一把沙——分不明白

一把黄豆数着卖——发不了大财

一把拉住火车头——好大的力气、劲大、劲不小

一把钥匙开一把锁——对口、配就的

一把芝麻撒上天——星星点点

一把掷个么二三——输定了

一百个和尚念经——异口同声

一百个人当家——不知听谁的

一百个人骂仗——多嘴多舌

一百斤米做稀饭——难熬

一百斤棉花一张弓——无法细谈（弹）

一百只老鼠咬猫——没有一个敢开口

一百只麻雀炒一碟子——一窝子小嘴

一百只兔子拉车——乱了套

一背篓木橛橛——不是好货、不是好东西

一辈子当会计——长期打算

一辈子卖蒸馍——受不完的气

一锛两斧头——没有分寸

一本经书看到老——墨守成规、食古不化

一笔难写两个姓——是亲三分像

一边弦子一边大鼓——你说你的，我干我的

一步跨进姨姐房——进退两难

一步一个脚印——踏实、脚踏实地

一层布做的夹袄——反正都是理（里）

一层窗户纸——一捅就破

一朝被蛇咬，十年怕井绳——心有余悸

一尺厚的烧饼——吃不透

一锤子买卖——不留余地

一打醋，二买盐——两不耽误、两得其便

一滴水流进大海——有了归宿

一滴水落在香头上——凑巧了、赶得巧、正好

一滴水一个泡——一报还一报

一滴雨，一点湿——实实在在

一斗芝麻拈一颗——有你不多，无你不少

一肚子加减乘除——心中有数、肚里有数

一堆乱树枝——七枝八杈

一对铃铛——不见空得慌，见面就叮当

一顿能吃三升米——度（肚）量大

一朵月季花开路边——小刺头

一二三四——才到午（五）

一二三五六——没事（四）

一二五六七——丢三落四

一分钱掰两瓣花——会过日子

一分钱开当铺——周转不开

一分钱买个牛排——贱骨头

一分钱买俩判官——贱鬼

一分钱买仁枣——半文不值、分文不值

一佛出世，二佛升天——死去活来

一副碗筷两人用——不分彼此

一杆没星的秤——掂不出轻重、不知轻重

一杆无砣秤——翘得高

一个巴掌拍不响——孤掌难鸣

一个坝子两台戏——唱对台戏、演对台戏

一个半斤，一个八两——一模一样、一个样、没什么两样

一个包子吃了十八里还没吃到馅儿——皮厚

一个病房的病友——同病相怜

一个槽上的两头叫驴——拴不到一起

一个吹笛，一个按眼——俩不顶一

一个单方吃药——同一个毛病

一个碟子摔九块——四分五裂

一个洞里的蛇——早有勾结

一个方凳坐两人——亲密无间

一个蜂窝上的蜂子——同样厉害

一个轱辘的车——翻了

一个闺女说俩婆家——你争我夺

一个锅里吃饭——彼此彼此

一个和尚一套经，一个将军一个令——各有其道

一个核桃两个仁——一色货、一样的货色

一个葫芦锯俩瓢——恰好一对、一模一样、一个样、没什么两样

一个架子上的鸡——斗不起来

一个将军一个令——不知听谁的

一个窟窿的蛇——同样毒、早有勾结

一个萝卜一个坑——一个顶一个、没有空地方

一个马鞍上的人——同奔前程

一个蚂蚁搬泰山——力不从心

一个墨斗弹出两条线——思（丝）路不对

一个曲子一个调——有高有低

一个染缸里的布——一色货、一样的货色

一个人唱台戏——独角

一个人打虎——力不能及、力不从心、心有余而力不足

一个人喝酒——随心所欲、自斟自饮

一个色子掷七点——出乎意料、出人意料

一个烧饼平半分——不偏不向、不偏不倚

一个跳蚤顶不起被盖——独力难撑

一个铜板买韭菜——一小撮

一个西瓜切九块——四分五裂

一个媳妇几个婆——不知听谁的

一个小羊两个头——快（怪）搞（羔）

一个院里住两家——谁也知道谁

一个指头和面——硬搞

一个桩上拴两头牛——一个不让一个、迟早要闯锅

一根拨火棍——任人摆弄

一根肠子通到底——直性人、直性子、吃啥屙啥

一根灯草点火——一条心

一根笛子八个眼——一气相通

一根杠棒前后肩——谁也离不开谁

一根鸡毛扔火里——一燎就完

一根尖担——两头戳

一根筷子吃莲菜——专挑眼、尽挑眼

一根筷子吃面条——独挑

一根筷子吃藕——挑眼儿、尽挑眼

一根筷子顶墙——难撑

一根马尾做琴弦——不值一谈（弹）

一根木头劈八开——不大方

一根绳上的蚂蚱——一路货、跑不了我，也蹦不了你、谁也跑不了

一根藤上结的瓜——苦在一起、苦相连

一根头发搓绳——异想天开

一根头发劈八瓣——办不到、没法办

一根头发系磨盘——千钧一发

一根蚊香两头点——两头成灰

一根弦上弹曲子——单调

一根桩上拴两头牛——互不相让、谁也不让谁、一个不让一个

一跟头栽到屋外边——门里出身

一锅米汤煮三天——慢慢熬

一锅粥打翻在地——难收场、收不了场

一锅子浑汤面——糊涂到一块

一国三公——各自为政、无所适从

一壶醋的赏钱——小恩小惠

一加一等于二——没错、错不了

一家大小乱了行辈——不成体统

一家人盖一床被子——胡扯

一江春水向东流——滚滚向前、无穷无尽、永不回头、决不回头

一跤跌在门槛上——两头不着实

一脚踩上秤台——举足轻重

一脚踩在桥眼里——上下两难、上下为难

一脚登上泰山——蹦得高

一脚门里，一脚门外——不进不出

一脚踏进刺笆林——难脱身、脱不了身

一脚踏进云端里——一跃而上、一步登天

一脚踏两只船——左右为难

一脚踏上磅秤台——举足轻重

一脚踏在马镫上——不上不下、上不上，下不下

一脚踢翻煤油炉——散伙（火）

一脚踢死个麒麟——不知贵贱

一斤的酒瓶装十两——不多不少

一镢头挖到金条——运气好

一镢头想挖口井——办不到、没法办、急于求成

一棵树上的核桃——有大有小

一颗心悬在半天云里——上不着天，下不着地

一口吃个牛排——贪多嚼不烂

一口吃个胖子——办不到、没法办

一口吃个小庙——肚里有鬼

一口吃个旋风——好大的口气

一口吃了九个馒头——贪欲太大

一口吃条绳子——有内线

一口吃下扁担——横了心

一口吃下热红薯——难吞难咽

一口锅里舀饭吃——没外人

一口吞个星星——想头不低、想得高

一块湿柴——光冒烟不着火

一筐子鳖倒在沙滩上——滚的滚，爬的爬、连滚带爬

一篮鸡蛋打地下——没有一个好货、没有一个好的

一篮子糟虾泼到地上——数不清头

一雷天下响——处处皆知

一粒弹子打两只鸟——一举两得

一粒米熬三碗汤——淡而无味

一脸驴子毛——还想混着吃马料

一路绿灯——通行无阻

一路师傅一路拳——各有各的打法

一轮红日出东方——光明正大

一亩南瓜没结瓜——净是秧

一盘棋下了三天——棋逢对手

一盘散沙——捏不拢、难捏合

一蓬刺林——成不了才（材）、不成才（材）

一千文钱分四处——二百五

一千只麻雀炒一锅——多嘴多舌

一枪打两只黄羊——一举两得

一枪打死个苍蝇——得不偿失

一枪打死只耗子——不够本钱、不够本

一枪扎死杨六郎——没戏唱了

一锹挖出个金娃娃——异想天开

一拳打破西洋镜——大家都有好瞧的

一拳打死只蚊子——假充好汉

一拳砸碎仨酒壶——不堪一击

一群惊窝的耗子——灰溜溜的、灰不溜溜的

一群老鸦朝南飞——一模一样、一个样、没什么两样

一群麻雀吃食——叽叽喳喳

一人上阵——单枪匹马

一人一把号——各吹各的调

一人一面镜——各自对照

一失足成千古恨——悔之莫及、后悔莫及、后悔已晚

一石砸死三只鸟——一举三得

一时猫脸，一时豹脸——说变就变、转眼就变、变化无常

一手交钱一手交货——谁也不欠谁的

一手拿喇叭，一手托皮球——吹吹拍拍、能吹能拍、又吹又拍

一手拿针，一手拿线——望眼欲穿

一手托鼓，一手捏笛——又吹又拍、吹吹拍拍

一手遮天，一手捂地——瞒上瞒下

一手抓泥鳅，一手逗黄鳝——两头耍滑

一双鞋丢一半——独一只

一塘鸭子下锅——皆是主（煮）

一天到晚淡茶饭——不吃香

一天下了三场雨——缺少情（晴）意

一条船上的旅客——风雨同舟、同舟共济

一条道走到黑——死心眼

一条犁沟走到底——死不回头

一条路上众人走——各奔东西

一条绳子拴两麻雀——一个也飞不了

一条腿的板凳——站不住脚

一头栽到煤堆里——霉（煤）到顶了

一头撞在南墙上——弯都不拐、自己碰壁

一头钻到青云里——碰上好运（云）气

一团乱麻——理不清、千头万绪、找不到头

一团乱纱——难解难分、难分难解

一碗浆水一碗醋——没有多少便宜占、斤对斤，两对两

一碗清水——一眼看到底

一碗水端平——不偏不向、不偏不倚

一碗粥被打翻——难收拾、不可收拾、一踏糊涂

一网打尽天下鱼——想到办不到

一文钱买十一个——分文不值

一窝出巢的蜂子——乱哄哄

一月穿三十双鞋——日日新

一早的麻雀——叫得最欢

一张席子两人睡——亲密无间

一张渔网千只眼——一环扣一环

一张纸画个鼻子——好大的脸

一张嘴巴两张皮——横说竖说都有理

一丈高的房子，丈八长的菩萨——盛不下

一只鸡婆孵八个蛋——稳当

一只脚踩在门槛上——不知进退

一只筷子吃面——独挑

一只筷子吃藕——专挑眼、尽挑眼

一只喇叭一把号——各吹各的调

一只骆驼的两只驼峰——谁也离不开谁

一只绵羊一家人放——小题大做

一只螃蟹八只脚——没错、错不了

一只手吹笛——顾此失彼

一只手托不起房梁——独力难撑

一只手遮脸——独当一面

一只手作揖——不成敬意

一嘴吞个明火虫——明白了

一嘴吞个猪头——口气不小

一嘴吞了个鞋帮子——心里有底

一嘴吞下仨馒头——好大的口、吃不消、贪多嚼不烂

衣食不愁想当官，做了大官想成仙——贪得无厌、贪心不足

依了媳妇得罪娘——难得两全

依着葫芦画瓢——全盘照搬、照样

依着石碑烤火——面热

宜兴的茶壶——全凭一张嘴、全仗嘴

颐和园的铜牛——没对儿、不成对

以卵击石——自不量力、不自量

椅子折了背——没靠头

异乡遇亲人——喜相逢、喜之不尽

yin

阴沟的泥鳅——翻不起大浪

阴沟的鸭子——顾嘴不顾身

阴沟里撑船——施展不开、翻不了

阴沟里荡舟船——寸步难行

阴沟里的灰菜草——死的死，烂的烂

阴沟里的泥巴——扶不上墙

阴沟里的蚯蚓——成不了龙

阴沟里的旋风——刮不起来

阴沟里的砖头——永世不得翻身

阴沟里翻船——没想到的事

阴沟里洗手——假干净

阴天打孩子——闲着没事干

阴天打阳伞——多此一举

阴天露日头——假情（晴）

阴天卖泥人——趁早收场

阴天晒铺盖——不是时候、白搭

阴雨天的花生米——疲（皮）了

阴雨天的霹雳——大发雷火

阴雨天观景致——模糊不清、看不清

阴雨天过后出太阳——重见天日、开云见日

阴雨天看月亮——大失所望

阴雨天拉稻草——越拖越重

阴雨天落雷——空想（响）

寅吃卯粮——前吃后空、预支

寅时点兵，卯时上阵——说干就干

银锤打在金锣上——一声更比一声响

银锤对金锣——一个赛一个

银锤敲金鼓——响当当、当当响

银壶镀锡——装贱

银盆打水金盆装——原谅（圆亮）

银盆装清水——清清白白

银线穿金线——两相配

银行的白纸条——空头支票

银行的出纳——没钱不好办

银行的支票——扯不得、莫扯

银样蜡枪头——好看不中用

银圆当镜子——认钱不认人、一切向钱看

银圆落在石头上——响当当、当当响

引风吹火——不费力、不费劲

引狼入室——不顾后患、自招祸灾、自取灭亡

引水入墙——自招祸灾

饮鸩止渴——自取灭亡

ying

英雄遇好汉——有了对手

婴儿的摇篮——摇摇摆摆

鹦鹉唱大曲——巧上加巧、卖弄自己

鹦鹉的嘴巴——会说不会做

鹦鹉学舌——人云亦云、巧嘴

鹦鹉遇见百灵鸟——又说又唱、说说唱唱

鹰饱不抓兔，兔饱不出窝——懒对懒

鹰叼蛇，蛇吞鼠——一物降一物

鹰飞蓝天，狐走夜路——各走各的路、各行各的道

鹰哭麻雀——假慈悲、假慈善

鹰犬捕兽——上下夹攻

鹰嘴里夺兔，猫嘴里夺鱼——难下手、下不了手、无法下手

鹰嘴鸭子爪——能吃不能拿

迎风吃炒面——张不开口

迎着风扬灰——迷住自己的眼睛、睁不开眼

萤火虫打架——明对明

萤火虫当月亮——大惊小怪

萤火虫发光——自顾自

萤火虫跟十五的月亮比光亮——自不量力、不自量

萤火虫进酒瓶——前途光明，出路不大

萤火虫落在秤杆上——自以为是颗亮星

萤火之光——其亮不远

蝇子见了血——走不动

赢得猫儿输了牛——因小失大

硬汉子卖豆腐——人强货不硬

硬节柴——难劈

硬壳虫赶牛——自不量力、不自量

硬要麻雀生鹅蛋——蛮不讲理

yong

勇士上刺刀——拼杀一场

用秕糠垒水坝——无济于事、不济事

用锥刺牛——无关痛痒、不痛不痒

用斗量糠——不声不响、无声无息

用放大镜看书——显而易见

用斧子裁衣裳——粗制滥造

用葫芦盛药——内情不清楚

用煤油灯炒豆子——胡来

用牛刀杀鸡——小题大做

用人家的火做自家的饭——爱占便宜

用石头砸自己的脚——自作自受

用小虾钓鲤鱼——吃小亏占大便宜

you

邮包掉水田——半信半疑（泥）

邮包上吊扫帚——威信扫地

邮递员摆手——没信

邮递员的扫把——扫兴（信）

邮递员进门——带信儿来了

油灯上炖猪蹄——慢慢来

油干灯草尽——说灭就灭、完结、奄奄一息（熄）

油缸里的老鼠——滑透了

油罐子打了耳子——没法提、提不得、提不起来、别提了

油锅里的鱼——受尽了煎熬

油锅里撒盐——闹个不停

油壶里打跟头——胡（壶）闹

油画里卷国画——话（画）里有话（画）

油煎冰棒——一场空

油煎橄榄核——又奸（尖）又猾（滑）

油浇蜡烛——一条心

油库着了火——难近身、近不得身

油里掺水——合不拢、合不到一块、两分离

油篓里的西瓜——圆滑、又圆又滑

油篓里掷骰子——没跑、跑不了

油瓶当鼓槌——空对空

油漆匠的家当——有两把刷子

油漆马路——没辙

油漆泥菩萨——面目一新

油手攥泥鳅——溜啦

油条泡汤——软瘫了、软作一堆

油瓮里捉鲤鱼——劳而无功

油盐罐子——紧相连、形影不离、形影相随、一对儿

油炸冰糕——不可能的事、没人见过、没有的事、化汤了

油炸花生米——干脆、干干脆脆

油炸麻花儿——净别扭、有股扭劲、干脆、全身都酥了

蚰蜒吃百足——强中还有强中手

蚰蜒吃萤火虫——肚里亮堂

游方的道士——四海为家

游览全世界——见多识广

游僧撵住僧——喧宾夺主

游山逛水抹眼泪——触景伤情

游学的先生——没有管（馆）

有北屋，有南墙——不成东西

有尺水，行尺船——量力而行

有大哥，有二弟——你算老几

有粉搽不到脸上——装人也不会装

有福同享，有祸同当——同甘共苦

有理三扁担，无理扁担三——不分青红皂白、分不清青红皂白

有了五谷想六谷——贪得无厌、贪心不足

有了一福想二福，有了肉吃嫌豆腐——贪得无厌、贪心不足

有骆驼不讲牛羊——光拣大的说

有马不骑，有车不坐——练腿劲

有名的贤相吕端（北宋大臣，后任宰相）——大事不糊涂

有钱人家的看门狗——势利眼

有人讲盐咸，有人讲盐淡——各有所爱、各人所爱

有人喜欢淡，有人喜欢咸——各对口味儿

有人喜欢鸡，有人喜欢鸭——各有所爱

有窝头还要馒头——好了还要更好

有西瓜不讲芝麻——光拣大的说

有衣无帽——不成一套

有油添不到轴承上——白糟蹋

有枣无枣三杆子——乱打一通

又办丧事又嫁女——一番欢喜一番愁

又打收兵锣，又吹冲锋号——进退两难

又戴耳环又画眉——耳目一新

又敲锣鼓又放炮——想（响）到一块了

又娶媳妇又嫁女——双喜临门、有来有去、有来有往

又踢又咬的鸭子——难合群、不合群

又想要公羊，又盼有奶喝——贪得无厌、贪心不足

又抓糍粑又抓面——难脱手

又做端公（男巫师）又做鬼——两面讨好、两头落好

又做媳妇又做娘——三代同堂

yu

鱼场里念旧情——往（网）事

鱼池里下网——多余（鱼）

鱼刺卡喉咙——吞不下，吐不出

鱼大吃虾，虾大吃鱼——弱肉强食

鱼大笼子小——难装、不好装

鱼儿得水，鸟儿入林——自由自在

鱼儿喝水——又进又出

鱼儿落网——有来无还、有来无回、十拿九稳

鱼儿没有水——干跳

鱼儿扔在冰上——使劲也没用

鱼儿上岸——翻白眼儿

鱼儿上钩——挣不脱

鱼儿游大海——自由自在

鱼儿钻进网眼里——进退两难

鱼飞天空马生角——怪得出奇了

鱼钩抛在河中心——放长线钓大鱼

鱼脊上的鱼翅——背弃（鳍）

鱼进千层网——难免有漏掉的

鱼篓里的螃蟹——进来容易出去难

鱼苗放大海——各散四方

鱼目混珠——以假乱真

鱼盆里的螃蟹——你算哪一路

鱼跳出来吃猫——咄咄怪事

鱼吞香饵——自己上钩、不知有钩、末日到了

鱼虾上岸学走路——行不通、走不通

鱼鹰下河——大有作为

鱼游锅中——好景不长

鱼找鱼，虾找虾，乌龟爱王八——气味相投

鱼罩里抓鱼——十拿九稳

俞伯牙不遇钟子期——不谈（弹）啰

俞伯牙摔琴——不谈（弹）了

渔场失火——枉然（网燃）

渔船上打儿子——没跑、跑不了

渔船上的螃蟹——串起来

渔夫赶上鱼汛，猎手赶上兽群——喜之不尽

渔鼓艺人打鼓帮——敲竹杠

渔网捕虾米——白费工夫、白费劲、枉费工

渔网挡太阳——遮盖不住、难遮盖

渔网里的山鸡——有翅难飞

渔网装豌豆——张口就漏完了、一个不留

渔翁钓鱼——坐等

愚公的住处——开门见山

愚公移山——非一日之功

榆木疙瘩——不开窍、难开窍、难劈、死心眼儿

榆木疙瘩刻玉玺——不是这块料、不是正经材料

榆木疙瘩脑袋——死硬

虞姬娥娘舞剑——强装欢笑

与虎共眠——好大的胆子

与虎交友——反遭祸身

与虎谋皮——甭想、莫想、休想

与虎同穴——提心吊胆

羽毛扇打孩子——无关痛痒、不痛不痒

羽毛扇扑火——惹火烧身、引火烧身

雨点落在火星上——巧得很、巧极了

雨点落在沙滩上——点子多、点子不少

雨点落在香头上——巧得很、巧极了

雨后穿皮鞋——拖泥带水

雨后打伞——无济于事、事过境迁

雨后的彩虹——五光十色

雨后的春笋,清明的茶——全都是尖儿

雨后的高粱苗——直往上蹿

雨后的蛤蟆——叫欢了

雨后的花园——万紫千红

雨后的竹笋——节节高、节节上升

雨后收葱——连根拔

雨后天晴——渐渐明白

雨浇泥菩萨——土里土气、土气大

雨淋菩萨两行泪——假慈悲、假慈善

雨伞抽了柄——没了主心骨、支撑不起

雨水滴在坛子里——乐(落)在其中

雨天背棉絮——越背越重

雨天浇地——多此一举

雨夜观天象——无心(星)

玉皇大帝的客人——个个是神仙

玉皇爷出征——大动干戈、尽是天兵天将

玉米秸里的虫——专(钻)心

玉米开花——顶上见

玉米棵上戴凉帽——凑人头

玉器失手——可惜、真可惜

玉泉山的稻田——得天独厚

玉泉山的水好喝——远水不解近渴

玉石店里的珍品——精雕细刻

玉石手镯镶钻石——宝中之宝

玉石娃娃——宝贝蛋儿

芋头叶上的水珠——滚了

芋头叶子当钹敲——不堪一击

浴缸里摸鱼——逃不掉

预备腊肉待亲家——久有意

遇到老翁叫大哥——没大没小

遇到熟人握握手——你好我也好

yuan

冤家狭路相逢——分外眼红

鸳鸯睡觉——交颈而眠

鸳鸯戏水——成双成对

鸳鸯一对儿——两相配

鸳鸯逐锦鸡——就怕不成双

箢篼（yuān dōu用竹篾等编成的盛东西的器具）抬狗——不受人尊重

元旦出门除夕回——满载而归

元旦翻日历——头一回、头一遭

元帅的帐篷——不前不后

元帅升帐——威风凛凛、调兵遣将

园里的橡胶树——任人千刀万剐

园艺师的手艺——移花接木

园子里的辣椒——红到顶了

原始森林迷了路——摸不清东西南北、分不清东南西北

原子弹爆炸——不同凡响、一鸣惊人

原子弹炸鸟——大材小用

圆的做盖盖，方的做牌牌——各有用场

圆顶帐子——没门儿、无门

圆耳朵——听不进方言

圆珠笔蘸墨水——多事

袁世凯称帝——不得人心

袁世凯当皇上——好景不长、短命

辕马套在车后头——开倒车

远地得家书——陡增欢喜

远路人蹚水——不知深浅

远水救近火——来不及

远洋轮出国——四海为家

远洋轮出海——外行（航）

远洋轮上吹笛子——想（响）得宽

院子里搭戏台——有戏唱啦

yue

月半退到初一——七折八扣

月宫里的桂树——高不可攀

月光下散步——形影不离、形影相随

月里娃穿道袍——宽大无边

月里娃的头——不经一包

月亮坝里点灯——多此一举

月亮坝里耍大刀——明砍

月亮坝里掷骰子——观点模糊、观点不明

月亮比太阳——差天远

月亮地里打电筒——多余

月亮地里打麻将——沾光

月亮地里点彩灯——空好看

月亮地里晒被单——白搭

月亮地里晒谷子——不顶用、不顶事、阴干、将就天

月亮地里走路——没影子

月亮跟着太阳转——沾光、借光

月亮里耍刀——明砍

月亮下点油灯——多事

月亮下面看自家的影子——越看越大

月缺花残掉眼泪——触景生情

月下提灯笼——空挂名（明）、多此一举

月月红裹在绸缎里——锦上添花

月照雪山——光明洁白

岳飞枪挑小梁王——忍无可忍

岳王爷出征——马到成功

越剧团演员——没难（男）

乐队里的锣鼓——任人敲打

乐队里敲破锣——不入调

yun

云彩里摆手——高招

云彩里盖大厦——空中楼阁

云彩里伸拳头——露一手

云端里出辔（pèi 驾驭牲口用的嚼子和缰绳）——露马脚

云端摘日，海底捞月——痴心妄想、妄想

云海里观山景——不识真面目

云里长胡子——空虚（须）

云里长树——天才（材）

云里的浪头——高潮

云里驾马车——天灾（载）人祸（货）

云里贴告示——空话连篇

云里头翻跟头——没着落

云南的老虎，蒙古的骆驼——谁也不认谁、素不相识

云头里贴告示——空话连篇

云头上打靶——放空炮

云头上翻跟头——武艺高、本领高、没着落

云雾里的爱情——迟早要散

运动场上赛标枪——寸土必争

运动员下跑场——你追我赶

运碓窝的翻了船——石沉大海

Z

za

杂烩汤里的豆腐——白搭

杂货店的买卖——挑挑拣拣

杂货店关门——没货了

杂货铺的掌柜——见钱眼开

杂货铺子——无所不有

杂技团里的空竹——抖起来了

杂交的骡子——非驴非马

杂耍班子走江湖——逢场作戏

砸锅卖铁——一锤子买卖、越弄越穷、豁出去了

砸开的核桃——有人（仁）儿

砸烂了的西瓜——红白相杂

砸了锅子搬了灶——散伙（火）

砸杏核砸出个小鳖——不是人（仁）

zai

栽起秧子就想打谷——哪有那么快

栽完树就想乘凉——性太急

宰个鸽子也要请屠夫提刀——小题大做

宰牛用锥扎——不顶用、不顶事

宰相的千金——不愁嫁不出去

宰相肚里能撑船——宽宏大量、度（肚）量大、大人大量

宰相门第元帅府——门当户对

在火炉里过日子——浑身暖烘烘

在磨子上睡觉——想转了

在盘子上扎猛子——不知深浅

在羊身上剪毛——现成

zan

糌粑（zān bā）拌白糖——又甜又香

糌粑糊了嘴——闷了口

糌粑口袋——肚里有货倒不出、有货倒不出

zang

藏民穿皮袄——露一手

zao

糟鼻子不吃酒——枉担罪（醉）名、虚有其表

凿壁偷光夜读书——一孔之见

凿磨匠打铁——不会看火色

早晨吃晌午——打破常规

早晨的露水——见不得阳光、见不得太阳、不久长、难长久

早晨的天，婆婆的脸——说变就变、转眼就变、变化无常

早春的桃花——红不久

早起碰见抬轿的——出门见喜

早上打发闺女，中午接来媳妇——双喜临门

早上的林中鸟——各唱各的调

枣骨子解板——不是正经材料

枣核搭牌楼——针锋相对、奸（尖）对奸（尖）

枣核解板——没几句（锯）、只有一句（锯）

枣木梆子——一对儿、不打不响、一辈子挨打、挨敲的货

枣木做烧柴——难劈

澡盆里洗脸——好大的面子

澡堂里的伙计——见得多了

澡堂里的毛巾——上下不分

澡堂里的拖鞋——没对儿、不成对、没法提、提不得

澡堂里的油灯——气昏了

灶边的磨子——推一推，动一动

灶倒屋塌——砸锅

灶房里的砧板——油透了

灶火坑里烧山药——吃里爬（扒）外

灶鸡子打架——对头

灶君贴腿上——人走家搬

灶坑里扒红薯——专拣软的捏

灶坑里烧王八——憋气又窝火

灶坑烧螃蟹——没爬了

灶老爷骑竹马——神上天了

灶老爷伸手——稳拿糖瓜儿

灶里扒出个烧馍馍——又吹又拍、吹吹拍拍

灶门口烧糠壳——抓一把，撒一把

灶门口栽杨树——活不久、活不长、好景不长

灶门前的烧火棍——越来越短、焦头烂额

灶门前干活——煽风点火

灶门前捡火钳——算不得财富

灶门前拿竹筒——吹火、吹了

灶门前劈柴——不好使家伙

灶前老虎——屋里凶

灶上的炒勺——尝尽了甜酸苦辣

灶神打前失——离板了

灶神上贴门神——话（画）中有话（画）

灶神爷跑到院里——多管闲事

灶神爷讨饭——装穷

灶司菩萨吃饴糖——堵了嘴

灶台上的灯笼——明摆着

灶台上的抹布——揩油、沾油水

灶膛抡锤子——砸锅

灶王爷升天——实话实说、多言好事、有啥说啥

灶王爷许愿——有求必应

皂角树上翻跟头——过得硬、斗硬

zei

贼被狗咬——干吃哑巴亏、吃了哑巴亏、难出口、不好声张

贼打官司——场场输

贼过安枪——迟了

贼喊捉贼——倒打一耙、转移目标

贼去了才关门——错过时机、晚了、迟了

贼上房送梯子——头号帮凶

贼偷叫花子——白费工夫、白费劲、枉费工

贼娃子打官司——场场输、堂堂输

贼娃子挂佛珠——没有好经念

贼娃子进铁匠铺——倒贴（盗铁）

贼娃子拾东西——不是偷也是偷

贼娃子说梦话——不打自招、想偷

贼娃子遭狗咬——说不得

贼遇强盗——黑吃黑

贼走后关门——怕再来

zeng

增一分太长，减一分太短——恰好、正好、恰到好处

赠马赠笼头——好事做到底

zha

扎鞋不拴绳结——半途而废

铡刀锄地——管得宽

铡下伸驴头——刀下找食

眨巴眼养个瞎儿子——一辈不如一辈、一代不如一代

眨眼打哈欠——扬眉吐气

炸煳的辣椒拌醋糖——苦辣酸甜咸样样全

炸了窝的马蜂——乱哄哄

炸麻花的碰上搓草绳的——较上劲

炸响了的炮仗——四分五裂

炸药的捻子——一点就着、点火就着

炸油饼的卖冰棍——冷热结合

蚱蜢斗公鸡——找死、送死、寻死、自己找死

蚱蜢碰上鸡——在劫难逃

蚱蜢撞车轮——粉身碎骨

zhai

斋公庵里的老鼠——听得经卷多

斋公吃羊肉——开洋（羊）荤

斋公丢了腊肉——难开口、口难开、不好开口、不好声张

摘葫芦当瓜吃——不知轻重

摘樱桃爬到柳树上——白忙活、白忙一场

宅院修在城墙上——闹中取静

债主找到了负债的——清了吧

zhan

毡匠搋毡——厚此薄彼

毡袜裹脚靴——寸步不离、离不得、离不开

毡子上拔毛——不显眼

粘皮带骨头——不利索

粘糖的豆子——难解难分

粘牙的烧饼——面生

斩草不除根——后患无穷

展览会上的陈列品——样子货

战场上拼刺刀——不是你死，就是我亡、短兵相接

战地诸葛亮会——集思广益

战马离了群——孤僻（匹）

战士出征——打上前去

战争贩子唱和平——趁机磨刀、口蜜腹剑

站在岸边看翻船——见死不救

站在草席上比高低——高也有限

站在大风地里——身不由己、不由自主

站在房顶跳伞——水平太低

站在高山看打架——袖手旁观

站在高山看大海——远水不解近渴

站在海边看鱼跳——干瞪眼

站在海滩望大海——宽大无边

站在河岸捞月亮——白搭工

站在墙头上骑马——就高不就低

站在山顶赶大车——鞭长莫及

站在山上看马斗——踢不着咬不着

站在远洋轮上讲怪话——海外奇谈

站在云头吊嗓子——唱高调

站着身子正——不怕影儿斜

蘸了汽油的稻草——一点就着、点火就着

蘸水钢笔——没有胆

蘸雪吃冬瓜——淡而无味

蘸着稀饭吃扁食——越吃越糊涂

zhang

张飞摆屠案——凶神恶煞（杀）

张飞扮姑娘——咋搞咋不像

张飞拆桥——有勇无谋

张飞唱曲子——粗声粗气

张飞撤退长坂坡——过河拆桥

张飞吃秤砣——铁了心了

张飞吃豆腐——不费力、不费劲

张飞吃豆芽——小菜一碟、小菜儿

张飞穿针——大眼瞪小眼

张飞打兵卒——感情用事

张飞打铁——人也硬，活也硬、卖硬货

张飞打岳飞——乱了朝代、够不着、没影儿的事

张飞戴口罩——显大眼儿

张飞当县官——能文能武、文武双全

张飞到了长坂坡——大唱大吼

张飞的胡子——硬岔（茬）

张飞瞪眼——怒发冲天

张飞读无字天书——一本难念的经

张飞断案——粗中有细

张飞剁肉馅——大材小用、用人不当

张飞翻脸——吹胡子瞪眼

张飞贩私盐——谁敢检查

张飞放严颜——粗中有细

张飞戒酒——明天不晚

张飞开案桌——凶神恶煞

张飞看地老鼠——大眼瞪小眼

张飞嗑瓜子——不够塞牙缝、不够嚼

张飞卖秤砣——人强货硬

张飞纫针——大眼瞪小眼、粗中有细、有劲使不上

张飞上阵——横冲直撞

张飞烧火——猛躁（灶）

张飞收奸细——将计就计

张飞耍杠子——轻而易举

张飞讨债——气势汹汹

张飞舞针线——毛里毛躁

张飞遇李逵——黑对黑、黑上加黑

张飞捉刺猬——强手遇刺手

张飞做县官——能武不能文

张弓射箭——照直进（绷）

张果老撑铁船——办不到、没法办、难得见

张果老倒骑毛驴——背道而驰，越走越远、不见畜生面、朝后看

张良保刘邦——功成身退

张良的玉箫——吹动军心啦

张了网就走——撒手不管

张驴儿（戏曲《窦娥冤》中人物）告状——冤枉好人、肚里有鬼、心怀鬼胎

张驴儿上公堂——恶人先告状

张满风的帆船——好大的力气、劲大、劲不小

张三打鸟，李四放生——各有所好、各人所好

张三儿（民间对狼的俗称）哄孩子——没安好心

张三儿啃葫芦头儿——一点儿人味没有

张三和大虫（老虎）抢食——狼吞虎咽

张三和狗比胸膛——狼心狗肺

张生（《西厢记》中人物）回头望莺莺——恋恋不舍

张生上京——一去不返

张生遇见崔莺莺——一见钟情

张顺浪里斗李逵——不打不成相识、以长攻短

张天师的兵——见什么拿什么

张天师的鞋——云来雾去

张天师过海不用船——自有法度（渡）

张天师画符——玩的骗人术、鬼清楚

张小泉的剪刀——名不虚传

张仪说苏秦的不是——怪错了好人

张嘴吃月亮——痴心妄（望）想

掌磅秤的报数——句句有分量、句句真言、句句实话

掌钳的敲小锤——正在火候上

长成的胡子，生就的相貌——更改不掉、改不了

长翅膀的小鸟——欢跃欲飞、早晚要飞、迟早要飞

长就的牛角——值（直）不得、直不了

长了兔子腿——跑得快

丈八高的灯台——照远不照近、照见别人，照不见自己、照人不照己

丈八罗汉——摸不着头脑

丈二长的扁担——摸不清头尾、分不清头尾

丈二的斗笠——高帽子

丈二的金刚扫地——大才（材）小用、大手大脚

丈二的台阶——迈不上去

丈二豆芽——嫩得很、太嫩

丈二高的门槛——难进

丈二厚的屋基——根底深

丈二宽的大褂——大摇（腰）大摆

丈二绳子抽野马——鞭长莫及

丈母娘待女婿——实心实意

丈母娘管外甥——白费工夫、白费劲、枉费工

丈母娘看女婿——越看越喜欢、越看越顺眼

丈母娘夸姑爷——好得很、好极了、就是好

丈母娘疼女婿——入情入理、诚心实意、实心实意

帐子里哼小曲——自我欣赏

账房的算盘——一个子儿不差

zhao

招亲招来猪八戒——自找难看

着火挨板子——两头热

找个姑娘当媒人——不成也有点希望

找木匠补锅——找错了人

沼泽地里的推土机——拖泥带水

赵公明翻脸——不认账

赵匡胤穿龙袍——改朝换代

赵括（战国时赵国名将赵奢之子）讲兵法——夸夸其谈

赵钱孙李——各说一理

赵巧儿送灯台——一去不回来

赵五娘（《琵琶记》中人物）上京——一路辛苦、穷话万千

赵五娘写家书——难字当头

赵云大战长坂坡——大显神威

赵云救阿斗——拼老命

赵子龙出征——一身是胆、百战百胜、单枪匹马

照葫芦画瓢——按着老样子做

照猫儿画虎——差不离、由小写大

照明弹上天——高明

照片底板——颠倒黑白

照相馆里挂相片——好样子、样子好

照着镜子作揖——自己拜自己

罩里螺蛳——十拿九准

罩里游鱼——没跑、跑不了

罩着的鱼——不愁拿

zhe

折了翅膀的小鹰——飞不起来了

者字旁边安只眼——有目共睹

这山看着那山高——见异思迁

zhen

针鼻眼里瞧韩湘子——小看仙人

针拨灯盏——挑明

针钩钓鲤鱼——吃穿

针尖对麦芒——针锋相对、十有九偏、互不相让、奸（尖）对奸（尖）

针尖对油捻——挑明

针尖对枣圪针（指某些植物枝梗上的刺儿）——一个比一个尖、尖对尖

针尖上落灰——微不足道、微乎其微

针尖上落芝麻——难得、得之不易、难顶

针吞到肚子里——心腹之患

针无两头尖——难得两全

针眼里观景致——一孔之见

针眼里看人——小瞧

针毡上睡觉——坐卧不安、坐卧不宁

珍珠掺到绿豆里卖——屈才（财）、抱屈、一样价钱两样货

珍珠弹麻雀——得不偿失

珍珠商店——八面玲珑

真假包公——一看就清

砧板上的蚂蚁——刀下找食

砧板上的鱼——任人宰割、随人宰割

诊脉开方——对症下药

枕边言语骨边肉——个个喜爱、人人喜欢

枕木上的铁轨——明摆着

枕头底下放罐子——空想

枕铡刀睡觉——好险、冒险、危险

枕着扁担睡觉——想得宽

枕着卷子（一种面食品）睡觉——不愁吃

枕着烙饼挨饿——懒死了

枕着竹筒睡大觉——空头空脑、空想

zheng

睁眼打呼噜——昏头昏脑、昏了头

睁眼跳黄河——走投无路

睁眼瞎看告示——两眼一抹黑

睁眼瞎考状元——丢人现眼

睁着眼睛尿床——明知故犯

睁着眼跳黄河——走投无路

蒸包子不放馅儿——是个蛮（馒）头

蒸锅水洗脸——发挥余热

蒸酒熬糖——各干一行

蒸酒打豆腐——要办喜事

蒸馏水当茶喝——淡而无味

蒸馏塔上迈步——无路可走

蒸笼盖子——受不完的气、受气的家伙

蒸笼上加盖子——赌（堵）气

蒸馍打狗——有去无回

蒸熟的鸭子——飞不了

蒸鱼不沾水——全凭一口气

整筐丢西瓜，满地拾芝麻——大处不算小处算

正骨大夫——拿捏人

正晌午朝南走——没影儿的事

正晌午的太阳——光辉普照

正月初二拜丈母娘——正适时

正月初一过生日——双喜临门

正月初一见明月——机会难得、难得的机会

正月初一卖门神——过时货、没人过问

正月初一捧元宵——只只好、个个好

正月间走亲戚——礼尚往来、有来有去、有来有往

正月里穿单衣——为时过早

正月里看大戏——凑热闹、凑凑热闹

正月里盼着桃花开——不到时辰

正月里生，腊月里死——两头忙

正月十五才拜年——晚了半月

正月十五打灯笼——年年都一样

正月十五打牙祭——一年一回

正月十五的龙灯——任人耍、由人玩耍

正月十五的月亮——光明正大

正月十五的走马灯——反复无常

正月十五放烟火——好景不长、热闹一阵子

正月十五赶庙会——随大流

正月十五观灯——眼花缭乱

正月十五看花灯——走着瞧

正月十五卖元宵——抱成团

正月十五耍猴儿——小打小闹

正月十五贴门神——晚了半个月

正月十五云遮月——不露脸

郑人买履——生搬硬套

zhi

芝麻比西瓜——差得远、差远了

芝麻地里长苞米——高低不齐

芝麻地里长黄豆——杂种

芝麻地里打锣——敲到点子上

芝麻地里的烂西瓜——数你大

芝麻地里种西瓜——有大有小

芝麻掉到针眼里——碰巧、巧到了家

芝麻豆子堆一场——不分主次、主次不分

芝麻堆里藏西瓜——小中见大

芝麻堆里的黄豆——算你老大、数它最大

芝麻秆做门闩——不能推敲

芝麻黄豆分不清——眼力差

芝麻里加虱子——瞎掺和、乱掺和

芝麻粒掉杏筐里——不显眼

芝麻落在针眼里——巧得很、凑巧了、赶得巧、正好

芝麻说成绿豆大——不足信、没人信、信不得、随意夸张

芝麻送到油坊里——等着挨捶（锤）

芝麻糖打滚——越滚越粗

芝麻做饼——点子多、点子不少

知了掉进酒缸里——晕头转向

知了落在粘竿上——自投罗网

知心朋友的悄悄话——句句真言、句句实话

织布娘手中的梭子——有来有去、有来有往

织布梭子——光钻空子、见缝就钻、钻空子

织好的渔网——心眼儿多、心眼儿不少

织女配牛郎——欢天喜地、天作之合

蜘蛛摆下八卦阵——专捉飞来将

蜘蛛扳牌楼——办（扳）不到（倒）

蜘蛛结网，耗子打洞——各有各的主意

蜘蛛结网——独霸一方、七勾八扯、吞吞吐吐

蜘蛛拉网——自私（织丝）、七勾八扯

蜘蛛爬书——枉（网）自（字）

蜘蛛做房子——牵线、勾织的

直尺量曲线——没准儿

直钩钓鱼——愿者上钩

直头牛——不知道转弯儿

直巷赶狗——回头一口、反咬一口

直性人发言——有一句说一句、有啥说啥

只尝不买——光占便宜

只此一家，别无分店——独一无二

只顾烧火，忘了翻锅——一处不到一处乱

只见一面锣，不见两面鼓——看问题片面

只说不练的把势——光耍嘴

只听楼梯响，不见人下来——缺乏行动

纸灯添油——一点就着、点火就着

纸糊的窗子——一点就透、一戳就破

纸糊的大鼓——经不起敲打、不堪一击

纸糊的灯笼——一戳就破、经不起风吹雨打、一点就透

纸糊的房子——不能容人、容不得人、谁都容不得、不是安身之地

纸糊的喇叭——吹不得、别吹了

纸糊的栏杆——靠不住、不可靠

纸糊的老虎——吓不住人、不堪一击、不咬人、不用怕

纸糊的锣鼓——经不起打击

纸糊的帽子——一戳就穿

纸糊的琵琶——谈（弹）不得、无法谈（弹）

纸糊的墙壁——靠不住、不可靠

纸糊的眼镜——遮人眼目

纸糊的椅子背——不牢靠

纸糊灯笼被雨浇——架子不倒

纸糊老虎洞——没用处、无用、没得用

纸糊洋娃娃——肚里空

纸画的猫猫——不咬人

纸老虎——外强中干、假威风、一戳就穿

纸里包火——瞒不过去

纸马店失盗——丢人了

纸人骑石马——压不垮、轻不压重

纸人纸马对天烧——哄鬼、骗鬼、哄死人

纸上的蚕子儿——密密麻麻

纸上画刀——无关痛痒、不痛不痒

纸上画牲口——中看不中使

纸扎的船儿——下不得水

纸扎的大象——庞然大物

纸扎的鲜花——再像骗不了蜜蜂

纸做的花——无结果、不结果

纸做的雨伞——不顶用、不顶事

指鹿为马——不识货、混淆是非、强加于人、胡说

指桑骂槐——影射他人

指头上抹蜜——吃不饱肚子、饱不了人

指象为马——不识相（象）

指着黄牛便是马——信口雌黄

指着秃子骂和尚——借题发挥

掷瓜捡豆——因小失大

智者千虑——必有一失

zhong

中伏天的霖雨——有钱难买

中箭的鸟儿——难活命、性命难保

中了状元招驸马——好事成双、喜上加喜、双喜临门

中秋过了闰八月——团圆过了又团圆

中秋节的月亮——光明正大

中秋节赏桂花——花好月圆

中秋节找月亮——凑巧了、赶得巧、正好

中式服装西式领——独出心裁

中堂里夹条幅——话（画）里有话（画）

中药店的揩桌布——尝尽了甜酸苦辣

中药铺的家伙——不拘一格

中药铺的铜臼——挨敲打的货、挨敲的货

中原逐鹿——捷足先登

终身当会计——长期打算

钟表没数字——无时无刻

钟鼓楼的家雀——习惯高声

钟鼓楼上摆肉案——架子不小、好大的架子

钟鼓楼上的百灵鸟——惊不出来

钟鼓楼上的麻雀——耐惊耐怕

钟在寺里——声在外

种姜养牛——本少利长

种下苞谷不发芽——永无出头之日、难出头

种下豌豆收荞麦——长出棱角来了

众人的嘴——捂不住

重病不吃药——没个好

重锤打锣——响当当、当当响

重锤掉在钢板上——落地有声

zhou

周扒皮学鸡叫——自找挨打

周仓斗李逵——大刀阔斧

周仓试老爷——甘拜下风

周文王请姜太公——尽找明白人

周幽王点烽火——一笑值千金

周幽王戏诸侯——言而无信

周瑜病倒在芦花荡——气煞人

周瑜打黄盖——两厢情愿、装模作样、自家人打自家人、一个愿打，一个愿挨

周瑜请蒋干——别有用心

粥锅里煮蚯蚓——糊涂虫

妯娌赶集——一路、同奔前程

zhu

朱洪武火烧庆功楼——一窝端

朱买臣的媳妇——贫妻

朱仙镇交战——锤对锤

珠宝商店——八面玲珑

珠子串断了线——散了

诸葛亮草船借箭——有借无还

诸葛亮出祁山——以攻为守

诸葛亮弹琴退仲达——临危不乱

诸葛亮当军师——名副其实、足智多谋

诸葛亮的锦囊——用不完的计、神机妙算

诸葛亮放孟获——欲擒故纵

诸葛亮焚香操琴——故弄玄虚

诸葛亮借东风——将计就计、金蝉脱壳

诸葛亮开口——尽是计谋

诸葛亮六出祁山——劳而无功、有劳无功

诸葛亮骑木马——能说不能行

诸葛亮玩狗——聪明一世，糊涂一时

诸葛亮用兵——出奇制胜、神机妙算、虚虚实实、真真假假

诸葛亮用空城计——迫不得已、不得已

诸葛亮斩马谡——执法如山

诸葛亮战群儒——全凭一张嘴、全仗嘴

诸葛亮招亲——才重于貌

诸葛亮治蜀——顺应民心

诸葛亮皱眉头——计上心来、计上心头

诸葛亮住茅庐——怀才不遇

诸葛亮做丞相——鞠躬尽瘁，死而后已

诸侯称王——各自为政

猪八戒败阵——倒打一耙

猪八戒扮新娘——其貌不扬、好歹不像

猪八戒背稻草——要人没人，要货没货、要人无人，要才（财）无才（财）

猪八戒背孙悟空——能人背后有能人

猪八戒背媳妇——费力不讨好、吃力不讨好、费劲不落好、上当受骗

猪八戒不拜佛——禅心不稳

猪八戒不成仙——吃了嘴的亏、全坏在嘴上

猪八戒搽粉——自以为美、遮不了丑

猪八戒唱戏——净说大话

猪八戒吃人参果——囫囵吞、不知滋味、不知贵贱、食而不知其味

猪八戒初进高老庄——装好汉

猪八戒的武艺——倒打一耙

猪八戒进屠场——自己贡献自己

猪八戒开战——倒打一耙

猪八戒看唱本——冒充斯文、假斯文

猪八戒啃地梨——什么仙人吃什么果

猪八戒耍钉耙——有两下子

猪八戒摔镜子——怕露丑

猪八戒甩耙子——不干了、不伺候（猴）

猪鼻子插大葱——装相（象）

猪吃桃胡子——想（响）的干脆

猪拱鸡窝——鸡飞蛋打

猪晃尾巴猴眨眼——习以为常

猪圈里的黄牛——高人一头、矮中见长

猪圈里的小牛——独（犊）大

猪身上的肉——有肥有瘦

猪食槽上搁铁——认了实（食）

猪食盆里鸡伸头——乱插嘴

猪蹄子不放盐——旦（淡）角（脚）

猪蹄子——朝里弯

猪蹄子抽筋儿——乱抓乱挠

猪蹄子炖醪糟——油大肉酸

猪蹄子做碗——得力的骨头

猪头当作麒麟舞——看你也不是师（狮）

猪头抹黄连——苦恼（脑）

猪腿拴绳——轮（抡）着吹

猪往前拱，鸡往后扒——各有各的门道

猪尾巴上挂大钱——随便

猪嫌老鸹黑——自己不觉得

猪羊走进屠户家——寻死路

竹虫咬断竹根——同归于尽

竹竿测天——难办

竹竿撑舰艇——划不来

竹竿打锣——有节奏

竹竿打水平平过——不分高低、高低不分

竹竿打月亮——挨不上

竹竿打枣——横竖乱扫

竹竿顶天——差一截子、差一大截

竹竿赶鸭子——呱呱叫

竹竿敲竹筒——空想（响）

竹竿上睡觉——难翻身、翻不了身

竹竿捅马蜂窝——乱了套、乱套了

竹竿子搭桥——难过

竹竿子赶鸭子——呱呱叫

竹竿子下井——竖管

竹篙撑排（排筏）——一通到底

竹篙里捻灯草——一条心

竹管里看豹——片面

竹壳船——轻浮

竹筐挑水——两头空、两落空

竹篮关泥鳅——这边关那边溜

竹篮子打水网拦风——全落空

竹篮子盛稀饭——漏洞百出

竹篱笆墙抹石灰——外光里不光、表面光

竹林里放纸鸢——胡缠、胡搅蛮缠

竹林里挂灯笼——高风亮节

竹林里跑马——施展不开

竹林里耍大刀——打不开场面

竹林里栽柏树——亲（青）上加亲（青）

竹林试犁——寸步难行

竹林耍大刀——打不开场面

竹笼里的凤凰——有翅难飞

竹楼上立雀——明摆着

竹篓里的泥鳅——没跑、跑不了

竹篓里的鱼——逃不脱

竹篓里数大鱼——清清楚楚、一清二楚

竹篓里捉螃蟹——十拿九稳、手到擒来

竹篾绑竹子——自己捆自己

竹篾编的鸭子——没心肝、没心没肝

竹篾穿黄鳝——串起来了

竹膜做面子——脸皮薄

竹排放鱼鹰——卡着脖子干

竹排上掉根竹——有你不多，无你不少

竹筛子兜水——漏洞百出

竹筛子做锅盖——心眼儿多、心眼儿不少

竹笋冒尖顶翻石头——腰杆子硬

竹筒倒豆子——爽快、干脆利索、干净利索、一干二净

竹筒里插棍子——直来直去、直进直出、直出直入

竹筒里倒豌豆——一干二净

竹筒里点蜡烛——照管

竹筒敲鼓——空对空

竹筒子吹火——只有一个心眼儿

竹筒子里看天——一孔之见、所见不广

竹筒子里塞棉花——空虚

竹筒做枕头——两头空、两落空、空想

竹席上晒甘蔗——甜蜜（篾）

竹枕头——空了、空的

竹子扁担挑竹筐——碰上自家人

竹子长杈——节外生枝、横生枝节

竹子当鼓——敲竹杠

竹子上结南瓜——怪事一桩、怪事

竹子榨油——不见得、不可思议

竹子做笛——受不完的气

竹子做篱笆——结缘（圆）

竹子做箫——生就的材料

主妇买小菜——挑挑剔剔

拄拐棍上煤堆——倒霉（捣煤）

拄拐棍走泥路——步步有点

煮豆燃豆萁——自家人不认自家人

煮坏的饺子——露馅儿

煮熟的饭不吃——闷（焖）起来了

煮熟的鸡爪子——朝里弯、往里拐

煮熟的螃蟹——肯定红

住着瓦房，望着高楼——好了还要更好

蛀虫咬黄连——自讨苦吃、自找苦吃

蛀虫钻空大树心——暗里使坏

zhua

抓把红土当朱砂——不识货、糊糊涂涂、糊里糊涂

抓把兔子草喂骆驼——不是好料

抓地坑沟找豆包吃——没出息

抓蜂吃蜜——恬（甜）不知耻（刺）

抓了芝麻丢西瓜——不分主次、主次不分

抓虱子烧衣裳——不值得

抓住蝙蝠说老鼠——不识货

抓住鼓槌不松手——老敲打

抓住荷叶摸到藕——追根求源、追根到底

抓住头发就织布——自以为是（丝）

抓住渔船当鞋穿——大手大脚

抓住张飞当李逵打——看错了人、认错了人

zhuai

拽着大嫂叫姑姑——拉扯不上

拽着胡子走路——谦虚（牵须）

拽着老虎尾巴抖威风——有胆有魄

zhuan

专往肥肉上贴膘——势利眼

砖头砌墙——后来居上

砖头上钉钉子——过得硬、斗硬

砖窑里失火——谣言（窑烟）

砖窑旁边盖楼房——就地取材

zhuang

庄户人办事——实实在在

庄户人家的孩子——土生土长

庄稼汉爬梯田——步步高升、步步登高

庄稼老不识桂圆——外行（黄）

庄稼老读祭文——难啊

庄稼老汉背木锨——扬长（场）而去

庄稼老看告示——一篇大道理

庄稼佬不认得木鱼——挨打的木头

庄稼佬不认得喷壶——碎嘴儿

庄稼佬不认得水仙——好大的蒜头

庄稼佬吃香瓜——专挑大的摸

庄稼佬进城——少见多怪

庄稼佬进皇城——头一遭

庄稼人点豆子——一步两溜子

庄稼人刨地——土里土气、土气大

庄稼人种豆子——步步有点子

庄稼人种五谷——土生土长

庄稼人走亲戚——实来实去

庄上的狗——连声咬

装病抓药——自讨苦吃、自找苦吃

装进筐里的螃蟹——横行到头啦

装笼子的鸟——一个飞不了

装猫吓耗子——假的

装死的狐狸——逃不脱猎人的眼睛

状元打更——屈才了

状元府内吃蟠桃——贵人吃贵物

状元没考上——落了个近（进）视（士）

撞网的大头鱼——晕头转向

zhui

追老虎上山——不得不如此

锥子上抹油——又奸（尖）又猾（滑）

锥子剃头——连根拔

锥子遇上枣骨子——针锋相对、奸（尖）对奸（尖）

锥子装在口袋里——露了锋芒

zhuo

卓别林的电影——别具一格

拙婆娘上锅——不是打锅就是打碗

捉不着狐狸——反惹一身臊

捉干鱼放水喷——不知死活

捉蛤蟆买烟吸——水里来，火里去

捉鸡赶鸭——一举两得

捉了虱子跑了牛——得不偿失

捉蛇打青蛙——不务正业、不干正经事

捉虱子上头——自讨麻烦、自找麻烦、自寻烦恼

捉鱼拦上游——先下手为强

捉住驴子当马骑——不识货

捉住跳蚤放头里——自作自受

捉住贼不打——哪有实话

桌上的油灯——不点不明

桌子板凳一样高——平起平坐

桌子当舞台——唱不了大戏

桌子底下打拳——撞大板、出手不高、起手不高

桌子底下扬场——碍上碍下、碰上碰下

桌子缝里舔芝麻——穷相毕露

桌子光剩四条腿——丢面子、失面子

啄米的鸡——连连点头

啄木鸟吃害虫——与人为善

啄木鸟打摆子——浑身发抖嘴巴硬

啄木鸟打前栽——用嘴支着

啄木鸟当医生——靠的就是一张嘴

啄木鸟得了伤寒病——身子坏了嘴还硬

啄木鸟的特征——嘴尖舌利

啄木鸟叨树——劲在嘴上

啄木鸟飞上黄连树——自讨苦吃、自找苦吃

啄木鸟立房子——使嘴

啄木鸟死在树窟窿里——吃了嘴的亏、全坏在嘴上

啄木鸟下油锅——嘴硬骨头酥

啄木鸟修房子——斗嘴劲

啄木鸟栽跟头——吃了嘴上的亏

啄木鸟找食——全凭一张嘴、全仗嘴

啄木鸟治树——入木三分、嘴巴子硬

姊妹俩出嫁——各人忙各人的

姊妹找婆家——各得其所

紫茄子开黄花——变种

紫心萝卜——红透了

自个儿拜把子——算老几

自个儿打嘴巴——自己跟自己过不去

自己的耳朵——看不见

自己点火烧眉毛——自找倒霉

自己跟自己下棋——输也是你赢也是你

自己口袋里的东西——清清楚楚、一清二楚

自己碰钉子——忍气吞声

自己说的听不见——梦话

自来水坏了龙头——放任自流、任其自流

自留地里撒尿——肥水不落外人田

自鸣钟的摆——左右摇摆、摇摆不定

自行车爆胎——气炸了、气崩了

自行车上陡坡——推一推，动一动

自行车下坡——不睬（踩）

自行车走田坝——得过且过

自由市场的买卖——讨价还价

zong

棕树的一生——任人千刀万剐

总统府的客人——有来头

总统请客——高朋满座

纵虎归山——必有后患

粽子里包蒺藜——尖对棱

ZOU

走到渡口打转身——想不过、存心不过了

走黑道吹口哨——给自己壮胆

走江湖的卖假药——光耍嘴、招摇撞骗、耍嘴皮子

走江湖的耍猴——拿手好戏

走江湖耍魔术——变着法儿骗人

走街串巷的流浪汉——一无所有

走了豺狼来了虎——一个更比一个凶、一个比一个恶

走了和尚走不了庙——尽管放心

走路拨算盘——手脚不闲

走路踩棉花——轻飘飘

走路穿小鞋——活受罪

走路看脚印——一步一回头、小心过分、过分小心

走路拾元宝——机会难得、难得的机会

走路算账——财迷转向

走路拄双拐——求稳

走马观花——不深入、深不下去

走亲戚掂牛蹄——两半（瓣）子理（礼）

走煞金刚坐煞佛——苦乐不均

走上步看下步——瞻前顾后

走私犯的大烟——赃（脏）货

走夜路吹口哨——虚张声势

走夜路打手电——图名（明）

走一步看两步——眼光远

走一步思三思——考虑周到

奏着唢呐赶毛驴——又吹又拍、吹吹拍拍

zu

卒子过河——只进不退、死不回头、横冲直撞

祖孙回家——扶老携幼、返老还童

祖宗三代穿的旧夹袄——里外孬、里外都不好

祖宗三代的家务事——一言难尽

祖宗堂里供菩萨——神出鬼没

zuan

钻进风箱的耗子——受不完的气

钻塔顶吹螺号——名（鸣）声远扬、远近闻名（鸣）

钻塔顶上观景——站得高，看得远、登高望远

钻头碰锉子——对头、死对头

钻头上绑针婆（缝衣针）——尖上拔尖

钻头上加钢针——好厉害

钻在水道眼里叹息——低声下气

攥着金条进棺材——舍命不舍财、爱财如命

攥着拳头过日子——憋气、憋得难受

zui

嘴巴搁在锅台上——光等吃

嘴巴含匕首——出口伤人

嘴巴含钢针——说话带刺

嘴巴扛在肩上——到处吃人家

嘴巴里放岗哨——不露口风

嘴巴里装子弹——说话像放炮

嘴巴两张皮——咋说咋有理

嘴巴上戴竹筒——说直话

嘴巴上挂秤砣——口重

嘴巴上挂灯草——口轻

嘴巴上挂饭篮——不愁吃的

嘴巴上挂弓——口头谈（弹）

嘴巴上挂胡琴——胡拉横扯

嘴巴上挂笼嘴——吃不开

嘴巴上挂油瓶——油嘴滑舌

嘴巴上了锁——不好开口

嘴巴上抹白糖——说得甜

嘴巴上涂糨糊——不好开口

嘴巴生刺——出口伤人

嘴巴是圆的，舌头是扁的——想怎么说就怎么说

嘴巴一张，看得见肚肠——一贫如洗

嘴巴支熨斗——口服

嘴边没毛——办事不牢

嘴吃肉，手沾油——受连累

嘴含盐巴望天河——远水不解近渴

嘴扛在肩上——到处吃人家

嘴里吃了鸟枪药——说话冲

嘴里灌凉风——气不顺

嘴里嗑瓜子——吞吞吐吐

嘴里没味儿嚼咸鱼——对口味儿、正合适

嘴里塞黄连——有苦难诉、有苦说不出

嘴里塞棉花——憋气、憋得难受

嘴上绑喇叭——走到哪儿吹到哪儿

嘴上挂蒺藜——说话带刺

嘴上挂天平——说话有分量

嘴上挂着三把锁——不进风声

嘴上加盖儿——废话少说

嘴上抹糨糊——难开口、口难开、不好开口

嘴上抹蜜——口里甜

嘴上抹石灰——白说、白吃

嘴上抹猪油——油嘴滑舌

嘴上说得甜，肚里怀着弯弯镰——口是心非

嘴上贴封条——没说的、难开口、闭口不谈

嘴上无毛——办事不牢

嘴甜甜，腰里挂弯镰——心术不正

嘴头开火药铺——张口就炸

嘴咬肚脐——够不着

醉汉的嘴——没遮拦

醉汉过铁索桥——上晃下摇

醉汉开车——不要命、玩命干

醉汉撒酒疯——无理取闹、胡言乱语、胡说八道

醉汉上街——东倒西歪

醉汉说呓语——难理会

醉汉走路——七撞八跌

醉后杀人——罪（醉）上加罪

醉翁之意不在酒——另有所图

ZUO

左耳朵进右耳朵出——耳旁风

左撇子划拳——又（右）来

左话右讲——说反话

左脚穿着右脚鞋——错打错处来

左撇子吃席——有（右）家（夹）

左撇子写字——不顺手

左敲鼓，右打锣——旁敲侧击

左手喇叭右手鼓——自吹自擂

左手买了右手卖——不为赚钱光为快

左右都能穿的靴子——没反正

作坊里的石磨——推一推，动一动

作家的书包——里面大有文章

作揖抓脚背——一举两得

坐北朝南——不像（向）东西

坐车不买票——白搭

坐船看大戏——走着瞧

坐船去坐车回——不走老路

坐等吃烤鸭——急于求成

坐等旱禾黄——懒人

坐电梯上楼——不怕（爬）

坐而论道——能说不能行

坐飞机唱戏——高歌猛进

坐飞机吃黄连——叫苦连天

坐飞机打靶——高标准

坐飞机旅游——一日千里

坐飞机攥西北风——大出风头

坐火箭鼓掌——拍手称快

坐火箭上月球——远走高飞

坐轿打瞌睡——不识抬举

坐轿闷得慌，骑马嫌摇晃——有福不会享

坐轿子翻跟头——自作自受

坐轿子喊丫鬟——福享尽了

坐轿子上山——越抬越高

坐井观天——小见识、眼光狭窄

坐木船打阳伞——没天没地

坐立不安——心中有事

坐南宫守北殿——不分东西

坐在锅边吃煎米粑——急于求成

坐在石臼上还撑两条拐杖——稳稳当当、稳当当的

坐在屋里看电视——远在天边，近在眼前

坐着吃甘蔗——一节一节来

坐着飞机放声唱——高歌猛进

坐着飞机想上月球——心比天高

坐着火箭登天——直线上升

做冰棍掺沙子——寒碜

做大衣柜不安拉手——抠门儿

做个大褂丈二宽——大摇（腰）大摆

做官的丢了印——糊涂官

做梦拜堂——暗喜、暗喜欢

做梦抱个金娃娃——想得倒美

做梦唱小曲——欢乐一时

做梦出差——想到哪儿去了

做梦考试——空紧张

做梦爬山——其实不费力

做梦碰见狼——虚惊一场、一场虚惊

做梦漂洋过海——想得宽

做梦骑老虎——想得出奇

做梦抢当铺——财迷转向

做梦拾元宝——尽想好事、想得倒美、白欢喜、空欢喜、空喜一场

做梦跳井——虚惊一场、一场虚惊

做梦推磨子——想转了

做梦学吹打——快活不多久、快活一时

做梦游西湖——好景不长

做梦摘云彩——空想

做梦中状元——空欢喜

做梦抓大印——官迷心窍

做梦抓俘虏——尽想好事、想得倒美

做梦抓银元——财迷心窍

做梦坐飞机——想入非（飞）非（飞）、想得高

做泥人的手艺——蹑（捏）手蹑（捏）脚

做年做长工遇到闰月——背时、倒霉透了、真倒霉

做旗袍用土布——不是那块料

做烧饼的卖汤圆——多面手

做生意讲信誉——理所当然

做无米之炊——难煞巧妇

做小本生意——斤斤计较

做贼盗黄连——自讨苦吃、自找苦吃

做贼的被狗咬——忍疼不开口

做贼的不用化装——贼眉贼眼

做贼的掉进井里——该死

做贼的碰见劫路的——冤家路窄、坏到一块了

做贼的挖城墙——不知厚薄

做贼的栽赃——嫁祸于人

做贼碰上劫路人——死对头、坏到一块了、赶巧了、冤家路窄、黑吃黑

做砖的坯子、插刀的鞘子——框框套套

谚语·歇后语

第三卷　张婷婷　编

中国言实出版社

dan

单车对炮双士——分不出高低

单车对士象——和为贵

单车杀不了马双象——不信试试看

单车追汽车——望尘莫及

单根青丝拴磨盘——千钧一发

单箭射双雕——一举两得

单口相声——一个人说了算、都听你的

单枪匹马上阵——孤胆英雄

单人表演——唱独角戏

单扇门没有闩——硬顶

单身汉分到房——自成一家

单身汉过日子——独揽一切

单身汉跑江湖——无牵挂、无牵无挂

单身汉碰到和尚——尽光棍、全是光棍

单身汉娶媳妇——自作主张、自拿主意

单身汉宿舍——没老没少的

单身汉填表——无事（氏）

单身汉要抱孙子——想得太远了

单手举磨盘——独力难撑

单眼儿看老婆——一目了然、一眼看中

单眼看布告——睁只眼，闭只眼

单眼看花——一目了然、白费工夫、白费劲、枉费工

担百斤行百里——任重道远

担山填海——力不能及、白费工夫、心有余而力不足

担水的扁担进门——直来直去、直进直出、直出直入

担水往河里卖——劳而无功、有劳无功

担心手臂比腿粗——多余

担雪填深井——误人不浅、白费功夫、枉费工

担着石磨赶庙会——负担太重

担子两头挂红灯——挑明

胆小鬼打仗——临阵脱逃

胆小鬼当兵——上不了阵

胆小鬼的眼睛——见什么都怕

胆小鬼偷东西——忐忑不安、惴惴不安

胆小鬼走夜路——提心吊胆、腿软心虚

胆小鬼坐飞机——抖起来了

胆汁拌黄连——苦上加苦

胆汁滴在眉毛上——眼前苦、苦在眼前

掸子没毛——光棍一条

弹弓打飞机——差得远、差远了、挨不上

弹弓射鸟——由下向上

弹花匠的女儿——会谈（弹）不会访（纺）

弹花匠进官——有功（弓）之臣

弹棉花的戴乌纱帽——硬装有功（弓）之臣

弹琵琶的人——爱抖擞

弹弦儿吧嗒嘴——说啥不够调儿

弹药库爆炸——火气太大

弹药库房——不能发火

弹药库里玩火——万万不可

弹子掉在铜锣里——响当当、当当响

淡水蟹——吃不得咸水

淡水鱼放在咸水里——不知死活、死活不知

蛋打鸡飞——两头空、两落空

蛋壳垫桌脚——支撑不住

蛋壳黄都没干——卖啥老哩

蛋壳里做道场——摆不开架势

dang

当兵的背算盘——找仗（账）打

当兵的垒灶——安营扎寨

当差放私骆驼——假公营私

当风扬灰——一吹就散

当官不坐高板凳——平起平坐

当官的拍桌子——惊堂

当官丢了印——昏头昏脑、昏了头

当和尚不敲钟——白吃饭

当红娘还包生崽——负责到底

当会计的——会打算盘

当家神（灶神）卖土地——一贫如洗

当了皇帝想成仙——不知满足、贪得无厌

当了将军——就得传令

当了衣服打牙祭（偶尔吃顿丰盛的饭）——顾嘴不顾身

当了衣裳买粉搽——穷讲究、穷打扮

当面剥葱——一层一层地摆摆

当面锣，对面鼓——明打明敲

当面是人，背后是鬼——伪君子

当面诵善佛，背后念死咒——阳奉阴违

当娘的打扮小闺女——入细入微

当铺的买卖——沾手三分肥

当铺柜台——高得很

当上潜水员——下海了

当头炮——将军

当夜捉贼当夜送衙——马上行事、事不过夜

当一天和尚撞一天钟——得过且过

当贼的说梦话——想偷

当着矬子说短话——成心叫人难堪

当着阎王告判官——没有好下场

挡风板当锅盖——受了冷气受热气

挡风玻璃做锅盖——明受气

荡货船——两头翘

dao

刀把老鼠——最刁

刀底下的豆腐——任人宰割、随人宰割

刀剁自己的脚趾头——自觉（脚）自愿

刀割韭菜——一茬一茬的来

刀搁脖子——离死不远、危在旦夕

刀架心头上——忍了

刀尖上安翅膀——飞快

刀尖上打拳——站不住脚

刀尖上赌气——活不久、活不长

刀尖上过日子——危在旦夕

刀尖上立正——站不住脚

刀尖上抹手——好险、冒险、危险

刀尖上耍杂技——硬逞能、瞎逞能

刀尖上跳舞——凶多吉少

刀尖上走路——玄乎

刀砍大海水——难舍难分

刀口下的绵羊——任人宰割、随人宰割

刀口遇滚水烫——疼痛难忍

刀里夹箭——给你个冷不防

刀马旦不会耍刀枪——徒有虚名

刀马旦出身——会打

刀劈毛竹——迎刃而解、干脆利索、一分为二

刀切大葱——两头空

刀切酥油——两面光

刀子切元宵——不圆满、不愿（圆）

刀刃上抹鼻涕——难下手、无法下手

刀刃上骑车——不要命的主儿

刀剁黄连木——刻苦

刀子插进胸口——伤透心肝、伤心

刀子插在鞘里——锋芒不露、不露锋

刀子对斧子——硬过硬、是个对手

刀子哄小孩——不是玩意儿

刀子上打滚——身子硬

刀子耍在铁匠铺——不是地方

刀子扎进肚里——心疼

刀子嘴，豆腐心——嘴硬心软、口恶心善

导弹打飞机——同归于尽、跟踪追击

导火线上拴炸药——一触即发

导演舞竹子——有节拍

导游者领路——引人入胜

倒背手放风筝——扯远了

倒背手看鸡窝——不简单（拣蛋）

倒长的山藤——根子在上头、根子在上边

倒吃甘蔗——节节甜、一节比一节甜、甜头在后

倒吃糖葫芦——大头在后面、大的在后头

倒吊的腊鸭——一嘴油

倒翻芝麻担——难以收场

倒挂的狐狸——尾巴翘不起来、翘不起来

倒糠拍箩——一点不留

倒了庙宇压碎神像——失灵

倒了碾盘砸了磨——实（石）打实（石）

倒了五味瓶子——苦辣酸甜咸都有

倒了油瓶子不扶——袖手旁观、懒到家了

倒骑毛驴——往后瞧、向后看

倒瓢的冬瓜——一肚子坏水

倒闲话，落不是——吃了嘴的亏、全坏在嘴上

倒泻一箩蟹——各人手硬各人扒

倒爷发家——不义之财

倒在地上的水银——无孔不入

倒在地下的水——舀不起来

倒坐炕沿扇扇子——耍风流

捅了马蜂窝——不能善罢甘休

捣蒜剥葱——各管一工

捣蒜槌子打鼓——懂（咚）

捣蒜槌子——独根儿

到处埋雷——危机四伏

到处下蛆的苍蝇——无缝不钻

到饭馆里买葱——未必给你

到河边才脱鞋——事到临头

到火神庙求雨——找错了门

到了黄山想泰山——这山望着那山高

到了火车站——鬼（轨）多

到了奈河桥又回来——死不成

到了山顶想上天——贪得无厌

到了悬崖不勒马——死路一条

到派出所领东西——物归原主

到手的肥肉换骨头——心有不甘

到站的火车——叫得响，走得慢

盗马贼挂佛珠——假正经、假装正经

盗马贼披袈裟——嫁祸于人

盗墓贼作案——捣鬼

道场里面打跟头——凑热闹、凑凑热闹

道人的头发——挽起

道士吹螺号——吓鬼

道士打醮（旧时道士设坛念经做法事）——鬼使神差

道士的辫子——挽得紧

道士掉了令牌——无法、没法、没办法

道士念经——照本宣科

道士跳法场——装神弄鬼、鬼使神差

道士舞大钳——少见（剑）

道士遭雷打——作法自毙

道士捉妖——有福（符）

稻草弹被絮——不是正胎子

稻草点灯——十有九空

稻草肚子棉花心——虚透了

稻草堆里埋石头——软中有硬

稻草堆里找跳蚤——痴心妄想、妄想

稻草盖珍珠——内中有宝、外贱内贵

稻草秆打人——软弱无力

稻草灰——随人捏

稻草人绑布条——吓唬小麻雀

稻草人跌跤——腰杆子不硬

稻草人放火——害人先害己

稻草人干活——不分昼夜

稻草人过河——不成（沉）

稻草人救火——引火烧身、自取灭亡、自顾不暇、同归于尽

稻草人救人——自身难保

稻草人烤火——不要命了

稻草绳子拔河——经不住拉

稻场撒网——空捕一场

稻秆敲锣——不响

稻秆做枕头——草包一个

稻田夹菜地——黄一块青一块

稻田里拔稗草——拖泥带水

稻田里插秧——以退为进、后来居上

稻田里的稗子——你算哪棵苗

稻田里盖猪圈——肥水不落外人田

稻田里拉犁耙——拖泥带水

稻田里捉龟——十拿九稳

稻子去了皮——白人（仁）儿

de

得病不吃药——熬、看你怎么好

得到屋子想上炕——贪得无厌、贪心不足

得过且过——不求上进

得阑尾动手术——除恶务尽

得了狂犬病的恶狗——正在风（疯）头上

得了脑膜炎——坏透顶了

得了失眠症——没精打采的

得了五谷想六谷，有了肉吃嫌豆腐——欲无止境

得陇望蜀——贪得无厌、贪心不足

得势的猫儿——雄似虎、欢似虎

得鱼丢钩——忘恩负义

德州扒鸡——窝着脖子别着腿

deng

灯草变黑——死了心（芯）

灯草撑屋梁——做不了主（柱）

灯草搓绳绑野马——白费工夫、白费劲、枉费工

灯草搭浮桥——走不得

灯草打鼓——想（响）不起来、不想（响）

灯草打老牛——不痛不痒、不觉痛痒

灯草打锣——不想（响）

灯草打圈圈——扯不得、莫扯

灯草打人——软弱无力、不痛不痒

灯草打围墙——一点没事

灯草当秤砣——没有分量

灯草当拐棍——使不上劲

灯草抵门——靠不住、不可靠

灯草点灯不用油——心（芯）好

灯草点火——有一分热，发一分光

灯草吊颈——假做作、死不了

灯草吊乌龟——提不起

灯草掉在水里头——不成（沉）

灯草儿扎风筝——飘浮得很

灯草赶苍蝇——软收拾

灯草拐棍——飘飘然、难撑、不可靠、主（拄）不得

灯草拐杖——做不得主（柱）

灯草灰过大秤——没分量

灯草灰——轻狂

灯草灰咽肚里——说话没分量

灯草捆草蛇——别提他（它）

灯草栏杆——靠不住

灯草剖肚——开心

灯草铺桥——过不去、走不得

灯草烧灰——飘飘然

灯草芯吊脖子——吓唬人

灯草织布——枉费心机

灯草做火把——一亮而尽

灯草做琴弦——不值一谈（弹）

灯蛾扑火——甘心找死、惹火烧身、自焚

灯笼点蜡烛——心里亮、肚里明

灯笼赶集——白瞪眼

灯笼做枕头——承受不起、难撑、承不起这个差事

灯谜晚会——耐人寻味

灯下点烛——白费蜡

灯芯草挑刺——太软

灯影子上饭馆——人多不吃食

灯盏里放毛线——变了心（芯）

灯盏里没灯草——无心（芯）

灯盏里洗澡——不晓得大小

灯盏上烧柴——放不下心（薪）

灯盏添油——不变心（芯）

灯盏无油——干熬、光费心（芯）、火烧芯（心）（比喻非常着急，心焦如焚）

登上架子——总认为自己高

登上山顶望平地——回头见高低

登上泰山想升天——好高骛远

登太行望运河——远水不解近渴

蹬着刀尖进虎口——步步危险

蹬着梯子上天——没门儿

等公鸡下蛋——没得指望

等号后边画个圈——等于零

凳子比桌子还高——没大没小

凳子上插尖刀——谁敢坐、坐不得

凳子上抹石灰——白挨

瞪着眼吹死猪——长吁短叹

瞪着眼睛咬着牙——怀恨在心

di

的确凉衬衫——看透了

的确凉做抹布——浪费材料

低个子看戏——随上人家说

低栏杆——靠不着

低头放焰火——刺眼

低头狗——暗下口

低头拉车——看不远

低着头走路——想事儿

羝羊触藩——进退两难

滴水穿石——非一日之功

滴水崖上滴水——滴完没了

笛子吹火——到处泄气

笛子独奏——自吹

笛子没眼——吹不响

笛子配铜锣——响（想）不到一块

抵门杠做牙签——大材小用

地板擦子刷地——拖泥带水

地板上的骨头——没人肯（啃）

地板上放书——没架子

地板上铺地毯——不能拖

地道里布罗网——来一个，捉一个

地道里点灯——实在不高明

地道里开车——暗中来往

地道里卖黄金——不见得高贵

地道里卖门神——看出来的好话（画）儿

地道里下台阶——步步深入

地道里找对象——要求不高

地道里找人——暗中查访

地道里找绳子——暗中摸索

地道里照相——脸上不光彩

地道里装机关——看谁敢来

地洞里藏老鼠——见不得阳光、见不得太阳

地府里打官司——死对头

地府里打冤家——鬼打鬼

地府里屙屎——懒鬼

地瓜不叫地瓜——白数（薯）

地瓜地里种豆角——纠缠不清

地瓜冒热气——熟透了

地黄瓜丢架子——嫁（架）不得

地脚螺丝——动不得

地窖里打灯笼——来明的

地窖里活命——难见天日、不见天日

地窖里聊天——说黑话

地老鼠交给猫看——十有九空

地老鼠跑江湖——走路不少，见天不多

地里的萝卜——上清（青）下不清（青）

地里的蚯蚓——土生土长、能屈（曲）能伸、成不了龙、有股钻劲

地里的薤白——装蒜

地里的庄稼苗——顺风倒

地里的庄稼——土生土长

地面上的水——哪里低往哪里流

地皮上割草——不去根

地平线——天壤之别

地球绕着太阳转——周而复始

地上的蚂蚁——数不清

地上的爬虫——没骨头

地上的野草——除不尽

地上的影子——看得见摸不清、你走他也走

地上的砖头——踢一踢，动一动

地上拣起来的饼——不干不净

地上跳到炕上——不足为奇

地上栽电杆——正直

地烧三尺——寸草不留

地摊上卖暖壶——水平（瓶）有限

地毯上寻针——吹毛求疵（刺）

地头蛇，母老虎——不是好惹的

地头蛇请客——福祸莫测

地图上画个圈——谁知道有多大

地图上量距离——咫尺万里

地下摆摊——没有架子、不摆架子

地下流出来的水——来路不明

地主的狗腿子——仗势欺人

地主老爷的碗——难端

弟兄们分家——单干、另起炉灶

弟兄俩骂娘——自骂自

第六个手指——多余

dian

掂篙撑船——赶不上、撑不上

掂着点心上树——言之（沿枝）有理（礼）

掂着算盘上门——找人算账

掂着猪下水过独木桥——提心吊胆

点火的爆竹——一肚子气

点火就想开锅——性太急

点火上轿——照价（嫁）

点火烧眉毛——自找罪受、自找难受

点了黄豆不出苗——孬种、不是好种

点名不到——没出席

点起火把作战——来明的

点燃的蜡烛——长命（明）不了

点手叫罗成——一招就来

点着火把聊天——明说、明说明讲

点着火的双响——气得嘣八丈高

踮着脚尖立正——不久长、难长久

电灯泡上蹭痒痒——摩登（磨灯）

电灯泡上点火——其实不然（燃）

电灯泡上点香烟——不然（燃）

电灯照墙角——名（明）角

电灯照雪——明明白白、明白

电饭锅煮饭——不要火

电风扇的脑袋——专吹凉风

电杆料子做了火柴梗——大材小用

电焊的火花——看不得

电焊焊钢板——牢靠

电壶里装水——外凉里热

电话拜年——两头方便

电话断了线——说不通

电话局的话务员——耳听八方

电话里谈恋爱——两不见面

电锯开木头——当机立断

电扇吹渔网——漏风

电扇上伸双手——吹捧

电视广告上的美人——昙花一现

电视机里放录音机——多想（响）了一层

电视上的画面——说变就变

电梯抛锚——上下为难、上不上，下不下

电线杆穿大褂——细高挑儿

电线杆当筷子——无从下口、难下口、无法下口

电线杆当套马杆——用才（材）不当

电线杆钓鱼——大材小用

电线杆顶上雕花——手艺高

电线杆挂灯笼——高明、有名（明）的光棍

电线杆刻手戳——没用到正经地方

电线杆上安喇叭——想（响）得高

电线杆上绑鸡毛——胆（掸）子不小、好大的胆（掸）子

电线杆上插土豆——大小是个头

电线杆上吊暖壶——高水平（瓶）、水平（瓶）高

电线杆上挂邮筒——高兴（信）

电线杆上挂钟——想（响）得高

电线杆上拉胡琴——大老粗

电线杆上敲瓷瓶——站得高，想（响）得远

电线杆上晒衣服——架子不小、好大的架子

电线杆上耍把势——艺高人胆大、本领高、险得很

电线杆子穿胡同——直来直去、直进直出

电线杆子当筷子使——拿不动

电线杆子剔牙——大老粗、敢想敢干

电线杆子做牙签——进不了口

电线上的风筝——缠上了

电影里的打斗——真真假假

电影里的夫妻——假的

电影里放电视——戏中有戏

电影里谈恋爱——假情假意、假仁假义

电子脑袋——神机妙算

电钻钻孔——不通也要通、硬要打通

电钻钻墙——不怕你硬

电钻钻膝盖——打通关节

店铺里的蚊子——吃客

店铺前吊门板——好大的牌子

垫着被盖卷儿睡觉——高枕无忧

垫子上翻跟头——摔着也不要紧

靛蓝染白布——一物降一物

diao

刁鹰飞入鸡儿场——没有好心肠

叼羊游戏中的小羊羔——任人撕扯

叼着喇叭敲鼓——自吹自擂

貂婵嫁吕布——英雄难过美人关

貂蝉唱歌——有声有色

貂皮下面安狗尾——不相称

碉堡里伸机枪——伺机伤人

雕虫小技——不足为道

雕花的扁担——中看不中用

雕花店里失火——刻不容缓

雕花匠不给神像磕头——知道老底

雕花匠的行头——动手就错（锉）

雕花匠做梦——想错（锉）了

雕花师傅戴眼镜——精雕细刻

雕塑匠手里的泥巴——得心应手、随人捏、随心所欲

吊车干活——拿得起放得下

吊车坏了——无法提高、不提了

吊车提物——举重若轻

吊骆驼上楼——费力不讨好

吊起的冬瓜——头重脚轻

吊起锅儿当钟打——穷得叮当响

吊起来打秋千——要的就是这个劲

吊扇下面拉家常——讲风凉话

吊桶打水——先下后上

吊桶落在井里——不上不下、上不上，下不下

吊桶脱箍——没法提、提不得

吊桶在你井里——由你做主

吊在房梁上的葱头——皮焦根枯心不死、叶烂皮干心不死

吊在房檐上的大葱——叶黄皮干心不死

吊着头发打秋千——不要命、玩命干

钓过的黄鳝——难上钩

钓上来的鱼——自己上钩

钓鱼的鱼漂——现（显）在上面

钓鱼竿上挂肝肺——悬着心

钓鱼钩变成针——以曲求伸

调虎离山——乘机行事

掉到井里打扑腾——死不死，活不活

掉到水里的肥皂——滑得很

掉光头发甩木梳——可以理解

掉进冰窟窿里——从头凉到脚

掉进冰水里——寒心

掉进草窝的绣花针——没处寻、难寻

掉进浆糊盆里的苍蝇——拔不出腿来

掉进开水锅里的虾——浑身不自在、急红了眼

掉进麦芒堆里——浑身不自在

掉进染缸里——一世洗不清

掉进水里的鞭炮——给谁都不要

掉进水里的手鼓——打不响

掉进陷阱里的狗熊——熊到底了

掉进陷阱里的野猪——张牙舞爪、死路一条

掉了耳朵的瓦罐——没法提、提不起来

掉了箍的水桶——散了板

掉了几根毫毛——无伤大体

掉了帽子喊鞋——头上一句，脚下一句

掉毛的磁鳞——不如生

掉门牙肚里咽——有苦难诉、有苦说不出

掉片树叶怕碰头——胆小怕事

掉头的蛇——毒心未死

掉头蜻蜓——四下里直打转

掉下井的秤砣——扶（浮）不上来

掉下树叶怕打了脑壳——胆小鬼

掉在井里打扑腾——死不死活不活

掉在枯井里的牛犊——有劲使不上、有力无处使

掉在油缸里的老鼠——滑头、滑头滑脑

die

跌倒还要抓把沙——不落空

跌倒拾个钱——走运、运气好

跌到车道沟里喊救命——吓得不知深浅

跌到井里的牛——有劲使不上

跌翻鸟窝砸碎蛋——倾家荡产

跌跟头捡金条——运气好

跌进糨糊盆的娃娃——糊涂人

跌落米坛的耗子——好景不长

碟子里的豆芽菜——开不了花，结不了果

碟子里的开水——三分钟的热劲

碟子里的清水——一眼看透、一眼看穿

碟子里生豆芽——扎不下根、难生根

碟子里盛水——太浅

碟子里栽牡丹——根底浅

碟子里扎猛子——不知深浅

ding

丁丁猫咬尾巴——自害自

钉钉子锤了手——敲不到点子上

钉锅匠摇手——不含糊（焊壶）

钉锅碗打坏金刚钻——赔本生意

钉木鞋使锥——多余

钉耙戴斗笠——尖上拔尖

钉是钉，铆是铆——不含糊

钉头碰着铁头——硬对硬

钉头碰着钻头——奸（尖）对奸（尖）、狠对狠

钉掌的敲耳朵——离题（蹄）太远、不贴题（蹄）

钉子钉黄连——硬往苦里钻

钉子烂了顶——抠不出来

钉子锈在木头里——铁定了

顶大风过独木桥——担风险

顶刀子求雨——豁出命来

顶碓窝（石臼）跳加官（旧时戏曲开场或演出中，遇显贵到场时加演的舞蹈节目）——自讨苦吃、自找苦吃

顶风撑船——上劲、划不来

顶风顶浪上水船——力争上游、硬撑、死撑

顶风扬帆——不辨风向

顶架的牛——好斗

顶梁柱当柴烧——屈才（材）、屈了材料

顶磨盘踩高跷——难上加难、难上难

顶石头上山——多此一举

顶头上长眼睛——目中无人

顶针儿眼儿多——个个不通

顶着被子玩火——惹火烧身、引火烧身

顶着笤箩望天——视而不见

顶着娃娃骑驴——多此一举

鼎锅头做帽子——难顶难撑

鼎锅煮豆——难翻身、翻不了身

定航的班机——继往开来

定向爆破——一边倒

diu

丢掉了邮包——失信于人

丢掉灶爷拜山神——舍近求远

丢金碗拣木勺——得不偿失

丢金子下海——可惜、真可惜

丢了秤砣捡灯草——避重就轻

丢了东西打瞎子算卦——闹了个白瞪眼

丢了斗笠——冒（帽）失

丢了黄牛撵兔子——不知哪大哪小、因小失大

丢了砍柴刀打樵夫——忘本

丢了铁棒担灯草——专拣轻事做、拈轻怕重

丢了西瓜捡芝麻——大处不算小处算、得不偿失、不知哪大哪小

丢了媳妇又赔房——人财两空

丢了羊群拣羊毛——大处不算小处算

丢了一枚绣花针——小事一宗

丢了一只羊，捡到一头牛——吃小亏占大便宜

丢了印的知县——糊涂官

丢了钥匙——人不了门

丢下犁耙拿扫帚——里里外外一把手

dong

东北的二人转——一唱一和

东边日出西边雨——道是无情（晴）却有情（晴）

东边下雨西边晴——各有天地

东扯葫芦西扯瓢——胡拉乱扯

东床择婿——指腹为婚

东耳朵进，西耳朵出——耳旁风

东方打雷西方雨——声东击西

东方亮下大雪——明明白白、明白

东方欲晓——渐渐明白

东放一枪，西打一棒——声东击西

东沟摸鱼，西沟放生——白忙活、白忙一场

东郭先生救狼——好心不得好报、姑息养奸、善恶不分、自己害
自己

东家的饭碗——难端

东家瓜，西家枣——没话找话

东家起火，西家冒烟——一波未平，一波又起

东街发货西街卖——不图赚钱只图快

东拉葫芦西扯瓢——碰到什么抓什么、胡拉乱扯

东篱补西壁——顾此失彼

东山跑过驴，西山打过虎——见过点阵势

东山坡上落凤凰——罕见

东施效颦——丑上加丑

东手接西手去——不聚财

东头拜堂，西头出丧——唱对台戏、演对台戏

东吴的大将——干拧（甘宁）

东吴杀关羽——嫁祸于人

东吴招亲——上当一回、弄假成真

东西耳朵南北听——横竖听不进

东西路南北拐——走邪（斜）道

东园桃树西园柳——好不到一块

东岳庙的小鬼——光瞪眼，不开腔

东岳庙走到城隍庙——处处有鬼、横竖都撞鬼

冬瓜熬清汤——乏味

冬瓜大的茄子——不论（嫩）

冬瓜结到茄子地——走错了人家

冬瓜皮做帽子——滑头、滑头滑脑

冬瓜敲木钟——没多大响声

冬瓜上霜——两头光

冬瓜藤缠到茄子地——拉拉扯扯

冬瓜藤牵到豆棚上——纠缠不清、胡搅蛮缠

冬瓜秧爬到茄子地——东攀西扯

冬瓜秧爬上葡萄架——难解难分、难分难解

冬眠的动物——有气无力、少气无力

冬水田里种麦子——怪哉（栽）

冬天不戴帽子——动动（冻冻）脑筋

冬天吃冰块——太寒心了

冬天吃梅子——寒酸

冬天吃沙子——寒碜

冬天穿汗衫——冷暖自己知

冬天穿棉袄，夏天吃西瓜——什么时候说什么话

冬天打雷——没有的事、没听过

冬天的大葱——叶枯心不死

冬天的火炉夏天的扇——人人喜欢、个个喜爱、用得上

冬天的枯树枝——冷冰冰，硬邦邦

冬天的腊鸭——硬撑、死撑

冬天的狼——爪子细着哩

冬天的芦苇——不死心、心不死、秆黄叶落心不死

冬天的炉子——闲不着

冬天的落叶树——一片萧条

冬天的蚂蚁——不露头

冬天的蟒蛇——有气无力

冬天的梅花——独开天下

冬天的暖水瓶——外冷内热

冬天的螃蟹——横行不了几时

冬天的泡桐树——光棍一条

冬天的气温——升不上去

冬天的青蛙——躲起来啦

冬天的扇子，夏天的火炉——没人要、没人爱

冬天的蚊子——销声匿迹

冬天的旋风——成不了气候

冬天的知了——一声不响

冬天的竹笋——出不了头

冬天贩冰棒——不懂买卖经、不识时务

冬天喝凉水——寒心

冬天进了豆腐房——好大的气

冬天里的蛇——有气无力、不露面

冬天买扇子——备用

冬天卖凉粉——不识时务

冬天卖扇子——没人过问

冬天躺在雪地里——难活命、性命难保

冬天摇蒲扇——不知冷暖

冬天坐长椅——坐冷板凳

冬天做凉粉——不看天时、不识时务

冬月里的甘蔗——甜在心上、甜透了心

冬月卖扇子——过时货

冬至已过——来日方长

董永上天——无立锥之地

董卓进京——不怀好意、来者不善

董卓戏貂蝉——死在花下

懂三又懂五——就是不懂事（四）

动物园的长颈鹿——身高气傲

动物园的猴子——没一个老实

动物园的老虎——吃现成的

动物园里的饲养员——习惯与兽类打交道了

动物园里的老虎——吃不了人

动物园里的野兽——打不得

动物园里看老虎——不能靠近他（它）

动物园里找猪圈——自找难看

冻疮发痒——抓不得

冻地皮上甩豆腐——稀巴烂

冻豆腐不放盐——冷淡

冻豆腐——难办（拌）、没法儿办（拌）

冻河上赶鸭子——大家耍滑

冻僵的蟒蛇——动弹不得、可怜不得

冻萝卜遇上铁叉——硬对硬

冻柿子——寒心、软中硬

冻鱼放生——不知死活、死活不知

洞房花烛夜——生平第一遭

洞房花烛——一条心

洞房里过十五——花好月圆

洞房里换孝衫——又喜又悲、悲喜交加

洞房里说悄悄话——甜言蜜语

洞里拔蛇——越拔越进

洞里的赤练蛇——毒得很

洞里的老鼠——晚上害人

洞里的蛇——不知长短

洞里的乌龟——不怕凉

洞里观火——清清楚楚、一清二楚

洞门边捉黄鳝——出来就抓

洞庭湖的麻雀——见过几回风浪、见过大风浪

洞庭湖的野鸭子——经过风浪来的

洞庭湖里吹喇叭——想（响）得宽

洞庭湖里的野鸭——无人管

洞庭湖里捞针——想得到，办不到、白日做梦

洞庭湖里漂根草——渺小

洞庭湖里涨春水——一浪高一浪

洞庭湖上踩钢丝——凶多吉少

洞箫当笛子——横吹

dou

兜里的钱，锅里的肉——跑不了

兜里的铜板——一摸就着

斗败的公鸡——垂头丧气、有气无力、少气无力

斗败的老牛——不服气

斗大的馒头——无处下口、难下口、无法下口

斗大的铜铃——摇不响

斗大的线团子——难缠

斗大的字不识半口袋——睁眼瞎

斗大的字一个不识——大老粗

斗鸡场上的公鸡——脸红脖子粗

斗鸡上阵——横眉竖眼、劲头十足

斗笠出烟——冒（帽）火

斗笠穿孔——出头之日到了

斗笠掉进河里——冒（帽）失（湿）

斗笠做锅盖——张冠李戴

斗篷烂边——顶好

斗兽场上的牛——凶得很

斗输的公鸡——耷拉着脑袋

斗赢的公鸡——神气十足、自鸣得意

陡坡上推车子——同心协力

豆饼充饥——白欢喜、空欢喜、空喜一场

豆饼干部——上挤下压

豆饼做豆腐——有点粗

豆豉口袋——臭货、肮脏货、臭东西

豆豉煮醪糟——不是滋味

豆囤里拿豆——一抓一大把

豆腐白菜——各有所爱

豆腐板上下象棋——无路可走

豆腐拌腐乳——越弄越糊涂、越搞越糊涂

豆腐拌芹菜——清清白白、一清（青）二白

豆腐场里的石磨——道道多

豆腐打地基——根基太软、底子软

豆腐打鞋掌——不是这块料

豆腐挡刀——自不量力、不自量、招架不住

豆腐店开在河边上——水里来，水里去

豆腐店里的把式——靠压

豆腐店里的东西——不堪一击

豆腐店里的老母猪——一肚子豆渣

豆腐垫床脚——白挨

豆腐垫鞋底——一踏就碎

豆腐掉地上——一塌糊涂

豆腐掉进灰堆里——吹也吹不得，打也打不得

豆腐堆里一块铁——算他（它）最硬、柔中有刚、软中有硬

豆腐炖骨头——有软有硬

豆腐耳朵——爱听谗言

豆腐坊的石磨——道道多、团团转

豆腐坊掉磨子——没法推、推不得、没得推啦

豆腐房的掌柜——一股渣气

豆腐放在肉锅里——沾些油水

豆腐干煎腊肉——有言（盐）在先

豆腐架子——碰不得、不牢靠

豆腐垒基脚——底子软

豆腐里掺米汤——糊糊涂涂、糊里糊涂

豆腐里捡骨头——无中寻有、故意挑剔

豆腐脑儿挑子——两头热

豆腐脑洒地上——难收拾、不可收拾

豆腐盘成肉价钱——不合算

豆腐乳做菜——不用言（盐）

豆腐烧猪蹄——软硬不均

豆腐身子——经不起摔打

豆腐饨骨头——不软不硬

豆腐丸子包鱼刺——柔中有刚、软中有硬

豆腐行卖磨——没法推、推不得

豆腐椅子——靠不住、不可靠

豆腐渣包包子——捏不到一块儿、捏不拢、难捏合、表里不一、用错了馅

豆腐渣补锅——不牢靠

豆腐渣炒藕片——迷（弥）了眼

豆腐渣炒樱桃——有红有白

豆腐渣当糨糊——不沾（粘）

豆腐渣垫鞋——不顶用、不顶事

豆腐渣糊墙——巴结不上、两不沾（粘）

豆腐渣烙饼——和不到一块、和不起来

豆腐渣捏的——不经打

豆腐渣上秤盘——不是好货、不是好东西

豆腐渣贴对联——白费工夫、巴结不上、两不沾（粘）

豆腐渣下水——轻松、散了、一身松

豆腐渣蒸馒头——散了

豆腐嘴刀子心——口软心硬、嘴软心狠

豆腐做匕首——软刀子

豆腐做门墩——难负重任

豆腐做墙脚——根基不稳、基础不牢

豆荚抽筋——两头受气、两头受制

豆浆里的油条——软了

豆芽拌粉条——内外勾结、里勾外连

豆芽包饺子——内中有弯

豆芽不叫豆芽——窝脖货

豆芽炒鸡毛——乱七八糟

豆芽炒韭菜——各有所爱、各人所爱

豆芽炒虾米——两不值（直）、低头的低头，弯腰的弯腰

豆芽的一生——总是受压

豆芽儿拦粉条——里勾外连

豆芽韭菜堆一堆——分不清，理不明

豆芽子上天——带尾巴的能豆儿

豆芽做拐杖——嫩得很、太嫩、靠不住、不可靠

豆油滴在水缸里——和不到一块、和不起来

豆渣糊窗户——两不沾（粘）

豆渣撒在灰堆上——难收拾、不可收拾

逗猫惹狗——无事生非

逗猫上柱——诱惑

逗哑巴挨口水——自讨没趣、自找没趣

窦娥喊冤——怨天怨地

窦尔敦盗御马——嫁祸于人、艺高胆大

du

毒日头下的雪人——快垮了

毒蛇出洞——伺机伤人

毒蛇的舌头——独（毒）具心（芯）裁

毒蛇的牙齿马蜂针——全是毒、最毒

毒蛇盯小鸟——歹毒（逮住）

毒蛇见硫黄——浑身酥软

毒蛇见雄黄——酥到骨

毒蛇进竹筒——一头钻到底

毒蛇爬行——没正道

毒蛇爬竹竿——又狡（绞）又猾（滑）

毒蛇吐芯子——出口伤人

毒蛇蜕皮——恶习不改

毒蛇钻进竹筒里——假装正直

毒蛇做梦吞大象——野心勃勃、野心太大

毒太阳底下的露水——就要干了

毒蜘蛛织网——碰不得

读书人当兵——能文能武、文武双全

犊子戴面具——人面兽心

犊子口里含嚼子——牛头不对马嘴

犊子踢牛婆——恩将仇报、以怨报德

独膀子打拳——露一手

独臂将军聚会——各有一手

独臂照镜子——里里外外一把手

独臂做饺子——一手包办

独根灯草点灯——只有一个心眼儿

独根蜡烛——无二心

独根头发系磨盘——千钧一发

独寡妇死了独养儿——无指望

独桨撑船——过不得大海

独脚凳——站不住

独脚蟹——爬不快

独轮车散了架——没法推了、推不得

独木桥落霜——难过

独木桥上踩车——别拐弯

独木桥上唱猴戏——不要命、玩命干

独木桥上唱曲子——心宽路窄、心宽路不宽

独木桥上钉木板——故意让人过不去

独木桥上扛木头——难回头

独木桥上跑马——好险、冒险、危险

独木桥上睡觉——翻不了身

独木桥上遇仇人——冤家路窄、分外眼红

独木桥上走骆驼——担风险的事

独生女掉泪——娇气

独头蒜——没伴（瓣）

独眼看告示——一目了然、睁只眼，闭只眼

独眼看书——侧目而视

独眼看戏——一目了然

独眼龙赶考——一言（眼）难尽（进）

独眼龙瞄准——少道麻烦

独眼龙骑单边马——只看一面

独眼龙相亲——一眼看中

独眼骡子换瞎马——越来越糟

独眼游紫金山——一见钟情

独自关门做皇帝——自尊自大

堵笼子抓鸡——稳拿

堵塞的下水道——不通

堵塞的烟囱——憋气又窝火

堵往笼子捉鸡——一个也跑不了

堵窝掏麻雀——手到擒拿、一个也跑不了

堵着房门救火——毁灭自己

赌场的老板——坐收渔利

赌场里的赌棍——孤注一掷

赌场停电——趁机捞一把

赌场掷骰子——吆五喝六

赌气饭——不是好吃的

赌台上的钱——黑吃黑

赌徒借钱——输净了

赌徒手中的钱——留不住、难久留

赌桌上看戏——没数

杜十娘的百宝箱——全部家当都在里头

杜十娘的箱中物——件件是宝

杜十娘怒沉百宝箱——人财两空

杜十娘扔下河的东西——谁也捞不到

肚货肠子一丈五——没变心

肚饥送来白面馍——正合适

肚里安电灯——心里亮

肚里藏镰刀——割心肠

肚里藏生铁——心情沉重

肚里插刀——内伤

肚里长瘤子——心腹之患

肚里长牙齿——心肠狠

肚里吃了秤砣——铁心眼

肚里吃了鞋帮——心里有底

肚里吹喇叭——心里想（响）

肚里的孩子自己生——谁也代替不了

肚里灌糨糊——糊糊涂涂、糊里糊涂

肚里喝了二斤老陈醋——酸气冲天

肚里开飞机——内行（航）

肚里容不得一根毛——小心眼儿、心眼儿狭小、心胸太小

肚里吞金——心里沉重、心里负担太重、有内才（财）

肚里装公章——心心相印

肚里装着冰坨子——说话冷冰冰、硬邦邦,

肚里钻进二十五只小耗子——百爪挠心

肚皮里吃了萤火虫——全明了

肚皮里的蛔虫——只等着吃

肚皮里横门闩——难开窍、不开窍

肚皮上割肉打牙祭——干不得

肚皮上磨刀——好险、玩邪的、危险

肚皮上贴膏药——心腹之患

肚皮贴在脊梁上——饿极了

肚脐打哈欠——妖（腰）气

肚脐上挂钥匙——开味（胃）

肚脐眼插钥匙——开心

肚脐眼长笋子——胸有成竹

肚脐眼儿安雷管——心惊肉跳

肚脐眼儿巴（贴）膏药——贴心、没病找病

肚脐眼儿长茄子——多心

肚脐眼儿打电话——心腹之言

肚脐眼儿点灯——心照不宣

肚脐眼儿发脾气——鸣冤叫屈

肚脐眼儿放屁——妖（腰）气、不可能的事

肚脐眼儿里藏书——满腹经纶（文）

肚脐眼儿里插冰棒——寒心

肚脐眼儿里打鼓——心里想（响）

肚脐眼儿里点眼药——心里有病

肚脐眼儿里灌铅——心里沉重

肚脐眼儿里灌汤药——心服口不服

肚脐眼儿里说话——谣（腰）言

肚脐眼儿里通电——心明眼亮

肚脐眼儿耍中幡——心劲儿

肚脐眼儿贴福字——大酒坛子

肚脐眼里安地雷——心惊肉跳

肚脐眼里藏书——满腹经文

肚疼点眼药——不管事

肚痛点眼睛——胡摆治、无济于事、不济事

肚痛急灶神——空怪

肚痛埋怨帽子单——错怪

肚子饿赶上吃晌午——正合心意

肚子饿了喝西北风——过一天算一天

肚子饿了填黄连——自讨苦吃、自找苦吃

肚子里板油太多了——蒙了心窍

肚子里长草——闹饥荒

肚子里撑船——气量大

肚子里撑铁杵——直肠子、直肠直肚

肚子里揣漏勺——心眼儿太多

肚子里打灯笼——自己心里明白

肚子里磨刀——内秀（锈）、秀（锈）气在内

肚子里敲小鼓——心里扑腾

肚子里塞石头——心里沉重、心里负担太重

肚子里吞擀面杖——直肠子、直肠直肚

肚子里行船——大人大度（肚）、海量、度（肚）量大

肚子里有半斤，嘴上倒五两——有一句说一句、有啥说啥

肚子里照火笼——自家心里明白

肚子里装满了海水——不是滋味

肚子上绑暖壶——水平比较高

肚子痛怪灶神——错怪、无用、无用处、没得用

肚子痛上眼药——点不到痛处

渡船过河——划得来

渡江烧船——断了后路、不留后路、断人后路

渡口的路——此道不通

渡口上打转身——想不过

镀铬眼睛——目中有人

镀金的佛像——华而不实

duan

端别人的碗——服别人的管

端公（巫师）吹牛角，道士吹海螺——各师各教

端公打令牌——吓鬼

端公打坐——装神弄鬼

端公的表惰——装模作样、装样子

端公跳坛——阴阳怪气

端公遭雷打——作法自毙

端金碗讨饭——装穷

端起刀头（祭神鬼用的熟肉）上庵堂——自讨没趣、自找没趣

端水缸救火——费力无用、费力不小，收获不大

端午节拜年——不是时候

端午节包粽子——有棱有角

端午节才贴对联——跟不上形势

端午节吃饺子——与众不同

端午节的蛤蟆——躲得过初一，躲不过十五

端午节后布谷叫——迟了、晚了

端午节划龙舟——载歌载舞、同心协力

端午节赛龙舟——争先恐后

端午节赛马——走着瞧

端着鸡蛋过木桥——提心吊胆

端着鸡蛋过山涧——操心过度（渡）

端着糨糊上天——胡（糊）云

端着金碗讨饭——装穷叫苦

端着水瓢吃西瓜——滴水不漏

端着银碗讨饭——费力不讨好、吃力不讨好、费劲不落好

短板搭桥——不顶事、不管用、难到岸

短的当棒槌，长的做房梁——各有一技之长

短棍儿打蛇——近不了身、难近身

短裤着短袜——高攀不上、差一截子、够不着

断臂的猴子——高攀不起

断柄锄头安了把——有把柄可抓

断柄锄头——没有把握

断根的香椿——难发芽

断了把的茶壶——就剩一张嘴

断了半边腿的蝎子——团团转

断了背的椅子——不可靠、靠不住

断了翅膀的苍蝇——嗡嗡不了几天

断了翅膀的凤凰——神气不了

断了翅膀的鸟——飞不高

断了翅膀的野鸡——飞不了

断了发条的钟——不走了

断了根的荷叶——水上漂

断了脊梁骨的癞皮狗——没有骨气

断了脚的螃蟹——不能横行了

断了脚锁的鸽子——远走高飞

断了筋的腕子——手软

断了履带的拖拉机——停滞（止）不前

断了捻子炮仗——不想（响）

断了头的苍蝇——六神无主

断了腿的蛤蟆——跳不了多高、蹦跶不了几天

断了腿的老虎——欲凶无力

断了腿的蚂蚱——跑不了

断了腿的螃蟹——横行不了几时啦

断了弦的二胡——不想（响）

断了线的风筝——远走高飞、身不由己、上不着天，下不着地、一去不复返

断了线的梭子——白钻空子

断了线的纸鸢——东游西荡

断了线的珠子——七零八落、没法提、提不起来、别提了

断了轴的手推车——不走了

断气前号叫——垂死挣扎

断藤的西瓜——满地乱滚

断头台上吹口哨——给阎王爷报信

断头台上做美容——死要面子

断线的喇叭——不声不响、无声无息

断秧的苦瓜——奋拉着脑袋

缎子包鸡笼——外光里面空

缎子被面麻布里——表里不一

缎子做浴巾——又光又滑

锻工的榔头——趁热打铁

dui

堆白菜，码大葱——一码是一码

对岸上的公公——与己无关、与我无关

对歌——一唱一和

对镜子作揖——自己恭维自己

对空放炮——无目标

对空撒灰——害人先害己

对空射击——热火朝天

对聋子说话——白张嘴、枉张口、枉张嘴

对门吹笛子——斗气

对门缝吹号——名（鸣）声在外

对牛弹琴——充耳不闻、不看对象、不起作用、不是知音、枉费心机

对牛吟诗——不入耳、难入耳

对天吹喇叭——想（响）得高

对天讲话——不知高低、空谈、空话连篇

对天鸣枪——吓唬人

对哑巴说话——白费口舌

对阵下棋——调兵遣将、纸上谈兵

对着靶子射箭——有的放矢

对着城门打哈欠——一气呵成（城）

对着穿衣镜调情——自爱

对着穿衣镜作揖——自我崇拜

对着棺材唱大戏——死不听

对着棺材撒尿——欺侮死人

对着棺材撒谎——哄鬼、骗鬼、哄死人

对着棺材许愿——哄死人

对着罐子吹喇叭——有原因（圆音）

对着锅底亲嘴——触一鼻子灰、碰一鼻子灰

对着镜子扮鬼脸——自己丑化自己

对着镜子吹喇叭——自鸣得意

对着镜子打躬——自己恭维自己、自尊自敬

对着镜子发脾气——自己跟自己过不去

对着镜子挥拳头——自己吓唬自己

对着镜子讲假话——自己骗自己

对着镜子看——里里外外都是自己

对着镜子伸小指——自己瞧不起自己

对着镜子竖拇指——自己夸自己、自以为了不起

对着镜子说话——自言自语

对着镜子说漂亮——自夸、自我欣赏

对着镜子行大礼——自己恭维自己、自尊自敬

对着镜子演奏——自吹自擂

对着镜子作戏——咋好看咋比划

对着镜子做鬼脸——自己吓唬自己

对着聋子打鼓——充耳不闻

对着聋子讲故事——白费口舌

对着聋子骂人——白费工夫、白费劲、枉费工

对着牛嘴打喷嚏——吹牛

对着墙壁流眼泪——独自悲伤

对着墙壁踢足球——有去必有回

对着墙壁走路——没门儿、无门

对着墙走路——行不通

对着舞台搞对象——一厢情愿

对着烟囱喊叫——说直话

对着砚台梳头——没影儿的事儿

对着影子打招呼——看错了人、认错了人

对着月亮攀谈——讲天话、空话连篇

对着月亮说话——说空话

对着张飞骂刘备——寻着惹气、找气惹

对着赵云摔阿斗——收买人心

碓杵（在石臼里捣米用的棒）脑袋——老实（石）疙瘩

碓臼里打跟斗——翻不了身

碓窝当帽戴——难顶难撑、顶不起来

碓窝里舂米——实（石）打实（石）

碓窝里舂夜叉——捣鬼

碓窝里打跟头——难翻身、翻不了身

碓窝里放鸡蛋——求稳

碓窝里栽葱——根子硬

碓窝吞下肚——实（石）心眼

dun

礅子（厚而粗大的一整块石头）碰碌碡（石磙）——实（石）打实（石）

蹲在厕所里写八股文——臭秀才

蹲在茅坑里问香臭——明知故问

蹲在皮球里过日子——受尽窝囊气

囤子顶上插旗杆——尖上拔尖

炖熟的猪头——难看

炖猪头蒸馒头——不到火候不开锅

钝刀切肉——不快

钝刀子割草——拉倒

钝刀子割肉——半晌割不出血来、不爽快

钝刀子砍豆腐——拣软的欺

钝刀子砍狗尾巴——不出血

钝刀子磨光——化不利为有利

钝刀子切豆腐——凑合使用

钝刀子切藕——藕断丝连、私（丝）不断

钝刀子杀鸡——靠手劲、不利索

钝刀子斩乱麻——三长两短

钝镰刀割麦——拉倒

顿顿吃笋子——胸有成竹

duo

多臂观音——到处伸手

多吃了安眠药——昏头昏脑、老是精神不振

多吃了豆腐——心肠太软

多吃了烤红薯——尽放屁

多吃了蕹菜——操空心

多吃了咸盐——净管闲（咸）事

多年的陈账——翻不得

多年的寡妇——老手（守）

多年的旧被絮——老套子

多年的老马桶——口滑肚臭

多年的泡桐树——空心货

多年的朋友——老交情

多年的师傅——老把式

多天的开水——没有热气

多雾的天空——朦朦胧胧

多细胞生物——难免要分化

多项式计算——不那么简单

多嘴的猫儿——抓不住老鼠

多嘴的婆婆——一片热心肠、热心肠

垛泥匠不拜佛——老底儿在他心里、心里有底

垛塑匠不敬泥菩萨——谁不知道谁

躲鬼跑进城隍庙——出生人死

躲过棒槌挨榔头——躲了一灾又一灾、祸不单行

躲过了老虎，又撞上了野牛——一个比一个凶

躲雨躲到城隍庙——尽见鬼

躲在暖房的小偷——不寒而栗

躲在屋里洗脏衣裳——家丑不可外扬

剁不烂的牛肉调馅——难办（拌）

剁了脚的螃蟹——横行不了几天

E

e

峨眉内功少林拳——练出来的

峨眉山上的佛光——看得见，摸不着、可望而不可即

峨眉山上的猴子——看精的、机灵得很

峨眉山上的泉水——细水长流

峨眉山上看佛光——难得一回

鹅不吃草——肚里有病

鹅吃草，鸭吃谷——各人享各人福

鹅蛋换鸭蛋——不划算

鹅蛋石跌进刺蓬里——无牵无挂

鹅颈项再长——也有个下刀之处

鹅卵石垫床脚——不稳当

鹅卵石垫墙基——立场不稳、根基不稳、基础不牢

鹅卵石下油锅——扎（炸）实（石）

鹅毛落水——漂浮

鹅盆里不准鸭插嘴——独食独吞、无牵无挂

鹅上台阶——靠猛劲

鹅伸脖子——等着挨刀

鹅头装在鸭颈上——不像样

鹅吞鸡头——卡壳了

鹅行鸭步——磨磨蹭蹭、大摇大摆

鹅咬鸡——不认亲、六亲不认

鹅在水中寻食——尾巴翘上天

鹅走路——大摇大摆

额角放镜子——眼看

额角上长眼睛——眼界高

额角上栽月季——看花了眼、花了眼

额头连下巴——没脸

额头上插牡丹——忍痛图好看

额头上倒冰水——从头凉到脚

额头上放鞭炮——想（响）头不低

额头上放块冰——头脑冷静

额头上放炮——眼前就是祸、祸在眼前

额头上挂算盘——算的眼前利益

额头上挂钥匙——开眼界

额头上画王字——充老虎吓人、成不了虎

额头上抹肥皂——滑头、滑头滑脑

额头上生疖子——触霉（眉）头、坏到顶了

额头上贴膏药——脸上尴尬

额头上写字——明摆着

额头上着火——急在眼前

额头生疮——遮盖不住、难遮盖、瞒不住

恶狗扒门——成心糟蹋人

恶狗戴佛珠——冒充善人

恶狗看见棍棒——又恨又怕

恶狗爬墙——上蹿下跳

恶狗咬人——偷下口

恶狗咬天——狂妄（汪）

恶鬼见钟馗——不得不老实

恶鬼怕钟馗——邪不压正

恶鬼碰上张天师——小鬼难逃

恶虎斗狼群——寡不敌众

恶虎吞狼——弱肉强食

恶狼扒门——成心糟蹋人、不祥之兆

恶狼吃天——无处下爪

恶狼落陷阱——作恶到头了

恶狼学狗叫——没怀好意

恶狼遭雷劈——恶有恶报

恶狼专咬瘸腿猪——专挑软的欺

恶狼装羊——不存好心、居心不良

恶狼捉老鼠——饥不择食

恶狼嘴里抢骨头——好大的胆量、胆子不小

恶老雕吃死耗子——对口味

恶老雕戴皮帽——假充鹰

恶老婆告状——有理说不清、讲不清道理

恶婆娘骂街——四邻不安

恶婆娘撒泼——耍无赖

恶婆婆的媳妇——难当

恶人的棍子——随身带

恶人登门——送福

恶人告状——冤枉好人、不存好心、居心不良

恶人先告状——反咬一口

恶人遇恶人——坏到一块了

饿瘪的臭虫——见缝就钻

饿肚的鸭子——穷呱呱

饿肚汉打冤家——借机（饥）闹事

饿肚汉开夜车——穷忙

饿肚汉啃鸡爪——解不了馋

饿肚汉跳加官——穷开心

饿狗掉厕所——正好

饿狗隔河看骨头——垂涎三尺

饿狗见了吃饭的——摇头摆尾、摇尾乞怜

饿狗见了肉骨头——张嘴就吃

饿狗啃骨头——恨不得嚼出油来

饿狗舔盘子——一干二净

饿狗争食——自相残杀

饿鬼与苦鬼——都是一号

饿汉抱着胖刺猬——抱着嫌扎手，丢又舍不得

饿汉嗑瓜子——不过瘾、饱不了人、吃不饱肚子

饿汉啃鸡头——卡壳了

饿汉梦中吃馅饼——痴心妄想、妄想

饿汉抢猪头——争嘴

饿汉下馆子——大吃大喝

饿汉遇糯粑——正好

饿汉子抱着只肥刺猬——扎手舍不得扔

饿虎吃羊——干净利落

饿虎吃樱桃——馋红了眼

饿虎进宅——不怀好意、四邻不安

饿虎舔米汤——不过瘾

饿虎吞羊——干净利落

饿狼吃羊羔——生吞活剥

饿狼窜进羊圈——无想饱口福

饿狼口里夺脆骨——好大的胆子

饿狼扑兔子——抓住不放

饿狼吞泥土——没有味儿

饿狼吞食——一副贪相

饿老鹰抓驴——饥不择食

饿猫不吃死耗子——冒充斯文、假斯文

饿猫衔鱼——嘴紧

饿牛见草地——陡增欢喜

饿死鬼要账——活该

饿吞鸡头——卡住了

饿鹞鹰——胡摸

饿鹰不吃小鸡——冒充斯文、假斯文

饿猪占木槽——死不放

饿着肚子出差——空跑一趟

饿着肚子造反——借机（饥）闹事

饿着肚子做梦——空想

鳄鱼的眼泪——假的、可怜不得、掩盖不了凶相

鳄鱼吊孝——假慈悲，真凶狠

鳄鱼挂念珠——冒充善人

鳄鱼护窝——不会走多远

鳄鱼上岸——来者不善

en

摁着牛头喝水——耍蛮劲

er

儿女敬老人——人情人理

儿女是娘心上一块肉——难舍难分

儿子比老子强——一代胜一代

儿子不养娘——白疼了一场

儿子成亲父做寿——好事成双

儿子打老子——岂有此理、情理难容、无法无天

儿子给阿爹抹胭脂——要老子的好看

儿子结婚闺女出嫁——双喜临门

儿子看婆媳吵架——两头为难、两难

儿子娶妻女嫁人——大事完毕

儿子死了娘——说来话长

耳朵长在膝盖上——懒得听

耳朵挂镰刀——好险、冒险、危险

耳朵里抹石灰——听不进、白听

耳朵里塞棉花——装样（羊）

耳朵里塞牛毛——装聋卖傻

耳朵漏风——听不进人话

耳朵塞驴毛——装聋、说不通、听不见

耳朵塞套子——装聋

耳朵上挂小鼓——打听打听、打听

耳朵眼里下棋——摆不开阵势

耳后的疙瘩——无人理会

耳聋鼻塞嘴哑——一窍不通

二八月的天气——冷热无常、忽冷忽热

二八月的衣服——形形色色

二八月的庄稼——青黄不接

二八月干活——不冷不热

二八自行车——架子不小、好大的架子

二把刀（指某项工作知识不足、技术不高）的大夫——杀人不见血

二百钱开个豆腐店——本钱不大，架子不小

二百五拉二胡——不入调

二百五上天——痴心妄想、妄想

二不愣（二愣子）当家——出不了好主意

二尺布做裤衩——两头顾不上

二尺长的吹火筒——只有一个心眼儿

二尺长的笛子——神吹

二齿钉耙锄地——有两下子

二齿钩子挠痒——是把硬手

二大妈的针线篮儿——杂七杂八

二大娘抱秃娃娃——旁人不夸自己夸

二大娘抱着个丑娃娃——人家不爱自己爱

二大娘缠裹脚——严严实实、严实得很

二大娘的鞋套子——没法提、提不起来、

二大娘的针线筐——乱七八糟

二大娘腌咸菜——有言（盐）在先

二大娘肿脸——更难看

二大爷赶会——想到哪就到哪

二大爷赶集——来去自由

二分钱办丧事——糊弄鬼

二分钱办喜事——糊弄客

二分钱的醋——又酸又贱

二分钱的买卖——小本生意、本小利微

二分钱开当铺——周转不开

二分钱开个店——穷张罗

二分钱买包花生米——吃不了兜着走

二分钱买碗面条——小吃小喝

二杆子当家——出不了好主意

二杆子做活路——傻干

二杆子做账房先生——用人不当

二更梆子敲两下——正是时候、没错

二姑娘裁尿布——闲时预备忙时用

二姑娘戴顶针——做活

二姑娘的包袱——窝窝囊囊

二姑娘的棉裤——平铺直叙（絮）

二姑娘的针线包——花色多

二姑娘架老鹰——招架不住

二姑娘上轿——忸忸怩怩、扭扭捏捏

二姑娘绣荷包——细功夫

二锅头的瓶子——嘴紧

二胡拉出笛子调——弦外之音、弦外有音

二虎把门——难进难出

二虎相斗——拉不开

二虎相争——必有一伤

二黄转中板——变调了

二加三减五——等于零

二斤半的舌头——吐字不清

二斤肉换个虾米——不值（直）

二郎神出战——净是天兵天将

二郎神吹笛子——神吹

二郎神的本领——多一只眼

二郎神的兵器——两面三刀

二郎神的法术——变化多端

二郎神的慧眼——有远见

二郎神的天犬——恶狗一条

二郎神的外甥——不爱旧（舅）

二郎神的印堂——独具慧眼

二郎神斗孙悟空——以变应变、你变我也变

二郎神缝皮袄——神聊（缭）

二郎爷的狗——不认识好坏人、不咬穷人

二郎爷举斧子——神批（劈）

二愣子报丧——慌里慌张

二愣子缠线团——越缠越乱

二愣子炒菜——不是滋味

二愣子当演员——胡闹台

二愣子拉胡琴——自顾自（吱咕吱）

二愣子骑老虎背——早晚有他的好看

二愣子上擂台——寻着挨揍

二愣子抓吃烂芝麻——满肚子坏点子

二愣子做活——猛一阵

二两棉花打架——谈（弹）不拢

二两棉花十张弓——谈（弹）不得、无法谈（弹）

二两棉花套个眼镜——看不透

二两棉花做枕头——稀松

二两铁打把刀——不够分量

二两铁打大刀——不够料

二两羊毛絮床褥子——难摊

二两银子铸个土地爷——钱能通神

二流子串巷撞了墙——倒霉透了、真倒霉

二流子打鼓——吊儿郎当

二流子当学徒——混日子

二流子骂街——胡言乱语、胡说八道

二流子烧香——不足信、鬼都不信

二三四五六七八九——缺衣（一）少食（十）

二十八岁大姑娘——享（想）福（夫）

二十八天的月亮——连点影都没有

二十斤的干饭没吃饱——饭桶

二十九过年——小劲（进）

二十七文钱分三份——久闻（九文）

二十钱一双乌拉——贱皮子

二十四磅榔头敲钢板——响当当、当当响

《二十四史》面前搁——不知从何说起

二十岁长胡子——少年老成

二十岁当博士——初露头角

二十五个老鼠下肚——百爪挠心

二十五斤四百两（旧制一斤十六两）——没错、错不了

二十五岁守寡——打不定主意、拿不准主意

二十五只老鼠下肚——百爪挠心

二十五只老鼠咬死人——百爪挠心

二十一天孵不出鸡——坏蛋

二十只耗子拉犁——乱了套、乱套了

二四六八十——净是双、无独有偶

二踢脚上天——空想（响）

二踢脚的爆竹——一声更比一声响

二踢脚——两想（响）

二万五千里长征——任重道远

二下五去三——一个不留

二下五去一——打错了算盘

二小子穿大褂——规规矩矩

二小子拜年——光磕头不说话

二小子不拉纤——顺水推舟

二小子丢钱包——傻了眼

二小子宰猪——不叫你哼哼

二小做梦娶媳妇——白高兴一场

二心的夫妻——早晚散伙、同床异梦

二一添作五——一人一半

二月的菜薹——另有心、起了心

二月的韭菜——头一茬

二月的闷雷——想（响）得早

二月的青蛙——呱呱叫

二月二穿单衣——为时过早

二月放纸鹞——风行一时

二月间的桃子——不熟

二月去了八月来——不冷不热、热不着，冷不着

F

fa

发菜炒豆芽——纠缠不清

发出去的文件——改不了啦

发出去的信——收不回了

发大水出丧——天灾人祸齐来

发电机着火——烧包

发动群众提倡议——集思广益

发高烧不出汗——胡说

发高烧的病人——神志不清

发洪水放木排——赶潮流、随波逐流

发酵池里的高粱——醋性大作

发酵的面粉——气鼓鼓

发酵粉子——能吹虚

发救兵还择吉日——晚了、不知急缓

发困给个枕头——正得劲儿

发了疯的猴子——上蹿下跳

发了霉的炒黄豆——不香

发了霉的葡萄——一肚子坏水

发了聘书人不来——顾（雇）不过来

发霉的瓜子——人（仁）变坏了

发霉的花生——不是好人（仁）、一钱不值

发霉的冷饭——不值得吵（炒）

发面的酵子——是个引子

发面馒头送闺女——实心实意

发疟疾吃奎宁——对症下药

发丧娶媳妇——又喜又悲、悲喜交加

发射出去的火箭——扶摇直上

发射卫星上天——一鸣惊人

乏驴子上磨——无精打采、没精打采

伐木工人拉锯——你来我往、有来有往

伐木拉大锯——你有来，我有去

法场上的刽子手——杀人不眨眼

法儿他妈哭法儿——没法儿了

法官审冤家——公报私仇

法官坐班房——明知故犯、知法犯法

《法门寺》里的贾桂——站惯了的、一副奴才相

fan

帆布眼镜——真难看

帆船上的桅杆——直通通的、直杠杠的

帆船遇到风——顺气

帆船追快艇——差距越来越大，老落后

番瓜（南瓜）秧牵上葡萄树——胡缠、胡搅蛮缠

番鬼佬叫狗——越叫越远

番鬼佬耍西洋镜——名堂不少

幡旗灯笼——照远不照近

翻白眼儿看青天——一无所有

翻穿皮袄——出洋（羊）相、装羊（样）

翻船抓到救生圈——绝处逢生

翻斗车卸货——倒个精光

翻过来的面袋子——空了、空的

翻过来的石榴皮——点子多

翻了篓的螃蟹——到处横行

翻了身的王八——四脚朝天

翻起麻枯打油——没事找事

翻砂工干活——装模作样、装样子

翻手为云，覆手为雨——出尔反尔

翻着旧皇历找好日子——倒退

凡士林涂嘴巴——油腔滑调

樊梨花救援北平关——不记前怨、不念旧恶

樊梨花下西凉——马到成功

蕃薯脑壳檀木心——不灵通

反贴门神——不对脸、左右为难

返航之路——回归线

返青的秋苗——节节高、节节上升

犯了克山病，又得虎林热（虎疫，旧称霍乱）——没法治、没治了

犯人打（制）枷——自作自受

饭店老总上灶——自我炒做（作）

饭店里端菜——和盘托出

饭店里卖服装——有吃有穿

饭店卖葱——多此一举

饭店墙上挂蒜辫——零揪

饭馆里端菜——和盘托出

饭罐子打断耳——不能提了

饭锅上的茄子——软货

饭盒里盛稀饭——装糊涂

饭后的粑粑——可有可无

饭来张口，衣来伸手——坐享其成

饭箩里冒烟——淘气

饭勺敲铁锅——响当当、当当响

饭勺子上的苍蝇——混饭吃

饭熟揭锅盖——气冲冲

饭堂里的苍蝇——人人讨厌

饭甑里蒸黄连——苦闷（焖）

饭桌上的抹布——尝尽了酸甜苦辣

饭桌上的盘子——没把柄

范进中举——喜疯了、喜出望外

贩古董的——识货

fang

方不方，圆不圆——没有规矩

方铲挖耳朵——不入门

方底圆盖——合不拢、合不到一块

方枘（榫子）圆凿——格格不入

方向盘失灵——把握不住方向

方字比万字——只差一点、多了一点儿

房顶的窟窿——漏洞

房顶的兽狗——光喝西北风

房顶开门——六亲不认

房顶落雪——不声不响、无声无息

房顶上扒窟窿——不是门

房顶上长苗苗——野种

房顶上的草——刮来的种

房顶上的冬瓜——两边滚

房顶上的窟窿——不是门儿

房顶上的猫——活受（兽）

房顶上的瓦——半遮半掩

房顶上放风筝——起手高一层

房顶上盖房——楼外楼

房顶上晒衣服——高高挂起

房顶上栽花——难交（浇）

房顶上种麦子——刺激（脊）

房脊上晒豌豆——两边滚

房脊上捉鸡——不好捉摸、难捉摸

房间里闹鬼——怪物（屋）

房角贴对联——邪（斜）门

房梁当椽子——大材小用

房梁上长草——根底浅

房梁上逮鸟——不好捉摸、难捉摸

房梁上的家雀——专找缝子钻

房梁改板凳——大材小用

房梁上挂鸡子儿——悬蛋

房梁上挂辣椒——一串一串的

房梁刻图章——大材小用

房梁上挂水壶——高水平（瓶）、水平（瓶）高

房梁做锄把——大材小用

房门前挖陷阱——自己坑害自己

房上的草——刮来的种儿

房上喜鹊叫喳喳——好事临头

房头立雀——明摆着

房檐滴水——点点不差、放任自流

房檐底下种菜——无缘（园）

房檐上逮鸡——不好捉摸

房檐上的流水——上头的事

房檐上吊着的鱼——干起来啦

房檐上玩把戏——不要命、玩命干

房檐下避雨——躲过一时算一时

房檐下的冰溜子——根子在上头、根在上边

房檐下的麻雀——生为吃食

房檐下的石头——轮（淋）不着

房檐下吊腊肉——挂起来、挂着

房子的地基石——难翻身、翻不了身

房子烧了又挨大雨——内外交困

房子着了抢东西——趁火打劫

仿造的商标——冒牌货

纺车耳朵——随人转

纺花车搬当院——各显各的本事

纺花锭插到荞麦囤——尖对棱

纺纱厂的烂线团——头绪太乱、千头万绪

纺织厂的下脚料——千丝万缕

放暗箭打冷枪——背后伤人

放鳖进塘喝水——一去永不来、一去不复返

放出笼子的鸟——远走高飞、收不回来

放出去的风筝——越飞越远

放大镜下的细菌——显而易见

放到案板上的肉——提起一条，放下一堆

放大镜下看报纸——显而易见

放风筝的撒线——脱手容易收回难

放风筝断了线——没指望了

放过的爆竹——声势已尽

放虎归山——自讨麻烦、留下祸根

放火烧山林——不顾根本

放了气的皮球——硬不起来

放了兔子使狗赶——居心何在

放了鱼饵的钩——上不得

放路纸钱——瘾（引）死人

放马后炮——不顶用、不顶事

放毛虫上身——找痒来抓

放牧的换草场——挪挪窝

放鸟儿出笼——各奔前程

放牛的吃螃蟹——不待言（带盐）

放牛娃背个粪筐——一拿二

放牛娃儿送亲——假装野舅子

放牛娃去放马——乱了套、乱套了

放炮吓鬼——虚张声势

放炮仗崩瞎眼——自作自受

放蚊入帐——自讨麻烦、自找麻烦

放下又把拿扫帚——两手不闲

放下担子聊天——歇后语

放下笛子拿钹（打击乐器）——又吹又拍、吹吹拍拍

放下笛子拿二胡——能吹会拉、会吹会扯

放下斧头聊天——光说不做

放下棍子打花子——忘本

放下筛子拿起箩筐——缺点多、尽缺点

放下屠刀，立地成佛——弃恶从善、改恶从善

放咸鱼落塘——死活不管

放蝎子——毒心

放鸭仔睡早床——不简（捡）单（蛋）

放鸭子上山——错了地方、搞错了路线

放羊的打柴——捎带着干、一举两得

放羊的捡柴火——一举两得、捎带活

放羊的去拴马——乱套了

放羊的拾柴禾——一举两得

放羊上山冈——步步高升、步步登高

放羊娃打酸枣——捎带活

放羊娃盖楼房——发了洋（羊）财

放羊娃喊救命——狼来了

放羊娃拾粪——两不耽误、两得其便

放鱼归海——不知死活、死活不知

放在筐里的葱——难扎根

放着热酒不喝喝卤水——不要命、玩命

fei

飞奔的火车——一日千里

飞车走壁——尽兜圈子

飞蛾撵蜘蛛——自投罗网

飞蛾扑灯——自取灭亡、惹火烧身、引火烧身

飞过的麻雀也要扯根毛——爱占小便宜

飞过鸟看出雌雄——眼力不错

飞机打哆嗦——抖上天了

飞机打飞机——空对空

飞机打坦克——居高临下、一个天上，一个地下

飞机的屁股——尾巴翘上了天

飞机翻跟头——倒栽葱

飞机放屁——一溜烟

飞机过河——一晃而去

飞机后面挂口袋——装疯（风）

飞机离跑道——没辙、远走高飞

飞机里伸出个巴掌来——高手

飞机上摆手——高招

飞机上避雨——不用伞

飞机上唱大戏——高调

飞机上吃烧鸡——这把骨头不知往哪儿扔

飞机上出点子——主意高

飞机上出故障——上下危险

飞机上吹喇叭——高明（鸣）、空想（响）

飞机上打凉扇——高风亮节

飞机上打拳——高手

飞机上打仗——放空炮

飞机上的婚礼——空喜

飞机上的客人——高贵

飞机上吊螃蟹——悬空八只脚、没处落脚

飞机上吊邮筒——高兴（信）

飞机上钓鱼——相差万里、相差很远

飞机上对歌——唱高调

飞机上发议论——高见

飞机上放风筝——出手高

飞机上放炮仗——天花乱坠

飞机上挂电灯——高明

飞机上挂剪刀——高才（裁）

飞机上观天——目空一切

飞机上过秤——高标准

飞机上会朋友——高见

飞机上军号响——声震远方

飞机上开会——高谈阔论

飞机上盘点——算得高

飞机上沏茶——高水平（瓶）、水平（瓶）高

飞机上扔铃铛——落到哪里都响当当

飞机上扔钱——空头（投）支（纸）票

飞机上扔石头——一落千丈

飞机上撒网——空张罗、无限（线）上纲

飞机上晒衣服——高高挂起

飞机上抬头望——天外有天

飞机上跳伞——腾云驾雾、丢人了、一落千丈

飞机上投弹——早有目标

飞机上张网——捕风捉影

飞机上装话筒——空喊

飞机上做买卖——要价高

飞机上做梦——天知道、天晓得

飞机通行——空来往

飞机拖大炮——跑不快，飞不起

飞机着火——倒栽葱

飞机钻云彩——腾云驾雾

飞进林里的鸟——抓不住

飞了鸭子打了蛋——两落空、两头空

飞毛腿讲话——快人快语

飞鸟看出雌雄来——眼神好

飞行员罢工——无机可乘

飞行员的降落伞——随机应变

飞行员跳伞——一落千丈

飞燕穿云——轻松

肥地长好谷——理应如此

肥狗咬主人——忘恩负义

肥鸡炖汤——油水多

肥脚螃蟹——大家（夹）

肥肉里挑骨头——没剔的

肥皂刻手戳——不是这块料

肥皂泡——吹不得、不攻自破

肥皂泡当镜子——成了泡影

肥皂泡遇大风——不吹自破

肥皂洗手——一干二净

肥猪跑进屠户家——送上门的肉、找死、挨宰

肥猪身上抹油——多此一举

废品回收——物尽其用

沸水锅里煮螃蟹——看你横行到几时

fen

坟地里冒青烟——阴阳怪气

坟头上耍大刀——吓鬼

粉白墙上挂草荐——不像话（画）、不成话（画）

粉白墙上贴告示——一清二楚、清清楚楚

粉板上写字——不久长、难长久

粉墙上挂灯笼——明明白白

粉球滚芝麻——多少沾点儿

粉刷的乌鸦——早晚要露馅、白不长久

粉丝汤里下面条——纠缠不清

粉条泡在滚水里——直不起腰来

feng

丰都城（迷信传说指阴间）里唱大戏——鬼听

丰都城里说大书——鬼话连篇

丰收年景的粮囤子——冒尖

风不摇树不动——事出有因

风车板做蒸笼——受了冷气受热气

风车耳朵摇车心——转得快

风车过马路——没辙儿

风车脑袋——随风转、哪里风头大就顺着哪股风转

风吹玉米穗——天花乱坠

风吹草动——摇摆不定

风吹草人——难免动摇

风吹尘土——不费力、不费劲

风吹灯草——心不定

风吹灯笼——左右摇摆、摇摆不定

风吹鸡毛——忽上忽下

风吹葵花——不转向

风吹垃圾——积少成多

风吹蜡烛——说灭就灭

风吹梨树——疙里疙瘩

风吹芦苇——左右摇摆、摇摆不定

风吹落叶——一扫光

风吹马尾——千丝万缕

风吹麦苗——一边倒

风吹蒲公英——轻飘飘、飘飘然

风吹墙头草——两边倒、摇摆不定

风吹头发——齐发动

风吹云朵——飘浮不定

风吹钟声花里过——又响又香

风吹竹林——一边倒

风地里的草人——装模作样

风地里的一盏灯——不知啥时候灭

风干的馄饨皮——捏不拢、难捏合

风刮尘土——不费吹灰之力

风刮帽子扣麻雀——意外收获

风化石磨刀——快不了

风口上的灯——难点

风口上点油灯——吹了

风浪里的小舟——左右摇摆、摇摆不定

风里点灯——难长久

风炉子不进气——缺个心眼儿

风马牛——互不相干、不相及

风门上的皮条——来回拽拉

风前残烛——不久长、难长久

风前的蜡烛——危在旦夕、着不长

风扫杨花——下落不明、不知下落

风湿膏止痛——治标不治本

风湿药无效——打不通关节

风水先生唱大曲——阴阳怪调

风匣板做锅盖——受了冷气受热气

风箱的嘴巴——光会吹

风箱换上鼓风机——一个比一个会吹

风箱里的老鼠——两头受气

风雪山神庙——老天有眼

风扬石磙——胡说一气、真能吹

风雨中的泰山——不动摇

风疹病人抓痒——越抓越痒

风筝断了线——摇摇欲坠、下落不明

风筝落在刺笆（荆棘）林——乱缠、缠住了

风中的羊毛——飘忽不定

风中鹅毛——无影无踪

风钻进鼓里——吹牛皮

封了窑口的砖——闷死了

封了嘴的八哥儿——一声不吭

封面上的美人——不可取（娶）

疯狗吃太阳——不晓得天高地厚

疯狗的脾气——一见人就咬、乱咬人

疯狗的尾巴——翘不起来

疯狗跳墙头——急红了眼、逼出来的

蜂洞糕发到磨盘大——虚透了

蜂蜜待客——给他（你）点甜头

蜂蜜当唇膏——一张甜嘴

蜂蜜和油——亲密无间

蜂糖蒸核桃仁——又甜又香

蜂窝煤上倒泥浆——个个死心眼儿

逢年过节的砧板——忙不过来、忙不开

逢年过生日——双喜临门

缝纫店里做衣服——量体裁衣

缝衣的钢针——只认衣衫不认人

缝衣针当锥子使——难通过、通不过

缝衣针对钻头——针锋相对

缝衣针碰着绣花针——一个比一个尖、尖对尖

凤凰拔了毛——比鸡还不如、不如鸡好看

凤凰跌到鸡窝里——落魄了

凤凰关鸡笼——毛羽尽抓

凤凰落到鸡窝里——糟蹋了、落魄了、有辱贵体

凤凰麻雀换巢——贵贱颠倒

凤凰山上没凤凰——徒有虚名

凤凰身上插鸡毛——大可不必、多此一举

凤凰树开花——红红火火

凤凰头上戴牡丹——好上加好、美上加美

凤凰下（生）鸡——一辈不如一辈、一代不如一代

凤凰站在凉亭上——卖弄风流

凤凰钻刺蓬——自讨苦吃、自找苦吃

凤仙花结籽——碰不得

凤阳女子牵猢狲——随手扯去

凤有凤巢，鸟有鸟窝——互不相干、各不相干

fo

佛多香少——供不应求

佛教的章法——清规戒律

佛面刮金子——刻薄、无中生有

佛爷的眼珠儿——动不得

佛爷的桌子——碰不得

fu

夫妻吵架家不和——不知谁是谁非、难断是非

夫妻反目——事出有因、说来话长

夫妻开店——齐心合力

夫妻俩唱小调儿——一唱一和

夫妻俩吵嘴——常有的事、不记仇

夫妻俩打铁——对手

夫妻俩种甘蔗——甜蜜的事业

夫妻推磨——尽绕圈子、绕圈子

伏天的蝈蝈——叫得欢

伏天的太阳——毒极了、最毒

伏天下暴雨——阵势大

扶得东来西又倒——顾此失彼

扶起稻草人——没干（杆）

扶起篱笆倒了墙——顾东不顾西、顾此失彼

扶起篱笆就是墙——不牢靠

扶着栏杆上楼梯——稳步上升

扶着桥栏杆过河——生怕掉进去

扶着醉汉过破桥——上晃下摇

服务员拿钥匙——有职无权、当家不做主

苻坚望见八公山——草木皆兵

俘虏兵——没腔（枪）

浮土窝里的蒺藜——不露头的孬种

浮在水面上的草——无依无靠

府官进县衙——直来直去、大摇大摆

斧大好砍树，针小能穿布——各有各的用处

斧砍三江水——不断流

斧头当菜刀——不灵便

斧头的凿凿入木——一物降一物

斧头剁手指——痛快

斧头劈水——白费力气

釜底抽薪——奄奄一息（熄）

釜中游鱼——不知死活、死活不知

父子观虎斗——大惊小怪

复印的材料——一模一样

富贵人家的小姐——弱不禁风

富人家的狗——只认衣衫不认人

腹背受敌——进退两难

腹中容不得一根毛——度（肚）量小

腹中行船——度（肚）量大

G

ga

旮旯里藏毒蛇——不露头

嘎小子买烧鸡——闹了个大窝脖

嘎鱼的脑袋——刺儿头

gai

丐帮的打狗棍——非同一般

盖房请来箍桶匠——找错了人

盖房子不用柱脚——强（墙）顶

盖匠上房子——铺天盖地

盖了九床被子做美梦——想不透

盖了三年的破被——老套子

盖严了的蒸笼——大气不出、有气难出

gan

干草把上吊草帽——尽吓唬小麻雀

干草点灯——十有九空

干草堆里寻绣花针——白费工夫、白费劲、枉费工

干柴遇烈火——点火就着、一点就着

干池塘里的青蛙——盼下雨

干打雷不下雨——虚张声势、咋（炸）呼

干地拾鱼——白拣

干饭揭早了锅——夹生了

干粉子做汤圆——搓不圆

干蛤蜊，死牛筋——煮不烂，嚼不动

干旱的庄稼——熟得早

干河沟里逮鱼虾——没来路

干河沟里的鱼——跑不了

干河里撒渔网——空扑一场、瞎张罗

干河滩里栽牡丹——好景不长

干活打瞌睡——迷迷糊糊

干萝卜丝熬汤——清淡无味、乏味、淡而无味

干面条做帐勾——经不起折

干泥巴做元宵——搓不圆、没法做

干皮大葱——不死心、心不死

干手沾芝麻——粘不上、不上手

干糯米做粑粑——搓不圆、没法做

干水塘里的泥鳅——滑不到哪里去

干丝瓜开膛——满肚子私（丝）

干潭子摸鱼——难得、得之不易

干塘里的鲤鱼——没几天蹦头、蹦跶不了几天

干塘抓野鱼——人人有份、一点不剩

干土移花木——活不久、好景不长

干鱼肚里寻胆——少见、少有

干榆木疙瘩——劈不开

干竹子榨油——没有搞头

甘露寺里的刘备——安然无恙

甘露寺招亲——弄假成真

甘罗拜相——小人得志

甘庶地里长草——荒唐（糖）

甘庶地里栽葱——比人家矮一截

甘庶命——吃一节算一节

甘蔗拔节——一节也不通

甘蔗出土——节节甜

甘蔗当吹火筒——一窍不通、出不了这口气

甘蔗倒吃——节节甜、越吃越甜

甘蔗地里栽黄连——又苦又甜

甘蔗林里种香瓜——从头甜到脚

甘蔗皮编席子——甜蜜（篾）

甘蔗梢上挂苦胆——一头苦来一头甜

甘蔗蘸蜜糖——甜上加甜、甜透了

甘蔗支危房——不顶用、不顶事

秆虫作揖——结（秸）拜

赶场带相亲——一举两得、两不误

赶场的买竹子——说长道短

赶场走进死胡同——行不通、走不通

赶场做买卖——随行就市

赶车不拿鞭子——拍马屁、穷咋呼

赶车的过泥墉塘——轱辘进去了

赶狗入死巷——反咬一口

赶鸡落池塘——追着下水

赶鸡下河——硬往死里逼

赶集不带钱——看的是热闹

赶集不拿口袋——存心不良（量）

赶集掉了爹——丢大人了

赶集卖竹笋——有的说短，有的说长、自有旁人说短长

赶集走进死胡同——此路不通

赶集走亲戚——顺路的事

赶脚的不问道——路子对头

赶脚的开车——不懂那一套

赶脚的骑骡子——图个眼前舒服

赶脚驴的拾个料布袋——福从天降

赶考的落榜——功（攻）夫（书）不到

赶考中状元——机会难得、难得的机会

赶龙王下海——巴不得

赶马车的打响鞭——虚张声势

赶马车的开汽车——不在行

赶马车人的草料袋——草包

赶马车上坡——又打又拉

赶绵羊上树——难上加难、难上难

赶牛进鸡舍——门路不对

赶兔子过岭——快上加快

赶乌龟上山——慢慢来

赶鸭子上架——故意刁难、强人所难、硬逼

赶鸭子上树——故意为难

赶早市买活鱼——新鲜

赶着绵羊上树——难往上巴（扒）结

赶着牛车出国——相差十万八千里

赶着王母娘娘叫大姑——妄想、想高攀、想沾点仙气

赶着鸭子拉大磨——痴心妄想、妄想

敢在太岁头上动土——胆子不小

橄榄核垫台脚——横也不好，竖也不好、越垫越不平

橄榄核卡喉咙——不上不下

橄榄头上插针——尖上拔尖

擀面杖，驴肘棍——没头没尾

擀面杖插到鸡窝里——捣蛋

擀面杖吹火——一窍不通

擀面杖打飞机——高不可攀

擀面杖当吹火筒——不通

擀面杖当笛子吹——没眼儿

擀面杖当旗杆——太矮

擀面杖当箫吹——实心眼、一点心眼也没有、缺心眼儿

擀面杖分长短——大小各有用场

擀面杖灌米汤——滴水不进

擀面杖捞饺子——搅浑一锅汤

擀面杖抹油——光棍一条

擀面杖敲鼓——抡的哪一槌

擀面杖升云天——诽谤（飞棒）

擀面杖钻石头——纹丝不动

擀面杖做筷，盆当杯——大吃大喝

gang

刚备鞍的马驹——挨鞭子的日子到了

刚捕上来的鱼虾——蹦蹦跳

刚长翅膀的鸟儿——不知天高地厚

刚长出的黄瓜——苦极了

刚扯帆就遇顶头风——出师不利

刚出火坑，又落陷阱——躲了一灾又一灾、祸不单行

刚出壳的鸡娃——羽翼不全

刚出笼的馒头——带着气来的、热气腾腾

刚出笼的馒头烤着吃——欠火

刚出笼的糖包子——热乎乎，甜蜜蜜

刚出炉的纯钢——宁折不弯、心地纯正

刚出山的老虎——有点猛劲

刚出山的猛虎——威风不小

刚出山的太阳——红光满面

刚出生的婴儿——没见过世面

刚出水的莲藕——鲜嫩

刚出水的虾子——活蹦乱跳

刚出土的黄连——苦苗苗

刚出土的幼芽——嫩得很、太嫩

刚出窝的雏鸡——飞不高

刚出窝的燕子——唧唧喳喳

刚从水沟里钻出的泥鳅——黑不溜秋

刚断了篙子又得了桨——正合适

刚飞的鸟儿——不知高低

刚过门的媳妇见公婆——唯唯诺诺

刚过门的媳妇——心里扑腾、见不得人

刚结婚的黄花女——羞羞答答

刚进庙的和尚念佛经——现学现唱

刚开瓶的啤酒——圆圆满满、有股子冲劲

刚开坛的老白干——有股子冲劲

刚来报到就要跳槽——这山望着那山高

刚离虎口又入狼窝——躲了一灾又一灾

刚理发的碰上络腮胡——难题（剃）

刚落地的娃娃——从头到脚都是新

刚落地的雨水——浑浊不清

刚买来的马——难合群、不合群

刚冒尖的竹笋——又鲜又嫩

刚上套的牲口——不识号

刚上蒸笼的馒头——面生

刚下轿的媳妇——满面春风、春风满面

刚下轿的新媳妇——不好看也爱看

刚摘的黄瓜——一时鲜

岗上二亩水浇地——旱涝保收

缸边上走马——担险

缸钵里的泥鳅——团团转

缸里的金鱼——没见过风浪

缸里点灯——照里不照外、里头亮

缸里端起葫芦瓢——泼冷水

缸里盛酒——不在乎（壶）

缸里掷色子——没跑、跑不了

缸坛店里卖钵头——一套一套的

缸里捉王八——没跑、跑不了

缸中倒豆——不藏不掖

钢板上打铆钉——毫不动摇、一是一，二是二

钢板上钉钉——硬碰硬

钢板上钉铆钉——丁（钉）是丁（钉），卯（铆）是卯（铆）

钢板一块——坚硬

钢厂的产品——全是硬货

钢刀对生铁——硬碰硬

钢刀落肚——割心肠

钢刀斩乌龟壳——硬砍

钢钉淬火——钻劲大、有股钻劲

钢筋加混凝土——结实得很

钢筋水泥盖鸡窝——一劳永逸

钢铃打锣——另有音

钢钎打炮眼——直来直去

钢钎打石头——硬碰硬、硬钻

钢钎凿到石头——一锤一个眼

钢枪换炮——越来越好

钢琴家义演——白眼（演）

钢刷刷锅——硬碰硬

钢水倒进模子里——定了型、定型了

钢丝穿豆腐——没法提、提不得、别提了

钢丝绳穿针——难通过、通不过

钢丝锁豆腐——挂不住

钢条做钉子——宁折不弯

钢头戴铁帽——双保险

钢针大头针——各有用处

钢针屁股上的眼——只认衣衫不认人

钢珠落进玉盘里——当当响、响当当

gao

高大的乔木——腰杆硬

高大的竹子——节外生枝

高飞的鸟儿遇老鹰——凶多吉少

高个子跌跤——差（叉）得远

高个子进窑洞——不得不低头

高个子装矮个子——低声下气

高个子走到屋檐下——不得不低头

高级合金刀——无坚不摧

高级合金钢——过得硬、够硬

高级毛料作抹布——糟蹋材料

高价买来低价卖——尽做亏本事

高举拳头轻轻放——手下留情

高考的标准——择优录取

高空中演杂技——众人仰望

高粱秆儿拴骡子——拉倒

高粱秆架房檐——不顶事儿

高粱秆上点火——顺杆儿往上爬

高粱秆抬轿子——担当不起

高粱秆做鞭杆——经不起摔打

高粱秆做磨棍——有劲使不上

高粱秆做梯子——上不去

高粱地里打阳伞——难顶难撑

高粱地里放鸟枪——打发兔子起了身

高粱地里撵鸭子——不见机（鸡）

高粱地里套绿豆——高低不平、有高有低

高粱地里栽葱——矮了半截子、矮了一大截

高粱地里找棒子——瞎掰

高粱地里种玉米——秋后见高低

高粱杆上挂个破气球——垂头丧气

高粱秆打狼——两担怕、两面怕

高粱秆当顶门杠——经不起推敲

高粱秆当柱子——撑（称）不起、难撑

高粱秆上结茄子——天下奇闻、弥天大谎

高粱秆挑水——担当不起

高粱秆推磨子——玩不转

高粱秆子剥皮——光棍一条

高粱秆子做檩条——不是这块料

高粱秆做眼镜——空架子

高粱开花——到顶了

高粱米塌饭锅——闷（焖）起来了

高粱撒在麦子地——杂种、秋后见高低

高楼里的电梯——能上能下

高楼平地起——日新月异

高炉红光、中云霄——热火朝天

高俅当太尉——一步登天

高山顶上搭台子——高高在上

高山顶上放风筝——起点高

高山放鞭炮——四方闻名（鸣）

高山放大炮——惊天动地、名（鸣）声高

高山滚石头——永不回头、大翻身、有去无回

高山毛栗子——浑身是刺

高山上的草——根子深

高山上的瀑布——冲击力大、一落千丈

高山上的青松——根子硬、经得起狂风暴雨、四季常青、久经风雨

高山上的雪莲——一尘不染、不可多得

高山上点灯——远见

高山上挂红灯——有名（明）望

高山摔茶壶——光剩嘴

高山头种辣椒——红到顶了

高山响鼓——事出有因

高山有好水，平地有好花——各有所长

高射炮打坦克——水平太低

高射炮的瞄准器——尽往上瞧、向上看

高射炮手——见机行事

高速公路——通行无阻、畅通无阻

高台上表演——众人仰望

高台上点灯——照远不照近

高兴得四脚趴地——得意忘形

高压电线——摸不得

高崖上搭长梯——太悬乎

高烟囱冒烟——热火朝天

高音喇叭掉井里——哇啦不上来了

高音喇叭上山头——名（鸣）声远扬、远近闻名（鸣）

高字边上加一手——你想搞啥

膏药贴在背上——揭不得

稿纸上写字——框框多、尽是框框

稿子写到边——不够格

ge

戈壁滩上的黄沙——无穷无尽

戈壁滩上的泉水——格外珍贵

戈壁滩上的石头——明摆着

戈壁滩上放牧——要水没水，要草没草

戈壁滩上盖大厦——底子差、基础差、底子不行

戈壁滩上开车——没辙

戈壁滩上缺干粮——喝西北风

戈壁滩上找泉水——困难、难极了

圪针上擦鼻涕——下不了手

圪针（某些植物枝梗上的刺儿）笼里逮蚂蚱——难下手、无法下手

疙瘩饼子送闺女——实心实意

疙瘩汤里煮皮球——糊涂蛋

疙瘩嘴报信——结结巴巴

哥俩并坐——亲密无间

哥俩分家——各人顾各人、自食其力

哥俩上京城——同奔前程

哥俩上天平——比重

哥上关东，弟下西洋——各奔东西

胳膊当枕头——自己靠自己、自靠自

胳膊扭大腿——拧不过

胳膊弯里打凉扇——两袖清风

胳膊往外拐——吃里爬（扒）外、替别人出力

胳膊窝夹蜡扦——假装吹鼓手

胳膊窝里夹皮球——气胀人

胳膊窝下过日子——憋气、憋得难受

胳膊折了往袖里藏——家丑不可外扬、自掩苦处

胳膊肘长杈——横生枝节

胳膊肘朝里拐——好处自己揣、只顾自己

胳膊肘——朝里弯、往里拐

胳膊肘里钉铁掌——离题（蹄）太远、不贴题（蹄）

胳膊肘里灌醋——酸溜溜的

胳膊肘上戴镯子——大大地露他一手

胳肢窝里夹耗子——冒充打猎人

胳肢窝下过日子——太窄

鸽子带风铃——虚张声势

鸽子光拣高门楼飞——忘本

鸽子尾巴带竹哨——想（响）得高

割草打兔子——顺手捎带的事

割草的捡到大南瓜——捞外快

割草拾柴火——顺便

割柴的拿斧头——不要脸（镰）

割倒了的茅草——一大片

割鸡用牛刀——大材小用

割韭菜，剥黄麻——一码是一码

割韭菜不用镰刀——胡扯

割了脖子鸡还想飞——垂死挣扎

割了猫尾巴拌猫食——自己吃自己

割了脑袋还走十里路——人死心没死

割了芝麻打跟头——碰到茬子上了

割麦不用镰刀——连根拔

割麦刮大风——一团糟

割肉养虎——枉害自身

割碎鱼胆——暗暗叫苦

割下鼻子换面吃——不要脸

搁浅的船——进退两难

歌手害嗓子——音不正、没正音

隔岸观火——幸灾乐祸、袖手旁观

隔辈的仇家结姻缘——不记前怨

隔壁包的饺子——谁知是什么馅儿

隔壁炒辣椒——有点呛

隔壁美妇人——爱不得

隔布袋猜瓜——难知好坏

隔布袋买猫——摸不准、识不透

隔布袋买猪——蒙着交易

隔长江抛媚眼——无人理会

隔道不下雨，隔村不死人——各有各的情况

隔肚皮估仔女——难猜

隔沟弹棉花——不沾弦

隔沟看见鸭吃谷——干瞪眼、白瞪眼

隔河赶牛——鞭长莫及

隔河送秋波——没人领情

隔河想握手——差得太远

隔河眼瞅鸡啄米——干着急

隔河走路——清清楚楚

隔河作揖——承情不过

隔黄河赶车——鞭长莫及

隔黄河送秋波——没人领情、不领情

隔口袋买猫儿——打估

隔口袋买猪——两不知

隔了夜的火笼——外面温温热热，里头全是火

隔门缝吹喇叭——名（鸣）声在外

隔门缝儿看吕洞宾——小看大仙了、看扁了活神仙

隔门缝瞧人——看扁了人、把人看扁了

隔门缝瞧诸葛亮——瞧扁了英雄

隔年的春联——没用处、无用、没得用

隔年的挂历——尽废话（画）、废话（画）

隔年的皇历——过时货、没看头

隔年的黄豆——不进油盐、油盐不进

隔年的酒——有喝头

隔年的腊肉——干巴巴、有言（盐）在先

隔年的馒头——早发的

隔年的小树长成材——添枝加叶

隔皮靴抓痒——白费工夫、白费劲、枉费工

隔墙点灯——谁也不沾谁的光、沾不着光

隔墙丢簸箕——不知仰着还是扣着

隔墙丢西瓜——给别人解渴

隔墙果子分外甜——人家的好

隔墙看花——伸不得手

隔墙拉车——行不通、走不通

隔墙撂帽子——不对头

隔墙扔扁担——横竖由他（它）去

隔墙扔簸箕——反复不定

隔墙扔秋秸——乱七八糟

隔墙问路——两不见面

隔墙相媳妇——不知好歹、好歹不分

隔墙摘果——手伸得长

隔日的传票——盯（钉）上了

隔山吹喇叭——对不上号

隔山打斑鸠——白费工夫、乱放一通、抢也白费

隔山打鸟——见者有份

隔山打隧道——里应外合

隔山的石头砸脑袋——飞来的横祸

隔山放羊——一辈子不见畜牲面

隔山攻道——各有其法

隔山估大猪——何凭何据、无根无据

隔山喊话——遥相呼应

隔山看见蚊虫飞——好眼力、眼力好

隔山买老羊——说不上是红是黑

隔山摘李子——相差太远

隔宿猪头——冷脸

隔外套搔痒——不过瘾

隔靴搔痒——抓不到实处、不解决问题、麻木不仁、

隔夜的菠菜——不水灵

隔夜的剩饭——捏不拢、要不得、不新鲜

隔夜的鱼眼——红得发紫

隔着玻璃窗亲嘴——里应外合

隔着玻璃看王八——清清楚楚、一清二楚

隔着玻璃看戏——一眼看穿

隔着玻璃亲嘴——挨不上、意思意思、虚情假意

隔着窗户咬耳朵——偏听偏信

隔着锅台上炕——非迈一大步不可

隔着河摆手——承情不过

隔着井跳河——舍近求远

隔着马夹的外套——不贴心

隔着门缝看戏——见的没有听的多

隔着门缝瞧王八——原（圆）形毕露

隔着筛箩看景致——模模糊糊、模糊不清

隔着筛子看人——把人看零碎了

隔着山头赶羊——鞭长莫及

隔着山头亲嘴——差得远、差远了

隔着围墙摘花——手伸得太长

各米下各锅——哪个怕哪个

各人自扫门前雪，休管他人瓦上霜——各人顾各人

屹蚤的脾气——一碰就跳

gei

给白人戴黑帽子——诬赖好人

给财神爷磕响头——磕肿前额也没用

给刺儿头理发——难题（剃）

给大老爷舔痔疮——过分巴结

给个棒槌当针使——傻干

给狗起了个狮子名——有名无实

给好眼睛点药水——没病找病

给叫花子逗乐——拿穷人开心

给老虎医病——提心吊胆

给老虎引路——帮凶

给了九寸想一尺——得寸进尺

给聋子吹笛——白费工夫、不入耳

给聋子讲故事——白费力气

给聋子讲经——浪费口水

给漏底灯盏加油——永不满足

给你麦芒——岂能当真（针）

给三岁孩子娶媳妇——还差半辈子的事

给神主剃头——羞（修）先人

给石狮子灌米汤——滴水不进

给下山虎开路——头号帮凶

给鸭子填红苔——硬是气死人

给哑子说话——白张嘴、枉张口、枉张嘴

给哑子哑婆说亲——两头不讨好

给灶王爷烧香——多说吉利话

gen

跟狗交朋友——离了吃喝不行

跟和尚借梳子——强人所难、找错了人

跟狐狸结亲——自取其祸、惹祸上身

跟鹰飞天，跟虎进山——跟着啥人学啥人

跟诸葛亮学的本事——能掐会算

跟着大鱼上串——挂住了花鳃

跟着脚窝找毛病——俯首皆是

跟着老爷喝酒——沾光

跟着骡子数蹄印——步步不缺

跟着英雄学好样——跟着啥人学啥人

geng

更夫打瞌睡——白吃干饭

耕地里背口袋——有种

耕地里甩鞭子——吹（催）牛

耕牛吃羊草——怎能吃得饱

耕牛吃庄稼——不分彼此

耕田的老牛——被人牵着鼻子走

gong

工地上打夯——靠猛劲

工人做工农民种地——历来如此

弓起腰杆子淋大雨——背时（湿）

公安人员蹲监狱——以身试法

公共汽车过站头——一靠就走

公鸡不下蛋——理所当然

公鸡长牙咬狐狸——成精作怪

公鸡吃了黄连籽儿——苦也不敢提（啼）

公鸡吃蜈蚣——一物降一物

公鸡打架——看谁的嘴巴厉害、头对头

公鸡打鸣，母鸡下蛋——各尽其责、各尽其职

公鸡打鸣——不简单（见蛋）

公鸡戴草帽——官上加官（冠上加冠）

公鸡跌下油缸——毛光嘴滑

公鸡飞上屋脊——到顶了、唱高调

公鸡割嗓子——别提（啼）了

公鸡给豺狼拜年——凶多吉少

公鸡害嗓子——提（啼）不得、名（鸣）声不好

公鸡和蜈蚣——见不得面

公鸡难下蛋——肚里没有

公鸡暖蛋儿——守不住窝

公鸡刨乱麻——脱不了爪

公鸡碰上恶猫——有理说不清

公鸡生蛋马生角——痴心妄想、妄想

公鸡耸冠子——神气活现

公鸡头上挨枪子——灌（冠）倒

公鸡头上插鹅毛——一语（羽）双关（冠）

公鸡头上刷糨子——昏官（混冠）儿

公鸡头上一块肉——大小是个冠（官）

公鸡尾巴——翘得老高

公鸡下蛋狗长角——弥天大谎、怪事一桩、怪事、不可思议

公鸡中了蜈蚣毒——叫得难听

公鸡钻草垛——顾头不顾尾

公鸡钻篱笆——进退两难

公鸡钻灶——官僚（冠燎）

公路道班——各管一段

公路上的警告牌——引为鉴戒

公牛打架——有闯（撞）劲

公婆打官司——各说各有理

公说公有理，婆说婆有理——不知谁是谁非、难断是非

公孙并坐——大小不分

公堂里造反——无法无天

公羊下羔——没指望

公要抄手婆要面——左右为难、众口难调

公园里的长颈鹿——就你脖子长

公园里的猴子——众人共赏

公园里的游客——三五成群

公园里开碰碰车——难免相撞

公园里看灯展——走着瞧

公主娘娘嫁花子——奈何不得、无可奈何

公子娶小姐——两相配

宫廷的宝贝——与我何益、与我何干

共吃水果拣大个——爱占便宜

共工（古代神话人物）造反——天昏地暗

gou

沟边大树——见湿（识）多

狗扒鸡蛋——怪事

狗背上贴膏药——两不沾（粘）、毛病

狗鼻子插葱——装相（象）

狗不吃屎，狼不吃肉——假装、装假

狗不咬刺猬——教训过来的

狗长犄角——装什么洋（羊）相、出佯（羊）相

狗扯连环——谁看不出

狗扯羊肠——越扯越长

狗吃不了日头——时间长着哩

狗吃豆腐——拣着软的下嘴

狗吃豆腐脑——闲（衔）不住

狗吃高粱——巴（扒）结（节）

狗吃麦麸子——不见面、难见面

狗吃糯米粑粑——难张口、玩嘴

狗吃青草——长着一副驴心肠、装佯（羊）

狗吃热肉——又爱又怕

狗吃王八——找不着头

狗吃猪肠——撕扯不清

狗吃粽子——解不了那个扣、其实（食）不解

狗穿戏衣——狗性难收

狗打架——一嘴毛

狗打喷涕——三日晴

狗打砂锅——乱撞一气

狗打石头人咬狗——岂有此理

狗逮老鼠——多管闲事

狗逮老鼠猫看家——反常、就生避熟

狗戴顶子——装出大人物的款儿了

狗戴礼帽——假装文明人、不像人样

狗戴箩筐——藏头露尾

狗戴人面具——本性难移

狗戴沙罐——晕头转向、藏头露尾

狗挡狼——两惊慌

狗的牙齿——参差不齐

狗等骨头——干着急、心里急

狗叼骨头——本性难移

狗叼来的肉猫吃了——坐享其成

狗逗鸭子——呱呱叫

狗肚子——装不下四两酥油

狗对庙门叫——费（吠）神

狗儿坐轿——不识抬举

狗耳朵上戴了银响铃——洋洋得意

狗吠日头——不识天有多高

狗吠月亮——空汪汪、少见多怪

狗赶鸭子——惹起来的叫唤、越赶越深

狗给老虎搔痒痒——好心不得好报

狗跟在主子后咬人——狗仗人势

狗喝凉水——耍舌头

狗黑子掰棒子——掰一个丢一个

狗黑子吃饱——不认大马勺

狗黑子吹火——没有人气

狗黑子跑到戏台上——当面出丑

狗黑子绣花——硬逞能、瞎逞能

狗急跳墙——逼出来的、最后一着

狗见扁担——拔腿就跑

狗见了主人——摇头摆尾

狗啃麦根——装样（羊）

狗啃油磨——溜舔一圈

狗拉烂羊皮——撕扯不清

狗脸上长毛——翻脸不认人

狗脑壳上长角——洋（羊）气

狗撵狼——两惧怕、两面怕

狗撵鸭子——呱呱叫

狗爬到猪槽里——吃混食

狗怕棍子牛怕鞭——一物降一物

狗跑到天边——本性还在

狗皮膏药补渔网——千孔百疮

狗皮挂在墙上——不像话（画）

狗皮帽子——没反正

狗皮上贴膏药——不沾（粘）、怕不沾（粘）哩

狗屁股塞黄豆——一窍不通

狗扑蚂蚱——细打细吃

狗抢到肉丸子——独吞

狗肉炖野猫——搁到锅里一个味

狗肉贴在羊身上——栽赃（脏）

狗肉账——难算、难清

狗上锅台——不识抬举

狗上轿——不受人抬

狗上瓦坑——有门路

狗舌头舔刀口——不晓得厉害

狗身上寻圪针（某些植物枝梗上的刺儿）——吹毛求疵（刺）

狗生气咬猪腿——拿别人出气

狗蹄架葡萄——不成材料

狗蹄子打马掌——不对号、对不上号

狗舔锅底——触一鼻子灰、碰一鼻子灰

狗舔空沙罐——乏味、淡而无味

狗舔猫鼻子——居心不良

狗舔磨盘——干赚（转）

狗舔油——一扫光

狗挑门帘——露一鼻子、全靠嘴

狗贴饼子——胡闹锅台

狗偷热油粑——又爱又怕

狗头摆在餐桌上——不相称

狗头绑皂角——装样（羊）子

狗头军师——尽出歪主意

狗头上插花——配不上、不配

狗头上长出角来——洋（羊）式的

狗头上戴眼镜——混充人、装文明人

狗头上的毛——长不了

狗头上放干鱼——靠不住、不可靠

狗吐舌头——热的、热得心慌

狗推门子——嘴上前

狗腿子进村——四邻不安

狗腿子下乡——来者不善、百姓遭殃

狗吞糖瓜——心里甜

狗娃跳圈圈——看主人的鞭子

狗望碗柜——痴心妄想、妄想

狗尾巴草长在墙缝里——根子不正、根骨不正

狗尾巴草充粟谷——妄自尊大

狗尾巴戴串铃——假装大生灵

狗尾巴的露水——经不起摇摆

狗尾巴拴秤砣——拖后腿

狗尾巴做弦——不值一谈（弹）

狗尾草长在金銮殿上——生到好地方了

狗窝里放油糕——没指望

狗窝里剩馍——放不住

狗窝里耍拳——小架势

狗系响铃——快活畜牲

狗掀门帘——露一鼻子、嘴巴子劲

狗衔羊肠——越拉越长、越扯越长

狗心放在驴肚里——大胆来往

狗心狼肺——灭绝人性

狗熊挨鞭子——耍坏啦

狗熊摆手——不玩了

狗熊拜年——不敢受这个礼

狗熊搬石头——自讨麻烦、自找麻烦

狗熊穿大褂——混充人、装人样

狗熊打坐——充什么黑菩萨

狗熊戴手表——假装体面

狗熊弹琴——没音

狗熊当头儿——瞎管

狗熊的脾气——翻脸不认人

狗熊掉陷阱——有去无回、有力无处使

狗熊蹲仓——总要爬出来的

狗熊见了刺猬——奈何不得

狗熊拉犁耙——不听那一套

狗熊拉磨——不听招呼

狗熊练玩意儿（杂耍）——混饭吃

狗熊念经——瞎说一气

狗熊爬树——上劲、天下奇闻、无奇不有

狗熊爬烟囱——太难过了

狗熊捧刺猬——遇上棘手事

狗熊请客——没人上门

狗熊耍门棍——人熊家伙笨

狗熊贴饼子——不是人干的活

狗熊贴膏药——耍伤啦

狗熊吸烟——少见多怪

狗熊下山——奔吃来的

狗熊想吃人参果——痴心妄想、妄想

狗熊耍耙子——真有两下子

狗熊捉麻雀——瞎扑打

狗眼不识泰山——只敬衣帽不敬人

狗眼看人——咬穷不咬富

狗摇尾巴——献殷勤

狗咬包子——露馅儿

狗咬秤砣——好硬的嘴、嘴硬

狗咬刺猬——无处下口

狗咬锻磨的——找着挨捶（锤）、找捶（锤）

狗咬斧头——无从下口、难下口、无法下口

狗咬赶猪的——挨鞭子的货

狗咬灌酒的——胡（壶）到

狗咬回头食——反扑

狗咬吉普车——少见多怪

狗咬叫花子——欺负穷人、畜生也欺人

狗咬老虎——有去无回、不识死

狗咬老鹰——差得远、差远了

狗咬雷公——惹天祸

狗咬吕洞宾——不识好人心

狗咬螺蛳壳——唧咯个不停

狗咬门板——吃不开

狗咬旗杆——不知高低

狗咬热芋烫了喉——吞不下，吐不出

狗咬石匠——找着挨捶（锤）、找捶（锤）

狗咬铁锚——张口就挨夹

狗咬瓦片——满嘴词（瓷）

狗咬碗橱——吃不开

狗咬尾巴——团团转

狗咬霄公——惹天祸

狗咬旋风——捕风捉影

狗咬云雀——相差太远

狗鱼脱钩——从此不回头

狗抓了心肝——着了慌

狗爪子抓墙——满是道道

狗子照镜子——嘴尖毛长

狗钻篱笆——找突破口、得过且过

狗钻铁篱笆——两受夹、两头受挤

狗嘴巴上贴对联——没门儿、无门

狗嘴里的骨头——没多大油水、油水不大

狗嘴里掉不出象牙来——什么人说什么话

狗嘴里丢骨头——投其所好

狗坐轿子——不识抬举

gu

姑姑门下做媳妇——亲上加亲

姑娘爱花，小子爱炮——各有所好、各人所好

姑娘的辫子——自便（编）

姑娘的夏装——多彩多姿

姑娘的心，天上的云——不好捉摸、难捉摸

姑娘的绣球——不能随便抛出去

姑娘收拾的行李——有条不紊、井井有条

姑娘嫌嫂丑——枉作恶人仇

姑娘绣荷包——专心致志

姑娘绣花——耐心、细针密线

姑娘做婆婆——转弯不及

姑嫂开磨坊——你推我也推

姑子嫌嫂——枉费功劳

孤独的羔羊——无娘的崽

孤军误入口袋阵——好进不好出

孤老的钱财——看不破

孤舟出海——敢冒风险

孤子遇亲人——喜出望外

箍桶匠的本领——成人方圆

箍桶匠修撮箕——分外事

箍桶请石匠——找错了人

古柏树上的藤萝——乱纠缠

古典演奏——老调重弹

古董当破烂卖——不识货

古董店开张——毫无新意

古董店里逮老鼠——无法下手

古董店里的耗子——打不得、碰不得

古董店里的老板——眼里识货

古董店里的珍宝——越老越好

古董贩子——眼里识货

古董摊上的东西——尽卖高价

古井里的蛤蟆——难见天日、没见过世面

古庙的旗杆——独一无二、老光棍

古庙里的大钟——名（鸣）声远扬、远近闻名（鸣）

古庙里的佛项珠——黯然失色

古庙里的石像——老实（石）人

古曲演奏——老调重弹

古人的字画——身价百倍

古书堆里的蛀虫——吃老本、咬文嚼字

古玩店失火——非同小可

古戏装——华而不实

古篆碑额——难理会

古装穿皮鞋——不协调

古装戏的服装——尽是老一套

谷地里的高粱——冒尖儿

谷糠搓绳——搭不上手、难合股

谷糠榨油——难上加难

谷糠蒸窝头——捏不拢、难捏合

谷子稗子堆一垛——好坏不分、不分好坏

谷子地里长高粱——冒尖、出人头地

谷子地里长玉茭（玉米）——突出

谷子里的石头——甩了

牯牛（公牛）掉在水井里——难转弯、转不过弯来

牯牛拼命——勾心斗角

牯牛身上拔根毛——微不足道、不在乎

牯牛陷在泥潭里——进退两难

骨缝里的肉——两受夹、两头受挤

骨头打狗——白送

骨头丢给狗——给他（它）点小恩小惠

骨头埂在喉咙里——吞不下，吐不出、不吐不快

骨头里熬油——难得、没多大指望

骨头炼油——难熬

骨头烧豆腐——软硬不均

鼓槌打石榴——敲到点子上了

鼓槌敲到棉花胎上——没有回声

鼓捣财神爷的口袋——想发意外之财

鼓肚蛤蟆钻喇叭——忍气吞声

鼓乐分家——捧不着号

鼓乐齐鸣——吹吹打打、又吹又打

鼓楼上吹唢呐——高调

鼓楼上的灯笼——高明

鼓楼上卖狗肉——架子不小、好大的架子

鼓囊囊的皮球——有气儿

鼓上安电扇——吹牛皮

鼓上蒙皮——两头照顾

鼓手出身——会敲

鼓着肚子充胖子——外强中干

鼓着肚子说话——气粗

故宫里插杨柳——树（竖）不起来

故宫里的国宝——样样好

顾了烧火，忘了翻锅——顾此失彼、手忙脚乱

顾了洗锅，忘了烧火——忙得团团转、晕头转向

顾着媳妇得罪娘——不知怎么办好

雇贼看门——自讨苦吃、自找苦吃

gua

瓜地里的草人——装模作样、装样子

瓜地里提鞋带——自讨麻烦、惹人怀疑

瓜地里挑瓜——越看眼越花

瓜瓢里点灯——漂（瓢）亮

瓜熟蒂落——时机成熟

瓜藤绕到豆棚上——纠缠不清

瓜田不纳履，李下不正冠——避人嫌疑、避嫌

瓜田里拌跤——遭殃（秧）啦

瓜子待客——有仁有义

瓜子敬客——一点心

瓜子皮喂牲口——不是好料

瓜子请客——是点心意、破费不大

瓜子去了皮——心上人（仁）

瓜子虽小——是仁心

刮大风穿绸衫——抖得很、抖起来了

刮大风吹牛角——两头受气

刮大风打伞——支撑不开

刮大风戴草帽——谁招呼谁

刮大风看看老鸹窝——用不着你担惊

刮大风撒蒺藜——连讽（风）带刺

刮风不下雨——干吹

刮风扫地，下雨泼街——假积极、多余

刮风天挂旗子——随风摆、随风飘

寡妇不改嫁——空手（守）

寡妇打孩子——舍不得

寡妇改嫁——挪挪窝、另有新欢

寡妇嫁光棍——两相情愿

寡妇进当铺——要人没人，要钱没钱

寡妇梦见男人——一场空

寡妇上坟——哭天抹泪

寡妇烧灵牌——一了百净

寡妇无儿——老来苦

寡妇选郎——随心所欲

寡妇养儿——苦熬

寡妇坐花轿——不是第一回

挂历上的花瓶——中看不中用

挂历上的鸟雀——不会唱

挂历上的人——有口难言

挂起犁杖当钟敲——穷得丁当响

挂羊头卖狗肉——有名无实、弄虚作假扯的虚幌子

挂在壁上的团鱼——四脚无靠

挂在磨盘上的扫帚——团团转

挂着腊肉吃斋——难熬

挂着蚊帐点蚊香——多余

guai

拐女嫁瘸郎——谁也不嫌谁

拐杖吹火——一窍不通

拐子唱歌瞎子听，聋子演戏哑巴看——取长补短

拐子拜年——就地一歪

拐子当差役——用人不当

拐子登场——立场不稳

拐子进医院——自（治）觉（脚）

拐子上楼梯——乱碰头

拐子追驴——步步赶不上、望尘莫及

拐子捉贼——越追越远

拐子走路——左右摇摆、步步歪

guan

关大王卖豆腐——人硬货不硬

关帝庙的门槛——千人踏，万人跨

关帝庙夫人——慌了神

关帝庙里挂观音像——名不符实、找错了门

关帝庙里找美髯公——保你不扑空

关东大侠——气概非凡

关二爷长像——面红脖子粗

关二爷当木匠——大刀阔斧

关二爷的胡子——然（髯）也

关二爷面前耍大刀——忘了师傅

关公脖子挂葫芦——脸红脖子粗

关公吃尺子——肚里有分寸

关公打喷嚏——自我吹嘘（须）

关公当木匠——大刀阔斧

关公的赤兔马——一日千里

关公的兄弟——也是个红脸汉

关公赴会——单刀直入

关公过五关——没人敢拦

关公喝酒——不怕脸红

关公进曹营——单刀直入

关公开刀铺——货真价实

关公看《春秋》——一目了然

关公卖石料——人货两硬

关公面前耍大刀——自不量力、不堪一击

关公射黄忠——手下留情

关公舞大刀——拿手好戏

关公在曹营——心不在焉

关公战秦琼——乱了朝代、挨不上

关公走麦城——最后一着、吃亏全在大意、末日来临

关节炎遇上连阴雨——老毛病又犯了、旧病复发

关进笼里的狗熊——团团转

关进笼子里的猴子——抓耳挠腮

关进笼子里的鸟——翅膀不硬

关了水龙头，忘了关电灯——顾此失彼

关了闸的喇叭——一声不响

关门不上门闩——顶上了

关门踩高跷——总觉得自己高

关门唱山歌——自我欣赏

关门打财神——害了自己、穷极了

关门打狗——打个痛快、走投无路

关门打锣——名（鸣）声在外

关门打拳——里手

关门打瞎子——没跑、跑不了

关门逮鸡——不过多扑棱一会儿

关门过日子——自家知底细

关门挤了鼻子——碰了个巧茬

关门挤着眼睫毛——巧了

关门骂皇帝——家里横、不起作用

关门卖疗药——痒者自来

关门摸瞎子——没跑、跑不了

关门起年号——称王称霸

关门掩着个耗子——急（挤）死了

关门演皇帝——自家看自家戏

关门养虎——后患无穷

关门做皇帝——自尊自大

关起笼子捉老鼠——没跑、跑不了

关上门捉麻雀——看你往哪儿逃

关羽放曹操——念旧情

关羽降曹操——身在曹营心在汉

关羽卖肉——没人敢来

关羽失荆州——骄兵必败

关云长不杀张文远——敌我不分

关云长刮骨疗疮——若无其事

关云长守嫂嫂——情义为重

观景上泰山——回头见高低

观世音菩萨——有求必应

观音大士下凡——救苦救难

观音的肚腹——慈善心肠

观音的佛座——莲花

观音的朋友——个个是神仙

观音庙里没观音——走了神

观音庙烧香去——求人不如求神

观音庙许愿——真心实意

观音菩萨不爱财——浑身都是劲（金）

观音菩萨看人——慈眉善目

观音菩萨面前说假话——阳奉阴违

观音菩萨坐莲台——高高在上

观音堂里填窟窿——不妙（补庙）

观音斋罗汉，罗汉斋观音——互相帮助

观众评论演员——眼高手低

官兵并坐——不分上下、上下不分

官兵不分，高低不论——平起平坐

官仓里的大老鼠——肥吃肥喝

官工活——慢慢磨

官老爷当兵器——穷叨（刀）叨（刀）

官老爷的衙门——难进

官老爷讲话——慢条斯理

官老爷上朝——按部就班

官老爷升堂——威风凛凛、前呼后拥

官老爷下轿——不（步）行

冠军和亚军——数一数二

冠亚军领奖——只差一阶

棺材出了（指出殡后）才讨挽歌钱——晚了、迟了

管家婆的鸡蛋——心中有数、肚里有数

管家婆领赏——高升

管乐队演奏——各吹各的号

管水员开闸门——放任自流、任其自流

管丈母娘叫大嫂——没话瞎搭话

管中窥豹——略见一斑

罐里捉鳖——十拿九稳

罐里捉王八——没跑、跑不了、手到擒来

罐内几多米——自家知底细

罐头食品——吃得开

罐子掉了底儿——不用提了

罐子里舂海椒——一锤子买卖、一锤子交易

罐子里的豆芽儿——休想伸腰

罐子里的硫酸——摸不得

罐子里燃木炭——有火发不出、有火没处发

罐子里烧炭——有火没处发

罐子里掏虾米——抓瞎（虾）

罐子里养王八——出息不大、成心憋（鳖）人

罐子里栽花——活不久、活不长

罐子里煮牛头——不深入、深入不下去

罐子里装王八——窝脖货、横行不开了

guang

光膀子出征——赤膊上阵

光膀子烤火——冷热结合

光膀子玩刀山——早晚有他的好看

光吃饺子不拜年——装傻

光打雷不下雨——虚张声势、只说不干

光刮风不下雨——干吹

光头上的虱子——明摆着

光头上放豆子——溜啦

光头脱帽子——头名（明）

光棍搬家——省事

光棍抱孩子——不是自己的

光棍穿刺蓬——无牵无挂

光棍打光棍——一顿还一顿

光棍丢在刺蓬里——无挂无碍

光棍儿对光棍儿——二杆子

光棍儿分田——单干

光棍儿过日子——孤单得很

光棍儿梦见娶老婆——想得倒美、净想好事

光棍儿种地——自食其力

光棍汉娶个花媳妇——心满意足

光讲骆驼，不讲蚂蚁——光拣大的说

光脚的找赤脚的借鞋——谁也帮不上谁的忙

光脚丫穿拖鞋——没法提、别提了

光脚丫进冰窟窿——凉到底了

光脚丫子走刺蓬——小心在意

光脚丫子走刀刃——惹祸上身

光脚丫走进蒺藜窝——进退两难

光叫的猫——捉不住老鼠

光筷子吃豌豆——滑头对滑头

光身捆皮带——穷讲究、穷打扮

光身子放竹排——无挂（褂）无虑（履）

光身子裹脚——干脆利索、干净利索

光身子骑老虎——胆大不害臊

光身子玩滚轮——转圈丢人

光身子钻刺蓬——又刺又痛、自找苦吃

光手逮刺猬——难下手、无法下手

光说不练——嘴上的戏、嘴上功夫

光头出家——两全其美

光头打伞——无发（法）无天

光头顶橄榄——不牢靠

光头和尚——不怕抓辫子

光头见和尚——彼此彼此

光头跑进和尚庙——充数儿

光头上的疤疤——明摆着的

光头上面长虱子——无地容身、无处藏身

光头上拍巴掌——正大（打）光明

光头上的虱子——明摆着的

光有鼓槌子——打不响

光着膀子打架——赤膊上阵

光着脚丫踩玻璃碴——走险

光着脚丫子走刀刃——惹祸上身、没事找事

广播喇叭断了线——想（响）不起来了

广播员听广播——自说自听

广东到广西——两省

广东人唱京戏——南腔北调

广东人打的麻绳——难（南）说

广东人说北京话——南腔北调

广西省会的亲戚——贵（桂）客

gui

龟背上刮毡毛——痴心妄想、妄想

龟盖量米——不是声（升）

龟子请客——杂会（烩）

闺女出嫁不想娘——白疼一场

闺女穿娘鞋——老样子、钱（前）紧

闺女回娘家——熟路、道熟

闺女上婆家——腼腼腆腆、又想又怕

闺女遇见妈——说不完的话、话语多

闺女做媒——不好开口

闺女做祖母——转弯真快

鬼打架——不可能的事、没人见过、没有的事

鬼葛针碰见琉璃鞋——你尖我滑

鬼遇张天师——无法可使、有法难使

刽子手挂念珠——自充善人

刽子手咧嘴——笑里藏刀

贵妃唱歌——有声有色

贵妃醉酒——仪态万千

贵州的骡子学马叫——不像、南腔北调

桂林三花酒——好冲

跪在老虎面前喊恩人——善恶不分

gun

滚石下山——一砸到底

滚水灌老鼠——一个也跑不掉

滚水锅里捞出的棉花——熟套子

滚水锅里捞活鱼——荒唐

滚水锅里洗澡——难进

滚水锅里煮棉花——熟套子

滚水开锅——热气腾腾

滚水里捞盐——白费工夫

滚水淋臭虫——又快又净

滚水淋石头——不变色

滚水泡茶——又浓又香

滚水泼耗子——在劫难逃、有皮无毛、一窝端

滚水煮饺子——你不靠我，我不靠我

滚汤锅里的螺蛳——水深火热

滚油锅里加把盐——吵（炒）翻了天

滚油锅里捡金子——难下手、无法下手

滚油锅里添冷水——炸了、炸起来了

滚油锅里炸油条——翻来覆去

滚珠子脑壳——脑袋灵活得很

棍棒打死狗——不动窝儿

棍子蘸石灰——白打

guo

锅边上的小米——熬出来的

锅边上的油渣——练（炼）出来的

锅底的米饭——有骄（焦）气

锅底上戳窟窿——捅娄（漏）子

锅底笑话缸底黑——光看别人黑，不见自己黑

锅盖穿洞——出了气

锅盖上的米花子——熬出来的、受尽了熬煎

锅盖做风箱——受了热气受冷气

锅里不倒水——干烧

锅里不讨碗里讨——找错了对象

锅里炒石头——油盐不进

锅里的火药——容不得半点火星

锅里的鸡——难飞

锅里的螃蟹——横行不了几时

锅里的茄子——一个个都蔫了

锅里的瘦油条——受煎熬

锅里的鱼——别想跳了

锅里剖西瓜——滴水不漏、点滴不漏

锅里扔石头——砸啦

锅炉房里的灯笼——气昏了

锅炉里的水——沸腾起来

锅炉上的压力表——明摆着

锅炉上烧足气的压力表——直线上升

锅煤灰涂脸——抹黑

锅台上的蚂蚁——团团转

锅台上种地——没几分、不发芽

锅嫌水壶黑——不知自丑

锅灶上天——气炸了、气崩了

锅子里炒石头——不进油盐

锅子里抓鱼——一条也溜不了

锅子里捉乌龟——伸手就得

过道里捐（扛）椽子——直来直去

过道里耍杠子——舞不起来

过冬的大葱——皮焦根枯心不死、叶烂皮干心不死

过冬的田螺遇春水——扬眉吐气

过端午的龙头——光耍嘴

过河踩钢丝——太悬乎

过河拆桥——忘恩负义、不留后路

过河扯胡子——谦虚（牵须）过度（渡）

过河抽板——没良心

过河打摆渡的——好心没有好报

过河打船工——恩将仇报、以怨报德

过河的牛尾巴——拉不回来、拽不动

过河的卒子——横冲直撞、横行无阻、没退路

过河丢拐棍——忘本

过河没船——无法度（渡）

过河碰上摆渡人——巧得很、得之不易、凑巧了

过河洗脚——一举两得

过河拽胡子——谦虚（牵须）

过河卒子做生意——一卖（迈）到底

过江遇渡船——凑巧了、赶得巧、正好

过街的老鼠——人人喊打

过了春的大白菜——不吃香了

过了冬至种小麦——赶不上节气

过了黄梅天买蓑衣——晚了、不识时务

过了劲的发面——软瘫了、软成一堆

过了惊蛰的蛇——又爬出洞了

过了年的桃符——没用处、没得用

过了筛子的黄豆——没大没小

过了霜降割豆子——误了三秋

过了银桥过金桥——越走越亮堂、越走越明

过了元旦看挂历——日子长着呢

过了这个村，没有这个店——机不可失

过滤了的空气——新鲜

过路客喂马——做事不当事

过路人打狗——边打边走

过年吃团圆饭——济济一堂

过年借礼帽——不识时务

过年敲锅盖——穷得叮当响

过年娶媳妇儿——双喜临门

过时的历书——没用处、不中用

过五关斩六将——气概非凡

过午的牵牛花——全败了

过云行雨——难长久、一阵子

H

ha

蛤蟆吃骰子——满肚子点子

蛤蟆吃萤火虫——心里亮、肚里明

蛤蟆充田鸡——差得远

蛤蟆打饱嗝——气胀的

蛤蟆打喷嚏——好大的口气

蛤蟆带笼头——好大的脸皮

蛤蟆戴帽子——充矮胖子

蛤蟆当鼓敲——气难消

蛤蟆荡秋千——摆不起来

蛤蟆垫板凳——死撑活挨

蛤蟆垫床脚——不是这块料、装硬

蛤蟆垫桌腿——鼓着肚子干、拼命呢

蛤蟆掉进滚水锅——死路一条

蛤蟆掉进井里——坐井观天

蛤蟆跌到醋缸里——忍气吞声（酸）

蛤蟆儿跳井——不懂（噗咚）

蛤蟆翻田坎——上窜下跳

蛤蟆跟着甲鱼走——甘当王八的孙子

蛤蟆骨头熬汤——没多大油水、油水不大

蛤蟆鼓肚子——气鼓气胀、干生气

蛤蟆挂铃铛——闹得欢、吵闹不休

蛤蟆过河——一鼓作气

蛤蟆和牯牛比大小——气鼓气胀、气鼓鼓

蛤蟆进泡子——乱钻

蛤蟆拉车——没后劲

蛤蟆闹塘——分不清点

蛤蟆撵兔子——没门儿

蛤蟆爬楼梯——又蹦又跳、连蹦带跳、上不去

蛤蟆爬旗杆——抱住不放

蛤蟆爬上樱桃树——想吃高味

蛤蟆爬香炉——触一鼻子灰

蛤蟆皮——不值一驳（剥）

蛤蟆晒肚——仰面朝天

蛤蟆上墙——巴（扒）不得

蛤蟆伸长脖子想吞月亮——想头不低、想得高

蛤蟆拴到鞭梢上——不值得摔打

蛤蟆跳到鏊子上——欢乐一时是一时

蛤蟆跳到板凳上——人形一样

蛤蟆跳到蟒嘴里——送上门的肉

蛤蟆跳到牛背上——自以为大

蛤蟆跳到热锅上——欢乐一时是一时（死）

蛤蟆跳进秤盘里——不知自己有几两肉

蛤蟆跳门槛——不碰鼻子就碰脸

蛤蟆吞西瓜——无从下口

蛤蟆无路走——只得跳

蛤蟆想吃天鹅肉——想得美

蛤蟆想飞——不是上天的料

蛤蟆想吞天——好大的口气

蛤蟆眼睛——往上翻

蛤蟆咬秤砣——没那个口劲

蛤蟆抓耳朵——小手

蛤蟆追兔子——差得远、差远了

蛤蟆钻窟窿——眼光短，办法笨

蛤蟆坐轿子——不识抬举

哈巴狗带串铃——充什么大牲口

哈巴狗逮老鼠——象猫没猫的本事

哈巴狗戴串铃——混充大牲口、快活了狗腿子

哈巴狗抖尾巴——唬（虎）起来了

哈巴狗蹲墙头——装坐地土豪

哈巴狗赶兔子——工夫里磨

哈巴狗见主人——摇尾乞怜、俯首贴耳

哈巴狗叫猫——错当一家人了

哈巴狗没了眼珠——瞎神气

哈巴狗撵兔——要跑没跑，要咬没咬

哈巴狗上轿——不识抬举、谁抬你呀

哈巴狗上墙头——紧抓挠

哈巴狗掀门帘——突出一张嘴

哈巴狗学大狗——装腔作势

哈巴狗摇尾巴——献殷勤

哈巴狗要骑骆驼——巴结不上

哈巴狗钻炕洞——娇（焦）毛

哈巴狗坐门墩——硬充当家人儿

哈尔滨的冰雕——冷冰冰，硬邦邦

哈哈镜放在大街上——有意惹人见笑

哈哈镜看东西——全都走了样

哈哈镜照脸——变了形

哈哈镜照人——当面出丑、变样了、看不出真相

哈密瓜泡冰糖——甜上加甜、甜透了

hai

孩儿的脊梁——小人之辈（背）

孩儿脸——说变就变、变化无常

孩子讲悄悄话——由他说去

孩子离了娘——无依无靠

孩子撒娇——喊多哭少

海豹子上山——办不到、没法办

海边的大雁——见过风浪

海边的鹭鸶——身高尾巴黑

海边捞虾——看潮流

海滨的潮汐——一浪高一浪、后浪推前浪

海参长刺——不扎人

海底长海带——根子深

海底打捞绣花针——难办

海底打拳——功夫深、有劲使不上

海底的坑洼——摸不透

海底的鱼——不好打

海底动物——不见天日

海底捞月，天上摘星——想得到，办不到、望空扑影、白费劲

海底捞针——往哪儿找去

海底谋杀——害人不浅

海底栽葱——根底深、根子深

海儿接弟弟——胡（湖）来

海风阵阵——一波未平，一波又起

海关大钟——到时候就报

海河豚穿线——软硬使不出劲来

海椒命，姜桂性——越老越辣

海军的衬衫——道道多

海里的礁石——时隐时现

海里的浪花——不用吹、不是吹的

海里的木头——东漂西荡

海里的王八——大得出奇

海里放鸭子——不简单（捡蛋）

海蛎上岸——甭想张嘴

海龙王搬家——厉（离）害（海）

海龙王吃螃蟹——敲骨吸髓

海龙王打哈欠——好大的口气

海龙王的喽罗——虾兵蟹将

海龙王发火——六亲不认

海龙王发脾气——掀风鼓浪、兴风作浪

海龙王找女婿——汤里来，水里去

海螺壳里睡觉——不肯露头

海绵里的水——挤出来的、不挤不出

海面上刮风——波澜起伏

海面上起风——不平静

海瑞上书——为民请命

海上的灯塔——指引航向

海上的孤舟——无依无靠

海上翻波浪——此起彼落、此起彼伏

海上泛舟——漫无边际

海上观测——往远处看

海上行船——见风使舵

海石秃上的螃蟹——明爬（摆）着

海市蜃楼，天涯彩虹——虚的虚，空的空

海水里长大的官——管得宽

海水煮黄连——苦上加苦

海滩上的沙子——有的是、多的是

海滩上开店——外行

海滩上寻贝壳——有的是、白捡

海外侨胞抱火筒——两头受气

海象打架——光使嘴

海蜇皮送酒——干脆、干干脆脆

海蜇皮做帽子——装滑头

海子里的虾米——翻不起不浪

害喘病爬高山——喘不上气、上气不接下气

han

憨鸡仔啄白米——一颗颗进肚

含冰糖说好话——甜言蜜语

含糖睡觉——梦里甜

含着骨头露着肉——吞吞吐吐

寒潮消息——冷言冷语

寒冬的电扇——令人生畏

寒冬喝冰水——点滴记（激）在心、透心凉、点点入心

寒冬腊月摆龙门阵——冷言冷语

寒冬腊月打雷——成不了气候、不成气候

寒冬腊月戴手套——保守（手）

寒冬腊月的马蜂窝——空空洞洞、空洞

寒冬腊月喝冰水——肚里有火、心都凉了

寒冬腊月捞红鱼——不是时辰

寒冬腊月送扇子——不分时候

寒号虫儿——好吃懒做

寒号鸟过日子——过一天算一天、得过且过

寒山寺里的大钟——搬不动

寒暑表里的水银柱——能上能下

寒暑表——忽冷忽热、有升有降、知冷知热

寒天吃冰棍——心里有火

寒天换毛的鹧鸪——没几天蹦头、蹦跶不了几天

韩湘子出家——一去永不来、一去不复返

韩湘子吹笛——不同凡响

韩湘子的花篮——要啥有啥

韩湘子拉着铁拐李——一个吹，一个捧、你吹我捧

韩信背水之战——以弱胜强

韩信打仗——用兵如神

韩信打赵国——背水一战

韩信点兵——多多益善、越多越好

韩信伐楚——明修栈道，暗渡陈仓

汉笼头的马——揪扯不住

汉人官——没领（翎）儿

旱魃（传说能引起旱灾的怪物）拜夜叉——尽见鬼

旱地拔葱——费劲

旱地的葱过道的风，蝎子尾巴财主的心——又毒又辣又刺人

旱地的蛤蟆——干鼓肚没办法

旱地的螺蛳——有口难开

旱地的泥鳅——钻得深

旱地的蚯蚓——钻不透

旱地的倭瓜——越老越红

旱地的乌龟——无处藏身

旱地的鱼虾——活不长、活不下去

旱地里插秧——不顾死活

旱地里的蛤蜊——不张嘴儿、不好开口

旱地里的蛤蟆——干鼓肚、横行不了几天

旱苗得甘霖——及时雨、正逢时

旱坡上划船——行不通、走不通

旱天的井——水平太低

旱天的庄稼苗——死不死，活不活、要死不活、不死不活

旱天刮西北风——干吹

旱鸭想吃水螺——尽想好事、想得倒美

旱鸭子不下水——练腿劲

旱鸭子过河——不知深浅

旱鸭子上架——办不到

旱鸭子追猫——紧赶

旱烟袋打狗——坏了杆了

旱烟袋当枪使——派错了用场

旱烟袋——一头热、一头冷来一头热

焊枪的喷嘴——一点就着、点火就着

焊条碰钢板——冒火

焊洋铁壶的出身——没有那把刷子

hang

航船上的马桶——明摆着

航船遇沙滩——搁浅

hao

豪猪拱洞——吃里爬外

好袄做成破马褂——穷折腾

好柴烧烂灶——塞错了门道

好吃不好穿——顾嘴不顾身

好斗的公鸡——好了不起、肥不了

好斗的山羊——顶顶撞撞、又顶又撞

好斗的小公鸡——神气十足

好儿无好媳——难得两全、美中不足

好官断案——不讲理

好汉挨木棒——痛死不开腔

好汉不吃眼前亏——识时务

好汉扛大个儿——正在劲头上

好汉上梁山——逼出来的

好虎斗群狼——寡不敌众

好花离了土——活不成

好花离了枝——蔫了

好叫的麻雀——没有二两肉

好马挨鞭打——忍辱负重

好马不吃回头草——倔犟

好人堆里挑坏人——不多

好人喊冤——不平则鸣

好人坐班房——不白之冤

好心当成驴肝肺——不识好歹

好心遭雷打——冤枉、太冤枉

好心走一遭，回头被狗咬——恩将仇报、以怨报德

好字头上加了不——孬种

号手出身——会吹

号筒里塞棉花——吹不响

号嘴上贴胶布——没法吹了

耗干了油的灯盏——奄奄一息（熄）

耗子搬家——穷捣腾、穷折腾、调动（洞）

耗子鼻子——能有多大

耗子变蝙蝠——食言（盐）了

耗子不留隔夜粮——吃光用光

耗子吃海椒——够呛

耗子吃鸡蛋——不好下嘴

耗子吃猫食——悄悄的

耗子充蝙蝠——白熬夜

耗子出洞——东张西望、先看动静、准没好事

耗子打洞——路路通、找门路

耗子打瞌睡——不显眼

耗子打秋千——头朝下

耗子带大棒——起了打猫的心

耗子逮王八——难下手、下不了手、无法下手

耗子盗洞——一个劲儿往前钻、走后门

耗子的家——常搬

耗子的眼睛——只看一寸远

耗子登风车——尽走回头路

耗子掉到醋缸里——一身酸味

耗子掉灰堆——又憋气又窝火

耗子掉进拌种箱——上下打转、无处奔

耗子掉进面缸里——白眼看人

耗子掉在水缸里——时（湿）髦（毛）

耗子跌灰堆——触一鼻子灰、憋气又窝火

耗子跌进书箱里——咬文嚼字

耗子跌进坛子里——无缝可钻

耗子跌米缸——好进难出、悲喜交加

耗子跌面缸——白眼看人

耗子盯小偷——贼眉鼠眼

耗子动刀——窝里反

耗子洞里摆神像——莫名其妙（庙）

耗子洞里打架——窝里战、自相残杀

耗子逗猫——自取其祸、没事找事

耗子给猫拜年——拼命讨好

耗子给猫当三陪——挣钱不要命

耗子给猫刮胡子——拼命巴结、溜须不要命

耗子跟猫睡觉——练胆儿

耗子拱墙根——没缝找缝

耗子滚到米缸里——不吃不偷不可能、又喜又愁

耗子滚到面柜里——乐糊涂了、白眼看人、机会难得

耗子过街——人人喊打

耗子和蛤蟆交朋友——不怀好意

耗子和猫睡觉——不知死活

耗子滑冰——溜之大吉

耗子嫁女——小打小闹、讲吃不讲穿

耗子见了猫——魂飞魄散、赶快逃

耗子进风箱——找气受

耗子进老鼠夹——离死不远

耗子进笼子——无出路、没有出路

耗子进米缸——又是喜欢又是愁

耗子进牛角——已到尽头

耗子进书箱——蚀（食）本

耗子进铁桶——入地无门

耗子进碗柜——尽咬词（瓷）儿、满口是词（瓷）

耗子看粮仓——监守自盗

耗子扛枪——光会在窝儿里横、窝里反

耗子啃菜刀——死路一条

耗子啃床腿——白费牙

耗子啃罗汉——不识大体

耗子啃骆驼——大有油水可捞

耗子啃木头——吃不消

耗子啃木箱——闲磨牙

耗子啃菩萨——不识大体

耗子啃神龛——欺神灭相

耗子啃玉米棒——顺杆（秆）爬

耗子啃砖头——白磨牙

耗子哭猫——假惺惺

耗子窟窿——填不满

耗子拉秤砣——自塞门路、堵住了窝口

耗子拉木锨——大头在后头

耗子落到鼓上——不懂（扑咚）

耗子磨牙——没活找活、勤恳（啃）

耗子爬案板——熟路、道熟

耗子爬秤钩——自己称自己

耗子爬到牛角上——自高自大

耗子爬铁丝——难转弯、转不过弯来、转不得身

耗子爬竹竿——一节一节来

耗子跑到食盒里——捉住理（礼）啦

耗子皮做衣领——不孝（消）

耗子骑大象——大的大，小的小

耗子上房——不是发大水，就是下大雨

耗子睡在粮仓里——不愁吃

耗子跳到钢琴上——乱谈（弹）

耗子跳火炕——爪干毛净

耗子铁板上打洞——钻不进

耗子偷秤砣——力不能及、力不从心、心有余而力不足

耗子偷糨子——糊嘴

耗子偷米汤——勉强糊口、只能糊嘴

耗子偷牛——大干一场

耗子偷油喊捉贼——虚惊一场、一场虚悖

耗子腿上摆宴席——小题（蹄）大做

耗子拖泰山——野心勃勃、野心太大

耗子尾巴——长不壮

耗子眼看天——小瞧

耗子在铁板上打洞——钻不透

耗子在窝里藏粮——有备无患

耗子追猫——找别扭

耗子钻到竹筒里——死不回头

耗子钻烘炉——倒（盗）贴（铁）

耗子钻灰堆——闭着眼混

耗子钻进乱麻堆——没有头绪

耗子钻炉膛——自取灭亡

耗子钻米柜——刻（嗑）不容缓

耗子钻鸟笼——你算哪头鸟

耗子钻牛角——不死脱层壳

耗子钻牛角尖——道越走越窄

耗子钻象鼻——大的没有小的能、小能降大

耗子钻油坊——吃香

耗子钻油壶——有进无出

耗子钻灶火——不死也要脱层皮

he

喝饱了黄连水——满肚子苦水

喝茶拿筷子——摆设

喝海水长大的——见过风浪

喝江水，说海话——没边没沿、无边无沿

喝酒不吃菜——各人心里爱

喝酒不拿盅子——胡（壶）来

喝酒穿皮袄——里外发烧

喝酒晒太阳——周身火热

喝开水吃菜——各有所爱、各人所爱

喝开水拿筷子——多此一举、故作姿态、没有用

喝开水吞炒面——不含糊

喝老陈醋长大的——光说酸话

喝冷酒，拿赃钱——迟早是病

喝凉水吃生姜——乏味、不是滋味

喝凉水肚子痛——自找罪受、自找难受

喝凉水塞牙缝——真倒霉、倒霉透了

喝凉水剔牙缝——没事找事、穷要面子

喝了白露水的知了——叫不了几天

喝了红薯烧酒——讲旧（酒）话

喝了两斤老陈醋——心酸得很

喝了迷魂汤——昏了头、神魂颠倒、全忘记了

喝了泉水就摔瓢——忘本

喝了烧酒烤火——浑身发热

喝了太平洋的水——宽大无边

喝了五味汤——啥滋味都有

喝了御酒——有功之臣

喝米汤划拳——光图热闹

喝水塞牙缝，放屁扭了腰——该倒霉

喝水用筷子——捞不着、故作姿态

喝松花江水长大的——管得宽

喝糖水加酱油——乱掺和、瞎掺和

喝完浆水上吊——糊涂死了

喝完烧酒挨嘴巴——里外发烧

喝西北风长的——没点热乎气

喝西北风打饱嗝——硬挺

喝西北风堵嗓子——倒霉透了、真倒霉

喝血的蚊子——全凭嘴伤人

喝盐水聊天——净讲闲（咸）话

喝足酒跳太湖——罪（醉）该万死

禾草里头藏龙身——农家出英才

禾苗怕蝼蛄——一物降一物

合唱团里的哑巴——凑数

合金钢钻头——专拣硬的克

合起来讲五句——三言两语

合闸的马达心子——团团转

何家的香火——何门何姓何祖宗

何家姑娘嫁郑家——正（郑）合（何）适（氏）

何仙姑回娘家——云里来雾里去、来去无踪

何仙姑要下凡——六神不安、六神无主

和尚搬家——省事（寺）

和尚不吃豆腐——怪哉（斋）

和尚不吃斋——口是心非

和尚的家当——一舍之物

和尚的袈裟——东拼西凑、七拼八凑

和尚的帽子——平铺沓

和尚的木鱼——合不拢嘴、不打不响、挨敲打的货

和尚的脑壳——没法（发）

和尚的念珠——串通好的

和尚的梳子——多余、废物、无用之物

和尚丢了腊肉——心急不好说

和尚丢了住家——没得话（化）了

和尚化缘——到处求人

和尚进庙——无法（发）入门、以先为大

和尚看花轿——白欢喜、空喜一场

和尚落深潭——无法可施

和尚庙里的老鼠——听的经卷多

和尚念经——老一套、自念自听

和尚起立——突（秃）起

和尚撞钟——应尽之责、天天如此

和尚作案赖道士——嫁祸于人

和尚坐大殿——四（寺）门不出

和尚坐轿——空喜一场

和孙猴子比翻跟斗——差着十万八千里

和稀泥，抹光墙——和事佬

和影子交朋友——孤单得很

河岸上看赛龙船——有劲使不上

河边垂钓——等鱼上钩

河边垂杨柳——这人折了那人攀

河边放崖炮——无地容身、无处藏身

河边上撑篙——一竿子插到底

河边上逮螃蟹——有一个捉一个

河边拾蛤蜊——尽捞

河边洗黄连——何（河）苦

河伯娶妻——坑害民女

河里长菜——不焦（浇）

河里打墙——把鳖的路挡了

河里的鹅卵石——光溜溜、越滚越滑

河里的凉水——不值钱

河里的木偶——随大流

河里的泥鳅种，山上的狐狸王——老奸巨滑

河里的沙子——捏不拢、难捏合

河里的水身旁的风——抓不住

河里的虾米（小虾）——估不清

河里的鸳鸯——一对儿

河里赶大车——没辙

河里划龙船——同心协力

河里捞不到鱼——抓瞎（虾）

河里捞月亮——白搭工

河里摸石头——尽捞

河里摸鱼——大小难分、又圆又滑

河里木头——随大流、又一牌（排）

河里王八爬上岸——亮亮相

河里洗萝卜——一个个来

河里洗煤砖——闲着无事干

河里洗铁盒——面面俱到

河马打呵欠——好大的口气

河面上的油花——水上漂

河南到河北——两省

河水不犯井水——互不相干、各不相干

河滩的沙子——有的是、多的是

河滩的石头滚上坡——无奇不有、天下奇闻

河滩里盖房子——不牢靠

河滩上撑船——一竿子到底

河滩上的鹅卵石——有的是、圆滑

河滩上的沙子——不入眼、有粗有细、数也数不清

河滩上的石头——没角没棱

河滩上捡石头——有的是

河豚浮在水面上——气鼓气胀、气鼓鼓

河心的船——明摆着

河心里搁跳板——两头没着落、两头脱空

河沿上脱坯——趁水和泥

河中的浮萍——扎不下根

河中的礁石——顶风顶浪

核桃里的肉——不敲不出来

核桃栗子一齐收——不加区别

核桃皮翻肚——点子不少

核桃树旁种棉花——软硬兼施

荷包里冒烟——妖艳（腰烟）

荷包里摸花生——挨个儿抓

荷包里装钉子——锋芒毕露、都想出头

荷花不结籽——没脸（莲）

荷花池里的并蒂莲——不分上下

荷花池里养鱼——一举两得

荷花出水——一尘不染

荷花灯里点蜡烛——心里明、肚里明

荷花上的水珠——滚来滚去、不长久、沾不着边

荷花塘里失火——偶然（藕燃）

荷叶包钉子——个个想出来

荷叶包菱角——锋芒毕露

荷叶包鳝鱼——溜啦、溜之大吉

荷叶包蟹——包不住、露爪了

荷叶包粽子——宽大有余

荷叶上的露珠——清清白白、滚来滚去、不长久

荷叶上的水珠——滚来滚去

荷叶上放秤砣——承受不了

荷叶做雨伞——遮盖不住、难遮盖

鹤的尾巴——不长

鹤立鸡群——才貌出众、高出一等

hei

黑板上写字——抹掉了重来、一抹就掉、擦了再来

黑布蒙窗户——不透光

黑灯笼里点蜡烛——有火发不出、有火没处发

黑灯瞎火跳舞——暗中作乐

黑地里穿针——难过

黑地里打躬——各尽其心、没人领情

黑地里张弓——暗藏杀机

黑洞里裹脚——瞎缠

黑蜂子扑火——有去无回

黑狗跳墙——无法而已

黑狗偷油打白狗——错了、搞错了

黑狗熊耍扁担——胡抡一气

黑甲鱼剖腹——心不死

黑老鸹嫁凤凰——不配、配不上

黑老鸹衔窝——沾得怪紧

黑老鸹在水里漂白——痴心妄想、妄想

黑老鸹啄柿子——挑软的欺

黑老鸦下了个白鸡蛋——就当自己长得白

黑脸演花旦——变了角色

黑毛乌鸦——不足为奇

黑母鸡跑到树林里——像个鸟样

谚语·歇后语

黑泥鳅钻金鱼缸——光显自己漂亮、献丑、自己献丑

黑漆灯笼——心里亮、肚里明、糊涂不明

黑天过河——不知深浅

黑天摸黄鳝——不知长短、难下手

黑天捉老鼠——找不着窟窿

黑天捉牛——摸不着角

黑天做投机生意——看不见的勾当

黑屋里打算盘——暗算、暗中盘算

黑屋里找东西——没处寻、难寻

黑屋里做活——瞎干

黑瞎子按键盘——乱弹琴

黑瞎子掰苞谷——掰一个，丢一个、白忙活

黑瞎子拜年——不敢受这个礼

黑瞎子办案——熊差

黑瞎子抱报纸——假充识字的

黑瞎子剥皮——说不清是人是兽

黑瞎子吃蜂蜜——没鼻子没脸、大把抹

黑瞎子吃人参——不知贵贱

黑瞎子吃石榴——满肚子熊点子

黑瞎子打花脸——熊样

黑瞎子打立正——一手遮天

黑瞎子打人——架不住那一巴掌

黑瞎子逮虱子——笨手笨脚

黑瞎子戴手表——假装体面

黑瞎子戴坦克帽——硬充装甲兵

黑瞎子戴项链——再美也是熊

黑瞎子冬眠——净做美梦

黑瞎子敲门——熊到家了

黑瞎子过马路有目共睹——公证

黑瞎子举千斤鼎——身大力不亏

黑瞎子拉磨——转着圈熊

黑瞎子蒙红头巾——冒充新娘子

黑瞎子扭身——大反扑

黑瞎子爬竹竿——直往下滑

黑瞎子拍巴掌——队（对）长（掌）

黑瞎子捧刺猬——碰到棘手事

黑瞎子披大氅——不像人样

黑瞎子扑蝴蝶——手拙心不灵

黑瞎子上秤台——没人敢要

黑瞎子上房脊——熊到顶了

黑瞎子上轿——谁抬你呀

黑瞎子耍大棒——人熊家伙笨

黑瞎子耍马叉——还想露一手

黑瞎子提包袱——走哪家的亲戚

黑瞎子舔马蜂窝——要怕挨蜇就别想吃甜头

黑瞎子跳山涧——凶多吉少

黑瞎子头上长犄角——还是那个熊样子

黑瞎子玩股票——熊市

黑瞎子玩手机——整不通

黑瞎子下山——熊到家了

黑瞎子绣花——束手束脚

黑瞎子学唱戏——硬装包青天

黑瞎子照镜子——看你那个熊样

黑瞎子遮太阳——手再大也捂不过天来

黑瞎子装弥勒佛——面善心不善

黑瞎子钻灶筒——难过

黑瞎子坐轿——没人抬举

黑瞎子坐轿——想美事

黑瞎子坐月子——吓（下）熊了

黑心的拉拉蛄——从根上咬

黑心的萝卜——坏透了

黑猩猩干活——毛手毛脚

黑熊吃梨——不在（摘）乎（核）儿

黑熊打正立——一手遮天

黑熊捉鱼——摸一条是一条

黑旋风李逵——有勇无谋

黑夜的萤火虫儿——亮晶晶

黑夜里开火车——前途光明

黑夜里抢大斧——瞎砍一通

黑夜里耍大刀——胡砍

黑夜里追人——无影无踪

黑夜里走路——没影子

黑夜摸黄鳝——没得救

黑夜天摘黄瓜——不分老嫩

黑夜走山路——没影子

黑纸糊灯笼——不明不白

黑纸写白字——黑白分明

hen

狼心后娘打孩子——暗里下手

恨虱子烧棉袄——得不偿失、不值得

heng

哼哈二将斗法——喷云吐雾

哼哈二将——样子凶

横匾压塌龙王庙——好大的牌子

横杠竹子——进不得城

横过马路——左顾右盼

横过铁路——越轨行为

横扛竹竿进宅——不入门

横垄地里撵瘸子——一步跟不上，步步跟不上

横垄台拉石磙——步步有坎、一步一个坎

横着扁担走路——霸道

横着竹竿进城——行不通、走不通

横着竹竿进门——转不过弯来

hong

哄娘嫁女——骗出门

哄瞎子过河——千万莫为

哄着孩子买月亮——全是假的

烘炉烤大饼——翻来覆去老一套

红白喜事一起办——哭笑不得

红绸子包山楂——里外红

红花女做媒——自身难保

红花胸前戴——脸上光彩

红蓝铅笔——两头挨削

红烙铁——沾不得

红楼梦里的贾府——大有大的难处

红萝卜雕花——中看不中吃、好看不好吃

红萝卜雕神像——饮食菩萨

红萝卜掉油篓——又奸（尖）又猾（滑）

红萝卜放辣椒——没把你放在眼里

红萝卜——红皮白心儿

红萝卜刻娃娃——红人

红毛兔子——老山货

红木当柴烧——不识货

红木做匾——是块好料

红娘挨打——成全好事、为别人担不是

红娘拿到崔莺莺的信——心领神会

红娘牵线——成人之美

红娘行好反遭打——错在糊涂的老夫人

红皮萝卜紫皮蒜——最辣

红苹果落地——熟透了

红苕熬成糖——甜上加甜、甜透了

红苕充天麻——弄虚作假、以假乱真

红薯窖里打拳——施展不开

红薯烤成炭——过火

红薯落灶——自该煨

红梭穿绿线——泾渭分明

红糖抖蜜——甜上加甜

红头火柴——一擦就着

红头绳穿铜钱——心连心

红眼老鼠出油盆——吃里扒（爬）外

红药水抹疖子——治表不治里

红枣炖冰糖——甜上加甜、甜透了

红纸包烂肉——越盖越臭

红纸裱灯笼——装面子

红着眼睛咬着牙——怀恨在心

洪炉的料，食堂的钟——不挨打就挨敲、该打

洪水淹粮仓——泡汤了

洪水淹了龙王庙——自家人不识自家人

洪泽湖的鱼鹰——老等

鸿门宴上的刘邦——危机四伏

鸿门宴上——杀机四伏

鸿雁传书——空来往

hou

侯门的小姐，王府的少爷——四体不勤，五谷不分

喉咙长刺口生疮——说不出好话来

喉咙卡骨头——吞不下，吐不出、说话带刺

喉咙口使勺子——淘气

喉咙里插雷管——一谈（弹）就崩

喉咙里长疮——闷声不响、闷声闷气

喉咙里长疙瘩——赌（堵）气

喉咙里发痒——伸不得手

喉咙里放鱼钩——提心吊（钓）胆

喉咙里灌铅——张口结舌

喉咙里塞胡椒——够戗

喉咙里伸出手来——真馋、嘴太馋

喉咙里吞了萤火虫——嘴里不响，肚里明白

喉头上长疔疮——痛不可言

猴不上杆——想挨鞭子

猴不钻圈——多敲锣

猴吃苞米——净瞎掰

猴吃芥末——拉（辣）鼻儿

猴吃辣椒——抓耳挠腮

猴吃梅苏丸——闹心

猴戴皮巴掌——毛手毛脚

猴弹棉花狗拉车——乱了套、乱套了

猴儿戳蜂包——自讨苦吃

猴儿戴箍儿——自落圈套

猴儿戴胡子——没那一出戏

猴儿戴帽子唱戏——想起一出是一出

猴儿掉进冰窖——满凉

猴儿拉弓——不是样子

猴儿拿棒槌——胡抡

猴儿爬石崖——显出你的能耐了

猴儿上树——爬得快

猴儿手里夺枣——别想

猴儿耍大刀——胡砍

猴儿耍拳——小架式

猴儿托生的——满肚子心眼

猴儿下竹竿——一溜到底

猴儿捉虱子——抓耳挠腮、乱抓

猴儿作揖——也学点人见识

猴纳鞋底——不是人做的活

猴攀杠子——就那么几下子

猴屁股扎蒺藜——坐立不安

猴骑骆驼——直往上蹿、高高在上

猴骑绵羊——神气十足

猴王闹天宫——大打出手

猴学样——装相

猴子挨打——耍坏啦

猴子掰苞谷——这只手掰，那只手丢、掰一个，丢一个

猴子抱块姜——想吃又怕辣

猴子抱西瓜——顾此失彼

猴子抱着板栗球——无从下口

猴子变人——尾巴难遮瞒

猴子不上竿——多敲几遍锣

猴子唱大戏——胡闹台

猴子吃核桃——全砸了

猴子吃辣椒——抓耳挠腮

猴子吃麻花——满拧

猴子吃麻糖——扒拉不开

猴子吃仙桃——眉飞色舞、好歹不分

猴子吃玉米——专拣嫩的捏

猴子舂米——乱冲（舂）

猴子穿大褂——装人样

猴子穿花衣——光显自己漂亮

猴子穿衣戴帽——私充人物

猴子穿衣服——假装人样、冒充善人

猴子吹喇叭——没人声、难听

猴子打哈欠——沉不住气

猴子打加冠——要钱

猴子戴草帽——人干啥它干啥

猴子戴箍——自上圈套

猴子戴胡子——没那一套

猴子戴花帽——贪官（冠）不怕头痛

猴子戴花——学人样

猴子戴帽唱大戏——想起一出是一出

猴子戴面具——混充人、人面兽心

猴子戴纱帽——私充官人、不知自己多大的官

猴子戴手套——毛手毛脚

猴子戴眼镜——冒充斯文

猴子倒立——尾巴翘起来了

猴子的屁股——自来红、坐不住

猴子叼烟卷——像人不是人

猴子顶笆斗——身子不大头不小

猴子夺锣槌——定了要钱的心、不玩了

猴子翻跟头——轻巧、就那么几下子

猴子给老虎拜年——送货上门

猴子观花——印象不深

猴子滚绣球——滚的滚，爬的爬、连滚带爬

猴子会爬树——不用你教

猴子驾辕——不听那一套、不吃这一套

猴子见水果——欢天喜地

猴子井底捞月亮——空喜欢

猴子看报纸——假斯文

猴子看果园——越看越少、监守自盗、自食其果

猴子扛大梁——受不了

猴子烤火——往怀里扒

猴子拉车——又蹦又跳、就那么两圈、不稳当

猴子拉弓——不是样子

猴子拉犁——顶牛

猴子拉碾子——不懂那一套、不听使唤

猴子拿虱子——瞎抓

猴子爬板凳——各想一头

猴子爬到树梢上——算爬到顶了

猴子爬杆狗钻圈，黄鼠狼专钻水道眼儿——各有各的门道

猴子爬上凉亭睡——丑鬼耍风流

猴子爬上樱桃树——粗人吃细粮

猴子爬石崖——显出你的能耐来

猴子爬树——乱窜、拿手戏

猴子爬梯——一跃而上

猴子爬枣树——口里难掉出枣来

猴子爬皂角树——棘手、遇上棘手事

猴子捧个烫瓦盆——团团转

猴子扑嫦娥——痴心妄想

猴子骑骆驼——往上窜

猴子骑马——高高在上、一跃而上

猴子扇扇子——想学人见识

猴子上果树——肚里充实

猴子上圈套——任人摆弄、由人来玩耍

猴子上树——高攀了、爬得快

猴子上桃树——肚里实实的

猴子耍把戏——假积极、老一套

猴子耍扁担——胡抡

猴子耍耗子——大眼瞪小眼

猴子套绳子——解不开、不解

猴子捅马蜂窝——倒挨一锥

猴子偷黄连——自讨苦吃、自找苦吃

猴子推磨——玩不转

猴子玩把戏——活现形

猴子衔烟斗——混充人、装假

猴子想变人——尾巴遮不住

猴子学走路——假惺惺（猩猩）

猴子沿钢丝——善搞平衡

猴子摇石柱——纹丝不动

猴子栽花——挪挪放放

猴子斩尾巴——一溜不回头

猴子捉跳蚤——白抓挠

猴子着西装——不合身

猴子坐板凳——有板有眼、有板眼

猴子坐金銮殿——不似人君

猴子坐天下——手忙脚乱

猴嘴里掏枣，狗嘴里夺食——办不到

后半夜走路——步步光明

后半夜做美梦——好景不长

后背对着脊梁——一个向东，一个朝西

后脖子抽了筋——抬不起头来、耷拉着脑袋

后播的荞子先结果——后来居上

后颈窝的头发——摸得着看不见

后脑壳上长疮——自己看不见

后脑壳上的头发——一辈子难见面

后脑勺戴眼镜——朝后看

后脑勺挂镜子——照见别人，照不见自己、照人不照己

后脑勺挂笊篱——置之脑后

后脑勺留胡子——随便（辫）

后脑勺拍巴掌——背后整人

后脑勺上长疮——自己看不见，以为别人也看不见

后娘打孩子——暗里使劲、巴掌赶两鞋底、早晚是一顿

后台的锣鼓——见不得大场面

后台的演员——上不了场

后台上叫好——自捧自

厚皮黄牛——宜打不宜牵

厚纸糊窗——不透风

候车室里的挂钟——群众观点

hu

呼延庆打擂——奉命来的

囫囵啃石榴——先苦后甜

囫囵吞扁食——不知啥滋味

囫囵吞刺猬——扎心

囫囵吞人参——不知其味

囫囵吞笋——胸有成竹

囫囵吞枣——难消化、食而不知其味、独吞

囫囵吞芝麻——满肚子点子、一肚子点子

囫囵吞笋——成竹在胸

狐狸拜年——用心歹毒

狐狸奔鸡窝——熟路、道熟

狐狸搽花露水——臊气还在

狐狸吵架——一派胡（狐）言

狐狸吃不到的葡萄——全是酸的

狐狸吃刺猬——无从下口

狐狸穿衣——不像个人

狐狸打不着——反惹一身臊

狐狸打哈欠——怪里怪气

狐狸打马蜂——不知道厉害、不知死活

狐狸大夫给鸡看病——绝没好心

狐狸戴礼帽——假装正经、人面兽心

狐狸的尾巴——藏不住、夹不住

狐狸掉进污水池——又臊又臭

狐狸洞里扛扁担——窝里横

狐狸放屁——臊气

狐狸给鸡拜年——不怀好意、阴险歹毒、口甜心苦

狐狸给老虎搔痒——卖弄风骚

狐狸给兔子吊孝——兔死狐悲

狐狸跟着老虎走——狐假虎威

狐狸号脉——一窍不通

狐狸和狗拜把子——狐群狗党

狐狸回窝兜三兜——鬼花招

狐狸进村——没安好心

狐狸进宅院——来者不善

狐狸精变美女——迷人心窍、人面兽心

狐狸精打哈欠——妖里妖气

狐狸精告状——一派胡（狐）言

狐狸精捧笙——胡（狐）吹

狐狸精拖尾巴——现原形

狐狸精作祟——胡（狐）闹

狐狸看鸡——越看越稀

狐狸哭兔子——假慈悲、假慈善

狐狸念经——假充圣人

狐狸入虎穴——不知死活

狐狸说教——旨在偷机（鸡）

狐狸同虎斗——不是对手

狐狸同猎人走——凶多吉少

狐狸偷蜂蜜——糊嘴

狐狸窝里斗——自相残杀

狐狸想天鹅——得不到口

狐狸想偷天上月——梦想

狐狸与老鸦拜了把子——祸害当遭

狐狸遇上地老鼠——没办法

狐狸遇上小口瓶——插不上嘴

狐狸摘葡萄——手还不够长

狐狸找公鸡拜年——有你上的当

狐狸找羊交朋友——不存好心、居心不良

狐狸照镜子——怪模怪样、怪样子

狐狸转生的——心眼儿稠

狐狸装猫叫——没安好心、想投机（偷鸡）

狐狸撞猎枪——死到临头

狐狸捉刺猬——无从下手

狐狸钻罐子——藏头露尾

狐狸钻灶——露了尾巴

胡蜂撞进了蜜蜂窝——不得安生

胡姑姑假姨姨——乱认亲

胡椒拌黄瓜——又辣又脆

胡椒浸在醋里——辛酸得很

胡萝卜摆供——趁早收家伙

胡萝卜搬家——挪挪窝

胡萝卜拌白菜心——新鲜一阵

胡萝卜打鼓——越敲越短

胡萝卜打锣——去一半

胡萝卜打马——越来越少

胡萝卜疙瘩——上不了台盘、上不了席

胡萝卜叫鹰——越叫越远

胡萝卜就烧酒——图个干脆

胡萝卜敲鼓——越敲越短

胡萝卜拴牯牛——无济于事、不济事

胡萝卜拴驴——跟着跑了

胡敲梆子乱击磬——欢喜若狂、高兴一时是一时、得意忘形

胡琴里藏知了——弦外有音

胡琴与琵琶合奏——谈（弹）到一块去了

胡桃果肉——要敲出来吃

胡同儿捉驴——两头堵

胡同里扛竹竿——直来直去

胡同里跑马——难回头

胡同里演戏——口上热闹

胡须上的饭——饱不了人

胡子长疮——毛病

胡子上挂霜——一吹就没了

胡子上抹狗屎——口难开、不好开口

胡子上拴秤砣——拉下脸

胡子上天——虚（须）飘飘

胡子套索索——谦虚（牵须）

胡子粘在眉毛上——瞎扯

壶里没水——白捎（烧）了

壶里伸进烧火棍——胡（壶）搅

壶里煮蚌——不好开口

壶里煮粥——不好搅

湖边的垂柳——随风摆

湖底的鱼——打不起来

湖面上的九曲桥——弯弯多

湖南人唱京戏——南腔北调

湖心落石——圈套圈

猢狲画像——一副猴相

猢狲骑山羊——抖威风

猢狲入布袋——进了圈套

猢狲扫地——光顾眼前、只顾眼前

猢狲推泰山——自不量力、不自量

狲狲种树——摇摇晃晃

葫芦不破瓢——十足的傻瓜

葫芦掉井里——上不着天，下不着地、不成（沉）

葫芦蜂的窝——心眼多

葫芦架子一齐倒——分不清，理不明

葫芦结黄瓜——变种

葫芦锯了把儿——没嘴儿

葫芦壳挂颈上——自找麻烦

葫芦壳挂在房梁上——上不着天，下不着地

葫芦里看天——不知所以

葫芦里卖药——不知底细

葫芦里盛水——滴水不漏

葫芦里装糯米饭——装进容易倒出难

葫芦里装水——为的是嘴

葫芦里捉蛐蛐——没跑、跑不了

葫芦落塘——摇摇摆摆、吞吞吐吐

葫芦蔓缠上南瓜藤——难解难分

葫芦瓢捞饺子——滴水不漏、连汤带水

葫芦藤上结南瓜——不可能的事、无奇不有

葫芦藤上开红花——没见过的事

葫芦头爬屋脊——两边滚

葫芦下水——吞吞吐吐

葫芦秧套南瓜秧——拉扯不清、胡搅蛮缠

糊了纸的玻璃窗——看不透

糊涂虫当会计——混账

糊涂虫做媒——坏两头、两头挨骂

糊涂官判无头案——审不清，断不明

糊涂老板糊涂账——难算、算不清

糊涂老婆——乱当家

糊涂庙里糊涂神——糊涂到一块了

蝴蝶落在鲜花上——恋恋不舍、难舍难离

蝴蝶群舞——花花世界

蝴蝶专往野地飞——拈花惹草

虎伴羊睡——靠不住、不可靠

虎洞里坐菩萨——真是莫名其妙

虎踞高山，龙入大海——各有用武之地

虎口拔牙——好大的胆子

虎口里的人——生死未定

虎入中堂——家破人亡

虎生猪猡——又笨又恶

虎头上捉虱——寻着送死、找死

虎头铡下服刑——一刀两断

虎窝里跑出只羊羔——虎口余生

虎嘴上拔毛——好大的胆子

虎坐莲台——假慈悲、假充善人

护城河的王八——混年号

hua

花棒棒打锣——有声有色

花被盖鸡笼——外面好看里头空

花布斜扯——歪道道多

花长虫——道不少

花绸被面做抹布——大材小用

花绸上绣牡丹——锦上添花

花绸子盖鸟笼——外面好看里边空

花绸子做尿布——屈才（材）、屈了材料

花大姐逛公园——花花世界

花旦戴帽子——没有那一套

花旦唱戏——有板有眼

花旦戴胡子——没有那一套、一出也没有

花旦念道白——句句好听

花朵遇到狂风——毁掉了

花粉喂牲口——不够塞牙缝

花岗石的脑袋——死不开窍

花岗岩雕人像——心肠硬

花岗岩脑袋——不开窍

花岗岩下油锅——扎实（炸石）

花岗岩做招牌——牌子硬

花工师傅的把势——移花接木

花公鸡的能耐——就会叫那么几声

花公鸡的尾巴——翘得高

花公鸡上舞台——谁跟你比漂亮、显你漂亮

花骨朵碰在屠刀上——心碎

花果山的猴王——无（悟）空、不服天朝管、称王称霸

花果山的猴子——与世无争、无法无天

花果山的美猴王——个儿小本领强

花果山的日子——猴年猴月

花果山来了孙悟空——增寿（兽）

花好月圆——美满

花和尚穿针鼻——大眼瞪小眼

花花猫生了个灰老鼠——孬种、不是好种

花花枕头装秕糠——外面好看里面空

花鲫鱼的拳头——剑（鲫）子手

花架下养鸡鸭——煞风景

花匠捧仙人球——扎手

花椒炒生姜——又麻又辣

花椒大料——两位（味）

花椒掉进大米里——麻烦（饭）了

花椒木雕孙猴——麻木不仁（人）

花椒树——浑身是刺

花椒籽——黑心

花轿到了家门口——喜气盈盈

花轿里的新娘——不露脸

花轿没到就放炮——高兴得太早了

花轿前的乐队——大吹大擂

花开四季——长春

花篮里装泥鳅——跑的跑，溜的溜

花里胡哨的吊灯——外面好看里面空

花脸戴花——笑死大家

花了眼的婆婆绣花——看不清

花落结个大倭瓜——看也看了，吃也吃了

花猫蹲在屋脊上——唯我独尊

花猫生了个灰老鼠——歪种

花木瓜——空好看

花木兰从军——冒名顶替

花木梨脑袋——太呆板

花盆里栽松树——不能成材、成不了树

花盆里种皂角——人家栽花咱栽刺

花盆里种庄稼——收获不大

花皮蛇遇见饿蛤蟆——分外眼红

花钱买黄连——自讨苦吃

花钱买死马——得不偿失、尽干蠢事

花钱买蒸笼——就要争（蒸）气、找气来受

花钱磨刀——只图快

花圈店失火——提前完成使命

花蛇过溪——弯弯曲曲

花生剥了壳——好赖算个人（仁）儿

花生地里开花——落地生根

花生壳、大蒜皮——一层管一层

花生米雕菩萨——只有这点本钱

花生米掉锅里——熟人（仁）

花生皮喂牲口——不是好料

花手帕盖灯笼——外面好看里面空

花头鸡——惹事多

花蚊子咬人——盯（叮）住不放

花心萝卜充人参——冒牌货

花眼婆婆纫针——对不上眼、不对眼

花眼婆婆绣花——模糊不清、看不清

花眼蛇打喷嚏——满嘴是毒

花园里的蝴蝶——多姿多彩

花园里的牡丹——出类拔萃

花针对麦芒——（奸对奸）尖对尖

花纸糊灯笼——外面好看里面空

花籽喂牲口——不是好料

花子（乞丐）进庙——穷祷告

花子婆娘翻跟头——穷折腾

花子婆娘画眉毛——穷讲究、穷打扮

花子死了蛇——没什么弄的

花子养仙鹤——苦中作乐

花子早起——穷忙

华容道上放曹操——不忘旧情

华山一条路——绝境天险

华佗的药丸——万应灵丹

华佗开药方——手到病除

华佗施医术——起死回生

华佗行医——名不虚传、名副其实

华佗摇头——没救了

华佗治病——妙手回春

滑了牙的螺丝帽——团团转

化了装的演员——油头粉面

化浓的疖子——不攻自破

化装表演——改头换面

划子追快艇——老落后、落后了

画笔敲敲——有声有色

画饼充饥——空喜一场、自欺欺人

画虎不成反类犬——弄巧成拙

画匠不拜佛——知道底细

画匠的儿子——又会画龙，又会画虎

画匠的妈——会说不会画

画里的大饼——不能充饥

画了黑脸照镜子——自己吓唬自己

画龙点睛——功夫到家了

画眉的嘴儿——会说

画面上的酒菜——叫人眼饱肚饥

画屏上贴观音——话（画）里有话（画）

画上的车子——推不动

画上的春牛——中看不中用

画上的饿狼——吃不了人

画上的公鸡——不明（鸣）

画上的关公——脸红耳赤

画上的喇叭——吹不得

画上的老虎——谁怕你凶

画上的马——不见起（骑）

画上的猫——白瞪眼

画上的美女——不嫁人、爱不得

画上的鸟儿——飞不上天、有翅难飞

画上的人——有口难言

画上的仙桃——中看不中吃、好看不好吃

画上的元宝——不值钱的货

画蛇添足——自作聪明、多此一举

话不投机——半句多

话儿把石头熔化——柔能克刚

话里揉进胡椒面——辣得很

话如绵里藏针——语气柔和，锋芒犀利

桦木扁担——吃不住劲

桦木拐杖——宁折不弯

huai

怀抱火炉——热心

怀臭求芳——不可多得

怀揣苞米——不肯（啃）

怀揣冰棍——凉透心、冷透心

怀揣刺猬——抱着嫌扎手，丢又舍不得

怀揣二十五只老鼠——百爪挠心

怀揣金子——心里负担太重

怀揣棉花弓——往心里谈（弹）

怀揣十五只小兔——七上八下

怀揣兔子——忐忑不安、惴惴不安

怀揣小拢子（齿小而密的梳子）——舒（梳）心

怀儿婆的口粮——两人一份

怀里揣刀子——不存好心、居心不良

怀里揣戥子——称心

怀里揣个漏勺——心眼儿不少

怀里揣黄连——辛（心）苦

怀里揣镜子——心里明、肚里明

怀里揣铃铛——想（响）得美

怀里揣马勺——诚心、盛（成）心

怀里揣棉花——暖人心、心儿软

怀里揣鸟儿——心里不安

怀里揣牛角——总是朝外顶

怀里揣琵琶——往心里谈（弹）、谈（弹）心

怀里揣筛子——心眼儿多

怀里揣天平——称（秤）心

怀里揣铁砣——心里沉重

怀里揣笊篱——光劳（捞）那份心、心眼不少

怀里揣着十五只兔子——七上八下

怀里的东西掉进靴子里——还是自己的

怀里的石头落地——放心

怀里的西瓜——包（抱）在我身上

怀里放炮——心里想（响）

怀娃婆娘吃老母猪肉——顾嘴不顾身

怀孕十个月——该升（生）了

怀孕媳妇街上走——人里看不出人

槐树上要枣吃——强人所难

槐树下弹琴——苦中作乐、

坏鬼军师——专出坏主意

坏笤帚对烂畚箕（簸箕）——差对差、差配差

huan

欢心歌儿唱不尽——其乐无穷

獾狼下个小耗子——一代不如一代

宦官不叫宦官——太贱（监）

换毛的斑鸠——飞不起，跑不动

换汤不换药——老一套

患的软骨症——没点刚劲

huang

荒山长高粱——野种

荒山里的破庙——冷冷清清

皇城的拐角——多饶（绕）一会儿

皇帝补皮鞋——难逢（缝）

皇帝出朝——驾到

皇帝出宫——前呼后拥

皇帝大赦——开恩

皇帝的祠堂——太妙（庙）

皇帝的闺女——金枝玉叶

皇帝的后代——龙子龙孙

皇帝的交椅——至高无上

皇帝的圣旨将军的令——变不了、一口说了算

皇帝面前比武——各显神通

皇帝请客——主人在上

皇帝下圣旨——照办

皇帝坐上金銮殿——一人说了算

皇甫讷扮伍子胥——蒙混过关

皇宫门口的石狮子——一点心眼也没有

皇宫闹内讧——争天下、自相残杀

皇姑选婿——万里挑一

皇后娘娘死男人——没得二价（嫁）

皇历倒翻——往后看

皇粮国税——免不得

皇上变了脸——要杀头

皇上吃窝头——装穷

皇上戴眼镜——圣明

皇上当平民百姓——一贬到底

皇上拍桌子——盛（圣）怒

皇上下令——一言为定

黄柏木做磬槌子——苦中作乐、外头体面里面苦

黄陂到孝感——现（县）兑（对）现（县）

黄表纸包饺子——露了馅儿

黄豆炒藕——无孔不入

黄豆地里带芝麻——点子多

黄豆地里的西瓜——数它大

黄豆碰上热锅——欢蹦乱跳

黄豆切细丝——功夫到家了、好手艺

黄豆煮豆腐——碰上了自家人、父子相会

黄飞虎的坐骑——一条怪牛

黄飞虎反五关——稀奇（西岐）

黄飞虎战关云长——刀对刀

黄蜂绑在鳖腿上——有翅难飞

黄蜂的尾巴——毒极了、最毒、摸不得

黄蜂窝里伸手——招惹大祸

黄蜂找窝——乱哄哄

黄蜂锥裤裆——干吃哑巴亏、苦衷难诉、难出口

黄盖挨板子——心甘情愿

黄狗插角——尽出洋（羊）相

黄狗吃豆腐脑——闲（衔）不着

黄狗当马骑——胡来

黄狗等肉骨头——着急

黄狗过泥塘——到处丢脚印

黄狗偷食打黑狗——冤枉、太冤枉

黄瓜拌辣椒——各有所好、各人所好

黄瓜打锣——一锤子买卖、去了一大截

黄瓜当棒槌——越打越短

黄瓜拉秧——塌了架

黄瓜没毛——净刺

黄瓜敲木钟——一声不响

黄果树瀑布——冲劲大

黄汉升的箭——百发百中

黄河的水，长江的浪——源远流长

黄河的水——不清不白

黄河管不着长江——各顾各

黄河决了口——一泻千里、滔滔不绝

黄河里洗澡——洗不清、洗不净

黄鹤楼上看行人——把人看矮了

黄花鱼下挂面——不用言（盐）

黄昏后的燕子——不想高飞

黄昏瞧影子——又长又瘦

黄昏时的群鸟——纷纷归巢

黄昏时的燕子——不想高飞

黄昏走到悬崖边——日暮途穷

黄浆做年糕——费劲不落好

黄金掉到水里——化不了

黄金能卖高价钱——物以稀为贵

黄狼没打着——惹了一身臊

黄狼子变猫——变死都不高

黄连拌白糖——同甘共苦

黄连拌成醋——又苦又酸

黄连拌苦胆——苦到家了

黄连拌苦瓜——苦上加苦

黄连拌生姜——辛苦了

黄连当茶叶——自找苦吃

黄连雕寿星——苦老头

黄连炖猪胆——苦不堪言

黄连甘草挑一担——一头苦来一头甜

黄连疙蔸（块根）当哨吹——苦中作乐

黄连锅里煮人参——从苦水中熬过来的

黄连和尚——苦师父

黄连烤酒——苦打成招（糟）

黄连木雕娃娃——苦孩子

黄连木做笛子——苦中取乐

黄连木做图章——刻苦

黄连酿酒——酷刑（苦形）成招（糟）

黄连泡瓜子——苦人（仁）儿

黄连树结蜜桃——苦中有甜

黄连树上长棵草——苦苗苗

黄连树上搭苦瓜棚——苦作一堆

黄连树上的蛀虫——硬往苦里钻

黄连树上雕字——刻苦

黄连树上挂苦胆——苦相连、一个更比一个苦

黄连树上结苦瓜——一串串儿苦

黄连树上结糖梨——甜果都从苦根来

黄连树下背诗书——苦读

黄连树下唱大戏——苦中作乐、苦中取乐

黄连树下吃桂圆——苦中有甜

黄连树下喊上帝——叫苦连天

黄连树下埋苦胆——苦到底了

黄连树下种苦瓜——苦生苦长

黄连水待客——给他点苦头

黄连水里泡竹笋——苦透了

黄连水洗脑袋——苦到头啦

黄连水洗胸口——一番苦心

黄连水洗澡——从头苦到脚、浑身苦

黄连水煮粥——从苦水里熬过采的

黄连水做饭——口口苦

黄连窝里生下来的——苦出身

黄龙背的沙茶壶——好嘴儿

黄猫黑猫——咬到耗子就是好猫

黄毛娃娃坐上席——人小辈大

黄毛鸭子下水——不知深浅

黄米煮芋头——糊糊涂涂、糊里糊涂

黄泥巴打黑灶——好心不得好报

黄泥巴做馍馍——土包子

黄泥里的竹笋——尖端微露

黄泥塘洗弹子——拖泥带水

黄牛背上的跳蚤——自高自大

黄牛踩泥路——越踩越糟糕

黄牛吃草——吞吞吐吐

黄牛打架——死顶

黄牛的肚子——草包

黄牛的尾巴——两边摆

黄牛过水——各（角）顾各（角）

黄牛角，水牛角——各（角）顾各（角）

黄牛脚印水牛踩——一个更比一个歪

黄牛拉磨——慢工出细活

黄牛犁地——有劲慢慢使

黄牛落泥塘——越陷越深

黄牛拿耗子——有劲使不上

黄牛撵兔子——没指望的事儿

黄牛学马叫——改不了声调

黄牛咬黄连——吃苦耐劳

黄牛钻狗洞——不顾身材

黄牛钻鸡窝——没门儿、无门

黄牛钻进象群里——还是个小弟弟

黄牛钻老鼠洞——行不通

黄鼪子（黄鼬）唱山歌——没安好心

黄鼪子吃鸡毛——能填饱肚子就行

黄鼪子掉牙——老了

黄鼪子给鸡拜年——没安好心肠

黄鼪子给小鸡儿拜年——假仁假义

黄鼪子捞走的小鸡——九死一生

黄婆养鸟——越养越小

黄浦江上走钢丝——险得很、玄乎得很

黄沙里搀水泥——合在一起干

黄鳝爆泥鳅——勾勾搭搭

黄鳝斗泥鳅——滑头对滑头

黄鳝毛做棉絮——办不到、没法办

黄鳝泥鳅——不一样长

黄鳝爬犁头——狡猾（绞铧）

黄鳝晒太阳——假死

黄鳝张口——泥土气重

黄鳝钻洞——顾头不顾尾、顾头不顾腚

黄鳝钻进竹筒里——滑不脱

黄鼠狼拜狐狸——一个更比一个坏

黄鼠狼拜见老母鸡——没安好心

黄鼠狼拜月亮——装神弄鬼

黄鼠狼背鸡子——上不去麦秸垛

黄鼠狼背兔子——力不能及、心有余而力不足

黄鼠狼不走大门儿——专钻水沟眼儿、自有他的路

黄鼠狼成大仙——害人精

黄鼠狼吃刺猬——不知从哪里下嘴

黄鼠狼吃天鹅蛋——想得美

黄鼠狼抽了筋——浑身哆嗦、直哆嗦

黄鼠狼穿道袍——冒充善人

黄鼠狼打洞——小打小闹

黄鼠狼戴花——臭美

黄鼠狼戴礼帽——像个头面人物

黄鼠狼戴尿罐——蒙头转向

黄鼠狼戴缨帽——神气活现

黄鼠狼单咬病鸭子——倒霉越加倒霉

黄鼠狼挡汽车——自不量力、不自量

黄鼠狼的脊梁——软骨头

黄鼠狼等食——见机（鸡）行事

黄鼠狼掂根文明棍——想充人物

黄鼠狼叼鸡——有去无回

黄鼠狼吊孝——装啥蒜

黄鼠狼堵门——就看这下子了

黄鼠狼蹲在鸡窝里——投机（偷鸡）

黄鼠狼躲在鸡棚里——不是偷也是偷

黄鼠狼剁掉尾巴——皮肉不值钱

黄鼠狼放救命屁——就这么一招、溜得不光彩

黄鼠狼赶集——家里外头一层皮

黄鼠狼给鸡拜年——来者不善、没安好心

黄鼠狼给鸡超度——冒充善人

黄鼠狼给鸡送礼——不怀好意

黄鼠狼给鸡做笑脸——没安好心

黄鼠狼跟马跑——追不上

黄鼠狼过闹市——人人喊打

黄鼠狼过泥塘——小手小脚

黄鼠狼过水田——拖泥带水

黄鼠狼和狐狸拜姐妹儿——一路骚（臊）货

黄鼠狼和狐狸结亲——臭味相投

黄鼠狼和鸡结老表——不是好亲

黄鼠狼和猫成亲——不是好苗头

黄鼠狼见了鸡——眼馋

黄鼠狼结婚——小打小闹

黄鼠狼借鸡——有借无还、有去无回

黄鼠狼进鸡窝——大难临头、没安好心、无孔不入、乱窜

黄鼠狼进了套——没跑、跑不了

黄鼠狼进宅院——来者不善

黄鼠狼看鸡——不怀好意、没安好心、越看越稀

黄鼠狼烤火——爪干毛净、毛干爪净

黄鼠狼啃乌龟——找不到头、无从下口、难下口

黄鼠狼哭鸡——假伤心

黄鼠狼哭羊羔——假情假意

黄鼠狼拉骆驼——不识大体

黄鼠狼拉磨——假充大尾巴驴

黄鼠狼拉小鸡——有去无回

黄鼠狼立在鸡棚上——不是你也是你

黄鼠狼落难——作恶到头了

黄鼠狼骂狐狸——一对坏、都是骚（臊）货、都不是好货

黄鼠狼没打着——惹了一屁股臊

黄鼠狼觅食——见机（鸡）行事

黄鼠狼抹墙——小手小脚

黄鼠狼趴在磨杠上——冒充大尾巴驴

黄鼠狼爬磨道——硬充大耳驴

黄鼠狼排队——一路骚（臊）货

黄鼠狼娶媳妇——小打小闹

黄鼠狼去尾巴——没值钱的毛了

黄鼠狼上鸡笼——有空就钻

黄鼠狼上鸡棚——没好心

黄鼠狼生崽子——一代不如一代

黄鼠狼生鼬子——一路货

黄鼠狼听见鸡叫——垂涎三尺

黄鼠狼同鸡攀亲家——没安好心

黄鼠狼偷鸡——背着人、专干这行的

黄鼠狼偷牛——眼大肚子小

黄鼠狼推磨——就那么几圈

黄鼠狼拖鸡——越拖越稀

黄鼠狼拖牛——自不量力

黄鼠狼拖猪——白费工夫

黄鼠狼拖着鸡毛掸——空欢喜

黄鼠狼玩线轴——小打小闹

黄鼠狼闻不出屁臭——气味相投

黄鼠狼闻到鸡屎——想投机（偷鸡）

黄鼠狼戏水牛——大的没有小的能

黄鼠狼瞎眼——不打食

黄鼠狼想吃天鹅肉——痴心妄想

黄鼠狼咬鸡——碰上了机会

黄鼠狼咬死了马——吃不掉

黄鼠狼斋鸡——不是好兆头、凶多吉少

黄鼠狼站在鸡窝门口——假充站岗的

黄鼠狼钻粪堆——又臊又臭

黄鼠狼钻磨坊——假充大尾巴驴、冒充大耳朵驴

黄鼠狼钻水沟——各走各的路

黄鼠狼钻烟囱——越钻越黑

黄鼠狼钻阴沟——各走各的路、各行各的道

黄鼠狼钻灶火——毛干爪净

黄鼠狼嘴下溜出的鸡——死里求生、好运气

黄鼠狼坐飞机——神气儿

黄鼠狼做鸡郎中——看都不能让它看

黄头火柴——一碰就发火

黄土埋到嗓子眼儿——离死不远

黄土捏泥人——你中有我我中有你

黄眼斑鸠——无恩情

黄羊的尾巴——长不了

黄羊跑到虎穴里——凶多吉少

黄鹰抓住鹞子的脚——难解难分

黄鹰捉小鸡——顺手拿

黄鱼脑袋——一空二白

黄忠交朋友——人老心不老

黄忠叫阵——不服老、不甘示弱

黄忠抡大锤——老当益壮

黄忠射箭——百发百中

黄嘴麻雀——叼不得硬食

蝗虫打喷嚏——满嘴庄稼气

hui

灰堆吹喇叭——乌烟瘴气

灰堆里扒出个烧红薯——又吹又拍、吹吹拍拍

灰堆里藏芝麻——没处寻、难寻

灰堆里打喷嚏——触一鼻子灰、碰一鼻子灰

灰堆里的苍蝇——糊涂虫

灰堆里的泥鳅——滑不脱

灰眼老番——鬼计多端

回光返照——不久长、难长久

回炉的烧饼——不香甜

hun

昏官判案——各打五十大板、审不清，断不明

婚后媒人秋后扇——没人理、没人问

浑身贴膏药——毛病不少

浑水池子——看不透

浑水里的泥鳅——反正变不了龙

浑水摸鱼——大小难分、想捞一把、都想占点便宜

浑水洗澡——越来越糟、干净不了

混水摸鱼——都想捞一把

huo

豁唇骡子卖了个驴价钱——吃亏就在嘴头子上

豁牙啃西瓜——条条是道

豁牙子（牙齿残缺的人）拜师傅——无耻（齿）之徒

豁牙子吹火——漏风、一团邪（斜）气

豁牙子吹箫——漏气儿

豁牙子过冬——唇亡齿寒

豁牙子啃猪蹄——横扯筋、扯筋

豁牙子说话——含糊其辞、含含糊糊

豁牙子咬牛筋——难嚼难咽

豁牙子咬虱子——遇了缘、碰上了、碰准了

豁子吵嘴——谁也别说谁

豁子吃凉粉——利汤利水

豁子吹灯——瞎搭一口气、瞎使劲

豁子吹号——堵不严

豁子吹火——格外费力

豁子喝凉粉——利利豁豁

豁子嘴吹萧——越吹越不响

豁子嘴照镜子——当面出丑

豁嘴罐子打水——放任自流、任其自流

豁嘴说书——关不住风

活剥兔子——扯皮

活菩萨——越敬头越高

活期储蓄——积少成多

活人拜泥胎——不傻也不呆、自己骗自己

活羊拉到案桌上——离死不远了

活鱼掉进醋缸里——肉烂骨头软

活鱼丢在沙滩上——干蹦干跳

活鱼儿口里的水——有进有出

火把棍子当枪——打不响

火把换灯笼——明来明去

火爆玉米——开心

火柴把上绑鸡毛——胆（掸）子小

火柴棒剔牙——专找缝子钻

火柴棍搭桥——不成、难过

火柴盒里的苍蝇——处处碰壁

火柴盒做棺材——成（盛）不了人

火柴头遇上磷片——一触即发

火柴与火药——一碰就发火

火车不开——推着走

火车不走——到站了

火车车厢——能分也能合

火车出山洞——豁然亮堂

火车出站台——走得正，行得直、越跑越欢

火车带车皮——勾（钩）搭得紧

火车到站，轮船靠岸——停滞（止）不前

火车道上推小车——步步有坎、一步一个坎

火车抵头——互不相让

火车掉头——反动

火车进隧道——长驱直入

火车进站——各行其道

火车开到马路上——越轨

火车开上烂泥路——走错了道

火车拉笛——名（鸣）声挺大

火车离轨——寸步难行

火车离了道——越轨行动、出轨

火车轮子——任重道远、连轴转

火车轮子上轨道——切实可行

火车冒烟——白气

火车头的灯——光明前程

火车头开动——带动一大串

火车头拉磨——不会拐弯、有劲使不上

火车头拉纤——独出心裁

火车头没灯——前途无量（亮）

火车头上的灯——顾前不顾后、照见别人，照不见自己

火车厢里赛歌——高歌猛进

火车响汽笛——一鸣惊人、火气冲天

火车扎进高粱地——没辙

火车摘钩——甩了

火车站的挂钟——群众观点

火车站的轨道——四通八达

火车站的铁轨——道道多

火鸡比天鹅——差远了、差得远

火鸡躲猎人——藏头露尾

火箭发射——青云直上

火箭加油——快上加快、飞快

火箭落脚背——不跳都要跳

火箭上天——不翼而飞

火箭筒射击——两头冒火

火烤蚂蚱——死到临头

火里烤糌粑——软货

火里撒盐巴——真热闹、热闹一阵儿

火镰对火石——一碰就冒火星

火练蛇钻进泥菩萨肚里——装神气

火燎猪肉皮——卷沿儿了

火炉靠水缸——你热他不热

火炉上靠毛竹——扳得过来

火炉子靠水缸——冷热结合、一面热

火炉子里浇油——火气太大

火轮船上拴鲫鱼——不自由了

火炮轰苍蝇——不上算、不合算

火盆里的木炭——红得发紫

火盆里放泥鳅——活不久、活不长、看你往哪钻

火盆里栽花——白费工夫

火盆里栽牡丹——不知死活、死活不知

火盆里栽藕——连根烂

火钳打娃娃——一下当两下

火钳子上阵——算不得兵器

火钳子修表——难下手、下不了手、无法下手

火枪打兔子——一头子倒霉

火绒子脑袋——一点就着、点火就着

火绒子敲鼓——没有音

火上烘鸡毛——着了

火上加油——越烧越猛

火上屋顶——坐不稳、坐不住

火烧芭蕉——不死心、心不死

火烧宝光寺——妙哉（庙灾）

火烧鞭炮——一触即发

火烧财主楼——活该、恶有恶报

火烧草料场——逼上梁山、没有救

火烧车轮——气崩了、气炸了

火烧大梁——长叹（炭）

火烧灯草——灰心

火烧灯笼——露骨

火烧房子还瞧唱本——沉着、沉得住气

火烧蜂房——乱哄哄

火烧寒暑表——直线上升

火烧猴屁股——急得团团转

火烧胡子——眼前就是祸、练（炼）嘴

火烧鸡毛——飞快

火烧金銮殿——没地（帝）位

火烧裤裆——痛不可言、坐不稳

火烧辣椒壳——够呛

火烧栗子——气崩了、气炸了

火烧岭上捡田螺——没处寻、难寻

火烧螺蛳——肚里坏

火烧蚂蚁窝——四处逃散

火烧毛竹——节节响

火烧眉毛——急在眼前、祸在眼前

火烧棉花铺——谈（弹）不成了

火烧牛皮——自己转弯

火烧旗杆——长叹（炭）

火烧日历——没日子了

火烧寺庙——没有神、慌了神

火烧套马杆子——长叹（炭）

火烧乌龟——疼在心上

火烧蝎子洞——连窝端

火烧阎王殿——鬼哭神嚎

火烧战船——红火一片、满江红

火烧纸马店——迟早要归天

火烧钟馗庙——笑煞鬼

火烧猪头——面熟

火烧竹林——尽光棍、全是光棍

火烧竹筒——热心

火烧竹子——不变节

火神庙不放光——哪知神灵在

火神庙里着火——玩火者自焚

火神庙求雨——走错了门、找错了门

火神爷出征——有将无兵

火神爷待客——热情

火神爷的脾气——急躁

火神爷找龙王爷——成心闹别扭、专找别扭

火炭掉在头发上——火烧火燎

火炭吞下肚——心急如焚

火塘边睡的猫——伸伸缩缩

火塘边舞镰刀——明砍

火线上的战友——患难之交

火星子遇汽油库——闹得天翻地覆

火药库里玩火——万万不可

火药闷在铳膛里——不想（响）

火中取栗——反招来祸害

火种落进干柴堆——一点就着

火箸捅炉子——直进直出、直出直入

伙房搬家——另起炉灶

货郎背包串乡——没挑的

货郎担子——两头祸（货）

货郎的背包——没挑

货郎的担子——要啥有啥、样样不缺

货郎的手鼓——闲摇

货郎鼓别腰里——没货了

货郎鼓儿——两边摇、两面挨打

货真价实的买卖——不掺假

巷道扛椽子——直来直去、直进直出、直出直入

J

ji

饥得粗食——不嫌

饥饿送口粮——帮了大忙

饥了吃粗糠——味也香

饥了吃花生——生吞活剥

机车的灯头——只照别人，不照自己

机帆船赶快艇——老落后

机帆船上装橹——配搭

机关枪打炮弹——口径不对

机关枪打兔子——小题大做、得不偿失

机关枪打鸭子——呱呱叫

机关枪的通条——直进直出、直来直去、直出直入

机关枪对炮筒——直性子对直性子

机关枪上刺刀——连打带刺

机关枪伸腿——两岔

机器人打拳——全是硬功夫

机器人看戏——无动于衷

机器人抓东西——一把硬手、是把硬手

机枪对大炮——直性子对直性子、急性子碰上火性子

机制面条——不敢（擀）

鸡抱鸭蛋——一场空

鸡抱鸭子——白忙活

鸡肠刮油——没多大一点、油水不大

鸡肠子上刮膏——没多大油水、油水不大

鸡巢里的凤凰——至高无上

鸡吃黄鼠狼——怪事一桩、怪事

鸡吃萤火虫——心里亮、肚里明

鸡穿大褂狗戴帽——衣冠禽兽

鸡戴帽子——官（冠）上加官（冠）

鸡蛋不生爪——天生这路种

鸡蛋长爪子——能滚能爬

鸡蛋炒韭黄——一色货

鸡蛋掉油缸——圆滑、又圆又滑

鸡蛋掉在马路上——砸啦

鸡蛋掉在油篓里——滑透了

鸡蛋和西瓜——经不起摔打

鸡蛋换盐——两不见钱

鸡蛋壳垫床脚——难撑

鸡蛋壳发面——没多大发展

鸡蛋壳作线板——难缠

鸡蛋筐里放秤碗——砸啦

鸡蛋里面找骨头——百般挑剔

鸡蛋里挑刺——无中寻有、没事找事

鸡蛋里挑骨头——无中生有、没碴找碴

鸡蛋抹香油——圆滑得很、又圆又滑、圆滑

鸡蛋碰石头——不堪一击

鸡的翅膀——飞不高

鸡叨骨头——替狗帮忙

鸡儿掉在米箩里——巴不得

鸡儿跌到米缸里——饱吃一餐

鸡飞蛋打，失火打板子——双晦气

鸡飞上天——不可能的事

鸡孵鸭蛋——白忙活、瞎起劲

鸡给黄鼠狼拜年——自投罗网

鸡公打架——对头

鸡公的尾巴——翘得高

鸡公跟马跑——自讨苦吃、自找苦吃

鸡公跑进狐狸群——白送死

鸡公相会——总是要啄几嘴的

鸡狗不同叫——各随其便

鸡狗做邻居——老死不相往来

鸡骨头熬汤——没多大油水、油水不大

鸡骨头卡在喉咙里——张口结舌

鸡冠花——老来红

鸡脚杆上刮油——剥皮又抽筋、白费神

鸡脚爪烩豆腐——油水不大

鸡叫走路——越走越明

鸡笼里睡觉——睁眼尽窟窿

鸡笼里捉鸡——没有跑处

鸡毛插在桅杆上——胆（掸）子不小、好大的胆（掸）子

鸡毛炒鸭蛋——各自打散

鸡毛打鼓——不声不响、无声无息

鸡毛掸扫火炉——一扫（烧）而光

鸡毛掸沾水——时髦（湿毛）

鸡毛掸子——尽招灰

鸡毛当令箭——轻事重报、大惊小怪

鸡毛点灯——十有九空

鸡毛掉井里——不声不响、无回音

鸡毛堵住耳朵——装聋

鸡毛搁秤盘——没分量

鸡毛过大秤——没有份量

鸡毛落水——毫无反响

鸡毛敲钟——不想（响）

鸡毛扔火里——马上全完

鸡毛上天——轻狂、随风飘

鸡毛想上天——谈何容易

鸡毛性子——一点就着、点火就着

鸡毛与蒜皮——微乎其微、没多少斤两

鸡毛遭风吹——身不由己、不由自主

鸡毛蘸水作画——轻描淡写

鸡毛做掸子——物尽其用

鸡梦见小米——尽想好事、想得倒美

鸡拿耗子猫打鸣——乱套了

鸡脑壳安在鸭颈上——不对头

鸡脑壳上磕烟灰——几（鸡）头受气

鸡刨房子——勤快的不是地方

鸡碰到蜈蚣——死对头

鸡皮蒙鼓面——经不起重锤

鸡婆抱（孵）鸭子——舍己为人

鸡婆打摆子——又扑又颤

鸡婆进火灶——不死也要脱层皮

鸡群里闯进一只鹅——就你脖子长

鸡群里的鹅——高傲、出类拔萃

鸡群里的仙鹤——心高气傲、高人一头

鸡若抓兔子——黄鹰谁还要

鸡食盆里的鸭子——多嘴多舌

鸡死狼吊孝——假慈悲、假慈善

鸡随鸡，狗随狗——臭味相投

鸡头对鸭颈——脸红脖子粗

鸡头上插鹅毛——一语（羽）双关（冠）

鸡头伸进猪食槽——插不上嘴、难插嘴

鸡头啄米——白费心机

鸡腿上拴蚂蚱——飞不了你，蹦不了他

鸡腿煮豆腐——一勺烩

鸡娃吃黄豆——咽不下

鸡尾巴上绑扫帚——好伟（尾）大

鸡尾虾进大锅——不红也得红

鸡窝边的黄鼠狼——不轻易回头

鸡窝调鸭窝——调来调去差不多

鸡窝里出凤凰——新鲜事儿

鸡窝里打拳——出手不高、小架势

鸡窝里的凤凰——至高无上

鸡窝里的蚂蚱——死到临头、心惊肉跳

鸡窝里放棒槌——捣蛋

鸡窝里飞出金凤凰——异想天开

鸡窝里练拳术——伸展不开

鸡窝里塞棒槌——故意捣蛋

鸡窝里生炉火——乌烟瘴气

鸡窝里养麻雀——宽裕

鸡窝门口贴对联——小题大做

鸡鸭共一笼——语言不通

鸡遇黄鼠狼——命难逃、胆战心惊、战战兢兢

鸡抓纱箩——乱了麻

鸡爪疯穿针——对不上眼、不对眼

鸡爪上钉掌子——不对题（蹄）

鸡爪煮汤——油水不大

鸡爪子炒菜——七拱八翘、往外扒

鸡爪子抓泥——不是好手

鸡捉耗子——乱了套、乱套了

鸡啄闭口蚌——白费工夫、白费口舌

鸡仔进米箩——这回不愁吃的了

鸡子儿长爪子——滚的滚，爬的爬、连滚带爬

鸡子儿筐里搁石头——自找麻烦、自讨麻烦

鸡嘴里的食——都是捉（啄）来的

鸡嘴鸭嘴——家家有长短

积木搭高楼——一推就倒、一碰就倒

畸形人做衣服——另搞一套

激流里的船——难回头、回头难

急火烙煎饼——一个劲地翻腾

急惊风碰着个慢郎中——干着急

急救车撞了救火车——急上加急

急刹车摔倒——身不由己

急水滩里的船——难停下

急水滩里的鹅卵石——磨掉了棱角

急水滩头的大鲤鱼——经过风浪

急水滩头放鸭子——一去不回头

急水滩头停船——难办

急性汉遇上慢郎中——你急他不急

急性子动手——说干就干

急性子做客——说来就来

急需的图章——刻不容缓

急雨打在水缸里——心里翻起了泡

急着讨债碰南墙——财迷转向

集上请个老灶爷——卷起来回家吧

集市上买东西——挑挑拣拣

蒺藜拌草——不是好料

蒺藜果——小刺儿头

蒺藜上弹棉花——越整越乱

蒺藜窝里睡觉——浑身不自在

几百年的老陈账——难算、算不清

几个扁担钩——挡不住路

几个胖子一块进门——不知谁让谁

挤牙膏——一点一点来

挤着眼睛瞧人——小看人

脊背上背鼓——找着挨锤、找锤

脊背上长眼睛——尽往后看

脊背上长嘴——尽背后说人

脊梁骨长茄子——多心、生了外心

脊梁上长桃子——另有心、起了心

脊梁上吊镜子——照见别人，照不见自己、照人不照己

脊梁上压碾盘——难翻身、翻不了身

脊上卧猫——活受（兽）

麂子（麂。一种小型的鹿，比鹿小，雄鹿有长牙和短角）给老虎拜
年——没有好下场

麂子咬豹子——不怕死、死都不怕

麂子饮水——成双成对

记者到国外采访——出镜（境）

记者的皮包——内里有文章

既保娘娘，又保太子——两全其美

济公吃狗肉——不管清规戒律

济公出家——吃荤不吃素

济公的扇子——神通广大

济公的装束——衣冠不整

济公过日子——只讲吃不讲穿

济公和尚的毡帽——随便扣

济公趴梁——没位置

济公治病——主动上门

济公走路——疯疯癫癫

寄槽养马——爱占便宜

鲫鱼得水——活蹦乱跳

鲫鱼喂猫儿——舍不得

jia

加急电报——刻不容缓

加了盖的蒸笼——正（蒸）上气（汽）

加农炮打兔子——得不偿失

夹板上雕花——刻薄

夹道里摆酒席——口上热闹

夹道里截驴——没有回头的余地

夹道里推车子——直采直去、进退两难

夹火钳子——一头热

夹口袋赶集——凑热闹、凑凑热闹

夹裤改单裤——没理（里）儿

夹生饭——难吃

夹尾巴的山狸——害人

夹巷赶狗——直来直去

夹在两捆草料中间的驴子——打不定主意、拿不准主意

夹着尾巴做人——忍气吞声

夹子上的老鼠——没跑、跑不了

家蚕里的茧——私（丝）人（仁）

家狗上锅台——不识抬举

家狗上酒席——啥事也显着你

家家都有一本难念的经——各有难处

家里的破罐——甩掉

家里丢了磨——没法推、推不得

家里房子着了火——一无所有

家里请吹鼓手——名（鸣）声在外

家门口的水塘——知道深浅、深浅我知道

家雀熬汤——没肉也香

家雀变凤凰——越变越好、尽想好事、想得倒美

家雀儿摆碟子请客——净是嘴

家雀儿吵嘴鸡打架——无人管

家雀飞进烟筒里——保命烧了毛

家雀飞了才放枪——错过良机

家雀进笼子——有翅难飞

家雀进窝——叽叽喳喳

家雀抬杠——瞎嚷嚷

家雀下鸡蛋——个小贡献大

家雀学老鹰——想头不低、想得太远

家神揍灶神——自家人打自家人

家堂底下放鹞子——门风

家堂里的大门——不关

家有十五口——七嘴八舌

甲虫掉在粪坑里——越陷越深

甲鱼长胡子——不是个东西

甲鱼唱歌——别（鳖）调

甲鱼吃甲鱼——六亲不认

甲鱼吃木炭——黑心王八

甲鱼的肉——藏在肚里

甲鱼翻筋斗——四脚朝天

甲鱼跟着王八走——规（龟）行矩步

甲鱼笑龟爬——彼此一样

甲鱼咬人——死不松口

甲鱼照镜子——龟相

贾宝玉爱林妹妹——好梦难圆

贾宝玉出家——看破戏尘

贾宝玉的通灵玉——命根子

贾宝玉结婚——不是心上人

贾宝玉看《西厢记》——戏中有戏

贾宝玉看林妹妹——一见如故

贾宝玉哭灵（林）——真心、哭得好伤心、悲伤不已

贾宝玉迎亲——喜气洋洋

贾宝玉游魂——误入迷津

贾府的大观园——外强中干

贾府的后代——坐享其成

贾府门前的狮子——死（石）心眼儿

贾家姑娘嫁贾家——假（贾）上加假（贾）、假（贾）门假（贾）事（氏）

驾车登山——不进则退

驾驶员罢工——想不开

驾驶员倒背手——不服（扶）不行

驾辕的马驹旭蹶子——乱了套、乱套了

驾着辕杆儿开倒车——走回头路、倒退

架起铁锅等豆子——准备吵（炒）一吵（炒）

架起砧板就切菜——说干就干

架上的葫芦——挂起来、挂着

架上的葡萄——一连串、一串一串的

架上的丝瓜——越老越空

架梯子上天——痴心妄想、妄想

架着的锅、点着的火——样样现成

假李逵碰到真李逵——这回可遇着真的了、冤家路窄、原形毕露

假期做梦——休想

假银元买到猪婆肉——一个骗一个

嫁不出去的姑娘——成了老大难啦

嫁出的姑娘泼出的水——不由己

嫁出的女儿——人家的人

嫁出去的女儿泼出去的水——难收回、不由己

嫁给染匠的婆娘——贪色

嫁接的果树——节外生枝、横生枝节

jian

奸狼开店铺——没有好货

奸狼下了个贼狐狸——孬种、不是好种

奸商同骗子做生意——尔虞我诈

尖扁担挑水——心挂两头

尖担挑柴——两头滑脱

尖底箩筐——不稳当、不稳

尖底瓮儿——一推便倒、一碰就倒

尖尖筷子夹凉粉——滑头对滑头

尖尖鞋——前紧后松

肩膀上搭炉灶——恼（脑）火

肩膀上戴帽子——差一头

肩膀上扛灯草——轻快得很

肩膀上生疮——担当不起、挑不起重担、不敢担

肩膀头扛大梁——压趴了

肩扛石磨走天涯——任重道远

肩上戴帽子——矮了一头

肩上扛扇车——大摆威风

肩头上放花炮——祸（火）在眼前

煎熬过的中药——要不得、全是渣滓

拣到的帖子——难做客

拣个孩子唱大戏——看你庆哪家的功

拣根铁棒当灯草——说得轻巧

拣鸡毛的上门——凑胆（掸）子

捡到篮里都是菜——好歹不分

捡风筝丢云雀——得不偿失

捡根鸡毛当令箭——谁听你的

捡鸡毛扎掸子——凑数

捡来的媳妇——不美满

捡了芝麻丢了西瓜——因小失大

捡起铜钱穿线眼——现成

捡着黄铜当真金——不识货

剪不断，理还乱——千头万绪

剪刀的口——张开嘴就咬

剪开个蚕茧贴在眼上——满眼都是丝（私）

剪了毛的绵羊遭雨淋——浑身哆嗦、直哆嗦

见到胡子就是爷爷——不辨真假

见到猫就害怕——胆小如鼠

见到肉的鹰——眼红、红眼

见到熟人握握手——你好我也好

见爹叫娘——乱称呼

见毒蛇就打，遇狐狸就抓——为民除害

见高就拜，见低就踩——势利眼

见狗扔骨头——投其所好

见惯了骆驼——看不出牛大来

见火的蜡——软了

见桀纣动干戈，遇文公施礼乐——投其所好

见了苍蝇都想扯条腿——贪得无厌、贪心不足

见了大官叫舅舅——想高攀

见了大嫂唤大姑——不认人

见了和尚喊姐夫——乱攀亲

见了皇帝喊万岁——老规矩

见了舅爷叫姨夫——看错了人、认错了人

见了骆驼说马背肿——少见多怪

见了麦苗叫韭菜——五谷不分

见了寿衣也想要——贪心鬼

见了霜的蝈蝈——快完啦

见了兔子才放鹰——有利才出征

见了王母娘娘喊岳母——想娶个天仙女

见了王母娘娘叫大姑——攀高亲

见了蚊子就拔剑——大惊小怪

见了丈母叫大嫂——乱了班辈、昏头昏脑

见钱眼红——利欲熏心

见人抛媚眼——卖弄风流

见人先作揖——礼多人不怪

见啥菩萨烧啥香——看人行事、到哪说哪

见生人说熟话——套近乎

见什么菩萨烧什么香——看人（神）做事

见物手痒——利欲熏心

见钟不打铸钟敲——舍近求远

见着骆驼不说蚂蚁——光拣大的说

贱陀螺——不打不转

毽子上的鸡毛——钻进钱眼里了

鉴真和尚东渡——传经送宝

鉴真和尚回国——探亲

箭穿鹰嘴——不可想象的事、难以想象

箭上弦上——一触即发

箭头离了弦——勇往直前

箭猪碰上刺猬——刺对刺

箭竹棍当梁柱——自不量力、不自量

jiang

江北的胡子——贼凶

江边插杨柳——落地生根

江边的弄潮儿——喜欢赶浪头

江边开染房——大摆布

江边卖水——多此一举、没事找事

江边上洗萝卜——一个个来

江河发大水——一浪高一浪、后浪推前浪

江河里长大水——泥沙俱下

江河里的小泡泡——渺小

江湖佬的膏药——不知真假

江湖佬卖假药——招摇撞骗

江湖佬卖完狗皮膏药——该收场了

江湖佬耍猴子——名堂多

江湖佬耍戏法——说变就变、变化无常

江湖卖艺的——摊子不大，喊声连天

江湖骗子卖膏药——光耍嘴皮子、冒牌货

江湖骗子耍贫嘴——夸夸其谈

江湖人耍猴——名堂可多了

江里的浪花——不是吹的

江里的木偶——随大流

江南的蛤蟆——难缠（南蟾）

江西老表开药铺——卖不掉自己吃

江西老表卖灯草——卖完吃完

江心补漏——无济于事、不济事

江心断了帆桅——转了向

江阴人耍龙灯——节节活（火）

江中的鲤鱼——油（游）惯了

江中浪上兜圈子——团团转

姜太公背封神榜——替别人忙一场

姜太公的钓鱼钩——直来直去

姜太公的坐下骑——四不像

姜太公的钓钩——直的

姜太公钓鱼——愿者上钩、直钩

姜太公封神——一言为定、没有自己的位置

姜太公卖粉——越卖越穷

姜太公说相声——神聊

姜太公算卦——未卜先知、好准啊

姜太公做买卖——样样赔本

姜子牙搬家——访贤（房闲）

姜子牙唱渔鼓——老调子、尽是老调

姜子牙穿马褂——老一套

姜子牙担着笊篱进城——没人买你的货

姜子牙钓鱼——怪刁（钓）

姜子牙火烧琵琶精——现了原形

姜子牙开饭馆——鬼都不上门

姜子牙开酒馆——卖不出去自己吃

姜子牙开算命馆——买卖兴隆

姜子牙卖灰面——倒担回家

姜子牙卖面——折本买卖、赔了本钱

姜子牙娶媳妇——老来喜

将军不下马——各奔前程

将军当农民——解甲归田

将军买马——两厢情愿

将门出虎子——一代更比一代强

僵蚕做硬茧——不成功（宫）

讲话没人听，下令没人行——光杆司令

讲课还是老一套——屡教不改

讲评书的长口疮——难开口、口难开、不好开口

讲台上的花盆——装饰品

讲武堂里学打仗——纸上谈兵

讲演专家——出口成章

奖状绑在笤帚上——名誉扫地

蒋干保曹操——各为其主

蒋干盗书——将计就计、上当受骗、聪明反被聪明误

蒋干过江——尽干失着事、成事不足，败事有余、窥测动静

蒋干劝周瑜——有口难张

蒋门神遇到了武二郎——服帖了

耩（用耧播种）地看耧眼——走着瞧

降不住猪肉降豆腐——欺软怕硬

酱菜店里的抹桌布——尝尽辛酸

酱菜缸里的秤砣——油盐不进

酱菜缸里泡石头——一言（盐）难尽（进）

酱醋厂里的斗篷——遮遮盖盖

酱缸里的瓜子——闲（咸）人（仁）

酱缸里的茄子——拣软的捏

酱缸里爬出个拉拉蛄——不是这里的虫

酱缸腌肘子——亲（咸）肉一块

酱瓜煮豆腐——有言（盐）在先

酱碗里的苍蝇——肮脏肉

酱油店里打架——争风吃醋

酱油碟当盘子端——小手小脚

酱油瓶里倒醋——不知啥滋味

酱油铺里的伙计——爱管闲（咸）事

糨糊盆里打滚——沾（粘）上了

糨糊洗脸——头脑不清

jiao

交警打手势——指条明路

交警站马路——受气

交通警的棍子——指东指西

浇地扒垄沟——捅娄（漏）子

胶皮轱辘放炮——气炸了、气崩了

胶皮管里插铁棒——柔中有刚、软中有硬

胶皮笊篱——滴水不漏

胶鞋渗水——纰（皮）漏

胶粘石头——得不偿失

焦了尾巴梢子——绝后

焦赞与杨排风比武——处处挨打

蛟龙跌水——兴云作雨

蛟龙翻大海——百姓遭难、四方遭灾

蛟龙困在沙滩上——难翻身、翻不了身、抖不起威风

蛟龙头上搔痒——溜须不要命

蛟龙造反——翻江倒海

狡兔撞鹰——以功为守

饺子开口——露馅了

饺子露馅儿——伤了面皮

饺子皮太薄——难免要露馅

饺子铺的酱油——白搭

饺子用水煮——不用争（蒸）

脚板底下长眼睛——没见过世面

脚板底下打火罐——下作（着）

脚板上钉钉子——寸步难行

脚板抹猪油——溜之大吉

脚板上长草——慌（荒）了手脚

脚板上长鸡眼——寸步难行

脚板上抹石灰——白跑

脚板上扎刺——存心不让走

脚绑石头走路——求稳不求快

脚脖子上把脉——瞎摸

脚脖子上挂铜铃——走一路，响一路

脚脖子上系绳——拉倒

脚踩棒槌，头顶西瓜——两头耍滑

脚踩棒槌——立场不稳

脚踩弹花槌——滚来滚去

脚踩火箭——一跃而上、一步登天

脚踩两只船——三心两意、左右为难

脚踩棉花堆——不踏实、腾云驾雾

脚踩牛屎——一踢（塌）糊涂

脚踩跷跷板——一上一下

脚踩蚯蚓吓一跳——胆子太小

脚踩三尺雪——凉了半截

脚踩西瓜皮——滑到哪里算哪里、溜啦

脚踩稀泥凼——不踏实

脚踩沼泽地——越陷越深

脚打锣，手敲鼓——两头忙

脚戴帽子头顶靴——不分上下、上下颠倒

脚登黄山，眼望峨眉——这山望着那山高

脚蹬鼻子——上脸

脚底板上绑大锣——走到哪里响到哪里

脚底踩擀面杖——站不稳

脚底长疮——寸步难行

脚底下踩棒槌——胡滚、立场不稳

脚底下的皱皮——不肯（啃）

脚底下钉钉——寸步难行

脚底下使绊子——暗伤人、暗里伤人

脚夫的腿，说书的嘴——练出来的

脚跟朝前走——走回头路、倒退

脚跟拴石头——进退两难

脚后跟擦黄油——溜啦

脚后跟上的虱子——爬不到头顶

脚后跟拴藤条——拉倒

脚后跟扎刀子——离心远着哪

脚面上长眼睛——只知道往上看、自看自高

脚面上的露水——长不了

脚盆和面——不知香臭、闻不着香臭

脚盆里撑船——内行（航）

脚盆里洗脸——没上没下、小人、上下不分

脚上绑碓窝——站得住脚

脚上穿冰鞋——要溜

脚上穿袜，头上戴帽——老一套

脚上带鞭炮——走到哪儿响到哪儿

脚上戴镣子——寸步难行

脚上戴帽子——乱了套、乱套了

脚上的茧子——自个儿走出来的

脚上的泡儿——走出来的

脚上的袜子——走到哪跟到哪

脚上的鞋——谁穿跟谁走

脚上抹石灰——处处留迹

脚踏棒槌头顶西瓜——两头要

脚踏车的链条——接连不断

脚踏车挂飞轮——快上加快、飞快

脚踏车撵汽车——望尘莫及

脚踏蒺藜——寸步难行

脚踏两只船——左右摇摆、三心二意、一个也不落实

脚踏楼梯板——步步高升、步步登高

脚踏跷跷板——一上一下

脚踏蛇尾巴——反咬一口

脚踏乌龟背——痛在心里

脚踏云梯——步步高升、步步登高

脚像钉耙，手像蒲扇——大手大脚

脚沾石灰赶路——白走一趟

搅拌机里的石子——上下翻滚、翻上倒下

搅浑清水的泥鳅——带坏了别人

叫跛子撵狼——强人所难

叫公鸡生蛋——办不到、没法办

叫蝈蝈不咬哑蚂蚱——都是一块地里的虫

叫哈巴狗咬狮子——唆人上当

叫花婆子谈嫁妆——穷人说大话

叫花婆坐金銮殿——一步登天

叫花子挨骂——淘（讨）气

叫花子安风扇——穷风流

叫花子摆酒席——穷排场

叫花子摆阔气——穷大方

叫花子摆米摊——没本钱生意

叫花子摆堂戏——穷作乐

叫花子拜把子——入伙

叫花子拜堂——穷配

叫花子搬家——离不开吵（草）、一无所有

叫花子抱着醋坛子——穷酸

叫花子背不动三升米——自讨的

叫花子背饭桌——穷玩谱

叫花子比神仙——不沾边、沾不上边

叫花子比武——穷对打

叫花子拨算盘——穷有穷的打算

叫花子簸簸箕——穷抖擞

叫花子不吃淡饭——谣（要）言（盐）

叫花子不吃供香馍——又穷又拗

叫花子不带碗——干要

叫花子不见了拐棒——受狗的气

叫花子不进院——门外汉（喊）

叫花子不留隔夜食——一顿光

叫花子搽粉——穷讲究、穷打扮

叫花子长疮——穷坏

叫花子唱莲花落——穷开心

叫花子炒三鲜——要一样没一样

叫花子吃豆腐——一穷二白

叫花子吃肥肉——讨来的

叫花子吃狗肉——块块好

叫花子吃黄连——穷苦

叫花子吃苦瓜——自讨苦吃

叫花子吃葡萄——穷酸

叫花子吃树皮——饥不择食

叫花子吃鲜桃——个个好

叫花子出殡——穷到头了

叫花子穿皮袄——穷讲究

叫花子串大街——穷逛

叫花子打更——穷操心

叫花子打狗——边走边打、穷横、手工（功）

叫花子打官司——一场空

叫花子打架动刀子——穷凶极恶、穷横

叫花子打了碗——倾家荡产

叫花子打瓢——穷开心

叫花子打伞——苦撑

叫花子打手锤——穷作乐

叫花子戴眼镜——穷讲究、穷阔气

叫花子担醋担——卖穷酸

叫花子当老板——阔啦、阔气了

叫花子的拐棍——穷棒子

叫花子的家当——破烂货

叫花子的米——心中有数、有数

叫花子登榜——人不可貌相

叫花子登戏场——穷快乐

叫花子跌在石灰堆里——一穷二白

叫花子丢了猢狲——没戏唱了、没有玩的了

叫花子翻身——无穷

叫花子放起火——穷气烧天

叫花子赶集——场场不缺、分文没有

叫花子赶夜路——假忙、穷忙

叫花子观宴——看人家吃

叫花子过年——穷讲究、穷有穷打算

叫花子过烟瘾——讨厌（烟）

叫花子害病想人参——命穷心高

叫花子喝醋——一副穷酸相

叫花子喝酒——穷要

叫花子哼梆子腔——穷作乐、穷快活

叫花子哼曲子——快活不起来

叫花子嫁长工——穷对穷

叫花子捡了一颗夜明珠——暴富

叫花子捡银子——无处放

叫花子教养小讨饭——彼此彼此、彼此一样

叫花子接彩球——喜疯了、喜出望外

叫花子借算盘——穷算计

叫花子金榜题名——总算有了出头之日

叫花子进茶馆——穷喝

叫花子进贡——穷尽忠

叫花子进伙房——想吃什么就有什么

叫花子进商场——穷逛

叫花子进衙门——有理说不清、讲不清道理

叫花子开当铺——没资本

叫花子开店铺——无本生意

叫花子开粮行——都是半升货

叫花子开杂粮行——一样一点

叫花子看城门——里外一式

叫花子看滑稽（独角戏）——穷开心

叫花子扛刀——穷威风

叫花子烤火往怀里扒——只顾自己

叫花子夸祖业——自己没出息

叫花子拉肚子——入不敷出

叫花子拉二胡——穷拉、穷快活

叫花子拉胡琴——与人作乐

叫花子篮里抢冷饭——不近人情

叫花子擂鼓——穷开心

叫花子练跌打——穷折腾

叫花子炼油渣——总念（炼）总念（炼）

叫花子亮相——穷相毕露

叫花子留照——一副穷相

叫花子卖布——穷扯

叫花子卖醋——穷酸

叫花子卖米——只有一身（升）

叫花子没得隔夜米——好穷

叫花子没空闲——穷忙

叫花子没有隔夜米——岁月难熬、日子难过

叫花子拿讨饭棍——穷打拢

叫花子念经——穷嘟囔

叫花子扭秧歌——穷潇洒

叫花子拍照——穷相

叫花子排流年——变出新花头

叫花子碰上大雪天——饥寒交迫

叫花子碰上要饭的——穷对穷

叫花子骑狗——穷人穷马

叫花子骑烂马——零碎多

叫花子起五更——穷忙

叫花子请长工——大家挨饿

叫花子请客——穷张罗、穷大方

叫花子娶个讨饭的——穷到一起了

叫花子娶老婆——没挑的、穷张罗

叫花子晒太阳——享天福

叫花子上坟——哭穷

叫花子上坟烧杨叶——心尽到

叫花子上街——单拉大衣衫衿

叫花子上课——穷讲

叫花子烧纸——穷祷告

叫花子身上扯破片——没用处、无用

叫花子生鼓胀病——穷人大肚皮

叫花子拾金条——快乐无边、乐不可支

叫花子拾元宝——喜从天降、心里乐滋滋的、无处放

叫花子拭眼泪——哭穷

叫花子耍龙灯——穷欢

叫花子睡城门——城里城外一样

叫花子睡觉——穷困

叫花子睡凉亭——穷风流

叫花子睡石槽——你热它它不热你

叫花子睡土地庙——做的全是白日梦

叫花子死了站着埋——人穷志不穷

叫花子谈嫁妆——说大话

叫花子讨饭——只图多

叫花子讨灰面（白面）——一穷二白

叫花子提亲——穷说、穷凑合

叫花子跳井——穷途末路、穷到底

叫花子同龙王比宝——输定了

叫花子同土地婆结婚——神喜人欢

叫花子推磨——干呼隆

叫花子拖红漆文明棍——上趁下不趁

叫花子玩龙灯——穷开心

叫花子喂猴——玩心不退

叫花子嫌米饭馊——穷讲究

叫花子嫌糯米——可怜不得

叫花子胸前挂钥匙——穷开心

叫花子养鸟——苦中作乐

叫花子咬牙——穷凶极恶、穷横

叫花子要黄连——自讨苦吃

叫花子要盐——求贤（咸）

叫花子游西湖——穷风流

叫花子遇到讨饭的——谁也不沾谁的光

叫花子遇神仙——比不上

叫花子照镜子——不知自丑、一副穷相

叫花子争油房——天亮后是人家的

叫花子中状元——一步登天

叫花子拄棍子——穷棒子

叫花子住万寿宫——户大家虚

叫花子装风扇——穷风流

叫花子捉虱子——十拿九稳

叫花子走猫步——穷装

叫花子走清明——两头忙

叫花子走人户（走亲戚）——两手空

叫花子醉酒——穷开心

叫花子坐蹭车——赖搭

叫花子坐更——一夜无人

叫花子坐火车——到哪儿算哪儿

叫花子坐金銮殿——一步登天

叫花子坐远洋轮——四海为家

叫花子做驸马——受宠若惊

叫花子做皇上——喜从天降

叫花子做头人——丑死鬼

叫化婆子谈嫁妆——穷人说大话

叫化子挨骂——淘气

叫化子拨算盘——穷有穷的打算

叫化子不留隔夜粮——一顿光

叫化子唱山歌——穷快活

叫化子炒三鲜——要一样没一样

叫化子吃豆腐——一穷二白

叫化子出龙灯——穷欢

叫化子打狗——边打边走

叫化子赶街——分文没有

叫化子喝醋——一副穷酸相

叫化子扭秧歌——穷快活

叫化子碰上要饭的——穷对付

叫化子拾黄金——乐不可支

叫化子洗澡——穷干净

叫唤的知了扑翅膀——自鸣得意

叫唤雀——不长肉

叫驴——大嗓门儿

叫驴拉磨——不等上套先开腔

叫你上坡，你偏下河——成心闹别扭、专找别扭、故意捣乱

叫牛坐板凳——办不到、没法办

叫人吃砖头——难言（咽）

叫人拿缰绳当汗毛揪——说得轻巧、强人所难

叫铁公鸡下蛋——异想天开

叫铁匠做嫁妆——用人不当

叫哑巴唱歌——强人所难

叫羊看菜园——靠不住、越看越光

轿里伸出绣花鞋——亮出手脚

轿前的吹鼓手——替人家张罗

轿子进了门，不见新媳妇——人财两空

轿子进门才放炮——晚了、迟了

轿子里打拳——不识抬举

教猴子爬树——多此一举

教牛上树——办不到

教授出国搞研究——访问学者

教堂关门——不讲道理

jie

接生婆摆手——不接了

接着葫芦挖籽——挖一个少一个

接着脑袋往火炕里钻——憋气窝火

接着中头喝水——勉强不得

秸秆儿扎的鸡——插翅也难飞

揭开宝盒压红心——明摆着

揭开庐山真面目——心中有数、肚里有数

揭开蒸笼不吃——气饱了

揭开蒸笼拣年糕——烫手

街道司衙门——唬得过谁

街后开门——假内行

街上唱戏——没后台

街上的疯狗——乱咬人

街上的流浪汉——无家可归

街上卖笛——自吹

街头的狗——谁有吃就跟谁走

街头上耍把戏——说得多、光说不练

街头演出——没后台

节节草拴西瓜——难缠

节日摆宴席——济济一堂

节日的礼花——万紫千红

节日的牌坊——面貌一新

节日放烟火——天花乱坠

节日里的鞭炮——一串一串的

结巴讲话——反反复复

结巴郎吵架——张口结舌

结巴聊天——慢慢来

结巴碰上结巴——少说为佳、谁也不用急

结清了的账单——一笔勾销

截断的木头——后悔不及

截了大褂补裤子——取长补短

截了大褂做鞋面——大材小用

姐弟俩过独木桥——一个个来

姐夫教小舅子——实心实意

姐姐穿妹妹的鞋——一模一样

姐俩出嫁——各得其所、各人忙各人的

姐俩回娘家——殊途同归

姐俩绣牡丹——各使各的针，各用各的线

姐俩找婆家——各走各的路、各行各的道

姐俩坐跷跷板——此起彼落

解衣包火——自招祸灾

戒了大烟扎吗啡——恶习不改

借粉搽脸蛋——装体面

借风过湖——趁机行事

借高利贷买棺材——死要面子活受罪

借花献佛——假恭敬、顺水人情

借据在人手——想赖也赖不了

借来的老婆——过不得夜

借来的锣鼓——此时不打何时打

借了一角还十分——分文不差

借米还糠——气鼓气胀、气鼓鼓

借米一斗还六升——赖死（四）

借袍子上朝——装体面

借票子做衣服——浑身是债

借钱包饺子——穷忙

借钱不还——赖

借钱不治病——自己跟自己过不去

借钱还债——堵不完的窟窿

借钱买筛子——窟窿套窟窿

借钱做衣裳——浑身是债

借他的缰绳拴他的驴——将计就计

借汤下面——沾光、顺便

借着醉酒说胡话——别有用心

jin

今年竹子来年笋——无穷无尽

今日三，明日四——反复无常

今天栽树，明天要果子——办不到

金蝉脱壳——溜啦、干脆利索、干净利索、溜之大吉

金弹子打麻雀——因小失大

金弹子打鸟——不惜代价、得不偿失

金刚打罗汉——硬对硬

金刚倒地——一摊泥

金刚过河——凉了半截

金刚化佛——更神气

金刚扫地——不敢劳动大驾、劳动了大神

金刚石砌碉堡——坚不可摧

金刚拖地板——有劳大驾

金刚掌钥匙——大管家

金刚钻的本领——专拣硬的刻

金刚钻对合金刀——硬过硬

金刚钻划豆腐——深刻

金刚钻头——过得硬、过硬

金刚钻钻瓷器——一个比一个硬、一个硬似一个

金刚钻钻缸瓮——大的没有小的能、小能降大

金鼓配银锣——配得起你

金瓜对银瓜——两个顶呱呱

金瓜换银瓜——越换越差

金龟子掉到酱缸里——糊涂虫

金壶偷酒——犯不着

金鸡配凤凰——天生的一对

金鲫鱼喂猫——舍不得

金戒指上镶宝石——好上加好

金壳郎（金龟子）赶牛——自不量力、不自量

金銮殿上告王子——自找苦吃

金銮殿上牵驴子——献丑、自己献丑

金漆的马桶——外面光，里面臭、外面好看里面臭

金钱豹读《圣经》——冒充斯文、假斯文

金沙江赴宴——大动刀枪

金山寺的潮水——涌上来了

金田螺钓玉蟹——得不偿失

金银铜铁——无锡

金鱼的眼睛——突出

金鱼缸里的大鲤鱼——难养活

金鱼缸里钻泥鳅——看你怎么耍滑头

金鱼喂猫——不上算、不合算

金簪掉进井里——跑也跑不到哪里去

金簪入海——永无出头之日、难出头

金针菜开花——到顶了

金针菜喂骆驼——不够本钱、不够本

金针对钻头——一个比一个尖、尖对尖

金铸的孩童——人才好、好人才

金铸的鞋模——好样子、样子好

金子当作黄铜卖——屈才（财）

金子给个铜价钱——不成生意

紧口坛子盛屋檐水——乐（落）在其中

紧水滩上的石头——见过风浪

紧着裤子数日月——日子难过

锦鸡进了铁笼——由不得你了、身不由己、不由自主

锦鸡配凤凰——天生的一对儿

锦鸡扑火——自取灭亡

锦上添花——好上加好

锦州的小菜——有点名气

妗子（舅母）改嫁——没救（舅）

近路不走走远路——弯弯绕

近视眼穿针——大眼瞪小眼

近视眼打靶——目的不明

近视眼戴墨镜——碍（爱）眼、各对各眼

近视眼观星——数不清

近视眼过独木桥——放不开步子、不敢抬头挺胸向前看、小心在意

近视眼看告示——迫在眉睫

近视眼看戏——越亲（近）越好

近视眼看下雪——天花乱坠

近视眼看斜纹布——思（丝）路不对

近视眼看月亮——好大的星

近视眼配眼镜——解决眼前问题

近视眼瞧卒——不像个事（士）

近视眼生瞎子——一辈不如一辈、一代不如一代

近视眼下棋——失（识）不了足（卒）

近视眼捉蚂蚱——瞎扑腾

近视眼走路——光顾眼前、只顾眼前

进冰场穿冰鞋——马上就溜

进坟地吹口哨——自己给自己壮胆

进港的轮船——不怕风浪

进了地府才后悔——后悔已晚、晚了

进了套的黄鼠狼——没跑、跑不了

进了网的黄鱼——拼命地乱钻

进门喊大嫂——没话找话说、假熟识

进山不忘有老虎——时时警惕

进网的兔子上钩的鱼——十拿九稳

进网的鱼——活不长

进网的鱼虾——慌了手脚、送死

进屋跳窗户——没门、门路不对

进学堂不带书——忘本

进站的火车——叫得凶、窝火又泄气

晋襄公放败将——纵虎归山

浸了水的大鼓——打不响

浸湿的木头——点不起火

浸水的木鱼——敲不响

浸水的炮仗——不声不响、无声无息

禁止捞鱼虾——不可捉摸

jing

京剧演唱《白毛女》（指歌剧《白毛女》）——别开生面

京戏《三岔口》——混打内战

京戏走台步——慢慢挪、磨磨蹭蹭

泾渭合流——清浊分明

经霜的黄豆——四分五裂

经霜的青松——越久越坚

荆棘林里走路——步步难

荆轲献地图——暗藏杀机

荆条编小篮——看着容易做着难

荆条当柱子——不是正经材料

荆条挂在身上——扯皮

惊弓之鸟——心有余悸、远走高飞

惊蛰后的青竹蛇——越来越凶

精雕的玉人——十全十美

精心养马驹——为的将来骑

井底撑船——无路可走、不出小圈子

井底的壁砖——深厚

井底的蛤蟆被扔了一砖——闷腔了

井底的蛤蟆——目光短浅

井底的蛤蟆上井台——大开眼界

井底的木棒——漂不远

井底的瓦片——永世不得翻身

井底雕花——深刻

井底丢砖头——不懂（扑通）

井底蛤蟆爬上岸——方知天外有天

井底里放糖——甜头大家尝

井底里划船——没有出路

井底里栽花——没有出头之日

井底下吹号角——有原因（圆音）

井底下吹唢呐——格调太低

井底下打拳——功夫深

井底下的青蛙——没见过世面、不知天高地厚、见识短浅

井底下放邮包——深信

井底下划船——前途不大、走不出小圈子

井底下看书——学问不浅

井底下谈情——爱得深

井底下栽花——永无出头之日、难出头、根子深

井底下种花生——根底深

谚语·歇后语

八〇八

井底行船——处处碰壁

井底栽黄连——苦得深

井里撑船——四下无门、四路无门

井里吹喇叭——低声下气

井里打水往河里倒——瞎折腾、多此一举

井里的吊桶——任人摆布、由人摆布

井里丢石头——扑通（不懂）

井里捞起又掉进塘里——躲了一灾又一灾、祸不单行

井里投砒霜——害人不浅

井水不犯河水，南山不靠北山——各过各的

井台上的辘轳——摇摇摆摆

井台上卖水——多此一举

颈窝上插蒲扇——走上风

景德镇的瓷器——名扬四海、瓷（词）好

景德镇停业——没词（瓷）了

景山上的崇祯皇帝——挂起来、挂着

景阳冈上的武松——不是你死便是我活

景阳冈上贴告示——胡（虎）闹

敬酒不吃吃罚酒——不知好歹、好歹不分、不识抬举

镜里观花——白欢喜、空欢喜、空喜一场

镜台前照面——你是你

镜中花，水中月——空好看、可望而不可及

镜子里的饼——充不得饥、能看不能吃

镜子里的钱——看得见取不出

镜子里的烧饼——不能充饥、好看不好吃

镜子里的鲜花——好看不好拿

镜子里的影子——空虚

镜子里瞪眼——自己恨自己

镜子里夹相片——形影不离、形影相随

镜子里骂人——自骂自

镜子上的人儿——挺光滑的

镜子上抹灰——糊涂不明

jiu

揪下来的花——新鲜不了几天

揪下茄子拔了秧——连根收拾

揪住耳朵擤鼻涕——劲儿使的不是地方

揪住马尾巴不放——硬拖

揪着耳朵过江——操心过度（渡）

揪着老虎胡须打秋千——吃了豹子胆

九次量衣一次裁——合身

九个瓦盆摔山下——四分五裂

九寸加一寸——得寸进尺

九寸五的布——不够一尺

九股绳拧成死疙瘩——难解难分、难分难解

九斤老太的眼光——光看过去的好、只知道过去的好

九斤重的公鸡——官高势大

九九八十二——算错账了

九两纱织十匹布——甭想、莫想、休想

九毛加一毛——十毛（时髦）

九牛爬坡——个个出力

九牛失一毛——不在乎、无足轻重、无关大局

九牛一毛——微不足道

九曲桥上扛竹竿——难转弯、转不过弯来

九曲桥上散步——净走弯路、转弯抹角

九十老翁学武术——心有余力不足

九十岁老太太做饭——不利索

九死一生的幸运儿——死去活来

九死一生——独活

九岁当了童养媳——活受罪

九条江河流两处——五湖四海

九头虫害牙——不知医哪口

九头鸟拾到个帽子——不晓得先套哪头好

九纹龙——使劲（史进）

九霄云外——天外有天

九月初八过重阳——不到时辰

九月初八问重阳——不久（九）

九月的寒霜，二月的风——长不了

九月的茭白——灰心

九月的南瓜——皮老心不老

九月的柿子——红透了、软不拉耷

九月九上山——登高望远

九月菊花逢细雨——点点入心

久病初愈——没劲儿、有气无力、少气无力

久旱得雨——喜从天降、喜出望外

久旱逢甘雨——人人喜欢、个个喜爱

久旱无雨——水落石出

久居监狱——不知春秋

韭菜拌豆腐——一青（清）二白

韭菜拌茴香——一团糟

韭菜包子——从里往外臭

韭菜炒蒜苗——清（青）一色

韭菜打汤——满锅漂

韭菜剁头——心不死、不死心

韭菜煎蛋——家常便饭

韭菜命——割不绝

韭菜饨蛋——冒充（葱）

韭菜下锅——一捞（唠）就熟

酒杯掉在酒缸里——罪（醉）上加罪（醉）

酒杯里拌黄瓜——不是地方

酒杯里量米——小气（器）

酒杯里落苍蝇——扫兴

酒杯碰酒壶——恰好一对

酒缸边搭床铺——醉生梦死

酒缸里煮米——罪（醉）犯（饭）

酒鬼掉进酒池里——求之不得

酒鬼喝汽水——不过瘾

酒鬼划拳——输赢无所谓

酒鬼走路——东倒西歪

酒后大便——罪（醉）恶（厕）

酒壶当夜壶用——派错了用场

酒壶里插棒棒——胡（壶）搅

酒壶里吵架——胡（壶）闹

酒精点火——当然（燃）

酒里头放蒙汗药——存心害人

酒肉和尚菜道士——岂有此理

酒肉朋友——不久长、臭味相投

酒肉朋友的交情——吃吃喝喝

酒坛里的土地爷——醉鬼

酒坛里放炮——瓮声瓮气

酒坛子当夜壶——大材小用

酒坛子做茅缸——嘴滑肚臭、口滑肚臭

酒醒不见烤牛肉——悔之莫及、后悔已晚

酒糟鼻不吃酒——枉担虚名

酒糟煎鸡蛋——吵（炒）个稀巴烂

酒渣倒地——一团糟

酒盅里拌黄瓜——施展不开、小气（器）

酒桌上的盘子——喋喋（碟碟）不休

酒醉靠门帘——靠不住、不可靠

酒醉说实话——醒了后悔

旧车断了轴——破烂不堪

旧抹布补新衣裳——配不上、不配

救火车遇上急救车——急性子碰上火性子

救火没水——干着急

救火踢倒煤油罐——火烧火燎、火上加油

救了落水狗——反被咬一口

救人踢倒了油罐子——火上烧油

就餐的筷子——占先

就坡骑驴——好下台阶、自找台阶

就坡上驴——正相当

就汤下面——随机应变

就着猪肉吃油条——腻透了

舅舅打外甥——没说、白挨

舅舅拉外甥——两厢情愿

ju

锔（用锔子连合破裂的陶瓷器等）碗的戴眼镜——专找碴儿

举起碾盘打月亮——不知天高地厚、不知轻重

举世无双的珍宝——独一无二

举世无双——天下第一

举手放火，收拳不认——无赖

举手过头——超额

举重比赛——斤斤计较

举着灯笼照镜子——自我欣赏

举着棋子放不下——打不定主意、拿不准主意

锯大树当镰把——大材小用

锯掉腿的板凳——矮了一大截、矮了半截子

锯子解高粱秆——小题大做

锯子锯掉烂木头——摧枯拉朽

锯子缺齿——快不了

juan

卷好铺盖，买定草鞋——决心出走

卷舌头念文章——含糊其辞、含含糊糊

圈里的肥猪——等着挨刀、早晚得杀、有数的

jue

决堤的大坝——不敢当（挡）

决了堤的河水——势不可当、滔滔不绝、横冲直撞

决了口的水渠——放任自流、任其自流

决心书写在瓢把上——一冲一洗没了

绝壁上的爬山虎——敢于攀高峰

嚼过的甘蔗——乏味、不甜

嚼过的橄榄——淡而无味

嚼过的馍馍——没味道

嚼烂舌头当肉吃——自吃自、自欺欺人、自己哄自己

嚼着甘蔗上楼梯——节节甜，步步高

嚼着黄连登泰山——不怕苦，不怕累

钁头挂在胸口上——挖空心思

jun

军棋比赛——纸上谈兵

军师皱眉头——计上心来、遇到难题了

俊女嫁痴汉——可惜、真可惜

骏马掉进泥潭里——有劲使不上

骏马跑千里，银燕入云霄——远走高飞

骏马驮银鞍——两相配

jiao

校场坝的旗杆——光棍一条

校场里的土地——管得宽

K

ka

卡车的拖斗——老落后、落后了

kai

开场的锣鼓——想（响）到一块了

开船未解缆——原地不动

开春的冰雪堆——靠不住、不可靠

开春的柳絮——满天飞

开春的萝卜——心里空

开春的鸟儿——成双成对

开春的兔子——成帮结伙

开刺绣店的——花样多

开刀不上麻药——蛮干、硬干

开灯聊天——说亮话

开饭馆的不怕大肚汉——多多益善、越多越好

开飞机抛锚——欲速则不达

开封府的包青天——铁面无私

开弓不放箭——跃跃欲试、虚张声势

开弓的箭——永不回头、决不回头

开沟挖井——步步深入、层层深入

开棺验尸——追查到底

开锅煮面——早晚有你的

开河塌了堤——难收场、收不了场

开花的白菜——起了心

开花期遇暴雨——结果不好

开会呼口号——异口同声

开会骂仗——不欢而散

开局摆开拦河车——严阵以待

开局的兵卒——作用不大

开口的邮箱——信得过

开了花的竹子——活不久、活不长

开了瓶的啤酒——好冲

开了水的锅——沸腾起来

开了锁的猴子——得意忘形、无拘无束

开了闸的电灯——豁然亮堂

开了闸的河水——一泻千里

开了闸的水库——滔滔不绝

开笼放鸟——各奔前程、有去无回

开滦打官司——没（煤）的事

开门见山——有话直说、无遮无拦

开汽车按喇叭——靠边站、走到哪，响到哪

开山的镐——两头忙

开山放瞎炮——不想（响）

开水灌鼠洞——一窝都是死

开水锅里的汤圆——翻上倒下

开水锅里的乌龟——早把头缩回去了

开水锅里捞肥皂——全凭手快

开水锅里煮空笼——不争（蒸）包子争（蒸）口气

开水锅里抓汤圆——烫手

开水锅煮鸡蛋——身硬心软

开水和面——难下手

开水里放温度计——急剧上升

开水里擀面——没法下手

开水泡黄豆——有点自大

开水泼蛤蟆——看你怎么跳

开水烫泥鳅——看你怎么耍滑、直脖啦

开水碗上的葱花——华（花）而（儿）不实

开水洗脸——难下手

开水煮白玉——不变色

开水煮棉絮——熟套子

开水煮鸭蛋——越煮越硬

开锁不拿钥匙——硬别

开演之前——涂脂抹粉

开元通宝——外圆内方

开糟房的办事——讲甜话

开着大门送财神——到手的钱财不要

开着电扇聊天——尽讲风凉话

开着收音机听戏——闻声不见人

开着拖拉机撵兔子——有劲使不上

凯旋而归的将军——大功告成

kan

砍不倒大树——弄不多柴禾

砍柴刀刮脸——两面应付、手艺高、冒险

砍柴人下山——两头担心（薪）

砍柴忘带刀，刨地不带镐——丢三落四

砍刀遇斧头——针锋相对

砍倒苞谷露野猪——藏不住

砍倒大树捉鸟——呆子、傻干

砍倒活树栽死树——自找麻烦

砍倒树捉麻雀——小题大做

砍倒树做笊篱——枉费工

砍断的竹子——接不上

砍树吃橘子——不顾根本

砍树的砍树，劈柴的劈柴——各尽其责、各尽其职

砍树刨树蔸——连根收拾

砍树捉八哥——不得法

砍一斧头锯锯——对不上茬、不对茬口

砍竹子遇节巴——卡住了

看《红楼梦》淌眼泪——同病相怜

看病的先生——不请不来

看病请了教书匠——走错了门、找错了人

看病人不要糖——口甜

看到草绳就喊蛇——大惊小怪

看到草绳往后跑——胆子太小

看到红灯踩油门——硬闯

看到金子变成铜——怪事桩、怪事

看惯了武打片——不怕你搞小动作

看家狗专咬叫花子（乞丐）——穷人好欺负

看家拳头——留一手

看见蚊子就拔剑——小题大做

看街的撂手——不管这一段

看旧戏掉眼泪——替古人担忧

看蝌蚪——伟（尾）大

看门的神仙——管不了庙里事

看人挑担——不费力、不费劲

看人下菜碟——势利眼

看天说话——眼光太高

看戏的掉眼泪——同病相怜、有情人、假慈悲

看戏瞧玩猴——心不在焉

看戏挑媳妇——一头满意

看相先生改行——不讲情面

看羊的狗——一个比一个凶

看衣服行事——狗眼看人

看准洞儿捉黄鳝——没跑、跑不了

看着地图摆阵势——纸上谈兵

看着天摸着地——眼高手低

看着天说话——不知眼多高

看着相声肚子疼——哭笑不得

看着星星想月亮——贪得无厌、贪心不足

看着账本聊天——说话算数

kang

糠里挤油——小抠

糠了的萝卜——没有辣气

扛棺材不下泥潭（此指墓穴）——半途而废

扛棺材跳水——安心送死

扛进弄堂的木头——难转弯、转不过弯来

扛犁头下关东——经（耕）得多

扛磨盘游华山——苦尽心

扛枪打狼——不搭理兔子

扛渔网进庙堂——劳（捞）神

扛着风箱串门子——给别人添气受

扛着棍去挨打——自讨苦吃

扛着鸡毛换肩——不知轻重

扛着救生圈过河——小心过度（渡）

扛着口袋牵着马——有福不会享

扛着碌碡（石磙）撵兔子——不分轻重缓急

扛着鸟枪上疆场——抵挡一阵

扛着牌坊卖肉——好大的架子

扛着竹竿过马路——霸道

炕洞里扒出个山药蛋——灰疙瘩

炕洞里的耗子——不怕训（熏）、灰溜溜的

炕上安锅子——改造（灶）

炕上的狸猫——坐地虎

炕上种南瓜——不可能的事、没人见过、

炕头上边鸡打鸣——提（蹄）醒了

炕头上生竹子——损（笋）到家了

炕头上养王八——家规（龟）

炕屋里的鸡蛋——不攻自破

炕席上下棋——无路可走

kao

考场里皱眉头——遇到难题了

考生看榜文——先看自己后看他人

考试不用笔——口试

烤炉火吹电扇——冷热结合

烤熟的母鸡下蛋——稀奇古怪

烤熟了的羊头——龇牙咧嘴

靠墙打狗——仗一面子势力

靠山吃山，靠水吃水——一方水土养一方人

ke

坷垃（土块）地里撵瘸子——没跑、跑不了

坷垃缝里长青草——土生土长

瞌睡遇到枕头——正合心意、求之不得

磕完头撤供——不留神

磕一个头放三个屁——行善没有作恶多

蝌蚪变青蛙——面目全非、有头无尾

蝌蚪的尾巴——总要脱身、寿命不长

蝌蚪赶扁嘴——命憋着哩

蝌蚪跟着乌龟跑——硬充王八的孙子

蝌蚪害头痛——浑身都是病

蝌蚪聚合——尾巴多

蝌蚪上网——捉大头

蝌蚪找妈妈——看谁都不像

咳嗽没好又添喘——一宗未了又一宗

咳嗽闪了腰——赶得巧

可着头做帽子——恰好、正好、恰到好处、精打细算、没宽裕、不宽裕

客气碰着老实——虚情当成真意

客厅里的木地板——任人践踏、由人踩

客厅里放盆火——满堂红

客厅里挂磨盘——不是实话（石画）

客厅里挂灶王——你这是啥话（画）呀

课堂上打瞌睡——心不在焉、人在心不在

骒马嫁叫驴——只传一代

嗑瓜子吃核桃——不能不求人（仁）

ken

啃橄榄核儿——哑点后味儿

啃瓜子皮儿的——没好份儿

啃生瓜吃生枣——难消化、消化不了

啃着鱼骨聊天——话中带刺

keng

坑老人，挖祖坟——净干缺德事

坑里的长虫——地头蛇

kong

空城计退敌——反败为胜

空袋子——立不起来

空肚的柳树——没主心骨

空肚子打饱嗝——硬装门面、假装

空棺材出殡——目（木）中无人

空姐上班——有机可乘

空酒瓶子——有口无心

空壳子麦穗——翘得高

空口说白话——何凭何据、无根无据

空笼屉上锅——不蒸馒头争（蒸）口气

空手打死八只老虎——英雄

空手进衙门——非输不可

空手跑进中药店——没方子

空手挖萝卜——一个个地提拔

空手抓白鱼——白捞、难得（逮）

空手捉老鼠——凶多吉少

空手走亲戚——无理（礼）

空梭子织布——枉费心机

空头支票——难兑现

空箱里取物——无中生有

空心的大树——图虚名、外强中干

空心谷子——头扬得高

空心罗汉——无心肝

空心萝卜——中看不中用

空心墙——不实在

空心汤圆——有名无实

空蒸笼上锅——争（蒸）气

空中踩钢丝——左右摇摆、摇摆不定

空中打拳——高手

空中倒马桶——臭遍天下、臭气熏天

空中的雁，湖底的鱼——捞不着

空中掉馅饼——喜从天降

空中飞人——上不着天，下不着地

空中挂剪刀——高材（裁）

空中楼阁——不着实地

空中跑马——露马脚

空中伸巴掌——高手

空中图案——天花

空中悬河——滔滔不绝

空中掌灯——高明

空着手回娘家——无理（礼）

孔方兄（钱，旧时铜钱有方形的孔）打哈欠——财大气粗

孔方兄进庙门——钱能通神

孔夫子拜师——不耻下问

孔夫子搬家——净是书（输）、全是输（书）

孔夫子背书箱——里面大有文章

孔夫子唱戏——出口成章

孔夫子出门——三思而后行

孔夫子当教授——古为今用

孔夫子的坟——久慕（墓）大名

孔夫子的文章——之乎者也

孔夫子丢书——失策（册）

孔夫子讲演——出口成章

孔夫子看书——文里文气

孔夫子面前讲《孝经》——冒充斯文、假斯文

孔夫子游列国——尽是理（礼）

孔明摆空城计——化险为夷

孔明拜斗——自知要死了

孔明弹琴退仲达——沉着、沉得住气

孔明的计策——神机妙算

孔明给周瑜看病——自有妙方

孔明会李逵——有敢想的，有敢干的

孔明加子龙——智勇双全

孔明借东风——巧用天时

孔明借箭——满载而归

孔明哭周瑜——虚情假意

孔明练琴——老生常谈（弹）

孔明斩魏延——借刀杀人

孔雀拔了毛——看你咋美

孔雀戴凤冠——官（冠）上加官（冠）

孔雀的尾巴——翘得太高了

孔雀耍掸帚——出计不出面

孔雀说成乌鸦——好坏不分、不分好坏

孔雀头上绑鸡毛——一语（羽）双关（冠）

孔雀遇凤凰——比不上

孔雀展翅——卖弄自己

kou

抠到黄鳝，掉了芭笼——因小失大

口朝下的咸菜罐——空谈（坛）

口吃报纸——咬文嚼字

口吃菠萝问酸甜——明知故问

口吃秤砣——铁了心了

口吃灯草——说得轻巧

口吃甘蔗——节节甜

口吃橄榄——先苦后甜

口吃黄连——苦在心里

口吃蜜糖——心里甜呢

口吃生辣椒——图嘴爽

口吃鞋帮——心中有底

口传家书——言而无信

口吹喇叭脚敲鼓——自吹自擂、能者多劳

口吹破笛——漏气

口袋布做大衣——横竖不够料

口袋倒西瓜——干脆利索、干净利索

口袋空空的穷汉——一个子儿也没有

口袋里买猫——不知好歹、好歹不分

口袋里冒烟——烧包

口袋里摸花生——大把地抓

口袋里盛米汤——装糊涂

口袋里盛娃娃——装人

口袋里抓糍粑——沾（粘）上了、稳拿

口袋里抓兔子——十拿九稳

口袋里装钉子——个个想出头、奸（尖）的出头

口袋里装牛角——内里有弯、七拱八翘

口袋里装人——代（袋）理（里）人

口袋里装王八——窝脖

口袋里装绣针——露了锋芒、锋芒毕露

口干舔露水——解不了渴

口干遇上卖瓜的——巧了、正合意

口含糍粑——难开腔

口含黄连脚踏苦胆——从头苦到脚、浑身苦

口含黄连抓脑袋——苦思苦想

口含黄连做事——苦干

口含乱麻团——难嚼难咽

口含木炭拉家常——尽讲黑话

口含盐巴拉家常——闲（咸）话多

口含盐巴望天河——远水不解近渴

口技表演——嘴上功夫

口嚼甘蔗渣——淡而无味

口嚼黄连唱山歌——苦中作乐、苦中取乐

口渴的牛犊望井底——解不了渴

口渴喝了酸梅汤——美滋滋的、对口味儿

口渴了才打井——来不及了

口渴碰到清泉水——正合适

口里长疮——一言（盐）难尽（进）

口里含蜜糖，肚里藏尖刀——嘴甜心毒

口里吞了个毛杏子——心里酸酸的

口念佛经手拿刀——言行不一

口水流到肚脐上——垂涎三尺

口水沾跳蚤——一物降一物

口贴封条——装聋作哑

口头上的筵席——嘴上摆摆

口吞匕首——伤透心肝、伤心

口吞秤砣——铁了心

口吞擀面杖——横了心

口吞火炭——心急如焚

口吞墨水——黑了心

口吞土地庙——满肚子鬼

口吞绣花针——扎心

口吞萤火虫——心里亮、肚里明

口吞账本——心中有数、肚里有数

口咽黄连——苦在心

叩头拜把子——称兄道弟

扣在筛子下面的麻雀——无法、没法、没办法

ku

枯井里打水——白费工夫、白费劲、枉费工、徒劳无功、徒劳无益、一场空

枯木搭桥——存心害人

枯木干葱——心不死

枯木刻象棋子儿——老兵老将

枯树根上浇水——白费工夫、白费劲、枉费工

枯树烂木头——无用之才（材）

枯树盘根——动不得

枯树上的知了——自鸣得意

枯树枝上结黄瓜——不可能的事、没人见过、没有的事

枯藤缠大树——生死不离、生死相依

哭孩子得了个洋娃娃——破涕为笑

哭了半天不知谁死了——自作多情

窟窿眼里看人——小瞧

苦菜开花——密密麻麻

苦豆子煮黄连——一个更比一个苦

苦瓜虫——吃内不吃外

苦瓜攀苦藤——苦相连

苦瓜树上结黄连——一个更比一个苦

苦瓜藤缠上黄连树——苦命相连

苦瓜蒸黄连——苦闷（焖）

苦海无边——回头是岸

苦楝树下弹琴——苦中作乐

苦水里面泡苦瓜——苦惯了

苦水里泡大的杏核儿——苦人（仁）儿

苦竹子根头出苦笋——辈辈苦

裤兜里的跳蚤——乱咬

裤腰带系在脖子上——错记（系）了

裤腰上挂死耗子——假充打猎人

裤子里进蚂蚁——坐立不安

裤子没有腿——凉了半截

裤子套着裙子穿——不伦不类

kua

夸父追日——自不量力、不自量

夸嘴的奸商——没有好货

夸嘴的郎中——没好药

挎着洋鼓捧着笙——自吹自擂

kuai

快车进小站——直来直去、直进直出、直出直入

快刀出鞘一劈二——干脆利索、干净利索

快刀砍骨头——干脆、干干脆脆

快刀砍黄鳝——一刀两断

快刀砍水——难分开

快刀切豆腐——迎刃而解、干净利索、两不沾（粘）

快刀切萝卜——咔嚓咔嚓、干脆得很

快刀切西瓜——一刀见红白、迎刃而解、一分为二

快刀斩乱麻——干脆利索、干净利索、一刀两断

快鼓配慢锣——不合拍

快火煮豆腐——一个劲地咕嘟

快锯伐大树——拉倒

快马拉空车——轻松自在

快马追老牛——赶得上

快马左兜右旋——抖威风

快燃尽的蜡头——没多大亮

快烧尽的木炭——红火不了多时

快要倒塌的房子——危在旦夕

快嘴婆婆——有口无心

会计上门——找你算账

会计拿算盘——算啦

筷子充大梁——不是这块料

筷子穿糯粑——甩不掉、甩不脱

筷子穿针眼——办不到、没法办、难过

筷子戳糍粑——稳拿、甩不脱、甩不掉

筷子搭桥——难过、路不宽

筷子的一生——吃了饭就睡觉

筷子掉油篓——又奸（尖）又猾（滑）

筷子顶豆腐——树（竖）不起来

筷子夹豌豆——不可多得、一个个来

筷子里拔旗杆——没高的

筷子配抵门杠——难成双、成不了对

筷子碰碗——常有的事、常事

筷子纫针——难通过、通不过

筷子上穿线——无眼

筷子伸到茶壶里——胡（壶）搅

筷子挑凉粉——滑头对滑头

kuan

宽钉耙搔痒——道道多

kuang

筐里的烂瓜——数它坏

筐里的烂杏——充数

筐里选瓜——越选越差

筐中捉鳖——十拿九稳

筐子里堆乱麻——没有头绪

狂风中的海浪——不敢当（挡）

狂犬吠日——白费工夫、空汪汪、少见多怪

矿工下井——头名（明）

kui

葵花杆子当大梁——支架不住

葵花秆当柱子——难撑难顶、不是正经材料

葵花结籽——心眼多、心眼不少

葵花籽里拌盐水——唠闲（捞咸）嗑

葵花籽里钻臭虫——算什么人（仁）

kun

昆仑山上的灵芝草——无价之宝

捆绑的夫妻——过一天算一天、难成双、长不了

困鸟出笼——展翅飞翔

kuo

扩音器里打喷嚏——想（响）得远

阔别三十年回故里——面目全非

L

la

垃圾堆里的东西——废物

拉长线放风筝——慢慢地来

拉车拉到路边边——使偏劲

拉大旗作虎皮——吓唬人、装面子

拉肚子吃补药——白搭、无济于事

拉肚子贴膏药——胡治

拉二胡的练功——耍手腕

拉弓不放箭——虚张声势

拉弓射出的箭——不会拐弯、勇往直前

拉旱船的瞧活——往后看

拉和尚认亲——找错了人

拉胡琴打喷嚏——弦外之音

拉胡子过河——谦（牵）虚（须）过度（渡）

拉叫驴上市——冒充大牲口

拉开窗帘——扩大眼界、开眼界

拉来黄牛当马骑——穷凑合、穷凑

拉犁没牛马来替——乱套

拉痢打摆子——躲了一灾又一灾、祸不单行

拉痢疾吃辣椒——两头受罪

拉了架的瓜秧——蔫下来了

拉了弦的手榴弹——只好扔、给谁谁不要

拉骆驼放羊——高的高，低的低

拉马不骑——玩谦（牵）哩

拉满了的弓——不得不发

歇后语·L

八三三

拉磨的驴戴眼罩——瞎转悠

拉磨的驴——任人摆布、瞎转

拉磨驴断套——空转一遭

拉牛入鼠洞——行不通、走不通

拉牛上树——办不到、难上加难

拉牛尾巴的人——倒退

拉琴的丢乐本——没谱儿了

拉上老牛当马骑——不行

拉石灰车遇到倾盆雨——心急如焚

拉套的辕马——让人驱使

拉完磨子杀驴——恩将仇报、以怨报德

拉虾过河——谦虚（牵须）

拉纤的喊号子——一股劲

拉洋片的讲画——往后瞧吧

拉一根弦的胡琴——单调

拉直狗腿——办不到、没法办

拉直牛角——白费工夫、白费劲、枉费工、办不到

拉住黄牛当马骑——胡扯

拉住状元喊姐夫——想高攀

拉着布袋找布袋——糊糊涂涂

拉着大车去赶集——事不小

拉着狗娃当马骑——乱来

拉着何仙姑叫舅妈——借点仙气儿、五百年前是一家

拉着和尚认亲家——找错人了

拉着虎尾喊救命——自己找死

拉着手走路——你行我也行

拉着拖车卖豆腐——架子不小、好大的架子

拉着眼睫毛也会倒——弱不禁风

拉着宰相叫姐夫——高攀权贵

喇叭绑嘴上——走到哪儿吹到哪儿

喇叭当烟囱——不对口径

喇叭倒吹——反调

喇叭的儿子——小广播

喇叭匠扬脖子——又起高调

喇叭匠嘴肿——没法吹了

喇叭佬娶媳妇——自吹

喇叭手敲鼓——自吹自擂

喇叭说话——人为的

喇叭嘴上塞泥巴——吹不响

喇嘛的帽子——黄了

腊肉打汤——图新鲜

腊肉上席——不用多言（盐）、不带劲、

腊肉汤里煮挂面——有言（盐）在先

腊鸭子煮到锅里头——身子烂了，嘴头还硬

腊月打赤脚——心里有火

腊月打雷——少见、少有、反常

腊月的井水——热乎乎

腊月的天气——动（冻）手动（冻）脚

腊月底看农历——没期啦、没日子啦

腊月二十四的灶王爷——上天了

腊月喝凉水——点点记在心

腊月里吃黄连——寒苦

腊月里打雷——空想（响）、罕见、少见

腊月里的大雪——铺天盖地

腊月里的镰刀——闲挂

腊月里的萝卜——动（冻）了心

腊月里的梅花——傲霜斗雪

腊月里扇扇子——火气太大

腊月里送蒲扇——不识时务

腊月里遇上狼——冷不防

腊月卖凉粉——不是时候

腊月三十贴对子——一年一回

腊月三十洗长衫——今年不干明年干

腊月十五的门神——热门货

腊月天里钓田鸡——白费工夫、白费劲、枉费工

腊月天找杨梅——难得、得之不易

腊月贴门神——一个向东，一个向西

腊月尾正月头——不愁吃的

腊月摇扇子——反常

腊月种小麦——外行

蜡封瓶口——一气不出

蜡铺的幌子——没信（芯）儿

蜡人玩火——害自身、自顾不暇

蜡台上无油——空费心、白费心

蜡制的苹果——中看不中吃、好看不好吃

蜡烛当冰棒——油嘴光棍

蜡烛的脾气——不点不亮

蜡烛的一生——照亮别人，毁了自己

蜡烛点火——条心

蜡烛玩火——害了自己

蜡烛做箫吹——油嘴光棍儿

辣椒炒豆腐——外辣里软

辣椒烤火——热得够呛

辣椒棵上结茄子——红得发紫

辣椒面吃进鼻眼里——呛人

辣椒面捏关爷——红人

辣椒身上长柿子——越红越圆滑

辣椒一行，茄子垄——有条不紊、井井有条、井然有序

辣椒与生姜——辣对辣

lai

来了花轿去了姑娘——先喜后忧

来自赛马场的消息——奇（骑）闻

赖泥下窑——烧不成个东西

癞格宝戴眼镜——假充地理先生

癞格宝爬香炉——碰一鼻子灰

癞格宝上墙——巴（爬）不得

癞蛤蟆扒皮——心不死

癞蛤蟆拜天——心高妄想

癞蛤蟆吃骰子——一肚子点子

癞蛤蟆吃蚊虫——老张嘴

癞蛤蟆吃樱桃——想头不低、想得高

癞蛤蟆吃萤火虫——心知肚明

癞蛤蟆穿大红袍——只可远看，不能近瞧

癞蛤蟆穿铠甲——踢腾不开、蹬打不开

癞蛤蟆吹肚皮——装大气

癞蛤蟆吹唢呐——没人声、小气、有啥好听的

癞蛤蟆垫床角——死撑活挨、鼓起来的劲、吃不住、拼命

癞蛤蟆掉粪坑——不好开口、越搞越臭

癞蛤蟆掉进炕洞里——难以爬蹬

癞蛤蟆跌粥锅——说他混蛋，他还一肚子气

癞蛤蟆顶毛巾——怕露脸

癞蛤蟆顶石碌碡磙——抬不起头

癞蛤蟆躲端午节——躲得了初一，躲不了十五

癞蛤蟆赶船——搭不上帮

癞蛤蟆箍蛇——拼命

癞蛤蟆鼓肚子——忍气吞声

癞蛤蟆鼓气——装相

癞蛤蟆过壕沟——白瞪眼

癞蛤蟆过江——自身难保

癞蛤蟆喝糨糊——张不开嘴

癞蛤蟆和牛比大小——胀破肚皮也没用

癞蛤蟆哭天——越哭越有情

癞蛤蟆挎腰刀——一副杀人相

癞蛤蟆拦车——挡不住

癞蛤蟆梦吃天鹅肉——痴心妄想

癞蛤蟆趴在鞭梢上——经不住甩打

癞蛤蟆爬脚面——恶心

癞蛤蟆爬履带板——找死

癞蛤蟆爬门槛——内外一跳、爬爬跌跌

癞蛤蟆爬上案板——硬装大块肉

癞蛤蟆爬上脚面——光吓人不咬人、踢不走

癞蛤蟆爬香炉——触一鼻子灰

癞蛤蟆爬樱桃树——净想高口味

癞蛤蟆爬在脚面上——不咬人，倒吓人

癞蛤蟆披鸡毛——充当漂亮鸟

癞蛤蟆牵在鳖腿上——跳不高，爬不快

癞蛤蟆敲大鼓——自吹自擂

癞蛤蟆上楼梯——连蹦带跳

癞蛤蟆上葡萄树——粗人吃细粮

癞蛤蟆上蒸笼——气鼓气胀

癞蛤蟆梳小辫——装大丫头

癞蛤蟆跳到热鏊（烙饼的器具。用铁做成，平面圆形，中心稍凸）上——蹦跶不了几下

癞蛤蟆跳戥盘——不知自己有多少斤两

癞蛤蟆跳进烟囱里——不死也要脱层皮

癞蛤蟆跳井——吓不倒谁

癞蛤蟆跳三跳——还要歇一歇

癞蛤蟆吞大象——想头不低、想得高

癞蛤蟆吞蒺藜——干吃哑巴亏

癞蛤蟆吞鱼钩——自作自受

癞蛤蟆吞月亮——痴心妄想

癞蛤蟆想吃灵芝草——白日做梦

癞蛤蟆张口——专吃自来食

癞蛤蟆张嘴——口阔

癞蛤蟆装鞍子——奇（骑）怪

癞蛤蟆撞大树——干鼓肚

癞蛤蟆追兔子——步跟不上，步步跟不上、一步赶不上，步步都紧张

癞蛤蟆坐金銮殿——痴心妄想、妄想

癞狗上墙——扶不上去

癞鹰扣在鳖腿上——飞不起，爬不动

lan

拦河坝封水泥——滴水不漏、点滴不漏

栏杆上摆花盆——无地自容

栏杆上跑马——走险

栏里关的猪——蠢货

蓝球场上的裁判——跟着跑

蓝天里的鸿雁——展翅飞翔

蓝天上的白云——自由自在、轻飘飘的、随风飘

篮子里挑花——越看眼越花

篮子里装土地菩萨——提神

懒厨子坐席——不想给你吵（炒）

懒大嫂赶场——中间不急两头忙

懒汉不拉纤——顺水推舟

懒汉过年——一年不如一年

懒汉推胶轮车——不干活也不打气

懒汉学徒——不拨不动

懒和尚——念不出真经来

懒鸡婆抱窝——守着摊儿过

懒家伙炸油条——没有劲

懒驴进磨道——自上圈套

懒驴拉磨——不打不转、不赶不会上道、不打不走、打一鞭走一步

懒木匠的锯子——不错（锉）

懒鸟不搭窝——得过且过

懒婆娘上轿——愿上不愿下

懒婆娘张帐子——东倒西斜

懒人干活路——应付支差（旧指支应差役）

懒人嗑瓜子——眼饱肚饥

烂板搭桥——不顶事

烂板桥上的龙王——不是好东西

烂板子搭桥——白搭、难过

烂鼻孔菩萨闻烂肉——臭味相投

烂鼻子闻猪头——不知香臭、闻不着香臭

烂边礼帽——顶好

烂柴打狗——两面怕、去一半、亏了半截

烂地瓜——苦中有甜

烂掉了嘴唇——牙齿寒碜

烂粪箕捞泥鳅——溜啦

烂风筝——抖不起来啦

烂膏药贴在好肉上——自找麻烦

烂瓜皮当帽子——霉到顶了

烂河泥糊壁——两面光

烂红苕满街送——不是好货、不是好东西

烂脚巴鸭子——歇了吧

烂口袋滤豆腐——净是渣子

烂筐子上拴丝穗子——不相称

烂了的番茄满街送——不识时务

烂了根的葱——心不死

烂了根的树——经不起风吹

烂萝卜——没有头儿

烂麻搓成绳——吃不住劲

烂麻袋滤豆腐——尽是渣滓

烂麻袋装珍珠——好的在里面

烂麻堆里掉麦穗——茫（芒）无头绪

烂麻筋补破网——勾勾结结

烂麻里掺猪毛——一团糟

烂麻拧成绳——有了头绪、合在一起干

烂木头刻戳儿——不是这块料

烂木头——做不了大梁

烂木头做梁柱——难顶难撑

烂脑瓜戴上新毡帽——冒充好人、充好人

烂泥巴掉墙角——立场不稳

烂泥巴糊墙——扶（糊）不上去、外光里不光

烂泥巴垒墙脚——立场不稳

烂泥巴捏神像——没个好心肠、全靠贴金

烂泥巴下窑——烧不成器、烧不成货

烂泥补柱子——难顶难撑

烂泥甘蔗揩一段吃一段——得过且过

烂泥里打桩子——越打越下

烂泥里摇桩——越陷越深

烂泥路上开汽车——卷土重来

烂泥坯子贴金身——胎里坏、坏了胎

烂泥菩萨——全靠金贴

烂泥菩萨洗脸——不净不了

烂泥菩萨——样子神气

烂泥塘里的蛤蜊——又奸（尖）又猾（滑）

烂泥田插竹——越插越深

烂泥土下窑——烧不成个东西

烂菩萨坐深山——没人理、没见过大香火

烂蒲扇打人——无关痛痒、不痛不痒

烂汽车过朽桥——乘人之危

烂肉喂苍蝇——投其所好

烂伞遮日——半边阴

烂扫帚上市——分文不值

烂柿子换核桃——吃硬不吃软

烂柿子落地——软瘫了、软作一堆

烂套包黄金——内中有宝

烂田里的活路——难做

烂田里的石臼——永世不得翻身

烂田里翻碌碡——越陷越深

烂透的毒疮——不可救药

烂透了的老倭瓜——捧不起来了

烂网打鱼——一无所获

烂乌拉套没底袜——差对差、差配差

烂药膏往别人脸上贴——存心害人

滥竽充数——挂个空名

lang

郎中先生摆手——没治了

郎中咬牙——恨人不死

狼拜狐狸为师——学点鬼点子

狼不吃死孩子——活人惯的

狼吃东郭先生——恩将仇报、以怨报德

狼吃鬼——没影儿

狼吃狼——冷不防

狼吃蓑衣——没有人味、没人味

狼吃天——没处下口

狼叼来的喂狗——白享受

狼多肉少——成天争吵

狼给羊献礼——没安好心

狼狗打架——两头害怕

狼借猪娃——有借无还、还不了

狼看羊羔——越看越少

狼啃青草——装洋（羊）

狼哭羊羔——假仁假义、假慈善

狼夸羊肥——不怀好意

狼群里跑出羊羔来——不可能的事

狼头上插竹笋——装样（羊）子

狼头上戴斗笠——冒充好人

狼外婆扫天井——收买人心

狼窝里的肉——难久留

狼窝里的羊——九死一生

狼窝里取仔——不是开玩笑的事

狼窝养孩子——难活命、性命难保

狼行千里吃肉——本性难移

狼也跑了，羊也保了——两全其美

狼崽进羊圈——没好事、不是好事

狼装羊笑——没安好心、居心不良

狼嘴里的羊羔——九死一生

狼嘴里逃出的小鸡——好运气

榔头对锤子——狠对狠

榔头敲铁砧——硬邦邦

浪里白条斗李逵——以长攻短

浪里撑船——看风使舵

浪头撞在礁石上——粉身碎骨

浪中行船——时高时低

浪子回头——金不换、改恶从善

lao

捞出水的鱼虾——没啥蹦头了、扑腾不了几下

捞出小米下杂面——赶汤趁热

捞到虾公还要鲤鱼——好了还要更好

捞面汤洗脸——越洗越糊涂

捞虾的碰上条大鱼——意外惊喜

捞虾换烟抽——水里来，火里去

捞鱼鹳打前头——用嘴支着

劳动号子——一呼百应

劳模作报告——传经送宝

痨病鬼儿开药店——自己图方便、自卖自吃

老（最小的）儿子结亲——大事完毕

老百姓看皮影——后台有人

老包的脸虽黑——心里可清着哩

老包断案——认理不认亲、脸黑心不黑

老鳖的脑袋——伸头乎，缩头乎

老鳖掉进缸里——爬不上去了

老鳖跌跟头——翻了

老鳖拖石碑——概（盖）不由己

老鳖咬人——叼住不放、死不改口

老鳖找螃蟹——各有所爱

老裁缝做衣裳——不肥不瘦

老蚕吐丝——自己封自己

老草鸡趴窝——没精神

老厨师品菜——酸甜苦辣都尝遍

老大懒惰老二勤——一不做，二不休

老大坐车，老二骑马——各走各的路、各行各的道

老旦唱小生——不像样

老雕变野猫——越变越糟

老掉牙的虎——雄心在

老掉牙的驴——顾（雇）不得

老儿子娶媳妇——大事完毕

老帆船赶快艇——老落后

老方丈打拳——出手不凡

老房子着火——烧起来没救儿

老肥猪上屠场——挨刀的货

老坟地里种西瓜——隔门隔代有瓜葛

老佛爷出虚恭（放屁）——神气活现、神气十足

老佛爷念素珠——心中有数、肚里有数

老鸹落在猪背上——个赛过一个黑

老公打扇——凄（妻）凉

老公公唱大鼓——非同儿戏

老公公吹笛子——气力不足

老公鸡戴眼镜——官（冠）不大，架子不小

老公鸡叼骨头——惹狗生气

老公鸡叼花苞——谦（牵）虚（絮）

老公鸡掉爪——没法闹（挠）了

老公鸡斗架——全在嘴上

老公鸡对镜子跳舞——见影自喜

老公鸡咯咯——不简单（见蛋）

老公鸡闹嗓子——甭叫了、甭啼了（甭提了）

老公鸡披蓑衣——嘴尖毛长

老公鸡拴在门坎上——里外叼食

老公鸡着火——官僚（冠燎）

老狗爬墙——硬撑、死撑

老狗跳楼梯——不得势

老牯牛走路——老八步

老鸹叮蚌壳——难脱身、脱不了身

老鸹插雉翎——装凤凰

老鸹叼泥球儿——支着嘴儿

老鸹喝墨水——从外黑到心

老鸹落树梢——呱呱叫

老鸹落在煤堆上——不显眼

老鸹落在猪背上——光说别人黑、一个赛过一个黑

老鸹配凤凰——痴心妄想、妄想

老鸹屁股上插孔雀毛——出洋相、洋相百出

老鸹请客——乌合之众

老鸹窝里出凤凰——稀罕事

老鸹笑猪黑——不知自己也黑

老鸹站树上——献丑

老鸹站树梢——呱呱叫

老鸹爪子——黑手

老汉背石头——一老一实（石）

老汉唱戏——往过说

老汉的枕头——一包草

老汉啃甘蔗——咬牙切齿

老汉娶亲——力不从心

老汉学吹打——上气不接下气

老和尚搬家——吹灯拔蜡

老和尚吹管子——不懂笛（的）

老和尚的百衲衣——东拼西凑

老和尚的蜡烛——照亮了别人毁了自己

老和尚的帽子——平不拉塌的

老和尚的木鱼——生来挨揍、不敲不响

老和尚丢了棍——能说不能行

老和尚捡个梳子——没处用

老和尚讲佛经——说的说，听的听

老和尚卷铺盖——离了事（寺）

老和尚念经——句句真言、千篇一律、照本宣科

老和尚敲钟——得过且过

老和尚撕下鞋面布——净用处

老和尚诵经——念念有词

老和尚剃头——一扫光

老和尚洗脸——没边儿

老和尚修路——纯办好事

老和尚用功——打坐

老和尚住山洞——没事（寺）

老猴掰玉米——专拣嫩的捏

老猴爬旗杆——不行了

老葫芦爬秧——越拉越长、越扯越长

老虎扮和尚——人面兽心

老虎背上拍苍蝇——找死、自取其祸、惹祸上身

老虎背上玩把戏——胆大心细

老虎变猪猡——又丑又恶、又笨又恶

老虎脖子挂佛珠——假充善人

老虎不吃荤——口诉（素）

老虎不吃人——恶名在外

老虎不吃猪——怪事一桩、怪事

老虎不发威——就当猫看了

老虎不嫌黄羊瘦——沾荤就行

老虎长角——又咬又抵

老虎吃鼻烟——胡吹一气、真能吹、没有的事

老虎吃刺猬——无处下嘴

老虎吃大象——不沾边、沾不上边

老虎吃豆腐——口素心不善

老虎吃蝴蝶——不够塞牙缝、想入非非（飞飞）

老虎吃鸡——小菜一碟

老虎吃蚂蚁——塞不住牙缝、不够嚼、小菜一碟、细打细敲

老虎吃人——不吐骨头

老虎吃肉——亲自下山

老虎吃石狮——吃不消

老虎吃算盘珠——心中有数、肚里有数

老虎吃天——难下爪、不着边际、不知高低

老虎吃天蛇吞象——贪得无厌

老虎吃田螺——无从下口

老虎吃跳蚤——供不应求

老虎吃土地——没一点人气

老虎吃兔子——一口吞、囫囵吞

老虎吃羊羔——不吐骨头

老虎吃斋——没那事儿

老虎出山——浑身是胆、横冲直撞

老虎出山遇见豹——一个更比一个凶

老虎打摆子——窝里战

老虎打哈欠——口气真大

老虎打架——没人劝

老虎逮耗子——有劲使不上、耍的什么威风

老虎戴道士帽——假装出家人

老虎戴佛珠——假慈悲

老虎戴上假面具——人面兽心

老虎当马骑——有胆有魄

老虎的儿子——别看他（它）小

老虎的屁股——摸不得、拍不得

老虎的头发——没人敢理

老虎的尾巴——摸不得

老虎的仔——谁敢侮辱

老虎掉大海——没抓挠

老虎洞里菩萨堂——莫名其妙（庙）

老虎兜圈子——一回就够

老虎肚里取心肝——胆子不小

老虎饿了逮耗子——饥不择食

老虎赶牛群——志在必得

老虎赶猪——冒充善人

老虎逛公园——谁敢拦

老虎和黑瞎子打架——势均力敌

老虎回村——家家遭殃

老虎家请客——谁也不敢登门

老虎驾辕——没人敢（赶）、谁敢（赶）

老虎见了神猎——尾巴全夹起来

老虎借猪狗借骨——有借无还

老虎借猪——有进无出、有去无回

老虎近身——开口是祸

老虎进城——家家关门

老虎进庙堂——没安好心

老虎进山洞——顾前不顾后

老虎进闸门——死路一条

老虎夸海口——大嘴说大话

老虎拉车——不听那一套

老虎拉碾子——乱了套

老虎来了盖被单——挡不住

老虎来了看公母——不知缓急

老虎离了山林——抖不起威风来了

老虎离山落平原——抖不起威风

老虎咧嘴笑——用心歹毒

老虎落陷阱——有劲使不上、命难逃

老虎念经——假正经、假装正经、口是心非

老虎爬树——荒唐、不懂那一套

老虎拍蝗虫——小收拾

老虎披蓑衣——终归不是人

老虎皮，兔子胆——外壮内虚、外强里虚

老虎屁股上抓痒痒——自取其祸、惹祸上身

老虎迫得猫上树——多亏留了这一手

老虎扑苍蝇——小事大办

老虎扑蚂蚱——供不上嘴

老虎欠债——讨不回来

老虎请客——来者不善，善者不来

老虎上磅秤——自称威风

老虎上吊——没活（虎）路了、无人敢救

老虎烧香——冒充善人

老虎身上的虱子——谁敢惹

老虎守着长明灯——假充正经

老虎虽老——雄威在

老虎套车——不敢拦

老虎添翼——好威风

老虎舔糨糊——不够糊嘴

老虎舔胸脯——吃人心肝

老虎头，蛇尾巴——有始无终

老虎头上拉屎——好大胆、好大的胆子

老虎头上拍苍蝇——好心没有好报

老虎头上撒胡椒——大胆泼辣

老虎头上搔痒——找死

老虎拖象——大干一场

老虎拖猪进窝——有进无出

老虎尾巴绑扫帚——威风扫地

老虎尾巴上荡秋千——只图快活不要命

老虎卧马圈里——马马虎虎

老虎下山——横冲直闯

老虎眼睛——只会直看

老虎演戏——难收场、看不得

老虎咬铳——两败俱伤

老虎咬刺猬——无从下口

老虎咬牛——大干一场

老虎夜里进门来——没有好事

老虎照镜子——忘（望）着威风

老虎抓猴子——有劲使不上

老虎爪子蝎子心——又狠又毒

老虎追得猫上树——多亏留了一手

老虎钻进人群里——送死

老虎嘴里抱肉吃——要肚饱，不要命

老虎嘴里的刺——碰不得

老虎嘴里塞蚂蚱——填不满

老虎嘴里讨脆骨——不是好惹的

老虎坐庙堂——想充神仙

老虎做官——无人侍候

老槐树枯了心——外强中干

老黄牛过河——各蹚各的水

老黄牛拉车——慢慢吞吞、埋头苦干

老黄忠下天荡山——一扫而平

老会计拨算盘——精打细算

老将出马——个顶俩、一个顶仨

老将耍镰刀——少见（剑）

老叫驴上山——猛窜

老九的兄弟——老实（十）

老舅舅拉破二胡——陈词滥调

老君爷（道教对老子的尊称）叫蛇咬——无法可使、有法难使

老寇准背靴子——明察暗访

老来得子——大喜

老狼酗酒——受罪（兽醉）了

老两口吵架——公说公有理，婆说婆有理、各对各眼

老两口观灯——走着瞧

老两口买眼镜——各投各眼

老两口赏月——平分秋色

老两口子坐床沿——说说就算了

老猎手打野兽——百发百中

老柳树发新芽——回春

老龙王投江——死得其所

老龙王下海——不迷方向

老驴打滚——翻不过身来

老驴拉磨——瞎转圈

老妈妈补衣裳——见缝插针

老妈妈撵兔子——越撵越没影儿

老妈妈学摇橹——难处挺大

老妈妈坐飞机——美上天了

老麻雀喂嫩麻雀——喂大一个飞走一个

老马不死——旧性在

老马拴在树上——跑不脱

老猫不吃肉——假斯（撕）文（闻）

老猫犯罪狗戴枷——无辜受罪、嫁祸于人

老猫房上睡——一辈传一辈

老猫教虎——留一手

老猫教徒弟——留一手

老猫看游鱼——干着急

老猫拿（捉）耗子——一物降物

老猫上锅台——熟路、道熟

老猫上树——紧抓挠

老猫守鼠洞——蹲着瞧

老猫偷食狗挨打——错怪

老猫衔个猪尿泡——空欢喜一场

老猫遇上海货——饱餐一顿

老猫捉小鸡——一个忧愁一个喜

老煤油桶——一点就着、点火就着

老绵羊的尾巴——翘不起来

老绵羊锯了角——假充大头狗哩

老绵羊撵（驱逐、赶走）狼——拼老命

老棉花——谈（弹）不上

老面蒸馒头——发得快

老母鸡扒垃圾——找事（食）

老母鸡抱空窝——不简单（不见蛋）

老母鸡不在原处下蛋——挪了窝啦

老母鸡吃烂豆——满肚子坏点子

老母鸡斗黄鼠狼——不是对手

老母鸡跟黄鼠狼结交——没好下场

老母鸡撵兔子——冒充鹰

老母鸡趴窝——没了精神

老母鸡受寒——窝里战（颤）

老母鸡踏门坎——里外倒（捣）蛋

老母鸡跳进药材店——自讨苦吃

老母鸡下蛋——个（咯）个（咯）打（嗒）、脸红脖子粗

老母鸡云中生蛋——骗人

谚语·歇后语

八五四

老母鸡抓糠壳——空喜欢

老母鸡追兔——装鹰

老母鸡啄瘪谷——上当受骗、空喜一场

老母鸡啄土豆——全仗嘴硬

老母猪吧嗒嘴——要糟

老母猪摆擂台——豁着脸摔打

老母猪鼻子里插大葱——装相（象）

老母猪剥皮——露骨

老母猪蹭墙棍——刺痒难解

老母猪蹭痒痒——东摇西晃

老母猪吃扁担——横了心

老母猪吃独食——只顾嘴

老母猪吃黑豆——没够

老母猪吃芥末——脸上贴金

老母猪吃醪糟——酒足饭饱

老母猪吃破鞋——心里有底

老母猪吃铁饼——好硬的嘴

老母猪吃碗碴——肚里有词（瓷）、满嘴是词（瓷）

老母猪吃星星——不知天高地厚

老母猪打架——全凭一张嘴、全仗嘴

老母猪肉下锅——俏（翘）皮

老母猪上山——紧往上爬

老母猪上戏台——大嘴说客

老母猪下崽——就这一堆

老母猪想舔磨眼粮——痴心妄想

老母猪遇屠家——挨刀的货

老母猪钻篱笆——进退两难

老木匠的家什——要啥有啥

老木中空——外强中干

老奶奶吃海蜇——不想（响）

老奶奶吃软柿子——正好

老奶奶的发髻——输（梳）定了

老奶奶的嫁衣——老古董

老奶奶的木鱼——挨揍的木头

老奶奶纺线——慢慢上劲

老奶奶喂孙子——怕吃不饱

老奶奶做淘箩——松劲

老楠木疙瘩——挪不动

老年人跑百米——接不上气

老娘娘穿花鞋——赶时兴

老牛挨鞭子——忍辱负重

老牛变鸡——不容易

老牛不怕狼咬——豁出去

老牛闯进瓷器店——破的破，烂的烂

老牛吃草——细细品味、吞吞吐吐

老牛吃豆腐——变心（新）肠了

老牛吃嫩草——爱情（青）、想新鲜口味

老牛出工——让人牵着鼻子走、浑身是劲

老牛打滚——大翻身

老牛大憋气——不吭声

老牛倒嚼——细品滋味

老牛倒沫——无事闲磨牙

老牛到田里——浑身是劲

老牛抵墙头——没把劲使到正地方

老牛掉进深泥潭——不能自拔

老牛掉眼泪——有口难言

老牛掉在井里边——踢腾不开了、怎么也捞不出来

老牛反刍——吞吞吐吐

老牛赶山——慢慢来、走到哪天算哪天

老牛驾辕——朝后靠

老牛筋儿——刀拉不动，水煮不烂

老牛筋——嚼不烂、难啃

老牛啃地皮——耷拉着脑袋

老牛拉车——慢慢磨、四平八稳

老牛拉犁马拉车——浑身是劲

老牛拉磨——团团转、慢工出细活、默默无闻

老牛拉破车——两将就、松松垮垮、快不了

老牛拉座钟——又稳又准

老牛拿耗子——不关你的事

老牛撵兔子——有劲使不上、有力无处使

老牛拴在树桩上——没跑、跑不了

老牛踏场——原地转

老牛踏垡子（翻耕过的土块）——一步一个脚印

老牛头进汤锅——难熬

老牛推脱了磨——空转一圈

老牛拖木犁——慢腾腾

老牛拖破车——一摇三摆

老牛脱了磨——空转一遭

老牛下沟——失（湿）足

老牛陷进淤泥里——拔不出脚

老牛遇到高田坎——爬不上去

老牛咂嘴——想吃嫩草

老牛捉麻雀——有劲使不上

老牛追骏马——撵不上、老落后、赶不上趟

老牛走路——不慌不忙

老牛钻狗洞——难通过、通不过

老牛钻过针眼——骗人

老农铲地——斩草除根

老牌子钢针——宁折不弯

老朋友见面——你好我也好

老朋友相会——说不完的话、话语多

老坯模套不上新砖瓦——不对尺码

老婆跌落水——凄（妻）凉

老婆婆抱孙子——笑逐颜开、满心欢喜

老婆婆吃槟榔——闷着

老婆婆吃腊肉——扯皮

老婆婆串门——说闲话

老婆婆戴刺梨花（指棠梨花）——旁人不夸自己夸

老婆婆赶庙会——眼花缭乱

老婆婆拉家常——想起什么说什么

老婆婆烧香——心诚、一片诚心

老婆婆踢飞脚——闹别扭

老婆婆跳皮筋——非同儿戏

老婆婆走路——慢吞吞的

老婆婆坐牛车——稳稳当当

老桥木做家具——朽木不可雕也

老人家拜年——一年不如一年

老榕树的叶子——数不清

老三错了骂兄弟——怪事（四）

老嫂子骂街——不尚贤

老山猫咧嘴——笑面虎

老山羊的犄角——歪歪扭扭

老陕吃麻花——试一把

老艄公撑船——见风使舵

老少爷们过马路——扶老携幼

老生戴胡子——正办（扮）

老师傅传艺——现身说法

老寿星插草标——倚老卖老

老寿星唱戏曲——老腔老调

老鼠搬鸡蛋——无从下手、倒拖

老鼠吃高粱——顺竿儿往上爬

老鼠吃海水——无足轻重

老鼠吃满了三斗粮——恶贯满盈

老鼠吃猫饭——偷偷干

老鼠吃猫肉——怪事一桩、怪事

老鼠出洞——探头探脑

老鼠打洞——自找门道、找门路

老鼠打架——小抓挠

老鼠戴笼头——强充大牲口

老鼠盗葫芦——大头在后面、大的在后头

老鼠的尾巴熬汤——没有什么油水

老鼠的眼睛——寸光

老鼠的住所——洞穴

老鼠掉到大海里——失足不浅

老鼠掉到饭坛里——闷死了

老鼠掉到锅里——溅得满锅腥

老鼠掉缸底——跌跌爬爬

老鼠掉进醋缸——一身酸气

老鼠掉进开水锅——没得命了

老鼠掉进面缸里——翻白眼

老鼠掉进铁筒里——无缝可钻

老鼠掉进蓄水池——公害

老鼠掉油缸——难脱身、脱不了身

老鼠掉在缸底里——爬爬跌跌

老鼠掉在磨眼里——四面折磨

老鼠掉在铁桶里——无空子可钻

老鼠掉在油锅里——又喜又怕

老鼠跌到米桶里——求之不得、找到了好窝

老鼠跌到面瓮里——碰到好运气

老鼠跌进米囤里——非偷吃不可

老鼠跌坛子——有进无出

老鼠跌香炉——碰一鼻子灰

老鼠跌烟囱——死路一条

老鼠洞里放冰块——冷酷（窟）

老鼠洞里耍大刀——窝里逞能

老鼠逗猫——没事（死）找事（死）

老鼠发疟子——窝里战

老鼠给大象指路——越走越窄

老鼠给猫拜年——全体奉送

老鼠给猫当三陪——挣钱不要命

老鼠给猫揩脸——自己找死

老鼠给猫捋胡须——贪玩不要命

老鼠给猫祝寿——白送一口肉、送来的口食、送货上门

老鼠攻墙——家贼难防

老鼠拱在笼子里——没路走

老鼠骨头——小架

老鼠拐弯儿——没头

老鼠管仓——越管越光

老鼠过街——人人喊打

老鼠嫁花猫——冤家变亲家

老鼠嫁女——小打小闹

老鼠见了猫——吓破了胆、不敢想（响）

老鼠进洞——拐弯抹角

老鼠进风箱——两头受气

老鼠进炕洞——憋气又窝火

老鼠进碗柜——满嘴词（瓷）

老鼠看仓——看得精光

老鼠看天——小见识

老鼠扛大枪——窝里逞能

老鼠嗑瓜子——一张巧嘴

老鼠啃棒槌——大头在后面、大的在后头

老鼠啃菜刀——难活命、性命难保

老鼠啃床脚——白磨牙、白费牙

老鼠啃皮球——客（嗑）气

老鼠啃鸭蛋——干骨碌不上嘴

老鼠啃账簿——吃老本

老鼠窟窿里藏粮食——算找到地方了

老鼠拉车——没多大劲头

老鼠拉秤砣——慢慢倒腾

老鼠拉骆驼——野心勃勃、野心太大

老鼠拉木锨——大头在后面

老鼠留不得隔夜粮——好吃

老鼠闹洞房——唧唧喳喳

老鼠啮猫——拼命

老鼠爬冰凌——又尖又滑

老鼠爬到扫帚上——条条路窄

老鼠爬横竿——爱走极端

老鼠爬旗杆——到顶了

老鼠爬上金交椅——东西不济位置好

老鼠爬瓮沿——无限上纲（缸）

老鼠爬在烟囱里——又黑又受气

老鼠跑到磨眼里——行不通、走不通

老鼠跑到窑洞里——肯（啃）钻（砖）

老鼠跑进食盒里——抓住理（礼）了

老鼠碰到火烧山——无地容身、无处藏身

老鼠碰上猫——在劫难逃

老鼠骑水牛——大的没有小的能、小能降大

老鼠骑在猫身上——好大的胆子

老鼠抢空仓——白赶（干）一场

老鼠娶妻遇见猫——悲喜交加

老鼠上房——不是发大水，就是下大雨

老鼠上粉墙——巴不得

老鼠上供台——假充神仙

老鼠上了老鼠夹——死到临头、死在眼前

老鼠拴在猫尾巴上——逼着转圈哩

老鼠睡猫窝——送来一口肉

老鼠睡在米坛里——不愁吃

老鼠抬轿子——担当不起

老鼠逃命——见眼钻

老鼠替猫刮胡子——拼命地巴结

老鼠舔糨糊——糊嘴

老鼠舔油瓶——馋嘴

老鼠跳到钢琴上——乱谈（弹）

老鼠跳到糠箩里——空欢喜

老鼠听到猫叫——闻声而逃

老鼠同猫睡——练胆子

老鼠偷酱油——羞（嗅）了

老鼠偷饺子——一个个来

老鼠偷芝麻——吃香

老鼠拖西瓜——连滚带爬、滚的滚，爬的爬

老鼠拖油瓶——好的在里面

老鼠挖墙洞——越掏越空

老鼠往猫肚子下钻——自己送上来的

老鼠窝里的食物——全是偷来的

老鼠窝里叫爸爸——认贼作父

老鼠眼睛——看不远、就看鼻子尖儿

老鼠眼看天——小瞧

老鼠腰里挂枪——假充打猎人

老鼠咬冬瓜——没处下口

老鼠咬断饭篮绳——白辛苦

老鼠咬脚背——越想越倒霉

老鼠咬了葫芦藤——嘴巴好厉害

老鼠咬牛——大干一场

老鼠咬石柱——攻不倒

老鼠咬书本——赤（吃）字

老鼠咬乌龟——无从下口

老鼠咬象鼻——不识大体

老鼠咬灶君——欺神灭相

老鼠钻风箱——两头受气

老鼠钻进花椒包里——香的进去麻的出来

老鼠钻进了牛角——越往后越紧

老鼠钻进乱麻堆——没有头绪

老鼠钻进染缸里——贪色不怕死

老鼠钻进人堆里——找死

老鼠钻瓶子——好进难出

老鼠钻土洞——不露头、各找门路

老鼠钻象鼻——一物降一物、好进不好出

老鼠钻油壶——有进无出

老鼠坐供桌——想充神仙

老鼠做道场——哪有正经

老鼠做寿——小打小闹

老水牛拉马车——不合套

老丝瓜瓢子——空虚

老太婆吃炒豆——慢慢嚼

老太婆吃炒面——闷了口

老太婆吃黄连——苦口婆心

老太婆吃鸡子——不亏（补亏）

老太婆吃麻花——要（咬）的那股劲

老太婆穿针——看着是门进不去

老太婆戴花上街——卖老俏

老太婆得孙子——大喜

老太婆垫铺衬（碎布头或旧布）——一层管一层

老太婆掉跟头——爬不起来

老太婆缝补丁——认起真（针）来

老太婆啃骨头——光舔点味儿

老太婆啃鸡筋——难嚼难咽

老太婆摸鸡——总归有蛋

老太婆纳鞋底——千真（针）万真（针）

老太婆捻麻绳——瞧劲儿

老太婆念经——从头来

老太婆怕出门——腿脚不济

老太婆上楼——慢慢来

老太婆上台阶——步步高升、步步登高

老太婆烧香——一点诚心

老太婆数鸡蛋——一个个来

老太婆跳皮筋——非同儿戏

老太婆喂公鸡——不简单（捡蛋）

老太婆走黑路——高一脚低一脚、慢慢腾腾

老太婆攥鸡蛋——牢稳了

老太婆坐牛车——稳稳当当、稳当当的

老太太搬家——什么都拿

老太太包脚——乱缠、缠住了

老太太补衣服——东拼西凑

老太太不吃杏——酸心

老太太不骑马——怕栽跟头

老太太吃蚕豆——软磨硬顶

老太太吃炒蚕豆——咬牙切齿

老太太吃豆腐——一物降一物

老太太吃海蜇——搬嘴弄舌

老太太吃黄连——苦口婆心

老太太吃年糕——闷了口

老太太吃排骨——难啃、啃不动

老太太吃柿子——拣软的拿

老太太吃汤圆——囫囵吞

老太太吃糖——越扯越长

老太太吃硬饼——慢慢磨

老太太当家——七凑八拼

老太太荡秋千——不要命、玩儿命干

老太太得孙子——大喜

老太太进庙门——尽说好话

老太太开了话匣子——唠唠叨叨

老太太啃骨头——软磨硬顶

老太太买小菜——分斤掰两

老太太买鱼——挑挑拣拣

老太太纳鞋底——千针（真）万针（真）

老太太扭秧歌——笨手笨脚

老太太纫针——乱戳

老太太上讲台——笨嘴拙舌

老太太上楼梯——稳住架步步高

老太太烧香——诚心诚意

老太太手抓泥——手拿把掐

老太太算账——一码是一码、码码清

老太太闲扯——七嘴八舌

老太太学钢琴——手忙脚乱

老太太站岗——立场不稳

老太太住高搂——上下两难

老太太斫（用刀斧砍）稻——拉倒

老太太走独木桥——难过

老太太坐电梯——一步到顶

老太太坐飞机——抖起来了

老太太坐牛车——不求快光求稳

老太爷看告示——一篇大道理

老套子卷珍珠——内中有宝

老藤缠树——绕来绕去

老天下黄沙——昏昏沉沉

老天爷不下雨，当家的不说理——奈何不得、没法治

老天爷拄拐杖——一杆子插到底

老铁匠抡大锤——砸到点子上

老铁匠绣花——不是那份手艺

老桐油罐子——洗不清、洗不净

老头的帽子——一把抓

老头儿的拐棍——早晚得扔

老头儿发脾气——吹胡子瞪眼睛

老头儿讲故事——想当年

老头儿联欢——非同儿戏

老头儿牵毛驴——顾（雇）不得

老头儿晌午放焰火——性子太急

老头儿痰喘——憋气、憋得难受

老头牵瘦驴——顾（雇）不得

老头捅马蜂窝——找辙（蜇）

老头学打拳——硬骨头

老头摇铃铛——玩心不退

老乌龟甩掉大石碑——浑身上下猛一轻

老先生钓鱼——坐等

老相识见面鞠一躬——有礼

老熊奔陷阱，野猫钻圈圈——一物降一物

老熊爬杆——上不去

老丫头哭娘——诚心实意

老鸦背上插花翎——自以为美

老鸦唱山歌——不对调

老鸦的声调——哇哇叫

老鸦高歌——不成调

老鸦笑猪黑——不看看自己

老鸦啄柿子——挑软的

老鸭凫水——上面不动

老鸭公想唱戏——喉咙不争气

老鸭偷过水——上岸毛干无人知

老鸭子吃田螺——嘴壳硬

老羊撵狼——拼了

老洋芋充天麻——公开作假

老鹞叮蚌面——难脱身

老鹞落在猪身上——光瞧见人家黑，瞅不到自个儿黑

老爷不在家——空堂

老爷家里当差的——低三下四

老爷庙的旗杆——独根儿

老爷庙求子——走错了门

老鹰变成夜猫子——一代不如一代

老鹰捕鸡毛掸——一场空

老鹰捕食——见机（鸡）行事

老鹰不落地——干旋

老鹰吃花椒——麻嘴

老鹰吃鸡毛——填满肚子完事

老鹰得肠——欢喜若狂

老鹰叼大象——自不量力

老鹰叼黄牛——贪欲太大

老鹰叼鸡——十拿九稳

老鹰抓个鸡——一提就走、捧上天了、居高临下、一个喜来一个忧

老鹰抓蓑衣——脱不了爪

老鹰抓住鹞子脚——难解难分、难分难解

老鹰追兔子——一个天上，一个地下

老鹰捉麻雀——一抓就来

老鹰啄田埂——白磨嘴皮

老玉米里搀白面——粗中有细

老丈母拉女婿——拖住不放

老蜘蛛的肚子——净是私（丝）

老蜘蛛跑腿——办私（丝）事

老中医把脉——慢慢地摸

姥姥疼外甥——自然的事

le

乐山的大佛——老实（石）

lei

勒紧裤带过日子——岁月难熬、日子难过

勒紧裤带拉二胡——穷快活

勒紧腰带数日月——难过

勒腰蛤蟆——一肚子气

雷打芝麻——专拣小的欺

雷打庄稼——不留情

雷公打豆腐——拣软的欺、不堪一击

雷公打架——差天远、闹得天翻地覆

雷公打土地庙——上神压下神

雷公动怒——不同凡响、惊天动地

雷公躲进土地庙——天知地知

雷公喝酒——胡批（劈）

雷公劈城隍——以上压下

雷公劈海椒——火辣辣的脾气

雷婆找龙王谈心——天涯海角觅知音

雷声大雨点小——虚张声势、有名无实

雷音寺拜佛——不辨真假

雷雨天下冰雹——一落千丈

泪往肚里流——说不出的苦

擂槌铲锅巴——死硬

擂槌吹火——一窍不通

擂鼓奏唢呐——吹吹打打、又吹又打

擂台上比摔跤——抱成团

擂台上比武——凭的真本事

擂台上见高低——全凭真本事

leng

楞过铁路——越轨行为

冷不防拉弓——施放暗箭

冷冻库里放醋坛——寒酸

冷饭团发芽——天下奇闻、无奇不有

冷锅爆豆子——不声不响、无声无息、越吵（炒）越冷淡

冷锅贴饼子——溜啦

冷灰里爆出热栗子——怪事一桩、意想不到

冷库里的五脏——心肠硬

冷了的炉膛——没货（火）

冷炉打铁——打不成

冷却了的钢锭——变不了形

冷水滴进油锅——炸开了、炸了锅了

冷水调米粉——不沾（粘）

冷水发面——没多大长劲

冷水浇头——凉了半截

冷水泡茶——硬充（冲）、无味

冷水齐腰——凉了半截

冷水梳头——一时光

冷水烫鸡——一毛不拔

冷水烫猪——不来气

冷水煮鲤鱼——快活不久

冷天戴手套——保守（手）

冷天喝滚汤——热心

冷天吞了热汤圆——身上暖烘烘，心上甜滋滋

冷铁打钉——硬锤

冷血动物——无情无义

冷眼观螃蟹——看你横行到几时

li

狸猫窜屋脊——一会就不见了

狸猫耳朵——太短

狸猫换太子——以假乱真

狸猫披虎皮——假威风

离了水晶宫的龙——寸步难行

离了王屠子——也不能带毛吃猪

离娘的娃娃见了娘——喜笑颜开

离群的牛犊——不知往哪奔、孤孤单单

离山的猛虎——无能

离水的鱼儿——性命难保

离枝的鲜花——活不长

犁地不拿鞭子——光吆喝

犁地甩鞭——吹（催）牛

犁地淹死牛——伤（墒）透了

黎明的觉，半道的妻，羊肉饺子清炖鸡——难得的好处

篱笆配栅栏——正合适

李鬼劫路——欺世盗名

李逵穿针——粗中有细

李逵大闹忠义堂——分不清真假宋江

李逵开铁匠铺——人强货硬

李逵抡板斧——以势压人

李逵上阵——身先士卒

李逵升堂判案——乱打一通

李逵绣花——心有余而力不足

李逵学绣花——试试看

李逵遇虎——斩尽杀绝

李逵遇着张飞——你痛快我干脆

李逵装新娘——人粗心细

李逵捉鱼——一条不得

李林甫当宰相——口蜜腹剑

李时珍看病——手到病除、妙手回春

李世民登基——顺应民心

李双双打离婚——没希望（喜旺）了

李双双的心上人——希（喜）望（旺）

李子掺着葡萄卖——有大有小

李自成进北京——好景不长

里手（内行、行家）赶车——没外人

理发的带补鞋——从头管到脚

理发的修脚——从头包到脚

理发店关门——不理你了、没头了

理发店收徒弟——从头来、从头学起

理发师的工夫——凭的是理

理发师的剃刀——刮人不刮己

理发师绱鞋底——从头包到脚

理发师甩刀——不理

理发员的担子——一头热

鲤鱼蹦在灰堆里——越跳越糊涂

鲤鱼产卵——一撒一大片

鲤鱼吃水——吞吞吐吐

鲤鱼穿过千层网——越来越滑

鲤鱼的本领——专往软处钻

鲤鱼的胡子——没几根

鲤鱼护窝——不会走多远

鲤鱼落在灰堆里——越弄越糊涂

鲤鱼碰网——自取灭亡

鲤鱼跳船上——不劳（捞）而获

鲤鱼跳到渔船上——自己找死

鲤鱼跳龙门——身价百倍、高升了

鲤鱼吞秤砣——心事重重、铁了心

鲤鱼吞钓钩——为嘴丧身

鲤鱼脱钩——死里逃生

鲤鱼下油锅——死不瞑目

鲤鱼咬钓钩——吞不下，吐不出

鲤鱼咬钩——在线

鲤鱼找鲤鱼，鲫鱼找鲫鱼——物以类聚

立春响雷——一鸣惊人

立夏后的葡萄——越结越多

利刀砍黄瓜——一刀两断（段）

利刀石上磨——精益求精

荔枝壳抹油——又滑又湿

荔枝皮翻个儿——点子多、点子不少

lia

俩肩膀抬张嘴——不愁吃

俩口子拜年——不必

俩口子唱《夫妻桥》——真真假假

俩口子睡觉丢被窝——没有上心的人

俩蚂蚁拔河——没劲儿

俩猫上树——二虎

俩牛打架——硬顶、两败俱伤

俩牛抵角——豁着脑袋干

俩牛相斗——顶顶撞撞、又顶又撞

俩螃蟹打架——纠缠不清

俩山羊抵角——对头

俩狮子打架——不是你死，就是我亡

俩兽医抬一头驴——没法治

俩秃子打架——抓不到辫子

俩瞎子打架——对拍

lian

连鬓胡子吃麻糖——纠缠不清

帘子脸儿——落下来了

莲梗打人——思（丝）尽情断

莲花并蒂开——恰好一对

莲花池里下饺子——异想天开

莲藕炒粉条——无孔不入

莲藕孔过风——半通不通

莲藕生疮——坏心眼儿

莲蓬结子——心连心

廉颇背荆条——负荆请罪

鲢鱼头脑袋——又大又硬

镰刀对斧头——硬碰硬

镰刀卡在喉咙里——吞不下，吐不出

镰刀砍石头——硬碰硬

脸盆里撑船——内行（航）

脸盆里的泥鳅——滑不到哪里去

脸盆里生豆芽——知根知底

脸盆里扎猛子——不知深浅

脸盆里照相——两眼向上

脸皮蒙手鼓——好厚的脸皮

脸皮像城墙——厚得吓人、厚颜无耻

脸谱大全——面面俱到

脸上带笑，肚里藏刀——假充好人

脸上含笑，脚下使绊子——暗伤人、暗里伤人

脸上糊锅底灰——不认人

脸上贴膏药——面子上不好看

脸上贴狗毛——不知好歹、好歹不分

脸上写字——表面文章

脸肿鼻子歪——面目全非

练兵场上的靶子——众矢之的

练武术的不拿刀枪——赤手空拳

liang

良心都是肉长的——彼此彼此、彼此一样

凉白开沏茶——乏味

凉山有大小——一山更比一山高

凉水待客——冷淡

凉水倒火炉——气往上冲

凉水泡豌豆——冷处理

凉水淘米——清清白白

凉水碗里的筷子——能捞出什么味道来

梁山伯看到祝英台——一见钟情

梁山伯与祝英台——生死相依、生死不离

梁山泊的王伦——不能容人、谁都容不

梁山泊的吴用——足智多谋

梁山的弟兄——不打不相识、志同道合

梁山的军师——无（吴）用

梁山好汉喝酒——大腕（碗）

梁山好汉——重义气

梁山上的晁盖——一把手

梁山上的好汉——逼出来的

梁山上的旌旗——替天行道

梁山上的王伦——妒贤忌能

梁上插针——粗中有细

梁上吊死人——上不着天，下不着地

梁上挂暖壶——高水平（瓶）

梁上挂猪胆——哭（苦）哭泣泣（滴）

梁上君子——上不着天，下不着地、贼、悬在半空中

梁头上吊王八——四脚无靠

梁头上卖肉——架子不小、好大的架子

梁园虽好——不是久留之地

粮仓里的老鼠——有损无益

粮店兼卖时装——有吃有穿

粮库里头颗谷——有你不多，无你不少

粮食装在布袋里——一个挨着一个

两把号吹成一个调——想（响）到一块、一起响

两百钱买了个西洋镜——走着瞧

两代寡妇——没功（公）夫

两耳塞豆——懵然不觉

两分钱的醋——又酸又贱

两分钱的韭菜——一小撮

两分钱开店铺——穷张罗

两分钱买一篮子菜——不是好货、不是好东西

两副重担一肩挑——难上加难、难上难

两个"山"字落在一块儿——请出

两个巴掌打人——左右开弓

两个鼻子眼儿出气——息息相关

两个臭鸡蛋——一个味儿

两个槌敲一面锣——想（响）到一块了

两个风筝一起飞——胡搅蛮缠

两个鼓槌——一对儿

两个怪叫驴——拴不到一个槽上

两个锅盖一起开——斗气

两个肩膀扛张嘴——走到哪吃到哪

两个叫花子拜堂——穷凑合

两个进士落井——双管（官）齐下

两个喇叭一个调——想（响）到块了

两个老汉三根胡——又稀又少

两个老头打架——胡斗

两个驴嘴痒痒儿——一对一嘴儿

两个骡子夹条驴——吃混食的

两个麻雀吵架——为争一颗米

两个麻子结婚——点子不少

两个泥菩萨过河——谁也救不了谁

两个琵琶一个调——弹（谈）到一块去了

两个人报数——数一数二

两个人穿一条裤子——步调一致

两个人打排球——推来推去、互相推脱（托）

两个人盖一床被子——顾了这头顾不了那头

两个人抬根鸡毛——不必使劲

两个人推磨——你推我让

两个人玩猴——你上来就没有我要的了

两个人舞龙——有头有尾

两个人奏笙——一个吹，一个捧、你吹我捧

两个人做买卖——缺一不可

两个山头上的斑鸠——一唱一和

两个狮子打架——不是你死，就是我亡

两个娃儿抬水——到（倒）了

两个瞎子划拳——虚张声势

两个瞎子碰头——谁也没长眼

两个瞎子作揖——谁见了

两个消防队员吵架——未（为）然（燃）

两个兄弟吵分家——各顾各

两个秀才当文书——字字推敲

两个哑巴吵架——不知谁是谁非

两个哑巴打电话——从哪里说起

两个哑巴对象——全凭眼色办

两个哑巴见面——没说的

两个哑巴说话——指手画脚

两个羊羔打架——对头

两个医生抬头驴——没治了

两个指头拿个米——十拿九稳

两个醉汉睡觉——东倒西歪

两根筷子夹骨头——三条光棍

两根绳上拴五个蚂蚱——接二连三

两公婆拜年——多此一举

两狗咬架——以牙还牙

两股道上的车——撞不上、走的不是一条路、碰不到一块

两股脏水汇一起——同流合污

两虎把门——进退两难

两虎相斗——必有一伤、自相残杀

两鸡打架——斗嘴

两口子吵嘴——难断是非、说不清的理、不知谁是谁非

两口子锄地——不顾（雇）别人

两口子床上奏喇叭——对着吹

两口子的账——难算、算不清、说不清、难清

两口子对着吹喇叭——斗气

两口子分家——各人顾各人

两口子赶集——志同道合

两口子回门——成双成对

两口子认亲——多此一举、岂有此理

两口子生气——没有隔夜的怨仇

两口子睡觉背靠背——心不在一块

两口子台上扮夫妻——真真假假

两口子推磨——同心协力

两块钱买去个猪头——便宜了他

两块银元做眼镜——睁眼就是钱

两狼山中的杨老将——身入绝境

两面国的人——不是一心

两匹马并排跑——同奔前程、并驾齐驱

两匹马赛跑——各奔前程

两亲家打架——为儿女的事

两人穿一条裤子——不分你我

两人打排球——推来推去

两人盖床小被子——顾了这头顾不住那头

两人共伞——互相遮掩

两人一般心——黄土变成金

两扇磨磨面粉——缺一不可

两手插在口袋里——什么事也不管

两手架鼓——等着挨敲

两手进染缸——左也难（蓝），右也难（蓝）

两手抹糨子（糨糊）——粘上了

两手捏兔子——稳拿

两手捧寿桃——有理（礼）

两手托刺猬——碰到棘手事、棘手

两手攥（握）仨大钱——一是一，二是二

两台大戏对着唱——热闹非凡、好热闹

两天打鱼，三天晒网——本末倒置

两条河里的船——总碰不到一块

两条蛇娃演马戏——二龙戏珠

两条腿的凳子——站不住脚

两条下水道见面——同流合污

两腿插到沙窝里——越动弹越深

两响炮升天——想（响）到一块了

两眼无珠——不识泰山

两眼一眨，老鸡婆变鸭——说变就变、转眼就变、变化无常

两样布做夹袄——表里不一

两爷子打捶——胡豆（斗）

两爷子赶集——一大一小

两张麻纸画个驴头——好大的脸皮

两张嘴——一个说这一个说那

两只耳朵——碰不到一块儿

两只风筝一块飞——胡缠、胡搅蛮缠

两只公鸡打架——难解难分、互不相让、谁也不让谁、难分难解

两只黄鼠狼衔一根油条——毛色相对

两只脚塞进一只靴子——寸步难行

两只老鹰打架——空战

两只麻雀一同飞——分不出先后

两只手拿仨大钱——一是一二是二

两只手写对联——双管齐下

两只眼盯着一个小钱——见钱眼开

两种芝麻一锅炒——黑白不分

liao

《聊斋》上的文章——鬼话连篇

燎腚的猴子——坐立不安

鹩哥落在牛背上——无足轻重

料槽旁的马——不愁吃

撂鞭子牛——生分

撂下拐棍作揖——老交情

撂下田鸡捉麻雀——因小失大

lie

咧着嘴吃梅子——看你那个酸相

列车上放广播——道听途说

劣马装麒麟——露马脚

烈火干柴——一点就着

烈日下的糖人儿——瘫倒了

烈日炎炎照雪山——开了动（冻）

猎狗追狐狸——盯梢（骚）

猎犬撵兔子——跟踪追击

猎人出门遇上兔子出窝——巧得很、巧极了

猎人家闯进只黄羊——送上门的肉

猎人抓兔——不见兔子不撒鹰

裂嘴的包子——露馅儿

lin

邻家的鸡——轰出去

邻家失火——不救自危

林冲棒打洪教头——看破绽下手

林冲到了野猪林——绝处逢生

林冲看守草料场——英雄无用武之地

林冲买宝刀——中了诡计、哪知是计

林冲上梁山——逼出来的

林冲误闯白虎堂——单刀直入、上当受骗

林黛玉的脾气——爱使小性子

林黛玉的身子——弱不禁风

林黛玉的性子——多愁善感

林黛玉进贾府——谨小慎微

林黛玉看《西厢》——入神

林黛玉葬花——情悲意冷、自叹命薄

林教头的棍棒——虚晃一下

林教头发配沧州——一路风险

林中的百灵鸟——唱唱跳跳

林子大了——什么鸟儿都有

林子里的斑鸠——一对儿

林子里的蘑菇——到处都是

临到上轿穿耳朵眼——来不及了、匆匆忙忙、早没准备

临嫁的姑娘——满面春风

临渴才掘井——干着急、怎么来得及

临老当和尚——半路出家

临老得了摇头病——身不由己、不由自主

临老学吹鼓手——力不从心、心有余而力不足

临老学绣花——晚了

临上轿才缠脚——临时忙

临上轿找不到绣花鞋——心里急

临时抱佛脚——来不及、晚了

临死才忏悔——迟了

临死吃黄连——好命苦

临下水学游泳——有何（河）过不去

临刑不告饶——执迷不悟

临阵磨枪——不快也光

淋了雨的稻草——点不着

淋了雨的老绵羊——无精打采、没精打采

淋了雨的熟石榴——合不拢嘴、咧开了嘴

吝啬鬼串亲戚——两手空

吝啬鬼过日子——一分钱攥出汗来

吝啬鬼天天拾金子还嫌少——贪得无厌、贪心不足

蔺相如出使秦国——完璧归赵

蔺相如回车避廉颇——冤家路宽

ling

灵透孩子买东西——骗不得

岭头上唱山歌——调子太高

岭头上对歌——唱高调

凌冰缝里捞鱼吃——辛苦挣来快活吃

铃铛掉了舌头——不想（响）、没想（响）头了

铃铛敲锣鼓——想（响）到一块了

羚羊挂角——无迹可寻

菱角碰粽子——尖对棱、奸（尖）对奸（尖）

另搭台子另唱戏——从头来、从头学起

另起炉灶——各顾各

liu

溜冰场上打太极拳——圆滑、又圆又滑

溜直的树木——先被砍

刘阿斗——扶不起

刘邦当皇帝——胜者为王

刘邦攻项羽——反败为胜

刘邦乌江追项羽——赶尽杀绝

刘备白帝城托孤——试探别人的心

刘备当皇叔——时来运转

刘备的儿——无能之辈

刘备的江山——哭出来的

刘备的兄弟——红黑都是对的

刘备对孔明——言听计从

刘备访贤——三顾茅庐

刘备借荆州——有借无还

刘备困曹营——提心吊胆

刘备取成都——不得已

刘备三请诸葛亮——诚心实意、思贤心切

刘备三上卧龙岗——就请你这个诸葛亮

刘备摔阿斗——收买人心、作个样子

刘备遇孔明——如鱼得水、无话不说

刘伯温的八卦——神机妙算

刘伯温拍屁股——无计了

刘禅乐不思蜀——忘本

刘关张（刘备、关羽、张飞）拜把子——生死之交

刘海打跟头——钱在头里人在后头

刘海儿拉着孟姜女——有哭有笑

刘胡兰钻铡刀——宁死不屈

刘姥姥进大观园——洋相百出、看得出神了

刘姥姥进荣府——眼花缭乱

刘姥姥坐席——出洋相

刘三姐对歌——随口而出

流浪汉坐远滚轮——四海为家

流水簿子做袍子——满身都是账

留种的黄瓜——挂起来

琉璃瓶上安蜡扦——又奸（尖）又猾（滑）

琉璃瓦搭猪圈——屈才（材）、屈了材料

琉璃瓦盖鸡窝——大材小用

琉璃瓦盖寺庙——顶好

硫黄脑袋——一点就着

柳木棺材——白帮

柳树剥皮——净光棍

柳树抽芽——自发

柳树出身——立场不稳

柳树的花——只开花不结果、无结果

柳树雕的娃娃——木头人

柳树上落凤凰——早晚要飞

柳树叶子——尖出头

柳条穿泥鳅——一路货

柳条篮子打水——一场空

六尺跳板要过八尺涧——搭不够

六点钟的分时针——顶天立地

六耳猕猴充悟空——冒牌货

六个指儿抓痒——多一道子

六个指头擦背——加一奉承

六个指头给人抓痒——格外巴结

六个指头划拳——出了新花招

六个指头上菜——格外巴结

六个指头抓脑门——眼前尽是岔儿

六七八九——没食（十）

六十甲子轮流转——老一套、接连不断、周而复始

六月斑鸠——不知春秋

六月穿皮袄——自找罪受、自找难受

六月戴棉帽——不识时务、不合时宜

六月的暴雨——猛一阵

六月的虫子——喜欢咬人

六月的荷花——众人共赏

六月的火炉——谁凑和你

六月的麦子——黄了、一天变个样

六月的日头——毒得很

六月的山——清（青）一色

六月的杉木——定了型、定型了

六月的闪电——眨眼不见

六月的扇子——借不得、家家有

六月的天——说变就变、变化无常

六月的云，八月的风——不好捉摸、难捉摸、变化多端

六月的枣花——招风（蜂）

六月的庄稼——直往上蹿

六月飞霜——怪事一桩、怪事

六月间的庙堂——鸦雀无声

六月间狗吐舌头——热出来的

六月间下雪——少有

六月间做棉袄——早做准备

六月里吃薄荷——凉透心、好良（凉）心

六月里吃生姜——伏辣（服啦）、热乎乎

六月里吃西瓜——甜在心上

六月里穿皮袄——反常

六月里戴手套——保守（手）

六月里的冬瓜——越大越不值钱

六月里的狗——不惜皮毛

六月里的火腿——走油了

六月里的蚊子——跟人跑

六月里借扇子——等着吧

六月里送炭——不领你的情

六月里贴对联——还差半年

六月六看谷穗——出了头

六月天穿毛衣——热心

六月天买火炉——冷热不分

六月天晒裂了瓦——坏胚（坯）子

六月天烧烘笼——怪事一桩、怪事

六月天烧炉子——热火得很

六月天身发抖——不寒而栗

六月天下雨——猛一阵子、有回数

六月蒸年糕——还差半年

六指头拨琵琶——乱弹琴

六指头上菜——加一奉承、格外巴结

六指头挖鼻孔——光出岔（杈）子、净岔（杈）子

long

龙背上放茶壶——一张好嘴

龙背上刮鳞——痴心妄想、妄想

龙吃千江水——也有不到处

龙灯的胡须——没人理

龙灯的脑壳——任人摆布

龙灯耍的好——靠头

龙宫里造反——慌了神

龙困鱼塘——施展不开

龙门刨上的工件——直来直去

龙门石窟里的佛像——老实（石）人、靠山硬

龙门阵缺了人——摆不起来

龙袍当蓑衣——白糟蹋

龙头不拉拉马尾——用力不对路

龙王摆筵席——净是海鲜

龙王长了个偏心眼——旱涝不均

龙王吹喇叭——好神气

龙王的胡子——不理

龙王发兵讨河神——自家人不识自家人、自相残杀

龙王发脾气——翻江倒海、兴风作浪

龙王爷掉在海里——不消劳（捞）

龙王管土地——管得宽

龙王节打哈欠——好神气

龙王开茶馆——神乎（壶）其（沏）神

龙王庙里失了火——慌神

龙王爷搬到陆上住——厉害（离海）

龙王爷的后代——龙子龙孙

龙王爷的军队——虾兵蟹将

龙王爷的脾气——摸不透

龙王爷翻脸——要变天

龙王爷露凶相——张牙舞爪

龙王爷面前挑水——敢想敢干、有斗龙的胆量

龙王爷跳大海——正规（归）

龙王爷招亲——水里来，水里去

龙行雨——本行

龙珠跟着龙尾转——不对头

砻糠搓绳索——起头难、开头难

笼里斑鸠——不知春秋

笼里边抓窝窝头——手到擒来

笼里的鸽子——放了还回来

笼里的鸟——随你逗、有翅难飞

笼里的鸭子——放了还回

笼里的鹦哥——成天耍嘴

笼里捉鸡——没跑、跑不了、十拿九稳

笼屉的盖子——受气的家伙

笼屉上放邮包——信以为真（蒸）

笼屉上抓馒头——稳拿

笼中鸟，网中鱼——身不由己

笼子里的八哥——只会说不会干

笼子里的肥鸭——早晚得杀

笼子里的老虎——抖不起威风

笼子里关蚂蚁——来去自由

笼子里过日子——睁眼净窟窿

笼子里拿家雀——十拿九稳

聋哑人吹喇叭——不知吹的啥调

聋哑人打官司——说不清，听不明

聋哑人谈天——连说带比划

聋子拜客——不闻不问

聋子不怕雷——胆子大

聋子参加赛歌会——一无所获

聋子吹笛——摸不着谱

聋子打岔——你说啥

聋子打鼓——充耳不闻、越打越响

聋子放花炮——看着散了、给别人听的

聋子看戏——凭眼力、有形无声、只饱眼福

聋子拉胡琴——胡扯

聋子擂鼓，瞎子敲锣——各打各的

聋子面前夸海口——废话

聋子听话——干瞪眼

聋子听山歌——白费工夫

聋子听书——看人笑他也笑

聋子听蚊子叫——不声不响

聋子听戏，瞎子观灯——一无所获

聋子玩鸟——没听提（啼）

聋子瞎了眼——闭目塞听

聋子嘴上贴封条——不闻不问

垄沟决口——放任自流、任其自流

lou

娄阿鼠（昆剧《十五贯》中人物）测字——做贼心虚

娄阿鼠唱戏——贼声贼气

娄阿鼠戴花——贼美

娄阿鼠当县令——不是个好官

娄阿鼠的十五贯——偷来的

娄阿鼠伸脖——贼头贼脑

娄阿鼠问卦——贼人胆虚

娄阿鼠研墨——贼黑

娄阿鼠咬牙——贼狠

娄阿鼠越狱——贼心不死

娄阿鼠走路——贼头贼脑

楼板搭铺——高低差不多

楼窗上走人——门外汉

楼顶上的警报器——事出有因（音）

楼房檐的鸟——说飞就飞

楼上摆盆景——无地自容

搂草打兔子——顺手、一举两得

搂着金条睡觉——守财奴

漏洞百出的文告——经不起推敲

漏斗里装水——永不满足

漏斗盛水网兜风——一无所获

漏房偏遇连阴雨——倒霉透顶

漏壶里灌水——永不满足

漏盆里洗澡——快活不了多久

漏网捕虾——白捞

漏网之鱼——死里逃生、溜了

漏夜（深夜）捉贼漏夜解——马上行事、事不过夜

lu

露水夫妻——无情无义

露头的钉子——挨敲打的货

卢沟桥上石狮子——各有姿态

卢俊义上梁山——不请自来

卢生享荣华——黄粱美梦

卢生做梦——一枕黄粱

芦柴秆做门闩——难撑

芦花抽穗——无结果

芦花做棉絮——不是正胎子

芦苇墙上钉钉子——不牢靠

芦苇塞在竹筒里——空对空

芦席上翻到地上——不分高低

炉边的柴禾——骚（烧）货

炉火上泼水——奄奄一息（熄）

炉里的生铁——见火就软

炉里的渣滓——有用的不多

炉前的耙子，装钱的匣子——够抠门儿了、抠门儿

炉膛里筑坝——考（烤）验（堰）

炉子底下的废物——残渣余孽（热）

炉子翻身——倒霉（煤）

炉子里的木炭——热不了多久

炉子里烤山芋——拣熟的拿

炉子旁的捅条——倒霉的家伙

鲈鱼探虾毛——没安好心肠

卤鸡蛋——不用煮啦

卤水点豆腐——一物降一物、一行管一行

卤水当酒喝——嫌命长了

鲁班的儿子学木匠——一代传一代、不用拜师

鲁班的斧子——准得很

鲁班的锯子——不错（锉）

鲁班的手艺——巧夺天工

鲁班门前抡斧子——不自量力

鲁班门前卖手艺——忘了自个儿姓名、班门弄斧

鲁班门前弄大斧——自己献丑、充内行

鲁班手里调大斧——得心应手

鲁班皱眉头——别具匠心

鲁肃伐荆州——空手而去，空手而回

鲁肃服孔明——五体投地

鲁肃上了孔明船——错了、任人摆布、尽办糊涂事

鲁肃宴请关云长——暗藏杀机

鲁提辖拳打镇关西——抱打不平

鲁智深出家——无牵无挂

鲁智深大闹野猪林——粗中有细

鲁智深当和尚——半路出家

鲁智深倒拔垂杨柳——好大的力气、蛮劲十足

鲁智深买肉——挑肥拣瘦

碌碡（石磙）打月亮——自不量力、不自量

碌碡改夯——摽劲、绞上劲

碌碡里装钢轴——铁石心肠

碌碡碰碌碡——实（石）打实（石）

碌碡上拴镜儿——照常（场）

路边的长虫——地头蛇

路边的鼓——挨打的货

路边的茇茇草——看不上眼

路边的小草——任人践踏、由人踩

路边上的狗屎——不值一文（闻）

路灯照明——公道

路见不平，拔刀相助——打抱不平

路警摆手——不管这一段

路口挖陷井——坑害人

路旁的车前子——压不死

路旁的电线杆——靠边站

路上找不到问卦人——前途未卜

路中间的螃蟹——横行霸道

辘轳串当眼镜——各投各眼、各对各眼

辘轳断了轴——玩不转

鹭鸶捕鱼——得而复失

鹭鸶吃河蚌——作（啄）乐（裂）

鹭鸶飞过养鱼池——眼饱肚中饥

鹭鸶脚上挂蚂蚱——飞不了你，跑不了它

鹭鸶腿上劈精肉——无中生有、没多大油水

lv

驴背上看书——走着瞧

驴唇对马嘴——不符合

驴掉水沟——乱弹一气

驴肚里下驴——一个心肠

驴跟马跑——一步赶不上，步步都紧张

驴脚踢在石头上——碰了题（蹄）啦

驴驹子和牛犊子抵头——用脸拼

驴驹子拉套——不顺手

驴嚼豌豆——嘴上功夫、全凭嘴劲

驴拉磨转圈圈——没头没尾、没尽头

驴拉碾子牛耕田——各行其是（事）

驴脸比母猪头——一个比一个难看

驴毛堵住耳朵——听不见

驴皮贴墙上——不像话（画）、不成话（画）

驴皮影人儿——让人家耍着玩

驴皮煮胶——慢慢熬

驴踢房檐——谈（弹）不上

驴踢琵琶——乱弹琴

驴头摆供——脸长半尺

驴头不叫驴头——长脸

驴头插龙角——四不像

驴头马面——一路货色

驴子断了套——空跑一趟

驴子赶到磨道里——不愿转也得转

驴子见了狼——抬不动腿

驴子啃痒——一个对一个

驴子拉磨牛耕田——各走各的路、各干一行、转来转去还是老地方、走的老道儿、任人摆布

驴子头蹭地——拼脸来

驴子下（生）只象——怪胎

驴子削了耳朵——假马

吕布马超——不相上下

吕布杀董卓——大义灭亲

吕布挺矛——有勇无谋

吕布戏貂婵——上当受骗、英雄难过美人关

吕洞宾推掌——出手不凡

吕太后的筵席——福祸不测、不是好吃的

旅店里的老鼠——吃客

旅客上火车——各就各位

屡教不改的扒手——爱偷、贼心不死

律师受贿——知法犯法

绿绸衫上绣牡丹——锦上添花

绿豆换米——各有一喜

绿豆里找红豆——难得、得之不易

绿豆喂王八——对眼

绿皮萝卜——心里美

绿皮南瓜——嫩着哩

绿时着火烤——非黄不可

捋老虎的胡子——冒险

luan

孪生的娃娃——没大没小

孪生的羊羔——不分彼此

乱坟堆里划拳——鬼作乐

乱坟堆里找人——都是死硬货

乱坟岗上唱戏——闹鬼

乱坟岗上卖布——鬼扯

乱加砝码——不公平

乱麻疙瘩——理不清

乱麻韭菜缠一起——难收拾、不可收拾

乱麻团缠皂角树——理不清

乱线团掉刺窝——难理清

乱葬坟里放鞭炮——吓鬼、闹鬼

乱葬坟里掷骰子——净是鬼点子、鬼点子多

乱葬坟上跳舞——鬼迷心窍

lun

轮船靠码头——稳而不动

轮船上观海——无边无沿

轮船上泼水——随波逐流

轮船上装橹——摆设

轮胎打气——有进无出

轮胎里打气——只进不出

轮胎上的汽门芯——里外受气

轮转没有轴——玩不转

luo

罗成的绝招——回马枪

罗锅穿背心——出洋相、洋相百出

罗锅跌跟头——两头不着实、两头脱空

罗锅立正——直不了

罗锅上树——钱（前）缺

罗锅睡到碓窝里——再合适不过了

罗锅仰面睡——两头脱空

罗锅腰上山——钱（前）紧

罗锅子的腰——依（已）旧（就）了

罗锅子伸腰——高出二尺

罗锅作揖——举手之劳

罗汉过水——各显神通

罗汉请观音——客少主人多

罗汉戏观音——睁只眼闭只眼

萝卜长了杈——多心

萝卜地里栽韭菜——各人心里爱

萝卜雕观音——饮食菩萨、不是正经材料

萝卜掉进腌菜坛——泡着吧

萝卜放在磨盘上——转得头晕眼花

萝卜干当人参——不识货

萝卜干炖豆腐——没点血色

萝卜开花——空心

萝卜两头切——首尾不顾

萝卜青菜——各有所爱、各人所爱

锣鼓对着街上敲——叫人听的

锣鼓喇叭一齐上——吹吹打打、又吹又打

锣鼓两叉——想（响）不到一块、想（响）得不一样

锣筐盛石灰——处处留痕迹

锣齐鼓不齐——高潮不在点上

箩筐里拣桃子——挑花眼睛

箩筐里面摇元宵——滚蛋

箩筐里装乱麻——没有头绪

箩筐盛石灰——处处留痕迹

骡和驴打架——不认亲

骡拉碾子——无尽头的路

骡马挠痒痒——全凭一张嘴、全仗嘴

骡子不下儿——理所当然

骡子的脸儿——非驴非马

骡子驮重不驮轻——生得贱

螺丝帽上劲——尽绕圈子、绕圈子、弯弯绕

螺蛳拜蚌壳——假（甲）碰假（甲）

螺蛳不吃泥巴——除非不开口

螺蛳壳里摆擂台——踢打不开

螺蛳壳里赶场——地方太狭小了

螺蛳壳里睡觉——摸不清方向

螺蛳壳里做道场——团团转、打不开场面

洛阳的牡丹——人人喜欢、个个喜爱、名不虚传

骆驼吃豆芽儿——小菜一碟、小菜儿

骆驼吃蚂蚁——小收拾

骆驼吃牡丹——有多少才够哩

骆驼吃青盐——咸苦在心里

骆驼打跟头——两头不着实

骆驼打滚儿——翻不过身来

骆驼的脖子，鸵鸟的脚——各有所长

骆驼的脖子长——吃不了隔山草

骆驼的脊背——两头翘

骆驼吊在肉杆上——架子还不小

骆驼放屁——想（响）头不低

骆驼观天——眼朝上、眼向上看、眼高

骆驼过独木桥——步步有险、一步三分险

骆驼在沙漠里断了水——进退两难

骆驼站在羊群里——太显眼了

骆驼走路——昂首阔步、稳重、一步一个脚印

骆驼钻针眼——没门

落潮的大虾——蹦跶不了几天、没几天蹦头

落成的雕像——定了型、定型了

落存陷阱里的骏马——寸步难行

落到沸汤里的豆荚——东旋西转

落到麻雀窝里的花鹊子——长不了

落地的秋蝉——哑了

落地的柿子——软瘫了、软作一堆

落地的桃子——熟透了

落锅的虾子——红透了

落花流水——有去无回

落井的葫芦——掉在底下浮在上头

落井下石——乘人之危、坑害人

落了锅的虾公——钩心（身）

落了三年黄梅雨——绝情（晴）

落山的太阳——没多大亮

落水的鸡毛——飞不了

落水的桃花——随波逐流

落水麻绳——先松后紧、越捆越紧

落汤的螃蟹——手忙脚乱

落汤鸡崽——抬不起头来

落网的虾米——蹦跶不了几天

落网的鱼——难脱身、脱不了身、命难逃、跑不了

落雪天过冰大坂——从头凉到脚

落雨担稻草——越担越重

落雨躲进山神庙——轮（淋）不着

落雨立院中——轮（淋）到头上

落雨收柴草——手忙脚乱

落雨天出彩云——假情（晴）

落雨天打麦——难收场

落雨天打土坯——没好的

落雨天担禾草——担子越来越重

落雨天的芝麻——难开口、口难开、不好开口

落雨天扛棉花套——越背越重

落在陷阱里的骏马——寸步难行

落在鹰爪里的小鸡——嘴壳再硬也活不了

谚语·歇后语

第二卷 张婷婷 编

中国言实出版社

礼节 修养 志向

A

爱叫的猫捉不到老鼠，好吹的人办不成大事

爱骑马的不骑驴，爱吃萝卜不吃梨

爱惜五谷，儿孙多福

安逸使人志气消，勤奋使人志气高

傲气大了栽跟头，架子大了没人理

B

疤痕是从创伤来的，谨慎是从经验来的

把舵的不慌张，乘船的才稳当

白酒红人面，黄金黑世心

白日莫闲过，青春不再来

白首贪得不了，一身能用多少

百尺竿头，更进一步

百金买骏马，千金买美人，万金买高爵，何处买青春

百里之海，不能饮一夫；三尺之泉，足止三军渴

百灵鸟不忘树，梅花鹿不忘山

百年三万六千日，光阴只有瞬息间

百巧不如一拙

百人百姓，各人各性

百日不休，万里易到

百岁光阴如过客

百样雀儿百样音，百个人儿百个性

败将不提当年勇

败子回头便作家

败子若收心，犹如鬼变人

办事不用脑，本事大不了；办事多用脑，越办越灵巧

半句虚言，折尽平生之福

半熟的西瓜不好吃，虚假的话语不入心

绊人的桩，不一定高；咬人的狗，不一定叫

宝贵的季节是秋天，宝贵的时代在青年

宝剑锋从磨砺出，梅花香自苦寒来

宝剑折了不改钢，月亮缺了不改光

宝器玩物，不可示于权豪；古剑名琴，常要藏之柜椟

饱谷穗头往下垂，瘪谷穗头朝天锥

饱暖生淫欲，饥寒生盗心

饱时莫忘饥荒年，暖时别忘冷和寒

饱时省一口，饿时得一斗

豹死留皮，人死留名

背上背把尺，先量自己后量人

本领小的骄傲大，学问深的意气平

笨鸟先飞早入林，笨人勤学早入门

秕麦穗子翘得高，无知的人爱骄傲

笔杆无多重，无志拿不动

笔勤能使手快，多练能使手巧

闭门家里坐，祸从天上来

蔽天之明者，云雾也；蔽人之明者，私欲也

避色如避难，冷暖随时换

变从懒上起，贪从懒上来

遍地出黄金，就怕不用心

遍地是黄金，单等勤劳人

别被花言巧语哄倒，别被流言蜚语吓倒

别人夸，一枝花；自己夸，烂冬瓜

拨火棍长了不烧手，问题想远点不上当

博学的人大话少，浅薄的人爱吵吵

薄地怕穷汉，肥地怕懒汉

补漏趁晴天，未渴先掘井

补漏趁天晴，读书趁年轻

不吃苦中苦，难得惊人艺

不担三分险，难练一身胆

不割心爱，不显诚意

不好烧的灶好冒烟，不听劝的人好发癫

不经高山，不知平地

不磨不难不成人

不能正己，焉能化人

不怕别人瞧不起，就怕自己不争气

不怕吃饭拣大碗，就怕干活爱偷懒

不怕稠吃，单怕稀化

不怕倒运，全怕懒性

不怕路远，只怕志短

不怕难，有难非难；害怕难，不难也难

不怕难字当道，就怕懒字出窍

不怕念起，只怕觉迟

不怕起点低，就怕不到底

不怕穷，就怕懒

不怕穷，就怕志短

不怕人欺负，就怕不丈夫

不怕山高老虎恶，就怕没吃铁秤砣

不怕学问浅，就怕志气短

不怕一万，只怕万一

不如意事常八九，可与人言无二三

不入虎穴，焉得虎子

不实心，不成事；不虚心，不知事

不是肥土不栽姜，不是好汉不出乡

不熟的肉损坏肠胃，失信的话伤害朋友

不思万丈深潭计，怎得骊龙额下珠

不贪财，祸不来

不图一时乱拍手，只求他日暗点头

不为物欲所惑，不为利害所移

不显山，不显水

不学蝴蝶花前逛，要学蜜蜂酿蜜忙

不学米筛千只眼，要学蜡烛一条心

不学杨柳随风摆，要学青松立山冈

不以成败论英雄

不义之财不可贪

不蒸馒头争口气

不知者不作罪

不作狠心人，难得自了汉

C

才高易狂，艺高易傲

才脱了阎王，又撞上小鬼

财帛如蒿草，义气重千斤

财从细起，有从俭来

财上分明大丈夫

沧海不能实漏卮

苍天不负有心人

苍蝇不钻没缝儿的蛋

草鞋不打脚，脚打草鞋

草有茎，人有骨

草有灵芝木有椿，禽有鸾凤兽有麟

草有香草毒草，人有好人坏人

馋猫改不了吃腥，田鼠改不了打洞

长存君子道，日久见人心

常将有日思无日，莫待无时思有时

常听老人言，办事不作难

常在山中走，哪怕虎狼凶

成大事者，不拘小节

成功无难事，只怕心不专

成绩不讲跑不了，缺点不讲改不掉

成家子，粪如宝；败家子，钱如草

成人不自在，自在不成人

成人容易做人难

成事不足，败事有余

成也萧何，败也萧何

成则为王，败则为寇

诚可惊神，孝能感天

诚无垢，思无辱

诚心能叫石头落泪，实意能叫枯木发芽

诚招天下客，誉从信中来

诚之所至，金石为开

吃别人嚼过的馍没味

吃不了，兜着走

吃不穷，穿不穷，打算不到就受穷

吃得苦中苦，方为人上人

吃得亏的是好人

吃的轻担的重

吃的是盐和米，讲的是情和理

吃饭不在乎一口，打人不在乎一扭

吃饭吃饱，做事做了

吃惯了嘴，跑惯了腿

吃黑饭，护漆柱

吃鸡蛋不吃鸡母

吃酒图醉，放债图利

吃了不疼糟蹋疼

吃了五谷想六谷，做了皇帝想登仙

吃请对门谢隔壁

吃三年薄粥，买一头黄牛

吃虱留大腿

吃水豆腐都有被噎的时候

吃腥的猫儿修不成老道

吃一节，剥一节

吃一堑，长一智

吃着碗里，看着锅里

痴人自有痴福

虫蛀木断，水滴石穿

丑人多作怪

出的牛马力，吃的猪狗食

出家人不打诳语

出笼鸟儿收不回

出马一条枪

初生牛犊不怕虎

初学三年天下敢去，再学三年寸步难移

除了灵山别有佛

处贫贱易，耐富贵难

川壅则溃，月盈则匡

穿不穷，吃不穷，算盘不到一世穷

穿衣戴帽，各有所好

船的力量在帆上，人的力量在心上

船怕没舵，人怕没志

船通水，人通理

床头千贯，不如日进分文

创业百年，败家一天

创业容易守业难

吹牛容易实干难

从来好事多风险，自古瓜儿苦后甜

从来玩物多丧志，不是人迷是自迷

聪明反被聪明误

聪明容易犯傻难

聪明一世，糊涂一时

寸金难买寸光阴

搓绳不能松劲，前进不能停顿

错误不隐瞒，责任不推诿

D

打柴总得先探路

打狗就不怕狗咬，杀猪就不怕猪叫

打狗要用擒虎力

打虎还防虎伤人

打虎要力，捉猴要智

打架不能劝一边，看人不能看一面

打墙板儿翻上下，扫米却做管仓人

打蛇不死，反受其害

大吃大喝顾眼前，省吃俭用度灾荒

大处着眼，小处入手

大胆天下去得，小心寸步难行

大风吹不走月亮

大富由命，小富由勤

大官不要钱，不如早归田，小官不索钱，儿女无姻缘

大海不嫌水多，大山不嫌树多

大海有鱼千万担，不撒渔网打不到鱼

大俭以后，必生奢男

大匠无弃材

大街上走着贞节女

大路生在嘴边

大难不死，必有后福

大人不记小人过

大人肚里道道儿多

大事不糊涂，小事不纠缠

大水不到先垒坝，疾病没来早预防

大有大难，小有小难

大丈夫流血不流泪

大丈夫能屈能伸

大丈夫宁折不弯

大丈夫相机而动

大丈夫一人做事一人当

大丈夫站不更名，立不改姓

带着铃铛去做贼

耽迟不耽错

胆大的漂洋过海，胆小的寸步难行

但行好事，莫问前程

当取不取，过后莫悔

当着矮人，不说短话

刀越磨越利，脑越用越灵

到了山里再砍柴，到了河边再脱鞋

得理不饶人

得理让三分

得利不可再往，得意不可再往

得趣便抽身

得意之事，不可再做；得便宜处，不可再往

得智慧胜过得金子

登高必跌重

定数难逃

东河里没水西河里走

东隅已逝，桑榆非晚

动了太岁头上土，无灾也有祸

冻死不烤灯头火，饿死不吃猫剩食

冻死迎风站，饿死不弯腰

E

恶不可积，过不可长

恶狗怕揍，恶人怕斗

恶子忤逆不如犬

饿得死懒汉，饿不死穷汉

饿死胆小的，撑死胆大的

饿死事小，失节事大

儿女情长，英雄气短

儿要自养，谷要自种

儿作的儿当，爷作的爷当

二十年的媳妇熬成婆，百年的道路熬成河

F

凡事不可造次，凡人不可轻视

凡事要好，须问三老

凡事有个先来后到

凡事只因忙里错

饭得一口一口地吃，路得一步一步地走

饭来张口，茶来伸手

方木头不滚，圆木头不稳

芳槿无终日，贞松耐岁寒

放松一步，倒退千里

飞的不高，跌的不重

非理之财莫取，非理之事莫为

愤兵难敌，死将难当

丰年要当歉年过，有粮常想无粮时

风吹云动星不动，水流船行岸不移

风来要顶着走，雨来要快步行

风流自古多魔障

风无常顾，兵无常胜

逢恶不怕，逢善不欺

逢桥须下马，过渡莫争先

凤凰不入乌鸦巢

佛在心头坐，酒肉腑肠过

佛争一炉香，人争一口气

福无双至，祸不单行

福与祸为邻

福至心灵，祸至心晦

覆盆不照太阳晖

G

干屎抹不到人身上

赶路怕脚懒，学习怕自满

敢作敢当，才是英雄好汉

高明不发怒，勇士不鲁莽

个人事小，国家事大

各人害病各人吃药

各人做事各人当

根要深，人要真

根子不正秧必歪

弓硬弦长断，人强祸必随

公道自在人心

公而忘私，舍己为人

公鸡总是在自己的粪堆上称雄

公人见票，牲口见料

公修公德，婆修婆德，不修不得

功不成，名不就

功到自然成

功夫不负有心人

功名是身外之物

恭可平人怒，让能息人争

狗不咬上门客

狗怕弯腰狼怕站

狗是忠臣，猫是奸臣

狗无廉耻，一棍打死；人无廉耻，无法可治

关住门耍拳

官不修衙，客不修店

官土打官墙

惯骑马的惯跌跤，河里淹死会水的

惯偷惯偷，贼性难丢

惯贼行窃，无所不偷

光阴似箭催人老，日月如梭赶少年

国家多难之秋，壮士用命之时

国家兴亡，匹夫有责

过后才知事前错，老来方觉少时非

H

蛤蟆、蝎子、屎壳郎，各人觉着各人强

孩子是自己的好，老婆是人家的好

害人之心不可有，防人之心不可无

憨人有憨福

寒天不冻勤织女，饥荒不饿苦耕人

好吃屎的闻见屁也香

好狗不和鸡斗，好男不和女斗

好汉不打告饶人

好汉不记仇

好汉不怕死，怕死非好汉

好汉不贪色，英雄不贪财

好汉识好汉，英雄识英雄

好汉争气，赖汉争食

好汉子不咽脱口的唾沫

好汉做事做到头，好马登程跑到头

好马不备双鞍，烈女不更二夫

好马不吃回头草，好汉不买后悔药

好马不停蹄，好牛不停犁

好马看的是腿劲，好小伙子看的是心劲

好猫儿，不吃鸡；好男儿，不欺妻

好男不吃婚时饭，好女不穿嫁时衣

好男儿志在四方

好人不常恼，恼了不得了

好人说不坏，好酒搅不酸

好死不如赖活

好鞋不踩臭狗屎

好雁总是领头飞，好马总是先出列

喝水要喝长流水

和气不蚀本

和气致祥，乖气致戾

和颜悦色买人心

黑馍多包菜，丑人多作怪

黑墨落在白纸上，钉子砸在木头里

黑泥染不了白藕心

狐狸发了言，公鸡打算盘

虎瘦雄心在

花落花开自有时

花有重开日，人无再少年

花枝叶下犹藏刺，人心怎保不怀毒

话不可说尽，事不可做绝

话到嘴边留三分，事要三思而后行

话想三道，稳；绳捆三道，紧

欢娱嫌夜短，寂寞恨更长

黄河尚有澄清日，岂可人无得意时

黄金未为贵，安乐值钱多

黄金要纯靠烈火，钢刀锋利要勤磨

黄金有价，信誉无价

黄金有价人无价

黄连树根盘根，穷苦人心连心

黄梅不落青梅落，老天偏害没儿人

黄鼠狼偏挑病鸭儿咬

悔前容易悔后难

火烧芭蕉心不死

火要空心，人要实心

祸不入慎家之门

惑者知返，迷道不远

J

饥不饥拿干粮，冷不冷带衣裳

机不密，祸先招

积善逢善，积恶逢恶

积善人家，必有余福

吉人自有天相

疾风暴雨，不入寡妇之门

疾风知劲草，板荡识忠臣

既敢挠熊毛，当然不怕咬

家丑不可外扬

家贫显孝子，国难识忠臣

见鞍思马，睹物思人

见官三分灾

见人不是，百恶之根；见己不是，百善之门

见人之过，得己之过

江湖越老越寒心

江山易改，禀性难移

将心比心，强如佛心

骄傲，蹲在门槛；谦虚，走遍天下

骄傲来自浅薄，狂妄来自无知

骄兵必败

骄者愚，愚者骄

脚上的泡，自己走的；身上的疮，自己惹的

教奢易，教俭难

节约好比燕衔泥，浪费好比河决堤

金银难买勤手脚

尽得忠来难尽孝

惊弓之鸟，夜不投林

静坐常思己过，闲谈莫论人非

久病床前无孝子

久赌无胜家

酒多人醉，书多人贤

酒要少喝，事要多知

救寒莫如重裘，止谤莫如修身

救火须救灭，救人须救彻

救人救到家，送佛送上天

居移气，养移体

拘小节者，不能立大事

聚少成多，滴水成河

君子爱财，取之有道

君子不吃无名之食

君子不欺暗室

君子防患于未然

君子记恩不记仇

君子问灾不问福

君子一言，驷马难追

K

砍了头不过碗大的疤

看得破，逃得过

炕上养虎，家中养盗

靠山吃山，靠水吃水

靠张靠李，不如靠自己

靠着米囤饿死

苦时难熬，欢时易过

裤子长了要绊腿，心眼多了要受累

困难九十九，难不倒两只手

L

拉不出屎来怨茅厕

拉弓不可拉满，赶人不可赶上

来得清，去得明

来者不惧，惧者不来

懒惰一时，损失一生

烂麻拧成绳，力量大千斤

烂眼睛招苍蝇

狼行千里吃肉，猪行万里装糠

老不拘礼，病不拘礼

老不与少争

老虎不吃回头食

老虎不嫌黄羊瘦

老虎吃天，没法下嘴

老猫不死旧性在

老人不见小人怪

老人好述远事

老实常在，说空常败

老鼠爱打洞，坏人爱钻空

老鼠急了会咬猫

老鼠眼睛寸寸光

冷手难抓热馒头

礼多必有诈

礼多人不怪

礼莫大于敬，敬莫大于严

礼无不答

礼义生于富足，盗贼起于贫穷

礼有经权，事有缓急

理还理，情还情，黑白要分明

理怕众人评

理屈者必败

理正人人服

理直千人必往，心亏寸步难移

力敌不如智取

力贱得人敬，口贱得人憎

立志容易成功难

利刀藏在鞘里

良骥不陷其主

量大福也大，机深祸亦深

量小福亦小

料智者不能料愚

烈女不更二夫，忠臣不事二君

灵鸟择木而栖，智士见机而作

流多少汗水，收多少粮食

柳树上着刀，桑树上出血

龙无云雨，不能参天

聋子爱打岔，傻子爱说话

聋子不怕雷，瞎子不怕刀

鲁班门前耍大斧

路不平有人铲，事不公有人管

路不行不到，事不做不成

路没有平的，河没有直的

路是人走出来的

萝卜青菜，各有所爱

M

麻面姑娘爱擦粉，瘌痢姑娘好戴花

麻绳熬断铁锁链

麻线系骆驼，立木顶千斤

麻油拌韭菜，各人心里爱

马有失蹄，人有失言

蚂蟥最怕烟屎，坏人最怕揭底

买尽天下物，难买子孙贤

馒头落地狗造化

瞒得了人瞒不了心

满壶全不响，半壶响叮当

慢走跌不倒，跑跳闪断腰

忙和尚办不了好道场

忙人无智

忙人惜日短

忙中多有错

猫认屋，犬认人

猫子屙屎自己盖

毛毛细雨湿衣裳，小事不防上大当

没有过不去的火焰山

没有艰苦劳动，就没有科学创造

没有懒地，只有懒人

没云不阴天，无事不上山

美景不长，良辰难再

猛虎捕食冲三冲

猛犬不吠，吠犬不猛

迷而知反，得道不远

明白人不说糊涂话，明白人不做糊涂事

明白一世，糊涂一时

明人不说暗话，好汉不使暗拳

明者睹未然

明者见于无形，智者虑于未萌

明知山有虎，偏向虎山行

命薄一张纸，勤俭饿不死

命定应该八合米，走遍天下不满升

命好心也好，富贵直到老

命里有三升，不去求一斗

命里有时终须有，命里无时莫强求

莫道君行早，更有早行人

莫看强盗吃肉，要看强盗受罪

莫生懒惰意，休起怠荒心

莫问收获，但问耕耘

莫向人前夸大口，强中自有强中手

谋事在人，成事在天

木从绳则直，人从谏则圣

N

哪里的黄土不发芽，哪里的水土不养人

哪里黄土不埋人

内有斗秤，外有眼睛

男儿非无泪，不因别离流

男儿没性，寸铁无钢；女人无性，烂如麻糖

男儿膝下有黄金

男儿有泪不轻弹

男人无刚，不如粗糠

男子汉头上三把火

难字压顶，寸步难行；闯字当头，随意纵横

脑子怕不用，身子怕不动

能大能小是条龙，能上能下是英雄

能硬能软，才是好汉

泥人还有个土性子

年年防歉，夜夜防贼

年少别笑白头人

年少力强，急须努力；错过少年，老来着急

鸟各有群，人各有志

鸟贵有翼，人贵有智

鸟靠翅膀，人靠脚力

鸟为食落网，鱼为食上钩

鸟惜羽毛虎惜皮

鸟向明处飞，人往高处走

宁吃开心粥，不吃愁眉饭

宁吃鲜桃一口，不吃烂杏一筐

宁当鸡头，不做凤尾

宁逢虎摘三生路，休遇人前两面刀

宁喝朋友水，不吃敌人蜜

宁可人前全不会，不可人前会不全

宁可身骨苦，不叫面皮羞

宁可无钱，不可无耻

宁可一不是，不可两无情

宁可自食其力，不可坐吃山空

宁可做小事，不可不做事

宁肯在囤尖上留，不敢在囤底上愁

宁人负我，毋我负人

宁舍命，不舍钱

宁舍千斤献真佛，不拔一毛插猪身

宁舍千亩地，不吃哑巴亏

宁要宽一寸，不要长一尺

宁愿肚子饿，不让脸上热

宁撞金钟一下，不打铙钹三千

宁做蚂蚁腿，不做麻雀嘴

牛吃青草鸡吃谷，各人自有各人的福

牛角越长越弯，买卖越大越贪

农民观天气，商人观市场

浓霜偏打无根草，祸来只奔福轻人

O

殴君马者路旁儿

P

怕得老虎，喂不得猪

怕狼怕虎别在山上住

怕摔跤先躺倒

螃蟹不忘横着爬

披麻救火，惹焰烧身

匹夫舍命，勇将难敌

骗子见不得真相，蝙蝠见不得太阳

拼得一条命，水火也能胜

拼着一身剐，敢把皇帝拉下马

平时省分文，用时有千金

泼水难收，人逝不返

破车之马，可致千里

破船经不起顶头浪

Q

欺人是祸，饶人是福

骑马一世，驴背上失了一脚

骑牛不怕牛身大，骑马不怕马头高

骑上虎背难下地

气可鼓而不可泄

千防万防，家贼难防

千金难买回头看

千金难买亡人笔

千金难买信得过

千金难买一口气

千里投名，万里投主

千人千面，百人百性

千日行善，善犹不足；一日行恶，恶自有余

千日斫柴一日烧

千虚不如一实

牵牛要牵牛鼻子

前进路上无尽头，水流东海不回头

前人洒土，迷了后人的眼

前人踬，后人戒

钱财如粪土，仁义值千金

钱是白的，眼是红的

浅河要当深河渡

浅浅水，长长流

强人腿下还给人留条路

巧妇难为无米之炊

巧伪不如拙诚

茄子也让三分老

亲不择骨肉，恨不记旧仇

勤俭宝中宝，时刻离不了

勤俭免求人

勤快勤快，有饭有菜；懒惰懒惰，挨冻受饿

勤能补拙，俭可养廉

勤生财，俭治家

青春易过，白发难饶

清酒红人面，白财动人心

晴带雨伞，饱带干粮

穷不倒志，富不癫狂

穷不过讨吃，怕不过杀头

穷不瞒人，丑不背人

穷人骨头金不换

穷人无灾即是福

穷媳妇知米贵

穷有穷气，杰有杰气

秋茄晚结，菊花晚发

求忠臣必于孝子之门

R

让礼一寸，得礼一尺

让人一步自己宽

让一得百，争十失九

饶人三分不是痴

人必自侮，然后人侮之

人不错成仙，马不错成龙

人不得全，瓜不得圆

人不学习不长进，人不劳动没出息

人不要脸，百事可为

人不知己罪，牛不知力大

人不知自丑，马不知脸长

人到难处不能挤，马到难处不加鞭

人到难处方知难

人到三十花正旺

人到事中迷，就怕不听劝

人到知羞处，方知艺不高

人到中年万事休

人的名儿，树的影儿

人恶礼不恶

人而无恒，不可以作巫医

人非圣贤，孰能无过

人各有心，心各有志

人各有志，不必强求

人贵有自知之明

人过留名，雁过留声

人过一生，不过两世

人活脸，树活皮

人间五福，惟寿为先

人见利而不见害，鱼见食而不见钩

人将礼义为先，树将枝叶为圆

人皆有过，改之为贵

人敬我一尺，我敬人一丈

人年五十不为夭

人怕出名猪怕壮

人怕丢脸，树怕剥皮

人怕输理，狗怕夹尾

人平不语，水平不流

人凭一口气，事凭一条理

人凭志气虎凭威

人前一句话，神前一炉香

人怯鬼蝎虎，人勇鬼缩头

人勤三分巧

人穷志不穷

人人心里都有一杆秤

人上一百，形形色色

人生但讲前三十

人生几见月当头

人生能有几回搏

人生如白驹过隙

人生一盘棋

人生一世，草木一秋

人生自古谁无死

人望幸福树望春

人无刚骨，安身不牢

人无千日好，花无百日红

人无千日计，老至一场空

人无十全，瓜无滚圆

人无完人，金无足赤

人无志气铁无钢

人无主心骨，要吃眼前苦

人心不同，各如其面

人心不足蛇吞象

人心难满，溪壑易填

人心是杆秤

人眼是秤

人要闯，刀要砀

人要志气，马要精神

人要自爱，才能自尊

人有旦夕祸福，天有不测风云

人有当日之灾，马有转缰之病

人有恒心，山石要崩

人有急处，船有浅处

人有千算，天只一算

人有前后眼，富贵一千年

人有失手，马有漏蹄

人在春风喜气多

人在难处，才见真心

人争气，火争焰

人争一口气，佛争一股香

人直有人敬，路直有人行

人走时气马走膘

仁不统兵，义不行贾

忍气饶人祸自消

忍辱至三公

忍事敌灾星

任凭风浪起，稳坐钓鱼船

日日行，不怕万里路；时时做，不怕事不成

日食三餐，夜眠七尺

容得虎挡道，不是好猎手

肉不烂，再加炭

入山不畏虎，当路却防人

入山问樵，入水问渔

入深水者得蛟龙，入浅水者得鱼虾

若要不喝酒，醒眼看醉人

若要不怕人，莫做怕人事

S

三分天才，七分勤奋

三个五更抵一工

三更灯火五更鸡，正是男儿立志时

三年清知府，十万雪花银

三人误大事，六耳不通谋

三十年风水轮流转

三十年弄马骑，今日被驴扑

三天不唱口生，三天不演腰硬

三心二意，永不成器

杀头生意有人做，赔本买卖无人做

山高有个顶，海深有个底

山高有攀头，路远有奔头

山可移，水可断，困难吓不倒英雄汉

山有百草，人有百性

山中方七日，世上已千年

山中无甲子，寒尽不知年

伤弓之鸟高飞，漏网之鱼远逝

伤心忧愁，不如握紧拳头

上回当，学回乖

上山容易下山难

少要闯，老才享

少壮不努力，老大徒伤悲

蛇钻窟窿蛇知道

蛇钻竹筒，曲心还在

舍得三季种，必有一季收

舍得一身剐，敢把皇帝拉下马

伸头一刀，缩头也是一刀

身大力不亏，智大事有为

身上有屎狗尾随

身在福中不知福

身正不怕影子斜

神仙眼睛看得宽，看不到自家鼻子尖

生成的眉毛，长成的骨骼

生存华屋，零落山丘

生当作人杰，死亦为鬼雄

生有地，死有处

生于忧患，死于安乐

省吃餐餐有，省穿日日新

圣人怒发不上脸

失败是成功之母

失晨之鸡，思补更鸣

失去的金子可以找回，荒误的时间找不来

失贼遭官

失之毫厘，差以千里

虱多不痒，债多不愁

十个光棍九个倔

十个男人九粗心

十个瞎子九个精

十个哑巴九个急

十年难逢金满斗

时来福凑

时衰鬼弄人

时运未来君且守，困龙也有上天时

食在口头，钱在手头

使口如鼻，至老不失

士可杀，不可辱

世间无难事，只怕有心人

事到九九，何必十足

事急无君子

事是死的，人是活的

事无三不成

是福不是祸，是祸躲不过

守口如瓶，防意如城

守身如执玉

守着多大的碗儿，吃多大的饭

守着骆驼不吹牛

受人之托，终人之事

书三写，鱼成鲁，帝成虎

书要精读，田要细管

输棋不输品，赢棋不赢人

熟油拌苦菜，由人心头爱

树长根，人长心

树德莫如滋，去疾莫如尽

树高千丈，叶落归根

树靠人修，人靠自修

树靠一张皮，人争一口气

树老根多，人老话多

树密多收果，梢头结大瓜

树怕烂根，人怕无志

树要直，人要实

树叶掉下来怕打破头

摔跤也要向前倒

双木桥好走，独木桥难行

水不流要臭，刀不磨要锈

水不平要流，人不平要说

水滴石头穿，工夫到了平座山

水深碍不着游龙，山高挡不住飞鸟

水往低处流，人往高处走

说话想着说，吃饭尝着吃

死了张屠夫，不吃混毛猪

死马当做活马医

死生有命，富贵在天

岁月不饶人

T

抬头不见三针面

贪吃的鱼儿易上钩

贪根不拔，苦树常在

贪官富，清官贫

堂堂正正做人，实实在在干事

塘怕渗漏，人怕引诱

桃李不言，下自成蹊

天变一时，人变一刻

天不生无路之人

天长似小年

天地君亲师，师徒如父子

天地为大，亲师为尊

天落馒头也要起早去拾

天能盖地，大能容小

天凭日月，人凭良心

天时人事两相扶

天塌了有地接着

天塌压大家

天摊下来，自有长的撑住

天外有天，人上有人

天无二日，人无二理

天下没有养爷的孙子

天下乌鸦一般黑

天有不测风云，人有旦夕祸福

天与不取，反受其咎

天燥有雨，人躁有祸

天作孽，犹可违；自作孽，不可活

挑起担子走远路，没有工夫去看兔子跑

铁怕落炉，人怕落套

铁生锈则坏，人生炉则败

听人劝，吃饱饭

同人不同命，同伞不同柄

头醋不酽彻底薄

头儿顶得天，脚儿踏得地

头回上当，二回心亮

头三脚难踢

投之以桃，报之以李

兔死因毛贵，龟亡为壳灵

退后半步天地宽

退一步风平浪静，让一分天高地阔

W

弯扁担，压不断

弯尺画不出直线

弯着腰干活，直着腰走路

玩懒骨头吃馋嘴

玩人丧德，玩物丧志

晚开的花照样香

万般都是命，半点不由人

万般事伏少年为

万恶淫为首，百善孝为先

万事和为贵

万事皆从急中错

万事起头难

万事想后果，一失废前程

万丈深渊有底，五寸心窝难填

王婆卖瓜，自卖自夸

危难见人心

危难之中，见智见情

为臣要忠，为子要孝

为人不怕有错，就怕死不改过

为人没到自个儿身上

为人莫贪财，贪财不自在

为人莫作亏心事，半夜敲门心不惊

为人容易做人难

为人无主见，吃亏在眼前

为人重晚节

为人坐得正，不怕影子斜

为者常成，行者常至

为政不在多言

未出笼先别现爪

未量他人，先量自己

温柔天下去得，刚强寸步难移

文齐福不齐

文无第一，武无第二

蚊子见不得血，猫儿闻不得腥

问百人，通百事

问路不施礼，多走二十里

乌龟化龙，不得脱壳儿

屋倒压不杀人，舌头倒压杀人

屋宽不如心宽

屋漏更遭连夜雨，船迟又遇打头风

屋漏迁居，路纡改途

屋怕不稳，人怕忘本

无才有志，成全半事；有才无志，白头了事；有才有志，做得大事

无胆之人事事难，有志之人定成功

无名不知，有名便晓

无欺心自安

无私才能无畏

无所求者无所惧

无心为善，乃是真善

无与祸邻，祸乃不存

无欲志则刚

无知者无咎

无志之人常立志，有志之人立常志

X

惜衣有衣，惜食有食

溪壑易填，人心难满

喜鹊老鸹登旺枝

戏法人人会变，各有巧妙不同

细嚼出滋味

细水长流，吃穿不愁

细水汇成河，粒米积成箩

下坡容易上坡难

下浅水只能抓鱼虾，入深潭方能擒蛟龙

下下人有上上智

下雨就有露水

夏练三伏，冬练三九

仙机人不识，妙算鬼难测

先虑败，后虑胜

先天下之忧而忧，后天下之乐而乐

闲时学得忙时用

羡人吃饭，不如赶紧淘米

相金先惠，格外留神

香饵之下，必有死鱼

想自己，度他人

小辈不知老辈苦

小车不倒只管推

小孩儿嘴里讨实话

小来穿线，大来穿绢

小心没大差

小心驶得万年船

笑脸聚得天边客

心比天高，命比纸薄

心诚则灵，意诚则实

心底无私天地宽

心坚石也穿

心里有灯肚里亮

心平过的海

心要热，头要冷

心欲专，凿石穿

心真出语直，直心无背后

信步行将去，随天分付来

信誉值千金

星多夜空亮，人多智慧广

行车有车道，唱歌有曲调

行船不使回头风，开弓没有回头箭

性清者荣，性浊者辱

凶事不厌迟，吉事不厌近

雄辩是银，沉默是金

秀才不怕衣衫破，就怕肚里没有货

虚心人万事可成，自满人十有九空

许他不仁，不许我不义

靴里无袜自得知

雪怕太阳草怕霜，人过日子怕铺张

Y

鸭子过河嘴在前

严寒飞雪盼日暖，转眼桃花满树开

严霜故打枯根草

言多失语，食多伤身

言可省时休便说，步宜留处莫胡行

炎炎者灭，隆隆者绝

眼睛背后有眼睛

眼睛里不容沙子

眼孔浅时无大量

雁飞不到处，人被名利牵

燕子含泥垒大窝

羊羔跪乳，乌鸦反哺

羊在山坡晒不黑，猪在圈里捂不白

杨梅暗开花

养儿不在屙金溺银，只要见景生情

养儿跟种，种地跟垄

痒要自己抓，好要别人夸

要得好，大做小

要得好看，累死好汉

要饭三年懒支锅

要防福中变，得在苦中练

要过河，先搭桥

要擒蛟龙下大海，要捕猛虎入深山

要想吃蜜，别怕蜂叮；要想远行，莫怕狗咬

要想斗争巧，全凭智谋高

要想日子富，鸡叫三遍离床铺

要想正人，得先正己

要学流水自己走，莫学朽物水上漂

要摘刺梅花，不怕把手扎

要作好人，须寻好友

野鸡长不了凤凰毛

野狼养不成家狗

夜猫子不黑天不进宅，黄鼠狼不深夜不叼鸡

一遍生，二遍熟，三遍四遍当师傅

一波未平，一波又起

一不过二，二不过三

一不做，二不休，推倒葫芦撒了油

一步走错，步步走错

一场官司一场火，任你好汉没处躲

一朝被蛇咬，十年怕井绳

一寸光阴一寸金，寸金难买寸光阴

一道河也是过，两道河也是过

一顿省一把，十年买匹马

一分醉酒，十分醉德

一福能消百祸

一根筷子撷得断，一把筷子撷不断

一句虚言，折尽平生之福

一口吃不出个大胖子

一两丝能得几时络

一女不吃两家茶

一瓶子不满，半瓶子晃荡

一气三迷糊

一巧破千斤

一勤生百巧，一懒生百病

一勤天下无难事

一人拼命，万夫难当

一人有福，带挈一屋

一人做事一人当

一日三，三日九

一身做不得两件事，一时丢不得两条心

一生都是命，半点不由人

一失足千古恨，再回头是百年身

一是误，二是故

一天不练，自己知道；两天不练，同行知道；三天不练，观众知道

一天一根线，一年积成缎

一饮一啄，事皆前定

一语为重百金轻

一争两丑，一让两有

一之为甚，岂可再乎

一种米养出百样人

一着不慎，满盘皆输

一字进衙门，九牛拔不出

疑心生暗鬼

以己之心，度人之心

义重如山，恩深似海

阴沟里翻船

银钱到手非容易，用尽方知来处难

饮水要思源，为人难忘本

应人事小，误人事大

应知读书难，在于点滴勤

英雄敬英雄，好汉爱好汉

英雄有泪不轻弹，只是未到伤心处

英雄志短，儿女情长

鹰饱不拿兔，兔饱不出窝

勇将不怯死以苟免，壮士不毁节而求生

有错改错不算错

有福不用忙，没福跑断肠

有福同享，有难同当

有福之人，不落无福之地

有福之人人服侍，无福之人服侍人

有理不打上门客

有理没理，先敲自己

有理说不弯

有了五谷想六谷，有了儿子想媳妇

有奶便是娘

有其父必有其子

有钱难买幼时贫

有钱难买子孙贤

有勤无俭，好比有针无线

有肉的包子不在褶上

有上不去的天，没过不去的关

有麝自然香，不必迎风扬

有心不怕迟

有一分热，发一分光

有勇无谋，一事无成

有志不在年高，无志空活百岁

有志者自有千方百计，无志者只感千难万难

有智不在年高，有理不在声高

有智赢，无智输

又吃鱼儿又嫌腥

鱼怕水浅，人怕护短

愚者千虑，必有一得

与其修饰面容，不如修正心胸

玉可碎而不可改其白，竹可焚而不可毁其节

欲要做佛事，须有敬佛心

远打周折，指山说磨

远水不救近火

月过十五光明少

运至时来，铁树花开

Z

宰相肚里能撑船

崽卖爷田心不痛

在生一日，胜死千年

凿山通海泉，心坚石也穿

早起三光，迟起三慌

占小便宜吃大亏

战马拴在槽头上要掉膘，刀枪放在仓库里会生锈

站得高，看得远

张口是祸，闭嘴是福

赵钱孙李虽强，还要拜周吴郑王

针尖大的窟窿，斗大的风

真人不露相，露相不真人

真人面前不说假话

真心对真心，石头变黄金

真心要吃人参果，哪怕山高路难行

争气不争财

争气发家，斗气受穷

正气能驱魅，无私可服神

知错改错不算错

知人难，知己更难

知识在于积累，天才在于勤奋

知足不辱

知足的人心常乐，贪婪的人苦恼多

知足身常乐，能忍心自安

只可远望千里，不可近看眼前

只怕不做，不怕不会

只说獐过鹿过，可不说麂过

只要功夫深，铁杵磨成针

只要肯劳动，一世不受穷

只要苦干，事成一半

只要先上船，自然先到岸

只要种子落地，早晚会有收成

只有今日苦，方有明日甜

只有千日做贼，哪有千日防贼

只增产，不节约，等于安了个没底锅

指亲不富，看嘴不饱

志士不饮盗泉之水，廉士不受嗟来之食

智慧的头脑，闪光的金子

中间没人事难成

忠臣不怕死，怕死不忠臣

终天不做生活计，住家吃尽斗量金

种禾得稻，敬老得宝

重孙有理告太公

主意出在百人口，田地一步收三斗

自己的梦自己圆

自己跌倒自己爬

自作孽，不可活

纵有大厦千间，不过身眠七尺

走不走留路，吃不吃留肚

昨夜灯花爆，今朝喜鹊噪

坐不更名，站不改姓

坐吃山空，立吃地陷

坐得船头稳，不怕浪来颠

做活不由主，白落二百五

做事留根线，日后好相见

生活 饮食 起居

A

爱美之心，人皆有之

爱之深，妒之切

B

八成饱健身，十成饱伤身

八十四，懂人事

白菜萝卜汤，益寿保健康

百金买房，千金买邻

百年前结下缘

百岁不为高，无病寿更长

半大小子，吃跑老子

半路夫妻赛冰霜

半桩小，吃过老

邦之不臧，邻之福也

帮衬男人为光景，恩养儿女为防老

膀宽腰细，必定有力

饱乏饿懒

饱时酒肉难入口，饿时吃糠甜如蜜

饱饫烹宰，饥餍糟糠

暴食无好味，暴走无久力

碧桃花下死，做鬼也风流

表壮不如里壮

别人的金屋银屋，不如自己的穷屋

别人家的肉，哪里煨得热

不经厨子手，没有五味香

不怕慢，就怕站，不走弯路就好办

不怕人老，只怕心老

不听老人言，吃亏在眼前

C

才子佳人，一双两好

菜根滋味长

菜里虫儿菜里死

菜没盐无味，话没理无力

菜养颜容饭养命

蚕老不中留，人老不中留

草活一秋，人活一世

草深不碍路

茶房酒店最难开

茶馆酒店无大小

茶馆酒肆，没有撅朋友的

茶喝多了养性，酒喝多了伤身

茶喝二道酒喝三

茶喝后来酽，好戏压轴子

茶瓶用瓦，如乘折脚骏登高

茶是草，箬是宝

茶水喝足，百病可除

茶为花博士，酒是色媒人

茶烟不分家

茶越泡越浓，人情越交越厚

拆散人家好姻缘，死了要进地狱门

馋猫鼻子尖

长安虽好，不是久恋之家

长兄如父，长嫂如母

长者赐，不敢辞

肠里出来肠里热

常常坐首席，渐渐入祠堂

车轮是圆的，两口子打架是玩的

称过的骨头买过的肉

成不成，两三瓶

秤锤虽小压千斤

吃百家饭，得百家福

吃不了辣椒汤，爬不上高山冈

吃菜不如看菜，看景不如听景

吃菜要吃心，听话要听音

吃葱吃白胖，吃瓜吃黄亮

吃到着，谢双脚

吃得慌，咽得忙，伤了胃口害了肠

吃得筵席打得柴

吃饭不要闹，吃饱不要跳

吃饭穿衣，人人不离

吃饭的栈，睡觉的店

吃饭先喝汤，不用请药方

吃惯了嘴，跑惯了腿

吃过黄连的人，才知道蜜糖的甜

吃过黄连的人不怕苦

吃姜还是老的好

吃尽味道盐好，走遍天下娘好

吃酒包婆娘，亦空三千粮；摘醋咬生姜，亦空三千粮

吃酒不吃菜，必定醉得快

吃酒不言公务事

吃酒吃厚了，耍钱耍薄了

吃苦菜，莫吃根；交朋友，莫忘恩

吃来总嫌淡，喝茶嫌不酽

吃了不疼糟蹋疼

吃了冬至饭，巧女儿多做一条线

吃了饭儿不挺尸，肚里没板脂

吃了河豚，百样无味

吃了萝卜菜，百病都不害

吃了僧道一粒米，千载万代还不起

吃了十分酒，方有十分力

吃了是福，穿了是禄

吃米带点糠，一家老小都安康

吃馍喝凉水，瘦成干棒槌

吃人家的下眼角子食不香

吃肉得润口

吃杀馒头当不得饭

吃素不吃荤，长不成强壮人

吃一个席，饱一集

吃鱼别嫌腥，嫌腥别吃鱼

吃在脸上，穿在身上

吃在中国，味在四川

吃着碗里的，看着锅里的

吃着滋味，卖尽田地

痴心女子负心汉

迟饭是好饭

臭鱼烂虾，健康冤家

出的门多，受的罪多

出门方知在家好

出门三辈小

出门由路，进屋由天

出门嘴是路

出外十里，为风雨计；出外百里，为寒暑计；出外千里，为生死计

出外一里，不如家里

出外做客，不要露白

初生牛犊不怕虎

穿不穷，吃不穷，算计不到定受穷

穿鞋不知光脚的苦

穿衣吃饭量家当

穿衣戴帽，各人所好

穿衣见父，脱衣见夫

穿着缝，没人疼；穿着连，万人嫌

船看风头车看路

床头打架，床尾和

春不忙减衣，秋不忙加帽

春困秋乏夏打盹，睡不醒的冬三月

葱辣鼻子蒜辣心

粗茶淡饭保平安

粗粮杂粮营养全，既保身体又省钱

D

打不断的亲，骂不断的邻

打打闹闹，白头到老

打断骨头还连着筋

打虎还得亲兄弟，上阵须教父子兵

打人一拳，防人一脚

打是疼，骂是爱

打兔的不嫌兔多，吃鱼的不怕鱼腥

打油的钱不买醋

打在儿身，痛在娘心

大不正则小不敬

大虫恶杀不吃儿

大葱蘸酱，越吃越胖

大缸里打翻了油，沿路儿拾芝麻

大姑娘十八变，变到上轿观音脸

大锅饭，小锅菜

大火开锅，小火焖饭

大饥而食宜软，大渴而饮宜温

大家闺女小家妻

大嚼多咽，大走多跌

大事瞒不了庄乡，小事昧不了邻居

大蒜百补，独损一目

大厦千间，不过身眠七尺

但得一步地，何须不为人

但添一斗，不添一口

当家才知柴米价，养子方晓父母恩

当家人疾老，近火的烧焦

当家三年狗也嫌

到什么山上打什么柴

得意夫妻欣永守，负心朋友怕重逢

灯靠油，人靠饭

低头不见抬头见

碟大碗小，磕着碰着

东到吃羊头，西到吃猪头

东家不知西家苦，南家不知北家难

冬至馄饨夏至面

豆芽菜炒两盘儿，小俩口打仗闹着玩儿

肚皮勿痛，骨肉不亲

度过寒夜觉春暖，尝过苦豆知馍甜

断钱如断血

多年的媳妇熬成婆

多年为老娘，错剪脐带

多一分享用，减一分志气

多则半月，少则十日

E

恶虎不食子

饿肚酒，醉死牛

饿死事小，失节事大

饿咽糟糠甜似蜜，饱饫烹宰也无香

恩爱不过夫妻

恩爱夫妻不到头

儿不嫌母丑，狗不怨主贫

儿大不由娘

儿女之情，夫妻之情

儿孙自有儿孙计，莫与儿孙作马牛

儿行千里母担忧

F

发怒的母豹赛猛虎

饭饱肉不香

饭菜嚼成浆，身体必健康

饭后一支烟，危害大无边

饭前便后洗净手，各种病菌不入口

饭前饭后一碗汤

饭养身，歌养心

房中无君难留娘，山中无草难养羊

非宅是卜，唯邻是卜

分家如比户，比户如远邻，远邻不如行路人

风流自古恋风流

蜂蚁也有君臣，虎狼也有父子

凤不离窠，龙不离窝

凤凰靠羽毛，姑娘靠衣裳

佛门虽大，难渡无缘之人

佛要金装，人要衣装

夫愁妻忧心相亲

夫大一，金银堆屋脊；妻大一，麦粟无半粒

夫妇是树，儿女是花

夫贵妻荣

夫妻安，合家欢

夫妻本是同林鸟，大限来时各自飞

夫妻不和，子孙不旺

夫妻吵架好比舌头碰牙

夫妻恩爱苦也甜

夫妻恩情是一刀割不断的

夫妻好比一杆秤，秤盘秤砣两头儿平

夫妻交市，莫问谁益；兄弟交憎，莫问谁直

夫妻且说三分话，未可全抛一片心

夫妻是打骂不开的

夫妻是福齐

夫妻相思爱，久别如新婚

夫妻一条心，黄土变成金

夫有千斤担，妻挑五百斤

伏天吃西瓜，药物不用抓

父子不和家不旺，邻居不和是非多

父子无隔宿之仇

富对富，穷对穷，褛青的找个牧羊工

富贵随口定，美丑趁心生

G

盖棺始论定

干柴烈火，一拍就合

干大则枝斜

干土打不成高墙，没钱盖不成瓦房

甘蔗老来甜，辣椒老来红

高门不答，低门不就

胳膊折了往袖子里藏

鸽子斑鸠大不同，童养媳妇难做人

隔村的井水担不得，隔邻的母鸡叫不得

隔墙花扭不成连理枝

隔山隔水不隔亲

隔山如隔天

隔夜茶，毒如蛇

各有因缘莫羡人

公不离婆，秤不离砣

公鸡抱窝，母鸡叫明

公婆难断床帏事

公说公有理，婆说婆有理

公修公得，婆修婆得

狗肉滚三滚，神仙站不稳

姑舅亲，辈辈亲，打断骨头连着筋

姑口烦，妇耳顽

姑爷进门，小鸡没魂

姑做婆，是活佛

孤柴难烧，孤人难熬

骨鲠在喉，不吐不快

瓜菜半年粮

寡妇门前是非多

乖的也是疼，呆的也是疼

观音菩萨，年年十八

官大不压乡邻

管山吃山，管水吃水

管山的烧柴，管河的吃水

管闲事，落不是

惯骑马的惯跌跤，河里淹死是会水的

棍棒底下出孝子

锅边拴不住金马鹿

锅盖揭早了煮不熟饭

锅里馒头嘴边食

过了床头，便是父母

H

蛤蟆配对子也得打个泥洞

孩子嘴里无瞎话

好不过郎舅，亲不过夫妻

好出门不如赖在家

好饭不怕晚，趣话不嫌慢

好狗不拦路，癞狗当路坐

好狗不咬鸡，好汉不打妻

好狗护三邻，好汉护三村

好汉饿不得三日

好合不如好散

好话不瞒人，瞒人没好话

好话不说二遍

好话说三遍，聋子也心烦

好话说上千千万，不如实事办一件

好话一句三冬暖，恶语伤人六月寒

好伙计顶不住赖女人

好货不怕看，怕看没好货

好酒说不酸，酸酒说不甜

好客主人多

好郎没好妻，痢痫配花枝

好了伤疤忘了痛

好马不备二鞍，好女不嫁二夫

好男不吃婚时饭，好女不穿嫁时衣

好男不跟女斗

好俏不穿棉，冻死不可怜

好亲不如近邻，近邻不如对门

好人多难，好事多磨

好人还得好衣装

好事没下梢

好事做到底，送佛送西天

好死不如赖活

好笋钻出笆外

好物不坚牢

好物不在多

好物难全，红罗尺短

好一块羊肉，倒落在狗口里

和尚不亲帽儿亲

和尚口，吃遍四方

河里孩儿岸上娘

横草不动，竖草不拿

横的难咽，顺的好吃

横挑鼻子竖挑眼

红梅做过青梅来，扁担当过嫩笋来

红丝一系，千金莫易

厚味必腊毒

胡姑姑，假姨姨

葫芦牵到扁豆藤

虎毒不吃儿

虎生三子，必有一彪

花草需要雨露，女人需要温抚

花对花，柳对柳，破畚箕对折笤帚

花轿领到场，媒人跨过墙

花木瓜，空好看

花香飘千里，有女百家求

花须叶衬，佛要金装

换了钥匙对不上簧，夫妻还是原配的好

患难夫妻到白头

患难朋友，艰苦夫妻

荒年传乱信，隔夜定终身

黄金难买乡邻情

黄泉路上无老少

黄莺不打窝下食

会吃千顿香，乱吃一顿伤

会嫁嫁对头，不会嫁嫁门楼

J

饥时饭，渴时浆

饥时过饱必殒命

饥食荔支，饱食黄皮

鸡狗不到头，虎兔泪双流

急行无好步

脊背对脊背，强如盖双被

佳人有意郎君俏，红粉无情子弟村

佳人自来多命薄

家不和，外人欺

家常便饭吃得长，粗布衣裳穿得久

家大担子重

家和万事兴，家衰吵不停

家花没得野花香

家家有本难念的经

家宽出少年

家里事，家里了

家贫不是贫，路贫愁杀人

家贫思贤妻

家私不论尊卑

家屋养壁虎，蚊蝇夜夜除

家无主，屋倒竖

家无住，屋倒柱

家乡的山坡不嫌陡

家有患难，邻保相助

家有千口，主事一人

家有三件宝，丑妻薄田破棉袄

家有贤妻，男儿不遭横事

家有一老，黄金活宝

嫁出去的姑娘，泼出去的水

嫁汉嫁汉，穿衣吃饭

奸生杀，赌生盗

见路不用问，小路就比大路近

剑老无芒，人老无刚

叫亲了的娘，住亲了的房

街死巷不乐

借米赶得上下锅，还米就赶不上下锅

借汁儿下面

今日不知来日事

金儿银男，不如生铁老伴儿

金刚怒目，不如菩萨低眉

金花配银花，西葫芦配南瓜

金钱儿女，柴米夫妻

金水子，银水子，买不下这个奶水子

金窝银窝，不如自家的草窝

金乡邻，银亲眷

紧火粥，慢火肉

久别如新婚

久住邻居为一族

酒不在多，只要醇；蜜不在多，只要甜

酒不醉人人自醉，色不迷人人自迷

酒肠宽似海，色胆大如天

酒陈性足，姜老味辣

酒多伤身，气大伤人

酒儿不凝，伢儿不冷

酒盖三分羞

酒鬼见酒脚步收，刀架头颈喝三口

酒好不怕巷子深

酒后吐真言

酒壶虽小胜大海，淹死多少贪杯人

酒解愁肠

酒令不分亲疏

酒令严于军令

酒乱性，色迷人

酒能成事，酒能败事

酒怕牛肉饭怕鱼

酒钱酒钱，酒后无言

酒肉朋友，柴米夫妻

酒肉朋友短，患难夫妻长

酒色财气，人各有好

酒色祸之媒

酒是穿肠毒药，色如刮骨钢刀

酒是高粱水，醉人先醉腿

酒是解乏的良药

酒是色媒人

酒头茶脚

酒为色媒，色为酒媒

酒在肚里，事在心头

酒斟满，茶倒浅

酒中不语真君子

酒壮英雄胆

酒醉聪明汉，饭胀傻脓包

酒醉话多

酒醉心里明，银钱不让人

救急不救穷

K

靠山吃山珍，靠海食海味

靠水识鱼性，近山知鸟音

可着头做帽子

客不修店，官不修衙

口子大小总要缝

快刀割不断的亲戚

捆绑不成夫妻

困难九十九，难不倒两只手

L

癞蛤蟆想吃天鹅肉

癞痢头儿子自家的好

狼虎虽恶，不食其子

老蚌出明珠

老不拘礼，病不拘礼

老不以筋骨为能

老儿不发根，婆儿没布裙

老黄忠不减当年勇

老将不讲筋骨威，英雄还在少年堆

老将刀熟，老马识途

老马不死旧性在

老婆是墙上的泥坯，去了一层又一层

老人不讲古，后生会失谱

老鼠养的猫不疼

乐观出少年

雷公不打吃饭人

离家一里，不如屋里

篱笆不打灶

脸丑怪不着镜子

两个婆娘一面锣，三个婆娘一台戏

两口子打架不用劝，放上桌子就吃饭

两相情愿，好结亲眷

邻居好，赛金宝

临桥须下马，过渡莫争船

六亲合一运

六十六，不死掉块肉

龙配龙，凤配凤，鹁鸪对鹁鸪，乌鸦对乌鸦

露水夫妻，也是前缘分定

露水夫妻不长久

陆人居陆，水人居水

路在脚下，路在口边

鸾凤只许鸾凤配，鸳鸯只许鸳鸯对

萝卜就茶，气得大夫满地爬

萝卜青菜，各有所爱

骡马上不了阵

落花有意，流水无情

M

马老腿慢，人老嘴慢

买猪不买圈

瞒天瞒地，瞒不了隔壁邻居

满堂儿女，当不得半席夫妻

猫生的猫疼，狗养的狗疼

毛头姑娘十八变，临到结婚变三变

没男没女是神仙

媒婆口，没量斗

每尝美味者，必先将舌头用线羁住

美不美，泉中水，亲不亲，故乡邻

美酒不过量，好菜不过食

美女累其夫

门不当，户不对，日久天长必成灾

梦祸得福，梦笑得哭

米面夫妻，酒肉朋友

民非水火不能生活

民可百年无货，不可一朝有饥

民以食为天

莫图颜色好，丑妇良家之宝

莫饮卯时酒，莫食申时饭

母狗不掉尾，公狗不上身

N

哪个女子不怀春，哪个男子不钟情

男大当婚，女大当嫁

男当下配，女望高门

男儿无妻不成家

男憨福大，女丑贤惠

男婚女嫁凭媒证，不要媒人事不成

男怕输笔，女怕输身

男人三十一朵花，女人三十豆腐渣

男人无刚，不如粗糠

男想女，隔重山；女想男，隔张纸

男要俏，一身皂；女要俏，三分孝

男也懒，女也懒，落雨落雪翻白眼

男子痴，一时迷；女子痴，没药医

男子无妻财没主，妇女无夫身落空

南风不及北风凉，旧花不如新花香

南人北相，北人南相

能吃野味四两，不吃家禽半斤

能隔千山，不隔一水

逆子顽妻，无药可治

年纪不饶人

年里不老日里老

年年有储存，荒年不慌人

年轻的夫妻爱钉磕，年老的夫妻爱啰嗦

年岁不饶人

娘好囡好，秧好稻好

宁吃对虾一口，不吃杂鱼半篓

宁吃天上二两，不吃地上一斤

宁跟男子汉吵顿架，不跟妇道人说句话

宁嫁穷汉，莫嫁孬蛋

宁叫男大十，不叫女大一

宁恋本乡一捻土，莫爱他乡万两金

宁恼远亲，不恼近邻

宁为故乡鬼，莫作异乡人

怒后不可便食，食后不可便怒

女大五，赛老母

女大一，不是妻

女的愁了哭，男的愁了唱

女儿不断娘家路

女儿大了理当嫁，女大不嫁人笑话

女儿嫁出门，总归自家人；媳妇抬进门，还是外头人

女人嫁汉，穿衣吃饭

女人三十三，太阳落西山

女人是锅沿子，男人是地堰子

女人是家庭的灵魂

女人是枕头边的风，不听也得听

女人无夫身无主

女人一朵花，全靠衣当家

女人越离越胆大，男人越离越害怕

女婿有半子之劳

女子无才便是德

O

藕断丝不断

P

怕问路，要迷路

怕走崎岖路，莫想攀高峰

配了千个，不如先个

皮里生的皮里热，皮里不生冷似铁

贫贱夫妻百事哀

贫贱夫妻恩爱多

贫穷患难，亲戚相救；婚姻死丧，邻里相助

牝鸡无晨

破家值万贯，一搬三年穷

破茧出俊蛾

Q

七岁八岁讨狗嫌

妻大一，有饭吃；妻大二，多利市；妻大三，屋角摊

妻跟夫走，水随沟流

妻是枕边人，十事商量九事成

妻贤夫祸少，子孝父心宽

妻以夫贵

妻应夫，急如鼓

欺山莫欺水

其母好者其子抱

骑马坐船三分险

起新不如买旧

千朵桃花一树儿生

千金难买两同心

千金难买六月泻

千金难买美人笑

千金难买亲生子

千金置家，万金置邻

千肯万肯，只怕男的嘴不紧

千里不捎针

千里红丝，姻缘已定

千里姻缘着线牵

千里之行，始于足下

千年治山，万年治邻

千死敢当，一饥难忍

前世姻缘由天定

强扭的瓜不甜

强作的夫妻苦又成，情愿的两口甜中甜

巧妻常伴拙夫眠

亲帮亲，邻帮邻

亲不过父母，近不过夫妻

亲戚不如邻

亲望亲好，邻望邻好

亲无怨心

亲有远近，邻有里外

青春过去无年少

清官难断家务事

清明前后乱穿衣

情人眼里出西施

情有情根，冤有冤种

穷家出美女

穷人的苦难在脸上，富人的油水在嘴上

穷灶门，富水缸

穷找穷亲，富找富邻

秋不食姜，令人泻气

秋冬食獐，春夏食羊

娶到的媳妇买到的马，由人骑来由人打

拳头上立得人，胳膊上走得马

R

热不过火口，亲不过两口

热饭不能热食

人不立家身无主

人到三十把头低

人到中年，百事相缠

人到中年万事和

人非草木，谁能无情

人过五十，就该修桥补路

人活六十不远行

人绝粮必死，鱼无水自亡

人靠衣服马靠鞍

人靠衣装，佛靠金装

人老不以筋骨为能

人老骨头硬，越干越中用

人老精，姜老辣

人老是一宝

人老无能，神老无灵

人老先老腿

人老心不老

人老性不改

人老珠黄不值钱

人冷披袄，鱼冷钻草

人离乡贱

人怕老来贫

人前教子，枕上教妻

人亲骨肉香

人生莫作妇人身

人生七十古来稀

人是一盘磨，睡着就不饿

人是桩桩，全靠衣裳

人死饭甑开，不请自己来

人闲生病，石闲生苔

人行千里，处处为家

人有三像，物有同样

人有三灾六难

人在世间，日失一日

人争一口气，鸟争一口食

人之将死，其言也善

人作千年调，鬼见拍手笑

忍得十日破，忍不得十日饿

日求三餐，夜求一宿

日有所思，夜有所梦

肉炒熟，人吵生

肉肥汤也香

肉贱鼻子闻

若要不喝酒，醒眼看醉人

若要好，问三老

若要俏，带三分孝

若要甜，加点盐

撒手不为奸

三百六十行，行行吃饭着衣裳

三杯和万事，一醉解千愁

三餐莫过饱，无病活到老

三分画儿七分裱

三分人才，七分打扮

三口子不如两口子亲

三千银子兵，杀不得邻里情

三人同行小的苦

三十过，四十来，双手招郎郎弗来

三十里莜面四十里糕，二十里面条饿断腰

三世仕宦，方会着衣吃饭

三条腿的蛤蟆没见过，两条腿的人有的是

三言两语成夫妻

啥人扮啥相，啥将骑啥马

山中常有千年树，世上并无百岁人

上床萝卜下床姜

少吃一口，安定一宿

少年夫妻老来伴

少年偏信，老汉多疑

少女少郎，相乐不忘；少女老翁，苦乐不同

蛇粗窟窿大

身无挂体衣，家无隔宿粮

生子莫生多，生多换破锅

十八廿三，抵过牡丹

十层单不如一层棉

十个儿子十个相

十命九奸

十七的养了十八的

十七十八力不全，二十多岁正当年

十七十八无丑女

十七十八一枝花

十说客不及一破客

食多伤胃，忧多伤身

是亲必顾，是邻必护，沾亲带故，暗中相助

是亲三分向

是药三分毒

是一亲，担一心

是姻缘棒打不开

手背也是肉，手心也是肉

手中有粮，心中不慌

暑日无君子

树大分权，儿大分家

树大枝散

树老招风，人老招贱

双相思好害，单相思难挨

谁个少男不钟情，谁个少女不怀春

水是故乡甜，月是故乡明

睡如弓，立如松，行如风，声如钟

说媒三家好，过后两家亲

T

他妻莫爱，他马莫骑

他乡虽好，终非久留之地

太公八十遇文王

太平年月寿星多

贪吃贪睡，添病减岁；少吃多餐，益寿延年

贪多嚼不烂

桃饱人杏伤人，李子树下埋死人

天上下雨地下流，小俩口儿打架不记仇

天生一对，地造一双

天生一个人，必有一分粮

天下无不是的父母

田要冬耕，崽要亲生

甜不过少年夫妻，苦不过鳏寡老人

挑水瞒不了井台，上炕瞒不了锅台

听书长智，看戏乱心

同鸟不同巢，同树不同根

同行无疏伴

头戴大帽身穿青，不是衙役便是兵

头戴三尺帽，不怕砍一刀

头锅饺子二锅面

头嫁由亲，二嫁由身

投亲不如住店

推车的进了店，半个县长也不换

W

娃娃是道盖面菜

外甥多似舅

外头有个挣钱手，家里有个聚钱斗

晚饭少一口，活到九十九

晚娘的拳头，云里的日头

碗里不见青，肠胃倒钩心

万两黄金未为贵，一家安乐值钱多

万种恩情，一夜夫妻

未看老婆，先看阿舅

未晚先投宿，鸡鸣早看天

未有名士不风流

屋要人支，人要粮撑

无谎不成媒

无酒不成席

无事一身轻

无药可延卿相寿，有钱难买子孙贤

无冤不成夫妇，无债不成父子

毋卜其居，而卜其邻舍

五谷天下宝，救命又养身

五十不造屋，六十不种树

五十五，下山虎

五月鲤赛如活人参

X

西瓜一只，好酒数滴，味甜且香，寒温相宜

惜衣有衣，惜食有食

呷得三斗醋，做得孤孀妇

虾有虾路，鳖有鳖路

夏葛而冬裘，渴饮而饥食

夏季多吃蒜，消毒又保健

先花后果

闲饭难吃，闲话难听

闲人愁多，忙人活多

闲人有忙事

嫌吃嫌穿没吃穿

险山不绝行路客，恶水仍有渡船人

险中的船儿划得快

乡里夫妻，步步相随

相逢漫道恩情好，不是冤家不聚头

香花不一定好看，好人不一定漂亮

香油拌藻菜，各人心中爱

小大人儿，老小孩儿

小儿犯罪，罪坐家长

小舅小叔，相追相逐

小来穿线，大来穿绢

小马儿乍行嫌路窄，雏莺初舞恨天低

鞋不加丝，衣不加寸

心安茅屋稳

心急马行迟

心宽出少年

心里有谁，就爱看谁听谁

新婚不如远归

行要好伴，住要好邻

性急嫌路远，心闲路自平

兄弟谗阋，侮人百里

兄弟如手足，妻子如衣服

休道黄金贵，安乐最值钱

休恋故乡春色好，受恩深处便为家

休妻毁地，到老不济

Y

丫头做媒，自身难保

鸦窝里出凤凰，粪堆上产灵芝

咽喉深似海，日月快如梭

盐罐发卤，大雨如注

阎王催命不催食

筵前无乐不成欢

眼大肚子小

扬州虽好，不是久恋之家

羊羔跪乳，乌鸦反哺

养儿防老，积谷防饥

养儿像娘舅，养女像家姑

腰中有钱腰不软，手中无钱手难松

摇车儿里的爷爷，拄拐棍儿的孙子

要饱还是家常饭，要暖还是粗布衣

要和人家赛种田，莫与人家比过年

要暖粗布衣，要好自小妻

要热是火口，要亲是两口

要想皮肤好，粥里加红枣

一白遮百丑

一般树上两般花，五百年前是一家

一不积财，二不结怨，睡也安然，走也方便

一处不到一处迷

一朵鲜花插在牛粪上

一儿一女一枝花

一分酒量一分胆

一竿子插到底

一个姑娘小喘气，十个姑娘一台戏

一官护四邻

一号藤子结一号瓜

一家安乐值钱多

一家不成，两家现在

一家人不说两家话

一家有女百家求

一家有事，四邻不安

一家有事百家忧

一家有一主

一马不跨两鞍

一女不吃两家茶

一人有难众人帮

一日不害羞，三日吃饱饭

一日不见，如隔三秋

一日叫娘，终身是母

一日相思十二时

一世破婚三世穷

一树之果，有酸有甜；一母之子，有愚有贤

一丝为定，千金不易

一岁是男，百岁是女

一碗饭能顶三服药

一夜夫妻百夜恩，百日夫妻一辈亲

一夜只盖半夜被，米缸做在斗笠里

一张床上说不出两样话

一竹竿打到底

一醉解千愁，酒醒愁还在

衣是精神钱是胆

以财为草，以身为宝

以色事他人，能得几时好

姻缘本是前生定，不是姻缘莫强求

姻缘本是前生定，曾向蟠桃会里来

姻缘配合凭红叶，月老夫妻系赤绳

姻缘五百年前定

姻缘姻缘，事非偶然

姻缘有分片时成

英雄难过美人关

英雄气短，儿女情长

迎新不如送旧，新婚不若远归

有其父必有其子

有钱莫娶生人妻

有钱千里通，无钱隔壁聋

有情何怕隔年期

有情铁能发光，无义豆腐咬手

有说有的话，没说没的话

有天没日头

有缘千里能相会，无缘对面不相逢

有种有根，无种不生

幼嫁从亲，再嫁从身

远路没轻担

远亲不如近邻

远亲近邻，不如对门

远行无急步

月里嫦娥爱少年

月亮出来是圆的，小两口打架是玩的

Z

宰相回乡拜四邻

再好的儿女也不如半路夫妻

在家不知出门的苦

在家敬父母，何用远烧香

在家靠娘，出门靠墙

在家千日好，出门一时难

在山靠山，在水靠水

在一方，吃一方

早起三光，迟起三慌

贼打、火烧喊四邻

站有站相，坐有坐相

朝朝寒食，夜夜元宵

丈母娘看女婿，越看越喜欢

珍馐百味，一饱便休

枕边告状，一说便准

正锅配好灶，歪锅配甃灶

知冷知热是夫妻

知子莫若父

脂粉虽多，丑面不加；膏泽虽光，不可润草

只愁不养，不愁不长

只要风度，不要温度

只有痴心的父母，难得孝敬的儿郎

只有私房路，哪有私房肚

指儿不养老，指地不打粮

至亲莫如父子，至爱莫如夫妻

至亲无文

种田不熟不如荒，养儿不肖不如无

妯娌多了是非多，小姑多了麻烦多

猪爪煮千滚，总是朝里弯

竹门对竹门，木门对木门

赚钱伙计，柴米夫妻

庄稼不照只一季，娶妻不照是一世

装啥像啥，卖啥吆喝啥

子孝双亲乐，家和万事成

自古白马怕青牛，虎兔相逢一代休；金鸡不与犬相见，猪与猿猴不到头

自古妇人无贵贱

自古红颜多薄命

自古妻贤夫祸少，应知子孝父心宽

自古月老管说媒，不管夫妻不夫妻

走尽天边是娘好，诸亲百眷莫轻求

走千里路，问千里话

祖坟上冒青烟

嘴上无毛，办事不牢

醉人不醉心

作者不居，居者不作

做天难做四月天，做人难做在中年

精神 心态 感情

A

哀莫大于心死，悲莫大于无声

爱戴高帽子

爱情不是强扭的，幸福不是天赐的

爱情要像高山松，莫学昙花一现红

爱之深，责之切

B

八十有娘还是孩

白头如新，倾盖如故

百病可治，相思难医

百岁老公公，难忘父母恩

板斧能砍千年树，快刀难砍有情丝

包办的婚姻不美满，强扭的瓜儿不香甜

饱人不知饿人饥

悲伤忧愁，不如握紧拳头

不对仇人哭，泪向亲人流

不见棺材不落泪

不见可欲，使心不乱

不怕肚不饱，只怕气不平

不是骨肉不连心

不是冤家不聚头

C

才子佳人，一双两好

恻隐之心，人皆有之

肠里出来肠里热

秤不离砣，公不离婆

吃尽味道盐好，走遍天下娘好

吃了秤砣铁了心

赤金难买赤子心

愁人苦夜长

愁人莫向愁人说，说起愁来愁杀人

愁最伤人，忧易致疾

丑是家中宝，可喜惹烦恼

处贫贱易，耐富贵难；安劳苦易，安闲散难；忍痛易，忍痒难

穿衣戴帽，各人所好

船头怕鬼，船尾怕贼

棰楚之下，何求不得

春寒冻死老牛

此地无银三百两，隔壁阿二没有偷

D

打了牙往自己肚里咽

打了一辈子雁，被雁啄瞎了眼睛

打是疼，骂是爱

打死会拳的，淹死会水的

大江大浪见过多少，河沟子里边真能翻船

大眼望小眼

大意失荆州

大者不伏小

担水向河里卖

淡淡长流水，酽酽不到头

得病想亲人

得宽心处且宽心

得意不可再往

得意夫妻欣永守，负心朋友怕重逢

得意时车辆盈门，失意时门庭冷落

得意走官场，失意写文章

等闲不管人家事，也无烦恼也不愁

东山看着西山高，真到西山，西山还达不到东山的腰

豆腐嘴，刀子心

对待失意人，别说得意事

E

恩爱不过夫妻

恩爱夫妻不到头

恩人相见，分外眼明；仇人相见，分外眼红

儿女是娘身上的肉

儿行千里母担忧

耳不听，心不烦

F

烦恼不寻人，人自寻烦恼

烦恼皆因强出头

饭好吃，气难咽

佛在心头坐，酒肉腑肠过

福过灾生，乐极悲至

父不忧心因子孝，家无烦恼为妻贤

父强子不弱，将门出虎子

父子无隔宿之仇

富汉子不知穷汉子饥

缚虎休宽

G

隔山隔水不隔亲

狗不嫌家贫，儿不嫌母丑

狗不嫌家穷，人不嫌地薄

姑表亲，舅表亲，打断骨头连着筋

古今一个理，兄妹手足情

顾三不顾四

顾头不顾尾

瓜田不纳履，李下不整冠

寡妇寡妇，满脸孤苦

乖的也是疼，呆的也是疼

H

好船者必溺，好战者必亡

好汉流血不流泪

好汉眼泪往心窝里掉

好女也怕缠

好死不如恶活

河里淹死会水的

河深海深，最深莫过父母恩

虎毒不食子

虎口里探头儿

画龙画虎难画骨，知人知面不知心

欢喜鸡婆打烂蛋

欢娱嫌夜短，寂寞恨更长

黄梅不落青梅落，老天偏害没儿人

火头子上走险，气头子上寻短

J

既有今日，何必当初

见鞍思马，睹物思人

见过鬼怕黑

见人只说三分话，不可全吐一片心

叫亲了的娘，住亲了的房

今朝有酒今朝醉，明日愁来明日愁

惊弓之鸟，夜不投林

九牛拉不转

久治生乱，乐极生悲

酒在肚里，事在心头

倦鸟知还

K

看的破，忍不过

看人挑担不吃力，自己挑担压断脊

客多主人欢

空肚子火大

L

懒牛懒马屎尿多

良茶越泡越浓，人情越交越厚

狼多肉少，神仙也苦恼

老巢难舍

老虎还有打盹时候

老虎屁股摸不得

老虎头上拍苍蝇

老怕丧子，少怕丧母

老嫂比母，小叔比儿

乐不可极，欲不可穷

乐处光阴易过，愁时岁月难挨

乐极生悲，否极泰来

冷水浇头怀抱冰

立儿不觉坐儿饥

良鸟恋旧林，良臣怀故主

临危望救，遇难思亲

六神不定，总会得病

M

马行软地易失蹄，人贪安逸易失志

马遇伯乐嘶鸣，人逢喜事流泪

盲人骑瞎马，夜半临深池

猫老吃子，人老惜子

每逢佳节倍思亲

猛虎尚有打盹之时，骏马也会偶失前蹄

梦到神仙梦也甜

梦随心生

莫替古人担忧

N

奶水连心

南北一家，兄弟一堂

难得者兄弟，易得者田地

难受莫过于死了娘老子

娘舅亲，骨肉亲，打折骨头连着筋

娘想儿，流水长；儿想娘，筷子长

宁可爹娘羡儿女，切莫儿女羡爹娘

宁恋本乡一捻土，莫爱他乡万两金

宁走十步远，不走一步险

女的愁了哭，男的愁了唱

女儿心，海底针

P

爬的高，跌的肿

朋友之间不言谢

碰上好事不挑礼

贫贱夫妻恩爱多

破除万事无过酒

Q

骑者善堕

气是无名火，忍是敌灾星

千不如人，万不如人

千朵鲜花一树开

千金难买意相投

千金易得，知音难求

千里能相会，必是有缘人

千里相送，归于一别

千里姻缘一线牵

千里征途靠骏马，万里难关靠亲人

千两黄金容易得，人间知己最难寻

千年不断亲

千年的大道成了河，多年的媳妇熬成婆

千针难缝人心碎

强迫不成买卖，强求不成夫妻

亲帮亲，邻帮邻

亲不亲，故乡人；美不美，乡中水

亲不择骨肉，恨不记旧仇

亲的掰不开，疏的贴不上

亲的是儿，热的是女

亲故亲故，十亲九顾

情人眼里出西施

情人眼里容不下一颗沙子

情真不言谢

请将不如激将

请客不到恼煞主

穷家难舍，故土难离

穷人的孩子早当家

穷人有穷人的难处，富人有富人的悲哀

穷有穷愁，富有富忧

囚人梦赦，渴人梦浆

R

热心闲管是非多，冷眼觑人烦恼少

人不伤心不落泪

人不中敬

人愁不要喜悦

人非草木，谁能无情

人逢喜事精神爽，月到中秋分外明

人老不算老，心老才算老

人怕饿，地怕荒

人怕伤心，树怕剥皮

人怕上床，字怕上墙

人亲骨头香

人生唯有别离苦

人咸踬于垤，莫踬于山

人想人，愁煞人

人有三尺长，天下没落藏

人在难中好救人

日有所思而夜有所梦

肉多餍肥

若欲不忙，浅水深防；若欲无伤，小怪大禳

S

三斧头劈不开

三尸暴跳，七窍生烟

三十三天离恨天最高，四百四病相思病最苦

色胆大如天

杀人之心不可有，防人之心不可无

上阵亲兄弟，打仗父子兵

少女的心，秋天的云

蛇咬一口，见了黄鳝都怕

蛇有蛇道，鼠有鼠道

神仙也有打盹时

生不能养，死不能葬

生则同衾，死则同穴

盛喜中不许人物，盛怒中不答人简

狮子老虎也护犊

十步九回头

十个男人九粗心

十个哑巴九个性子急

十指连心

世间苦事莫若哭，无言之哭最为苦

世上莫过手足情，打断骨头连着筋

世上难得事，子孝与妻贤

世上知心能有几

事不关心，关心则乱

事要前思免后悔

事有一利，必有一弊

是非终有日，不听自然无

是灰比土热，是盐比酱咸

是亲三分向

是一亲，担一心

手掌手背都是肉

树高千丈，落叶归根

树怕伤了根，人怕伤了心

树叶子掉下来都怕打了头

谁养的孩子谁操心

说不出的，才是真苦；挠不着的，才是真痒

死寡易守，活寡难熬

四海之内皆兄弟

T

他乡遇故知

天下尽多意外事，天师亦有鬼迷时

极变苦，乐极生悲

甜馍馍冷吃也甜，知心人恼了也好

W

外乡酒，不如故乡水

万金易抛，旧土难舍

为善最乐

闻道百以为莫己若

我亲不用媒和证，暗把同心带结成

无儿女也贵

无面目见江东父老

无情未必真豪杰

无丧不掉泪，无仇难开刀

无事而戚，谓之不祥

无子媳妇喜他儿

X

喜酒、闷茶、生气烟

喜时多失言，怒时多失理

系狱之囚，日胜三秋

香不过的猪肉，亲不过的娘舅

小别胜新婚

小心天下去得，大胆寸步难行

笑多了没喜

心安茅屋稳

心沉坠死人

心慌吃不得热粥，骑马不看"三国"

心去意难留

新婚不如久别

Y

牙舌两不动，安身处处牢

淹死会水的，打死犟嘴的

言为心之苗

眼不见，嘴不馋；耳不听，心不烦

眼为心苗，苗伤动根

雁飞千里也恋亲

燕飞千里总归窝

要热是火口，要亲是两口

野花不种年年有，烦恼无根日日生

叶落归根，人老还乡

一尺不如三寸近

一贵一贱，交情乃见；一死一生，乃见交情

一家人，心连心，打断骨头连着筋

一畦萝卜一畦菜，自己生的自己爱

衣不如新，人不如旧

易求无价宝，难得有情郎

易求者田地，难得者兄弟

油瓶儿倒了都不扶

油儿酱儿糖儿醋儿倒在一处

有福同享，有祸同当

有情哪怕隔年期

有情人终成眷属

有缘千里来相会，无缘对面不相逢

有再生的儿女，没有再生的爹娘

雨不大，淋湿衣裳；事儿不大，恼断心肠

远亲不如近邻

养儿方知父母恩

Z

早知今日，何必当初

境遇 贫富 得失

A

矮檐之下出头难

安乐时头要低，困苦时头要高

安危相易，祸福相生

安逸生懒汉，逆境出人才

熬过冬就是夏

鳌鱼脱却金钩去，摆尾摇头不再回

B

八十老汉桥头站，三岁顽童染黄泉

拔根汗毛都比腰粗

拔了毛的凤凰不如鸡

百日连阴雨，总有一朝晴

百万豪家一焰穷

败家容易兴家难

败为寇，成为王

绊倒不疼起来疼，犯错不怕过后怕

绊三跤，方知天外有天；跌几跌，才晓人后有人

饱食三餐非足贵，饥时一口果然难

豹死留皮，人死留名

笨人有笨福

比上不足，比下有余

彼一时，此一时

秕糠榨不出油来

必死则生，幸生则死

闭门家里坐，祸从天上来

扁担没扎，两头失塌

不顶千里浪，哪来万斤鱼

不费二十四道手，粮食不会得到手

不费心血花不开，不下苦功甜不来

不经霜的柿子不甜，不过九的皮毛不暖

不能留芳百世，也必遗臭万年

不怕百战失利，只怕灰心丧气

不怕上代穷，就怕下代熊

不怕凶，只怕穷

不求赶得早，就求赶得巧

不入虎穴，焉得虎子

不施万丈深潭计，怎得骊龙项下珠

不是一番寒彻骨，怎得梅花扑鼻香

不受磨难不成佛

不挑千斤担，哪来铁肩膀；不走万里路，哪来铁脚板

不下高粱本，没有老酒喝

不行春风，难得秋雨

不以成败论英雄

不遇盘根错节，无以别利器

不撞南墙不知道墙硬，不尝梨子不知道梨子酸

布衣暖，菜根香

C

财去人平安

谚语·境遇　贫富　得失

三八三

财与命相连

财主的斗，老虎的口

财主的金银，穷人的性命

财主靠家当，穷人凭能耐

财主门前孝子多

草随风倒河随弯

草随季节长，人靠机会抖

长线放远鹞

朝廷还有三门子穷亲戚

成家犹如针挑土，败家好似水推沙

成家子，粪如宝；败家子，钱如草

成立之难如登天，覆败之易如燎毛

成事在天，谋事在人

成则为王，败则为寇

城门失火，殃及池鱼

吃得筵席打得柴

吃饭防噎，走路防跌

吃个鱼头腥个嘴

吃过黄连的人，才知道蜜糖的甜

吃过螃蟹就百样无味，贩过私盐就百行无利

吃亏长见识

吃力不讨好

吃烧饼还要赔唾沫

吃一番苦，学一回乖

吃一分亏，受无量福

吃一堑，长一智

吃鱼别嫌腥，嫌腥别吃鱼

吃在脸上，穿在身上

吃着自己的饭，替人家赶獐子

痴人自有痴福

池里的鱼虾晓不得大海大，笼里的鸡鸭晓不得天空宽

出的牛马力，吃的猪狗食

除了死法，另有活法

处处有路通长安

处贫贱易，耐富贵难；安劳苦易，安闲散难

穿鞋不知光脚的苦

穿针还得引线人

船烂还有三千钉

船行弯处须转舵，人逢绝境要回头

床头有箩谷，勿怕无人哭

创业百年，败家一天

槌要敲在响鼓上

春不到，花不开

春天三冷三暖，人生三苦三乐

此处不留人，自有留人处

从来好事多风险，自古瓜儿苦后甜

从胜利中学得少，从失败中学得多

D

打铁看火候，做事看时机

打铁要趁热，治病要趁早

大难不死，必有后福

大屈必有大伸

大手抓草，小手抓宝

大寿到，难照料

得宠思辱，居安思危

得意时车辆盈门，失意时门庭冷落

得意走官场，失意写文章

E

蛾眉本是婵娟刀，杀尽风流世上人

饿出来的见识，穷出来的聪明

饿慌的兔儿都要咬人

饿急了吃五毒，渴急了喝盐卤

饿了来馒头，困了遇枕头

饿死不做贼，屈死不告状

饿死胆小的，撑死胆大的

二十年的媳妇熬成婆，百年的道路熬成河

F

放虎归山，必有后患

飞鸟不知网眼儿细

风吹鸡蛋壳，财去人安乐

风流自古多魔障

风无常顺，兵无常胜

逢庙就得上供，见寺就得烧香

福不多时，祸由人作

福地留与福人来

福过灾生，乐极悲至

福来不容易，祸来一句话

福人自有福命

福生有基，祸生有胎

福是自求多的，祸是自己作的

福无双降，祸不单行

福与祸为邻

福至心灵，灾令志昏

富不学奢而奢，贫不学俭而俭

富从升合起，贫从不算来

富贵本无根，尽从勤里得

富贵怕见开花

富贵他人合，贫贱亲戚离

富贵在天，生死由命

富极是招灾本，财多是惹祸因

富家必有旧物

富家一席酒，穷汉半年粮

富了贫，还穿三年绫

富攀富，穷帮穷

富人家日子好过，穷人家孩子好养

富人思来年，贫人顾眼前

富人踏穷，寸步难行

富日子好过，穷家难当

富无三代享

富嫌千口少，贫恨一身多

G

赶集早进城，赶席早入棚

钢铁要在烈火中锻炼，英雄要在困难里摔打

各人有各人的难处

各人自有各人福，牛吃稻草鸭吃谷

各有因缘莫羡人

耕牛无宿草，仓鼠有余粮

弓硬弦长断，人强祸必随

功成不退，祸在旦夕

功名富贵草头露，骨肉团圆锦上花

孤柴难烧，孤人难熬

瓜熟蒂落，儿大自立

官宦自有官宦贵，僧家也有僧家尊

贵人多磨难

过了这个村儿，没这个店儿

H

憨头郎儿，增福延寿

寒门生贵子，白屋出公卿

好刀要在石上磨，好钢要在火中炼

好汉不怕出身低

好汉千里客，万里去传名

好酒说不酸，酸酒说不甜

好了疮疤别忘了疼

好名难出，恶名易出

好人不长寿，祸害一千年

好人多难，好事多磨

好人说不坏，好酒搅不酸

好人说不坏，坏人说不好

好事难碰上，坏事接连三

好事宜早不宜迟

好死不如赖活着

好天还得防阴雨

好言不听，祸必临身

禾怕寒露风，人怕老来穷

河里鱼多水不清，山里石多路不平

河有九曲八弯，人有三回六转

荷花出自污泥中

红颜自古多薄命

虎瘦身还在

花开引蝶，树大招风

花盆里长不出栋梁，鸡窝里练不出翅膀

患难朋友，艰苦夫妻

皇帝轮流做，明年到我家

黄河尚有澄清日，岂可人无得运时

黄金被土埋，不失其光辉

黄金从矿石中提炼，幸福从艰苦中取得

黄连树根盘根，穷苦人心连心

黄泉路上无老少

黄鼠狼专咬病鸭子

豁不出肉疼治不好疮，舍不得孩子打不住狼

祸从浮浪起，辱因赌博招

祸福无门，唯人所召

祸由恶作，福自德生

惑者知返，迷道不远

J

饥不择食，寒不择衣，慌不择路，贫不择妻

饥者易为食，渴者易为饮

机不可失，时不再来

鸡瘦不倒冠

鸡窝里也能飞出金凤凰

积丝成寸，积寸成尺，寸尺不已，遂成丈匹

吉人自有天相

急不避嫌，慌不择路

急出嫁嫁不下好汉子

急出来的主意，逼出来的祸

急生智，气生慧

急用卖得堂前地

急中有失，怒中无智

既到大江边，不怕水湿脚

既在矮檐下，怎敢不低头

既在江湖内，都是苦命人

寄人篱下，有苦难言

家家都有本难念的经

家贫的孩子知事早

家穷有口锅，人穷不离窝

家要败，出妖怪

家有多嘴公，十个仓廒九个空

家有黄金，邻有斗秤

家有千万，小处不可不算

家有三件宝，丑妻薄田破棉袄

家有万担粮，挥霍不久长

家有万贯，还有个一时不便

肩膀头儿不齐，不是亲戚

俭是聚宝盆，勤是摇钱树

见贫休笑富休夸，谁是常贫久富家

剑老无芒，人老无刚

箭在弦上，势在必发

将相无种，官出庶民

叫花三年，做官无心相

叫花子也有三个穷朋友

叫花子也有三天年

借酒浇愁愁更愁

今天脱下鞋和袜，不知明天穿不穿

久走夜路，总要撞一回鬼

酒乱性，色迷人

酒色祸之媒

拘小节者，不能立大事

君子问祸不问福

K

苦尽甘来是真福

苦日难熬，欢时易过

苦死千家，发财一家

库里有粮心不慌，手里有钱喜洋洋

L

腊月的花子赛如马

来得早洗头汤，来得迟洗浑汤

懒人自有懒人福

老蚌出明珠

老虎还有打盹儿的时候

老虎离山被犬欺，凤凰落架不如鸡

老了的千里马不如一条狗

老天爷饿不死没眼的家雀

两下里做人难

临崖立马收缰晚，船到江心补漏迟

留得葫芦子，不怕无水瓢

留得青山在，不愁没柴烧

六十年气运轮流转

龙怕揭鳞，虎怕抽筋

蝼蚁尚且贪生

漏底的缸好补，穷困的洞难堵

路不会总是平的，河不会总是直的

路是人开的，树是人栽的

M

麻雀飞过，也有影子

马不失蹄，不识有地

马逢伯乐方知价，人遇知音自吐心

马渴想饮长江水，人到难处思亲朋

马老无人骑，人老就受欺

马老卸鞍，虎老归山

马行软地易失蹄，人贪安逸易失志

马要骑，人要闯，生铁不炼不成钢

马有三肥三瘦，人有三起三落

麦高于禾，风必吹之；人高于群，众必推之

卖牛留条绳，做人留个名

馒头落地狗造化

没碰过钉子不知道疼

没事常思有事

没有过不去的河，没有爬不上的坡

没有一口吃饱的饭

蜜罐里熬不出硬骨头

妙药难医冤债病，横财不富命穷人

民怕兵匪抢，官怕纱帽丢，穷怕常生病，富怕贼人偷

明月不常圆，好花容易落

明珠不怕磨，越磨越闪光

命该井里死，河里淹不煞

命好心也好，富贵直到老

命里无财该受穷，富贵都是天铸成

命若穷，掘得黄金化作铜；命若富，拾着白纸变成布

命中注定三更死，决不留人到五更

N

拿斧的得柴火，张网的得鱼虾

男儿不发狠，到老受贫困

能医病不能医命

泥捏人也要有时间晒干

年轻饱经忧患，老来不怕风霜

年轻不攒钱，老来受艰难

鸟大高飞必有影，树大枝多更招风

鸟过留音，人过留名

鸟之将死，其鸣也哀；人之将死，其言也善

宁跟明白人打一架，不跟糊涂人说句话

宁进一寸死，毋退一尺生

宁可贫后富，不可富后贫

宁可无了有，不可有了无

宁可做过，不可错过

宁苦在前，不苦在后

宁穷一年，不穷一节

宁在地上挨，不在土里埋

牛老任人宰，人老任人欺

牛老无力，人老无威

P

怕刺戳，摘不到鲜花；怕烫手，吃不到饽饽

怕得老虎喂不得猪

怕鬼偏有鬼

怕小河过不了大江

怕痒怕痛，做不得郎中

怕灾就来祸，躲也躲不过

碰得好不如碰得巧

碰回钉子学回乖

匹夫无故获千金，必有非常之祸生

贫不忧愁富不骄

贫不与富敌，贱不与贵争

贫家百事百难做，富家差得鬼推磨

贫家富路

贫贱夫妻百事哀

贫贱亲戚离，富贵他人合

贫贱之交不可忘，糟糠之妻不下堂

贫无本，富无根

平安就是福

泼水难收，人逝不返

破船经不起顶头浪

Q

骑虎之势，必不得下

起头易，到底难

千金难买心中愿

千金难买一口气

千人所指，无疾而亡

千死敢当，一饥难忍

前怕狼，后怕虎，一事无成白辛苦

钱过北斗，米烂成仓

墙倒众人推，鼓破乱人捶

穷村有富户，富村有穷人

穷怕来客，富怕来贼

穷人有个穷菩萨

穷人乍富，如同受罪

穷上山，富下川

穷虽穷，还有三担铜

犬若赶到绝望路，岂不回头咬他人

R

人不怕低，货不怕贱

人不宜好，狗不宜饱

人不知亲穷知亲，心不知近穷知近

人不走运，喝口凉水都塞牙

人到难处不能挤，马到难处不加鞭

人到难处才见心

人到难处方知难

人到难处就如虎落深坑

人到难处显亲朋

人到事中迷，就怕不听劝

人的名儿，树的影儿

人急悬梁，狗急跳墙

人命大如天

人能名望高

人挪活，树挪死

人怕逼，马怕骑

人怕出名猪怕壮

人怕落荡，铁怕落炉

人怕伤心，树怕伤根

人怕遇难，船怕上滩

人贫志短，马瘦毛长

人穷长力气，人富长脾气

人穷当街卖艺，虎饿拦路伤人

人生如白驹过隙

人生识字忧患始

人是三截草，不知哪截好

人受一口气，佛受一炉香

人受折磨武艺高

人死如灯灭

人死债入土

人望幸福树望春

人为一口气，丢了十亩地

人未伤心不得死，花残叶落是根枯

人无千日好，花无百日红

人要练，马要骑

人要知足，马要歇脚

人有悲欢离合，月有阴晴圆缺

人有吉凶事，不在鸟音中

人有生死，物有毁坏

人在世上炼，刀在石上磨

人走时运马走膘

荣华是草上露，富贵是瓦头霜

容易得来容易舍

乳名都是父母起，坏名都是自己惹

入深水者得蛟龙，入浅水者得鱼虾

软锤子打不出硬家伙

若要佛法兴，除非僧赞僧

S

洒多少汗水，有多少收获

三寸气在千般用，一日无常万事休

三十年河东，三十年河西

三万六千毛孔一齐流汗，二十四个牙齿捉对厮打

杀人不过头点地

山高挡不住行路的人，河宽挡不住摆渡的船

山有高峰，水有激流

善良的人流芳百世，恶毒的人遗臭万年

伤弓之鸟高飞，漏网之鱼远逝

伤心忧愁，不如握紧拳头

上当学乖，吃亏学能

舍不得金弹子，打不住银凤凰

舍不得香饵，钓不来金蟾

身在福中不知福

深山藏虎豹，乱世出英雄

神仙本是凡人做，只为凡人不肯修

生死关头见人心

生子痴，了官事

胜不骄，败不馁

胜不足喜，败不足忧

省事饶人，过后得便宜

盛筵必散

失败是成功之母

失之东隅，收之桑榆

十磨九难出好人

十年窗下无人问，一举成名天下知

十日滩头坐，一日行九滩

石子扔到河里，大小总可以听到个响声

时不可失，机不再来

时到天亮方好睡，人到老来才学乖

时来顽铁有光辉，运去黄金无颜色

时来易觅金千两，运去难赊酒一壶

时来运到推不开，元宝自己上门来

时势造英雄

时衰鬼弄人

世上没有事事都舒心的人

事到万难须放胆

事在人为，路在人走

势不可使尽，福不可享尽

是福不是祸，是祸躲不过

收船好在顺风时

受不了委屈，成不了大事

受伤的蛤蟆都要蹦三蹦

瘦骆驼强似象

瘦牛不瘦角

输得自己，赢得他人

输理不输气，输气不输嘴

输赢无定，报应分明

树大招风，名高招忌

树大招风，钱多惹事

树有皮，人有脸

摔跤也要向前倒

摔了个跟头，拾了个明白

摔一个跟头，识一步路程

谁笑到最后，谁笑得最好

谁种狂风，谁收暴雨

水火不留情，遭灾当日穷

水激石则鸣，人激志则鸿

睡多了梦长

顺风行舟易翻船

私心重，祸无穷

思想对了头，一步一层楼

死后方知万事休

虽有智慧，不如乘势

T

逃得了今朝，逃不过明朝

逃生不避路，到处便为家

讨便宜处失便宜

讨饭三年懒做官

讨米讨得久，定会碰到一餐酒

天不能总晴，人不能常壮

天不生无路之人

天高任鸟飞，海阔凭鱼跃

天没有总阴，水没有总浑

天上神仙府，人间帝王家

天生人，地养人

天塌了有地接着

天塌有高个儿，水淹有矮子

天无百日雨，人无一世穷

天无绝人之路

天下本无事，庸人自扰之

天阴总有天晴日

天有不测风云，人有旦夕祸福

天有时刻阴晴，人有三回六转

田鸡要命蛇要饱

甜从苦中来，福从祸中生

铁匠门上没关子，木匠门上少栓子

铁怕落炉，人怕落套

铁树也有开花日

听不得雷声，经不得风雨

同人不同运，同伞不同柄

同舟要共济，万难化为夷

铜盆碎了斤两在，大船破了钉子多

头回上当，二回心亮

投亲不理，投友不顾

兔死因毛贵，龟亡为壳灵

兔子急了也要咬人

W

外头赶兔，屋里失獐

弯扁担，压不断

弯尺画不出直线来

弯树枝儿掰不直，犟脾性儿改不了

弯着腰干活，直着腰走路

万事不由人预料

王八好当气难出

为人莫作妇人身，百年苦乐由人定

为政犹沐也，虽有弃发，必为之

未归三尺土，难保百年身；已归三尺土，难保百年坟

未穷先穷，永世不穷；未富先富，永世不富

未穷先穷不穷，未富先富不富

无祸便是福

无禁无忌，黄金铺地

无立锥之地

无奈无奈，瓜皮当菜

无颜见江东父老

无与祸邻，祸乃不存

X

喜事难成双，霉事偏成对

呷得三斗醋，做得孤孀妇

下了山的老虎不如狗

下坡不赶，次后难逢

先苦后甜，幸福万年

先下米，先吃饭

香饵之下，必有死鱼

想治疮不能怕挖肉

小财不去，大财不来

小壶里的水开得快

心静自然凉

心宽体自胖，饱暖生是非

心强命不强

星随明月，草随灵芝

行船最怕顶头风

行善获福，行恶得殃

秀才造反，三年不成

Y

压大的力，吓大的胆

严霜偏打独根草

眼泪灭不了火

眼里识得破，肚里忍不过

咬着石头才知道牙疼

要人说句好，一世苦到老

要想有所得，必先有所失

夜长梦多，好事多磨

一场官司一场火，任你好汉没处躲

一朝被蛇咬，十年怕井绳

一家不知一家苦

一人有福，带挈一屋

一人造反，诛连九族

一文钱难倒英雄汉

衣来伸手，饭来张口

因祸得福，事在人为

阴也有个晴，黑也有个明

英雄难过美人关

有得必有失

有的不知无的苦

有福之人不在忙

有钱难买背后好

有心栽花花不开，无心插柳柳成荫

越热越出汗，越冷越打颤；越穷越没有，越有越方便

运到时来，铁树花开

运去黄金减价，时来顽铁生光

Z

栽林养虎，虎大伤人

宰相家奴七品官

再平的路也会有几块石头

早上梁山是英雄，晚上梁山也是英雄

造车的多步行

真穷好过，假富难当

只有不快的斧，没有劈不开的柴

智者千虑，必有一失

种不上好庄稼一季子，娶不上好媳妇一辈子

种菜的老婆吃菜脚，做鞋的老婆打赤脚

猪肥了腰粗，钱多了气粗

捉鹌鹑还要个谷穗儿

捉鳖不在水深浅，只要遇到手跟前

自酿苦酒自己喝

自然来的是福，强求来的是祸

自作孽，不可活

纵有百日晴，也有一日阴

走马有个前蹄失，急水也有回头浪

走一步说一步

坐儿不知立儿饥

坐轿子的是人，抬轿子的也是人

生理　保健　健康

A

爱笑者，心不衰；善保养，身不老

安定病人心，疾病去七分

安谷则昌，绝谷则亡

B

八十不稀奇，七十多来兮，六十小弟弟

拔拔火罐，病好一半

百病从脚起

百病可治，相思难医

饱食伤心，忠言逆耳

蹦蹦跳跳筋骨壮，萎萎缩缩百病生

避色如避仇，避风如避箭

病不除根，遇毒还作

病不瞒医

病床前的人都挂三分病

病从口入，祸从口出

病急乱投医

病加于小愈

病来如山倒，病去若抽丝

病来如山倒，不如预防早

病人不忌口，枉费大夫手

病人心事多

病僧劝患僧

病无良药，自解自乐

病有四百四病，药有八百八方

不除病邪，不能治本；不经风雨，不能强身

不懂望闻问切，怎辨虚实寒热

不服药，胜中医

不干不净，吃了没病

不生气，不犯愁，无痛无灾到白头

不说不笑，不成老少

不为良相，当为良医

C

茶喝多了养性，酒饮多了伤身

柴多入灶塞死火，药量过重吃坏人

产前病，手弹弹

常病无孝子

趁我十年运，有病早来医

吃得邋遢，做个菩萨

吃饭少一口，睡觉不蒙首

吃五谷杂粮，保不住不生病

吃药不如自调理

虫草鸭子贝母鸡

愁人莫向愁人说，说与愁人转转愁

愁一愁，白了头；笑一笑，十年少

愁最伤人，忧易致疾

臭鱼烂虾，得病冤家

出气多,进气少

出外十里，为风雨计；出外百里，为寒暑计；出外千里，为生死计

穿山甲，王不留，妇人服了乳长流

疮口出了脓，比不长还受用

疮怕有名，病怕无名

床上无病人，狱中无罪人，即是天下福人

从未伤心不得死，花残叶落是根枯

粗茶淡饭保平安

D

打拳练身，打坐养性

大病要养，小病要抗，无病要防

大病用功，小病用药

大饿不在车饭

大汗后，莫当风，当风容易得伤风

大饥而食宜软，大渴而饮宜温

大蒜百补，独损一目

大灾之后必有大疫

单方一味，气煞名医

耽误一夜眠，十夜补不全

弹打无命鸟，药治有缘人

刀疮药虽好，不割为妙

刀伤好治，舌伤难医

得谷者昌，失谷者亡

冬吃萝卜夏吃姜，不找郎中开药方

冬令进补，立春打虎

肚大如柳斗，神仙难下手

断酒自首，埔糟而朽

E

蛾眉皓齿，伐性之斧

恶贯不可满，强壮不可恃

饿不死的伤寒，吃不死的痢疾

饿则思饱，冷则思暖，病则思健，穷则思变

耳不听，心不烦

F

凡药三分毒

饭菜嚼成浆，身体必健康

饭后百步，不问药铺

饭后百步走，活到九十九

饭前便后洗净手，各种病菌不入口

饭养身，歌养心

防病于未然

房劳促短命

疯狗咬人无药医

疯痨臌膈，阎罗王请的上客

夫病而娶妇，则有勿药之喜

伏天吃西瓜，药物不用抓

服药求神仙，多为药所误

G

各人害病，各人吃药

公道世间惟疾病，贵人身上不轻饶

关节酸痛，不雨必风

关门卖疥药，痒者自来

官不差病人

归为官人，病为死人，留为番人

过了七月半，人似铁罗汉

H

孩子不避父母，病人不避大夫

寒从脚底来

汗水没有落，莫浇冷水澡

好汉只怕病来磨

好酒除百病

好人不长寿，祸害一千年

喝冷酒，使官钱

禾怕寒露风，人怕老来穷

禾怕枯心，人怕伤心

恨病用药

换汤不换药

黄金有价药无价

黄泉路上无老少

黄鼠狼偏挑病鸭儿咬

活动好比灵芝草，何必苦把仙方找

J

饥梳头，饱洗澡

急脱急着，胜如服药

家无十年粮，休去背药箱

见食不抢，到老不长

荐贤不荐医

贱买鱼不如贵买菜

匠不富，医不长

九折臂而成医

久病成名医

久病床前无孝子

救病扶危是善举

K

苦药利病，苦口利用

裤带长，寿命短

狂大夫没有好药

L

劳动强筋骨，无病便是福

痨病怕过秋

痨病水臌瘫痪症，阎王早请定

老不拘礼，病不拘礼

老不以筋骨为能

老不与少争

老的别惹，小的别逗

老黄忠不减当年勇

老健春寒秋后热

老医少卜

乐观出少年

冷水洗脸，美容保健；温水刷牙，牙齿喜欢；热水洗脚，如吃补药

梨百损一益，木瓜百益一损

力士怕黄金，财主怕穷汉，穷汉敌不过阎王势

良药苦于口而利于病，忠言逆耳而利于行

良药难治思想病，好话难劝糊涂虫

良医成于折肱

良医救病，庸医害人

留得梧桐在，自有凤凰来

六十不借债，七十不过夜

六十六，不死掉块肉

蝼蚁尚且贪生，为人怎不惜命

鹿老蹄滑，人老眼花

驴倒了架子不倒

绿色是一剂良药

萝卜上了街，药方把嘴撅

M

卖药者两眼，用药者一眼，服药者无眼

卖嘴的郎中，没有好药

瞒债必穷，瞒病必死

慢病在养，急病在治

没病没灾也算福

没钱买肚肺，睡觉养精神

眉好不如耳毫，耳毫不如老饕

美酒不过量，好菜不过食

门神老了不捉鬼

苗怕虫咬，儿怕娘娇

明医暗卜

莫饮卯时酒，莫食申时饭

母健儿女壮，师高弟子强

N

内练一口气，外练筋骨皮

男怕出血，女怕生气

恼一恼，老一老；笑一笑，少一少

脑怕不用，身怕不动

能吃就能干

能叫挣死牛，也不能打住车

能医病不能医命

年里不老日里老

年轻勤锻炼，老来身体健

年少别笑白头人

鸟之将死，其鸣也哀；人之将死，其言也善

宁叫累了腿，不叫累了嘴

宁可折本，休要饥损

宁治十男子，莫治一妇人；宁治十妇人，莫治一小人

怒后不可便食，食后不可便怒

怒伤肝，喜伤心

怒于室者色于市

P

枇杷黄，医者忙；橘子黄，医者藏

疲劳过度，百病丛生

脾寒不是病，发起来要了命

偏方治大病

Q

七分补养三分药，七分补养三分觉

七十不留宿，八十不留饭

七十三，八十四，阎王不叫自个去

七叶一枝花，深山是我家；痈疽如遇者，一似手拈拿

起得早，身体好

气大不养人

气短体虚弱，煮粥加白果

气恼便是三分病

气恼得伤寒

千金难买老来瘦

强长发，弱长甲

憔悴皆因心绪乱，从来忧虑最伤神

勤脱勤着，不用服药

青菜豆腐保平安

清晨叩齿三十六，到老牙齿不会落

请医须请良，传药须传方

穷人无病抵半富

穷生虱子富生疥

去家千里，勿食萝蘖、枸杞

R

热不走路，冷不坐街

热水烫脚，顶住吃药

人不该死终有救

人吃五谷生百病

人到三十五，半截入了土

人黄有病，天黄有风

人活六十不远行

人活七十，谁不为一口吃食

人活一口气

人见稀奇事，必定寿元长

人老不算老，心老才算老

人老不以筋骨为能

人老骨头硬，越干越中用

人老猫腰，树老焦梢

人老腿先老

人老无能，神老无灵

人老惜子

人老一时，麦老一晌

人老易松，树老易空

人老珠黄不值钱

人怕屙血，地怕种麦

人怕老来病，禾怕钻心虫

人生百岁，总是一死

人是铁，饭是钢

人死如灯灭

人闲生病，石闲生苔

人有可延之寿，亦有可折之寿

人有了心病，猫叫也心惊

若要安乐，不脱不着

若保小儿四时安，常带三分饥与寒

S

三百六十病，惟有相思苦

三餐莫过饱，无病活到老

三分吃药，七分调理

三十人找病，四十病找人

三十似狼，四十似虎

三岁弗吃鸡，到老不用医

伤筋动骨一百天

上天远，入地近

少不舍力，老不舍心

少吃多滋味，多吃坏肚皮

少吃一口，安定一宿

少年休笑白头翁，花开有得几时红

身安抵万金

身病好医，心病难治

身大力不亏

身发财发，量大福大

身静养指甲，心静养头发

身面有汗莫当风

身弱鬼来缠

神丹不如药对症

神农尝药千千万，可治不了断肠伤

生气催人老，笑笑变年少

生死道上无老少

什么病吃什么药

是药能治病，当今无死人

是药三分毒

树老根多，人老话多

树老见根，人老见筋

树老焦梢，人老猫腰

树老怕风摇

树老生虫，人老无用

树老心空，人老百通

树老心空，人老颠东

树一老，遭虫咬；人一老，迷心窍

水不流要臭，刀不磨要锈

水要深拨，病要浅治

睡如弓，立如松，行如风，声如钟

说不出的，才是真苦；挠不着的，才是真痒

死后方知万事休

死了家主妇，折了擎天柱

虽有神药，不如少年；虽有珠玉，不如金钱

T

太平年月寿星多

贪吃贪睡，添病减岁；少吃多餐，益寿延年

贪多嚼不烂

贪酒不顾身，爱色不顾病，争财不顾亲，斗气不顾命

贪钱郎中医不了病

贪人吃顿饼，三天不离井

瘫痨蛊疾，百无一生

体力是个基础，拳术是个架子

天不能总晴，人不能常壮

天黄有风，人黄有病

天君泰然，百体从令

天雷不打饿肚人

天冷不冻下力人

天冷水寒，饥寒相连

田父可坐杀

铁不锤炼不成钢，人不运动不健康

铁不磨要锈，水不流要臭，人不动要减寿

同病相怜，同忧相救

痛者不通，通者不痛

W

外科不治癣，内科不治喘

晚上脱了鞋和袜，不定清晨穿不穿

碗里不见青，肠胃倒钩心

瘫人不忘起，盲人不忘视

问医不瞒医，问卜不瞒卜

巫师斗法，病人吃亏

无病即神仙

无病一身轻，有子万事足

无钱买补食，早困当休息

无钱买药吃，困困当将息

无钱药不灵

无求到处人情好，不饮从他酒价高

X

仙果难成，名花易陨

闲人愁多，懒人病多，忙人快活

小病不治成大病，漏眼不塞大堤崩

小儿欲得安，无过饥与寒

小伢儿手多，老头儿嘴多

笑一笑，十年少

心病还须心上医

心不忧伤，喜气洋洋；心不添愁，活到白头

心沉坠死人

心宽增寿，愁能催老

心里没病，不怕鬼叫门

心里痛快百病消

心则不竞，何惮于病

新米粥，酱萝卜，郎中先生见了哭

虚不受补

宣医纳命，敕葬破家

Y

牙疼不是病，疼起来要人命

牙痛才知牙痛人苦

严霜故打枯根草

眼见稀奇物，寿年一千岁

眼前一亮，胜如吃仔八样

眼是五官门，耳是七窍窗

眼为心苗，苗伤根动

养病如养虎

养痈成患，不如操刀一割

药补不如食补

药不对症，参茸亦毒

药不轻卖，病不讨医

药不执方，合宜而用

药不治假病，酒难解真愁

药饵难医心上病

药能生人，亦能死人

药能医假病，不能医死病

药农不知草名，渔翁不知鱼名

药投下方，只要一碗汤

药物三分治，精神七分疗

药医不死病，佛度有缘人

药医不死病，死病无药医

药医得倒病，医不倒命

要长寿，多走路

要吃药，不可瞒郎中

要得健康，常晒太阳

要叫皮肤好，粥里加红枣

要想吃饱饭，专看一窝旦

要想身体壮，饭菜嚼成浆

要想睡得美，就得打通腿

要做长命人，莫做短命事

夜饭少吃口，活到九十九

一分精神一分福

一勤生百巧，一懒生百病

一日三笑，不用吃药

一树梨花压海棠

一碗饭能顶三服药

一夜不睡，十夜不足

一夜五更，当不得一个早晨

一夜筵赶不得一夜眠

一症配一药，跳蚤无涎捉不着

医不自医

医得病，医不得命；医得身，医不得心

医家不忌

医家有割股之心

医家有空青，天下无盲人

医生越老越好

医有医德，药有药品

医杂症有方术，治相思无药饵

医者父母心

以财为草，以身为宝

阴间路上没老少

隐疾难为医

英雄只怕病来磨

硬汉经不住三泡稀

硬汉子怕病魔

庸人多厚福

庸医杀人

忧思成疾疢

忧易致疾，怒最伤人

忧郁伤肝

油干灯草尽

有病不忌医

有病不瞒医，瞒医害自己

有病不治，常得中医

有病自己知

有愁皆苦海，无病即神仙

有钱的药挡，没钱的命抗

有钱难买老来瘦

有钱难买黎明觉

有三岁之翁，有百岁之童

有什么别有病，没什么别没钱

有药敷在疼处，有话说在明处

与其病后能服药，莫若病前能自防

欲多伤神，财多累心

Z

杂症好医，吏病难治

四
一
九

谚语·生理 保健 健康

在生一日，胜死千年

早起早睡身体好

早上跑三步，饿死老大夫

扎针拔罐，病轻一半

知足者常乐，能忍者自安

肢体疲软下，粥里放山楂

只有出的气，没有进的气

治病容易治心难

治病要治本，刨树要刨根

治了病治不了命

治什么病，用什么药

治珠臀而剜眼，疗湿痹而刵足

壮夫不病疟

自病不能自医

纵欲催人老

坐如钟，立如松，卧如弓

节气 天象 时令

A

暗室亏心，神目如电

B

八月的蟹子盖儿肥

八月里，雁门开，雁儿脚下带霜来

八月十五大过年

八月暖，九月温，十月还有个小阳春

不到春分地不开，不到秋分籽不来

不到冬至不寒，不到夏至不热

不结籽花休要种，无义之人不可交

不冷不热，五谷不结

C

重阳无雨一冬晴

初出日头暴出世

初伏浇，末伏烧

初三月下有横云，初四日里雨倾盆

初雪早，终霜早

初一初二不见面，初三初四一条线，初五初六月挂钩，初七初八月露半，十五十六月儿圆

础润知雨，月晕知风

吹啥风，落啥雨

吹一日南风，还一日北风

春不刮，地不开；秋不刮，籽不来

春打六九头，穿吃不用愁

春分分芍药，到老不开花

春风不刮，杨柳不发

春风吹破琉璃瓦

春寒多雨水

春落雨到清明

春天不生产，秋后白瞪眼

春天后母面

春天误一晌，秋天误一场

春捂秋冻

春雾花香夏雾热，秋雾凉风冬雾雪

春夏东南风，不必问天公

春蟹夏鲨秋翅冬参

春雨贵如油

春扎骨头秋扎肉

春争日，夏争时

D

打鱼人盼望个天气，庄稼人盼望个好收成

大地开花，垄沟摸虾

大风刮不多时，大雨下不多时

大寒一场雪，来年好吃麦

大旱不过五月十三

大麦亮芒，小麦发黄

大暑小暑，灌死老鼠

地和生百草，人和万事好

东风急，披蓑笠

东鲎日头西鲎雨

东驴西磨，麦城自破

东明西暗，等不到撑伞

东闪日头西闪雨，南闪乌云北闪风

冬不冷，夏不热

冬东风，雨太公

冬冷不算冷，春冷冻煞鹦

冬凌树稼达官怕

冬前不结冰，冬后冻杀人

冬三天，年四天，清明要过十二天

冬天戴棉帽，胜过穿棉袄

冬夜的黎明觉最甜

冬至长于岁

冬至未来莫道寒

冬走十里不明，夏走十里不黑

E

恶风尽日没

二八月，乱穿衣

二月二，龙抬头

F

芳槿无终日，贞松耐岁寒

焚林而畋，明年无兽；竭泽而渔，明年无鱼

风不摇，树不动

风不扎脸就算春天

风吹弥陀面，有米弗肯贱；风吹弥陀背，有米弗肯贵

风从地起，云自山出

风从虎，云从龙

风大要伴岸走，浪急要落篷行

风儿无翅飞千里，消息无脚走万家

风后暖，雪后寒

风急雨至，人急智生

风沙一响，地价落三落，粮价涨三涨

风灾一条线，水灾一大片

富贵草头霜

G

瓜见花，二十八

鹳鸟仰鸣晴，俯鸣雨

光阴荏苒，日月不等人

光阴似箭，日月如梭

贵人出门招风雨

过了八达岭，征衣添一领

过了冬，长一针；过了年，长一线

H

寒霜偏打独根草

寒在五更头

好天也得防阴雨

河鱼跳，大雨到

黑云黄梢子，过来带刀子

虹挂东，一场空；虹挂西，雨弥弥

花开必落，月圆必缺

花开花谢自有时

花可再开，鬓不可再绿

花落花开自有时

黄昏兽入山，日落鸟归林

黄梅天，十八变

黄梅雨未过，冬青花未破；冬青花已开，黄梅雨不来

黄云雨多

J

鲫鱼主水，鳑鱼主晴

夹雨夹雪，无休无歇

节令不饶人

今年雪盖三尺被，明年枕着馒头睡

金马门外聚群贤，铜驼街上集少年

金山屋裹山，焦山山裹屋

九日雨，米成脯

九月九，蚊虫叮石臼

九月冷，十月温，秋底下还有个小阳春

久晴必有久雨

聚少成多，滴水成河

K

开门风，闭门雨

快雨快晴

狂风不竟日，暴雨不终朝

L

腊鼓鸣，春草生

腊七腊八，冻掉下巴

腊天一寸雪，蝗虫入地深一尺

腊雪培元气

腊雪是被，春雪是鬼

腊月冻，来年丰

腊月有三白，猪狗也吃麦

腊月有雾露，无水做酒醋

老鲤斑云障，晒杀老和尚

浪从风来，草从根来

雷高弗雨

雷公不打吃饭人

雷公不打笑脸人

雷公先唱歌，下雨也不多

冷在三九，热在三伏

离家三里远，别是一乡风

立春日暖，冻杀百家卵

立夏不下，田家莫耙

立夏晴，蓑笠满田临；立夏雨，蓑笠挂屋柱

立夏三朝开蚕党

连阴雨，泛泡泡

六月的日头，后娘的拳头，媒人的舌头

六月的天，小孩的脸

六月盖夹被，田里不生米

六月六，看谷秀

六月有迷雾，要雨到白露

龙行云，虎行风

露结为霜，雨结为雪

洛阳多钱郭氏室，夜月昼星富难匹

M

蚂蚁搬家，天要下雨

蚂蚁作坝必下雨

麦过芒种根必死

麦收三月雨

麦秀风摇，稻秀雨浇

瞒鬼瞒神，瞒不过雷公

满天星斗光乱摇，或风或雨欲连朝

猫喜月

梅里雷，低田坼合龟

梅里勿落时里落

梅里西南，时里潭潭

梅里一声雷，时中三日雨

猛雨连三场，龙行旧道儿

门前插柳青，农夫休望晴；门前插柳焦，农夫好作娇

牡丹不带娘家土

牡丹为花王，芍药为花相

N

南海的天，孩子的脸

南甜北咸，东辣西酸

闹热冬至冷淡年

嫩草怕霜霜怕日，恶人自有恶人磨

弄花一年，看花十日

Q

七九河开，八九雁来

七两为参，八两为宝

七月看巧云

起了雾，晒破肚

千金之锯，命悬一丝

千山万湖，只差一步

清明不带柳，红颜成皓首

秋风一起，光棍见底

秋阳如老虎

劝君莫打三春鸟，子在巢中望母归

R

人过三十天过午

人叫人死天不肯，天叫人死定不容

日没胭脂红，无雨也有风

日头钻嘴，冻死小鬼

瑞雪兆丰年

S

三朝雾露起西风

三伏不热，五谷不结

三九四九冻死狗

十七十八，月从根发

时和岁丰为上瑞

水底生青苔，卒逢大水来

水是福，雪是财

四时皆是夏，一雨便成秋

苏杭两浙，春寒秋热；对面厮啜，背地厮说

T

天干没望朵朵云

天旱莫望疙瘩云，人穷莫上亲戚门

天旱收山，雨涝收川

天将雨，鸠逐妇

天冷水寒，饥寒相连

天凭日月，人凭良心

天晴吃猪头，下雨吃羊头

天若不降严霜，松柏不如蒿草；神灵若不报应，积善不如积恶

天上无云难下雨

天上下雨地下浸，人留子孙草留根

天上有了扫帚云，不出三天大雨淋

天下太平，夜雨日晴

天下无水不朝东

天有不测风雨，人有当时祸福

天糟有雨，人糟有祸

田怕秋旱，人怕老穷

偷风不偷月，偷雨不偷雪

W

晚晌火烧云，明早晒煞人

望雨看天光，望雪看天黄

屋檐水滴三分雨

五更天鬼龇牙，寒冬腊月人冻煞

五月旱，不算旱，六月连阴吃饱饭

雾沟晴，雾山雨

雾露不收即是雨

X

西风吹得紧，东风来回敬

西风响，蟹脚痒

下雪不冷消雪冷

夏走十里不黑，冬走十里不亮

先下牛毛没大雨，后下牛毛不晴天

星多夜空亮，人多智慧广

雪花六出，预兆年丰

雪怕太阳草怕霜，人过日子怕铺张

Y

严霜出呆日，雾露是好天

燕子低飞要下雨

一场秋雨一场寒

一个星，保夜晴

一叶落而知天下秋

鱼知三日水，水知三日风

雨打五更，日晒水坑

雨打一大片，雹打一条线

月如悬弓，少雨多风；月如仰瓦，不求自下

月晕而风，础润而雨

月晕主风，日晕主雨

Z

朝西暮东风，正是旱天公

猪长三秋，鱼长三伏

早霞不出门，晚霞行千里

股市谚语

入 市 篇

确定长期的投资目标和原则，为股票交易的首要问题

股民是否具备经商的经验，与投资股票能否获利并没有必然的联系

任何直接投资都是专业投资，而专业投资需要专业知识作基础

防止在高价位套牢，是学习买卖股票的最重要的一课

不要轻易地去劝别人买卖股票，股价最不容易预测，以免出错招怨

能够亏损的最大范围，就是你能够投资的最大极限

从事股票投资，会获得许多无形地收入

选择投资目标要尽量符合自己的性格

任何投资都需具备智慧性的忍耐力

本业第一，股票投资为辅，做股票能帮助致富，却不可视其为事业

不要把所有的财产都投入股市，更切忌借贷资金购买股票

不急功近利，不三心二意，不沉溺玩股

不要将短期周转资金去炒股票

手中有股，心中无股

新手怕大跌，老手怕大涨

买入前要小心求证，三思而行

看不懂、看不准、没把握时坚决不进场

先学会做空，再学会做多

不经历巨亏，不会被教育

每次股市大跌，有多少个百万千万富翁消失，就会产生多少个

百万千万富翁

　　有钱自己说了算，有股市场说了算对市场没有把握的时候还是自己说了算

　　证券投资有三要素：一是时间，二是报酬，三是风险

　　如果你爱他，就劝他去做股票，因为那里是天堂如果你恨他就劝他去做股票，因为那里是地狱

判 研 篇

选股不如选时，善买不如善卖

低价格的股票，要比高价格的股票变动的幅度大

凡领先股市上涨的股票，必会领先大势下跌

大宗交易的出现，表示大量的换手。换手正是股价趋势反转的开始

最徒劳无功的行为莫过于试图去猜测大户与炒手的心理

股价的短期变动与经济变化及公司业绩毫无关联

任何股票操作的理论，都有其缺点，最值得信赖的是股民自己

绝大多数人看好时，股市就要下跌；绝大多数人看淡时，股价就要上升

成交量可显示股价变动的情况，当成交量开始增加时，应加以注意

股价上涨三步曲——盘底、突破、飞涨！

股市中的资金总是朝最有利的方向流动

谁掌握了股市变化的"趋势"，谁就是赢家

经验可以培养灵感，但灵感却不能完全依赖经验

问题股，就是问题股，明知不对，少动为佳

专买与经济专家观点相反的股票，也是一种别致的投资方式！

股票市场只有相对性、原则性，而无绝对性

股价在低档盘旋愈久，上档的幅度愈大

人老生病，会先发烧，同理，由成交量可以看出股市是否生病了

掌握不同行业的特性，才有获利的契机

股价的升降并非漫无规则的

买卖股票切忌过多的转换，犹豫不决时不要轻举妄动

大跌之后成交量随股价的继续低落而增加，是买进时机

在购买股票时，要注意公司未来的获利潜力与目前股价间的关系是

否合理

没有只涨不跌的行情，也没有只跌不涨的行情

股价指数连续三天更新，但成交量却依次递减，后市可能不妙

买入的时点是股票投资中最重要一环

成交量激增，价位不动，是股市近顶的讯号

投资股票要切实了解公司的经营情况，不可被一些不实数字所蒙骗

洞悉力强，快人一步可能稳操胜券

判断股票的成长或衰退，要看它与时代潮流的差距而定

不因小利益而耽误了大行情，不因小变动而迷惑了大方向

股价涨幅日渐缩小，成交量又每况愈下，是股价接近顶部的明显征兆

不可用自己的财力估计行情，不应以赚赔多少而影响决心

判断行情容易，下定决心困难

守住三零线，炒股不赔钱

顶部三日，底部百天

断头铡刀，逃之夭夭

小阳，小阳，必有长阳

底部跳空向上走,天打雷劈不放手

高位跳空向上走,神仙招手却不留

君子问凶不问吉，高手看盘先看跌

如果说长线是金，短线是银，那么，波段操作就是钻石

涨时重势，跌时重质

短期均线最佳拍档：强调五日均线，依托十日均线，扎根三十日均线

股性是否活跃，是选股的重要标准之一

选时重过选股。既选股、又选时，则更加完美

再差的股都有让你赚钱的机会，关键是看介入的时机是否恰当

整体行情是国家政策与市场主力共振的产物，个股行情则是庄家的

独角戏

先知先觉者大口吃肉，后知后觉者还可以啃点骨头，不知不觉者则要掏钱买单了

持币时自己说了算，持股时则是市场说了算

该跌的不跌，理应看涨；该涨的不涨，坚决看跌

若个股走势脱离大势而自成一体，则完全是庄家资金介入的结果

通过股家走势去研判庄家的意向，通过盘面变化去把握庄家的动向

在股市上，凡夫的直觉有时会胜过行家的理论

预测撒下种子，交易才有收获

对股市懂得越多的人，越不轻易对市场行情发表意见

不同种类的股票，没有好坏之分；同一种类的股票才有优劣之别

选择股票，一要看发行公司信誉，二要看发行公司效益

即使大势料得准，若是选错了股票，也不见得一定赚钱

股票的投资价值是随时间的变化而变化的

股价要涨，条件是有人买；股票要有人买，条件是看涨

过去的行情走势，只能说明过去，不能保证将来

股票是一张纸，本来没有生命，一旦在市场上交易，便立刻显示其个性来

正如人的个性有沉默寡言的，有活泼好动的一样，股票的个性也有热络的热门股，有冷僻的冷门股

强势股票并非天生就是气势最强的，而是随时间、空间而变化的

股市的特征就是这样，只要行情一有苗头，游资便不请自来

股价走势的形成，需要很多因素逐渐形成，一旦形势已成，股价走势就变得难以遏阻了

世上没有用来准确无误地预测股价走势的方法，如有，发明这种方法的人必须拥有市场上所有的股票

就长期来说，股价的涨都有据可依，不是毫无章法、乱哄一气的

股市的变化就像气候的变化一样，有冷热之分

历史会重演，股市亦然

过去的股价变化形态，将来有可能会重复

高值三日，低值百日

因为跌价，所以要卖。因为大家争卖，所以就更跌

大势疲软时，也有俏丽挺扬的股票；大势趋升时，也有晦气滑降的股票

股票是会烂在手里的

股票只有两种，一种是涨势中的，再一种是跌势中的，只要能分辨就行

如果你持有的是一种此时你并不急切想买的股票，那么你就应该把它卖掉

喜欢做某种股票的人，不论怎样打转，最后还会回头选择该种股票。

如果能同时拥有现金和股，就可以做到进退自如

很多投资者在行情看好时，将资金一次投入，将力量一次用完；在行情看坏时，将持股统统卖出，这种做法，缺乏缓冲余地，以致常常坐失良机

股价处于盘旋阶段时，不管是高档盘旋还是低档盘旋，最好的做法是坐以待变

如果十个人中有九个人对行情看好，剩下的一个人除非意志力相当坚强，否则也跟着看好

每当股价动向欠明朗时，往往也是投资者意见最多、最杂、最难一致的时候

股价在一段相当的时间内，沿着一个特定的轨道，作一定方向的移动

不能指望在股市的每个阶段都做对,只要对的时候比错的时间多就是成功者

买价决定报酬率的高低，即使是长线投资也是如此

利润的复合增长与交易费用和税负的避免使投资者受益无穷

只投资未来收益确定性高的企业

通货膨胀是投资者的最大敌人

投资者财务上的成功与他对投资企业的了解程度成正比

就算财政部长偷偷告诉你未来两年的货币政策，你也不要改变你的任何一个作为

股市涨无顶，跌无底。抄底者必死

股市久盘必跌

投资者是一胜二平七赔钱

中国股市只有买错，而没有踏空

赚钱的空间是跌出来的

反弹不是底，是底不反弹

会买的是徒弟，会卖的是师傅，会休息的是师爷。

百分之八十的股评家看空时，是买入股票的最佳时机。百分之八十的股评家看多时，是卖出股票的最佳时机

牛市中百分之二十的技术指标正确，百分之八十的技术指标不准确

熊市中百分之二的技术指标正确，百分之九十八％的技术指标不准确

股市下跌时成交量可以不用放大，股市上涨时成交量不用放大

熊市中逆向思维多了，牛市中很难做到正向思维

技术指标是随着股价变动而变动，不是股价随着技术指标的变动而变动。

股市中偶然赚到的丰厚利润，他必然退还股市并且远远高于所得

股市下跌，不需要任何理由。股市上涨也不需要任何理由

股市为什么跌跌不止，因为大多数人还在看多

股市为什么不涨，因为市场还没有遇到一个契机

股市如果找到下跌原因之时，股市就是见底之日

股市如果找到上升原因之时，股市就是见顶之日

股市如果出现恐慌性抛盘，股市就是见底之时

股市如果出现疯狂性买盘，股市就是见顶之时

股票低价时买，高价时卖，说起来容易，做起来难

知道一种股票的价格将上升的信息固然重要，但更重要的是要知道在什么时候买进，在什么时候退出

价位本身具有调节功能

股价的升降沉浮，是一个渐变的过程，今天十元收盘的股票，明天不会以五元开盘，也不会一夜间骤升到五十元。如果某一股票能够长期站稳于某一价位之上，那这一价位即为合理价位

在股票交易中，没有"常胜将军"

关键的问题是，有了失败的经历，要善于总结经验，才有可能成为成功的投资者

三分之一回跌，二分之一回涨

股价上涨一段后，一般要回档三分之一；股价下跌一段后，一般要反弹一半

消 息 篇

买卖股票，要想方设法收集第一手资料才能获胜

于消息传出时买入（或卖出），于消息被证实时卖出（或买入）

做股票要自己研究，自己判断行情，不可因未证实的传言而改变决心

自称对股市预测准确的人，往往是对股票一知半解

相信道听途说的人，十之八九都是输家

券商是股民的业务代理，不是股民的投资顾问

不因突发性的好坏消息而改变初衷买进或卖出

所有股票操作的理论，既有它的优点，也都有它的缺陷！

迷信内幕消息，容易吃亏上当！

进货靠消息，出货靠自己

行情在绝望中产生，在犹豫中发展，在欢乐中死亡

资金流向排行榜是主力调兵遣将的显示屏

量比排行榜是个股异动的红外线监测器

技术指标不是看它本身，而是看市场对指标的反应和背离

世上最不值钱的东西是从不诚恳的人那里得到的投资建议

消息是股价波动的催化剂

股票的奇妙之处就在于它的变化性。

无论是什么消息，只有使供求状况发生变化，才能决定股价

好消息出现是卖的时候，坏消息出现是买的时候

靠自己的耳朵去听正确消息，靠自己的眼睛去看真实情况

不要因为一个升降单位而贻误时机

操 作 篇

不要与股市行情作对，不要为特定的需要去从事投机

只要比别人多冷静一分，便能在股市中脱颖而出

不要妄想在最低价买进，于最高价卖出

股票买卖不要耽误在几个"申报价位"上

放长线钩大鱼，好酒放得愈久愈香

以投资的眼光计算股票，以投机的技巧保障利益

买股票如学游泳，不在江河之中沉浮几次，什么也学不会

天天都去股市的人，不比市场外的投资者赚钱

专家不如炒家，炒家不如藏家

股市无常胜将军

赚到手就存起来，等于把利润的一半锁进保险箱

分次买，不赔钱；一次买，多赔钱

在行情跳空开盘时应立即买进或卖出

剪成数段再接起来的绳子，再接起来一定比原来的短

买卖股票，短线操作者最后肯定不如长期投资者的人获利得多！

上升行情中遇到小跌要买，下跌行情中遇到小涨要卖

卖出时动作要快，买进时不妨多斟酌

放不过机遇，就躲不过风险

股票没有好坏之分，买股票就怕炒来炒去，见异思迁，心猿意马

什么时候买比买什么更重要，选择买的时机比选择买什么股票更重要

投资股票千万不要追价买卖

看大方向赚大钱，看小方向赚小钱

买卖股票是为了盈利，但要学会将盈亏置之度外

忙于工作的股民，不妨选择定量定时投资法

可由"买少量、买多样"来体验股票赚钱之道

市场往东，你最好不要往西，喜欢和市场做对的人没有好下场

黑马股可遇不可求，投资胜票仍应以踏实为主

不要因为一个升降单位而贻误时机

申购新股票要慎重选择，股民吃亏上当的事已屡见不鲜

投资人，为成功的投机；而投机人，乃失败的投资

若要在不安定中寻找安定，买进股票最好不要超过3～5种

买进一流大公司的股票，乃是正确的，但应注意其未来的发展性

股市里买进机会多，卖出机会少

对投资者而言，能利用较短的中期趋势，要比做长期趋势所得更多

不在成交大增之后买进，不在成交量大减之后卖出

总股本少的公司股票，容易产生黑马

横有多长，竖有多高

牛市不言顶，熊市不言底

暴涨不买，暴跌不卖

炒股要炒强，赚钱靠头羊

多头不死，跌势不止

炒股如种粮，春播秋收冬藏

鸡蛋不要放在一只篮子里

吃鱼吃中段，头尾留别人

选质不如选时

布林线高位开口,观音菩萨来保佑

能量潮稳步走高,五线向上牵大牛

能量潮高走前面,日后股价节节高

三阴灭不了一阳,后市要看涨

一阳吞没了十阴,黄土变成金

多线共振是大牛,观音菩萨护着走

找此股票满仓入,三度统一牵金牛

小小杠杆轻又轻,压着股价头难伸

一旦冲破压力线,托着股价上天庭

芝麻点里藏金子,极小量中有好股

上山爬坡缓慢走,烘云托月是小牛

量能缩小不可怕,速率改变转中牛

学会做散户的叛徒，就是与庄家为伍

英雄是时代的产物，龙头是行情的需要

拳头往外打，胳膊往里弯

不要费尽心思去抄底和逃顶

文武之道，一张一弛

无招胜有招

投机像山岳一样古老

人弃我取，人取我予

只有持股才能赚大钱

企业价值决定股票长期价格

不要轻易预测市场

股市的下跌如一月份的暴风雪是正常现象

尽量简单

不断的减少交易

远离市场，远离人群

在中国任何节假日不要持股过节

证券投资不要死守一棵树

不能指望在股市的每一个阶段都做对，只要对的时候比错的时间多就是成功者

不要买过分冷门的股票，否则一年到头不能交易，饱受难以变现之苦

市场性浓厚的股票有进出灵活的好处，多头喜欢它，空头也喜欢它

在多头初期可做投机性浓的热门股，在多头后期可做业绩好的冷门股

在社交场合里，交易广泛的热情人引人注意。在股市里，交易频繁的热门股为投资者青睐

行情怎么来，就怎么去

股价有离谱的涨法，也就有快速的跌势

股价跳空地挺升，也就跳空地下降

把握一次股价的机会，要比不断抢进抢出有利得多

在股市里逐利，盈亏的分界，说穿了就是时机两个字

只要股市存在，就会有赚钱的机会，也会有亏损的遭遇

投资和划船一样，顺势而为，则可收到事半功倍的效果，若是逆着股价趋势，就常常吃力不讨好

看准一日行情，便可受用不尽；看准三日行情，既能富甲天下

精明的投资者，总是在行情涨过了头时，卖出股票；在行情跌过了头时，进场捡便宜货

每当股价急剧挫落，很多投资者亏损时，一个新的获利机会就到来了。

上升趋势的回档要买，下跌趋势的回升好卖

吃进时应小心谨慎，吐出是要当机立断

如果总是慢半拍，跟在别人后面亦步亦趋，即使能获利，也十分有限

股价涨跌自有它的道理，至于涨过头和跌过头，却是市场心理过度乐观或过度悲观所致

股价连续涨三个停板以上，出现一天的反转，应立即卖出；股价连续跌三个停板以后，出现一天的反转，应立即买进

在大家都准备买进时你先买，在大家都准备卖出时你先卖

投资新手最容易在股价快速上升或出现高成交时买进，然而此时相反地变动正要开始

如果做两次交易都不顺手，就应该歇歇了

投入股票的金额，不要超过可以承受损失的能力。尤其是对全额交割，更应特别小心

以上涨三成作为卖出目标，这是制订投资目标的基准，也是买卖股票方法之一

最大价下跌，或量大价不跌，如出现在股价大的涨幅之后，应断然出局以保战果，须知股价上涨必须有增量的配合

利用市场的愚蠢，进行有规律的投资

追踪关键玩家的活动，掌握股价波动的内涵

保留明天的交易实力，其重要性超过今天能否获利

最棒的交易往往是那些自己知道是低风险，但又害怕或者想等到更好的时机

把交易经验记录在交易日志中，随时翻阅

如果错了一次买进的良机，就把它忘记

股市不能天天泡，怎会日日有行情，年年有次底和顶，抓住一次就大赢

不识股市真面目，只缘身在股市中，跳出股市看股市，才能看清大走势

股市风水轮流转，今年不赚明年赚，捂住股票兔撞树，长线投资赚大钱

专家是人不是神，不会回回测的准，股评一分为二听，是买是卖自己定

股市变幻有风险，千万不要满仓干，半仓操作最安全，留有余地好回旋

技术指标虽然好，不可生搬和硬套，操作当中灵活用，才能抄底和逃顶

股价未动量先行，放量推动价上升，先见天量后天价，量若不增价到顶

某股底部放大量，预示此股就要涨，及时跟进建上仓，稳稳坐在轿子上

高位长阳放巨量，庄家拉高出货忙，紧跟庄家把货出，以免套在高位上

高位下跌莫慌乱，及时止损是关键，当机立断别犹豫，免得高位套牢你

股市中习惯贪图小利，他一定会丢掉大的机会

听别人的建议做股票，他永远不会做股票

任何波浪形成都是庄家做出来的，并为庄家服务

股市无庄不活

好的股票为什么不涨，因为有很多人在抢庄

跌势中为什么总有亮点，因为臭庄们在自救

如果你找到一个技术指标缺陷，你就获得一个小智慧；如果你找到每一个技术指标的缺陷，你就会获得大智慧

风险篇

放不过机遇，就躲不过风险。

"安全至上"的人，请远离股市为妙

股票市场中小户被大户套牢，是司空见惯的事情

股市回跌超过三分之一，就是响起警报了

可买时买，应卖时卖，须止时止，安全第一，稳当至上，莽撞则失，贪心则贫

不可将所有的资金都投资于一种股票，应尽量分散股票的种类

没有相当丰富的经验，千万不要做买空卖空的交易

轮到问题股上台表演时，牛市即将落幕

股利弹性大的公司，股价愈不稳定

买股票若仅是在买卖股票的"数字"上下功夫，便是标准的投机而不是投资了

股民的人数与股票指数成正比，股市的风险也与股票指数成正比，只有股民的投资收益与股票指数成反比

在自己认定已经获得足够利润时，就要立即抛出，留一些"缝"给后手，要记住，在股市中赚取利润的唯一方法就是首先不遭损失

股价暴涨，宜减量经营，切忌搞透支信用交易，加码操作，更忌高价追买

喜欢在股市中"捡便宜货"的人，捡到"破烂"的机率极高

抑涨卖跌，知能赚钱就行。不宜太贪，否则连老本都保不住

谁笑到最后，谁赔得最惨

避免在"鸡犬升天"的市场中久留

从事股票投资，应有一点功德，留点利润给别人吧！

散户大举入市的时候，正是大户出货的最佳时机

千万别捞底捞到油锅里，摸顶摸到刃上！

投资进，投机出

识马者长途，识险者长足

割肉空仓，赚钱不慌

顺大势者昌，逆大势者亡

涨势形成不得不涨，跌势形成不得不跌

通道堵塞赶紧溜，通道不堵就不走

高位十字星，不走变穷人

大牛变疯牛，天量到了头

贪婪与恐惧，投资之大忌

侥幸是加大风险的罪魁，犹豫则是错失良机的祸首

伴君如伴虎，跟庄如跟狼

降通道抢反弹，无疑于刀口添血

适可而止，见好就收，一旦有变，落袋为安

最大的利好是跌过头，最大的利空是涨过头

在股市里，利润高的地方，风险也大

一个好的预测者，如果他是一个很糟糕的交易者，照样会破产

投资好股票，小钱变大钱；投资坏股票，大钱变小钱

股市是离金钱最近也离金钱最远的地方

投资股票，赚钱是诱惑力，容易变现是安全感

过热的股票的背后，往往有大户投资者在操纵，你认为稳赚大钱的时候，可能已到了惨败的时候

证券投资的风险无法消除，但能分散

在股市里，利润高的地方，风险也大

心 态 篇

买入靠耐心，持有靠信心，卖出靠决心

对赔钱要有心理准备，害怕赔钱永远也赢不了

我们要非常稳定地赚钱，不要去猜、去赌和无奈地等

一个深刻了解股市的最好办法就是彻底了解自己

心态第一，策略第二，技术只有屈居第三了

当媒体的观点一边倒时，你应冷静地站到他们的对立面去

耐心是制胜的关键，信心是成功的保障

老手多等待，新手多无奈

频繁换股已表明信心不足

买卖要富有弹性，不要斤斤计较

投资者必须充分认识股票投资上存在的风险，只有这样才能临险不乱，遭险不悔

理智的投资原则是：知进退，不贪多，不急躁

今天受损，还有明天

买进时不妨慢，卖出时则必须快

输了就要认输

投资大众的投资心理有一种倾向，即行情好时更加乐观，行情跌时更加悲观

股市上的芸芸众生，竞相买低卖高，因而引起彷徨、迷惑、不安和焦急之情

会做股票的人，一年只做少数几次就够了；赚了钱而舍不得离开的人，终究会亏了老本

股市是贫穷变富有或富有变贫穷的神奇场所

如果晚上睡不着觉，那么就卖掉你的股票吧！

卖出时要决心果断,卖出后要经常看看

对于一件事具有兴趣，您就成功了一半

犹豫不决时，即应停止行动，这正表示行情尚未明朗

买进靠耐心，卖出靠决心，休息靠信心

胆量大、心思细、决心快是成功的三项条件

买卖得心应手的时候，切忌得意忘形

任何时候不满仓，有助于保持平常心态

自古圣者皆寂寞，惟有忍者能其贤

买卖都不顺手的时候应立即退出来，待调整好状态之后再寻战机

贪与贫不仅仅是"一点"之差，而只是一念之差

知错即改，切忌小错酿大错；保存实力，才有翻身的机会

常赚比大赚更重要，它不仅是你的资金雪球越滚越大，而且可以令你保持一个良好的心态

不断地吸纳股性，不断地忘却人性，只有这样，才能与市场融为一体

有子万事足，无股一身轻

先战胜自己，再战胜庄家

股市永远蕴藏着机会，只要善于寻找，善于掌握，定能获胜

如果存在疑虑，不要采取行动

行情曲线能看出人世百态

行情曲线是投资大众所创造的艺术

股价走势难以把握的原因之一，是投资心理的善变性

股性是股票对股市的适应程度，正如人品是人对社会规范的适应程度

投资股票的三段式：买进，卖出，休息

投资者的基本信条之一就是戒贪

对买感到安心时应该买，对卖感到安心时应该卖

市场心理倾向于买的时候要买，倾向于卖的时候要卖

贪婪是危险的，它是一个失去控制的火车头

一个稳健成功的投资者，要有恒心，不能半途而废

投资大众盲目时，谁清醒，谁赚钱

具有一定水平的证券投资者追求的是修养

股票交易不要性急，来日方长，不愁买不到好股票

行情板是最真实的

冲动的投资赚不到钱

唯有休息才能保障即得之利益，唯有休息才能养足精神，争取下一回合的胜利

拥有一只股票，期待它下个星期就上涨，是十分愚蠢的

歇后语

A

a

阿Q式的人物——精神胜利者

阿炳玩计算机——盲打

阿斗当官——有名无实

阿斗当皇帝——软弱无能

阿斗的江山——不牢靠

阿斗式的人物——没本事

阿二（民间传说中呆头呆脑、自作聪明的人）炒年糕——费力不讨好

阿二吃肉——瞎抓

阿二吹笙——滥竽充数

阿二当差——呆头呆脑

阿二当官——名不副实

阿二当郎中（中医医生）——没人敢用

阿二钓黄鳝——不咬钩

阿二满街串——吊儿郎当

阿凡提种金子——难能可贵

阿哥吃面——瞎抓

阿公吃黄连——苦也（爷）

阿拉伯数字8字分家——零比零（0∶0）

阿奶抱孙子——老手

阿奶煮汤圆，阿爸撑航船——汤里来，水里去

阿婆的鞋——老样子

阿婆留胡子——不正常

阿庆嫂倒茶——滴水不漏、点滴不漏

阿庆嫂的态度——不卑不亢

阿瞎打瞌睡——不显眼

ai

挨鞭子不挨棍子——吃软不吃硬

挨踩的猪尿脬（膀胱）——瘪了

挨打的狗去咬鸡——拿别人撒气

挨打的山鸡——顾头不顾尾、顾头不顾腚（臀部）

挨打的乌龟——只会缩脖子

挨打的鸭子——乱窜

挨刀的瘟鸡——难活命、性命难保、扑腾不了几下

挨了巴掌赔不是——奴颜媚骨

挨了棒打的狗——垂头丧气

挨了打的夹尾巴狗——一副可怜相

挨了刀的肥猪——不怕开水烫

挨了刀的皮球——瘪了

挨了公主绣鞋的打——美事一桩

挨了霜的狗尾巴草——蔫了

挨着火炉吃海椒（辣椒）——里外发烧

矮夫矬妻——各有短处

矮人观场——随声附和

矮树杈子——成不了材

矮梯子上高房——搭不上言（檐）

矮子踩高跷——取长补短、自高自大

矮子吃粉丝——好场（长）面

矮子穿长袍——拖拖拉拉

矮子穿高跟鞋——高也有限

矮子打狼——光喊不上

矮子打墙——只有一半

谚语·歇后语

矮子放风筝——节节高、节节上升、出手不高

矮子放屁——低声下气

矮子跟着长子（身材高的人）走——紧赶、多跑几步路

矮子过河——不得底

矮子看戏——别人道好他也道好、听声

矮子里面拔将军——将就材料、短中取长、择优录取

矮子面前说短话——惹人多心

矮子爬楼梯——巴不得（迫切盼望）、比原来高一步

矮子爬坡——步步高升、步步登高

矮子排队——看不到头儿

矮子盘河——越盘越深

矮子婆娘——见识低

矮子骑大马——上下两难、上下为难

矮子趟河——难过

矮子推掌——出手不高

矮子想登天——不知天高地厚、妄想、痴心妄想

矮子坐高凳——上下够不着

爱吃香的有腊肠，爱吃甜的有蜜糖——对味儿

爱打官司逞英雄——穷斗气

爱赌贪花捻酒盅——自弄穷

爱好跳伞——喜从天降

爱叫的鸟儿——不做窝

爱克斯光照人——看透了你、一眼看穿

爱买红绿颜料——贪色

an

庵庙里的尼姑——没福（夫）

庵堂不叫庵堂——妙（庙）

庵堂里的耗子落在鼓里——蒙着头挨揍

庵堂里的木鱼——任人敲打

鹌鹑脖里寻绿豆——谋财害命、图财害命

鹌鹑蛋澥（xiè由稠变稀）黄——小坏蛋

鹌鹑的尾巴——不长、长不了

鹌鹑要吃树上果——够不着、尽想好事、想得倒美

岸边的青蛙——一触即跳

岸上的螺蛳——有口难开

岸上看人溺水——见死不救

岸上捞月——白费功夫、白费劲、枉费工

按别人的脚码买鞋——生搬硬套

按词牌填词——心中有谱

按倒的葫芦——又起来了

按方抓药——照办

按规矩办事——奉公守法

按鸡头啄米——白费心机

按老方子吃药——还是老一套

按牛头喝水——办不到、没法办

按图像找马——死板

按下葫芦起了瓢——顾了这头丢那头、此起彼落

按住电铃不抬手——老是想（响）

按着葫芦挖籽——挖一个少一个

按着路标走——错不了

按着脑袋往火炕里钻——憋气窝火

案板底下放风筝——飞不起来

案板顶门——管得宽

案板上的饼子——不敢（擀）

案板上的擀面杖——光棍一个

案板上的面团——任人欺压

案板上的肉——任人宰割

案板上砍骨头——干干脆脆

案上的红烛——燃烧自己，照亮别人

暗处走路——没有影子

暗地里盯梢——偷偷摸摸

暗地里耍拳——瞎打一阵

暗洞里裹脚——瞎缠

暗室里穿针——难过

暗中染布——照料不到

暗中使绊子——蔫儿坏

ao

熬尽了灯油——烧心（芯）

袄袖里失火——抖落不了

鏊子没有腿——专（砖）等着哩

鏊子上烙冰——化汤了

鏊子上烙饼——翻来翻去

B

ba

八百吊钱掉河里——难摸哪一吊

八百亩地一颗苗——无比娇贵

八百年前立的旗杆——老光棍

八百钱开当铺——支撑不久

八百铜钱穿一串——不成调（吊）

八磅大锤钉钉子——稳扎稳打、笃定

八宝饭掺糨子（糨糊）——糊涂到一块儿

八宝饭上撒点盐——又添一味

八辈子的老陈账——说不清

八尺布剪单衫——只大不小

八尺沟浜（小河）六尺跳板——搭不上

八寸脚穿七寸鞋——别别扭扭

八斗的米缸——装不下一石

八竿子打不着边——远着了

八哥儿的嘴——话多、随人说话、人云亦云

八哥儿啄柿子——拣软的欺（吃）

八哥儿叫人——学舌

八哥儿学舌——说人话不办人事、装人腔

八个耗子闯狼窝——好戏在后头

八个老汉划拳——三令五申（伸）

八个老头一根须——胡稀

八个麻雀抬轿——担当不起

八个钱的膏药——沾上了、粘人

八个钱儿的馄饨——不见面、没见面

八个钱算命——哪能包你一世、不包一世

八个人抬大轿——步调一致

八个人抬轿七人到——缺一不可

八个歪脖坐一桌——谁也不正眼看谁、各有偏向（项）

八个歪头站一排——互相看不起（齐）

八个油瓶七个盖——不周全

八股文的格式——千篇一律

八卦炉里睡觉——热气腾腾

八卦阵里骑马——闯不出路子、出路难找

八虎（指《杨家将》中杨继业的八个儿子）闯幽州——死的死，丢的丢

八级工（我国计划经济时代语汇，指最高技能人才）拜师傅——精益求精

八级泥水匠——抹得平

八级师傅学手艺——活到老，学到老

八级油漆工——表面涂得光

八角掉进粪坑里——难分香臭

八戒投胎——投错了胎

八斤半的鳖吞了大秤砣——狠心王八

八斤半的王八中状元——规矩（龟举）不小

八里庄的萝卜——心里美

八两线织匹布——没见过

八面找九面——没见过世（十）面

八亩地里一棵谷——就这一个

八匹马拉不开——难分难解

八擒孟获——多此一举

八十多岁没儿女——老来孤单

八十个人抬轿子——好威风

八十老公公挑担子——心有余而力不足

八十老汉害个摇头病——由不得人

八十老汉扛石磕——力不能及、力不从心

八十老妈妈狼来追——说不尽老来苦

八十老人吹喇叭——喘不上气、上气不接下气

八十老头牵猴子——玩心不退

八十老头学打球——老练

八十老翁练琵琶——老生常谈（弹）

八十老翁赛干劲——老当益壮

八十老翁学打拳——越练越结实

八十老翁学手艺——老来发奋

八十年的碓（石臼）嘴巴——老对（碓）头

八十岁不留胡子——装孙子

八十岁吹喇叭——寿长气短

八十岁当吹鼓手——充老行

八十岁的阿婆——老掉牙了

八十岁的寡妇——没指（子）望

八十岁的老头儿吹笛子——老调子

八十岁的老头儿耍猴子——老把戏

八十岁的妈妈生儿子——难上加难

八十岁刮胡子——不服老

八十岁考状元——人老心不老

八十岁老汉不戴帽——白头翁

八十岁老奶奶跳皮筋儿——活宝

八十岁老奶奶扎红头绳——老来俏

八十岁老人拄拐杖——一颠一簸

八十岁老太太搽胭脂——老来俏

八十岁婆婆打哈哈——一望无涯（牙）

八十岁婆婆戴刺梅花——别人不夸自己夸

八十岁婆婆嫁到饭馆里——光图吃、只讲吃

八十岁婆婆掉了牙——蠢（唇）说

八十岁生儿子——代代落后

八十岁跳舞——活得青春

八十岁学吹打——出息（气）不大

八十岁学吹鼓手——学来吹不久

八十岁学吹笙——不一定晚

八十岁学摔打——拼老命

八十岁学小旦——难为情

八十岁演员扮孩子——返老还童

八十岁养崽——独一个

八十岁站柜台——老在行

八岁的娃娃耍（戏弄）新娘——瞎凑热闹

八岁口的黄牛——老掉牙

八抬大轿没底儿——丢人了

八五炮打兔子——得不偿失

八仙吹喇叭——神气十足

八仙过海不用船——自有法度（渡）

八仙过海——各显神通、略显其能

八仙聚会——神聊

八仙施法——都有上天的本领

八仙桌打撑子——四平八稳

八仙桌当井盖——随方就圆

八仙桌旁的老九——坐不上正位、哪有你的位置

八仙桌缺只腿——搁不平

八仙桌上摆夜壶——不是个成就（盛酒）的家伙、算不了摆设

八仙桌上放盏灯——明摆着

八仙桌子盖酒坛——大材小用

八仙桌子——有棱有角

八仙做寿——老排场

八贤王进宫——好难请

八旬奶奶三岁孙——老的老，小的小

八月的桂花——到处飘香

八月的核桃——挤满了人（仁）儿

八月的花椒——龇牙咧嘴

八月的苦瓜——心里红

八月的栗子——爱张口

八月的莲藕——又鲜又嫩、正摊嫩时候

八月的生姜——越老越辣

八月的石榴——满脑袋的点子、龇牙咧嘴、合不拢嘴

八月的柿子——越老越红、老来红

八月的丝瓜——黑心、黑了心

八月的天气——一会儿晴，一会儿雨

八月桂花开——到处飘香

八月间的地瓜——又白又嫩

八月间的核桃——满人（仁）

八月节的团圆饼——不给外人

八月节放鞭炮——没人当回事

八月里的瓜——不摘自落

八月里的黄瓜棚——空架子

八月里的蒜——味道尖

八月里的芝麻——满顶啦

八月十八放木排——赶潮头

八月十五办年货——赶早不赶晚

八月十五吃年糕——还早了点

八月十五吃元宵——与众不同

八月十五吃月饼——正是时候

八月十五吃粽子——不是时候

八月十五的海浪——高超（潮）

八月十五的月饼——人人欢喜、上下有

八月十五的月亮——年年都一样、正大光明、众人仰望

八月十五桂花香——花好月圆

八月十五过端阳——晚了、迟了

八月十五过年——差得远、差远了

八月十五看龙灯——迟了大半年

八月十五卖门神——不是时候

八月十五生孩子——赶巧了

八月十五送鸡子儿（鸡蛋）——没这一理（礼）

八月十五送月饼——赶在节上

八月十五团圆节——一年一回

八月十五无月光——不该咱露脸

八月十五夜里吃圆饼——上有缘（圆）下有缘（圆）

八月十五月儿圆——年年有

八月十五云遮月——扫兴

八月十五涨大潮——一浪高一浪、后浪推前浪

八月十五蒸年糕——趁早（枣）

八月十五种花生——迟了

八月十五种麦——太早了

八月十五捉兔子——有你过节，无你也过节

八月石榴——咧开了嘴

八月霜打的花园——空荡荡

八只脚的螃蟹——横行霸道

八字不见一撇——没眉目、差得远、差远了

八字写一撇——少一划

巴掌被蚊咬——手痒

巴掌长疮——毒手

巴掌穿鞋——行不通、走不通

巴掌打空——劳而无功

巴掌砍树——快手

巴掌蒙眼睛——其实遮不住天

巴掌捧生姜——辣手

巴掌劈砖头——硬功夫

巴掌上摊煎饼——巧手、好手

巴掌心里长胡须——老手

叭拉狗蹲墙头——硬装坐地虎

叭拉狗掀门帘——全仗一张嘴

叭拉狗咬月亮——不知天多高

扒开肚皮——见了心

扒了锅的稀饭——胡诌（糊粥）

扒了墙的庙——慌了神

扒着软梯上天——高攀不上

芭蕉剥皮——看见心了

芭蕉插在古树上——粗枝大叶

芭蕉杆盖房子——不是那个料

芭蕉结果——一条心、紧相连

芭蕉敲锣——面面俱到

芭蕉叶上垒鸟窝——好景不长

疤癞眼长疮——坏到一块了

疤癞眼照镜子——自找难看

疤癞眼做梦娶西施——尽想好事、想得倒美

疤上生疮——根底坏

粑粑吊在二梁上——眼饱肚中饥

拔草引蛇——自找苦吃

拔葱种海椒——一茬辣过一茬

拔掉屋檐卖架子——穷极了

拔河比赛——齐心合力、强拉硬拽、拉拉扯扯

拔脚花狸猫——溜啦、说跑就跑

拔节的高粱——节节高、节节上升

拔节的竹笋——天天向上

拔了的闹钟——专做提醒人的事

拔了萝卜——窟窿在

拔了萝卜窟窿在——有凭有据

拔了毛的凤凰——不如鸡

拔了毛的鸽子——看你咋飞

拔了毛的狮子——成冈不起来

拔了塞子不淌水——死心眼儿

拔了桩的篱笆——东倒西歪

拔苗助长——急于求成

把鼻涕往脸上抹——自找难看

把肥料浇到莠草（狗尾草）上——劳而无功

把镰刀挂在脖子上——找不自在

把脸装进裤裆里——见不得人

把魔当成菩萨拜——害己又害人

把墨水喝到肚子里——五脏黑透了

把牛角安在驴头上——四不像

把砒霜放在糖浆里——心狠手辣、害人不浅

把皮鞋当帽子戴——上下不分

把人赶到墙根下——走投无路

把手插在磨眼里——自找苦吃

把娃娃当猴耍——愚弄人

把妖猜当成菩萨——善恶不分

把珍珠当泥丸——真不识货

把状元关到门背后——埋没人才

靶场上的老黄忠——百发百中

靶场上练瞄准——睁只眼闭只眼

靶子上的洞眼——明摆着

坝下开会——口中热闹

霸王被围——四面楚歌

霸王逼死在乌江——无脸见江东父老

霸王别姬——无可奈何

霸王请客——吃也得吃，不吃也得吃

bai

白鼻子（戏剧中的丑角）演戏——陪衬

白笔写白墙——没改变

白璧微瑕——无伤大雅

白玻璃瓶装清水——看透了

白脖老鸹——开口是祸

白脖子屎壳郎——有特色、与众不同

白鹑鸪抱老鹰——要你的命

白布掉进靛缸里——格外出色、分外出色

白布跌油桶——洗不清、洗不净

白布染蓝色——难（蓝）了

白布上盖黑印——黑白分明

白布做棉袄——反正都是理（里）

白菜熬豆腐——谁也不沾谁的光

白菜长心——老了

白菜地里耍镰刀——散了心

白菜叶子炒大葱——亲（青）上加亲（青）

白鹅过河——各顾各（咯咕咯）

白发人送黑发人——悲痛欲绝

白干兑凉水——没了味

白鸽子过河——沉不下去

白骨精扮新娘——妖里妖气

白骨精唱歌——怪腔怪调

白骨精打跟头——鬼把戏

白骨精的饭食——碰也不要碰

白骨精放屁——妖气

白骨精给唐僧送饭——没安好心

白骨精化美女——人面鬼心

白骨精叫阵——这回看猴哥的了

白骨精她妈——老妖精

白骨精开口——不讲人话

白骨精骗孙悟空——哄不住人

白骨精骗唐僧——一计不成又生一计

白骨精想吃唐僧肉——痴心妄想、妄想

白骨精演说——妖言惑众

白骨精遇上了孙悟空——原形毕露

白骨精照镜子——里外不是人

白瓜子皮喂牲口——不是好料

白鹤跌进沙滩——拿嘴撑着

白鹤流眼泪——想愚（鱼）了

白鹤落到鸡群里——高出一头、突击

白虎进门——大难临头、灾祸临头

白灰店里买眼药——找错了门

白脚布里的虱子——老角（脚）色（虱）

白开水画画——轻（清）描淡写

白蜡杆子翻场——独挑

白蜡树结桂花——根子不正、根骨不正

白蜡做的心——见不得日头见不得火

白脸奸臣出场——恶相、恶模样

白脸狼穿西服——装文明人

白脸狼戴礼帽——变不了人、假充善人

白脸媳妇当包公——清官

白了尾巴尖的狐狸——老奸巨猾

白露过后的庄稼——一天不如一天

白鹭鸶找鱼虾——嘴长

白萝卜紫皮蒜——辣嘴

白麻纸上坟——哄鬼、骗鬼

白蚂蚁啃东西——好厉害的嘴

白猫钻灶坑——自己给自己抹黑

白毛狐狸戴礼帽——道行不小

白毛乌鸦——与众不同

白门楼上绑吕布——叫爷也不饶

白米换糠——有福不会享

白面掺蒺藜（jí lí，一年生草本植物，果皮有尖刺）——没法活（和）了

白面掺石灰——瞎掺和、乱掺和

白娘娘喝了雄黄酒——现了原形、头昏脑涨

白娘子斗法海——用尽招数

白娘子救许仙——尽心尽力、竭尽全力

白娘子哭断桥——记起旧情

白娘子水漫金山——大动干戈

白娘子遇许仙——千里姻缘一线牵

白漆灯笼——空白

白切猪头肉——三不精

白日见鬼——玄乎、心里有病

白日做梦——胡思乱想

白色屎壳郎——与众不同

白蛇不过端阳节——怕露形迹

白市驿的板鸭——干绷

白水冲酱油——越来越淡

白水锅里揭奶皮——办不到、没法办

白水下石膏——成不了豆腐

白水煮白菜——淡而无味

白水煮冬瓜——没啥滋味

白水做饭——无米之炊

白素贞不舍许仙——恩爱难分

白素贞盗灵芝草——舍命不舍夫

白糖拌黄瓜——干干（甘甘）脆脆

白糖拌苦瓜——又苦又甜、同甘共苦

白糖拌蜜糖——甜上加甜

白糖包大葱——外甜心里辣

白糖包砒霜——毒在里面、心里毒

白糖涂在鼻尖上——看到吃不到

白糖嘴巴刀子心——口蜜腹剑

白天打灯笼——白搭、没用

白天的太阳，夜晚的月亮——独一无二

白天见鬼——心虚了、心里有病

白天盼月亮——甭想、莫想、休想

白天烧香，晚上逾墙——伪君子、阴一套，阳一套

白天照电筒——多此一举

白天捉鬼——没影儿的事

白铁打的刀刃——一碰就卷

白铁斧头——两面光

白铁匠戴眼镜——看透了

白兔想吃灵芝草——眼睛都急红了

白仙鹤长了个秃尾巴——美中不足

白杨树叶子——两面光

白杨树种在花园里——占了好地方

白洋河里的鹅卵石——圆圆滑滑

白衣秀士当寨主——不能容人、谁都容不得

白蚁王后——见不得阳光、见不得太阳

白蚁蛀观音——自身难保

白蚁蛀石柱——无技可施

白蚁钻过的料——坏透了

白银子碰着黑眼睛——见财起意

白纸包杨梅——显出颜色

白纸黑字——黑白分明

白纸上坟——哄鬼

白纸上画黑道——抹不掉、明摆着、清清楚楚

白纸做的灯笼——一点就亮

百步穿杨——好武艺

百尺大树当榫头——大材小用

百尺竿头挂剪刀——高才（裁）

百尺竿头拿天顶——没处落脚

百川归海——大势所趋

百合田里栽甘蔗——苦根甜苗

百合田里种麦子——苦荠子

百花争艳——各有异彩

百货大楼卖西装——一套一套的

百货店里卖鞋袜——各有尺码

百家姓不念第一个字——开口就是钱

百家姓里的老四——说的是理（李）

百家姓上少了第二姓——缺钱

百脚虫怕老母鸡——一物降一物

百斤担子加铁砣——重任在肩、肩负重任

百斤担子挑千斤——力不能及、力不从心、心有余而力不足

百斤面蒸寿桃——废物点心

百斤重担能上肩，一两笔杆提不动——大老粗

百里草原一人家——孤孤单单

百里长的公路不用拐弯——太直了

百里外去挑水——远水不解近渴、远水解不了近渴

百里奚（春秋时虞国大夫，后为秦国左相）认妻——位高不忘旧情

百里奚饲牛拜相——人不可貌相

百灵鸟唱歌——自得其乐、唱得好听

百灵鸟碰到鹦鹉——会唱的遇上会说的

百灵戏牡丹——鸟语花香

百米赛跑——分秒必争、争分夺秒、急起直追、奋起直追

百亩田中长棵谷——独此一棵

百年的大树——根深蒂固

百年的歪脖树——定型了

百年老龟下臭卵——老坏蛋

百年松当烧柴——大材小用、屈才（材）

百年松树，五月芭蕉——粗枝大叶

百鸟展翅——各显本事、各显神通

百日不下雨——久情（晴）

百岁公公吹火——老气

百岁老人过生日——难得有一回

百岁老人跑步——动漫（慢）

百岁老人做大寿——四世同堂

百岁老翁攀枯树——好险、危险

百岁养儿——难得

百万雄师过大江——势不可当

百万雄师下江南——兴师动众

百丈高竿挂红灯——红到顶了、外面看见里面红

百只麻雀炒碟菜——尽是嘴

百只兔子拉个车——乱套

百足之虫——死而不僵

柏木椽子——宁折不弯

柏油路上跑马车——没辙

柏油路上赛摩托——道平车快、通行无阻、畅通无阻

柏油马路过牛车——稳稳当当

柏油烫猪头——连根拔

摆船运蚂蚁——度（渡）量太小

摆渡不成翻了船——两头误、两下耽搁

摆龙门阵抱娃娃——两不耽误、两得其便

摆上香案请观音——一片诚心

败兵公鸡——不搭嘴了

败兵误入迷魂阵——摸不清东西南北、分不清东西南北

败家子回头——金不换

败将收残兵——重整旗鼓

拜把子兄弟开茧店——结党营私（丝）

拜罢天地去讨饭——没过一天好日子

拜佛走进吕祖庙——走错了门、找错了门

拜了天地入洞房——良辰美景

拜年不磕头——干什么来了

拜年踩高跷——什么角（脚）

拜年的见了面——你好我也好

拜年的嘴巴——尽说好话

拜堂不成亲——这算什么事儿

拜堂抽脚筋——自跪

拜堂的夫妻——谢天谢地

拜堂听见乌鸦叫——倒霉透了、真倒霉、扫兴

ban

扳不倒（不倒翁）掉到水缸里——没有稳当劲、摇摇摆摆

扳不倒盖被子——人小辈（被）大

扳不倒盖在升子里——四下无门、四路无门

扳不倒骑兔子——不稳当、不稳

扳不倒照镜子——里外不是人

扳不倒坐到烧饼上——面上人

扳不倒坐火车——没有稳当劲、摇摇摆摆

扳倒大树掏老鸹——拣有把握的干

扳倒大瓮掏小米——摸到底了

扳倒葫芦洒了油——一不做，二不休

扳倒是鼓，反转是锣——两面派

扳手紧螺帽——丝丝入扣

扳手拧螺母——顺着转

扳着腚亲嘴——不知香臭

扳着炉子烤头发——了（燎）不得

扳着指头算账——有数、数一数二

班长坐在台上——官小架子大

班房里的衙役——听差的

班房里识字——求（囚）学

班门弄斧——自不量力

斑鸠吃小豆——心中有数、肚里有数

斑鸠吃萤火虫——肚里亮堂

斑鸠打架——卖弄风流

斑鸠翻跟头——要什么花屁股

斑马的脑袋——头头是道

搬家丢了老婆——粗心

搬块豆腐垫脚——白费力气

搬了菩萨没拆庙——老一套

搬楼梯摘星星——没谱儿

搬菩萨洗澡——越弄越糟、白费神、空劳神

搬起碌碡（liù zhou，石磕）打天——不知天高地厚

搬起碾盘打月亮——痴心妄想

搬起石磕砸碾盘——实（石）打实（石）

搬石头上山——吃力不讨好、费劲不落好、出的闲劲

搬竹竿进胡同——直来直去

搬着车轱辘上山——硬干

搬着磨盘过江——费力不讨好、费劲不落好

搬着梯子上擂台——没有好下场

搬着梯子上天——无门

板齿生毛——开不得口

板凳倒立——四脚朝天

板凳爬上墙——怪事一桩、怪事

板凳上放鸡蛋——冒险、危险、靠不住

板凳上搁蒺藜——坐不稳、坐不住

板凳上睡觉——往宽绰想、好梦不长、翻不了身

板凳上玩麻将——扒拉不开、打不开场面

板凳上钻窟窿——有板眼、有板有眼

板斧劈柴——一面砍

板门上贴门神——一个向东、一个向西

板上的泥鳅——无地容身、无处藏身

板上钉钉子——实实在在、没跑、稳扎稳打

板上扎刺——存心

半边铃铛——想（响）不起来、啥想（响）

半道上拔气门芯儿——故意刁难、有意为难

半道上捡个喇叭——有吹的了

半道上捡麒麟——快乐无比、乐不可支

半道上遇亲人——喜相逢

半吊子的一半——二百五

半个铜钱——不成方圆

半个月绣不出一朵花——真（针）慢

半根麻线——少私（丝）

半截梭子织布——独来独往

半截砖头——甩了

半斤对八两——彼此彼此、一码事、没高低、谁也不吃亏

半斤放在四两上——翘得高

半斤肉一斤佐料——够味了

半斤鸭子四两嘴——就是嘴硬、好硬的嘴

半斤一个的汤圆——大疙瘩

半空的云彩——变化莫测

半空翻跟头——终究要落地

半空挂口袋——装疯（风）

半空里打灯笼——糟糕（照高）

半空里打秋千——不落实

半空里哨响——想（响）着各（鸽）自（子）的事

半空中长草——破天荒

半空中打把势——栽个大跟头

半空中的火把——高明

半空中的气球——上不着天，下不着地、悬着哩、无依无靠

半空中吊帐子——不着实地

半空中放爆竹——想（响）得高

半空中放风筝——总有牵线人

半空中盖房子——没处落脚、落不得脚

半空中赶马——露出马脚

半空中刮蒺藜——讽（风）刺

半空中挂锅铲——吵（炒）翻了天

半空中挂剪刀——高才（裁）

半空中开吊车——谢（卸）天谢（卸）地

半空中落大雪——天花乱坠

半空中数指头——算得高

半空中响喇叭——空喊

半空中响锣鼓——名（鸣）声远扬、远近闻名（鸣）

半空中用蒸笼——气冲霄汉

半空中抓云——一把空

半拉瓜子——不算个人（仁）

半篮子喜鹊——叫唤起来没有个完、唧唧喳喳

半两面做煎饼——摊不着你

半两人说千斤话——好大的口气

半路出家——从头学起

半路丢斗笠——冒（帽）失

半路丢竹子——损（笋）失

半路开小差——有始无终

半路上爆了胎——进退两难

半路上的新闻——道听途说

半路上丢算盘——失算了

半路上捡个孝帽进灵棚——哭了半天，不知死的是谁

半路上接新娘子——白费工夫、白费劲、枉费工

半路上留客——口上热闹、嘴上热情

半路上碰见劫道的——凶多吉少

半路上认阿姨——多疑（姨）

半路上杀出个程咬金——出了岔、措手不及、突如其来

半路上杀出个杨排风——好厉害的丫头

半路上拾碗片——凑词（瓷）儿

半屏山的蝴蝶——花花世界

半瓶子醋——乱晃荡

半山坡上弯腰树——值（直）不得

半山崖的观音——老实（石）人

半山腰挨雨——上下两难

半山腰倒恶水（泔水）——下流

半身子躺在棺材里——等死

半升米打糍粑——没有几个

半天打不出喷嚏来——难受、憋得慌

半天空里吊孩子——天生的

半天空里飞过的鸟——一晃就不见了

半天云里踩钢丝——提心吊胆

半天云里唱歌——调子太高

半天云里出亮星——吉星高照

半天云里打电话——空谈

半天云里打麻雀——空对空

半天云里的雨——成不了气候、不成气候

半天云里点灯——高招（照）

半天云里吊口袋——装疯（风）

半天云里吊铜铃——无所维系

半天云里翻筋头——终久要落地

半天云里放屁——臭气熏天

半天云里挂锅铲——吵（炒）翻（飞）了天

半天云里看厮杀——袖手旁观

半天云里聊天——高谈阔论

半天云里扭秧歌——空欢喜

半天云里抛棉花——肯定落空

半天云里飘气球——高高在上、没着落

半天云里骑仙鹤——远走高飞

半天云里射靶子——高见（箭）

半天云里伸巴掌——高手

半天云里响炸雷——惊天动地

半天云里想办法——主意高

半天云里写文章——空话连篇

半天云里演杂技——艺高人胆大

半天云里宴客——空袭（席）

半天云里找对象——要求太高

半天中撒小米——为（喂）谁呀

半天抓云——一句空话飞了天

半桶水——瞎晃荡

半夜拔河——暗中使劲

半夜吃黄瓜——不知头尾、摸不着头尾

半夜吃黄连——暗中叫苦

半夜吃桃子——专拣软的捏

半夜出门做生意——赚黑钱

半夜吹笛子——暗中作乐

半夜打雷心不惊——问心无愧

半夜打跑牛——到哪里找

半夜弹钢琴——暗中作乐

半夜登门——没安好心

半夜过独木桥——步步小心

半夜喊开敬德（民间的武将门神）门——寻着挨揍

半夜喝顿面条——赶（擀）那儿啦

半夜和面——瞎捣鼓

半夜回家不点灯——瞎摸

半夜鸡叫——不晓、乱了时辰

半夜叫城门——自找钉子碰

半夜掘墓——捣鬼

半夜开窗户——心（星）挂外头

半夜里不见枪头子——攮（nǎng，刺）到贼肚里

半夜里打算盘——另有打算

半夜里的被窝——正在热乎劲上、热乎着呢

半夜里的铺盖——没人理

半夜里放炮——一鸣惊人

半夜里赶集——起得早

半夜里看钟——观点不明

半夜里抡大斧——瞎侃（砍）一通

半夜里梦见做皇帝——登了一会儿金銮殿、快活一时是一时

半夜里赶集——为时过早

半夜里摸捅火棍——摸不着头尾

半夜里尿床——流到哪儿算哪儿、不自知

半夜里起来烧水——渴极了

半夜里撒癔症（熟睡时说话或动作）——迷迷糊糊

半夜里伸腿——猛一蹬

半夜里收玉米——瞎扳

半夜里梳头——出暗计（髻）

半夜里睡磨盘——想转了

半夜里套驴——摸不着套

半夜里捅鸡窝——暗中捣蛋

半夜里玩龙灯——往回走

半夜里下雪——下落不明

半夜里绣花——越看眼越花

半夜里摘茄子——不论老嫩

半夜里捉麻雀——掏窝儿

半夜里捉迷藏——瞎摸、摸不着

半夜聊天——瞎说

半夜爬山——不知高低

半夜起来背粪筐——找死（屎）、寻死（屎）

半夜起来喝凉水——烧心不过

半夜起来喝稀饭——迷迷糊糊

半夜起来去要饭——摸不着门、哪里去讨

半夜起来收玉米——瞎干

半夜起来望天光——早呐

半夜敲门心不惊——问心无愧

半夜三更上茅房——憋得慌

半夜偷鸡——看不见的勾当

半夜洗衣月下晒——明是阳来暗是阴

半夜下饭馆——有什么吃什么、吃闭门羹

半夜下雨——下落不明、不知下落

半夜涨大水——没人见

半夜做噩梦——虚惊一场、一场虚惊

半夜做买卖——暗中交易

半夜做梦娶新娘——尽想好事、想得倒美

半云空里失火——天然（燃）

扮关公的没卸装——好个红脸大汉

扮潘金莲的没卸装——谁没见过油头粉面

扮裴生的没卸装——好个白面书生

扮秦桧的没卸装——谁没见过那二花脸

扮上黑脸照镜子——自己吓唬自己

绊倒拾个梨核——不肯（啃）

bang

帮好汉打瘸子——以强凌弱

梆子改木鱼——总是挨打的货

绑到绳上的蚂蚁——由不得你

绑匪撕票——图财害命

绑在线上的蚂蚱——跑不了

绑着头发打秋千——悬天悬地

绑着腿的青蛙——跳不了啦

膀子上绕绳子——自找罪受、自找难受

膀子一甩——不管了

膀子折断了往袖里塞——干吃哑巴亏、吃了哑巴亏

蚌壳里取珍珠——好的在里面、图财害命

傍着城隍打小鬼——得了神力

棒槌吹火——一窍不通

棒槌打缸——四分五裂

棒槌打鼓——大干一场

棒槌打孩子——掌握分寸

棒槌打锣——响当当、当当响

棒槌打石榴——敲到点上了

棒槌弹棉花——不沾弦、乱谈（弹）

棒槌当针——粗细不分

棒槌当针用——一点儿没心眼

棒槌缝衣服——当真（针）

棒槌改蜡烛——好粗的心（芯）

棒槌灌米汤——滴水不进

棒槌进城——成精作怪

棒槌拉二弦——不是个家伙

棒槌里插针——粗中有细

棒槌敲竹筒——空想（响）

棒槌上天——总有一天落地

棒槌牙签——捅不进去

棒打鸭子——刮刮（呱呱）叫

棒打鸳鸯——两分离

棒上抹油——光棍

棒子面（玉米粉）抻面条——要的就是这个劲儿

棒子面打糨糊——不沾（粘）

棒子面煮葫芦——糊糊涂涂、糊里糊涂

棒子面煮鸡蛋——糊涂蛋

棒子面做蛋糕——不是正经材料

磅秤上放粒芝麻——无足轻重、自不量力

bao

包办的婚姻——身不由己、不由自主

包大人的告示——开诚布公

包单（被单）布洗脸——大方

包工头监工——动口没动手

包公搽粉——光图（涂）表面、表面一层

包公的娘鼓肚子——怀的是丞相才

包公的尚方宝剑——先斩后奏

包公的衙门——好进难出、认理不认人

包公的铡刀——不认人

包公的作风——铁面无私

包公断案——明察秋毫、铁面无私

包公放粮——为穷人着想

包公开铡——除暴安良

包公脸上抹煤灰——黑上加黑

包公杀亲侄——先治其内、后治其外

包公审案子——铁面无私、六亲不认、认理不认人

包公升堂——尽管直说、青天在上

包公铡陈世美——大快人心

包公铡驸马——公事公办、刚正不阿

包公铡皇亲——法不容人

包公铡侄子——大义灭亲

包公斩包勉——正人先正己、公事公办

包河里的藕——没私（丝）

包老爷审堂——是非分明

包老爷私访——民望所归

包老爷坐大牢——不白之冤

包青天的横匾——明镜高悬

包元宵的做烙饼——多面手

包子吃到豆沙边——尝到甜头

包子出了糖——露了馅儿

包子店里卖蒸笼——热门儿货

包子里的热气——冒完算了

包子里面加砒霜——陷（馅）害人

包子馒头做一笼——大家都争气

包子没动口——不知啥滋味

包子没馅——蛮（馒）头

包子破了口——露馅了

包子铺的酱油——白给

包子熟了不揭锅——窝气

苞谷棒子生虫——专（钻）心

苞谷秸子喂牲口——天生的粗料

苞谷面打糨糊——不粘

苞谷面糊——没多大油水、油水不大

苞谷面撒饭——黏得很

苞谷面做元宵——捏不到一块儿

苞谷馍馍蘸蜂蜜——甜上又加蜜

苞谷蒸酒——有股冲劲、冲劲大

苞谷做粑粑——中看不中吃、好看不好吃

苞谷做馍馍——皇（黄）帝（的）

苞米棒喘气儿——吹胡子

苞米棒子揩屁股——里外不顺茬

苞米秸子喂牲口——不是好料

龅牙齿（牙齿突出于嘴唇外的人）啃西瓜——条条是路、条条是道、路子多

雹打的高粱秆——光棍一条

雹子砸了棉花棵子——光杆司令

宝剑出鞘——锋芒毕露

宝囊里取物——手到擒来

宝塔顶上的宝葫芦——尖上拔尖

宝玉出家——一去不回

宝玉和湘云哭贾母——各有各的伤心处

饱带干粮晴带伞——有备无患

保家卫国——人人有责

保姆当妈妈——熟手

保姆做嫁妆——替别人欢喜

保温瓶的塞子——赌（堵）气

保险柜挂大锁——万无一失

保险柜里安家——目的是安全

保险柜里安雷管——暗藏杀机

报国寺里卖骆驼——没有那个事（寺）

报时的雄鸡——不用催、叫得早

报纸上的社论——句句讲真理

抱干柴救烈火——越帮越忙、帮倒忙

抱杆子下河坝——打一辈子烂仗

抱黄连敲门——苦到家了

抱火炉吃西瓜——不知冷热

抱鸡婆长胡子——窝里老

抱鸡婆扯媚眼——两眼一翻

抱鸡婆打摆子——窝里战（颤）、又扑又颠

抱鸡婆带鸡崽儿——只管自家一窝

抱鸡婆抓糠壳——白欢喜、空欢喜、空喜一场

抱紧肚子装饱汉——空虚

抱母鸡啄狗——一个扎头

抱木头跳江——不成（沉）

抱琵琶进牛棚——对牛弹琴

抱菩萨睡觉——一头热、一头冷来一头热

抱元宝跳井——舍命不舍财

抱在怀里的西瓜——没跑、十拿九稳

抱住影子跳舞——虚报（抱）

抱着茶壶喝水——嘴对嘴

抱着灯芯救火——惹火烧身、引火烧身

抱着擀面杖当笙吹——一窍不通

抱着孩子拜天地——双喜临门

抱着孩子纳底子——插针的空都不留

抱着孩子推磨——添人不添劲

抱着葫芦不开瓢——死脑筋

抱着黄连做生意——苦心经营

抱着火炉拉家常——句句暖心窝

抱着金砖挨饿——活该

抱着金砖跳海——人财两空

抱着蜡烛取暖——不济事

抱着老虎喊救命——自找死

抱着木棍推磨——死转圈子

抱着木炭亲嘴——碰了一鼻子灰

抱着琵琶跳井——越谈（弹）越深

抱着钱匣子睡觉——财迷心窍、财迷

抱着桥桩撑船——蠢人蠢事

抱着石头跳深渊——死不回头

抱着书本骑驴——走着瞧

抱着铁耙子亲嘴——自找钉子碰

抱着弦子放牛——乱谈情（弹琴）

抱着香炉打喷嚏——触一鼻子灰

抱着银子去上吊——死都要抓点钱

抱着枕头跳舞——自得其乐

抱着枕头做好梦——空喜一场

豹子吃马鹿——好大的胃口

豹子借猪狗借骨——有去无回

豹子进山——浑身是胆

豹子啃石头——白啃

豹子临死还想扑人——本性难移

鲍叔识管仲——知心

暴风雨中的航船——顶风破浪

暴雨前的闪电——大发雷霆

爆炒鹅卵石——不进油盐

爆米花沏茶——泡汤了

爆竹的脾气——一点就炸

爆竹店着火——一响全响、响得好热闹

爆竹掉进水里——不想（响）

bei

杯弓蛇影——自相惊扰

杯水车薪——无济于事、不济事

北冰洋的梅子——寒酸

北冰洋的夜晚——冷静

北冰洋上聊天——全是冷言冷语

北极的冰川——顽固不化

北极的另一端——难（南）极

北极熊打呵欠——尽吹冷风

北门外开米店——外行

北面开窗——不怕冷风

背绑手骑车——根本不服（扶）

背地里骂知县——没用处、无用、没得用

背鼎锅上山——吃不住劲

背鼎锅跳加官（旧时戏曲开场或演出中，遇显贵到场时加演的舞蹈

节目）——费力不讨好、吃力不讨好、费劲不落好

背笕里头摇锣鼓——乱想（响）

背儿媳回家——出力又挨骂

背方桌下井——随方就圆、随得方就得圆

背鼓进祠堂——一副挨打的相、找捶

背鼓上门——寻着打

背鼓追槌——自讨打、讨打

背棺材跳河——自取灭亡

背锅上坡——钱（前）紧

背后挂胡琴——拉不着

背后挂镜子——照见别人，照不见自己、只照别人不照自己

背后拉弓——暗箭伤人

背后来了虎——不敢回头

背后抹胡琴——拉不着

背后施一礼——没人领情、不领情

背后捅刀子——暗里伤人

背后作揖——反礼、瞎做人情

背集摆摊子——外行

背脊梁吃人参——候（后）补

背街摆箩筐——外行

背靠背睡觉——体贴人

背靠背走路——各奔东西

背靠悬崖——没退路了

背门板上街——好大的牌子

背米讨饭——装穷

背起磨石唱戏——费力不讨好

背人偷酒吃——冷暖自家知

背上被刺扎——不能自拔

背上的灰——自己看不见

背石头上山——硬吃亏、自找麻烦

背石头下河——摸底

背石头游华山——累赘

背时（倒霉）的媒婆——两头挨骂

背手后挂胡琴——拉不着

背手上鸡窝——不简单（拣蛋）

背手作揖——没这一理（礼）

背水作战——断了后路、不留后路

背媳妇过独木桥——又惊又喜

背心藏臭虫——久仰（痒）

背心穿在衬衫外——乱套了

背阳坡上的太阳——不久长、难长久

背阴李子——酸透了

背油桶救火——惹火烧身、引火烧身

背着包袱跑步——不利索

背着醋罐子讨饭——穷酸

背着大米讨饭——装穷

背着碓窝（石臼）打官司——费力不讨好、吃力不讨好、费劲不落好

背着甘蔗上楼梯——步步高，节节甜

背着棺材上阵——豁出去了

背着棺材跳黄河——成心找死

背着哈哈镜走路——不怕后人见笑

背着孩子爬山——要上都上

背着孩子找孩子——昏头了

背着黑锅做人——直不起腰、抬不起头

背着脚扣上梯子——多此一举

背着喇叭赶集——揽差事

背着喇叭坐飞机——吹上天了

背着灵牌上火线——拼啦

背着灵牌下火海——自取灭亡

背着马桶出差——走一路臭一路

背着棉絮过河——越背越重

背着木鱼进庙门——一脸挨打的相

背着牛头不认账——死赖

背着婆娘看戏——丢人又受累

背着人作揖——各尽其心

背着石头上山——自找麻烦

背着手爬泰山——步步高升、步步登高

背着算盘满街串——找仗（账）打

背着蓑衣去救火——惹火烧身

背着先人过河——失（湿）谱

背着丈夫打酒喝——招待外人

被踩烂的毒菌——浑身冒坏水

被虫咬了的花朵——缺伴（瓣）儿

被虫子咬过的果实——未老先衰

被打败的公鸡——垂头丧气

被单补袜子——大材小用

被单里眨眼睛——自欺欺人、自己哄自己

被单蒙桌子——作为（包围）很大

被单作尿布——太浪费

被封住了嘴巴——哼不出声

被糊涂油蒙了心——一点不清醒

被猎人追赶的金鹿——慌里慌张

被埋没的陶俑——永无出头之日、难出头

被面上刺绣——锦上添花

被人追赶的贼娃子——慌不择路

被窝里的跳蚤——翻不了天

被窝里放屁——自己臭自己

被窝里放收音机——自得其乐

被窝里划拳——没掺外手

被窝里挤眉弄眼——自己糊弄自己

被窝里磨牙——怀恨在心

被窝里抹眼泪——独自悲伤

被窝里伸出一只脚——你算老几

被窝里伸手——摸清底细

被窝里使眼色——自欺欺人

被窝里耍拳——有力无处使

被窝里踢皮球——施展不开

被窝里喂虎——害人又害己

被窝里养老虎——留下祸根、留下后患

被窝里捉跳蚤——瞎抓

被追打的老鼠——见洞就钻

被子裹冰棒——包涵（寒）

被子里边烂——表面好

ben

本土的麻雀——帮手多

笨厨子做菜——荤素一锅熬

笨狗撵（追赶）兔子——不沾边、沾不上边

笨驴子过桥——步步难

笨牛吃麻雀——不好捉弄

笨人下棋——死不顾家

笨媳妇纳的袜底儿——凹凸不平

笨贼偷法官——自投罗网

笨贼偷石臼——费力不讨好、吃力不讨好、费劲不落好

笨猪拱刺蓬——自找苦吃

beng

崩鼻子戴眼镜——没着落

崩了群的马——四处逃散

崩着牙吹笛——没有好声

甏（bèng，坛子）里捞螺蛳——摸底

镚子（小形硬币）当眼镜——看不透

bi

逼出来的口供——信不得、不是实话

逼楚霸王寻死——心理战术

逼公鸡下蛋——故意刁难、没法办

逼人跳悬崖——害人不浅

逼上梁山——横竖一拼

逼上门的生意——没有好货

逼生蚕做硬茧——故意刁难、使不得、如何使得

逼着牯牛（公牛）生子——强人所难

逼着山羊去拉犁——拼老命

鼻尖上的黑痣——就在眼前

鼻尖上吊镰刀——怎么挂得住

鼻尖上放糖——可望不可即

鼻尖上抹黄连——眼前苦、苦在眼前

鼻尖上着火——迫在眉睫

鼻孔穿草绳——自谦（牵）

鼻孔喝水——够戗（够受的）

鼻孔里长瘤子——气不顺

鼻孔里穿草绳——不老（牢）实

鼻孔里的汗毛——了（燎）不得

鼻孔里刮出来的杨梅花——心里有数（树）

鼻孔里灌米汤——够呛

鼻孔里塞灯泡——文（闻）明

鼻窟窿看天——有眼无珠

鼻梁骨上摆摊子——眼界要放宽（比喻放开视野）

鼻梁碰着锅底灰——触霉头（倒霉）

鼻梁上放菜刀——好险、冒险、危险

鼻梁上挂眼镜——四平八稳

鼻梁上挂钥匙——开口

鼻梁上架望远镜——眼光远、目光远大

鼻梁上落马蜂——眼前受到威胁

鼻梁上套绳索——让人牵着鼻子走

鼻梁上推小车——走投（头）无路

鼻涕往上流——反常、反了

鼻头搽白粉——一副奸相、好相、装丑

鼻头上安雷管——祸在眼前、面临危险

鼻头上长犄角——出格

鼻头上挂炊帚——耍（刷）嘴

鼻头上挂粪桶——不知香臭、闻不着香臭

鼻头上抹蜂糖——干馋捞不着

鼻头上抹鸡屎——脸上尴尬

鼻头上耍木偶——面上人

鼻洼里打墒（shāng，耕地时开出的垄沟）——不理（犁）你的

鼻烟壶掉茅缸——臭不可闻

鼻眼里钻跳蚤——好进难出、好进不好出

鼻子大了压到嘴——难开口、口难开、不好张口

鼻子底下挂电灯——文（闻）明

鼻子底下那一横——嘴巴

鼻子里灌醋——酸溜溜的

鼻子两旁画眉毛——不要脸

鼻子上戴花——不是正经地方

鼻子上吊秤锤——捣嘴

鼻子上挂秤砣——抬不起头来

鼻子上挂灯笼——明眼人

鼻子上挂钉锤——可（捶）耻（齿）

鼻子上挂粪桶——不分香臭

鼻子上挂磨盘——抬不起头来

鼻子上挂肉——油嘴滑舌

鼻子上挂团鱼——四脚无靠

鼻子上冒烟——急在眼前

鼻子上贴定胜膏（演旧戏时，奸臣的鼻子上贴的半圆形装饰物）——一副奸相

鼻子生疮贴膏药——不顾脸面、顾不得脸面

鼻子生疮——眼前就是毛病

鼻子眼里生豆芽——怪事一桩、怪事、伸不开腰

比干丞相——没心

比赛场上的运动员——争先恐后

比着被子伸腿——量力而行

比着箍箍买鸡蛋——哪有这么合适的

比着葫芦画瓢——走不了样

秕谷喂鸡——长不肥

笔杆子吹火——小里小气

笔管里打瞌睡——细人

笔筒里看天——目光狭窄

笔头掉到面缸里——净写别（白）字

笔直的大马路——正直公道

闭灯看家书——公私分明

闭卷考试——看不到输（书）

闭口葫芦——肚里空

闭了眼和面——瞎掺和、乱掺和

闭门造车——自作聪明、不合辙、自作主张

闭目养神——悠悠自得

闭眼吃虱子——眼不见为净

闭眼放崖炮——瞎崩

闭眼瞧东西——装瞎

闭眼撕皇历——瞎扯

闭眼听见乌鸦叫——倒霉透了

闭眼撞南墙——碰得头破血流

闭眼捉麻雀——乱抓乱摸

闭着眼和面——瞎掺和

闭着眼睛吃毛虱——眼不见为净

闭着眼睛打架——瞎抓挠

闭着眼睛鼓风——瞎吹

闭着眼睛过河——听天由命

闭着眼睛哼曲子——心里有谱

闭着眼睛解灯谜——瞎猜

闭着眼睛进山洞——到处碰壁

闭着眼睛砍木头——胡批（劈）

闭着眼睛拉车——不看路线

闭着眼睛卖布——胡扯

闭着眼睛摸田螺——瞎碰、瞎摸一气

闭着眼睛撒网——瞎张罗

闭着眼睛上马路——瞎逛

闭着眼睛趟河——听天由命

闭着眼睛跳舞——盲目乐观、瞎蹦

闭着眼睛下围棋——黑白不分、混淆黑白

闭着眼睛训话——瞎说

闭着眼睛撞南墙——碰得头破血流

闭着眼睛走路——净走歪道儿

闭着眼睛走胡同——瞎摸

箅（bì，蒸锅中的竹屉）子上取窝头——十拿九稳

壁缝里的风——到处钻

壁虎捕虫——不动声色、出其不意

壁虎的尾巴——活的、节节活

壁虎掀门帘——露一小手

壁画上的耕牛——不中用、离（犁）不得

壁画上的樱桃——中看不中吃、好看不能吃

壁角里使镢头（jué，刨土的工具）——挖墙脚（角）

壁上的耕牛——离（犁）不得

壁上的寒暑表——善于看气候

壁上挂鬼图——鬼话（画）

壁上挂甲鱼——没有依靠

壁上挂帘子——不像话（画）、不成话（画）

壁上挂美人——你爱她，她不爱你

壁上挂网——斜眼多

壁上画棋盘——一个子留不住

壁上画琴——不能谈（弹）

壁上种灯草——白费工夫、白费劲、枉费工

壁头上的春牛——惊（耕）不得

篦子上抓蒸馍——手到擒来

bian

边放鞭炮边打枪——真真假假

编编匠（善于哄骗的人）的嘴——说得好听

蝙蝠的眼睛——目光短浅

蝙蝠观阵——哪边胜站哪边

蝙蝠看太阳——瞎了眼、颠倒黑白

蝙蝠扑太阳——不知高低

蝙蝠睡觉——反恐（空）

鞭打快牛——忍辱负重

鞭打绵羊过火焰山——往死里逼

鞭打棉絮——到处开花

鞭打千里驹——快马加鞭

鞭打死马——劳而无功、有劳无功

鞭杆当笛吹——没心眼

鞭杆做大梁——不是正经东西

鞭炮两头点——想（响）到一块儿了

鞭炮扔进麻雀窝——炸飞了

鞭梢上的蛤蟆——不经摔打

鞭子抽蚂蚁——专拣小的欺

扁担不带钩——两头滑

扁担插进桥眼里——不敢承担

扁担撑船——行不远

扁担冲水——牌子很大

扁担吹火——一窍不通

扁担戳鸡子儿（鸡蛋）——捣蛋

扁担打跟头——先一头落地

扁担当凳坐——不是久留之客

扁担倒了也认不出来——一字不识

扁担捣鸡笼——鸡飞蛋打

扁担钩的眼睛——长长了

扁担开花——不可能的事、没人见过

扁担靠在电杆上——矮了半截、矮了一大截

扁担窟窿插麦苴——对上眼了

扁担插进桥眼里——担不起

扁担两头挂箩筐——成双成对

扁担量布——大家有数

扁担料子——做不了房梁

扁担搂柴——管得宽

扁担绕在竹竿上——有靠

扁担上搁鸡蛋——冒险、危险、不稳当

扁担上睡觉——翻不了身

扁担腾空——诽谤（飞棒）

扁担挑彩灯——两头美

扁担挑柴火——心（薪）挂两头

扁担挑灯笼——两头明

扁担挑缸钵——两头滑脱、两头耍滑

扁担挑水——挂两头

扁担挑水走滑路——心挂两头

扁担挑油——心悬两头

扁担无钉——两头耍滑

扁担砸杠子——直打直

扁担做桨用——划不来

扁担做裤带——转不过弯来

扁担做桅杆——担风险

扁豆绕在竹竿上——有靠了

扁豆馅里搀砒霜——心里毒

扁鹊开处方——手到病除、妙手回春

扁嘴子（鸭子）过河——摸不着底

便壶没鼻——不好捉摸、难捉摸

变戏法的本领——全凭手快

变戏法的打滚——没招啦

变戏法的打锣——虚张声势

变戏法的功夫——手疾眼快

变戏法的跪下——没了法

变戏法的亮手帕——不藏不掖

变戏法的拿块布——掩掩盖盖

变戏法的耍猴——就显他了

变形的钢板——难校正

变质的鸡蛋——臭在里面

biao

镖打窦尔敦（清代侠义公案小说《施公案全传》中的豪侠，其为人正派，侠肝义胆，深受武林人士拥戴）——冷不防

表店的师傅——一眼看中（钟）

表面火热心里冷——笑面虎

表上的针——总在原地方转

裱糊店里的纸人——一点就透、一戳就破

裱糊匠的铺子——字多画多

裱糊匠开糟房（酿酒作坊）——酒少话（画）多

裱糊匠上天——胡（糊）云

裱画店里的蛀虫——吃人家的话（画）

裱画店里失火——自己丢出话（画）来

bie

鳖蛋上抹香油——圆滑、又圆又滑

鳖咬手指头——抓住不放、揪住不放

别做小豆子饭——总闷（焖）着

蹩脚郎中（中医医生）——头痛医头，脚痛医脚、杀人不见血

蹩脚木匠的活路（工作）——东一句（锯），西一句（锯）

瘪肚臭虫——要叮人

瘪瓜子扒稻——巴不得

瘪瓜子——不诚（成）实

瘪粒儿的麦穗——头扬得高

瘪了的唢呐——看你怎么吹

瘪芝麻榨油——没多大油水、知水不大

瘪嘴吹箫——走漏风声

bin

宾馆里的地毯——老被人踩

宾馆里的门迎——笑脸迎人

镔铁做铧口——离（犁）不得

bing

冰坂上的驴子——四脚朝天

冰棒杆——吃完就丢

冰棒架屋——栋（冻）梁之才（材）

冰雹过后洪水来——多灾多难

冰雹砸荷叶——不堪一击、落花流水

冰雹砸了棉花棵——尽光棍、全是光棍

冰雹砸破脑袋——祸从天降

冰槽里冻黄瓜——干脆、干干脆脆

冰岛上的土地爷——没人拜

冰冻的豆腐——难办（拌）

冰冻三尺——非一日之寒

冰河解冻——化了

冰河上赶鸭子——大家耍滑

冰河上架屋——白搭

冰窖出来进蒸笼——忽冷忽热

冰窖里打哈哈——冷笑

冰窖起火——没见过

冰精蒸荔枝——甜透了

冰库里点蜡——洞（冻）房花烛

冰库里说话——冷言冷语

冰块掉进醋缸里——寒酸

冰块见了太阳——立即融化

冰凌当拐杖——靠不住、不可靠

冰凌的豆腐——难办（掰）

冰凌挂胸口——凉透心、冷透了

冰凌上跑马——站不住脚

冰凌上摔一跤——拉巴不起来

冰凌上睡觉——浑身没点热气

冰凌煮黄连——同甘共苦

冰面上盖房子——不牢靠

冰面上站人——长不了

冰山上的雪莲——冻了心

冰山上画画——好景不长

冰山上跑火车——行不通、走不通

冰上长豆芽——冷了心

冰上的爬犁（雪橇）——溜得快

冰上走路——小心在意

冰滩上的鱼——由（游）不得你

冰炭同炉——两不相投

冰糖掉到蜜罐里——甜透了

冰糖葫芦——一串一串的

冰糖蘸荔枝——甜上加甜

冰糖煮黄连——同甘共苦

冰糖做药引子——苦尽甜来、苦中有甜

冰天雪地发牢骚——冷言冷语

冰箱里的瓜子——良（凉）种

冰雪地里埋死人——冷处理

冰雪埋在肚子上——凉了半截

冰镇汽水——贼凉快

兵败如山倒——溃不成军

兵来将挡，水来土掩——各有一技之长、一物降一物、各有各的办法

兵临城下弹琴——故作镇静

兵营里操练——拿腔（枪）作势

并肩走路——平行

并列第一名——不分上下

病汉手里掷铁球——强挣扎

病好打太医——恩将仇报、以怨报德

病好郎中到——晚了、迟了

病好遇良医——太晚了

病猫的尾巴——翘不起来

病人吃药——对症才行

病人干咳——谈（痰）不来

病人拍皮球——有气无力、少气无力

病入膏肓——不可救药、没法治、没治了

病重不吃药——等死

bo

拨好的闹钟——不到时候不打点

拨开竹叶见梅花——分清白

拨浪鼓——两面响

拨着头发找疤瘌——吹毛求疵（刺）

玻璃板上涂蜡——又光又滑

玻璃棒槌——空好看、没用处、废物、经不起敲打、不堪一击

玻璃杯沏茶——看到底

玻璃杯盛雪——明明白白、明白

玻璃碴子掉在油缸里——又奸（尖）又猾（滑）

玻璃窗里看戏——一眼看透、一眼看穿

玻璃蛋子变鸡蛋——有一套

玻璃灯笼——里外都亮

玻璃灯罩——吹出来的

玻璃掉在镜子上——明打明

玻璃掉在茅坑（厕所里的粪坑）里——又滑又臭

玻璃肚皮——一眼看透、看透心肝

玻璃缸柜里圈麻雀——乱冲

玻璃缸里的标本——缺乏生气

玻璃缸里的金鱼——掀不起大浪、没有出路、大不了

玻璃缸里生豆芽——根底看得清

玻璃缸内关苍蝇——乱撞

玻璃观音——神明、明白人

玻璃耗子琉璃猫，铁铸公鸡铜羊羔——一毛不拔

玻璃夹里的标本——缺乏生气

玻璃镜上的人儿——有影无踪

玻璃筷子夹凉粉——光对光

玻璃瓶当暖壶——热乎一阵子

玻璃瓶里插蜡烛——心里亮、肚里明

玻璃瓶里的蛤蟆——看到光明无出路

玻璃瓶里装开水——三分钟的热劲儿

玻璃瓶里装王八——原（圆）形毕露

玻璃瓶内关蚊子——明通暗不通

玻璃瓶装宝物——一眼看穿

玻璃瓶装金鱼——一眼看透

玻璃铺的家当——不堪一击

玻璃球上拴麻线——难缠

玻璃上放花盆——明摆着

玻璃上跑车——没辙

玻璃上绣花——白费工夫、枉费工

玻璃娃娃——明白人

玻璃袜子玻璃鞋——名角（明脚）

玻璃眼镜——各投各眼、各对各眼

玻璃做鼓——经不起敲打

剥葱捣蒜——干的小事

剥开的花生果——杀身成仁

剥开墨鱼皮了肚——一副黑心肠

剥开皮肉种红豆——入骨相思

剥了皮的蛤蟆——临死还要跳三跳

剥皮的狗头——太露骨

剥皮的青藤——一丝不挂

剥皮的树——不长

剥皮的鱼儿——片甲不留

脖梗子上拴驴——不是正桩

脖颈上磨刀——冒险、危险到顶了、太悬乎

脖子上挂镰刀——好险、冒险、危险

脖子比杠子还硬——不打弯弯

脖子后头留胡子——随便（辫）

脖子后头抹蜜——眼下尝不到甜头

脖子里割瘿袋（长在颈上的囊状瘤，据说除瘿会危及生命）——杀人的勾当

脖子上安轴承——脑袋灵活得很、滑头、滑头滑脑

脖子上插电扇——走上风、尽走上风

脖子上挂雷管——太悬乎

脖子上挂锣槌——吊儿郎当

脖子上挂笊篱——劳（捞）心

脖子上挂镯子——放不下脸、脸面上下不来

脖子上套绳子——自找没命、找死

脖子上套套索——没跑、跑不了

脖子上扎腰带——错记（系）了

脖子伸进铡刀下——送死、寻死、自己找死

菠菜下锅——一趟（烫）就熟

菠菜煮豆腐——一清（青）二白

菠菜子儿——小刺儿头

菠萝皮的脸——疙疙瘩瘩

伯乐挥鞭——骑马找马

钹子（打击乐器）翻转敲——唱反调

博物馆的陈列品——老古董

薄冰上迈步——胆战心惊、战战兢兢

薄刀切葱——两头空、两落空

薄刀切豆腐——两面光

薄地里棉花——一絮完了

薄皮气球——不攻自破

薄情郎休妻——另有新欢

薄纸糊窗棂——一戳就穿

跛脚穿花鞋——边走边瞧

跛脚儿担水——一步一步来

跛脚赶到，会场散掉——晚了、迟了

跛脚画眉——唱得跳不得

跛脚佬打山猎——坐着喊

跛脚驴跟马跑——一辈子跟不上、永远赶不上

跛脚马碰到瞎眼骡——难兄难弟

跛脚马上阵——没有好下场、有死无活

跛脚毛驴——不走正道、光走歪道

跛脚鸭子不怕黄鼠狼——送死、自己找死

跛驴背破口袋——都是废物

跛子拔萝卜——歪扯

跛子拜年——就势一歪、以歪就歪

跛子踩高跷——早晚有他的好看

跛子唱戏文——难下台、下不了台

跛子打秋千——一处拐腿、处处拐腿

跛子打围——坐着喊、坐地呐喊

跛子赶老婆——越赶越远

跛子赶马——望尘莫及

跛子划船——以歪就歪

跛子撵（追赶）兔子——力不能及、力不从心、心有余而力不足

跛子爬楼梯——步步难

跛子爬山——步步有险、一步三分险

跛子跑步——大摇大摆

跛子骑瞎马——各有所长、各有所短

跛子上楼——一步一步来

跛子上台——立场不稳

跛子抬轿——又险又难看

跛子下跪——以歪就歪

跛子走路——左右摇摆、摇摆不定、一步步来

簸箕比天——比不上、不沾边、沾不上边

簸箕里的蚂蚁——条条是路、条条是道、路子多

bu

补锅的摇手——不敢定（钉）

补锅匠戴眼镜——净找茬（岔）儿

补锅匠的脊梁——背黑锅

补锅匠揽瓷器活——假充内行

补锅匠摔跟头——倒贴（铁）

补锅匠阉猪——充内行

补锅匠摇头——不一定（易钉）

补锅匠进庙来——不中（补钟）

补过的瓷碗——总有痕迹

补祸匠的脊梁——背黑锅

补考——一线生机

补了又补的破轮胎——到处泄气

补漏趁天晴——不要错过时机

补破锅的揽瓷器活——没事找事、假充内行

补碗的摆手——没词（瓷）儿

捕风捉影——有假无真

捕尽黄鼠狼——宝（保）鸡

不挨皮鞭挨砖头——吃硬不吃软

不保温的热水瓶——没有胆

不背秤砣挑灯草——避重就轻

不拨灯不添油——省心（芯）

不长毛的家雀——往哪里飞

不尝老姜——不知辣

不成葫芦不成瓢——两不像

不吃豆腐啃骨头——服软不服硬

不吃河豚（河豚有毒，烹饪不到位食用后易中毒）——避风险

不吃馒头——争（蒸）口气

不吃桑叶的老蚕——尽是私（丝）

不吃羊肉沾了羊膻臭——自背臭名

不出鸡的鸡子儿（鸡蛋）——坏蛋

不出芽的谷子——孬（坏、不好）种、不是好种

不搭棚的葡萄——没有架子、不摆架子

不大不小的老鼠——最刁

不倒翁得相思病——坐卧不安、坐卧不宁

不倒翁——立场不稳

不倒翁沏茶——没水平

不倒翁骑兔子——没个老实劲儿

不倒翁坐车——没个稳重劲、稳当不了、摇摆不定

不倒翁坐烧饼——面上人

不倒翁坐铁圈——里边人

不到黄河心不死——倔犟、死心塌地、顽固不化

不饿带干粮——有备无患

不犯王法坐大牢——冤枉、太冤枉

不放酱油烧猪蹄——白提（蹄）

不负责的批评——信口开河

不够十两——强充一斤

不喊叫的狗——暗里咬人、暗下口

不恨绳短怨井深——错怪了人家

不会喝酒伴醉客——舍命陪君子

不见棺材不落泪，不到黄河不死心——死心塌地、顽固到底

不见兔子不撒鹰——做事稳当

不叫的黄蜂——暗伤人、暗里伤人

不结网的蜘蛛——逮不住虫儿

不尽长江滚滚来——无穷无尽、一泻千里

不敬老板敬伙计——认错了主

不开花的玫瑰——净刺儿

不啃骨头吃豆腐——吃软不吃硬

不拉胡琴只吹箫——只在眼里出气

不能成亲仍相爱——藕断丝连

不碰南墙不回头——倔犟、顽固到底

不三的弟弟——不是（四）

不湿的哥哥——不干

不识字的人看布告——一纸都是墨、一篇大道理、老说一抹黑

不拾柴禾不买煤——俏（烧）啥

不是撑船匠——咋敢弄竹竿

不是船工乱弄竿——假充内行

不是烂羊尾巴——藏不了蛆

不是鱼死，就是网破——有你无我

不熟的葡萄——酸溜溜的、酸气十足、酸得很

不熟的杏子——酸极了

不听梆子听大鼓——说的比唱的好听

不听使唤的套筒枪——卡壳了

不翼而飞——必有原因

不饮酒人伴醉汉——强奉陪

不栽果树吃桃子——坐享其成

不撞南墙不回头——顽固到底

不着窝的兔子——东跑西颠

布袋里倒西瓜——有啥道（倒）啥

布袋里的菱角——争着出风（锋）头

布袋里兜菱角——奸（尖）的出头

布袋里老鸦——虽活如死

布袋里买猫——不知底细

布袋里盛猫——装迷糊

布袋里掏瓜子——稳拿把攥

布袋里装麦秸——草包

布袋里装牛角——内中有弯

布袋里装石榴皮——一个子也没有

布告贴在楼顶上——天知道

布机上的棉线——千头万绪

布机上的梭子——不打不走、直来直去、去了又来

步枪卡了壳——不响

刨嘴吃刨花——填不饱肚子

C

ca

擦镫时间多，骑马时间少——本末倒置

擦火柴点电灯——其实不然（燃）

擦脚布擦飞机——臭上天了

擦脚布当领带——不是正经材料

擦亮眼睛更敢干——明目张胆

擦胭粉进棺材——死要面子

擦脏了的纸巾——捡它干啥

cai

猜对了谜底——言重（中）了

才出壳的鸡娃——嫩得很

才出窝的麻雀——翅膀不硬

才揭盖的蒸笼——热气腾腾

才输了当头炮——慌什么哩

才脱了阎王，又撞着小鬼——躲了一灾又一灾、祸不单行

才捉到的鲤鱼——活蹦乱跳

才子佳人结鸳鸯——好事成双

才子配佳人——恰好一对、十全十美

财迷转向——走路算账

财神庙的土地——爱财

财神爷摆手——没有钱

财神爷夸口——有的是钱

财神爷打灯笼——找钱

财神爷打官司——有钱就有理

财神爷打架——挣钱

财神爷戴乌纱帽——钱也有，权也有

财神爷的土地——爱才（财）

财神爷发慈悲——有的是钱

财神爷翻脸——不认账

财神爷放账——无利可图

财神爷叫门——好事临头、钱到家了

财神爷进门——富起来了

财神爷摸脑壳——好事临头

财神爷敲门——福从天降

财神爷要饭——装穷

财神爷招手——好事临头、来福了

财神爷着烂衫——人不可貌相

财主家的狗——认富不认穷

财主劫道——为富不仁

裁缝搬家——依依（衣衣）不舍

裁缝比手艺——认真（针）

裁缝不带尺——存心不良（量）

裁缝不用剪子——胡扯

裁缝打架——真（针）干

裁缝戴眼镜——见缝插针、认（纫）真（针）、以身作则

裁缝的本事——真（针）好

裁缝的尺子——量人不量己、不量自己，光量别人

裁缝的顶针——当真（针）

裁缝的家当——真正（针挣）的

裁缝的肩膀——有限（线）

裁缝的手艺——认真（纫针）

裁缝掉了剪子——就剩下吃（尺）了、找吃（尺）

裁缝端碗油——不是喷的

裁缝干活——忘不了吃（尺）

裁缝和木匠结亲——一正（针）一作（凿）

裁缝剪衣——以身作则

裁缝老师买田——千真（针）万真（针）

裁缝撂（放下）剪子——不睬（裁）

裁缝没得米——当真（针）

裁缝没有了剪子——只有尺（吃）了

裁缝拿线——认真（纫针）

裁缝铺扯筋（闹纠纷、闹矛盾）——争长论短

裁缝铺倒闭——当真（针）

裁缝铺的衣服——一套一套的

裁缝师傅不上任——忘了俭（剪）啦

裁缝师傅传经——句句真（针）话

裁缝师傅戴戒指——顶真（针）

裁缝师傅的本事——真（针）狠

裁缝师傅的尺子——量体裁衣

裁缝师傅对绣娘——一个行当

裁缝师傅落脱了线——纯（寻）真（针）

裁缝师傅手艺巧——全靠真（针）功夫

裁缝师傅手中忙——穿针引线

裁缝绣娘——各干一行

裁缝坐飞机——天才（裁）

裁缝做嫁衣——替旁人欢喜

裁缝做龙袍——格外小心

裁缝做衣不用尺——自有分寸

裁缝做衣服——要良（量）心（身）、因人而异

裁缝做衣——讲究分寸

裁剪师傅的手艺——量体裁衣

彩虹和白云谈情——一吹就散

踩板凳够月亮——手短、差得远、差远了

踩瘪了的鱼泡——泄气

踩高跷的过河——半截不是人

踩高跷过吊桥——拿性命开玩笑

踩高跷上高墙——胆战心惊、战战兢兢

踩虎尾，踏春冰——好险、危险、冒险

踩了尾巴的狗——气得嗷嗷叫

踩死蛤蟆大肚子——气可不小

踩死蚂蚁也要验尸——过分认真

踩着矮凳子上房檐——够不着

踩着鼻子上脸——欺人太甚、太欺负人

踩着地图走路——一步十万八千里

踩着高跷过独木桥——艺高人胆大

踩着高跷看戏——高出一截子

踩着肩膀撒尿——成心糟踏人

踩着肩头往头上拉屎——硬欺负人

踩着井绳当是蛇——胆小鬼、大惊小怪

踩着石头过河——脚踏实地

踩着梯子摘星星——离天远着哪、差得远呢

踩着土地爷头上拉屎——欺负神小

踩着乌龟叫出头——越逼越不行

踩着西瓜皮打排球——能推就推，能滑就滑

踩着银桥上金桥——越走越亮堂

菜板上的肉——任人宰割

菜刀碰菜板——乒乒乓乓

菜刀切豆腐——不费劲

菜刀切藕——心眼多、心眼不少、片片有眼

菜刀剃头——与众不同、太悬乎

菜地里的蚯蚓——钻得不深

菜地里少水——蔫啦

菜地里围篱笆——没有不透风的墙

菜瓜打驴——一断半截

菜瓜打锣——一锤子买卖、一锤子交易

菜馆里的揩台布——酸甜苦辣样样尝过

菜锅里炒鹅卵石——不进油盐、油盐不进

菜篮里装泥鳅——走的走，溜的溜

菜盘子里落鸡毛——挟它出去

菜勺子掏耳朵——进不去、没法下去

菜摊上的黄菜叶——不值钱

菜园里不种菜——闲员（园）

菜园里长狗尿苔（鬼笔，一种有毒的真菌）——不是好苗头

菜园里的长人参——稀罕事

菜园里的海椒（辣椒）——越老越红

菜园里的辣椒——越高越厉害

菜园里的垄沟——四通八达

菜园里的辘轳（安在井上绞起汲水斗的器具）——由人摆布

菜园里的羊角葱——越老越辣

菜籽不出油——太（菜）糟

菜籽里的黄豆——数它大

菜子落到针眼里——遇了缘（圆）、凑巧了、正好

蔡伦论战——纸上谈兵

蔡瑁迎刘备——好话说尽，坏事做绝

can

参谋皱眉头——一筹（愁）莫展

参天的大树——高不可攀

餐桌上的苍蝇——混饭吃

餐桌上放痰盂——算哪盆菜

餐桌上搁痰盂——不是正经家伙、不是个家伙

残局的棋盘——就那么几个子儿

残局的卒子——说不定要靠他（它）、不可小看

蚕宝宝吃桑叶——胃口越来越大

蚕宝宝打架——私（丝）事

蚕宝宝的嘴巴——出口成诗（丝）

蚕宝宝读书——私（丝）念、思（丝）念

蚕宝宝牵蜘蛛——私（丝）连私（丝）

蚕宝宝伸头——私（丝）人

蚕宝宝做茧——自缠身、自己捆自己

蚕吃桑叶——一星半点地啃下去

蚕豆就萝卜——嘎嘣脆

蚕豆开花——黑心、黑了心

蚕儿肚子——净是私（丝）、私（丝）心

蚕儿嘴上长疮——没事（丝）

蚕茧拉出丝头——扯个没完

蚕爬扫帚——净找岔（杈）

蚕子变蛾子——要飞了

蚕子的脑壳——亮的

灿烂的朝霞——红红火火

cang

仓底米——太陈旧

仓库搬家——翻老底儿

苍蝇拜把子——小玩意

苍蝇包网子（妇女罩头的小网）——好大的脸皮

苍蝇采花——装疯（蜂）

苍蝇吃蜂蜜——沾（粘）上了

苍蝇吹喇叭——自不量力、不自量

苍蝇打哈欠——没好气

苍蝇戴个莲蓬帽——人小脸面窄

苍蝇到处飞——讨人嫌

苍蝇的翅膀——扇不起多大风浪

苍蝇飞进花园里——装疯（蜂）

苍蝇飞进牛眼里——自讨麻烦、找累（泪）吃

苍蝇飞进盐店里——不识闲（咸）儿

苍蝇给牛抓痒痒——无济于事、不济事

苍蝇旭蹶子——小踢蹬

苍蝇爬到马尾上——依附别人

苍蝇碰玻璃——看到光明无前途

苍蝇碰上蜘蛛网——难脱身、有去无回

苍蝇掐了头——垂头丧气

苍蝇推墙——自不量力、不自量

苍蝇舞灯草——摆起架势来了

藏经阁失火——输（书）光了

藏起灯草点松脂——昧了良心（芯）

藏在开关里的线路——很复杂

操场上的士兵——步调一致

操场上捉迷藏——无地容身、无处藏身

操练的士兵——步调一致

操纵木偶——不能放手

cao

曹操八十万兵马过独木桥——没完没了

曹操败走华容道——不出所料、不幸中之大幸、兵荒马乱、走对了路子

曹操背时遇蒋干，胡豆背时遇稀饭——倒霉透了、真倒霉

曹操不回城——大败而逃

曹操吃鸡肋——食之无味，弃之可惜

曹操打徐州——报仇心切

曹操的人马——多多益善、越多越好

曹操割须——以己律人

曹操派蒋干——用人不当

曹操杀蔡瑁——上当受骗、操之过急、中了反间计

曹操杀华佗——恩将仇报、以怨报德、讳疾忌医

曹操杀吕伯奢——将错就错

曹操杀吕布——悔之莫及、后悔已晚

曹操杀杨修——嫉妒之心

曹操下江南——来得凶，败得惨

曹操用计——又奸又滑

曹操用人——唯才是举

曹操遇关公——喜不自禁

曹操遇蒋干——倒霉透了、真倒霉、差点儿误大事

曹操遇马超——割须弃袍

曹操遇庞统——中了连环计

曹操战宛城——大败而逃

曹操张飞打哑谜——你猜你的，我猜我的

曹操诸葛亮——脾气不一样

曹操转胎——疑心重

曹操做事——干干净净

曹操做寿——贺礼实收

曹刿论战——一鼓作气

曹营的徐庶——人在曹营心在汉

曹营贴赏格——招兵买马

曹植吟"七步诗"——一气呵成、逼出来的

曹植做诗——七步成章

槽笛吹火——到处泄气

草拔了根——活不长远

草把儿打仗——假充好汉

草把儿撞钟——不想（响）

草把子做灯——好粗的心（芯）

草包竖大汉——能吃不能干

草车后头拴头牛——是个拽家

草船借箭——满载而归、巧用天时、多多益善、坐享其成

草刺卡嗓子——说不出话来

草丛里的鹌鹑——溜啦

草丛里的眼镜蛇——歹毒

草袋换布袋——一代（袋）强似一代（袋）

草地上的蘑菇——单根独苗

草甸上的苇子——靠不住、不可靠

草垫上绣花——底子太差

草房上安兽头——配不上、不配

草棵里的蚂蟥——不是善虫

草里头的斑鸠——不知春秋

草驴（母驴）卖了买叫驴（公驴）——胡倒腾

草帽戴在膝盖上——不对头

草帽当钹（打击乐器）——没有音

草帽当锅盖——乱扣帽子

草帽当锣打——想（响）不起来

草帽端水——七零八落、一场空

草帽盖锅——走了气啦

草帽烂了边——顶好、没言（沿）

草帽没有顶——露头

草泥塘里冒泡——发笑（酵）

草坪丢针——没处寻、难寻

草人吹笛——无声

草人的肚子——没货

草人的头——没脑子

草人的胸腔——无心

草人的腰杆——硬不起来

草人翻脸——无情无义

草人过河——漂浮不定

草人讲话——口气不硬

草人救火——白送死、自取灭亡、自身难保

草人举手——没指望

草人看秤——不知轻重

草人看戏——无动于衷

草人落水——不成（沉）

草入牛口——其命不久

草上的露水——不久长、难长久、见不得太阳

草上露水瓦上霜——见不得阳光、长不了

草绳拔河——经不住拉

草绳吊绣球——粗人做细事

草绳湿了水——格外来劲

草窝里扒出个状元郎——埋没人才

草窝里长葫芦——不等出头就老了

草窝里抓刺猬——不好下手

草鞋里面长青草——慌（荒）了手脚

草鞋上拴鸡毛——飞快、跑得快

草鞋上镶珍珠——不值得

草鞋脱襻（pàn，用布做的扣住纽扣的套儿）——甩了

草鞋无样——边打边相（端详）

草鞋撞钟——打不响

草药铺的甘草——处处少不了他（它）

草原的苇子——肚里空空

草原上比赛——马不停蹄

草原上出门——起（骑）码（马）

草原上的百灵鸟——嘴巧

草原上的疯骆驼——见人就撺

草原上的劲风——挡不住

草原上的狍子——三五成群

草原上的天气——变化多端

草原上的苇子——肚里空

草原上点火——着慌（荒）

草原上放牧——漫无边际

草原上跑马——大有奔头

草籽喂牲口——不是好料

ce

厕所里的石头——又臭又硬

厕所里照镜子——臭美

cha

插床开车——直上直下

插根筷子当旗杆——竖不起来

插秧能手——善哉（栽），善哉（栽）

茶杯掉在地上——净崩词（瓷）

茶杯盖上放鸡蛋——靠不住、不可靠

茶杯里的胖大海——自大、自我膨胀

茶杯里的糖块——寿命不长

茶馆搬家——另起炉灶

茶馆的火剪——倒霉（捣煤）

茶馆里摆龙门阵——想到哪里说到哪里、想起什么说什么

茶馆里不要的伙计——哪壶不开偏提哪壶

茶馆里的板凳——随便坐

茶馆里的买卖——滴水不漏、点滴不漏

茶馆里挂斧头——胡（壶）作（斫）非为

茶馆里伸手——胡（壶）来

茶馆里谈生意——老交情

茶罐里煮牛头——装不下

茶壶打掉把儿——只剩一张嘴了

茶壶里打伞——支撑不开

茶壶里的风暴——大不了

茶壶里喊冤——胡（壶）闹

茶壶里开染房——不好摆布

茶壶里泡豆芽——受不完的勾头罪

茶壶里烧炭——一肚子气

茶壶里贴饼子——难下手、下不了手、无法下手

茶壶里头的汤圆——倒不出来、好进难出、只进不出

茶壶里洗澡——扑腾不开

茶壶里养鱼——油（游）水不大

茶壶里栽大蒜——一根独苗

茶壶里煮冻梨——道（倒）出来也是酸货

茶壶里煮挂面——难捞

茶壶里煮馄饨——一肚子话（货）

茶壶里煮鸡蛋——没几个

茶壶里煮饺子——肚里有货、肚里有货倒不出、有货倒不出、肚里明白

茶壶没肚儿——光剩嘴

茶壶碰破了嘴——无伤大体

茶壶有嘴难说话——热情在里头

茶壶有嘴——说不出话

茶壶装饺子——易进难出

茶几上摆擂台——踢腾不开、蹬打不开

茶里放盐——惹人嫌（咸）

茶盘里落苍蝇——恶心

茶铺搬家——另起炉灶

茶铺子里的水——滚开

茶食店里失火——果然（燃）

茶太浓了——苦口

茶碗打酒——不在乎（壶）

搽粉不描眉——白眼

搽粉进棺材——死要面子、死要脸

搽粉照镜子——自我欣赏

搽米汤上吊——糊涂死了

搽胭脂亲嘴——血口喷（碰）人

搽胭脂坐飞机——美上天了

岔道上分手——各走各的路、各奔前程

chai

拆城隍庙竖土地庙——因小失大

拆东墙补西墙——顾此失彼、穷折腾、将就着过、堵不完的窟窿

拆房逮耗子——大干一场、得不偿失

拆房卖瓦——光顾眼前、只顾眼前

拆口袋做衣襟——改邪归正

拆了大梁当长枪——大干一场

拆了的破庙——没有神

拆了房子搭鸡棚——不值得、值不得、得不偿失

拆了房子种粮食——有得吃，没得住

拆了裤子做帽子——顾头不顾腚

拆了屋子放风筝——只图风流不顾家

拆了鞋面做帽沿——顾头不顾脚

拆庙搬菩萨——干脆利索、干净利索、收摊子

拆庙打泥胎——顺手杀一刀

拆庙赶和尚——各奔东西

拆庙赶菩萨——没有神

拆庙种灯草——有心（芯）无神

拆散的鸳鸯——难成双、成不了双、孤单得很

拆扫帚配破畚箕（簸箕）——物以类聚

拆袜子补鞋——顾面不顾理（里）

拆屋唱戏——只图欢乐不顾家

拆屋卖瓦——穷思竭想

拆屋檐卖裈子（大块的劈柴）——穷思竭想

拆一座祠堂得一片瓦——不上算、不合算、不值得

柴草堆如山——多心（薪）

柴草人救人——自身难保

柴多厨房小——放不下心（薪）

柴花狗撵兔子——一样皮毛

柴火堆上倒汽油——一点就着、点火就着

柴火棍搔痒——一把硬手、是把硬手

柴火上浇汽油——一点就着

柴鸡叫油鸡抱了——串秧儿

柴上贴灵符——心（薪）里有鬼

柴油机抽水——吞吞吐吐

豺狗吃瘟鸡——弱肉强食

豺狗掉牙齿——老狼

豺狗子吃马鹿——胃口不小

豺狗子见了饿狼——一个比个凶、一个比一个恶

豺狗子咬核桃——没吃着人（仁），倒咯了牙

豺狼朝羊堆笑脸——阴险歹毒

豺狼肚子——装羊（洋）

豺狼恨猎人——死对头

豺狼披羊皮——冒充好人

豺狼请客——绝无好事

豺狼请兔子的客——不是好事、绝无好心

豺狼头上找鹿茸——异想天开、痴心妄想、妄想

豺狼遭火烧——焦头烂额

chan

掺水的老白干——没冲劲儿

馋狗等骨头——急不可待

馋鬼打灯笼——找吃的

馋鬼进药店——自讨苦吃

馋鬼抢生肉——贪多嚼不烂

馋猫挨着锅台转——别有用心

馋猫吃耗子——生吞活剥

馋猫见了腥味——沾上了

馋人打赌——净是吃的

馋嘴巴走进药材店——自讨苦吃、自找苦吃

蝉不叫蝉——知了

蟾蜍向蛤蟆借毛——两家无

铲不掉的锅巴——死硬

铲子切菜——不地道（抵刀）

chang

菖蒲花儿——难见面

长白山的大雪——满天飞

长白山的人参——久负盛名

长白山的野人参——难得、得之不易、越老越好

长白山上架梯子——越爬越高

长板坡上的赵子龙——孤军奋战

长臂猿——手长

长脖鹿的脑袋——高人一头

长城上的炮楼——根基厚实

长城上的砖——不知经过多少风雨

长城上卖肉——架子大

长城上跑步——大有奔头、起点高

长虫（蛇）吃棒槌——直脖啦

长虫吃扁担——直通通的、直杠杠的、硬挺、直棍一条

长虫吃长虫——比比长短看

长虫吃大象——贪心不足

长虫吃高粱——顺杆（秆）爬

长虫吃蛤蟆——慢慢地咽

长虫吃黄鳝——直拼杀

长虫吃鸡蛋——吞吞吐吐、疙里疙瘩、有粗有细

长虫吃了烟袋油——浑身哆嗦、直哆嗦

长虫抽大烟——苦得打滚

长虫磋商——莽（蟒）撞

长虫打架——绕脖子

长虫戴草帽——充高个儿、细高挑儿（身材细长的人）、装高

长虫当拐杖——靠不住、不可靠

长虫斗仙鹤——绕脖子

长虫夺龙珠——异想天开

长虫凫水——一溜歪邪（斜）

长虫跟王八打架——净绕脖子

长虫过河——不过三尺

长虫过街——莽（蟒）行

长虫过篱笆——光钻空子、见缝就钻、无孔不入、不死也要脱层皮

长虫过乱石滩——绕来绕去

长虫过门槛——点头哈腰

长虫见硫磺——骨头都酥了

长虫拉火车——啥（蛇）劲

长虫没眼睛——盲从（虫）

长虫爬到犁头——狡（绞）猾（滑）

长虫爬进枪筒里——难回头、回头难

长虫爬镰刀——不敢缠

长虫爬牛角——钻不进

长虫爬树——专绕弯

长虫跑进玉米地——缠杆

长虫碰壁——莽（蟒）撞

长虫蜕皮——摆在明处

长虫吞扁担——一头吞

长虫吞大象——没法咽下去

长虫吞擀面杖——直棍一条

长虫吞筷子——难回头、回头难

长虫吞针——扎心

长虫脱皮——溜之大吉

长虫下山——直出溜

长虫遇雄黄——酥骨了

长虫钻刺蓬——有去无回

长虫钻到犁辕下——妥帖（驮铁）

长虫钻进酒瓶里——进退两难

长虫钻进鸟铳（一种打鸟用的旧式火器）里——难转弯、转不过弯来

长虫钻进竹筒——死不转弯、转不过弯来、难回头

长春君子兰——风行一时

长工吃犒劳——难得的好处

长工的岁月——难熬

长工的住房——一无所有

长工干活——磨洋工

长工害痨病——贫病交迫

长工家里殁死人——家破人亡、家败人亡

长工血汗钱——来之不易

长工指望月月满，短工指望太阳落——混日子

长江大桥上钓鱼——差得远、差远了

长江的水——川流不息

长江后浪推前浪——一波未平，一波又起

长江黄河里的水——无穷无尽

长江黄河流入海——殊途同归

长江里的波涛——一浪高一浪、后浪推前浪

长江里的石头——经过风浪

长江里漂木头——付（浮）之东流

长江流水——滔滔不绝、一泻千里

长江水万里流——波涛滚滚

长江涨大水——来势凶猛

长脚蚊叮木脑壳——看错了人、认错了人

长颈鹿脖子仙鹤腿——各有所长

长颈鹿吃树叶——不必往上爬

长颈鹿的脑袋——突出、高人一头

长颈鹿进马群——高出了头

长颈鹿进羊群——非常突出、高出一大截

长颈鹿睡觉——白（背）脖子

长空霹雳——天下闻名（鸣）

长空响炸雷——天下闻名（鸣）

长老种芝麻——未得见

长了三只手——爱偷

长了兔子腿——跑得快

长明灯草满添油——做好了准备

长袍马褂瓜皮帽——现在不兴这一套、老一套

长袍马褂——过时货

长跑比赛——争分夺秒、有奔头

长篇小说——千言万语

长期缺钙——软骨头

长全毛的喜鹊——飞啦

长人穿短衣——好笑（小）

长人进矮屋——弯腰又低头

长衫子改夹袄——取长补短

长蛇缠脚杆——狡猾

长生果——不老实

长绳子拉海带——根子在下面

长时间潜水——太憋气

长丝瓜当扁担——不晓得软硬

长添灯草满添油——早做准备

长途电话——不可不听

长途行车——总要拐弯

长尾巴蝎子——毒极了、最毒、一肚子坏水

长线放风筝——慢慢来

长一只耳朵的人——偏听偏信

长竹竿戳水道眼儿——一通到底

长竹竿进城——拐不过弯儿

长竹竿进巷道——直来直去

长竹篙撑小船——一点就开

肠子不打弯——直肠子、直肠直肚、直性子、直性人

常春藤搭在墙头上——难解难分、难分难离

常来的客人坐冷板凳——屡见不鲜

常年吃饭馆——从不动火

常胜将军——百战百胜

常胜将军出征——所向无敌

常胜将军还朝——凯旋归来

常胜将军临敌——旗开得胜

常胜将军上疆场——不获全胜不收兵

常使的驴——摸透了脾气

常用的铁具——不生锈

常在河边走——哪有不湿鞋

常走泥泞路——不怕栽跟头

嫦娥奔月——一去不复返

嫦娥跳舞——两袖清风

敞开锅炒玉米——乱蹦乱跳

唱大鼓的吞石灰——白说

唱旦的不涂粉——玩真本事

唱旦的留胡子——改行了

唱歌变调——离谱

唱歌离了谱——不入调

唱京戏拉单弦——变了调

唱傀儡戏的提线——耍人哩

唱驴皮影（皮影戏。因剧中人物剪影用驴皮做成而得名）的——耍人哩

唱木偶戏的——尽捉弄人

唱皮影戏的跌跟头——丢人打家伙

唱皮影戏的住店——人旺财不旺

唱青衣的顶着碾盘舞——费力不讨好、吃力不讨好、费劲不落好

唱戏拜天地——一会儿的夫妻

唱戏不拉胡琴——干嚎

唱戏踩高跷——半截不是人

唱戏穿玻璃鞋——名（明）角（脚）

唱戏打边鼓——旁敲侧击

唱戏打水桶——算啥家伙

唱戏的挨刀——无伤大体、无关大体、不怕

唱戏的扮傻子——装憨卖傻

唱戏的扮新郎——高兴一时是一时、快活一时算一时

唱戏的穿龙袍——成不了皇帝

唱戏的吹胡子——假生气、一副生气相

唱戏的打板子——一五一十

唱戏的打架——伤不着人

唱戏的登场——很快就要亮相

唱戏的点兵——名不副实

唱戏的掉眼泪——可歌可泣、装相、收买人心

唱戏的抖三抖——假威风、假神气

唱戏的喝彩——自己给自己捧场、自吹自擂

唱戏的喝酒——比划、做样子

唱戏的胡子——哪能当真、假的

唱戏的换胡子——又是一个人

唱戏的教徒弟——幕后指点

唱戏的绝技——耍花腔

唱戏的开门——装模作样

唱戏的没主角——胡闹台

唱戏的抹两鬓——装模作样、装样子

唱戏的念道白——自言自语

唱戏的跑圈儿——走过场

唱戏的骑马——不（步）行、走人了

唱戏的欠功夫——装什么不像什么

唱戏的淌眼泪——可歌可泣

唱戏的腿，说书的嘴——能伸能缩（说）、说近就近，说远就远

唱戏的腿抽筋——难下台、下不了台

唱戏的卸了装——原形毕露

唱戏的演双簧——随声附和

唱戏的摇鹅毛扇——冒充斯文、假斯文

唱戏的转圈圈——走过场

唱戏的做买卖——改了行

唱戏离了弦——跑调了

唱戏哩走路——转哩

唱戏摸鬓角——假做作

唱小旦的哭瞎了眼——替古人担忧

chao

抄着手过日子——等着饿死、懒死了

钞票洗额头——见钱眼开

超车不鸣号——想惹祸

超载的火车——任重道远

晁盖的军师——无（吴）用

朝山拜观音——诚心实意

朝太阳举灯笼——充亮

朝天铳（一种旧式火器）走火——放空炮

朝天放箭——无的放矢、空想（响）

朝天辣椒——够呛

朝天泼水——成不了气候、不成气候

朝天一箭——无的放矢

朝廷表态——一言为定

朝廷吃煎饼——均（君）摊

朝鲜人过年——要狗命

朝中无人莫做官——没靠山

朝着窗户吹喇叭——名（鸣）声在外

潮湿的鞭炮——没想（响）头

潮水退了再下网——晚了、迟了

炒菜不放盐——乏味、淡而无味

炒菜的勺子——尝尽了酸甜苦辣

炒菜的铁锅——腻透了

炒菜放错了作料——不对味、不是味儿

炒菜放油盐——理所当然

炒菜锅里的四季豆——不进油盐

炒豆大家吃，砸锅一人兜——不公平、倒霉透了、真倒霉

炒豆发芽——好事难盼

炒胡豆（蚕豆）下酒——干脆、干干脆脆

炒花生煮姜汤——吃香的喝辣的

炒韭菜放葱——白搭

炒了的虾仁——红透了

炒了一盆麻雀脑袋——多嘴多舌

炒米机爆玉米——话（花）多

炒面炖蛋——面子账（胀）

炒面捏白头翁——老熟人

炒面捏的人——熟人

炒面捏窝窝——捏不拢、难捏合

炒熟的豆子——不发芽、做不了种

炒虾等不到红——太性急

炒下水——热心肠

炒咸菜不放酱油——有言（盐）在先

炒咸菜放盐巴——太闲（咸）了

che

车把势扔鞭子——没人敢（赶）、谁敢（赶）、

车大门小——推不出

车到路口遇红灯——不可行

车到山前必有路——走着瞧

车到终点站——不想下也得下

车道沟里的长虫——装硬骨头

车道沟里的泥鳅——掀不起大浪、翻不了大浪

车道沟里写诗文——不合辙

车翻了去驯马——晚了、迟了

车干塘水捉鱼——不顾后患、一个也溜不掉、只图一回

车工三班倒——连轴转

车沟里翻船——不可能的事、没人见过、没有的事

车轱辘（车轮）断了轴——滚开

车后头拴小牛——歹（带）毒（犊）

车离城门——出事（市）了

车辆对开——各走一边

车轮子没轴——转不开

车皮挂上了火车头——跟着走

车屁股安发动机——后劲大

车上拉客——宰（载）人

车胎拔下气门芯——泄气

车胎放炮——瘪了

车胎煞气（内充气体的器物因有小孔而慢慢漏气）——纸（皮）漏、招架不住

车胎上的气门芯——里外受气

车陷泥塘——越陷越深

车有车道，船有航道——各有各的路

车载千斤有地担——与己无关、与我无关

车站的铁轨——条条是道、条条是路、路子多

车站上的蚊子——专跟过路人作对

车轴卷乱麻——理不清

车子下坡——不能回头

车走盘山公路——净绕圈子

扯不断的链条——一环紧扣一环

扯掉画皮的恶鬼——凶相毕露

扯胡子过河——谦虚（牵须）

扯开顺风篷——得势

扯开头的线团子——牵扯很远

扯裤子补补丁——堵不完的窟窿

扯了龙袍打太子——一命换一命

扯了萝卜有眼在——没有白费力

扯铃扯到半空中——空想（响）

扯乱了的丝线——找不到头、找不着个头

扯满蓬划船——一帆风顺

扯牛皮筋儿——一股韧劲

扯旗放炮去打猎——声势不小，收获不大

扯旗杆放炮——生怕别人不知道

扯起风帆又荡桨——有福不会享

扯起眉毛哄眼睛——自欺欺人、自己哄自己

扯秧子摘南瓜——两不耽误、两得其便

扯着骨头带着筋——互相牵连、相互关联

扯着胡子打滴溜——嘴上功夫、全凭嘴劲、

扯着胡子打秋千——谦虚（牵须）

扯着老虎尾巴——抖威风

扯着老虎尾巴喊救命——送死、自己找死

扯着绳索挣死牛——费力不讨好、吃力不讨好、费劲不落好

chen

臣民进皇宫——层层深入

沉香木当柴烧——用才（材）不当

陈阿大接待外宾——洋相百出

陈醋当黄酒喝了——哭笑不得

陈醋调进开水里——分不出皂白

陈醋煮青梅——酸上加酸

陈宫捉放曹——忠义感人心

陈谷做种子——难发芽

陈年的皇历——不管用

陈年的芝麻——没得用

陈年谷子烂芝麻——不新鲜

陈年老账——没法了结

陈胜扯旗——揭竿而起

陈胜起义——一呼百应

陈氏太极拳——刚柔并济

陈世美不认秦香莲——喜新厌旧

陈世美打轿夫——不识抬举

陈世美犯法——包办（指包公办案）

陈世美娶个再嫁女——同床异梦

陈世美杀妻——忘恩负义

晨雾炊烟——一吹就散

趁风扬灰——掩人耳目

趁圪垯（小土丘）下马——自找台阶

趁热吃豆包——粘手

趁热打铁——赶紧、正在火候上

趁水和泥，趁火打铁——一举两得

趁水踏沉船——助人为恶

趁下雨和泥——顺便

趁着大风扫街——吃饱了撑的、假积极

趁着大雨泼污水——销（消）赃（脏）灭迹

趁着热汤下笊篱——赶紧

cheng

撑不开的伞——没骨头

撑船不用篙——放任自流、任其自流

撑船的老板——见风使舵

撑杆打水——此起彼落

撑竿跳高——一跃而上

撑篙子进房门——直来直去、直进直出、直出直入

撑破雨伞——骨子在

撑歪墙的木头——硬顶、死撑、硬撑

撑阳伞戴凉帽——多此一举

成对的蝴蝶——比翼双飞

成吉思汗的兵马——所向无敌

成熟的芭蕉——黄了

成熟的稻穗——垂着头、耷拉（下垂）着脑袋

成熟的花生果——满人（仁）

成熟的莲子——心里苦

成熟的脓包——捅破算了

成熟的庄稼遭冰打——可惜、真可惜

成天想蚕茧——只顾私（丝）

城隍出主意——诡（鬼）计多端

城隍丢斗笠——冒（帽）失鬼

城隍老节娶妻——抬轿的是鬼，坐轿的也是鬼

城隍老爷搬家——神出鬼没

城隍老爷戴孝——白跑（袍）

城隍老爷的胡豆——鬼吵（炒）

城隍老爷发神经——鬼迷心窍

城隍老爷嫁女儿——鬼打扮

城隍老爷拉胡琴——鬼扯

城隍老爷剃脑壳——鬼头鬼脑、摸鬼脑壳

城隍老爷掷骰子（色子）——净是鬼点子、鬼点子多

城隍庙的泥像——坐一辈子

城隍庙的判官——龇牙咧嘴

城隍庙的菩萨——正襟危坐、不怕鬼

城隍庙的石狮子——搬不动、一对儿

城隍庙的铁算盘——难算、算不清、不由人算

城隍庙里摆卦摊——骗鬼

城隍庙里唱戏——给鬼看

城隍庙里朝观音——走错了门、找错了门

城隍庙里扯牌九——鬼场合

城隍庙里出告示——吓鬼了

城隍庙里穿裤——羞死鬼

城隍庙里打官司——死对头

城隍庙里打饥荒——穷鬼

城隍庙里打扇——刮阴风

城隍庙里的匾额——有求必应

城隍庙里的鼓槌——一对儿

城隍庙里的泥胎——鬼头鬼脑、鬼样子、鬼相

城隍庙里的神——站就站一生，坐就坐一世

城隍庙里的算盘——不由人拨拉

城隍庙里的小鬼——大小是尊神、老瞪眼睛不开腔

城隍庙里的猪头——有主的

城隍庙里挂弓箭——色（射）鬼

城隍庙里讲故事——鬼话连篇

城隍庙里聚会——净是鬼

城隍庙里卖假药——哄鬼、骗鬼、哄死人

城隍庙里卖麻布——鬼扯

城隍庙里冒烟——点鬼火

城隍庙里内讧——鬼打架

城隍庙里玩魔术——鬼花招

城隍庙里着了火——小鬼的嘴里都冒烟

城隍菩萨的马——不见起（骑）

城隍菩萨拉二胡——鬼扯

城隍爷不穿裤子——羞死鬼、无耻

城隍爷出巡——慌了土地佬

城隍爷打糨子（糨糊）——糊涂鬼

城隍爷的马——样子货、骑不得

城隍爷掉井里，土地爷扒头看——不敢劳（捞）驾、劳（捞）不起大驾

城隍爷躲债——穷鬼

城隍爷脚上长草——慌（荒）了神

城隍与玉皇——天地之别

城隍找土地爷拉呱儿（闲谈）——神聊

城隍皱眉头——净是鬼点子、鬼点子多

城里人不识货——麦苗当成韭菜割

城里人不识烂泥塘——陷人坑

城楼的大门——经得起推敲

城楼顶上放风筝——起点高

城楼上的雀儿——耐惊耐怕

城楼上的石阶——高级

城楼上看马打架——与己无关、与我无关

城楼上看人——眼光太高

城楼上亮相——高姿态

城门洞的行人——来去自由

城门洞里的砖头——踢进踢出，踢出来的

城门洞里抬木头——直来直去、直进直出、直出直入

城门楼上乘凉——好出风头

城门楼上的麻雀——见过大世面、胆子大

城门楼上的哨兵——高手（守）

城门楼上吊大钟——群众观点

城门楼上挂猪头——架子不小、好大的架子

城墙上的草——风吹两边倒

城墙上点烽火——告急

城墙上赶麻雀——白费工夫、白费劲、枉费工

城墙上挂镜子——照添（天）

城墙上挂帘子——没门

城墙上挂钥匙——开诚（城）相见

城墙上拉屎——出臭风头

城墙上跑马——转不过弯来

城墙上骑瞎马——好险、冒险、危险

城头上出殡——死出风头、绕一个大弯儿

城头上盖城楼——底子空

城头上挂猪肝——少心没肺

城头上跑马——兜圈子、难转弯、转不过弯来、远兜远转

城头上栽花——高中（种）

城外摆摊——外行

城外头开钱庄——外行

乘车误了点——赶不上趟、赶不上、撵不上

乘船看风景——坐着瞧

乘飞机打伞——兜风

乘火车看外景——大有倒退之势

乘慢车来的人——不速之客

乘字底下丢了人——真乖

程咬金拜大旗——运气好、众望所归

程咬金打败仗——老婆孩子一起上

程咬金打仗——全靠三板斧

程咬金的斧头——就那么几下子、有两下子、乱杀乱砍、两面砍、头三下厉害

程咬金的斧子——头三下

程咬金的马——不出头

程咬金的三斧子——虎头蛇尾

程咬金的招数——三板斧

程咬金卖耙子——一路横刮

程咬金做皇帝——不耐烦、当不得真

程婴告密搜赵武——舍儿救孤

程婴舍子救孤儿——大义凛然

秤不离砣，公不离婆，扁担不离油篓篓——各有各的搭档、各有一套

秤锤扔到大海里——直线下降

秤舵落井——硬到底

秤杆打人——有斤两

秤杆掉了星——不识斤两

秤杆塞肚腹——满肚子点子、一肚子点子

秤杆上的定盘星——从零开始

秤杆上的准星——分得出斤两

秤杆与秤砣——密不可分

秤秆子柱路——小心（星）点

秤钩打钉子——扯直

秤钩打针——以曲求伸

秤钩挂在屁股上——自己称（秤）自己

秤钩子钓鱼——捞不着

秤杆子柱路——小心（星）点

秤盘里的铁块——分量蛮重

秤上四两棉花——去访访（纺纺）

秤砣掉粪坑——又臭又硬、臭硬

秤砣掉鸡窝——捣蛋、鸡飞蛋打

秤砣掉进大海里——浮不起来

秤砣掉进棉花堆——不声不响、无声无息

秤砣掉在橱柜里——砸人饭碗

秤砣掉在鼓上——不懂（扑通）

秤砣掉在水里——富（浮）不起来

秤砣掉在瓦釜里——砸锅

秤砣跌钢板——落地有声

秤砣过河——不服（浮）

秤砣囫囵（完整、整个儿）吞——铁了心

秤砣落水——一贬到底

秤砣落在棉花上——无声无息

秤砣碰铁蛋——硬碰硬

秤砣敲钢板——响当当、当当响

秤砣扔到钢板上——落地有声

秤砣虽小——能压千斤

秤砣腌咸菜——一言（盐）难尽（进）

秤砣砸核桃——看他（它）硬到几时

称物不挂秤砣——尾巴往上翘

chi

吃罢黄连劝儿媳——苦口婆心

吃霸王的饭，给刘邦干事——不是真心

吃梆条厨笊篱——满肚子胡编

吃包子扔皮儿——各有所好、各人所好

吃饱饭闲嗑牙——没事找事

吃豹子胆长大的——凶恶极了

吃别人嚼过的馍——没味道

吃冰棍儿拉冰棍儿——没话（化）

吃冰棍舍不得扔棒棒——小气鬼

吃饼吃馒头——不甩快（筷）

吃不了兜着走——自担责任

吃曹操的饭，干刘备的事——人在心不在、不是真心、吃里扒外

吃曹家饭，管刘家事——心不在焉

吃炒面哼小曲——含糊其辞、含含糊糊

吃刺扎嗓子——自找罪受、自找难受

吃大鱼大肉的——肚里一点没数（素）

吃得耳朵都动弹——味道好爽

吃的成盐真不少——净管闲（咸）事

吃的黑芝麻——满肚的黑点子

吃灯草灰长大的——说话没分量

吃点退烧药——降降温

吃点心抹酱油——不对味、不是味儿

吃豆腐多了——嘴松

吃豆腐花肉价——划不来

吃豆腐啃骨头——服软不服硬

吃豆腐渣长大的——嘴松

吃多了安眠药——不醒悟

吃多了碎米——罗嗦

吃多了盐——尽讲闲（咸）话

吃饭馆，住旅店——什么事也不管、啥事不管

吃饭泡米汤——喝粥的命

吃饭泡汤——占地方儿

吃饭舔碗边——穷相毕露、吝啬鬼

吃饭咬颗沙子——搁（硌）着了

吃饭咬舌头——出于无意

吃饭住旅店——啥事不管

吃蜂蜜戴红花——甜美

吃蜂蜜说好话——甜言蜜语

吃蜂蜜蘸葱——找死、送死、寻死、自己找死

吃甘蔗爬楼梯——节节甜来步步高

吃甘蔗上山——一步比一步高，一节比一节甜

吃橄榄不吐核——看他怎么吞下去

吃个馒头就饱——没肚量

吃根灯草——说话轻

吃狗肉喝白酒——里外发烧

吃瓜不要子——甩种

吃瓜子吃出虾米（小虾）来——什么人（仁）都有、遇到了好人（仁）

吃瓜子——吞吞吐吐

吃挂面不调盐——有言（盐）在先

吃罐头没刀——难开口、口难开、不好开口

吃过干饭打更——不是时候

吃过黄连喝蜂蜜——先苦后甜

吃过三斤老蒜头——好大的口气

吃过晌午搭早车——赶不上趟

吃过屎的狗——嘴巴臭

吃过午饭打更——不是时候、不看时候、为时过早

吃海水长大的——管得宽

吃核桃——非砸不可

吃红薯蘸蒜汁——各对口味儿

吃黄瓜蘸雪——乏味

吃鸡蛋噎嗓子——进退两难

吃江水，说海话——好大的口气

吃饺子不吃馅儿——调（挑）皮

吃烤山芋——又吹又拍、吹吹拍拍

吃口樱桃肉塞了嗓子眼儿——小心眼儿、心眼儿狭小

吃辣的送海椒（辣椒），吃甜的送蛋糕——投其所好

吃辣椒喝白干——里外发烧

吃狼奶长大的——凶恶极了

吃烙饼卷木炭——黑心肝、心肠黑

吃烙饼卷手指——自己咬自己

吃凉粉——不塞牙

吃凉粉发抖——凉透心、冷透心

吃粮不管事——省心

吃了白糖吃冰糖——乏味

吃了豹子胆——胆子不小、天王老子都不怕

吃了扁担——横了肠子

吃了冰糖吃豆腐——先硬后软

吃了不害臊的药——不知羞耻、没脸

吃了蚕茧——一肚子私（丝）

吃了苍蝇——直感到恶心

吃了抄手（馄饨）吃馄饨——一码事

吃了秤杆——一肚子心眼

吃了秤砣——铁心了

吃了敌百虫的老母鸡——抬不起头

吃了定心丸——做事踏实

吃了冬眠灵——昏昏欲睡

吃了豆腐——软了心

吃了对门谢隔壁——错了、晕头转向

吃了饭就砸锅——不干了

吃了蜂蜜——心里甜

吃了狗屎问香臭——明知故问

吃了海椒（辣椒）啃甘蔗——嘴甜心辣

吃了虎豹的心肝——好大胆、好大的胆子

吃了鸡下巴——爱搭嘴、接别人的话

吃了蒺藜豆——扎心

吃了开心药——合不拢嘴、咧开了嘴

吃了筐烂杏——心酸

吃了雷公的胆——天不怕地不怕

吃了两天豆腐想成仙——想得容易

吃了两只公鸡——在肚里斗

吃了灵芝草——一心想成仙、长生不老

吃了麻绳子——尽说长话

吃了煤炭——火气冲天

吃了蒙汗药——动弹不得、任人摆布、不省人事

吃了磨刀的水——秀（锈）气在内

吃了木炭——黑了良心

吃了鸟枪药——火气冲天

吃了炮仗——一跳三丈高

吃了枪药——火气大

吃了三天斋就想上西天——功底还浅

吃了三碗红豆饭——满肚子相思

吃了烧酒穿皮袄——周身火热

吃了烧茄子——多心

吃了剩饭想点子——光出馊主意

吃了算盘子——心里有数

吃了桐油呕生漆——连本带利

吃了窝脖鸡——憋气

吃了乌龟皮——装王八憋

吃了五味想六味——贪得无厌、贪心不足

吃了喜鹊蛋——乐开怀

吃了线团子——心里结疙瘩

吃了蝎子草的骆驼——四脚朝天

吃了蝎子——心肠歹毒

吃了哑巴药——开不得口

吃了一包回形针——满肚子委屈（曲）

吃了一肚子响雷——胆大包天

吃了一肚子账本——心中有数、肚里有数

吃了一堆烂芝麻——满肚子坏点子

吃了一筐烂杏——心酸得很

吃了一团烂麻——心里乱糟糟

吃了萤火虫——肚子里明、心里透亮

吃了鱼钩的牛打架——勾（钩）心斗角

吃了芋头不下肚——顶心顶肺

吃了早饭睡午觉——乱了时辰

吃了炸药——开腔就爆

吃了猪肝想猪心——贪得无厌、贪心不足

吃了猪苦胆——心里苦

吃柳条拉筐子——肚子里编

吃萝卜喝烧酒——干脆、干干脆脆

吃麻油唱曲子——油腔滑调

吃米不记种田人——忘本

吃米饭拣谷子——挑剔

吃棉花长大的——心软

吃棉花拉线团——肚里有文章

吃面条找头子——多余

吃奶的娃娃——不知愁

吃奶娃娃当家——幼稚得很

吃藕使筷子——挑眼

吃秦椒（细长的辣椒）烤火——周身火热

吃秦椒长大的水晶猴子——不光刁滑，肚里还辣

吃人不吐骨头——心狠手辣

吃人的东西坐大殿——豺狼当道

吃人的老虎拍照——恶相、恶模样

吃桑叶吐蚕丝——肚里有货

吃上辣椒屙不下——两头难受

吃烧饼掉芝麻——免不了

吃蛇不吐骨——厉害

吃生萝卜的——说话干脆

吃生米的碰到嗑生谷的——恶人遇恶人

吃虱子留后腿——小气

吃水不记掘井人——忘本

吃笋子剥皮——一层层来

吃天鹅肉——痴心妄想、妄想

吃甜的有蜜糖，吃辣的有辣汤——各对口味儿

吃歪藤长大的——乱纠缠

吃豌豆咽鸡蛋——一个赛一个

吃完饭就砸锅——不干了

吃完黄连吃白糖——苦尽甜来

吃苇坯拉炕席——满肚子瞎编、肚里编、嘴能编

吃窝头就辣椒——图爽快

吃稀饭加米汤——亲（清）上加亲（清）

吃稀糊糊游西湖——穷开心

吃咸菜长大的——尽管闲（成）事、操闲（成）心、闲（咸）操心

吃咸菜蘸酱油——多此一举、闲（咸）透啦

吃馅儿饼抹油——白搭

吃香蕉剥皮——吃里爬（扒）外

吃蝎子吞辣椒——太毒辣

吃雪糕拉冰棍——没话（化）

吃盐翻跟头——闲（成）得慌

吃药用冰糖作引子——又苦又甜

吃一升米的饭，管一斗米的事——管得宽

吃油条蘸大油（猪油）——腻透了

吃鱼不吐骨头——说话带刺儿

吃枣不吐核儿——囫囵吞枣

吃斋的恶婆子——口素心不善

吃斋碰着月份大——倒霉透了、真倒霉

吃猪脚不吐骨头——不知怎么吞下去的

吃猪肉念佛经——冒充善人

吃竹竿长大的——直性人、直性子

吃竹子拉笊篱——满肚子瞎编、肚里编、嘴能编

吃着冰棍拉家常——冷言冷语

吃着菠萝问酸甜——明知故问

吃着肥肉唱歌——油腔滑调

吃着甘蔗上台阶——步步高，节节甜

吃着话梅讲话——一股酸味

吃着黄连唱着歌——以苦为乐

吃着梅子问酸甜——明知故问

吃着碗里瞧着锅里——贪得无厌

吃着油条唱歌——油腔滑调

吃自来食的水鸟——长脖子老等

吃粽子蘸蒜泥——各有各的口味、各对口味

痴鸟等湖干——痴心妄想、妄想

痴情碰冷遇——伤透心肝、伤心

痴人买画——一样一张

痴人睡在乱冢里——不怕死

痴人说梦——不屑一听、胡言乱语、胡说八道

池塘的浮萍——浮在面上

池塘干涸——露了底

池塘里的风波——大不了

池塘里的荷花——出污泥而不染

池塘里的荷叶——随风摆、随风飘

池塘里的莲藕——嫩的好

池塘里的麻雀——没见过风浪

池塘里的泥鳅——掀不起大浪、翻不了大浪

池塘里的藕——心眼多、心眼不少

池塘里的小鱼——尤（游）物

池塘里的鸭子——不用赶

池塘里的鱼——没见过风浪

池塘里摸菩萨——劳（捞）神

池塘里潜水——没深度

池塘里撒网——鱼虾兼收

池塘里洗澡——未必就干净

池中捞藕——拖泥带水

池子里拾蟹子——十拿九稳

赤膊穿刺笆（荆棘）——进退两难

赤膊上阵——拼命、要大干了

赤膊捅马蜂窝——蛮干、不惜血本

赤膊钻进蒺藜窝——浑身是刺

赤脚拜观音——诚心实意

赤脚戴礼帽——顾上不顾下

赤脚的和尚——两头光

赤脚撵穿高跟鞋的——赶时兴、赶时髦

赤虾撞桥脚——不觉得

赤眼看见火石头——怒火冲天

赤着脚板去拜年——辛苦讨来快活吃

赤着双脚戴皮帽——顾上不顾下

赤着双足登高山——铁脚板

翅膀长硬的鸟——要飞了

chong

冲锋枪上的通条——直来直去、直进直出、直出直入、难转弯、转不过弯来

冲沟里放牛——两边吃

冲瞎子问路——方向不明、找错了人

冲着告示点头——混充识字儿的

冲着和尚骂秃子——寻着惹气

冲着柳树要枣吃——故意刁难、有意为难

冲着尼姑叫姑爷——看错了人、认错了人

冲着姨夫叫丈人——乱认亲

虫吃梨子——心里肯（啃）

虫吃桑叶——不吐丝

虫蛀的扁担——经不住两头压

虫蛀的大树——蔫坏

虫蛀的老槐树——腹内空空

虫蛀的苹果——放到哪，烂到哪

虫蛀的幼苗——长不大

虫子打架——没声响

虫子掉在糨糊盆里——动弹不得

虫子钻进核桃里——混充好人（仁）、算什么人（仁）

崇明岛上修寺庙——没靠山

宠了媳妇得罪娘——两头为难、两难、左右为难、好一个，恼一个

chou

抽大烟的说梦话——不过瘾

抽刀断水——枉费心机

抽风攥拳头——手紧

抽干塘水捉鱼——一个也跑不了、不顾后果

抽急的陀螺——团团转

抽了脊梁骨的癞皮狗——扶不上墙

抽了架的丝瓜——蔫了

抽了筋的老虎——塌了架

抽香烟打吗啡——一码是一码

抽芽的蒜头——多心

抽烟不带火——沾光

抽烟烧了枕头——怨不得别人

仇人打擂——有你无我

仇人相见——分外眼红

绸缎上绣牡丹——锦上添花

绸子包鸡笼——外面好看里面空

绸子包金条——好的在里面

丑八怪搽胭脂——自以为美

丑八怪出台——见笑了

丑八怪戴花——不知自丑、自不知趣

丑八怪相媳妇——乔装打扮

丑八怪演花旦——别出心裁

丑旦化妆——油头粉面

丑妇见翁姑——怕不得

丑姑娘给俊女婿——混着过

丑女嫁丑汉——丑上加丑

丑婆娘逛灯——活现眼

丑婆娘照镜子——就是那个样子

丑媳妇见公婆——迟早一回、迟早有一次

丑小鸭变天鹅——高升了

臭虫爬到礼盒里——这回可找到理（礼）了

臭虫咬胖子——揩油、沾油水

臭虫咬人——出嘴不出身

臭虫钻到花生壳里——放不了好人（仁）、硬充好人（仁）

chu

出殡忘了抬棺材——太大意

出巢的黄蜂——满天飞

出得龙潭，又入虎穴——躲了一灾又一灾、祸不单行

出东门往西拐——糊涂东西

出洞的狐狸——贼头贼脑

出洞的黄鼠狼——又鬼祟又狠毒

出洞的老鼠——左顾右盼、怕见人

出工一条龙，干活一窝蜂——出工不出活、出勤不出力

出锅的大虾——卑躬（背弓）屈膝

出锅的热糍粑——软瘫了、软作一堆

出锅的烧鸡——窝着脖子别着腿

出国的大轮船——外行（航）

出海捕鱼——多少总会有收获

出海带救生圈——有备无患

出家人化缘——到处求人

出家人娶媳妇——不守规矩

出家遇着矮和尚——从师不高

出家做和尚——没法（发）儿

出嫁的姑娘——满面春风、春风满面、有主了、红光满面

出来进去走窗户——没门儿、无门

出了茶馆又进澡堂——里外挨涮

出了厨房进冰窖——忽冷忽热

出了灯火钱，坐在暗地里——明吃亏

出了架的导弹——迅雷不及掩耳

出了笼的黄雀——自由自在

出了土的春笋——能顶千斤石、冒尖、露头

出了芽的蒜头——多心

出了衙门骂大街——没事找事

出了窑的砖——定了型、定型了

出林的笋子——招风

出笼的馍馍烤着吃——欠火候

出笼的鸟儿——要飞了、远走高飞、放得出，收不回、自由飞翔

出炉的钢锭——定了型、定型了

出炉的红铁——找打

出炉的铁水——沾不得

出门带伞——有备无患

出门带条狗——随人走

出门戴口罩——嘴上一套

出门逢债主，回屋难揭锅——内外交困、倒霉透了

出门骑骆驼——不用照料

出门坐飞机——远走高飞

出山的猛虎——凶相毕露、势不可当、威风不小

出山的太阳——火红一片、一片火红

出师就取胜——好开场

出师前折旗——不吉利

出水的芙蓉——一尘不染、楚楚动人

出水的虾子——活蹦乱跳、又蹦又跳、连蹦带跳

出膛的子弹——不会拐弯、永不回头、决不回头、勇往直前、不认
人、一发而不可收

出头的椽子——先烂

出头的钉子——先挨砸

出头的疖子——好得快

出头的鸟——先挨打

出土的甘蔗——节节甜

出土的陶俑——可见着天日了、总算有了出头之日

出土笋子逢春雨——节节高、节节上升

出土文物——宝贝疙瘩、老古董

出须的萝卜——腹中空、空虚、心虚

出窑的石灰遭雨淋——四分五裂

初八过重阳节——不久（九）

初吃甘蔗——尝到了甜头

初出锅的糍粑——软作一团

初出窝的小鸟——净攀高枝

初次挖藕——摸着干

初冬的薄冰——一戳就破、踏不得

初二三的夜晚——处处不明

初七八的月亮——半边阴

初晴露太阳——重见天日、开云见日

初身唱老旦——没痛快一天

初升的太阳——光芒四射、一片红火、火红一片

初生的牛犊——不怕虎

初生的娃娃——小手小脚

初十的月亮——不圆

初学滑冰——没有不摔跤的

初学交谊舞——不知进退

初学太极拳——不会推

初一拜年——彼此一样

初一吃十五的饭——前吃后空

初一的潮水——看涨

初一晚上走路——漆黑一片

初一夜里出门——处处不明

初一早上放鞭炮——正是时候

除夕吃团年饭——皆大欢喜

除夕进厨房——你忙我也忙

除夕晚上的案板——不得闲

除夕晚上的蒸笼——同时忙

除夕晚上借砧板——不看时候

除夕夜守岁——辞旧迎新

厨房里打架——砸锅

厨房里的柴——果然是真心（薪）

厨房里的馋猫——记吃不记打

厨房里的灯笼——常常受气

厨房里的火筒——两头空

厨房里的垃圾——破烂货、鸡毛蒜皮

厨房里的沙锅——淘（陶）气（器）

厨房里的灶——时冷时热

厨房里落石头——砸锅

厨师熬粥——难不住

厨师搬家——另起炉灶

厨师炒菜——添油加醋

厨师出身——喜欢吵（炒）

厨师的柜子——装昏（荤）

厨师的围裙——揩油、沾油水、油透了

厨师动锅铲——吵（炒）起来了

厨师进厨房——内行来了

厨师试菜——尝尝咸淡

厨师洗手——不想吵（炒）

厨子磨刀——只图快

锄地不带锄——干什么来的

锄头耕地——有一下，算一下

锄头钩月亮——够不着

锄头刨黄连——挖苦

橱窗里的东西——任人摆布

楚霸王举鼎——好大的力气、劲大、力大无穷

楚霸王困垓下——四面楚歌

楚霸王请客——去也得去不去也得去、凶多吉少

楚霸王种蒜——栽到家了

楚霸王自刎——身败名裂、没脸回江东

楚国君拿晏子开心——辱人不成反辱己

楚汉相争——势不两立、胜者为王、在谋不在勇

楚河汉界——清清楚楚、一清二楚

楚人夸矛又夸盾——自相矛盾

楚王打霸王——自知疼痛

楚庄王理政——一鸣惊人

chuai

揣着明白说糊涂——装傻

揣着手走亲戚——没啥可拿

chuan

穿背心戴棉帽——不相称

穿背心作揖——光想露两手

穿冰鞋上沙滩——你别想溜

穿不过的巷子——死胡同

穿不破的鞋——底子好

穿草鞋打领带——土洋结合

穿草鞋戴礼帽——不伦不类、不相称

穿草鞋上树——欠妥（拖）

穿长衫着短裤——不配套

穿绸缎吃粗糠——外光里不光、表面光

穿大褂子作揖——不限定（现腔）

穿钉鞋踩屋瓦——捅娄（漏）子

穿钉鞋上瓦屋——不可行也

穿钉鞋外搭拄拐棍——双保险

穿钉鞋拄拐棍——步步扎实、把稳着实

穿钉鞋走钢板——走一路响一路

穿钉鞋走泥路——步步有点、步步扎实

穿钉鞋走石子路——寸步难行

穿冬衣戴夏帽——不知春秋

穿冬衣摇夏扇——不知冷热

穿短裤套短袜——差一大截

穿短袜着短裤——两头够不着、拉扯不上

穿高跟鞋跑步——想快也快不了

穿高跟鞋上山——自己跟自己过不去

穿过胡同上大街——路子越走越宽

穿汗衫戴棉帽——不知春秋、不协调

穿节的竹竿——灵通起来了

穿紧身马褂长大的——贴心

穿孔的皮球——泄了气

穿裤扎脚管——毫毛不丢一根

穿了鼻子的牛——让人牵着走

穿没底的鞋——脚踏实地

穿木屐干活——拖拖沓沓、拖拖拉拉

穿木屐过摩天岭——走险

穿木屐上高墙——胆战心惊、战战兢兢

穿木拖鞋走路——响声大，步子小

穿皮袄吃醪糟——周身火热

穿皮袄打赤脚——凉了半截

穿皮袄喝烧酒——正在热乎劲上、里外发烧

穿皮袜子戴皮手套——毛手毛脚

穿破衫戴礼帽——不成体统

穿旗袍跳芭蕾舞——中西结合

穿青衣的骑黑驴——一样的皮毛、一样的颜色

穿山甲扒窝——越掏越空

穿山甲的本领——会钻

穿山甲拱泰山——攻（拱）不倒

穿山甲过的路——空洞

穿湿棉袄背秤砣——一身沉重

穿梭子不带线——空来空往

穿蓑衣救火——自讨麻烦、迟早都要烧

穿堂风——凉快

穿兔子鞋的——跑得快

穿拖鞋跳芭蕾舞——洋不洋土不土

穿袜子没底——装面子

穿西装戴斗笠——土洋结合

穿西装戴瓜皮帽——不洋不土

穿小鞋走窄门——自己跟自己过不去

穿鞋卧人床——恶相、恶模样

穿心的烂冬瓜——坏透了

穿新鞋走老路——因循守旧

穿新衣逛新城——样样新鲜

穿靴子光脚——自己心里明白

穿衣戴帽——各有一套、各有所好、各人所好

穿衣镜前作揖——自己恭维自己、自尊自敬

穿衣镜照人——原原本本

穿针——一孔之见

穿着草鞋跳芭蕾舞——土洋结合

穿着袈裟作揖——露一手

穿着坎肩打躬（作揖）——露两手

穿着棉衣游泳——甩不开膀子

穿着靴子搔痒痒——麻木不仁

穿着毡靴子上炕——毛手毛脚

传说中的八仙——各有千秋

传闲话，落不是——自讨没趣、无事生非

传言过语——拨弄是非、搬弄是非

船舱里打老鼠——跑不了

船舱里生小鸡——漂浮（孵）

船到江心才补漏——晚了、来不及

船到江中触暗礁——散板了

船到码头车到站——到达目的地了、停滞（止）不前、各人走各人的路

船到桥头——不直也得直、不顺也得顺

船到竹篙撑——随机应变

船底雕花——多此一举

船底下放鞭炮——闷声闷气、闷声不响

船工租船游西湖——划得来

船家打老婆——早晚是一顿

船家的鸡——见水不得饮

船进断头浜（小河）——进退两难

船开才买票——错过时机

船老大带徒弟——从何（河）说起

船老大的犁头——无用、没得用

船老大敬神——为何（河）

船老大坐后艄——看风使舵

船上打伞——没天没地

船上的蚂蚁——空搬家

船上迈步——越走越窄

船上人充油灰——慢慢来

船头办酒席——难铺排

船头上跑马——转不过弯来、前途有限

船头上跑马——走投无路

船头上撒网——纲举目张

船头上烧纸——为何（河）

船脱离了水——行不通、走不通

船尾朝北——难（南）行

串鸡毛——壮胆（掸）子

串起来的螃蟹——横行不了几天

串亲遇上下雨天——人不留客天留客

串绳子养海带——根子不在下头、根在上边

chuang

疮口上贴膏药——揭不得

窗户上糊纸——一捅就破

窗户上画老虎——吓不了谁

窗户上伸脚——走错了门、找错了门、不是门

窗户上走人——没找着门路、门外汉

窗户眼儿吹喇叭——名（鸣）声在外

窗户眼里看人——小瞧

窗户纸糊隔墙——一点通

窗户纸——一戳应就透

窗口插桂花——里外香

窗口看天——只见一面

窗帘店的师傅——作者（做折）

窗棂（窗格）里吹喇叭——名（鸣）声在外

窗棂上泼水——失（湿）格了

窗纱做衣裳——浑身是窟窿

窗台上拾钱——不用弯腰

窗台上种瓜——长不大

窗外有窗——多余的框框

窗子小跳不进去——格格不入

床板夹屁股——有苦难诉、有苦说不出

床单做窗帘——够宽大了

床单做洗脸巾——大方

床单做鞋垫——大材小用

床底劈柴——上下碰壁

床底下拜年——伸不直腰、永无出头之日

床底下唱歌——格调不高

床底下吹号——低声下气

床底下打场——摊不开

床底下打拳——直不起腰、施展不开

床底下的夜壶——离不得又见不得、难登大雅之堂

床底下点灯——不高明

床底下点蚊香——没下文（蚊）

床底下堆宝塔——高也有限

床底下躲雷公——不顶用、没用处、没得用

床底下翻跟头——碍上碍下、碰上碰下

床底下放暖壶——水平（瓶）低

床底下放纸鸢——出手不高、起手不高

床底下关鸡——提（啼）醒你

床底下鞠躬——抬不起头来

床底下看书——眼光不高

床底下亮相——姿态不高

床底下抡大斧——不好使家伙

床底下埋金子——千万别声张

床底下劈柴——难免磕磕碰碰、戳大板

床底下晒谷子——阴干

床底下伸手——要求不高

床底下喂鹤——抬不起头来

床底下想办法——主意不高

床底下养仙鹤——一辈子不得抬头

床底下支张弓——暗箭伤人

床上的花枕头——置之脑后

床上放风筝——高也有限

床上铺黄连——困苦

床上起塔——底子空、高也有限

床上耍花枪——打不开场面

床上杂耍——软功夫

床上捉奸——想赖也赖不了

床头鸡叫——提（啼）醒我

床头上拾元宝——自欺欺人、自骗自、自己哄自己

闯江湖的买卖——骗人

chui

吹大风吃炒面——怎能开口

吹灯拔蜡踩锅台——一切都完了

吹灯打哈哈——暗中作乐

吹灯打哈欠——暗中出气、偷偷消气

吹灯裹脚——瞎缠

吹灯讲故事——瞎说、瞎叨叨、胡叨叨

吹灯捉虱子——瞎摸

吹灯作揖——没人领情、不领情

吹笛的会摸眼，打牌的会摸点——各有本领、各靠各的本事

吹笛又找个捏眼的——多余

吹笛子请人捂眼——爱求别人

吹风机出故障——坏了风气

吹风蛇带仔——凶恶极了

吹鼓手办喜事——自吹

吹鼓手抱公鸡——嘀嘀咕咕

吹鼓手背号筒——专门寻事

吹鼓手吃饭——顾吃不顾吹

吹鼓手的肚子——气鼓气胀、气鼓鼓

吹鼓手掉进井里——想（响）着想（响）着下去了

吹鼓手跌河里——投想（响）

吹鼓手丢唢呐——吹不得、别吹了

吹鼓手分家——一人一把号

吹鼓手分钱——看谁能吹

吹鼓手赴宴——吃的胀气饭

吹鼓手赶集——没事找事

吹鼓手过坟场——自己给自己壮胆

吹鼓手喝彩——自吹自擂

吹鼓手叫阵——赛吹

吹鼓手排队——挨不上号

吹鼓手娶媳妇——自吹自擂

吹鼓手上街——没事找事

吹鼓手跳舞——蹦着吹

吹鼓手仰脖子——净起高调

吹鼓手坐宴席——顾吃不顾吹

吹胡子瞪眼——大发脾气、气到极点

吹火筒不通——赌（堵）气

吹火筒打鸟——不像腔（枪）、不是真腔（枪）

吹火筒当晾衣竿——差得远、差远了

吹火筒当望远镜——眼光狭窄

吹火筒当眼镜——慢慢看

吹火筒子——两头受气、两头通

吹火遇上倒烟——憋气

吹糠见米——本小利大

吹口哨过坟场——自己给自己壮胆

吹喇叭不用气——叫它自个儿去想（响）

吹喇叭的分家——挨不上号

吹喇叭佬娶老婆——自吹

吹喇叭响爆竹——有鸣有放

吹喇叭扬脖——起高调

吹了灯瞪眼睛——出了气又不得罪人

吹灭灯挤眼儿——后来的看不见、看不见的勾当

吹起来的肥皂泡——不攻自破

吹气灭火——口气不小

吹气入竹笼——劳而无功、有劳无功

吹煞灯念经——瞎叨叨、胡叨叨

吹唢呐的腮帮子——胀起来了

吹糖人的出身——好大的口气、口气不小

吹糖人的搭台子——买卖不大，架子不小

吹影镂尘——不见形迹

吹着喇叭找买卖——没事找事

炊壶煮饭——出不得户（壶）

炊事员的手——会做吃的

炊事员的围裙——有（油）点

炊事员行军——替人背黑锅

垂危病人摘牡丹——临死还贪玩

锤打棉花——敲不响

锤砸铁砧——响当当

锤子炒菜——砸锅

锤子打钉子——入木三分

锤子打钎——想（响）到一个点子上

锤子敲胸脯——砸在心坎上

chun

春蚕吃桑叶——一点点地啃

春蚕到死——怀着私（丝）

春蚕到死丝方尽——满腹经纶

春蚕结茧——一丝不苟

春蚕吐丝——自缠身

春草（戏剧《春草闹堂》中的人物）闹堂——急中生智

春茶尖儿——又鲜又嫩

春凳（宽而长的旧式凳子）折了靠背儿——无依（倚）无靠

春分得雨——正逢时

春节后的水仙——没有市场

春节看灯——观光

春节前的年货——满街满巷

春苗得雨——正逢时

春秋望田头——专门找茬儿

春笋见春雨——一日长三寸

春天的草芽——自发

春天的雷，涨潮的水——留不住、难久留

春天的柳树枝——落地生根

春天的萝卜——心虚

春天的猫——尽对儿

春天的毛毛雨——贵如油

春天的蜜蜂——闲不住

春天的嫩韭菜——一时鲜

春天的气候——一天三变

春天的石榴花——火红一片、心红

春天的树尖——一天变个样

春天的杨柳——分外亲（青）

春天河边——富有诗（湿）意

春天里开花——看不及

春夏秋冬——年年有

春汛的鱼虾——随大流

春种夏耘秋收冬藏——因时制宜

椿树上的虱子——懒相（象）

chuo

戳翻了的蚂蚁窝——全暴露了

戳破了的灯泡——冒火

ci

祠堂里敬佛祖——拜错庙门

祠堂里撂砖——祖辈有仇

瓷公鸡，玻璃猫——一毛不拔

瓷盘里的水仙——根底浅

瓷盘里的珍珠——明摆着

瓷器店里的老鼠——打不得、碰不得

辞去先生去做贼——不务正业、不干正经事

磁石遇铁砣——不谋而合

糍粑打狗——沾（粘）上了

此地无银三百两——不打自招、自欺欺人、泄露了天机、欲盖弥彰

此曲只应天上有——不同凡响

刺笆（荆棘）林里的斑鸠——不知春秋

刺笆林里打石头——无牵挂、无牵无挂

刺笆林里放风筝——胡缠、胡搅蛮缠

刺笆林中的苦蒿——没人睬（采）

刺柏林的斑鸠——姑姑（咕咕）

刺拐棒打狗——不顺手

刺拐棒弹棉花——越整越乱

刺拐棒做线板——难缠

刺槐做棒槌——扎手、净是扎手货

刺壳里挖栗子——碰到棘手事、棘手

刺木架桥——没人敢过

刺木条——架不得桥

刺蓬上晒被子——不顾面子

刺猬的脑袋——不是好剃的头、刺儿头、摸不得

刺猬抖毛——浑身乍刺儿、干乍刺

刺猬发怒——炸毛了

刺猬见老鹰——肚皮冲上

刺猬皮包钢针——里外扎手

刺猬在巴掌上打滚——碰到棘手事、棘手

刺猬钻进蒺藜窝——针锋相对、进退两难、奸（尖）对奸（尖）

刺猬钻进丝线里——纠缠不清

刺窝里摘花——难下手、下不了手、无法下手

刺绣女工的手艺——真（针）功夫

cong

从地上跳到炕上——不足为奇

从发面团上拔毛——无中生有

从狗洞里爬出来的新郎——不走正道、光走歪道

从河南到湖南——难（南）上加难（南）

从火坑里爬出来的好汉——死里求生

从景德镇贩来的——新词（瓷）

从糠里能熬出油来——是把好手

从楼上摔下一筐子鸡蛋——没有一个好的、没有一个好货

从门缝里看大街——眼光太窄了

从门缝里看人——把人瞧扁了

从石头里挤水——办不到、万万办不到

从席上跌地上——差不离

从小差一岁——到老不同年

从小娇惯的公主——随心所欲

从小离家老大回——变样了

从小没娘——说来话长

从斜门缝看人——怎么看怎么歪

从盐店里出来的伙计——闲（咸）得发慌

从一算起——接二连三

葱皮筒子——经不起吹

葱头不开花——装什么蒜

葱叶炒藕——空对空、空空洞洞、空洞

cu

粗瓷茶碗雕细花——难极了、白费工夫、白费劲

粗瓷瓶上——雕不出细花

粗棍打狗——重重地惩戒

粗糠烙饼——中看不中吃、好看不好吃

粗麻绳纫针——难上加难、难上难

粗石头性子——一碰就发火

粗纹路的布——泾渭（经纬）分明

粗线补衣——外边难看里边牢

醋厂里冒烟——酸气冲天

醋店里打架——争风吃醋

醋熘猪苦胆——又苦又酸

醋盘里养鱼——水浅

醋泡辣椒——又酸又辣

醋泡山楂——酸上加酸

醋瓶子打飞机——酸气冲天

醋坛里酿酒——坛坛酸

醋坛里泡枣核——尖酸、又尖又酸

醋坛子打酒——满不在乎（壶）

醋坛子里泡胡椒——尝尽辛酸

醋腌黄瓜——一股酸味

醋煮鸭子——身子烂了嘴还硬

cui

崔莺莺患病——心病还得心药医

崔莺莺送郎——依依不舍、一片伤心说不出

催命鬼对阎王——一个比一个凶

脆瓜打狗——零碎、去一半

淬过火的钢条——宁折不弯

cun

寸花公鸡上舞台——谁跟你比漂亮

cuo

矬地炮（身材矮小的人。矬，矮）嫁个细高挑儿（身材细长的人）——取长补短

矬子看戏——听声

矬子里拔将军——短中取长

矬子婆娘——见识低

矬子坐高凳——够不着

错把李逵当张顺——黑白不分

错把洋芋当天麻——不知好歹、好歹不分

错吃了毒药——顿时傻了眼

错公穿了错婆鞋——错上加错

错贴的门神——反脸

盛酒的葫芦——度（肚）量大

重打鼓另开张——从头来、从头学起、重新来

重阳节上山——登高望远、站得高，看得远

D

da

搭房子封屋顶——铺天盖地

搭锯见末，水到渠成——立竿见影

搭客骡子——上不得车、上不了阵势

搭棚子卖绣花针——买卖不大，架子不小

搭起牌楼卖酸枣——买卖不大，架子不小

搭起戏台卖螃蟹——货色不多，架势不小

搭人梯过城墙——踩着别人的肩膀往上爬

搭梯子上天——走投无路

搭梯子摘月亮——不知高低

搭戏台卖豆腐——架子不小、好大的架子

褡裢（中间开口的长方形口袋）背水——从前心凉到后心、凉透心、冷透心

妲己的子孙赴宴——露了尾巴、现了原形

打靶不中——偏了心

打靶眯眼睛——睁只眼，闭只眼

打靶中靶心——不偏不向、正好、恰到好处

打败的鹌鹑斗败的鸡——上不了阵势

打败的士兵——垂头丧气

打半边鼓——旁敲侧击

打扮起来演戏——粉墨登场

打饱嗝带放屁——两头背时、两头没好气、气不打一处来

打抱不平的说理——仗义执言

打笔墨官司——是文人的事

打边边锣——帮腔

打饼子熬糖——各干一行

打不完的官司，扯不完的皮——一言难尽

打不完的官司——扯不完的皮

打不着狐狸——反惹一身臊

打不着狐狸弄身臊——自背臭名

打不着黄鼬——惹股子臊

打不着野狼打家狗——拿自己人出气

打草人拜石像——欺软怕硬

打草引蛇——自讨苦吃

打柴的下山——担心（薪）

打柴人回山庄——两头担心（薪）

打赤脚赶场——脚踏实地

打出的子弹射出的箭——永不回头

打出来的口供——不实、信不得、假的

打出枪膛的子弹——有去无回

打春的萝卜，立秋的瓜——变味了

打醋的进当铺——走错了门、找错了门

打灯笼赶嫁妆——两头忙

打灯笼上门台——越来越高明

打灯笼照火把——又亮又光

打灯笼走亲戚——明去明来

打灯笼走铁路——见鬼（轨）

打灯笼做事——照办

打地道战——背后袭击

打地雷战——四面开花

打电报发广告——简明扼要

打电报买快车票——急上加急

打电话遇忙音——不通

打电话做手势——看不见

打吊环荡秋千——一定要两手抓

打掉门牙肚里咽——忍气吞声、含苦在心

打豆人困觉——做事不当事

打断的胳膊——往外拐、朝里拐、往里拐

打发闺女娶媳妇——两头忙

打发秃老婆上轿——没事儿了

打翻了测字摊——不识相

打翻了的醋瓶子——倒个精光、酸得很、酸气十足

打翻了的蜜罐子——甜滋滋的

打翻了的田鸡笼——一团糟

打翻了五味瓶——不知啥滋味、酸甜苦辣咸，样样都有

打个巴掌再给个甜枣——堵嘴

打个喷嚏洗洗脸——讲究过分啦

打个喷嚏吓死虎——赶上了

打更的孤雁——没对儿

打更人睡觉——做事不当事

打狗不赢咬鸡——欺小怯大

打狗看主人——势利眼

打谷场上的麻雀——胆子早练大了

打鼓不打面——旁敲侧击

打鼓的踩响鞭炮——想（响）到一个点上

打卦先生掂根棍——是个忙（盲）人

打官司的上堂——各执一词

打夯喊号子——合理（力）

打好的鱼网——心眼儿多

打呼噜听见放炮——吓人一跳

打花脸照镜子——自己吓唬自己

打坏了的玻璃瓶——废物

打火不吸烟——闷（焖）起来了

打火机点烟——必然（燃）

打火机点烟袋锅——土洋结合

打击乐伴奏——旁敲侧击

打架揪胡子——谦虚（牵须）

打架拿块红薯——不是家伙

打架时借拳头——哪里腾得出手

打架脱衣服——赤膊上阵

打歼灭战——一扫而光

打酒只问提壶人——没错、错不了

打开棺材喊捉贼——冤枉死人

打开棺材治好病——起死回生

打开笼子放了雀——各奔前程

打开蜜罐又撒糖——甜上加甜、甜透了

打开天窗——说亮话

打开闸门的水——滚滚向前

打瞌睡的捡了个枕头——称心如意、正合适

打烂的暖水瓶——丧胆

打烂罐子做瓦片——划不来、不合算

打烂锅头——没得主（煮）

打烂门牙咽肚里——干吃哑巴亏、吃了哑巴亏

打烂油瓶——你没到（倒）就光了

打雷不下雨——虚张声势

打镰刀卡在喉咙里——吞下吞不下,吐又吐不出来

打了败仗的士兵——溃不成军

打了的鱼缸——四分五裂

打了盘子对碗沿——不对碴

打了乒乓玩排球——推来推去、互相推托

打了瓶子洒了油——两头不落一头

打了兔子喂狗——便宜让他得了

打了兔子喂鹰——好处给了恶人

打了一场疲劳战——个个没精打采

打猎的不说渔网，卖驴的不说牛羊——三句话不离本行

打猎放羊——各干一行

打猎捡柴火——捎带活

打猎人瞄准——睁只眼，闭只眼

打猎忘了带猎枪——丢三落四

打锣卖糖——各干一行

打锣找孩子——丢人打家伙

打马骡子惊——惩一儆百

打麦场上撒网——空扑一场

打猫吓唬狗——虚张声势

打鸟没打中——非（飞）也

打鸟眯眼睛——尽往上看

打鸟瞄得准——一目了然

打鸟姿态——睁只眼，闭只眼

打牛皮灯笼过煤堆——黑对黑、黑上加黑

打牌的不识字——看人

打破的镜子——不能重圆

打破脸不怕扇子扇——拼上来了

打破了的水缸——难弄（拢）

打破脑袋不喊痛——气概非凡、充硬汉

打破脑袋叫扇子扇——豁出去了、无济于事、不济事

打破脑壳充硬汉——活受罪

打破砂锅问（璺）到底——追根求源、追根到底

打破纸灯笼——个个眼里有火

打破嘴巴骂大街——血口喷人

打枪不瞄准——无的放矢

打枪眯眼睛——睁一只眼，闭一只眼

打拳头给个甜豆包——堵人家的嘴

打人的疯子——惹不得

打人嘴巴还吐唾沫——欺人太甚、欺人之谈（痰）

打入虎头牢房——死定了

打入十八层地狱——难见天日、不见天日

打伞披雨衣——多此一举

打伞晒毛巾——一举两得

打闪电战——速战速决

打扇抽烟——煽风点火

打上黑脸照镜——自己吓唬自己

打上句号——完了

打蛇不死打蚯蚓——欺小怯大

打蛇不死——后患无穷

打蛇不死——留下祸根、留下后患

打蛇打到七寸上——恰到好处、击中要害、抓住了关键

打蛇打在七寸上——恰中要害

打蛇随棍上——因势乘便、因势利导、顺势而为

打绳的摆手——到（倒）劲

打手击掌——一言为定

打手赛拳——各有一套

打鼠不成反摔碎罐罐——因小失大

打水不关水龙头——放任自流、任其自流

打水上山——逐步提高

打水摇辘轳（安在井上绞起汲水斗的器具）——抓住把柄不放

打水鱼跳——逼的

打死扣的绳结——越拉越紧

打死老鼠喂猫——恼一个，好一个

打酥油的棒棒——直来直去、直进直出、直出直入

打碎的盘子敲烂的碗——对不起

打碎牙齿咽肚里——干吃哑巴亏

打太极拳——快不得

打疼了的疯狗——反咬一口

打铁不看火色——傻干

打铁不用锤——硬充能耐

打铁的拆炉子——散伙（火）

打铁的分伙——另起炉灶

打铁的烧糠——火力不足

打铁掉地下——白搭一火

打铁匠打磨——依原路

打铁匠绣花——干的不是本行

打铁卖糖——各干一行

打铁烧红钳子——不识火色、看不出火候来、不会香火色

打铁烧鸡毛——留不住火

打兔子的牵条狗——准备几招呢

打兔子碰见了黄羊——捞了个大外快

打完豺狗抓兔子——谁也跑不了

打围碰到金钱豹——笑逐颜开、喜笑颜开

打蚊子喂象——不顶用、不顶事

打下锅沿补锅底——不划算

打下去的桩头——定了

打响雷不下雨——虚惊场、一场虚惊

打消耗战——得不偿失

打一巴掌揉三揉——假仁假义、虚情假意

打油的漏斗——没底儿

打油钱不买醋——专款专用

打游击战——神出鬼没

打鱼不说枪，打猎不说网——三句话不离本行

打鱼得钱吸大烟——水里来火里去

打鱼的回家——不在乎（湖）

打鱼的烂网——千孔百疮

打鱼人碰烂船——倾家荡产

打鱼人上了街——有余（鱼）

打运动战——说走就走

打遭遇战——先发制人

打枣捎带粘知了——一举两得

打掌的敲耳朵——离题（蹄）太远

打仗做买卖——战争贩子

打胀的皮球——一肚子气

打针拔火罐——当面见效

打针吃黄连——痛苦

打针眼里看人——小瞧人

打肿脸充胖子——死要面子活受罪、外壮内虚、外强里虚、冒充富态

打准腹部——正中下怀

打着灯笼拉呱儿（闲谈）——明说、明说明讲

打着灯笼没处找——难得、得之不易

打着灯笼偷驴——明人不做暗事

打着公鸡下蛋——强人所难

打着呼噜聊天——净说梦话

打着手电筒走夜路——前途光明

打着兔子跑了马——得不偿失

打着野猪去献佛——何乐而不为

打字机上的键盘——横竖不成话

打足了气的皮球——蹦老高、一肚子气、早晚要炸

打足气的轮胎——不怕压力

大白公鸡下花花蛋——离奇、太离奇

大白天出星星——没谱、没见过

大白天打更——乱了时辰

大白天打劫——明目张胆

大白天的猫头鹰——睁眼瞎

大白天里抢劫——明火执仗

大白天遇见阎王爷——活见鬼

大白天掌灯——多此一举、浪费

大笔素描——粗线条

大便带出个擀面杖——恶（屙）棍

大伯背兄弟媳妇过河——费力不讨好、吃力不讨好、费劲不落好

大伯哥见弟妹——没话说

大草原上吹喇叭——想（响）得宽

大铲刨黄莲——挖苦

大长鼻子产子——相（象）生

大车不拉——推行

大车后面拴小牛——歹毒（带犊）

大车后头套马——弄颠倒了、颠倒着做

大车拉煎饼——贪（摊）得多

大车拉王八——爱上哪儿上哪儿

大虫（老虎）吃耗子——囫囵（完整、整个儿）吞

大虫吃小虫——一物降一物

大虫打哈哈——笑面虎

大虫的脑袋——虎头虎脑

大虫借猪——有借无还

大虫口里夺脆骨，骊龙颔下取明珠——好大的胆子、送死、自己找死

大虫头，长虫尾——虎头蛇尾

大船出海——外行（航）

大船开到小河沟——搁浅

大船漏水——有进无出、有去无回

大船载太阳——勉强度（渡）日

大槌敲鼓——声声入耳

大锤把儿——专使后劲儿

大锤砸乌龟——硬碰硬

大慈悲看观音经——求人不如求己

大葱的皮——一层管一层

大葱掐了头——装蒜

大葱装蒜——不露头

大刀砍虱子——不上算、不合算

大刀上洒香水——能文（闻）能武

大刀斩小鸡——小题大作

大道边的驴——谁爱骑谁骑、你不骑我骑

大道边上贴布告——路人皆知

大道上洒香油，小道上捡芝麻——大处不算小处算

大堤上磕头——为何（河）

大地回春——百花齐放

大吊车吊灯草——轻巧、轻拿、不值一提

大吊车吊蚂蚁——轻而易举

大吊车吊小平板——稳拿

大豆榨油——上挤下压

大肚罗汉吹喇叭——一团和气

大肚罗汉戏观音——睁只眼，闭只眼

大肚罗汉写文章——肚里有货

大耳牛——不听使

大风吹倒帅字旗——出师不利

大风吹倒梧桐树——有的说短，有的说长、自有旁人说短长

大风吹倒玉瓶梅——落花流水

大风吹翻麦草垛——乱糟糟

大风地里吃炒面——有口难开

大风地里吹牛角——两头受气

大风地里点油灯——吹了、一吹就了、难看

大风天的蜡烛——吹了、一吹就了

大风天过独木桥——难通过、通不过

大风掀走窝棚顶——一下子全亮了底

大佛殿的罗汉——一肚子泥

大佛寺的大佛——半身全装

大夫摆手——没治了

大夫号脉——对症下药

大夫开棺材铺——死活都要钱

大伏天戴棉帽——乱套

大擀杖插到鸡窝里——捣蛋

大缸里放针——粗中有细

大缸里摸鱼——没跑、跑不了

大哥不说二哥——彼此彼此、彼此一样、大家差不多

大个子盖小人被——顾头不顾脚

大个子站在矮檐下——抬不起头来

大公鸡吃米——不计其数

大公鸡打架——全仗着嘴

大公鸡闹嗓子——别提（啼）了

大公鸡上房顶——高明（鸣）

大公鸡住鸟笼——不宽松

大姑娘拜天地——头一回、头一遭

大姑娘抱孩子——人家的、帮忙的

大姑娘出嫁——头一遭、又喜又怕

大姑娘穿花鞋——走着瞧

大姑娘当媒婆——缺少经验

大姑娘荡秋千——欢跃欲飞

大姑娘的长辫子——往后甩、甩在脑后了

大姑娘的脸蛋——摸不得

大姑娘的鞋——净花样

大姑娘的心事——摸不透

大姑娘缝娃娃衣——总有用着的时候

大姑娘赶嫁妆——算日子

大姑娘看嫁妆——有主了

大姑娘拿钥匙——当家作主

大姑娘盼闺女——想得太早

大姑娘骑驴过街——到处招摇

大姑娘瞧新房——有日子的人啦

大姑娘上轿——磨磨蹭蹭、脸上哭，心里笑

大姑娘头一次见夫婿——羞羞答答

大姑娘退订婚礼——不谈了

大姑娘相亲——忸忸怩怩

大姑娘想郎——敢想不敢说

大姑娘想婆家——难开口、口难开、不好开口

大姑娘绣花——细功夫、九曲十八弯

大姑娘绣嫁衣——穿针引线、细功夫

大姑娘养孩子——费力不讨好、吃力不讨好、

大姑娘掌钥匙——有职无权、当家不做主

大姑娘坐花轿——迟早一回、迟早有一次

大姑娘做嫁衣——闲时预备忙时用

大牯牛的口水——太长

大牯牛落井里——有劲使不上、有力无处使

大观园里的闺秀——四体不勤，五谷不分

大观园里哭贾母——各有各的伤心处

大管子套小管子——不对口径

大锅里熬鱼——水里来，汤里去

大海大洋里的小舟——不着边际

大海的潮水——时起时落、时好时坏

大海翻了豆腐船——水里来，水里去

大海捞针——没那么容易

大海里捕鱼，深山里打猎——各吃一方

大海里荡舟——划不来

大海里的灯塔——光芒四射、指明航程

大海里的浮萍——没着落

大海里的黄花鱼——掀不起大浪、翻不了大浪

大海里的礁石——时隐时现

大海里的浪涛——波澜壮阔、一波未平，一波又起

大海里的沙粒——数不清

大海里的水——到哪里哪里嫌（咸）、永不自满、要多少有多少

大海里的水雷——一触即发

大海里的小船——风雨飘摇

大海里的一滴水——有你不多没你不少、缈小得很

大海里的鱼——经过风浪

大海里丢针——没处寻、难寻

大海里放鸭子——难收回、收不回来

大海里放鱼——各奔四方

大海里捞针——难下手、无法下手、摸不着底

大海里吐唾沫——不显眼

大海里下竿子——不知深浅

大海里行船，草原上放牧——漫无边际

大海里行船——乘风破浪

大海里腌咸菜——白费工夫、白费劲、枉费工

大海里一片叶——漂浮不定

大海里捉鳖——不好捉摸、难捉摸

大海上起风暴——波澜壮阔

大海退了潮——水落石出

大汉子拉癞狗——人不松狗松

大旱天的甘霖——点点喜心头

大河边上的望江亭——近水楼台

大河的水——畅通无阻

大河决了堤——放任自流、任其自流

大河里漂油花——一星半点

大河里洗煤炭——闲得没事干

大河里洗手——干干净净

大河里一泡尿——显不着

大河流水——管得宽、没完没了

大河漂油花——一星半点

大河涨水——泥沙俱下

大黑天没灯——难行

大黑天照镜子——没影的事

大红缎子上绣花——亮刷刷的

大胡子吃糖稀（含水分较多的麦芽糖）——撕扯不清

大胡子喝面汤——越吃越糊涂

大胡子买刀片——需（须）要

大胡子——难题（剃）

大花公鸡上舞台——谁跟你比漂亮

大花篮提水——有劲使不上

大花脸扮小生——改行

大花脸出场——先声夺人

大花脸的胡子——假的

大花脸的眼睛——活彩

大花脸发脾气——暴跳如雷

大花脸化妆——面目全非

大花脸画眉毛——超额

大花脸舞刀——耍威风

大花脸卸妆——恢复本来面目

大槐树底下等情人——急不可待

大槐树下挂灯笼——四方有名（明）

大火报警——一鸣惊人

大火烧到额头上——迫在眉睫

大火烧蚁窝——一举全歼

大伙都唱一个调——异口同声

大鸡不吃碎米——看不上眼

大家闺秀不出门——没见过大场面

大家看电影——有目共睹

大家提意见——一言难尽

大江边的小雀——见过些风浪

大江大海一浪花——渺小

大江东去——永无休止

大江里撑船——探不到底

大江里的水泡——渺小

大江里漂浮萍——随波逐流

大江里抓鱼——人人有份

大将军骑马——威风凛凛

大脚穿小鞋——两头扯不来、钱（前）紧、迈步难、挤不进去

大脚女人——迈不出小步来

大街得讯小巷传——道听途说

大街上弹琴——听不听随你

大街上的告示——有目共睹

大街上的红绿灯——有目共睹

大街上的霓虹灯——光彩夺目、引人注目

大街上的行人——有来有往

大街上掂杂碎——提心吊胆

大街上搞募捐——多多益善、越多越好

大街上卖笛子——自吹

大街上撒传单——自给

大镜子当供盘——明摆着

大卡车开进小巷子——难转弯、转不过弯来

大口啃住包子馅儿——抓重点

大口碗配个小盖子——合不拢、合不到一块儿

大懒差小懒——都是懒汉、懒对懒、白瞪眼

大榔头砸豆腐——笃定

大浪打翻满船鱼——水里来，水里去

大老粗戴眼镜——硬装文化人

大老粗看佛经——茫然不懂

大老虎骑小老虎——马马虎虎

大老爷的惊堂木——官气（器）

大老爷开恩——放了

大老爷升堂——吆五喝六

大老爷下轿——不（步）行

大狸猫伸懒腰——唬（虎）起来了

大理石压咸菜缸——大材小用

大理石做门匾——牌子硬

大鲤鱼掉了鳞——一天比一天难过

大力士摆手——重要

大力士背碾盘——好大的力气、劲大、劲不小

大力士进了铁匠铺——样样拿得起

大力士扔鸡毛——有劲使不上

大力士耍扁担——轻而易举

大力士绣花——不是干这活的料、力不从心、干不了细活

大梁柁做文明棍儿——大材小用

大辽河的王八——净食吃

大龙不吃小干鱼——看不上眼

大娄洒香油，满地拾芝麻——得不偿失

大路边的牡丹——众人共赏

大路边上裁衣服——有的说短，有的说长、自有旁人说短长

大路边上的碓窝——人人用

大路旁的小草——有你不多，无你不少

大路上长青草——死里求生

大路上的螃蟹——横行霸道

大路上的石头——明摆着

大路上的小石头——踢过来踩过去

大路上的砖头——绊脚石、踢来踢去

大路上堆竹竿——蹩脚

大路上卖竹竿——这个说长那个说短

大路上栽葱——白费工夫、白费劲、枉费工

大轮船出海——通行无阻、畅通无阻

大轮船靠小港——挨不上

大轮船下锚——稳稳当当

大萝卜进菜窖——没影儿（缨）了

大麻风破皮——没法治、没治了

大麻风向着癞子哭——彼此彼此、彼此一样

大麻籽喂鸡——不是好粮食

大麻子喂麻雀——喂一个，跑一个

大马拉小车——有劲使不上、有力无处使

大马虾炒鸡爪——抽筋带哈腰

大麦掉在乱麻上——茫（芒）无头绪

大麦糊煮玉米糊——糊糊涂涂、糊里糊涂

大麦芽做饴糖——好料子

大蟒吃猪娃——生吞活剥

大门板做棺材——屈才（材）、屈了材料、用才（材）不当

大门口的春联——年年有、一对红

大门口的石狮子——成双成对

大门口挂灯笼——光耀门庭、一对儿、美名（明）在外

大门楼里敲锣鼓——里外有名（鸣）声

大门上插秧——有门道（稻）

大门上的门神——是外人

大门上挂画——美名在外

大门上挂扫把——臊（扫）脸

大门上贴画儿——美名在外

大门外的砖头——踢出来的

大门外挂彩灯——美名（明）在外

大米饭里掺芋头——混着吃

大眠起来的春蚕——满肚子私（丝）

大拇指跟大腿比——小样

大拇指卷煎饼吃——自吃自、自咬自

大拇指搔痒痒——随上随下

大拇指掏耳朵——难极了、难进、有劲使不上

大拇指头比大腿——差一大截子

大脑袋唱潘仁美——替人顶臭名

大年初一拜年——你好我也好、彼此彼此、彼此一样

大年初一吃饺子——随大流、年年都一样、人有我有、头一遭

大年初一吃面条——移风易俗

大年初一吃窝头——不香

大年初一串门——见人就作揖

大年初一打灯笼——年年如此

大年初一打拼伙——穷鬼们聚到一块了

大年初一打平伙——聚到一块了、穷凑合

大年初一的袍子——借不得

大年初一翻皇历——头一回、头一遭

大年初一见了面——尽说好话

大年初一借袍子——不是时候、不识时务

大年初一看日历——日子长着呢

大年初一没月亮——年年都一样

大年初一生娃娃——双喜临门

大年初一贴"福"字——吉庆有余

大年初一遇亲友——尽说吉利话

大年初一早上见面——你好我也好

大年初一坐月子——赶在节上

大年三十的案板——家家忙

大年三十的烟火——万紫千红

大年三十看黄历——没有日子了

大年三十没月亮——年年都一样

大年三十盼月亮——痴心妄想、妄想

大年三十晚上熬稀粥——年关难过

大年三十晚上卖门神——晚了、太迟了

大年三十喂过年猪——来不及了

大年五更出月亮——离奇、头一回

大年午夜的鞭炮——无花乱坠

大年夜出太阳——离奇、太离奇

大年夜的爆竹声——此起彼落

大年夜的蒸笼——热门货

大年夜里熬糨糊——贴对子

大年夜卖年画——不懂买卖经

大胖子穿小褂——不合身

大胖子爬竿——未必能上

大胖子骑瘦驴——不相称

大胖子跳井——深不下去、不深入

大胖子跳橡皮筋——软功夫

大胖子推磨——杜撰（肚转）

大胖子下山——连滚带爬

大胖子学游泳——浮力大

大胖子走窄门——自己跟自己过不去、难进

大胖子坐小板凳——局促不安

大炮打麻雀——小题大做、不惜代价

大炮打群狼——一哄（轰）而散

大炮打蚊子——大才（材）小用

大炮的性子——爱轰

大炮轰瓷窑——土崩瓦解

大炮上刺刀——远近全能对付、蛮干

大炮筒里装手榴弹——不对口径

大炮筒子——不转向、不会拐弯

大鹏飞入网——只怕张不住

大鹏展翅——前程万里

大笸箩扣王八——跑不了

大巧背小巧——巧上加巧

大晴天遭冰雹——晕头转向

大庆王进喜——铁人

大热天穿皮袄——不是时候

大热天掉到了冰窖里——透心凉

大热天掉进井里——从头凉到脚

大热天捧个烂西瓜——想扔舍不得

大热天送火炉——不是时候

大热天下暴雨——猛一阵、长不了

大人不计小人过——宽宏大量

大人穿着小孩鞋——硬撑

大人的演出——不是儿戏

大人耍灯草——不称心

大扫帚抵门——软顶硬抗

大鲨鱼不吃小虾——看不上眼

大衫布做坎肩——亏了材料

大勺碰小勺——想（响）到一块了

大少爷种田——大手大脚

大舌头讲演——含糊其辞、含含糊糊

大蛇过街——莽（蟒）行

大神不落土地庙——接不到

大声使铜银（指把铜质货币当银质货币使用）——公开作假

大圣吹毫毛——变得真快

大师傅熬稀粥——不在话下

大师傅拆灶——散伙（火）

大师傅打蛋——各个击破

大师傅的肚子——油水多

大师傅卷行李——散吹（炊）

大师傅下伙房——来了行家

大师傅蒸馍——不到火候不开锅

大石板上青苔毛——长不了

大石板压蛤蟆——鼓不起劲来

大石沉海——一落千丈

大石头压死蟹——以势压人

大世界（旧上海著名的游乐场）里照哈哈镜——面目全非

大树底下的小草——见不得阳光、见不得太阳

大树底下聊天——净说风凉话

大树底下晒太阳——阴阳不分

大树掉片树叶——无关大体

大树林里一片叶——有你不多，无你不少

大树上吊个口袋——装疯（风）

大树下歇凉——爽快

大树做椽子——揭（截）短

大水冲崩关帝（土地）庙——慌了神

大水冲了河坝——没题（堤）

大水冲了龙王庙——一家人不认识一家人

大水冲了菩萨——留（流）神、绝妙（庙）

大水缸里捞芝麻——难上加难、难找

大松树栽在花盆里——屈才（材）、屈了材料

大松树作柴烧——大材小用

大蒜剥皮——层层深入

大蒜调冻豆腐——难办（拌）

大蒜发芽——多心

大蒜结子——抱成团

大蒜苗当枕头——昏（荤）头昏（荤）脑

大太阳底下喝老酒——里外发烧

大铁锤敲铜锣——响当当、当当响

大厅里放盆火——满堂红

大厅中央挂字画——堂堂正正

大头猫作揖——腐败（虎拜）

大头蛆拱磨盘——白费工夫、白费劲、枉费工

大头娃娃跳舞——改头换面

大头鱼（鳕鱼）背鞍子——跑江湖

大头针包饺子——露馅儿、扎心

大腿上把脉——不对路数、瞎摸、胡来、不是地方

大腿上长疔疮——走到哪坏到哪

大腿上挂篷帆——一路顺风

大腿上挂铜铃——走一步响一步

大腿上画老虎——吓不了哪一个、吓唬老百姓

大腿上贴对联——算哪一门

大腿上贴门神——人走神搬家、走了神

大腿上贴商标——走到哪儿宣传到哪儿

大碗盖小碗——管得拢

大碗装糍粑——稳稳当当、稳当当的

大网捕小鱼——劳而无功、有劳无功

大网行里抛拖锚——自讨麻烦、自找麻烦

大苇坑的蛤蟆——干鼓肚

大雾里看天——迷迷糊糊

大雾笼罩山腰——不识真面目

大雾天放鸭子——有去无回

大雾天看山峰——渺茫

大犀鸟离森林——活得不耐烦

大榍花喂牛——不经大嚼

大虾炒鸡爪儿——蜷腿带拱腰

大虾掉进油锅里——闹了个大红脸

大下巴吃西瓜——滴水不漏、点滴不漏

大厦将倾——独木难支

大象踩皮球——经不起

大象吃豆芽——不够塞牙缝、不够嚼

大象吃黄连——苦相（象）

大象吃蚊子——无从下口、难下口、无法下口

大象逮老鼠——有劲使不上、有力无处使

大象的鼻子——能屈（曲）能伸

大象的屁股——推不动

大象的牙，骆驼的峰——生就的骨头长就的肉

大象喝水——有肚量

大象呼吸——双管齐下

大象换老鼠——不上算、不划算

大象进猪场——超群出众

大象口里拔牙齿——不是好惹的、不好办、好大的胆子

大象敲门——来头不小

大象身上的跳蚤——微不足道、微乎其微

大象抓凤凰——眼高手低

大象走路——稳稳当当、稳重

大小号齐奏——双管齐下

大小姐织布——手忙脚乱

大小子撵鸭子——呱呱叫

大猩猩穿马夹——装人

大熊猫吃秤砣——铁了心

大学生宿舍——公寓

大学生做加减法——太简单了

大雪落在海里头——看得见，摸不着

大雪天找蹄印——离奇、太离奇、难极了

大烟鬼拉车——有气无力、少气无力

大眼瞪小眼——面面相觑

大眼筛子里捉黄鳝——跑的跑，溜的溜

大眼筛子盛米——一个不留

大眼网捕鱼——白费工夫、溜了小的

大眼贼（黄鼠狼）掉到昆明湖——不着边际

大眼贼儿哭兔子——本是一路货

大眼贼碰上仓老鼠——大眼瞪小眼

大雁吃莲秆——直脖子

大雁东南飞——趾高气扬

大雁飞过拔根毛——总要捞一把

大雁飞行——成群结队

大雁跟着飞机跑——落后了

大雁和鹭鸶对歌——南腔北调

大爷和太爷——只差一点、差一点

大衣柜没把手——抠门儿

大姨妈打鞋底——常（长）扯

大阴天吃凉粉——不看天气

大鱼吃小鱼，小鱼吃虾米，虾米吃青泥——一物降一物、强者为王

大鱼吃小鱼，小鱼吃虾米（小虾）——大的欺负小的、弱肉强食、以大欺小

大鱼嘴边的虾子——跑不了

大雨天打麦子——难收场

大雨天上房——找漏洞

大禹治水——不顾家

大轴和马达——只有一个心眼儿

大轴里套小轴——话（画）里有话（画）

大字丢了横——冒充人、装人样

大字写成太——多了一点

大自然的风——来去匆匆

大嘴乌鸦吃食——一副贪相

dai

呆女嫁痴汉——谁也不嫌谁

呆子把脉——摸不着

呆子帮厨——越帮越忙

呆子不识走马灯——来的来，去的去

呆子吃盖杯（有盖的杯子）——四下无门、四路无门

呆子观灯——一片明

呆子哼曲子——没谱

呆子进迷宫——摸不清东西南北

呆子看戏——光图热闹

呆子看烟火——傻了眼

呆子求财——多多益善、越多越好

呆子求情——有理说不清、讲不清道理

呆子娶个秃老婆——两将就、两凑合

呆子学铁匠——不识火色、看不出火候来、不会看火色

呆子做账房先生——糊糊涂涂、糊里糊涂

代别人写情书——不是心里话、不是真心

带刺的藤子——碰不得、摸不得

带刺的铁丝——难缠

带刺的玫瑰花——好看是好看，却有点扎手

带壳的核桃锅里煮——不进油盐、油盐不进

带了秤杆忘了砣——丢三落四

带泥的萝卜——有点土气

带你上天你还有气——不识抬举

带皮的板栗——浑身是刺

带素珠的老虎——假念弥陀

带拖斗的卡车——拖拖拉拉

带崽的母老虎——分外凶

带着秤杆买小菜——斤斤计较

带着花岗岩脑袋见上帝——死不改悔

带着救生圈出海——有备无患

带着老婆出差——公私兼顾

带着碗赶现成饭——白吃

带着烟不抽——装着玩

带着自行车乘汽车——多余

待人不分厚薄——一视同仁

袋鼠的本事——会跳

逮个兔子不剥头——给留着脸哩

逮个兔子死了鹰——得不偿失

逮鸡舍得一把米——以小诱大

逮兔子不用猫——有权（犬）

逮兔子打狐狸——一举两得

逮鱼的不带网——全凭手摸

戴草帽亲嘴——差一截子、差一大截、对不上口

戴草帽亲嘴——勿碰头

戴草帽扎猛子——下不去、沉不下去

戴穿了的帽子——出头了

戴大红花回朝——大功告成

戴大帽子穿小鞋——头重脚轻

戴斗笠打伞——双保险、多此一举

戴斗笠坐席子——独霸一方

戴碓窝（石臼）玩狮子——劳而无功、有劳无功

戴耳环画眉毛——耳目一新

戴钢盔爬树——硬着头皮上

戴瓜皮帽穿西服——土洋结合

戴红缨帽上树——红到顶了

戴假发画花脸——面目全非

戴口罩——嘴上一套

戴礼帽的偷书——明白人办糊涂事

戴了笆斗进庙门——想充大头鬼

戴墨镜上煤堆——一团漆黑

戴木头眼镜看书——视而不见

戴起麻布帽子跳加官（旧时戏曲开场或演出中，遇显贵到场时加演的舞蹈节目）——苦中作乐、苦中取乐

戴起眼镜迎客——看你来不来

戴上笼头的小毛驴——听人使唤

戴上面具的猴子——没脸见人

戴上捂眼的驴——转开了磨

戴特大帽子穿胶鞋——头重脚轻

戴乌纱帽弹棉花——有功（弓）之臣

戴孝帽进灵棚——随大流

戴孝帽看戏——乐而忘忧

戴眼镜拨算盘——找仗（账）打

戴眼镜买车轴——各投各眼、各对各眼

戴有色眼镜看人——有失本色

戴着斗笠亲嘴——差着一帽子

戴着碓窝（石臼）拜年——费力不讨好、吃力不讨好

戴着鬼脸上街——不当人

戴着脚镣爬山——寸步难行

戴着帽子鞠躬——岂有此理（礼）

戴着帽子找帽子——糊涂到顶了

戴着面具——脸皮厚

戴着面具上街——没脸见人

戴着面具跳舞——谁还认识谁

戴着面罩做人——其貌不扬

戴着墨镜倒骑驴——尽走黑道

戴着木头眼镜——看不透

戴着破表讲话——说不准

戴着手套握手——不够礼貌

戴着乌纱弹棉花——有功（弓）之臣

戴着乌纱帽不上朝——养尊处优

戴着孝帽去道喜——自讨没趣、自找没趣

戴着眼镜买车轴——各对其眼

戴着眼镜找眼镜——昏头昏脑、昏了头

戴着雨帽进庙门——冒充大头鬼

戴着纸斗篷亲嘴——不相称

黛玉焚稿——忍痛割爱